le Robert & Collins

Vocabulaire
anglais

le Robert
& Collins

Vocabulaire
anglais

le Robert

Édition dirigée par

Martyn BACK

Rédaction

Peter ATKINS, Martin BYRD,

Alain DUVAL, Dominique LE FUR,

Hélène LEWIS

Informatique éditoriale

Karol GOSKRZYNSKI

Sébastien PETTOELLO

Correction

Anne-Marie LENTAIGNE

Méryem PUILL-CHÂTILLON

Maquette

Maud DUBOURG

Édition 2007

92, avenue de France, 75013 Paris.

ISBN : 978-2-321101-412-6

PRÉFACE

LE ROBERT & COLLINS VOCABULAIRE ANGLAIS a pour objectif de vous aider à **consolider et à enrichir** votre vocabulaire.

D'une conception très simple, il présente sous forme de **listes thématiques** les mots et expressions qui permettent de s'exprimer de façon précise et idiomatique dans toutes les situations de la vie courante.

Pour faciliter la **révision et la mémorisation** du vocabulaire, chacune des 392 sections thématiques est divisée en paragraphes courts.

Les variantes américaines sont systématiquement indiquées, ainsi que la prononciation de tous les mots. De nombreuses remarques sur l'usage, les niveaux de langue et les aspects culturels permettent de mieux maîtriser l'emploi des mots, les contextes et les nuances.

Véritable **inventaire du lexique anglais d'aujourd'hui**, ce Vocabulaire anglais est le complément idéal des dictionnaires Robert & Collins. Il est tout particulièrement adapté aux besoins des lycéens, des étudiants, des élèves de BTS et des classes préparatoires.

L'éditeur

USAGE BRITANNIQUE ET USAGE AMÉRICAIN

Les unités qui ne sont courantes qu'en anglais britannique sont précédées de la mention BR, celles que l'on ne trouve que dans l'anglais parlé en Amérique du Nord sont précédées de la mention AM ; par exemple :

BR a stone [stəʊn] AM a pit [pɪt]	un noyau

Les différences orthographiques entre anglais britannique et anglais nord-américain sont également signalées ; par exemple :

BR a cheque [tʃek] AM a check	un chèque

Lorsqu'une unité est employée dans les deux langues, mais avec un sens différent, une note signale la différence d'emploi ; par exemple :

BR to be ill AM to be sick ATTENTION : BR to be sick = vomir	être malade

VERBES IRRÉGULIERS

Les verbes irréguliers qui figurent dans le texte sont suivis d'un astérisque ; par exemple :

to catch* fire	prendre feu

Une liste de tous ces verbes figure en fin d'ouvrage avec leur prétérit et leur participe passé.

NIVEAUX DE LANGUE

Afin de mettre en garde le francophone contre l'emploi abusif de mots et locutions n'appartenant pas à un registre neutre de l'anglais, trois indications de niveaux de langue peuvent figurer :

soutenu	désigne les acceptions de langue soignée ;
parlé	est utilisé pour indiquer les acceptions familières ;
péj.	indique une coloration péjorative.

Exemples :

a daydream ['deɪdri:m] a reverie ['revərɪ] (soutenu)	une rêverie
a handkerchief ['hæŋkətʃɪf] a hankie ['hæŋkɪ] (parlé)	un mouchoir
it's very touristy (péj.)	c'est trop touristique

MARQUES DÉPOSÉES ®

Les termes qui constituent à notre connaissance une marque déposée ont été désignés comme tels. La présence ou l'absence de cette désignation ne peut toutefois pas être considérée comme ayant valeur juridique.

FÉMININS

Lorsque la forme féminine est différente en anglais de la forme masculine, l'indication est donnée entre parenthèses à la suite de la forme masculine ; exemple :

a sportsman (fém. a sportswoman) ['spɔ:tsmən]	un(e) sportif(-ive)

PLURIELS IRRÉGULIERS

Lorsque le pluriel d'un terme ne se forme pas par simple adjonction d'un -s, il est indiqué entre parenthèses à la suite de la forme au singulier ; par exemple :

a scarf [skɑ:f] (plur. scarves)	une écharpe
a woman (plur. women)	une femme

EMPLOIS COMPTABLES ET NON COMPTABLES

Les substantifs anglais se comportent parfois de façon différente des substantifs français en ce qui concerne le singulier et le pluriel. Dans ce recueil, cinq cas sont distingués pour aider le lecteur à former des phrases correctes.

1. n. c. (= non comptable). Le nom anglais est non comptable et ne peut pas être précédé de l'article indéfini ou d'un adjectif numéral ; par exemple :

scaffolding ['skæfəldɪŋ] l'échafaudage

Selon le cas, la traduction de l'indéfini français se rendra alors par some, a piece of, instance of, a case of... ; par exemple :

Il y avait un échafaudage/des échafaudages = there was some scaffolding

2. n. c. sing. (= non comptable singulier). Le nom anglais est non comptable et s'emploie toujours au singulier alors que le français utilise généralement un pluriel pour rendre le sens ; par exemple :

nuclear waste (n. c. sing.)	les déchets nucléaires

3. n. c. plur. (= non comptable pluriel). Le nom anglais est non comptable et s'emploie toujours au pluriel alors que le français utilise généralement le singulier pour rendre le sens ; par exemple :

poultry ['pəʊltrɪ] (n. c. plur.)	la volaille

4. sing. (= nom singulier). Le nom anglais a une apparence graphique du pluriel, mais il peut prendre l'article indéfini et s'employer avec un verbe au singulier ; par exemple :

a steelworks sing.	une aciérie

5. plur. (= nom pluriel). Le nom anglais s'emploie toujours au pluriel alors que le français utilise généralement un singulier pour rendre le sens ; par exemple :

the union dues plur.	la cotisation syndicale

ABRÉVIATIONS, SIGLES ET ACRONYMES

Lorsqu'une expression peut se présenter soit sous une forme développée soit sous sa forme abrégée, la forme la plus courante est suivie de la forme la moins usitée entre parenthèses. Si ces deux formes sont aussi fréquentes l'une que l'autre, elles font l'objet de deux entrées séparées. La prononciation des abréviations, sigles et acronymes est indiquée ; par exemple :

the CIS [ˌsiːaɪ'es]	la CEI
the Commonwealth of Independent States	la Communauté des États indépendants
a compact disc ®	un disque compact
a CD ['siːdiː]	un CD

FAUX AMIS

Un certain nombre de mots se présentent sous une forme identique ou très voisine en français et en anglais. Beaucoup d'entre eux n'ont cependant pas du tout le même sens. Ce sont des faux amis. Une note à la suite de ces mots attire l'attention du lecteur et l'invite à prendre conscience de la différence afin d'éviter les erreurs de traduction ; par exemple :

present [['preznt]]	présent, actuel

ATTENTION FAUX AMI actual = réel

REMARQUES

On trouvera, en fin de chapitre ou de section, un certain nombre de remarques qui portent un aspect de civilisation, un point de grammaire, un usage. Ces remarques visent à mettre en relief les particularités de la langue anglaise et les éléments intéressants de la culture britannique ou américaine ; par exemple :

> REMARQUES
> 1. L'anglais emploie ever à la place de never lorsqu'une négation se trouve déjà dans la phrase ; exemple : il ne se passe jamais rien = nothing ever happens.
> 2. Attention aux temps ! exemple : je l'ai déjà fait = BR I've already done it, AM I already did it, I did it already.

> REMARQUE En Grande-Bretagne, ce sont des lapins appelés Easter Bunnies qui sont censés apporter les œufs de Pâques aux enfants.

TRANSCRIPTION PHONÉTIQUE DE L'ANGLAIS

La notation adoptée est celle de l'Association phonétique internationale. La transcription correspond à la Received Pronunciation (R. P.), variété de l'anglais britannique la plus étudiée aujourd'hui.

VOYELLES, DIPHTONGUES ET TRIPHTONGUES		CONSONNES	
[iː]	cream, see	[p]	pat, pope
[ɑː]	card, calm	[b]	bat, baby
[ɔː]	pork, small	[t]	tag, strut
[uː]	fool, moon	[d]	dab, mended
[ɜː]	burn, fern, work	[k]	cot, kiss, chord
[ɪ]	sit, pity	[g]	got, gag
[e]	bless, set	[f]	fine, raffle
[æ]	apple, cat	[v]	vine, river
[ʌ]	come, ugly	[s]	pots, sit, rice
[ɒ]	fond, wash, squat	[z]	pods, buzz
[ʊ]	full, soot	[θ]	thin, maths
[ə]	composer, above	[ð]	this, other
[eɪ]	bay, pale	[ʃ]	ship, sugar
[aɪ]	buy, lie	[ʒ]	leisure
[ɔɪ]	boy, voice	[tʃ]	chance
[əʊ]	no, ago	[dʒ]	just, edge
[aʊ]	now, plough	[l]	place, little
[ɪə]	tier, beer	[m]	ram, mummy
[ɛə]	fair, care	[n]	ran, nut
[ʊə]	tour, moor	[r]	ran, stirring
[aɪə]	diary, tyre	[ŋ]	rang, bank
[aʊə]	flower, tower	[h]	hat, reheat
[eɪə]	layer, player	[j]	yet, million
[ɔɪə]	employer, soya	[w]	wet, between
[əʊə]	grower, lower		

[ʳ] représente un [r] entendu s'il forme une liaison avec la voyelle du mot suivant, comme dans her hair [hɛəʳ] is dark.

['] signale un accent tonique sur la syllabe qui suit. Il est essentiel de bien placer cet accent qui peut avoir une fonction distinctive : a record ['rekɔːd] = un disque, to record [rɪ'kɔːd] = enregistrer.

[ˌ] signale un accent secondaire sur la syllabe qui suit. Cet accent est d'intensité plus faible que l'accent tonique : a conversation [ˌkɒnvə'seɪʃən].

Les caractères en italique représentent des phonèmes facultatifs, comme dans change [tʃeɪn*d*ʒ], unkempt ['ʌnkem*p*t].

VOCABULARY
VOCABULAIRE

1 THE HUMAN BODY
LE CORPS HUMAIN

1. PARTS OF THE BODY LES PARTIES DU CORPS

– The body ['bɒdɪ]	le corps
an organ ['ɔ:gən]	un organe
a cell [sel]	une cellule
the skeleton ['skelɪtn]	le squelette
a bone [bəʊn]	un os
bone marrow	la moelle osseuse
a cartilage [kɑ:tɪlɪdʒ]	un cartilage
a joint [dʒɔɪnt]	une articulation
– A muscle ['mʌsl]	un muscle
muscle tissue	le tissu musculaire
a biceps ['baɪseps]	un biceps
flesh [fleʃ]	la chair
a tendon ['tendən]	un tendon
a membrane ['membreɪn]	une membrane
a mucous membrane	une muqueuse
– The blood [blʌd]	le sang
the bloodstream ['blʌdstri:m]	le système sanguin
in the bloodstream	dans le sang
to bleed* [bli:d]	saigner
an artery ['ɑ:tərɪ]	une artère
a vein [veɪn]	une veine
a blood vessel	un vaisseau sanguin
red/white corpuscles	des globules rouges/blancs
– The skin [skɪn]	la peau
a nail [neɪl]	un ongle
the pores [pɔ:ʳz]	les pores
a hair [hɛəʳ]	un poil
hair (n. c. sing.)	les poils, les cheveux
hairy ['hɛərɪ]	poilu
a nerve [nɜ:v]	un nerf
the nervous system	le système nerveux
a gland [glænd]	une glande

2. THE HEAD LA TÊTE

– The skull [skʌl]	le crâne
the scalp [skælp]	le cuir chevelu
the face [feɪs]	le visage
the profile ['prəʊfaɪl]	le profil
the forehead ['fɒrɪd] the brow [braʊ] (soutenu)	le front
a temple ['templ]	une tempe
a cheek [tʃi:k]	une joue
a cheekbone	une pommette
a jaw [dʒɔ:]	une mâchoire
the upper/lower jaw	la mâchoire supérieure/inférieure
the jawbone	le maxillaire
the chin [tʃɪn]	le menton
the brain [breɪn]	le cerveau
– The nose [nəʊz]	le nez
the nostrils ['nɒstrəlz]	les narines
an ear [ɪəʳ]	une oreille
the earlobe ['ɪələʊb]	le lobe de l'oreille
the eardrum ['ɪədrʌm]	le tympan
– The eye [aɪ]	l'œil
an eyelid	une paupière
an eyelash	un cil
an eyebrow	un sourcil
the eyeball	le globe oculaire
the iris ['aɪərɪs]	l'iris
the eye socket	l'orbite oculaire
the pupil ['pju:pl]	la pupille, la prunelle
the retina ['retɪnə]	la rétine
the cornea ['kɔ:nɪə]	la cornée
– The mouth [maʊθ]	la bouche
the tongue [tʌŋ]	la langue
a lip [lɪp]	une lèvre
the upper/lower lip	la lèvre supérieure/inférieure
the gums [gʌmz]	les gencives
the palate ['pælɪt]	le palais
a tooth [tu:θ] (plur. teeth)	une dent
a molar ['məʊləʳ]	une molaire
an eyetooth ['aɪtu:θ]	une canine
an incisor [ɪn'saɪzəʳ]	une incisive
a wisdom tooth	une dent de sagesse
the milk teeth	les dents de lait
– The neck [nek]	le cou
the throat [θrəʊt]	la gorge
the back of the neck	la nuque
a shoulder ['ʃəʊldəʳ]	une épaule
a shoulder blade	une omoplate

1 THE HUMAN BODY
LE CORPS HUMAIN

the collarbone ['kɒlə,bəʊn]	la clavicule
the Adam's apple	la pomme d'Adam
the windpipe ['wɪndpaɪp]	la trachée
the larynx ['lærɪŋks] (plur. larynges, larynxes)	le larynx
the pharynx ['færɪŋks] (plur. pharynges, pharynxes)	le pharynx
BR the oesophagus [iː'sɒfəgəs] (plur. oesophagi) AM the esophagus (plur. esophagi)	l'œsophage
the vocal chords	les cordes vocales
the tonsils ['tɒnsls]	les amygdales

■ 3. THE TORSO LE TORSE

– The trunk [trʌŋk]	le tronc
the chest [tʃest]	la poitrine, la cage thoracique
the breasts ['brests]	les seins (d'une femme), la poitrine
the bust [bʌst]	le buste
the breastbone	le sternum
a rib [rɪb]	une côte
the thorax ['θɔːræks]	le thorax
the heart [hɑːt]	le cœur
to beat* [biːt]	battre (cœur)
a lung [lʌŋ]	un poumon
the bronchial tubes	les bronches
the aorta [eɪ'ɔːtə] (plur. aortae, aortas)	l'aorte
– The digestive system	le système digestif
the stomach ['stʌmək]	l'estomac
the liver ['lɪvəʳ]	le foie
the gall bladder	la vésicule biliaire
the spleen [spliːn]	la rate
the diaphragm ['daɪəfræm]	le diaphragme
– The waist [weɪst]	la taille
the belly ['belɪ] the tummy ['tʌmɪ] (parlé)	le ventre
the abdomen ['æbdəmən]	l'abdomen
the bowels ['baʊəls] the intestines [ɪn'testɪnz]	les intestins
the guts ['gʌts] (parlé)	les boyaux
the appendix [ə'pendɪks]	l'appendice
the navel ['neɪvəl]	le nombril
a kidney ['kɪdnɪ]	un rein
the bladder ['blædəʳ]	la vessie
the bottom ['bɒtəm]	le derrière
the buttocks ['bʌtəks]	les fesses
the groin [grɔɪn]	l'aine
the womb [wuːm] the uterus ['juːtərəs]	l'utérus
the vagina [və'dʒaɪnə]	le vagin
an ovary ['əʊvərɪ]	un ovaire
the genitals ['dʒenɪtlz]	les organes génitaux
the penis ['piːnis]	le pénis, le sexe
the testicles ['testɪklz]	les testicules
– The back [bæk]	le dos
the small of the back	le creux des reins
the spine [spaɪn]	l'épine dorsale
the backbone the spinal column	la colonne vertébrale
a vertebra ['vɜːtɪbrə] (plur. vertebrae, vertebras)	une vertèbre

■ 4. THE LIMBS LES MEMBRES

– An arm [ɑːm]	un bras
the elbow ['elbəʊ]	le coude
the wrist [rɪst]	le poignet
the forearm ['fɔːrɑːm]	l'avant-bras
the armpit ['ɑːmpɪt]	l'aisselle
– A hand [hænd]	une main
the back of the hand	le dos de la main
the palm [pɑːm]	la paume
the fist [fɪst]	le poing
the knuckle ['nʌkl]	l'articulation du doigt
a finger ['fɪŋgəʳ]	un doigt
the thumb [θʌm]	le pouce
the forefinger ['fɔː,fɪŋgəʳ]	l'index
the middle finger	le majeur
the ring finger	l'annulaire
the little finger AM the pinkie ['pɪŋkɪ] AM the pinky	le petit doigt, l'auriculaire

a fingernail	un ongle de la main
to be right-handed	être droitier
to be left-handed	être gaucher
– A leg [leg]	une jambe
the knee [ni:]	le genou
to sit* on sb's lap	s'asseoir sur les genoux de qqn
the kneecap	la rotule
the hip [hɪp]	la hanche
the thigh [θaɪ]	la cuisse
the ankle ['æŋkl]	la cheville
the calf [kɑ:f] (plur. calves)	le mollet
the shinbone ['ʃɪn,bəʊn]	le tibia
the thighbone	le fémur
to break* one's hip	se casser le col du fémur
the pelvis ['pelvɪs]	le bassin
– A foot [fʊt] (plur. feet)	un pied
the heel [hi:l]	le talon
the sole of the foot	la plante du pied
a toe [təʊ]	un orteil
the big toe	le gros orteil
the little toe	le petit orteil
a toenail	un ongle de pied

■ 5. THE FACE LE VISAGE

– The features ['fi:tʃəʳz]	les traits
to have delicate features	avoir les traits fins
freckles ['freklz]	des taches de rousseur
a freckled face	un visage plein de taches de rousseur
a mole [məʊl] a beauty spot	un grain de beauté
a dimple ['dɪmpl]	une fossette
a wrinkle ['rɪŋkl] a line [laɪn]	une ride
wrinkled ['rɪŋkld]	ridé
– The complexion [kəm'plekʃən]	le teint
to have a fresh complexion	avoir le teint frais
greasy/dry skin	une peau grasse/sèche
to have soft/rough skin	avoir la peau douce/rêche
a pimple ['pɪmpl] a spot [spɒt]	un bouton
pimply ['pɪmplɪ] spotty ['spɒtɪ]	boutonneux
– What colour are her eyes?	De quelle couleur sont ses yeux ?
to have blue/brown/green eyes	avoir les yeux bleus/marrons/verts
deep-set/bulging eyes	des yeux caves/globuleux
to have bags under one's eyes	avoir des poches sous les yeux
a Roman/snub/flat/pointed nose	un nez aquilin/retroussé/épaté/pointu
– BR a moustache [məs'tɑ:ʃ] AM a mustache ['mʌstæʃ]	une moustache
a beard [bɪəd]	une barbe
to have a beard	porter la barbe
whiskers ['wɪskəʳz]	des favoris
BR sideboards ['saɪdbɔ:dz] AM sideburns ['saɪdbɜ:nz]	des pattes
a stubbly ['stʌblɪ] chin	un menton mal rasé
to have a five-o-clock shadow	être mal rasé

■ 6. THE HAIR LES CHEVEUX

– A hair [hɛəʳ]	un cheveu
the hair (n. c. sing.)	les cheveux, la chevelure
a fine head of hair	de beaux cheveux
a lock of hair	une mèche de cheveux
a curl [kɜ:l]	une boucle
– To have short/long/shoulder-length hair	avoir les cheveux courts/longs/mi-longs
to have curly/straight hair	avoir les cheveux frisés/raides
to have wavy/frizzy hair	avoir les cheveux ondulés/crépus
– Blond(e) [blɒnd]	blond
ash blond	blond cendré
chestnut brown	châtain
his hair is dark he has dark hair he is dark-haired	il a les cheveux bruns

a brunette [bru:'net]	une brune
to have red hair to have ginger hair to be redheaded	être roux
a redhead	un(e) rouquin(e)
jet black hair	des cheveux d'ébène
BR grey [greɪ] AM gray	gris
BR to be going grey AM to be going gray	grisonner
to have white hair	avoir les cheveux blancs
– Bald [bɔ:ld]	chauve
baldness ['bɔ:ldnɪs]	la calvitie
to be balding	perdre ses cheveux
to be going thin on top	se dégarnir sur le dessus
a wig [wɪg]	une perruque
a toupee ['tu:peɪ]	un postiche
dandruff ['dændrəf] (n. c. sing.)	des pellicules
– A hairstyle ['hɛəˌstaɪl]	une coiffure
to change one's hairstyle	changer de coiffure
BR a parting ['pɑ:tɪŋ] AM a part [pɑ:t]	une raie
close-cropped	coupé ras
to have a crew cut	avoir les cheveux en brosse
BR a plait [plæt] AM a braid [breɪd]	une tresse, une natte
to wear* one's hair in plaits	porter des nattes
a pigtail ['pɪgˌteɪl]	une natte
a ponytail ['pəʊnɪˌteɪl]	une queue de cheval
a bun [bʌn]	un chignon
BR a fringe [frɪndʒ] AM bangs [bæŋz]	une frange
dreadlocks ['dredlɔks]	des (dread)locks
to dye one's hair black	se teindre les cheveux en noir

REMARQUE Il est possible de former des adjectifs sur le modèle suivant : to have blond hair = avoir les cheveux blonds, to be blond-haired = être blond.

7. HAIR CARE LES SOINS DES CHEVEUX

– To do* one's hair	se coiffer
a comb [kəʊm]	un peigne
a brush [brʌʃ]	une brosse
to comb/brush one's hair	se peigner/se brosser les cheveux
to backcomb one's hair	se crêper les cheveux
shampoo [ʃæm'pu:]	le shampooing
to shampoo one's hair	se faire un shampooing
hairspray ['hɛəsprei] BR (hair) lacquer	la laque
a hairslide ['hɛəslaid]	une barrette
BR a hairgrip ['hɛəgrɪp] AM a bobby pin	une pince
a hairpin ['hɛəpɪn]	une épingle à cheveux
a hairnet ['hɛənet]	un filet (à cheveux)
(hair) rollers	des rouleaux
(hair) curlers	des bigoudis
a hairdryer ['hɛədraiəʳ]	un sèche-cheveux
– Hairdressing ['hɛəˌdresɪŋ]	la coiffure (métier)
a hairdresser ['hɛəˌdresəʳ] a hairstylist ['hɛəˌstaɪlɪst]	un(e) coiffeur (-euse)
a barber ['bɑ:bəʳ]	un coiffeur (à l'ancienne) pour hommes
a hairdressing salon	un salon de coiffure
a barbershop	un salon de coiffure (à l'ancienne) pour hommes
to have one's hair done	se faire coiffer
a haircut ['hɛəkʌt]	une coupe de cheveux
to have one's hair cut	se faire couper les cheveux
to have a trim	se faire rafraîchir les cheveux
a shampoo and set	une mise en plis
to have one's hair set	se faire faire une mise en plis
to have a blow dry	se faire faire un brushing
to have one's hair bleached	se faire décolorer
a rinse [rɪns]	un rinçage
to have highlights put in	se faire faire des mèches
a perm [pɜ:m]	une permanente
to give* sb a perm to perm sb's hair	faire une permanente à qqn

■ 8. BODY SIZE AND SHAPE LA TAILLE ET LA MORPHOLOGIE

– Height [haɪt]	la taille
to be six feet tall	≈ mesurer 1,80 mètre
to be of average height	être de taille moyenne
tall [tɔ:l]	grand
big [bɪg]	grand et fort
small [smɔ:l] short [ʃɔ:t]	petit
a giant ['dʒaɪənt]	un géant
a dwarf [dwɔ:f]	un(e) nain(e)
– Build [bɪld]	la carrure
broad-shouldered	de forte carrure
well-built	bien bâti
muscular ['mʌskjʊlə^r]	musclé (corps, membre, personne)
brawny ['brɔ:nɪ]	musclé (homme)
squat [skwɒt]	courtaud
thickset ['θɪkset]	trapu
stocky ['stɒkɪ]	râblé
– My figure ['fɪgə^r]	ma silhouette
to keep* one's figure	garder la ligne
slim [slɪm]	mince
slight [slaɪt]	menu
petite [pə'ti:t]	menue (femme)
slender ['slendə^r]	élancé, svelte
leggy ['legɪ]	tout en jambes
thin [θɪn] lean [li:n]	maigre
as thin as a rake	maigre comme un clou
skinny ['skɪnɪ] (parlé)	maigre
to be all skin and bone	n'avoir que la peau et les os
lanky ['læŋkɪ]	dégingandé
puny ['pju:nɪ]	chétif, frêle
a weakling ['wi:klɪŋ]	un gringalet
gaunt [gɔ:nt] emaciated [ɪ'meɪsɪeɪtɪd]	émacié
– Fat [fæt]	gros
to put* on weight to get fatter	grossir
to be overweight	être trop gros
stout [staut]	corpulent
obese [əʊ'bi:s]	obèse
obesity [əʊ'bi:sɪtɪ]	l'obésité
hefty ['heftɪ]	costaud

flabby ['flæbɪ]	flasque
plump [plʌmp]	grassouillet
chubby ['tʃʌbɪ]	potelé
chubby-faced chubby-cheeked	joufflu
dumpy ['dʌmpɪ]	boulot
sturdy ['stɜ:dɪ]	vigoureux
buxom ['bʌksəm]	bien en chair (femme)
tubby ['tʌbɪ] (parlé)	rondelet
– Beauty ['bju:tɪ]	la beauté
beautiful ['bju:tɪfʊl]	beau (femme)
gorgeous ['gɔ:dʒəs]	superbe
handsome ['hænsəm] good-looking	beau (homme)
attractive [ə'træktɪv]	séduisant
pretty ['prɪtɪ]	joli (femme)
charming ['tʃɑ:mɪŋ]	charmant
sweet [swi:t] cute [kju:t] (parlé)	mignon
well-groomed	soigné
to have class	avoir de la classe
a beauty competition a beauty contest	un concours de beauté
a beauty queen	une reine de beauté
– Ugly ['ʌglɪ]	laid
ugliness ['ʌglɪnɪs]	la laideur
unattractive [ˌʌnə'træktɪv]	peu attirant
plain [pleɪn] AM homely ['həʊmlɪ]	quelconque, ordinaire
shabby ['ʃæbɪ]	minable
unkempt ['ʌn'kempt]	peu soigné
– Pale [peɪl]	pâle
fair [fɛə^r]	clair (teint)
sallow ['sæləʊ]	cireux
to be dark [dɑ:k]	avoir le teint mat
tanned [tænd]	bronzé
ruddy ['rʌdɪ]	rougeaud
– To look like sb	ressembler à qqn
a resemblance [rɪ'zembləns]	une ressemblance
to be the spitting image of sb (parlé)	être le portrait craché de qqn
a double ['dʌbl] a lookalike [lʊkə'laɪk]	un sosie

9. BEAUTY CARE LES SOINS DE BEAUTÉ

– Makeup ['meɪkʌp]	le maquillage
to put one's makeup on	se maquiller
heavily made-up	très maquillé
cosmetics [kɒz'metɪks]	les produits de maquillage
to remove one's makeup	se démaquiller
to cleanse one's skin	se nettoyer la peau
– A cream [kri:m]	une crème
a moisturizer ['mɔɪstʃəraɪzəʳ]	une crème hydratante
a lotion ['ləʊʃən]	une lotion
a face pack	un masque de beauté
foundation	le fond de teint
face powder	la poudre
a powder compact	un poudrier
eye shadow	le fard à paupières
an eyebrow pencil	un crayon pour les yeux
mascara [mæs'kɑ:rə]	le mascara
lipstick ['lɪpstɪk]	le rouge à lèvres
to put* on lipstick	se mettre du rouge à lèvres
rouge [ru:ʒ]	le rouge à joues
tweezers ['twi:zəz]	une pince à épiler
perfume ['pɜ:fju:m]	le parfum
eau de Cologne [ˌəʊdəkə'ləʊn]	l'eau de Cologne
toilet water	l'eau de toilette
to put on some perfume	se parfumer
a bottle of perfume	un flacon de parfum
– To do* one's nails	se faire les ongles
a nailbrush ['neɪlbrʌʃ]	une brosse à ongles
to cut* one's nails	se couper les ongles
to file one's nails	se limer les ongles
nail-clippers	un coupe-ongles
a nail file	une lime à ongles
to manicure one's nails	se faire une manucure
to give* sb a manicure	faire une manucure à qqn
a manicurist ['mænɪˌkjʊərɪst]	une manucure (personne)
to cut one's toenails	se couper les ongles des doigts de pied
to have a pedicure	se faire soigner les pieds
nail varnish nail polish	le vernis à ongles
nail polish remover	le dissolvant
handcream ['hændkri:m]	la crème pour les mains
BR a beauty parlour AM a beauty parlor	un institut de beauté
a beautician [bju:'tɪʃən]	une esthéticienne
to have a facelift	se faire faire un lifting

10. HYGIENE L'HYGIÈNE

– Hygienic [haɪ'dʒi:nɪk]	hygiénique
BR body odour AM body odor BO (parlé)	les odeurs de transpiration
to smell* [smel]	sentir mauvais
to have fresh/bad breath	avoir bonne/mauvaise haleine
– To (have a) wash AM to wash up[1]	se laver
to wash one's hands	se laver les mains
to have a bath to take* a bath AM to bathe[2] [beɪð]	prendre un bain
to run* a bath	faire couler un bain
a shower ['ʃaʊəʳ]	une douche
to have a shower to take* a shower	prendre une douche
to have a quick wash	se débarbouiller
to freshen up	faire un brin de toilette
to soap o.s.	se savonner
to dry o.s.	se sécher

ATTENTION 1 : BR to wash up = faire la vaisselle
2 : BR to bathe = se baigner dans la mer ou dans une rivière

– Soap [səʊp]	le savon
a bar of soap	un savon
shower gel	le gel douche
a deodorant [di:'əʊdərənt]	un déodorant
a sponge [spʌndʒ]	une éponge
a massage glove	un gant de crin
a flannel ['flænl]	un gant de toilette (dans les pays anglo-saxons il s'agit d'un petit carré de tissu éponge)

bubble bath	le bain moussant
a sponge bag	une trousse de toilette
– To clean one's teeth	se laver les dents
to brush one's teeth	se brosser les dents
a toothbrush ['tu:θbrʌʃ]	une brosse à dents
dental floss	le fil dentaire
to floss (one's teeth)	utiliser du fil dentaire
toothpaste ['tu:θpeɪst]	la pâte dentifrice
a tube of toothpaste	un tube de dentifrice
mouthwash ['maʊθwɔʃ]	le bain de bouche
toilet paper	le papier hygiénique
a roll of toilet paper	un rouleau de papier hygiénique
a wipe [waip]	une lingette
BR a sanitary towel AM a sanitary napkin	une serviette hygiénique
a tampon ['tæmpɒn]	un tampon hygiénique
– To (have a) shave [ʃeɪv]	se raser
to trim one's beard	se tailler la barbe
a razor ['reɪzəʳ]	un rasoir
an electric razor a shaver ['ʃeɪvəʳ]	un rasoir électrique
a cut-throat razor	un rasoir à main
a shaving brush	un blaireau
a razor blade	une lame de rasoir
shaving cream	la crème à raser
shaving foam	la mousse à raser
shaving gel	le gel de rasage
after-shave	la lotion après-rasage

CLOTHING
L'HABILLEMENT

1. GETTING DRESSED S'HABILLER

- An article of clothing	un vêtement
clothes [kləʊðz]	les vêtements
dress [dres]	la tenue
gear [gɪəʳ] (n. c.) (parlé)	des fringues
- To wear* [wɛəʳ]	porter
to dress (o.s.) to get* dressed	s'habiller
to put* sth on	mettre qqch.
to slip sth on	enfiler qqch.
dressed [drest]	habillé, vêtu
to be dressed in black	être habillé en noir
to dress in white	porter du blanc
to be casually dressed	porter des vêtements décontractés
fully clothed fully dressed	tout habillé
well/badly dressed	bien/mal habillé
ragged ['rægɪd] tattered ['tætəd]	en haillons
slovenly ['slʌvnlɪ]	débraillé
- To undress (o.s.) to get* undressed	se déshabiller
to take* sth off	ôter qqch.
to change [tʃeɪndʒ] to get* changed	se changer
to strip off	se déshabiller complètement
to have nothing on	être tout nu
naked ['neɪkɪd] nude [nju:d]	nu (personne)
bare [bɛəʳ]	nu (membres)
barefoot	nu-pieds
barelegged	nu-jambes
bareheaded	nu-tête
stripped to the waist	torse nu
half-naked	à moitié nu
scantily dressed	en petite tenue

- To fasten one's coat to do* up one's coat	fermer son manteau
to tie one's tie	nouer sa cravate
to buckle one's belt	boucler sa ceinture
to unfasten one's jacket to undo* one's jacket	défaire sa veste
a button ['bʌtn]	un bouton
to button (up) a coat	boutonner un manteau
to unbutton ['ʌn'bʌtn]	déboutonner
to unbuckle one's belt	défaire sa ceinture
a hook [hʊk] a fastener ['fɑ:snəʳ]	une agrafe
a zip	une fermeture éclair®
BR a press stud AM a snap fastener	un bouton-pression
- What size do you take?	Quelle taille faites-vous ?
What's your waist/hip size?	Quel est votre tour de taille/de hanches ?
to try sth on	essayer qqch.
it fits you	ça te va bien (comme taille)
it suits you	ça te va bien (comme couleur, comme style)
loose [lu:s]	ample
baggy ['bægɪ]	large
close-fitting	ajusté
tight [taɪt]	étroit
skimpy ['skɪmpɪ]	étriqué
to match sth	être assorti à qqch.
a matching scarf	une écharpe assortie
- A fancy-dress costume	un déguisement
in fancy dress	déguisé
to dress up *as sth*	se déguiser *en qqch.*
a uniform ['ju:nɪfɔ:m]	un uniforme
to be in uniform	être en uniforme
spare clothes	des vêtements de rechange

REMARQUE Le mot garment signifie également **vêtement** mais il est très peu employé.

2. CLOTHES LES VÊTEMENTS

– A collar ['kɒlə']	un col
a sleeve [sli:v]	une manche
short-sleeved	à manches courtes
long-sleeved	à manches longues
BR cuffs [kʌfz] AM (shirt) cuffs	des manchettes
BR turn-ups ['tɜ:nʌps] AM (pants) cuffs	des revers de pantalon
a lapel [lə'pel]	un revers de veste
a pocket ['pɒkɪt]	une poche
flies [flaɪz] (plur.)	la braguette
– Knitwear ['nɪtwɛə'] (n. c. sing.)	la maille (terme commercial)
a pullover ['pʊləʊvə']	un pull
a sweater ['swetə'] a jersey ['dʒɜ:zɪ] BR a jumper ['dʒʌmpə']	un tricot
a cardigan ['kɑ:dɪgən]	un gilet de laine
a sweatshirt ['swetʃɜ:t]	un sweat-shirt
a hoodie ['hʊdɪ]	un sweat à capuche
a T-shirt ['ti:ʃɜ:t]	un T-shirt
a crop top	un T-shirt (court et ajusté)
a slipover ['slɪp,əʊvə']	un débardeur
a neckline ['nek,laɪn]	une encolure
BR a polo neck AM a turtleneck[1] ['tɜ:tl,nek]	un col roulé
a V-necked / round-necked sweater	un pull en V / ras du cou
a low-necked dress a low-cut dress	une robe décolletée

ATTENTION 1 : BR a turtleneck = un pull à col cheminée

– A shirt [ʃɜ:t]	une chemise
a sports shirt	un polo
in (one's) shirt sleeves	en manches de chemise
BR trousers ['traʊzəz] (plur.) AM pants[1] [pænts] (plur.)	un pantalon
cords [kɔ:dz] (plur.)	un pantalon en velours côtelé
jeans [dʒi:nz] (plur.) denims ['denɪmz] (plur.)	un jean
shorts[2] [ʃɔ:ts] (plur.)	un short
combat trousers	un treillis
a jacket ['dʒækɪt]	une veste, un veston, un blouson
a puffa jacket	une doudoune
a blazer ['bleɪzə']	un blazer
BR a waistcoat ['weɪstkəʊt] AM a vest[3] [vest]	un gilet de costume
a suit [su:t]	un costume
BR a dinner jacket AM a tuxedo [tʌk'si:dəʊ]	un smoking
tails [teɪlz] (plur.)	une queue-de-pie
a kilt [kɪlt]	un kilt

ATTENTION 1 : BR pants = un slip
2 : également AM shorts = un caleçon d'homme
3 : BR a vest = un maillot de corps

– A skirt [skɜ:t]	une jupe
a straight / full skirt	une jupe droite / large
a pleated / gathered skirt	une jupe plissée / froncée
a miniskirt ['mɪnɪ,skɜ:t]	une mini-jupe
culottes [kju(:)'lɒts] (plur.)	une jupe-culotte
a wrap-around skirt	une jupe-portefeuille
a dress [dres] a gown [gaʊn] (soutenu)	une robe
an evening dress	une robe du soir
a blouse [blaʊz]	un chemisier, un corsage
a lady's suit	un tailleur
a shawl [ʃɔ:l] a wrap [ræp]	un châle
an apron ['eɪprən]	un tablier
– A coat [kəʊt]	un manteau
an overcoat ['əʊvəkəʊt]	un pardessus
a sheepskin jacket	une canadienne
a duffel coat	un duffel-coat
a fur coat	un manteau de fourrure
a raincoat ['reɪnkəʊt]	un imperméable
a trenchcoat ['trentʃkəʊt]	un trench
waterproof ['wɔ:tə,pru:f]	imperméable
BR oilskins ['ɔɪlskɪnz] (plur.) AM oilers ['ɔɪləz] (plur.)	un ciré
BR an anorak ['ænəræk] AM a parka ['pɑ:kə]	un anorak
BR a cagoule [kə'gu:l]	un anorak
a jacket ['dʒækɪt]	un blouson
BR a windcheater ['wɪnd,tʃi:tə'] AM a windbreaker ['wɪnd,breɪkə']	un coupe-vent
a cloak [kləʊk]	une cape

a tunic ['tjuːnɪk]	une tunique
– Overalls ['əʊvərˌɔːlz] (plur.) BR a boiler suit	un bleu de travail
dungarees [ˌdʌŋgə'riːz] (plur.)	une salopette
sportswear ['spɔːtswɛəʳ] (n. c. sing.)	les vêtements de sport (terme commercial)
a tracksuit ['træksuːt]	un survêtement

REMARQUE Les termes anglais désignant les vêtements dans lesquels on passe les jambes sont toujours au pluriel ; ex. : my trousers have a hole in them = mon pantalon est troué. Si l'on désire utiliser ces termes avec un adjectif numéral, il faut les accompagner de l'expression pair(s) of; ex. : I've bought one pair of trousers/two pairs of trousers = j'ai acheté un pantalon/deux pantalons.

3. UNDERWEAR LES SOUS-VÊTEMENTS

– Lingerie ['lænʒəriː]	la lingerie fine
BR a vest[1] [vest] BR a singlet ['sɪŋglɪt] AM an undershirt ['ʌndəʃɜːt]	un maillot de corps
briefs [briːfs] (plur.)	un slip[2]
panties[3] ['pæntɪz] (plur.) BR knickers ['nɪkəz] (plur.)	un slip de femme, une culotte
BR underpants ['ʌndəpænts] (plur.) AM shorts[4] [ʃɔːts] (plur.)	un caleçon
a g-string ['dʒiːstrɪŋ]	un string
a bra [brɑː]	un soutien-gorge
a petticoat ['petɪkəʊt] BR an underskirt ['ʌndəskɜːt] a waist slip	un jupon
a body ['bɔdɪ]	un body
BR a suspender [səs'pendəʳ] AM a garter ['gɑːtəʳ]	une jarretelle
BR a suspender belt AM a garter belt	un porte-jarretelles
BR braces ['breɪsɪz] (plur.) AM suspenders [səs'pendəʳs] (plur.)	des bretelles

ATTENTION 1 : AM a vest = un gilet de costume
2 : FAUX AMI a slip = une combinaison
3 : AM pants = un pantalon
4 : BR shorts = un short

– BR pyjamas [pɪ'dʒɑːməz] (plur.) AM pajamas [pə'dʒɑːməz] (plur.)	un pyjama
BR a nightdress ['naɪtdres] BR a nightie ['naɪtɪ] (parlé) AM a nightgown ['naɪtgaʊn]	une chemise de nuit
a dressing-gown	une robe de chambre
a bathrobe ['bɑːθˌrəʊb]	un peignoir de bain
a négligé ['neglɪʒeɪ]	un déshabillé
– A sock [sɒk]	une chaussette
ankle socks	des socquettes
BR tights [taɪts] (plur.) AM panty hose (plur.) AM pantihose (plur.)	un collant
hose [həʊz] (n. c. sing.)	les bas et chaussettes (terme commercial)
hosiery ['həʊzɪərɪ] (n. c.)	
a stocking ['stɒkɪŋ]	un bas
fishnet stockings	des bas résille
BR a ladder ['lædəʳ] AM a run [rʌn]	une maille filée, une échelle
– A swimsuit ['swɪmsuːt]	un maillot de bain (pour femme)
a one-piece/two-piece swimsuit	un maillot de bain une pièce/deux pièces
BR swimming trunks (plur.) AM swimming shorts (plur.)	un maillot de bain (pour homme)

4. FABRICS LES TISSUS

– A fabric ['fæbrɪk] a material [mə'tɪərɪəl]	un tissu, une étoffe
cloth [klɒθ] (n. c.)	du tissu, de l'étoffe
man-made fibres	les fibres synthétiques
– Wool [wʊl]	la laine
wool BR woollen ['wʊlən] AM woolen	en laine

BR woollens ['wʊlənz] AM woolens	des lainages
tweed [twi:d]	le tweed
cotton ['kɒtn]	le coton
linen ['lɪnɪn]	le lin
silk [sɪlk]	la soie
satin ['sætɪn]	le satin
velvet ['velvɪt]	le velours
corduroy ['kɔ:dərɔɪ]	le velours côtelé
denim ['denɪm]	la toile de jean
gingham ['gɪŋəm]	le vichy
polyester [,pɒlɪ'estəʳ]	le polyester
viscose ['vɪskəʊs]	la viscose
nylon ['naɪlɒn]	le nylon
acrylic [ə'krɪlɪk]	l'acrylique
terry towelling	le tissu-éponge
microfibre ['maɪkrəʊ,faɪbəʳ]	la microfibre
lace [leɪs]	la dentelle
fur [fɜ:ʳ]	la fourrure
leather ['leðəʳ]	le cuir
suede [sweɪd]	le daim
– A printed material	un tissu imprimé
a stripe [straɪp]	une rayure
striped [straɪpt]	rayé
polka dots	des pois
a polka-dot dress	une robe à pois
checks [tʃeks] (plur.)	des carreaux
check(ed) [tʃek(t)]	à carreaux
tartan ['tɑ:tən]	écossais
a herringbone pattern	un motif à chevrons
– A tear [tɛəʳ]	un accroc
to come* off	se découdre (bouton)
to come* unstitched	se découdre (vêtement)
to crease [kri:s]	se chiffonner
a crease [kri:s]	un faux pli
crease-resistant	infroissable
to crumple ['krʌmpl]	se froisser
hard-wearing	solide
to shrink* [ʃrɪŋk]	rétrécir
frayed [freɪd]	effiloché
shiny ['ʃaɪnɪ]	lustré
threadbare ['θredbɛəʳ]	élimé, râpé
to fade [feɪd]	passer (couleur)
moth-eaten	mité
BR colourfast ['kʌləʳ,fɑ:st] AM colorfast	grand teint
the colour has run	ça a déteint
– Silky ['sɪlkɪ]	soyeux
velvety ['velvɪtɪ]	velouté
BR fluff [flʌf] (n. c.) AM lint [lɪnt] (n. c.)	des peluches
– To fold one's clothes	plier ses vêtements
to hang* up one's clothes	accrocher ses vêtements
a coat hanger	un cintre
a peg [peg]	une patère
a laundry ['lɔ:ndrɪ]	une blanchisserie
BR a launderette [,lɔ:ndə'ret] AM a Laundromat® ['lɔ:ndrəmæt]	une laverie automatique
to have sth drycleaned	donner qqch. à nettoyer
a (dry)cleaner's	une teinturerie, un pressing

REMARQUE Tous les noms de tissus peuvent s'employer comme adjectifs ; ex. : a cotton/silk dress = une robe en coton/en soie.

■ 5. SEWING, KNITTING & WEAVING COUTURE, TRICOT, TISSAGE

– To sew* [səʊ]	coudre, faire de la couture
to sew* on a button	coudre un bouton
hand-sewn	cousu à la main
machine-sewn	piqué à la machine
to embroider sth *with*	broder qqch. *de*
embroidery [ɪm'brɔɪdərɪ]	la broderie
a piece of embroidery	une broderie
lace [leɪs]	la dentelle
needlework ['ni:dl,wɜ:k] (n. c. sing.)	les travaux d'aiguille
a tailor ['teɪləʳ]	un tailleur
a dressmaker ['dres,meɪkəʳ]	une couturière
– A needle ['ni:dl]	une aiguille
a pin [pɪn]	une épingle
a safety pin	une épingle à nourrice
a pin cushion	une pelote à épingles

to pin sth (on)	épingler qqch.
to pin up a hem	épingler un ourlet
scissors ['sɪzəʳz]	des ciseaux
a pair of scissors	une paire de ciseaux
a thimble ['θɪmbl]	un dé
a tape measure	un mètre à ruban
a sewing machine	une machine à coudre
a sewing box a workbox ['wɜ:kbɒks]	une boîte à ouvrage
– Thread [θred] BR cotton ['kɒtn]	du fil
a reel of thread a reel of cotton	une bobine de fil
a ribbon ['rɪbən]	un ruban
– A seam [si:m]	une couture
to baste [beɪst] BR to tack [tæk]	bâtir
a pleat [pli:t]	un pli
to shorten sth to take* sth up	raccourcir qqch.
to lengthen sth to let* sth down	rallonger qqch.
the cut of a jacket	la coupe d'une veste
a fitted jacket	une veste cintrée
a buttonhole ['bʌtnhəʊl]	une boutonnière
to gather ['gæðəʳ]	froncer
a dart [dɑ:t]	une pince
a lining ['laɪnɪŋ]	une doublure
to line a skirt *with sth*	doubler une jupe *de qqch.*
lined with fur fur-lined	doublé de fourrure
a shoulder pad	une épaulette
to mend [mend]	raccommoder
to darn [dɑ:n]	repriser
a patch [pætʃ]	une pièce
a pattern ['pætən]	un patron, un modèle
– To knit [nɪt]	tricoter
knitting ['nɪtɪŋ]	le tricot (activité)
a ball of wool	une pelote de laine
a stitch [stɪtʃ]	une maille
purl one, knit one	une maille à l'envers, une maille à l'endroit
knitting needles	des aiguilles à tricoter
a knitting machine	une machine à tricoter
to crochet ['krəʊʃeɪ]	faire du crochet
a crochet hook	un crochet
– Fashion ['fæʃən]	la mode
a style [staɪl]	un style, une mode
classic ['klæsɪk]	classique
old-fashioned ['əʊld'fæʃnd]	démodé
to come* back into fashion	revenir à la mode
to be in fashion to be fashionable	être à la mode (vêtement)
a fashion show	un défilé de mode
the winter/summer collection	la collection d'hiver/d'été
a model ['mɒdl]	un mannequin
made-to-measure	fait sur mesure
to have a dress made	se faire faire une robe
ready-to-wear clothes BR off-the-peg clothes AM off-the-rack clothes	des vêtements de prêt-à-porter
the rag trade (parlé)	la confection
a clothes shop	un magasin de vêtements
haute couture	la haute couture
a fashion designer	un(e) styliste
a top designer	un grand couturier
a designer shirt	une chemise de créateur
a fitting ['fɪtɪŋ]	un essayage
– To weave* [wi:v]	tisser
a weaver ['wi:vəʳ]	un(e) tisserand(e)
the woof [wʊf] the weft [weft]	la trame
the warp [wɔ:p]	la chaîne
a loom [lu:m]	un métier
to spin* [spɪn]	filer
a spindle ['spɪndl]	un fuseau
a tapestry ['tæpɪstrɪ]	une tapisserie

6. SHOES LES CHAUSSURES

– A shoe [ʃu:]	une chaussure, un soulier
a pair of shoes	une paire de chaussures
to put* one's shoes on	se chausser
to take* one's shoes off	se déchausser
the sole [səʊl]	la semelle
the heel [hi:l]	le talon
to wear* high heels	porter des talons hauts
high-heeled shoes	des chaussures à talons hauts

stiletto heels	des talons aiguilles
flat shoes	des chaussures basses
lace-ups ['leɪsʌps]	des chaussures à lacets
slip-ons ['slɪpɒnz]	des chaussures sans lacets
patent (leather) shoes	des souliers vernis
a strap [stræp]	une bride
BR a shoelace AM a shoestring	un lacet
to lace up one's shoes to do* one's shoes up	lacer ses souliers
a shoehorn	un chausse-pied
– A (high) boot	une botte
an ankleboot ['æŋklbu:t]	un bottillon, une bottine
thigh boots	des cuissardes
wellington boots wellies ['welɪz]	des bottes en caoutchouc
BR moccasins ['mɒkəsɪns] AM loafers ['ləʊfəz]	des mocassins
pumps [pʌmps] court shoes	des escarpins
a sandal ['sændl]	une sandale
a clog [klɒg]	un sabot
canvas shoes	des chaussures de toile
trainers ['treɪnəz]	des baskets
tennis shoes	des tennis
gym shoes	des chaussons de gymnastique
a slipper ['slɪpəʳ]	une pantoufle, un chausson
a mule [mju:l]	une mule
deck shoes	des chaussures bateau
– A shoeshop ['ʃu:ʃɒp]	un magasin de chaussures
footwear ['fʊtwɛəʳ] (n. c.)	la chaussure (terme commercial)
the shoe repairer the shoe mender the cobbler ['kɒbləʳ]	le cordonnier
to have one's shoes mended to have one's shoes repaired	faire réparer ses chaussures
to have a pair of shoes resoled	faire ressemeler une paire de chaussures
shoe polish shoe cream	le cirage
to polish one's shoes	cirer ses chaussures
to pinch [pɪntʃ]	serrer, faire mal
insoles ['ɪnsəʊlz]	semelles intérieures

7. ACCESSORIES AND JEWELLERY — LES ACCESSOIRES ET LES BIJOUX

– A hat [hæt]	un chapeau
a hood [hʊd]	une capuche
a cap [kæp]	une casquette
a beret ['bereɪ]	un béret
a turban ['tɜ:bən]	un turban
a felt hat	un feutre
a woolly hat	un bonnet (en laine)
a pompom hat	un bonnet à pompon
BR a trilby ['trɪlbɪ] AM a fedora [fə'dɔ:rə]	un chapeau mou
BR a bowler (hat) ['bəʊləʳ(hæt)] AM a derby ['dɜ:bɪ]	un chapeau melon
a top hat	un haut-de-forme
a boater ['bəʊtəʳ]	un canotier
a helmet ['helmɪt]	un casque
a balaclava (helmet)	un passe-montagne, une cagoule
a veil [veɪl]	un voile, une voilette
– BR a tie [taɪ] AM a necktie ['nektaɪ]	une cravate
a bow tie	un nœud papillon
a belt [belt]	une ceinture
a scarf [skɑ:f] (plur. scarves)	une écharpe
a glove [glʌv]	un gant
mitts [mɪts] mittens ['mɪtns]	des moufles
– BR a handbag ['hændbæg] AM a purse[1] [pɜ:s]	un sac à main
an umbrella [ʌm'brelə]	un parapluie
a (walking) stick a cane [keɪn]	une canne
a briefcase ['bri:fkeɪs]	une serviette
an attaché case	une mallette
a waist bag BR a bum bag	un sac banane
a parasol [ˌpærə'sɒl]	une ombrelle
BR sunglasses ['sʌnglɑ:sɪz] AM shades [ʃeɪdz]	des lunettes de soleil

ATTENTION 1 : BR a purse = un porte-monnaie

2 CLOTHING
L'HABILLEMENT

– BR a wallet ['wɒlɪt] AM a pocketbook ['pɒkɪtbʊk] AM a billfold ['bɪl,fəʊld]	un portefeuille
BR a purse[1] [pɜːs] AM a coin purse AM a change purse	un porte-monnaie
an address book	un carnet d'adresses
a notebook ['nəʊt,bʊk]	un calepin
a diary ['daɪərɪ]	un agenda
a visiting card	une carte de visite
a handkerchief ['hæŋkətʃɪf] a hankie ['hæŋkɪ] (parlé)	un mouchoir
a tissue ['tɪʃuː] a paper hankie (parlé)	un mouchoir en papier
a lighter ['laɪtəʳ]	un briquet

ATTENTION 1 : AM a purse = un sac à main

– A watch [wɒtʃ]	une montre
a watchstrap	un bracelet de montre
cufflinks ['kʌflɪŋks]	des boutons de manchette
a bracelet ['breɪslɪt]	un bracelet
a ring [rɪŋ]	une bague
a necklace ['neklɪs]	un collier
a pearl necklace	un collier de perles
a brooch [brəʊtʃ]	une broche
an earring ['ɪəʳ,rɪŋ]	une boucle d'oreille
a badge [bædʒ]	un badge
a lapel badge	une épinglette, un pin's
to have one's ears pierced	se faire percer les oreilles
a piercing ['pɪəsɪŋ]	un piercing
bling [blɪŋ] (parlé)	bijoux lourds et voyants

Tableaux de comparaison des tailles en France, en Grande-Bretagne et aux États-Unis

FEMMES

Robes, jupes, manteaux, pantalons, chemisiers, pulls

France	34	36	38	40	42	44	46	48
GB/USA	8	10	12	14	16	18	20	22

Chaussures

France	35	36	37	38	39	40	41	42
GB	3	4	4½	5½	6½	7½	8½	9½
USA	3½	4½	6	7	8	9	10	11

HOMMES

Manteaux, pantalons, pulls

France	44	46	48	49½	51	52½	54	55½	57
GB/USA	34	35	36	37	38	39	40	41	42

Chemises

France	36	37	38	39	41	42	43	44	45
GB/USA	14	14½	15	15½	16	16½	17	17½	18

Chaussures

France	40	41	42	43	44	45
GB	6	7	8	9	10	11
USA	7	8	9	10	11	11½

3 PERCEPTION
LA PERCEPTION

1. PHYSICAL FEELINGS LES SENSATIONS

– The five senses	les cinq sens
to perceive [pə'si:v]	percevoir
sensitive *to* ['sensɪtɪv]	sensible *à*
a sensation [sen'seɪʃən] a feeling ['fi:lɪŋ]	une sensation
to sense [sens]	sentir (intuitivement)
to feel* [fi:l]	sentir
to have a burning feeling	avoir une sensation de brûlure
I can't feel my hands	je ne sens plus mes mains
numb [nʌm]	engourdi (membre)
to go* numb to go* to sleep to go* dead	s'engourdir (membre)
– Conscious of sth aware of sth	conscient de qqch.
unaware of sth	inconscient de qqch.
to experience sth	éprouver qqch.
to get* the impression that	avoir l'impression que
it felt like flying	on avait l'impression de voler
sensory ['sensərɪ]	sensoriel
sensuous ['sensjʊəs]	sensuel
– Distinct [dɪs'tɪŋkt]	distinct
intense [ɪn'tens]	intense
intensity [ɪn'tensɪtɪ]	l'intensité
perceptible [pə'septəbl]	perceptible
imperceptible [ˌɪmpə'septəbl]	imperceptible
detectable [dɪ'tektəbl]	décelable
to detect [dɪ'tekt]	détecter
superficial [ˌsu:pə'fɪʃəl]	superficiel
– A reaction *to sth* [ri:'ækʃən]	une réaction *à qqch.*
to react *to sth* [ri:'ækt]	réagir *à qqch.*
a response *to sth* [rɪs'pɒns]	une réponse *à qqch.*
to respond *to sth* [rɪs'pɒnd]	répondre *à qqch.*
to stimulate ['stɪmjʊleɪt]	stimuler
a stimulus ['stɪmjʊləs] (plur. stimuli)	un stimulus

REMARQUE Les verbes exprimant des sensations se construisent souvent avec can ; ex. : I can feel it = je le sens, I can hear it = je l'entends, I can see it = je le vois.

2. TOUCH LE TOUCHER

– To feel* sth	tâter qqch., palper qqch.
rough/smooth to the touch	rugueux/lisse au toucher
contact *with* ['kɒntækt]	le contact *avec*
to come* into contact *with*	être en contact *avec*
tactile ['tæktaɪl]	tactile
tangible ['tændʒəbl]	tangible
– To touch [tʌtʃ]	toucher
to finger sth	toucher qqch. des doigts
to touch sth lightly	effleurer qqch.
to feel* around for sth	chercher qqch. à tâtons
to handle ['hændl]	manipuler
to rub *against* [rʌb]	frotter *contre*
to brush against sth	frôler qqch.
to caress [kə'res] to stroke [strəʊk] to pet [pet]	caresser
to tap *on sth, against sth* [tæp]	taper doucement *sur qqch.*
to pat [pæt]	tapoter (joue)
to tap	tapoter (objet)
to knock *on/against sth* [nɒk]	frapper *sur/contre qqch.*
to squeeze [skwi:z]	presser
to tickle ['tɪkl]	chatouiller
ticklish ['tɪklɪʃ]	chatouilleux
– Soft [sɒft]	doux
smooth [smu:ð]	lisse
to smooth	lisser
even ['i:vən]	uni
downy ['daʊnɪ]	duveteux
– Hard [hɑ:d]	dur
slippery ['slɪpərɪ]	glissant
slimy ['slaɪmɪ]	visqueux
greasy ['gri:sɪ]	graisseux

moist [mɔɪst]	humide
sticky ['stɪkɪ]	poisseux
clammy ['klæmɪ]	moite
uneven ['ʌn'i:vən]	irrégulier
rough [rʌf]	rugueux

REMARQUE On notera que la plupart des verbes exprimant le contact sont souvent suivis d'une postposition : to brush *against*, to rub *against*, to tap *on*.

3. TASTE LE GOÛT

– To taste sth	goûter qqch.
to give* sb a taste of sth	faire goûter qqch. à qqn
to sample ['sɑ:mpl]	déguster (fromages, coquillages)
to enjoy [ɪn'dʒɔɪ] BR to savour ['seɪvəʳ] AM to savor	savourer
to have a discerning palate	avoir le palais fin
– To taste of sth	avoir un goût de qqch.
What does it taste like?	Quel goût ça a ?
it tastes nice/awful	ça a bon/mauvais goût
it has a sweet/sour taste	ça a un goût sucré/amer
sweet to the taste	sucré au goût
you can taste the vanilla	on sent le goût de la vanille
BR an aftertaste ['ɑ:ftəteɪst] AM an undertaste ['ʌndəteɪst]	un arrière-goût
BR a nice/strong flavour AM a nice/strong flavor	un goût agréable/prononcé
BR to flavour sth AM to flavor sth	donner du goût à qqch.
BR a flavour ['fleɪvəʳ] AM a flavor	un parfum (glace)
– Delicious [dɪ'lɪʃəs]	délicieux
tasty ['teɪstɪ]	savoureux
appetizing ['æpɪtaɪzɪŋ]	appétissant
mouth-watering	alléchant
– Tasteless ['teɪstlɪs]	sans goût
bland [blænd]	fade
insipid [ɪn'sɪpɪd]	insipide
unpalatable [ʌn'pælɪtəbl]	désagréable au goût
– Salty ['sɔ:ltɪ]	salé
hot [hɒt]	relevé
spicy ['spaɪsɪ]	épicé
peppery ['pepərɪ]	poivré
sweet [swi:t]	sucré
bitter ['bɪtəʳ]	amer
tart [tɑ:t]	acide
sour ['saʊəʳ]	aigre
pungent ['pʌndʒənt]	piquant

4. SMELL L'ODORAT

– To smell* sth	sentir qqch. (en le respirant)
to smell* gas	sentir une odeur de gaz
to have a keen sense of smell	avoir un bon odorat
a smell [smel] BR an odour ['əʊdəʳ] (soutenu) AM an odor (soutenu)	une odeur
– It smells of lavender	ça sent la lavande
it has no smell	ça ne sent rien
BR odourless ['əʊdəlɪs] AM odorless	inodore (gaz)
– Sweet-smelling	odorant, qui sent bon
scent [sent]	le parfum (d'une fleur, d'un savon)
fragrance ['freɪgrəns]	
scented [sentɪd] fragrant ['freɪgrənt]	parfumé (fleur, savon)
sweet [swi:t]	parfumé (fruit)
heady ['hedɪ]	capiteux
pervasive [pɜ:'veɪsɪv]	pénétrant
a fragrance	une senteur
an aroma [ə'rəʊmə]	un arôme
aromatic [,ærəʊ'mætɪk]	aromatique
– To sniff at sth	renifler qqch., flairer qqch.
to sniff the air	humer l'air

to scent [sent] to perfume ['pɜ:fju:m]	parfumer (fleurs)
to exhale [eks'heɪl] to give* off	exhaler
- Nasty-smelling	malodorant, qui sent mauvais
it's smelly	ça sent mauvais
it's stuffy in here	ça sent le renfermé ici
foul [faʊl]	nauséabond
to stink* [stɪŋk] to reek [ri:k]	puer
to stink* of sth to reek of sth	puer qqch., empester qqch.
stinking ['stɪŋkɪŋ]	puant
it stank the room out	cela empestait la pièce
stink stench [stenʃ]	la puanteur
a stench	une odeur nauséabonde
acrid ['ækrɪd] pungent ['pʌndʒənt]	âcre
fetid ['fetɪd]	fétide

■ 5. SIGHT LA VUE

- To see* [si:]	voir
to have good/poor eyesight	avoir une bonne/mauvaise vue
visible ['vɪzəbl]	visible
invisible [ɪn'vɪzəbl]	invisible
visibility [,vɪzɪ'bɪlɪtɪ]	la visibilité
visual ['vɪzjʊəl]	visuel
at first sight	à première vue
to be in sight	être en vue
to come* into sight to appear [ə'pɪəʳ]	apparaître
to be out of sight	être hors de vue
to go* out of sight to disappear [,dɪsə'pɪəʳ]	disparaître
to lose* sight of sth/sb	perdre qqch./qqn de vue
to shoot* on sight	tirer à vue
to know* sb by sight	connaître qqn de vue
- To make* sth out	distinguer qqch.
to block sb's view	boucher la vue de qqn
a lovely view	une belle vue
the sight *of* [saɪt]	le spectacle *de*
a witness *of, to* ['wɪtnɪs]	un témoin *de*
the onlookers ['ɒn,lʊkəz]	les badauds
- Conspicuous [kən'spɪkjʊəs]	bien en évidence
to be inconspicuous	passer inaperçu
clear [klɪəʳ]	clair
clarity ['klærɪtɪ]	la clarté
opaque [əʊ'peɪk]	opaque
transparent [træns'pɛərənt]	transparent
transparency [træns'pɛərənsɪ]	la transparence
translucent [trænz'lu:snt]	translucide
optical ['ɒptɪkəl]	optique
an optical illusion	une illusion d'optique

■ 6. LOOKING REGARDER

- To look at sth/sb to have a look at sth/sb to take* a look at sth/sb	regarder qqch./qqn
watch him do it look at him do it	regarde-le faire
to look down/up	baisser/lever les yeux
to look for sth/sb	chercher qqch./qqn du regard
to keep* a lookout for sth/sb	guetter qqch./qqn
to keep* one's eye on sth	surveiller qch
- To observe [əb'zɜ:v]	observer
to watch [wɒtʃ]	
to examine [ɪg'zæmɪn]	examiner
observant [əb'zɜ:vənt]	observateur
observation [,ɒbzə'veɪʃən]	l'observation
an observer [əb'zɜ:vəʳ]	un(e) observateur (-trice)
to notice sth/sb to spot sth/sb	remarquer qqch./qqn
to notice that	remarquer que
to gaze at sth	contempler qqch.
- To glance at sth/sb	jeter un coup d'œil à qqch./qqn
to glance up/around	regarder en l'air/autour de soi

to catch* sight of sth/sb to catch* a glimpse of sth/sb	apercevoir qqch./qqn (brièvement)
to scan sth	parcourir qqch. du regard
– To peep at sth	regarder qqch. furtivement
to squint at sth	regarder qqch. du coin de l'œil
to look surreptitiously at sb/sth	regarder qqn/qqch. à la dérobée
to ogle sb (parlé)	reluquer qqn
to blink [blɪŋk]	cligner des yeux
– To gaze into space	regarder dans le vide
to stare at sb/sth	fixer qqn/qqch. du regard
to peer at sb/sth	regarder qqn/qqch. d'un air interrogateur
to peer doubtfully at sb/sth	regarder qqn/qqch. d'un air dubitatif
to glare at sb	lancer un regard furieux à qqn
to glare at sb disapprovingly	jeter un regard désapprobateur à qqn
to make* eyes at sb (parlé)	lancer des œillades à qqn
to wink at sb	faire un clin d'œil à qqn
to gape at sth/sb	regarder qqch./qqn bouche bée
he didn't take his eyes off her	il ne l'a pas quittée des yeux

■ 7. HEARING L'OUÏE

– To hear* [hɪəʳ]	entendre
to listen *to sb/sth* ['lɪsən]	écouter *qqn/qqch.*
to be all ears	être tout ouïe
his hearing is very acute	il a l'oreille fine
to have a good ear	avoir de l'oreille
within/out of earshot	à portée/hors de portée de voix
– To overhear* a conversation	surprendre une conversation
to eavesdrop on a conservation	écouter une conversation en cachette
to prick up one's ears	tendre l'oreille
to listen for sth	guetter (le bruit de) qqch.
to listen with only one ear to only half listen	n'écouter que d'une oreille
to put one's fingers in one's ears	se boucher les oreilles
to pretend not to hear sth	faire la sourde oreille à qqch.
– Audible ['ɔ:dɪbl]	audible
barely audible	à peine audible
audibly ['ɔ:dɪblɪ]	distinctement
inaudible [ɪn'ɔ:dəbl]	imperceptible

■ 8. NOISES AND SOUNDS LES BRUITS ET LES SONS

– A noise [nɔɪz]	un bruit
a sound [saʊnd]	un son
noisy ['nɔɪzɪ]	bruyant
noisily ['nɔɪzɪlɪ]	bruyamment
to be noisy to make* a noise	faire du bruit
– Silent ['saɪlənt]	silencieux (personne, endroit)
silence ['saɪləns]	le silence
quiet ['kwaɪət]	tranquille (lieu), silencieux (machine)
to stop talking	se taire
be quiet!	taisez-vous !
faint [feɪnt] slight [slaɪt]	faible (bruit)
faint	faible (voix)
to muffle a sound	étouffer un bruit
– Loud [laʊd]	fort, sonore
deafening ['defnɪŋ]	assourdissant
a racket ['rækɪt]	un vacarme
an uproar ['ʌprɔ:ʳ]	un tumulte
an echo ['ekəʊ]	un écho
to echo	se répercuter
– Shrill [ʃrɪl] high-pitched	aigu (voix, son)
high(-pitched)	aigu (note)
discordant [dɪs'kɔ:dənt] jarring ['dʒɑ:rɪŋ]	discordant
to jar [dʒɑ:ʳ]	faire un bruit discordant

piercing ['pɪəsɪŋ]	perçant
low [ləʊ]	grave (note)
deep [di:p] low-pitched	grave (voix, son)
– To ring* [rɪŋ]	sonner (téléphone, cloche, réveil)
a ring	une sonnerie
to tinkle ['tɪŋkl]	tinter (clochette)
a tinkle	un tintement
to jingle ['dʒɪŋgl]	tinter (monnaie)
a jingle	un tintement
to chink [tʃɪŋk]	tinter (verres)
a chink	un tintement
to peal [pi:l] to ring*	carillonner
a peal of bells	un carillon
to ring*	retentir (sonnerie)
to ring* out	retentir (cris)
to boom [bu:m]	retentir (voix)
to resound with sth	retentir de qqch.
– To screech [skri:tʃ]	grincer (freins)
to grate [greɪt]	grincer (objet métallique)
a grating noise	un grincement
to grind* one's teeth	grincer des dents
to shriek [ʃri:k]	hurler (personne)
a shriek	un hurlement
to wail [weɪl]	hurler (sirène)
to blare [blɛəʳ] to blast out	hurler (radio)
– To clink [klɪŋk]	cliqueter (vaisselle, clés)
a clink	un cliquetis
to clank ['klæŋk]	cliqueter (chaînes)
a clank	un cliquetis
to clatter ['klætəʳ]	cliqueter (talons)
a clatter	un cliquetis
to click [klɪk]	faire clic
a click	un déclic
to crunch [krʌntʃ]	crisser (gravier)
a crunch	un crissement (gravier)
to squeal [skwi:l]	crisser (pneus)
a squeal	un crissement (pneus)
to rattle ['rætl]	faire un bruit de ferraille (véhicule)
– To crackle ['krækl]	crépiter (feu)
a crackle	un crépitement
to rattle ['rætl]	crépiter (mitrailleuse)
a rattle	un crépitement
to sizzle ['sɪzl]	grésiller (friture)
a sizzle	un grésillement (friture)
to crackle	grésiller (radio)
a crackle	un grésillement (radio)
– To crash [kræʃ]	se fracasser
a crash	un fracas
to come* crashing down	tomber avec fracas
Crash!	Patatras !
to bang	claquer (porte, volet)
a bang	un claquement
to shut* the door with a bang to slam the door shut	claquer la porte
to snap [snæp]	claquer (corde qui casse)
a snap	un claquement
to crack [kræk]	claquer (fouet)
a crack	un claquement
to flap [flæp]	claquer (drapeau, voile)
to click one's heels	claquer des talons
– To crackle ['krækl]	craquer (feuilles mortes)
a crackle	un craquement
to squeak [skwi:k]	craquer (chaussures)
to creak [kri:k]	craquer (bois)
a creak	un craquement
to rustle ['rʌsl]	bruire
a rustle	un bruissement
– To explode [ɪks'pləʊd]	exploser
an explosion [ɪks'pləʊʒən] a blast [blɑ:st]	une explosion, une déflagration
a bang [bæŋ] a report [rɪ'pɔ:t]	une détonation
to backfire ['bæk'faɪəʳ]	pétarader
– To snore [snɔ:ʳ]	ronfler (personne)
a snore	un ronflement
to roar [rɔ:ʳ]	ronfler (feu, moteur)
a roar ['rɔ:r]	un ronflement
to whirr [wɜ:ʳ]	vrombir
a whirr [wɜ:r]	un vrombissement
to hiss [hɪs]	siffler (vapeur, serpent)
a hiss	un sifflement
to whistle ['wɪsl]	siffler (personne, vent, balle)
a whistle	un sifflement
to moan [məʊn]	gémir (vent, personne)
a moan	un gémissement
to creak [kri:k]	gémir (planche)

3 PERCEPTION
LA PERCEPTION

a creak	un gémissement
to rumble ['rʌmbl]	gronder (train, tonnerre, canon)
a rumble	un grondement
to roar [rɔːʳ]	rugir (mer, tempête)
a roar	un rugissement
– To make* a splash	faire plouf
to lap [læp]	clapoter
the lapping of the waves	le clapotement des vagues
to gurgle ['gɜːgl]	gargouiller
a gurgle	un gargouillis

REMARQUE Les verbes indiquant le bruit peuvent s'employer à la forme en -ing pour indiquer le bruit lui-même ; ex. : the whistling of the wind = le sifflement du vent ; the sizzling of the butter in the pan = le grésillement du beurre dans la poêle, etc. Ces formes peuvent également s'employer comme adjectifs précédant les mots sound et noise ; ex. : I heard a whirring sound, I heard whirring sounds = j'ai entendu un vrombissement, j'ai entendu des vrombissements.

4 BODILY ACTIVITY
L'ACTIVITÉ CORPORELLE

1. MOVEMENTS AND GESTURES LES MOUVEMENTS ET LES GESTES

– A movement ['muːvmənt]	un mouvement
to move [muːv]	bouger, faire un mouvement
a gesture ['dʒestʃəʳ]	un geste
to gesticulate [dʒes'tɪkjʊleɪt]	gesticuler
he gestured towards the chair	il désigna la chaise d'un geste
she gestured them to sit down	elle leur fit signe de s'asseoir
– To stand* up	se lever (quand on est assis)
to get* up	se lever (quand on est couché)
to stand* [stænd] to be standing	être debout
– To sit* down	s'asseoir (quand on est debout)
to sit* up	s'asseoir (quand on est couché)
to sit* [sɪt] to be sitting	être assis
to sit* up straight	s'asseoir bien droit
to sit* astride *sth*	s'asseoir à califourchon *sur qqch.*
– To stand* up straight	se tenir droit
to straighten one's back	se redresser
to have a stoop	être voûté
to have poor posture	se tenir mal
– To bend* [bend]	se pencher, se courber
to bend* down	se baisser
to bend* one's knees	plier les genoux
to bend* one's head to bow one's head	courber la tête
to kneel* down	s'agenouiller
to be kneeling to be on one's knees	être à genoux
to crouch [kraʊtʃ] to squat down	s'accroupir
on all fours	à quatre pattes
– To lie* down	se coucher, s'étendre
to lie* [laɪ] to be lying	être couché, être étendu
to sink* back into a chair	s'enfoncer dans un fauteuil
to sprawl in the grass	se vautrer dans l'herbe
to stretch [stretʃ]	s'étirer
– To turn round	se retourner
to turn towards sb	se tourner vers qqn
to spin* round to swing* round	se retourner vivement
to turn one's back on sb	tourner le dos à qqn
his back was turned towards the door	il avait le dos tourné à la porte
– To fold one's arms	croiser les bras
with one's arms folded	les bras croisés
to cross one's legs	croiser les jambes
with one's legs crossed	les jambes croisées
with arms dangling	les bras ballants
with arms akimbo	les poings sur les hanches
to sway one's hips	se déhancher en marchant
– To keep* / lose* one's balance	garder / perdre l'équilibre
to lean* against sth	s'appuyer contre qqch.
to lean* over sth	se pencher sur qqch.
to lean* forward / back(ward)	se pencher en avant / en arrière
– To shake* one's head	secouer la tête, faire non de le tête
to nod [nɒd]	hocher la tête
to nod one's head	faire oui de la tête
to shake* one's fist at sb	menacer qqn du poing
to be restless	ne pas tenir en place
to be fidgety	être remuant
a nervous twitch a tic [tɪk]	un tic
– To raise one's hand	lever la main
to swing* one's arms	balancer les bras
to shrug one's shoulders	hausser les épaules
to wave to sb	faire signe de la main à qqn
to point at sth	montrer qqch. du doigt
to beckon to sb	faire signe à qqn de venir
to clench one's fist	serrer le poing
to click one's fingers to snap one's fingers	faire claquer ses doigts
– To shake* [ʃeɪk] to tremble ['trembl]	trembler
to shiver ['ʃɪvəʳ]	frissonner (de froid, de peur)

a shiver	un frisson
to shake* with fear to quake with fear	trembler de peur
to shudder ['ʃʌdəʳ]	frémir (de répulsion, d'horreur)
a shudder	un frisson
to quiver ['kwɪvəʳ]	frémir (d'espoir, de colère)
to writhe [raɪð]	se tordre
– Graceful ['greɪsfʊl]	gracieux
elegant ['elɪgənt]	élégant
clumsy ['klʌmzɪ]	maladroit
awkward ['ɔ:kwəd]	gauche

REMARQUE La plupart des verbes de mouvement décrivent la position lorsqu'ils sont employés à la forme continue : to be sitting/leaning/kneeling = être assis/appuyé/agenouillé. Il ne faut pas confondre cette construction avec l'emploi de ces verbes à la forme simple qui décrit une action : to sit down = s'asseoir, to lean against sth = s'appuyer contre qqch., to kneel down = s'agenouiller.

2. FACIAL EXPRESSIONS LES EXPRESSIONS DU VISAGE

– To express [ɪks'pres]	exprimer
expressive [ɪks'presɪv]	expressif
an expression of disgust	une expression de dégoût
a smile [smaɪl]	un sourire
to smile *at sb, to sb*	sourire *à qqn*
to be all smiles	être tout sourire
to have a silly grin on one's face	sourire d'un air bête
– To laugh [lɑ:f]	rire
to laugh at sb	rire de qqn
a laugh	un rire
laughter ['lɑ:ftəʳ] (n. c.)	le rire
to roar with laughter	rire aux éclats
to burst* out laughing	éclater de rire
to chuckle ['tʃʌkl]	glousser
a chuckle	un gloussement
to giggle ['gɪgl]	rire bêtement
a giggle	un petit rire bête
to get* the giggles	avoir le fou rire
to sneer [snɪəʳ]	ricaner
a sneer	un ricanement
– To cry [kraɪ] to weep* [wi:p] (soutenu)	pleurer
to have a good cry (parlé)	pleurer un bon coup
a tear(drop) ['tɪə(drɒp)]	une larme
to burst* into tears	fondre en larmes
to be in tears	être en larmes
tearful ['tɪəfʊl]	larmoyant
his eyes were watering	il avait les larmes aux yeux
onions make my eyes water	les oignons me font pleurer
to sob [sɒb]	sangloter
a sob	un sanglot
to whine [waɪn]	pleurnicher
– To wink at sb	faire un clin d'œil à qqn
to screw up one's eyes	plisser les yeux
to frown [fraʊn]	froncer les sourcils
to frown at sb	regarder qqn en fronçant les sourcils
to scowl at sb	lancer un regard mauvais à qqn
to put* out one's tongue *at sb*	tirer la langue *à qqn*
to pull a face to pout [paʊt]	faire la moue
to make* faces *at sb*	faire des grimaces *à qqn*
to make* a face	faire la grimace
to purse one's lips	pincer les lèvres

3. THE VOICE LA VOIX

– To shout [ʃaʊt] to yell [jel]	crier
a shout a yell	un cri
to scream [skri:m] to howl [haʊl]	hurler
a scream a howl	un hurlement

to shriek [ʃri:k]	pousser un cri perçant
a shriek	un cri perçant
to cry out to exclaim [ɪks'kleɪm]	s'écrier
to bawl [bɔ:l]	brailler
to shout for help	crier au secours
to shout at sb	crier après qqn
to shout sth (out) to sb	crier qqch. à qqn
to scream with pain to howl with pain	hurler de douleur
– To whisper ['wɪspəʳ]	murmurer
a whisper	un murmure
to mumble ['mʌmbl]	marmonner
a mumble	un marmonnement
to mutter ['mʌtəʳ]	marmotter
a mutter	un marmottement
to clear one's throat	se râcler la gorge
– To moan [məʊn] to groan [grəʊn]	gémir
a moan a groan	un gémissement
to grunt [grʌnt]	grogner
a grunt	un grognement
to snarl [snɑ:l] to growl [graʊl]	gronder
a snarl a growl	un grondement
to croak [krəʊk]	parler d'une voix rauque
– To cheer [tʃɪəʳ]	pousser des hourras
cheering ['tʃɪərɪŋ] (n. c. sing.)	des acclamations
to stammer ['stæməʳ] to stutter ['stʌtəʳ]	bégayer
a stammer a stutter	un bégaiement
a stammerer ['stæmərəʳ] a stutterer ['stʌtərəʳ]	un(e) bègue
his voice is breaking	il mue
to whistle ['wɪsl]	siffler
a whistle	un sifflement
to sigh [saɪ]	soupirer
to give*/heave a sigh	pousser un soupir
a sigh	un soupir
– To speak* in a low/loud voice	parler bas/fort
to have lost one's voice	avoir perdu la voix
to have a deep voice	avoir une voix grave
to have a thin voice	avoir un filet de voix
soft [sɒft]	doux
shrill [ʃrɪl]	perçant
high-pitched	aigu
piping ['paɪpɪŋ]	flûté
melodious [mɪ'ləʊdɪəs]	mélodieux
musical ['mju:zɪkəl]	musical
rough [rʌf]	rude
harsh [hɑ:ʃ]	dur
gravelly ['grævəlɪ] rasping ['rɑ:spɪŋ]	rocailleux
hoarse [hɔ:s]	enroué
husky ['hʌskɪ]	rauque

REMARQUES

1. to whisper sth, to say sth in a whisper = murmurer qqch., to whisper back, to answer in a whisper = murmurer une réponse, répondre en un murmure.

2. Les verbes tels que to whistle = siffler expriment l'action en général ; ex. : he was whistling = il était en train de siffler. Les constructions telles que to give a whistle = siffler expriment une action ponctuelle ; ex. : he gave a whistle when he saw the picture = il siffla à la vue du tableau.

4. BODILY FUNCTIONS LES FONCTIONS CORPORELLES

– A hiccup ['hɪkʌp]	un hoquet
to hiccup	hoqueter
to have hiccups	avoir le hoquet
a burp [bɜ:p]	un rot
to burp	roter
to burp a baby	faire faire son rot à un bébé
a belch [beltʃ]	un renvoi
to belch	avoir un renvoi
his tummy was rumbling	son estomac gargouillait
to have wind	avoir des gaz
to fart [fɑ:t] (parlé)	péter
– A cough [kɒf]	une toux
to cough	tousser
a fit of coughing	une quinte de toux

a sneeze [sni:z]	un éternuement
to sneeze	éternuer
to blow* one's nose	se moucher
to sniff(le)	renifler
– **Breathing** ['bri:ðɪŋ] (n. c.)	la respiration
breath [breθ]	le souffle, l'haleine
to breathe [bri:ð]	respirer
to breathe in	inspirer
to breathe out	expirer
take a deep breath	respirez bien fort
to be out of breath	être essoufflé
to hold* one's breath	retenir son souffle
to wheeze [wi:z]	respirer bruyamment
to gasp (for breath)	avoir le souffle coupé
to pant (for breath) to puff [pʌf]	haleter
to choke [tʃəʊk]	s'étrangler
– **To yawn** [jɔ:n]	bâiller
a yawn	un bâillement
to snore [snɔ:ʳ]	ronfler
a snore	un ronflement
– **Perspiration** [ˌpɜ:spəˈreɪʃən]	la transpiration
to perspire [pəsˈpaɪəʳ]	transpirer
sweat [swet]	la sueur
to sweat	suer
in a sweat	en sueur
beads of perspiration beads of sweat	des gouttes de sueur
the sweat is pouring off me	je suis en nage
to have sweaty feet	transpirer des pieds
– **To spit*** [spɪt]	cracher
a gob of spit	un crachat
to dribble ['drɪbl]	baver
to salivate ['sælɪveɪt]	saliver
saliva [səˈlaɪvə]	la salive
– **To go* to the lavatory** to go* to the toilet	aller aux toilettes
to pee [pi:] (parlé) to have a pee (parlé)	faire pipi
to urinate ['jʊərɪneɪt]	uriner
urine ['jʊərɪn]	l'urine
stools [stu:ls]	les selles
excrement ['ekskrɪmənt] (n. c. sing.) faeces ['fi:si:z]	les excréments

■ 5. SEXUALITY LA SEXUALITÉ

– **Sex** [seks]	le sexe
sexual ['seksjʊəl]	sexuel
male [meɪl]	mâle, masculin
female ['fi:meɪl]	femelle, féminin
feminine ['femɪnɪn]	féminin
femininity [ˌfemɪˈnɪnɪtɪ]	la féminité
virile ['vɪraɪl] manly ['mænlɪ]	viril
virility [vɪˈrɪlɪtɪ] manliness ['mænlɪnɪs]	la virilité
impotent ['ɪmpətənt]	impuissant
impotence ['ɪmpətəns]	l'impuissance
frigid ['frɪdʒɪd]	frigide
frigidity [frɪˈdʒɪdɪtɪ]	la frigidité
chaste [tʃeɪst]	chaste
chastity ['tʃæstɪtɪ]	la chasteté
– **A lover** ['lʌvəʳ]	un amant
a mistress ['mɪstrɪs]	une maîtresse
a partner ['pa:tnəʳ]	un compagnon, une compagne
to seduce [sɪˈdju:s]	séduire
sexy ['seksɪ] (parlé)	sexy
erotic [ɪˈrɒtɪk]	érotique
to kiss [kɪs]	embrasser, s'embrasser
to embrace [ɪmˈbreɪs] to hug [hʌg]	enlacer, s'enlacer
to caress [kəˈres] to fondle ['fɒndl]	caresser, se caresser
to make* love *to sb*	faire l'amour *avec qqn*
to have sex *with sb* to have (sexual) intercourse *with sb*	avoir des rapports (sexuels) *avec qqn*
safe sex	les rapports sexuels protégés
casual sex	les rapports sexuels occasionnels
to sleep* with sb to go* to bed with sb	coucher avec qqn
an erection [ɪˈrekʃən]	une érection
to ejaculate [ɪˈdʒækjʊleɪt]	éjaculer
premature ejaculation	l'éjaculation précoce
an orgasm ['ɔ:gæzəm]	un orgasme
to come [kʌm] (parlé)	jouir

- **Sperm** [spɜːm]	le sperme
to have one's period to menstruate ['menstrʊeɪt] (soutenu)	avoir ses règles
menstruation [ˌmenstrʊ'eɪʃən] (soutenu)	la menstruation
menopause ['menəʊpɔːz]	la ménopause
male menopause	l'andropause
- **Contraception** [ˌkɒntrə'sepʃən]	la contraception
a contraceptive [ˌkɒntrə'septɪv]	un contraceptif
BR a condom ['kɒndəm] AM a rubber[1] ['rʌbə']	un préservatif
the pill [pɪl]	la pilule (contraceptive)
to be on the pill	prendre la pilule
a loop [luːp] an intra-uterine device (abr. IUD)	un stérilet

ATTENTION 1 : BR a rubber = une gomme

6. WAKING UP LE RÉVEIL

- **To wake* (up)** to awake* [ə'weɪk]	se réveiller
Wake up!	Réveille-toi !
to wake* sb up	réveiller qqn
to wake* with a start	se réveiller en sursaut
an alarm [ə'lɑːm] an alarm clock	un réveil
a clock-radio	un radio-réveil
to set* the alarm for 5	mettre le réveil à 5 heures
to ring* [rɪŋ]	sonner
the alarm has gone	le réveil a sonné
- **To get* up** to rise* [raɪz]	se lever
Up you get! Get up!	Lève-toi !
to be an early riser	être matinal
an early bird	un lève-tôt
a late sleeper	un lève-tard
to toss and turn	se tourner et se retourner dans son lit
to jump out of bed	sauter du lit
to rub one's eyes	se frotter les yeux
- **To sleep* in**	dormir tard
to have a lie-in (parlé)	faire la grasse matinée
to stay in bed	rester au lit
to have a rest to take* a rest AM to rest up	se reposer
- **Wide-awake**	bien réveillé
it keeps me awake	ça m'empêche de dormir
to have a sleepless night	passer une nuit blanche
he didn't sleep a wink	il n'a pas fermé l'œil de la nuit
insomnia [ɪn'sɒmnɪə]	l'insomnie
to have insomnia to suffer from insomnia	avoir des insomnies
insomniac [ɪn'sɒmnɪæk]	insomniaque

7. SLEEP LE SOMMEIL

- **Sleepy** ['sliːpɪ]	à moitié endormi
to feel* sleepy to be sleepy	avoir sommeil
sleepily ['sliːpɪlɪ] drowsily ['draʊzɪlɪ]	d'un air endormi
sleepiness ['sliːpɪnɪs]	la somnolence
to be asleep on one's feet	dormir debout
I can't keep my eyes open	je dors debout
to be ready to drop	tomber de sommeil
drowsy ['draʊzɪ]	somnolent
drowsiness ['draʊzɪnɪs]	la somnolence
- **It's bedtime**	c'est l'heure d'aller se coucher
at bedtime	à l'heure du coucher
to be in bed	être couché, être au lit
to go* to bed	se coucher
to put* sb to bed	coucher qqn
to tuck sb in	border qqn
- **To fall* asleep** to go* to sleep	s'endormir
to get* to sleep	réussir à s'endormir

to drop off (parlé)	s'endormir (soudainement)
to put* sb to sleep	endormir qqn
to go* back to sleep	se rendormir
Sleep well!	Dors bien !
– To sleep* [sli:p] to be asleep	dormir
to be fast asleep to be sound asleep	dormir à poings fermés
half-asleep	à moitié endormi
I overslept	j'ai dormi trop longtemps
to sleep* through one's alarm	ne pas entendre son réveil
to sleep* round the clock	faire le tour du cadran
– A deep sleep	un sommeil profond
to sleep* like a log	dormir comme une souche
to be a heavy/light sleeper	avoir le sommeil lourd/léger
to sleep* heavily/lightly/soundly	dormir profondément/d'un sommeil léger/sur ses deux oreilles
– A doze [dəʊz] a (short) nap	un petit somme
to have a nap to take* a nap	faire un petit somme
to doze off	s'assoupir
to (have a) doze to snooze [snu:z]	sommeiller
a snooze	un roupillon
to have a snooze	piquer un roupillon
to have a siesta to take* a siesta	faire la sieste
– To walk in one's sleep to sleepwalk ['sli:pwɔ:k]	marcher en dormant
sleepwalking ['sli:pˌwɔ:kɪŋ]	le somnambulisme
a sleepwalker ['sli:pˌwɔ:kəʳ]	un(e) somnambule

8. DREAMS LES RÊVES

– A dream [dri:m]	un rêve
to dream* *about, of*	rêver *de*
to see* sth in one's dreams	voir qqch. en rêve
it came to him in a dream	il l'a vu en rêve
Pleasant dreams! Sweet dreams!	Fais de beaux rêves !
to have a bad dream	faire un mauvais rêve
a nightmare ['naɪtˌmɛəʳ]	un cauchemar
to have a nightmare	faire un cauchemar
nightmarish ['naɪtˌmɛərɪʃ]	cauchemardesque
my dream came true	mon rêve s'est réalisé
it was the car of his dreams it was his dream car	c'était la voiture de ses rêves
– A daydream ['deɪdri:m] a reverie ['revərɪ] (soutenu)	une rêverie
to daydream	rêvasser, rêver tout éveillé
a waking dream	un rêve éveillé
a mirage ['mɪrɑ:ʒ]	un mirage
– An illusion [ɪ'lu:ʒən]	une illusion
a hallucination [həˌlu:sɪ'neɪʃən]	une hallucination
to hallucinate [hə'lu:sɪˌneɪt]	avoir des hallucinations
hallucinatory [hə'lu:sɪnətərɪ]	hallucinatoire
a vision ['vɪʒən]	une vision
to have visions to see* things	avoir des visions
to hypnotize sb	hypnotiser qqn
hypnotic [hɪp'nɒtɪk]	hypnotique
hypnotism ['hɪpnətɪzəm]	l'hypnotisme
a hypnotist ['hɪpnətɪst]	un(e) hypnotiseur(-euse)
a trance [trɑ:ns]	une transe
to go* into a trance	entrer en transe

5 HEALTH
LA SANTÉ

1. PHYSICAL FITNESS LA CONDITION PHYSIQUE

– Health [helθ]	la santé
healthy ['helθɪ]	en bonne santé
to be in good / poor health	être en bonne / mauvaise santé
to be / feel* well	être / se sentir bien
to be fine (parlé)	aller bien
to be as fit as a fiddle (parlé)	se porter comme un charme
fitness ['fɪtnɪs]	la forme
fit [fɪt] in good shape	en forme
to be blooming with health	être resplendissant de santé
sound [saʊnd]	sain (organe)
wholesome ['həʊlsəm]	sain (nourriture, mode de vie)
sound in body and mind	sain de corps et d'esprit
– Strength [streŋθ]	la force
to be strong	être fort
robust [rəʊ'bʌst]	robuste (personne)
sound [saʊnd]	solide, robuste (cœur)
vigorous ['vɪgərəs]	vigoureux
energy ['enədʒɪ]	l'énergie
energetic [ˌenə'dʒetɪk]	énergique
vitality [vaɪ'tælɪtɪ]	la vitalité
lively ['laɪvlɪ]	plein de vitalité
sturdy ['stɜːdɪ]	solide
resilient [rɪ'zɪlɪənt]	endurant
active ['æktɪv]	actif
tough [tʌf]	résistant
to have a cast-iron constitution	avoir une santé de fer
endurance [ɪn'djʊərəns] stamina ['stæmɪnə]	l'endurance
to have staying power	avoir de l'endurance
– To tire ['taɪə^r]	fatiguer, se fatiguer
tiredness ['taɪədnɪs]	la fatigue
tired ['taɪəd]	fatigué
exhausted [ɪg'zɔːstɪd] tired out worn out	épuisé
shattered ['ʃætəd] (parlé)	claqué
exhaustion [ɪg'zɔːstʃən]	l'épuisement
weary ['wɪərɪ]	las
weariness ['wɪərɪnɪs]	la lassitude
– Weak [wiːk]	faible
weakness ['wiːknɪs]	la faiblesse
to have poor health	être de santé fragile
to suffer from ill health	être mal portant
sickly ['sɪklɪ]	maladif
– To put* on weight	grossir, prendre du poids
to put* on 5 kilos	grossir de 5 kilos
to be overweight	être trop gros
obese [əʊ'biːs]	obèse
to lose* one's figure	s'empâter
to lose* weight	maigrir, perdre du poids
to lose* 2 kilos	maigrir de 2 kilos
to be underweight	être trop maigre
BR to slim [slɪm] AM to slenderize ['slendəraɪz]	mincir
to watch one's weight	surveiller sa ligne
a diet ['daɪət]	un régime
to be / go* on a diet	être / se mettre au régime
to diet	suivre un régime

2. THE PATIENT LE MALADE

– A patient ['peɪʃənt]	un(e) patient(e), un(e) malade
a sick person	un(e) malade
the sick [sɪk] (plur.)	les malades
to be out of sorts	ne pas se sentir très bien
to feel below par	ne pas se sentir en forme
unwell [ʌn'wel] BR poorly ['pʊəlɪ]	souffrant
BR off colour (parlé) BR under the weather (parlé)	mal fichu
to be in a bad way (parlé)	aller vraiment mal
to be sickening for sth	couver qqch.
prone to	sujet à
a health hazard	un risque pour la santé
a hypochondriac [ˌhaɪpəʊ'kɒndrɪæk]	un(e) malade imaginaire

– To fall* sick to fall* ill to be taken ill	tomber malade
to go* down with sth to come* down with sth	tomber malade de qqch.
BR to be ill AM to be sick[1]	être malade
to go* sick	se faire porter malade
on sick leave	en congé de maladie
to pass an illness on to sb	passer une maladie à qqn

ATTENTION 1 : BR to be sick = vomir

– To suffer ['sʌfə^{r}] to be in pain	souffrir
his condition is stable/critical	il est dans un état stable/critique
out of danger	hors de danger
his condition gives no cause for alarm	son état n'inspire pas d'inquiétude
he has taken a turn for the worse	son état s'est aggravé
to have a relapse	faire une rechute
seriously ill	gravement malade
terminally ill	condamné
to stay in bed	garder le lit
confined to bed	alité
bedridden ['bed,rɪdən]	grabataire
– To be better to get* better	aller mieux
to feel* better	se sentir mieux
to improve [ɪm'pru:v]	s'améliorer
there's a slight improvement	il y a un léger mieux
convalescence [,kɒnvə'lesəns]	la convalescence
convalescent [,kɒnvə'lesənt]	convalescent
a convalescent home	une maison de convalescence
to recuperate [rɪ'ku:pəreɪt]	récupérer
to be cured	guérir (personne)
to heal [hi:l] to mend [mend]	guérir (blessure)
to recover [rɪ'kʌvə^{r}]	se rétablir
a recovery [rɪ'kʌvərɪ]	la guérison, le rétablissement
to get* over sth to recover from sth	se remettre de qqch.
to be back on one's feet again	être de nouveau sur pied
to be over the worst (parlé)	être tiré d'affaire
to pull through	s'en sortir

3. INJURIES LES BLESSURES

– An injury ['ɪndʒərɪ]	une blessure
a knee injury	une blessure au genou
a wound [wu:nd]	une plaie
an open wound	une plaie ouverte
to injure ['ɪndʒə^{r}]	blesser (accidentellement)
to wound [wu:nd]	blesser (intentionnellement)
to injure o.s.	se blesser
– A cut [kʌt]	une coupure
to cut* one's hand	se couper à la main
a bruise [bru:z]	un bleu, une ecchymose
a scratch [skrætʃ]	une égratignure
to scratch	égratigner
a graze [greɪz]	une éraflure
to graze one's knee	s'érafler le genou
– A sprain [spreɪn]	une entorse
to twist one's ankle	se tordre la cheville
to sprain one's ankle	se fouler la cheville
to strain a muscle to pull a muscle	se froisser un muscle
to tear* a ligament	se déchirer un ligament
to dislocate one's shoulder	se démettre l'épaule
to have a stiff neck	avoir le torticolis
– To break* one's arm	se casser le bras
a broken leg	une jambe cassée
a fracture ['fræktʃə^{r}]	une fracture
he has a fractured skull	il a une fracture du crâne
to be/put* in plaster	être/mettre dans le plâtre
to have one's arm in a sling	avoir le bras en écharpe
stitches [stɪtʃɪz]	des points de suture
– A burn [bɜ:n]	une brûlure
to get* sunstroke	attraper une insolation
a bee/wasp sting	une piqûre d'abeille/de guêpe

a bite [baɪt]	une morsure
a boil *on* [bɔɪl]	un furoncle *à*
an abscess ['æbses]	un abcès
a cyst *on sth* [sɪst]	un kyste *à qqch.*
a blister ['blɪstəʳ]	une ampoule
a corn [kɔːn]	un cor au pied
a chilblain ['tʃɪlbleɪn]	une engelure

4. SYMPTOMS LES SYMPTÔMES

– **A** pain [peɪn]	une douleur
to have a pain in one's arm	avoir une douleur au bras
a throbbing/an agonizing pain	une douleur lancinante/atroce
painful ['peɪnfʊl]	douloureux
a twinge [twɪndʒ]	un élancement
painless ['peɪnlɪs]	indolore
– **H**ow are you feeling?	Comment vous sentez-vous ?
What's the matter with you?	Qu'est-ce qui ne va pas ?
I'm not feeling too good (parlé)	je ne me sens pas très bien
I'm feeling terrible (parlé)	je ne me sens pas bien du tout
to hurt* *sb* [hɜːt]	faire mal *à qqn*
Where does it hurt?	Où avez-vous mal ?
my arm hurts	j'ai mal au bras
I'm aching all over	j'ai mal partout
it's agony (parlé)	ça fait terriblement mal
– **A** migraine ['miːgreɪn]	une migraine
to suffer from migraine	souffrir de migraines
neuralgia [njʊ'rældʒə] (n. c.)	la névralgie
tender ['tendəʳ]	sensible (endroit)
to have a headache	avoir mal à la tête
to have (a) stomach ache to have tummy ache (parlé)	avoir mal au ventre
to have a weak heart/stomach	avoir le cœur/l'estomac fragile
to suffer from backache	avoir souvent mal au dos
to have cramp in one's leg	avoir une crampe à la jambe
to have a sore throat/finger	avoir mal à la gorge/au doigt
– **T**o have a temperature to be running a temperature	avoir de la fièvre
to have a high fever	avoir beaucoup de fièvre
to have a temperature of 39 °C	avoir 39 de fièvre
feverish ['fiːvərɪʃ]	fiévreux
to shiver ['ʃɪvəʳ]	frissonner
to sneeze [sniːz]	éternuer
to cough [kɒf]	tousser
– **T**o faint [feɪnt]	s'évanouir
unconscious [ʌn'kɒnʃəs]	sans connaissance
to lose* / recover consciousness	perdre/reprendre connaissance
to come* round	revenir à soi
to feel* giddy to feel* dizzy	avoir la tête qui tourne
dizziness ['dɪzɪnɪs] (sing.)	les vertiges
a bout of dizziness a dizzy spell	un vertige
– **T**o feel* sick	avoir mal au cœur
nausea ['nɔːsɪə]	la nausée
to vomit ['vɒmɪt] BR to be sick[1] to throw* up (parlé)	vomir
vomiting ['vɒmɪtɪŋ] (n. c. sing.)	des vomissements
to have a stomach upset	avoir l'estomac dérangé
a spasm ['spæzəm]	un spasme
it doesn't agree with me	je le digère mal
to have diarrhea BR to have diarrhoea	avoir la diarrhée
constipated ['kɒnstɪpeɪtɪd]	constipé
constipation [,kɒnstɪ'peɪʃən]	la constipation

ATTENTION 1 : AM to be sick = être malade

– **B**lood [blʌd]	le sang
to bleed* [bliːd]	saigner
bleeding ['bliːdɪŋ] (n. c.)	le saignement
BR a haemorrhage ['hemərɪdʒ] AM a hemorrhage	une hémorragie
BR to haemorrhage AM to hemorrhage	faire une hémorragie

blood pressure	la tension artérielle
to have high blood pressure	faire de l'hypertension
to have low blood pressure	faire de l'hypotension
– A rash [ræʃ]	une éruption
to prickle ['prɪkl] to tingle ['tɪŋgl]	picoter
my face is tingling	le visage me picote
to sting* [stɪŋ]	piquer
an itch [ɪtʃ]	une démangeaison
my arm is itching my arm is itchy	le bras me démange
a pimple ['pɪmpl] a spot [spɒt]	un bouton
acne ['æknɪ]	l'acné
eczema ['eksɪmə]	l'eczéma
an irritation [ˌɪrɪ'teɪʃən]	une irritation
inflamed [ɪn'fleɪmd]	enflammé
to fester ['festəʳ]	suppurer
to swell* [swel]	enfler
a swelling ['swelɪŋ]	une enflure
to be suffering from shock	être commotionné
– Seasickness ['siːˌsɪknɪs]	le mal de mer
airsickness ['ɛəˌsɪknɪs]	le mal de l'air
to be seasick	avoir le mal de mer
to be airsick	avoir le mal de l'air
to be travel-sick to suffer from travel-sickness	être malade en voyage
to be carsick	être malade en voiture

5. DISEASES LES MALADIES

– A disease [dɪ'ziːz] an illness ['ɪlnɪs]	une maladie
a lung/bone disease	une maladie pulmonaire/osseuse
during his illness while he was ill	pendant sa maladie
a minor illness	une maladie sans gravité
to catch* sth to get* sth	attraper qqch.
to have pneumonia	avoir une pneumonie
– A complaint [kəm'pleɪnt]	une affection
an infection [ɪn'fekʃən]	une infection
an infectious disease	une maladie infectieuse
an epidemic [ˌepɪ'demɪk]	une épidémie
a flu epidemic an outbreak of flu	une épidémie de grippe
a disorder [dɪs'ɔːdəʳ]	un trouble
to have an attack of sth	avoir une crise de qqch.
an allergy ['ælədʒɪ]	une allergie
allergic *to sth* [ə'lɜːdʒɪk]	allergique *à qqch.*
a fit [fɪt]	des convulsions
a germ [dʒɜːm] a bug [bʌg] (parlé)	un microbe
a virus ['vaɪərəs]	un virus
contagious [kən'teɪdʒəs] catching ['kætʃɪŋ] (parlé)	contagieux
the incubation period	la période d'incubation
– A cold [kəʊld]	un rhume
a bad/slight cold	un gros/petit rhume
to catch* a cold	s'enrhumer
to catch* a chill	prendre froid
to have a runny nose	avoir le nez qui coule
flu [fluː] influenza [ˌɪnflʊ'enzə] AM grippe [grɪp]	la grippe
asthmatic [æs'mætɪk]	asthmatique
asthma ['æsmə]	l'asthme
hay fever	le rhume des foins
a throat infection	une angine
sinusitis [ˌsaɪnə'saɪtɪs]	la sinusite
tonsillitis [ˌtɒnsɪ'laɪtɪs]	l'amygdalite
– Appendicitis [əˌpendɪ'saɪtɪs]	l'appendicite
food poisoning	l'intoxication alimentaire
kidney failure	l'insuffisance rénale
gallstones ['gɔːlstəʊnz]	des calculs biliaires
a hernia ['hɜːnɪə]	une hernie
a stomach ulcer	un ulcère à l'estomac
– Measles ['miːzlz]	la rougeole
German measles	la rubéole
chicken pox	la varicelle
mumps [mʌmps]	les oreillons
scarlet fever	la scarlatine
jaundice ['dʒɔːndɪs]	la jaunisse
whooping cough	la coqueluche
– Rheumatism ['ruːmətɪzəm] (n. c. sing.)	les rhumatismes
arthritis [ɑː'θraɪtɪs]	l'arthrite

lumbago [lʌm'beɪgəʊ]	le lumbago
to have varicose veins	avoir des varices
piles [paɪlz] h(a)emorrhoids ['hemərɔɪdz] (soutenu)	les hémorrhoïdes

REMARQUE Les noms de maladies ne prennent pas d'article en anglais courant et ne s'utilisent pas au pluriel ; ex. : il a fait une grosse bronchite = he had bronchitis badly, he had a bad dose of bronchitis ; avoir une légère grippe = to have a touch of flu ; faire plusieurs amygdalites = to have tonsillitis several times.

6. SERIOUS ILLNESSES LES MALADIES GRAVES

– Curable ['kjʊərəbl]	guérissable
incurable [ɪn'kjʊərəbl]	incurable
hereditary [hɪ'redɪtərɪ]	héréditaire
congenital [kən'dʒenɪtl]	congénital
chronic ['krɒnɪk]	chronique
a terminal illness	une maladie mortelle
cancer ['kænsə^r]	le cancer
to have cancer of the liver	avoir un cancer du foie
a cancer sufferer	un(e) cancéreux (-euse)
carcinogenic [ˌkɑːsɪnə'dʒenɪk]	cancérigène
a growth *on* [grəʊθ] BR a tumour *on* ['tjuːmə^r] AM a tumor *on*	une tumeur *à*
a brain tumour	une tumeur au cerveau
malignant [mə'lɪgnənt]	malin
in a coma	dans le coma
– To have a stroke	avoir une attaque
to have a heart attack	avoir une crise cardiaque
to have a coronary	avoir un infarctus
a heart failure a cardiac arrest	un arrêt cardiaque
angina [æn'dʒaɪnə]	l'angine de poitrine
anaphylactic shock	le choc anaphylactique
– Pneumonia [njuː'məʊnɪə]	la pneumonie
pleurisy ['plʊərɪsɪ]	la pleurésie
tuberculosis [tjʊˌbɜːkjʊ'ləʊsɪs] TB [tiː'biː] (parlé)	la tuberculose
SARS [sɑːz]	le SRAS
– An(a)emia [ə'niːmɪə]	l'anémie
an(a)emic [ə'niːmɪk]	anémique
diabetes [ˌdaɪə'biːtiːz]	le diabète
a diabetic [ˌdaɪə'betɪk]	un(e) diabétique
epilepsy ['epɪlepsɪ]	l'épilepsie
an epileptic [ˌepɪ'leptɪk]	un(e) épileptique
h(a)emophilia [ˌhiːməʊ'fɪlɪə]	l'hémophilie
a h(a)emophiliac [ˌhiːməʊ'fɪlɪæk]	un(e) hémophile
leuk(a)emia [luː'kiːmɪə]	la leucémie
Parkinson's disease	la maladie de Parkinson
shingles ['ʃɪŋglz] (sing.)	le zona
glandular fever mononucleosis [ˌmɒnəʊnjuːklɪ'əʊsɪs]	la mononucléose
multiple sclerosis	la sclérose en plaques
– Diphtheria [dɪf'θɪərɪə]	la diphtérie
cholera ['kɒlərə]	le choléra
malaria [mə'lɛərɪə]	le paludisme
leprosy ['leprəsɪ]	la lèpre
a leper ['lepə^r]	un(e) lépreux (-euse)
the plague [pleɪg]	la peste
smallpox ['smɔːlpɒks]	la variole
meningitis [ˌmenɪn'dʒaɪtɪs]	la méningite
typhoid ['taɪfɔɪd]	la typhoïde
hepatitis [ˌhepə'taɪtɪs]	l'hépatite
tetanus ['tetənəs]	le tétanos
gangrene ['gæŋgriːn]	la gangrène
rabies ['reɪbiːz] (sing.)	la rage
bird flu	la grippe aviaire
– A sexually transmitted disease	une maladie sexuellement transmissible
an STD [estiː'diː]	une MST
syphilis ['sɪfɪlɪs]	la syphilis
gonorrhoea [ˌgɒnə'rɪə]	la blénorragie
Aids [eɪdz] (sing.)	le sida
HIV positive	séropositif
an opportunistic infection	une infection opportuniste
a (healthy) carrier	un porteur (sain)
a retrovirus ['retrəʊˌvaɪrəs]	un rétrovirus
retroviral [ˌretrəʊ'vaɪrəl]	rétroviral

7. PHYSICAL HANDICAPS AND MENTAL DISORDERS LES HANDICAPS PHYSIQUES ET LES TROUBLES MENTAUX

– Handicapped ['hændɪkæpt] disabled [dɪs'eɪbld]	handicapé
a disabled person a handicapped person	un(e) handicapé(e)
the disabled [dɪs'eɪbld] (plur.) the handicapped (plur.)	les handicapés
a handicap ['hændɪkæp]	un handicap
a disability [,dɪsə'bɪlɪtɪ]	un handicap physique
an invalid ['ɪnvəlɪd]	un(e) infirme
BR paralysed ['pærəlaɪzd] AM paralyzed	paralysé
crippled [krɪpld]	estropié
lame [leɪm]	boiteux, estropié
to limp [lɪmp]	boiter
crutches ['krʌtʃɪz]	des béquilles
a wheelchair ['wi:l,tʃɛəʳ]	un fauteuil roulant
to be wheelchair-bound	être dans un fauteuil roulant
a person with motor disability	un handicapé moteur
paraplegic [,pærə'pli:dʒɪk]	paraplégique
hemiplegic [,hemɪ'pli:dʒɪk]	hémiplégique
disabled access	accès aux handicapés
a disabled toilet	des toilettes pour handicapés
– A mental illness	une maladie mentale
a mentally ill person	un(e) malade mental(e)
mental disorder (n. c.)	les troubles mentaux
neurotic [njʊ'rɒtɪk]	névrosé
neurosis [njʊ'rəʊsɪs] (plur. neuroses)	la névrose
psychosis [saɪ'kəʊsɪs] (plur. psychoses)	la psychose
madness ['mædnɪs] lunacy ['lu:nəsɪ] insanity [ɪn'sænɪtɪ]	la folie
dementia [dɪ'menʃɪə]	la démence
mad [mæd] crazy ['kreɪzɪ] insane [ɪn'seɪn]	fou
– A mentally handicapped person	un handicapé mental
Down's syndrome	la trisomie 21
a Down's syndrome child	un(e) trisomique 21
brain damage (n. c.)	une lésion cérébrale
– To have a nervous breakdown	faire une dépression nerveuse
depressive [dɪ'presɪv]	dépressif
manic depressive	maniacodépressif
autism ['ɔ:tɪzəm]	l'autisme
autistic [ɔ:'tɪstɪk]	autistique, autiste
anorexia (nervosa)	l'anorexie (mentale)
anorexic [ænə'reksɪk]	anorexique
bulimia [bjʊ:'lɪmɪə]	la boulimie
bulimic [bjʊ:'lɪmɪk]	boulimique
stress [stres]	le stress
hysteria [hɪs'tɪərɪə]	l'hystérie
– A phobia ['fəʊbɪə]	une phobie
to have a phobia about sth	avoir la phobie de qqch.
claustrophobia [,klɔ:strə'fəʊbɪə]	la claustrophobie
claustrophobic [,klɔ:strə'fəʊbɪk]	claustrophobe
agoraphobia [,ægərə'fəʊbɪə]	l'agoraphobie
a hallucination [hə,lu:sɪ'neɪʃən]	une hallucination
schizophrenia [,skɪtsəʊ'fri:nɪə]	la schizophrénie
a schizophrenic [,skɪtsəʊ'frenɪk]	un(e) schizophrène

8. TEETH, EYES AND EARS LES DENTS, LES YEUX ET LES OREILLES

– A dentist ['dentɪst]	un(e) dentiste
a dental surgeon	un chirurgien dentiste
the dentist's chair	le fauteuil du dentiste
the drill [drɪl]	la roulette
to have toothache	avoir mal aux dents
raging toothache (n. c.)	une rage de dents
tooth decay (n. c.)	la carie dentaire
to have a bad tooth to have a hole in one's tooth	avoir une carie

a filling ['fɪlɪŋ]	un plombage
to have a tooth filled	se faire plomber une dent
– An extraction [ɪks'trækʃən]	une extraction
to extract [ɪks'trækt]	extraire
to have a tooth out	se faire arracher une dent
to have one's teeth scaled	se faire détartrer les dents
to have root canal work done	se faire dévitaliser une dent
dentures (plur.) ['dentʃəʳz]	un dentier
a plate [pleɪt]	un appareil dentaire (prothèse)
a brace [breɪs]	un appareil dentaire (de contention)
a bridge [brɪdʒ]	un bridge
a crown [kraʊn]	une couronne
an implant ['ɪmplɑ:nt]	un implant
– An optician [ɒp'tɪʃən]	un(e) opticien(ne)
an eye specialist an ophthalmologist [ˌɒfθæl'mɒlədʒɪst] (soutenu)	un(e) ophthalmologiste
eyesight ['aɪsaɪt] vision ['vɪʒən]	la vue
to have good/poor eyesight	avoir une bonne/mauvaise vue
blind [blaɪnd]	aveugle
the blind (plur.)	les aveugles
to go* blind	devenir aveugle
to lose* one's sight	perdre la vue
blindness ['blaɪndnɪs]	la cécité
blind in one eye	borgne
BR colour-blind AM color-blind	daltonien
BR colour-blindness AM color-blindness	le daltonisme
to be partially sighted	être mal voyant
short-sighted	myope
BR long-sighted AM far-sighted	hypermétrope
a squint [skwɪnt]	un strabisme
to squint to have a squint	loucher
conjunctivitis [kənˌdʒʌŋktɪ'vaɪtɪs]	la conjonctivite
a cataract ['kætərækt]	une cataracte
to have one's eyes tested	faire contrôler sa vue
– Glasses ['glɑ:sɪz]	des lunettes
to wear* glasses	porter des lunettes
the frames [freɪmz] (plur.)	la monture
a lens [lenz]	un verre (de lunettes)
contact lenses	des verres de contact
– Deaf [def]	sourd
the deaf (plur.)	les sourds
deafness ['defnɪs]	la surdité
hard of hearing	dur d'oreille
to have impaired hearing (soutenu)	être malentendant
the hearing impaired (plur.)	les malentendants
a hearing aid	un appareil acoustique
an ear infection otitis [əʊ'taɪtɪs] (soutenu)	une otite

■ 9. DRUG AND ALCOHOL ABUSE LA DROGUE ET L'ALCOOL

– An alcoholic [ˌælkə'hɒlɪk]	un(e) alcoolique
alcoholism ['ælkəhɒlɪzəm]	l'alcoolisme
a drunkard ['drʌŋkəd] a drunk [drʌŋk] (parlé)	un(e) ivrogne
drunkenness ['drʌŋkənnɪs]	l'ivrognerie
drunk inebriated [ɪˌni:brɪ'eɪtɪd] (soutenu)	ivre
tipsy ['tɪpsɪ] (parlé)	éméché
to drink* heavily to be a heavy drinker	boire trop
binge drinking	la consommation compulsive d'alcool
under the influence of alcohol (soutenu)	en état d'ivresse
– Drugs[1] [drʌgz] (plur.)	la drogue
a drug addict	un(e) drogué(e), un(e) toxicomane
a junkie ['dʒʌŋkɪ] (parlé)	un(e) toxico
to take* drugs	se droguer
to be addicted to sth to be hooked on sth (parlé)	se droguer à qqch.
addiction *to sth* [ə'dɪkʃən]	l'accoutumance *à qqch.*
to be addictive to be habit-forming	créer une accoutumance

drug addiction	la toxicomanie

REMARQUE 1 : a drug désigne aussi un médicament

– A hard/soft drug	une drogue dure/douce
a joint [dʒɔɪnt] (parlé)	un joint
narcotics [nɑːˈkɒtɪks]	les stupéfiants
barbiturates [bɑːˈbɪtjʊrɪts]	les barbituriques
to take* an overdose *of sth* / to overdose *on sth* [ˈəʊvədəʊs]	prendre une dose massive *de qqch.*
– Recreational drugs	les euphorisants
marijuana [ˌmærɪˈhwɑːnə]	la marijuana
heroin [ˈherəʊɪn]	l'héroïne
hashish [ˈhæʃɪʃ]	le haschisch
hash [hæʃ] (parlé)	le hasch
morphine [ˈmɔːfiːn]	la morphine
cannabis [ˈkænəbɪs]	le cannabis
grass [grɑːs] (parlé)	l'herbe
opium [ˈəʊpɪəm]	l'opium
cocaine [kəˈkeɪn]	la cocaïne
LSD [elesˈdiː]	le LSD
amphetamines [æmˈfetəmiːnz]	les amphétamines
– Tobacco [təˈbækəʊ]	le tabac
nicotine [ˈnɪkətiːn]	la nicotine
smoking [ˈsməʊkɪŋ]	le tabagisme
passive smoking	le tabagisme passif
the dangers of smoking	les méfaits du tabac
to smoke (cigarettes/a pipe)	fumer (la cigarette/la pipe)
a cigarette [ˌsɪgəˈret]	une cigarette
a cigar [sɪˈgɑːʳ]	un cigare
a cigarette butt / a cigarette end	un mégot
an ashtray [ˈæʃtreɪ]	un cendrier
to light* a cigarette	allumer une cigarette
to put* out a cigarette	éteindre une cigarette
a box of matches	une boîte d'allumettes
a (cigarette) lighter	un briquet
BR a packet of cigarettes / AM a pack of cigarettes	un paquet de cigarettes

■ 10. AT THE DOCTOR'S CHEZ LE MÉDECIN

– A doctor [ˈdɒktəʳ]	un médecin
the family doctor	le médecin de famille
a general practitioner / a GP [dʒiːˈpiː]	un généraliste
your usual doctor	votre médecin traitant
– BR the doctor's surgery / AM the doctor's office	le cabinet médical
a doctor's practice	la clientèle d'un médecin
BR surgery hours / AM office hours	les heures de consultation
a waiting room	une salle d'attente
– To make* an appointment to see the doctor	prendre rendez-vous chez le médecin
to go to the doctor's	aller chez le médecin
to call the doctor / to send* for the doctor	faire venir le médecin
BR a home visit / AM a house call	une visite à domicile
to be on call / to be on duty	être de garde
– A medical examination	un examen médical
to have a check-up	se faire faire un bilan de santé
medical records (plur.)	un dossier médical
a diagnosis [ˌdaɪəgˈnəʊsɪs] (plur. diagnoses)	un diagnostic
to diagnose *sb/sth as* [ˈdaɪəgnəʊz]	diagnostiquer *qqn/qqch. comme étant*
a stethoscope [ˈsteθəskəʊp]	un stéthoscope
a thermometer [θəˈmɒmɪtəʳ]	un thermomètre
to examine [ɪgˈzæmɪn]	examiner
to look after sb	soigner qqn
the prognosis [prɒgˈnəʊsɪs] (plur. prognoses)	le pronostic
to feel* sb's neck	palper le cou de qqn
to feel* sb's pulse	tâter le pouls de qqn
to listen to sb's chest	ausculter qqn
to take* sb's blood pressure	prendre la tension de qqn
to take* a blood sample from sb	faire une prise de sang à qqn

to get* some tests done	faire faire des analyses
a prescription [prɪs'krɪpʃən]	une ordonnance
to prescribe a drug	prescrire un médicament
to treat sb *for sth*	soigner qqn *pour qqch.*
to cure sb *of sth*	guérir qqn *de qqch.*
a remedy ['remədɪ] a cure [kjʊəʳ]	un remède
- A vaccine *against* ['væksi:n]	un vaccin *contre*
a smallpox vaccine	un vaccin contre la variole
to vaccinate sb *against sth*	vacciner qqn *contre qqch.*
an inoculation *against* [ɪˌnɒkjʊ'leɪʃən]	une inoculation *contre*
to inoculate *sb against sth* [ɪ'nɒkjʊleɪt]	inoculer *qqn contre qqch.*
antibodies *against* ['æntɪˌbɒdɪz]	des anticorps *contre*
an injection [ɪn'dʒekʃən]	une piqûre
to give* sb an injection	faire une piqûre à qqn
a syringe [sɪ'rɪndʒ]	une seringue
a needle ['ni:dl]	une aiguille

■ 11. TREATMENTS LES TRAITEMENTS

- A medicine ['medsn, 'medɪsn] a drug [drʌg]	un médicament
to take* an aspirin	prendre une aspirine
to swallow ['swɒləʊ]	avaler
a pill [pɪl]	une pilule
a tablet ['tæblɪt]	un comprimé
a lozenge ['lɒzɪndʒ]	une pastille
a capsule ['kæpsju:l]	une gélule
a syrup ['sɪrəp]	un sirop
to apply [ə'plaɪ]	appliquer
to rub in an ointment	faire pénétrer une pommade
eye/nose drops	des gouttes pour les yeux/le nez
a phial ['faɪəl]	une ampoule
"to be taken three times daily"	«à prendre trois fois par jour»
"not to be taken internally"	«ne pas avaler»
- Aspirin ['æsprɪn]	l'aspirine
paracetamol [pærə'si:təmɒl]	le paracétamol
a cough mixture	un sirop contre la toux
a laxative ['læksətɪv]	un laxatif
a suppository [sə'pɒzɪtərɪ]	un suppositoire
a tonic ['tɒnɪk]	un fortifiant
a stimulant ['stɪmjʊlənt]	un stimulant
(an) antibiotic ['æntɪbaɪ'ɒtɪk]	(un) antibiotique
to be on antibiotics	être sous antibiotiques
penicillin [ˌpenɪ'sɪlɪn]	la pénicilline
- A painkiller ['peɪnˌkɪləʳ]	un antalgique
a sedative ['sedətɪv]	un sédatif
to sedate sb	mettre qqn sous calmants
(an) analgesic [ˌænæl'dʒi:sɪk]	(un) analgésique
a sleeping pill	un somnifère
BR a tranquillizer ['træŋkwɪlaɪzəʳ] AM a tranquilizer	un tranquillisant
- To disinfect [ˌdɪsɪn'fekt]	désinfecter
a disinfectant [ˌdɪsɪn'fektənt]	un désinfectant
(an) antiseptic [ˌæntɪ'septɪk]	(un) antiseptique
iodine ['aɪədi:n]	la teinture d'iode
surgical spirit AM rubbing alcohol	l'alcool à 90 degrés
Mercurochrome® [mə'kjʊərəˌkrəʊm]	le Mercurochrome
- A dressing ['dresɪŋ]	un pansement
a gauze dressing	une compresse
a bandage ['bændɪdʒ]	un bandage
to bandage	bander
BR a plaster AM a Band-Aid® ['bændeɪd]	un pansement adhésif
BR cotton wool AM absorbent cotton	le coton hydrophile
gauze [gɔ:z]	la gaze
sterile ['steraɪl]	stérile
to nurse a patient	soigner un malade

to dress a wound	panser une plaie
to change a dressing	changer un pansement
– A pharmacist ['fɑːməsɪst] BR a chemist ['kemɪst] AM a druggist ['drʌgɪst]	un(e) pharmacien(ne)
BR the chemist's AM the drugstore ['drʌgstɔːʳ]	la pharmacie
hom(o)eopathy [ˌhəʊmɪ'ɒpəθɪ]	l'homéopathie
BR to make* up a prescription AM to fill a prescription	exécuter une ordonnance

■ 12. AT THE HOSPITAL À L'HÔPITAL

– A hospital ['hɒspɪtl]	un hôpital
a mental hospital a psychiatric hospital	un hôpital psychiatrique
a nursing home	une clinique
a teaching hospital	un CHU, un centre hospitalier universitaire
a department [dɪ'pɑːtmənt]	un service
to send* sb to hospital to hospitalize sb (soutenu)	hospitaliser qqn
an ambulance ['æmbjʊləns]	une ambulance
– An operation [ˌɒpə'reɪʃən]	une opération, une intervention chirurgicale
to undergo* surgery	subir une intervention chirurgicale
to have an operation	se faire opérer
to have one's appendix out	être opéré de l'appendicite
to have a hernia operation	se faire opérer d'une hernie
to operate *on sb for sth* ['ɒpəreɪt]	opérer *qqn de qqch.*
a surgeon ['sɜːdʒən]	un(e) chirurgien(ne)
surgery ['sɜːdʒərɪ]	la chirurgie
BR an anaesthesist [æ'niːsθɪtɪst] AM an anesthesist	un(e) anesthésiste
BR under anaesthesia BR under the anaesthetic AM under anesthesia AM under the anesthetic	sous anesthésie
an oxygen mask	un masque à oxygène
– A nurse [nɜːs]	une infirmière
a (male) nurse	un infirmier
BR a (ward) sister BR a charge nurse AM a head nurse	une infirmière chef
a nursing auxiliary	un(e) aide-soignant(e)
– A ward [wɔːd]	une salle d'hôpital
a hospital bed	un lit d'hôpital
an in-patient	un malade hospitalisé
BR an operating theatre AM an operating room	une salle d'opérations
the casualty department	le service des urgences
an intensive care unit	un service de réanimation
in intensive care	en réanimation
to be on a life-support machine	être sur respirateur artificiel
the outpatients' clinic	le service de consultation
the pathology laboratory	le laboratoire d'analyses
– A hospital doctor	un médecin hospitalier
BR a houseman (fém. a housewoman) ['haʊsmən] AM an intern [ɪn'tɜːn]	≈ un(e) interne
a specialist ['speʃəlɪst] BR a consultant [kən'sʌltənt]	un(e) spécialiste
a physiotherapist [ˌfɪzɪə'θerəpɪst]	un(e) kinésithérapeute
radiography [ˌreɪdɪ'ɒgrəfɪ]	la radiographie
a radiographer [ˌreɪdɪ'ɒgrəfəʳ]	un(e) radiologue (technicien)
a radiologist [ˌreɪdɪ'ɒlədʒɪst]	un(e) radiologue (médecin)
radiology [ˌreɪdɪ'ɒlədʒɪ]	la radiologie
oncology [ɒŋ'kɒdadʒɪ]	la cancérologie
an oncologist [ɒŋ'kɒladʒɪst] a cancer specialist	un(e) cancérologue
cardiology [ˌkɑːdɪ'ɒlədʒɪ]	la cardiologie
a cardiologist [ˌkɑːdɪ'ɒlɪdʒɪst] a heart specialist	un(e) cardiologue
– To be under observation	être en observation
to have an X-ray	passer une radio
to have a scan	passer un scanner

a blood transfusion	une transfusion sanguine
to give* blood	donner du sang
a blood/an organ donor	un(e) donneur (-euse) de sang/d'organe
a blood group	un groupe sanguin
to have physiotherapy	faire de la rééducation
to set* a fracture	réduire une fracture
radiotherapy [ˌreɪdɪəʊ'θerəpɪ]	la radiothérapie
chemotherapy [ˌkeməʊ'θerəpɪ]	la chimiothérapie
therapy ['θerəpɪ]	la thérapeutique (traitement)
- **A** kidney transplant	une greffe du rein
a heart transplant	une transplantation cardiaque
a graft [grɑ:ft]	une greffe
a skin graft	une greffe de la peau
an amputation [ˌæmpjʊ'teɪʃən]	une amputation
to amputate sb's leg	amputer qqn d'une jambe
an artificial limb	une prothèse
cosmetic/plastic surgery	la chirurgie esthétique/plastique
a scar [skɑ:ʳ]	une cicatrice
to heal [hi:l]	se cicatriser
- **A** psychiatrist [saɪ'kaɪətrɪst]	un(e) psychiatre
psychiatry [saɪ'kaɪətrɪ]	la psychiatrie
a psychotherapist ['saɪkəʊ'θerəpɪst]	un(e) psychothérapeute
a psychoanalyst [ˌsaɪkəʊ'ænəlɪst]	un(e) psychanalyste
psychoanalysis [ˌsaɪkəʊə'nælɪsɪs]	la psychanalyse
occupational therapy	l'ergothérapie
rehabilitation ['ri:əˌbɪlɪ'teɪʃən]	la rééducation (d'un malade)
re-education ['ri:ˌedjʊ'keɪʃən]	la rééducation (d'un membre)

6 LIFE AND DEATH
LA VIE ET LA MORT

1. EXISTENCE L'EXISTENCE

– Life [laɪf]	la vie
to live [lɪv]	vivre
to exist [ɪg'zɪst]	exister
to be alive	être vivant, être en vie
living things	les êtres vivants
existence [ɪg'zɪstəns]	l'existence
destiny ['destɪnɪ]	la destinée
fate [feɪt]	le sort, le destin
– A being ['bi:ɪŋ]	un être
animate ['ænɪmɪt]	animé
inanimate [ɪn'ænɪmɪt]	inanimé
a creature ['kri:tʃə']	une créature
to create [kri:'eɪt]	créer
creation [kri:'eɪʃən]	la création
mortal ['mɔ:tl]	mortel
immortal [ɪ'mɔ:tl]	immortel
immortality [ˌɪmɔ:'tælɪtɪ]	l'immortalité
nothingness ['nʌθɪŋnɪs]	le néant
– The origin ['ɒrɪdʒɪn]	l'origine
evolution [ˌi:və'lu:ʃən]	l'évolution
to survive *sth* [sə'vaɪ]	survivre *à qqch.*
survival [sə'vaɪvəl]	la survie
a survivor [sə'vaɪvə']	un(e) survivant(e)
the survival of the fittest	la sélection naturelle
to subsist [səb'sɪst]	subsister
to subsist on sth	vivre de qqch.
subsistence [səb'sɪstəns]	la subsistance
– Man [mæn]	l'homme
mankind humanity [hju:'mænɪtɪ]	l'humanité
the human race	la race humaine
male [meɪl]	mâle
female ['fi:meɪl]	femelle

2. BIRTH LA NAISSANCE

– To conceive [kən'si:v]	concevoir
conception [kən'sepʃən]	la conception
to reproduce [ˌri:prə'dju:s]	se reproduire
reproduction [ˌri:prə'dʌkʃən]	la reproduction
– The mother ['mʌðə']	la mère
the father ['fɑ:ðə']	le père
the child [tʃaɪld]	l'enfant
fertile ['fɜ:taɪl]	fertile, fécond
fertility [fə'tɪlɪtɪ]	la fertilité
sterile ['steraɪl] infertile [ɪn'fɜ:taɪl]	stérile (femme)
sterility [ste'rɪlɪtɪ] infertility [ˌɪnfɜ:'tɪlɪtɪ]	la stérilité
sterile	stérile (homme)
sterility	la stérilité
– A pregnancy ['pregnənsɪ]	une grossesse
pregnant ['pregnənt]	enceinte
an expectant mother	une femme enceinte
a mother-to-be	une future maman
to be expecting a baby	attendre un bébé
on maternity leave	en congé de maternité
– Childbirth ['tʃaɪldbɜ:θ]	la naissance (à l'accouchement)
a maternity hospital	une maternité
a midwife ['mɪdwaɪf]	une sage-femme
a gynecologist [ˌgaɪnɪ'kɒlədʒɪst] BR a gynaecologist	un(e) gynécologue
gynecology [ˌgaɪnɪ'kɒlədʒɪ] BR gynaecology	la gynécologie
contractions [kən'trækʃənz]	des contractions
BR to be in labour AM to be in labor	être en travail
to give* birth to a girl	accoucher d'une fille
to deliver sb's baby to deliver sb	accoucher qqn
a delivery [dɪ'lɪvərɪ]	un accouchement
– To be born	naître
I was born in Paris	je suis né à Paris
at birth	à la naissance
a newborn baby	un nouveau-né
an infant ['ɪnfənt]	un nourrisson
twins [twɪnz] twin boys	des jumeaux
twins twin girls	des jumelles
triplets ['trɪplɪts]	des triplés
– An abortion [ə'bɔ:ʃən]	un avortement

to have an abortion	se faire avorter
a miscarriage ['mɪs'kærɪdʒ]	une fausse couche
to miscarry [,mɪs'kærɪ]	faire une fausse couche
a premature baby	un(e) prématuré(e)
an incubator ['ɪnkjʊbeɪtəʳ]	une couveuse
a c(a)esarean birth	une césarienne
stillborn ['stɪlbɔːn]	mort-né
a stillbirth ['stɪlbɜːθ]	un enfant mort-né
SIDS (abr. de *Sudden Infant Death Syndrome*) BR cot death AM crib death	la mort subite du nourrisson

– Birth control	le contrôle des naissances
family planning	le planning familial
the birth rate	le taux de natalité
genetic [dʒɪ'netɪk]	génétique
genetics [dʒɪ'netɪks] (sing.)	la génétique
genetic engineering	la manipulation génétique
artificial insemination	l'insémination artificielle
the biological mother	la mère porteuse
a test-tube baby	un bébé-éprouvette

3. GROWING UP LA CROISSANCE

– Childhood ['tʃaɪldhʊd]	l'enfance
infancy ['ɪnfənsɪ]	la petite enfance
a child [tʃaɪld]	un(e) enfant
a boy [bɔɪ]	un garçon
a girl [gɜːl]	une fille
to grow* [grəʊ]	grandir (croître)
to grow* up	grandir (devenir adulte)
he's growing fast	il est en pleine croissance
to develop [dɪ'veləp]	se développer
a kid [kɪd] (parlé)	un(e) gosse
a toddler ['tɒdləʳ]	un bambin
– Adolescence [,ædəʊ'lesns]	l'adolescence
teenage ['tiːneɪdʒ] adolescent [,ædəʊ'lesnt] (soutenu)	adolescent

a teenager ['tiːn,eɪdʒəʳ] an adolescent	un(e) adolescent(e)
to be in one's teens	être adolescent
young people	les jeunes
juvenile ['dʒuːvənaɪl]	juvénile
a youngster ['jʌŋstəʳ]	un(e) jeune
a minor ['maɪnəʳ]	un(e) mineur(e)
to be under age	être mineur
to be/to come* of age	être/devenir majeur
to reach puberty	atteindre la puberté
when I'm grown up ...	quand je serai grand...
– Youth [juːθ]	la jeunesse
a young man a youth	un jeune homme
a young woman	une jeune femme
the younger generation	la jeune génération
the generation gap	le conflit des générations

4. MATURING LA MATURITÉ

– An adult ['ædʌlt]	un(e) adulte
the grown-ups	les grandes personnes
adulthood ['ædʌlthʊd]	l'âge adulte
manhood ['mænhʊd]	l'âge adulte (homme)
womanhood ['wʊmənhʊd]	l'âge adulte (femme)
– Mature [mə'tjʊəʳ]	mûr
middle age maturity [mə'tjʊərɪtɪ]	l'âge mûr
middle-aged	d'un certain âge, d'âge mûr

maturity	la maturité
to mature	mûrir
a 40-year-old	un(e) quadragénaire
a 40-year-old teacher	un professeur âgé de 40 ans
a 50-year-old	un(e) quinquagénaire
in the prime of life in one's prime	dans la force de l'âge
to be well-preserved	être bien conservé
to look young for one's age	faire jeune pour son âge

– How old are you?	Quel âge as-tu ?
What year were you born in?	En quelle année êtes-vous né ?
at your age, I ...	à ton âge, je...
when I was that age, I ...	à cet âge-là, je...
he's six (years old)	il a six ans
a ten-/sixteen-year-old	un enfant de dix/seize ans
to be as old as sb to be the same age as sb	avoir le même âge que qqn
to be younger/older than sb	être plus jeune/vieux que qqn
to be 3 years younger/older than sb	être plus jeune/âgé que qqn de 3 ans

5. OLD AGE LA VIEILLESSE

– The old [əʊld] (plur.) old people (plur.)	les personnes âgées
an old man	un vieil homme
an old woman	une vieille femme
an old lady	une vieille dame
to grow* old to get* old to age [eɪdʒ]	vieillir
(old) age	la vieillesse
ageing ['eɪdʒɪŋ]	le vieillissement
ageing	vieillissant
the elderly ['eldəlɪ] (plur.)	les personnes âgées
elderly	âgé
aged [eɪdʒd]	très âgé
– To be getting on (in years)	ne plus se faire tout jeune
to be feeling one's age	sentir qu'on se fait vieux
to live to a ripe old age	vivre jusqu'à un âge avancé
towards the end of his life	sur la fin de sa vie
he's my junior/senior (by 2 years)	il est plus jeune/plus âgé que moi (de 2 ans)
– A pensioner ['penʃənəʳ] an old-age pensioner	un(e) retraité(e)
senior citizens	les personnes du troisième âge
an old people's home an old folks' home	une maison de retraite
a septuagenarian [ˌseptjʊədʒɪ'nɛərɪən]	un(e) septuagénaire
an octogenarian [ˌɒktəʊdʒɪ'nɛərɪən]	un(e) octogénaire
a centenarian [ˌsentɪ'nɛərɪən]	un(e) centenaire
– Senile ['si:naɪl]	sénile
senility [sɪ'nɪlɪtɪ]	la sénilité
to be losing one's faculties	perdre la tête
elderly and infirm	vieux et malade
to lapse into second childhood	retomber en enfance
decrepit [dɪ'krepɪt] (parlé)	décati
doddering ['dɒdərɪŋ]	gâteux
to be/to go* gaga (parlé)	être/devenir gaga
to ramble on	radoter

6. DEATH LA MORT

– Dead [ded]	mort
the dead (plur.)	les morts
a dead man	un mort
a dead woman	une morte
deceased [dɪ'si:st] (soutenu)	défunt
the deceased (plur.) (soutenu)	le (la) défunt(e)
a corpse [kɔ:ps] AM a cadaver [kə'deɪvəʳ]	un cadavre
– To die *from sth, of sth* [daɪ]	mourir *de qqch.*
to die a natural death	mourir de sa belle mort
dying ['daɪɪŋ]	mourant
to be slipping away	être près de la fin
at death's door	à l'article de la mort
to be near death	être à l'agonie
to pass on to pass away	s'éteindre
to breathe one's last (soutenu)	rendre le dernier soupir
to expire [ɪks'paɪəʳ] (soutenu)	expirer
lifeless ['laɪflɪs]	sans vie

stone-dead (parlé)	raide mort
the remains [rɪ'meɪnz] (plur.)	la dépouille mortelle
- To kill [kɪl]	tuer
fatal ['feɪtl] / lethal ['li:θəl]	mortel (blessure)
fatal	mortel (chute)
a suicide ['sʊɪsaɪd]	un suicide
to commit suicide	se suicider
to take* one's own life	mettre fin à ses jours
- To lose* sb	perdre qqn
the departed [dɪ'pɑ:tɪd] (plur.)	les disparus
the loss of a father	la perte d'un père
the late Mr Jones	feu M. Jones
the death rate	le taux de mortalité

7. FUNERALS LES ENTERREMENTS

- A death certificate	un certificat de décès
to lay* out a body	faire la toilette d'un mort
to lie* in state	être exposé solennellement
a mortuary ['mɔ:tjʊərɪ]	une morgue (à l'hôpital)
a morgue [mɔ:g]	une morgue (à la police)
- The funeral ['fju:nərəl]	l'enterrement (obsèques)
the burial ['berɪəl]	l'enterrement (mise en terre)
to bury ['berɪ]	enterrer
to inter [ɪn'tɜ:ʳ] (soutenu)	inhumer
a crematorium [,kremə'tɔ:rɪəm] / AM a crematory ['kremə,tɔ:rɪ]	un crématorium
to cremate [krɪ'meɪt]	incinérer
cremation [krɪ'meɪʃən]	l'incinération
a hearse [hɜ:s]	un corbillard
the funeral procession	le cortège funèbre
a coffin ['kɒfɪn] / AM a casket ['kɑ:skɪt]	un cercueil
a wreath [ri:θ]	une couronne mortuaire
a shroud [ʃraʊd]	un linceul
an undertaker ['ʌndəteɪkəʳ] / a funeral director / AM a mortician [mɔ:'tɪʃən]	un entrepreneur des pompes funèbres
a funeral home	un funérarium
- A grave [greɪv]	une tombe[1]
a tombstone ['tu:mstəʊn] / a gravestone	une pierre tombale
a vault [vɔ:lt]	un caveau
a cemetery ['semɪtrɪ] / a graveyard	un cimetière
a churchyard ['tʃɜ:tʃjɑ:d]	un cimetière (église)
a memorial *to sb* [mɪ'mɔ:rɪəl]	un monument *à la mémoire de qqn*
the War Memorial	le monument aux morts
a burial place	une sépulture
ashes [æʃɪz]	les cendres
an urn [ɜ:n]	une urne funéraire
here lies Robert Adam	ci-gît Robert Adam
"Rest In Peace" (abr. R.I.P.)	«Qu'il repose en paix»
an obituary [ə'bɪtjʊərɪ]	une notice nécrologique
an epitaph ['epɪtɑ:f]	une épitaphe
to exhume [eks'hju:m]	exhumer

ATTENTION FAUX AMI 1 : a tomb = un tombeau

- The bereavement [bɪ'ri:vmənt]	le deuil (événement)
the bereaved [bɪ'ri:vd] (plur.)	la famille du défunt
to grieve for sb / to mourn sb	pleurer qqn
to be in mourning *for sb*	porter le deuil *de qqn*
the mourners ['mɔ:nəz]	les parents et amis du défunt

7 THE FAMILY LA FAMILLE

1. FAMILY RELATIONSHIPS LES LIENS DE PARENTÉ

– A family ['fæmɪlɪ]	une famille
family life	la vie de famille
a large/nuclear family	une famille nombreuse/nucléaire
a single-parent family a one-parent family	une famille monoparentale
a relative ['relətɪv] a relation [rɪ'leɪʃən]	un parent, un membre de la famille
a near/distant relative	un parent proche/éloigné
What relation is he to you?	Quels sont ses liens de parenté avec vous ?
on the father's/mother's side	du côté du père/de la mère
– The husband ['hʌzbənd]	le mari
the wife [waɪf] (plur. wives)	la femme
the parents ['pɛərənts]	les parents
a father ['fɑːðəʳ]	un père
a mother ['mʌðəʳ]	une mère
motherhood ['mʌðəhʊd]	la maternité
fatherhood ['fɑːðəhʊd]	la paternité
paternal [pə'tɜːnl]	paternel (autorité, descendance)
fatherly ['fɑːðəlɪ]	paternel (conseil, personne)
maternal [mə'tɜːnl]	maternel (autorité, descendance)
motherly ['mʌðəlɪ]	maternel (conseil, personne)
dad(dy) ['dæd(ɪ)]	papa
mum(my) ['mʌm(ɪ)]	maman
a single parent	un parent unique
an unmarried mother	une mère célibataire
– A child [tʃaɪld] (plur. children)	un(e) enfant
a son [sʌn]	un fils
a daughter ['dɔːtəʳ]	une fille
an only son/daughter	un fils/une fille unique
filial ['fɪlɪəl]	filial
a brother ['brʌðəʳ]	un frère
a sister ['sɪstəʳ]	une sœur
a half-brother	un demi-frère
a half-sister	une demi-sœur
– The grandparents ['græn,pɛərənts]	les grands-parents
a grandfather ['græn,fɑːðəʳ]	un grand-père
a grandmother ['græn,mʌðəʳ]	une grand-mère
granny ['grænɪ] grandma ['grænmɑː]	mamie
grandad ['grændæd] grandpa ['grænpɑː]	papi
the great-grandparents	les arrière-grands-parents
– An uncle ['ʌŋkl]	un oncle
an aunt [ɑːnt]	une tante
uncle	tonton
auntie ['ɑːntɪ]	tata
a nephew ['nevjuː]	un neveu
a niece [niːs]	une nièce
a cousin ['kʌzn]	un(e) cousin(e)
a first cousin	un cousin germain
a distant cousin	un cousin éloigné
– The parents-in-law	les beaux-parents (parents du conjoint)
my in-laws (plur.) (parlé)	ma belle-famille
a father-in-law (plur. fathers-in-law)	un beau-père
a mother-in-law (plur. mothers-in-law)	une belle-mère
a son-in-law (plur. sons-in-law)	un gendre
a daughter-in-law (plur. daughters-in-law)	une belle-fille
a brother-in-law (plur. brothers-in-law)	un beau-frère
a sister-in-law (plur. sisters-in-law)	une belle-sœur
– A stepfather ['step,fɑːðəʳ]	un beau-père (après remariage)
a stepmother ['step,mʌðəʳ]	une belle-mère
a stepson ['stepsʌn]	un beau-fils
a stepdaughter ['step,dɔːtəʳ]	une belle-fille
a stepbrother ['step,brʌðəʳ]	un demi-frère
a stepsister ['step,sɪstəʳ]	une demi-sœur
– The older ['əʊldəʳ] the elder ['eldəʳ]	l'aîné(e) (de deux personnes)
the oldest ['əʊldɪst] the eldest ['eldɪst]	l'aîné(e) (de plusieurs personnes)
his older brother/son	son frère/fils aîné
the younger ['jʌŋgəʳ]	le cadet, la cadette (de deux personnes)
his younger brother/sister	son frère cadet/sa sœur cadette

the youngest	le plus jeune, la plus jeune (de plusieurs personnes)
my little/big sister	ma petite/grande sœur
– A widow ['wɪdəʊ]	une veuve
a widower ['wɪdəʊəʳ]	un veuf
to be widowed	devenir veuf, devenir veuve
an orphan ['ɔ:fən]	un(e) orphelin(e)
to adopt [ə'dɒpt]	adopter
an adopted child	un enfant adoptif
the adoptive parents	les parents adoptifs
a guardian ['gɑ:dɪən]	un(e) tuteur[1] (-trice)
a ward ['wɔ:d]	un(e) pupille
under guardianship	sous tutelle

ATTENTION FAUX AMI 1 : a tutor = un précepteur

– A godchild ['gɒdtʃaɪld]	un(e) filleul(e)
her godson ['gɒdsʌn]	son filleul
her goddaughter ['gɒd,dɔ:təʳ]	sa filleule
a godfather ['gɒd,fɑ:ðəʳ]	un parrain
a godmother ['gɒd,mʌðəʳ]	une marraine
– A descendant [dɪ'sendənt]	un(e) descendant(e)
in direct line *from*	en ligne directe *de*
ancestors ['ænsɪstəʳz] forefathers ['fɔ:,fɑ:ðəz] forebears ['fɔ:bɛəz]	des ancêtres
genealogy [,dʒi:nɪ'ælədʒɪ]	la généalogie
to trace sb's ancestry to trace sb's genealogy	faire la généalogie de qqn
a genealogist [,dʒi:nɪ'ælədʒɪst]	un(e) généalogiste
a family tree	un arbre généalogique

2. FAMILY CELEBRATIONS LES FÊTES DE FAMILLE

– A family celebration	une fête de famille
to celebrate ['selɪbreɪt]	fêter
a family reunion a family gathering a family get-together (parlé)	une réunion de famille
to have a party	donner une (petite) réception
– A christening ['krɪsnɪŋ] a baptism ['bæptɪzəm]	un baptême
to christen ['krɪsn] to baptize [bæp'taɪz]	baptiser
a name [neɪm]	un nom
a first name a Christian name	un prénom
a surname ['sɜ:neɪm]	un nom de famille
a pet name	un petit nom
a nickname ['nɪkneɪm]	un surnom
to name a child after sb	donner à un enfant le prénom de qqn
– Their engagement (sing.)	leurs fiançailles
to get* engaged *to sb*	se fiancer *avec qqn*
his fiancée	sa fiancée
her fiancé	son fiancé
an engagement ring	une bague de fiançailles
– A proposal [prə'pəʊzl]	une demande en mariage
to propose to sb	demander qqn en mariage
to accept/refuse sb	accepter/refuser la demande en mariage de qqn
a marriage ['mærɪdʒ]	un mariage (acte, état)
a wedding ['wedɪŋ]	un mariage (cérémonie)
to get* married to sb to marry sb	se marier avec qqn, épouser qqn
to get* married in church/in the Registry Office	se marier à l'église/à la mairie
a church wedding	un mariage à l'église
a civil ceremony	un mariage civil
to have a white wedding	se marier en blanc
same-sex marriage	le mariage homosexuel
a civil union	une union civile
– The bride [braɪd]	la mariée
the (bride)groom	le marié
a (married) couple	un couple (marié)
a bridesmaid AM a maid of honor	une demoiselle d'honneur
the best man	le garçon d'honneur
a page boy	un page
a bridal veil/bouquet	un voile/bouquet de mariée

a wedding ring AM a wedding band	une alliance
her maiden name	son nom de jeune fille
the newly weds	les jeunes mariés
a honeymoon ['hʌnɪˌmu:n]	une lune de miel
to be on one's honey-moon	être en voyage de noces
- A birthday ['bɜ:θdeɪ]	un anniversaire (naissance)
a birthday party	une fête d'anniversaire
a birthday card / present	une carte / un cadeau d'anniversaire
my birthday is on May 16th	mon anniversaire est le 16 mai
to wish sb a happy birthday	souhaiter bon anniversaire à qqn
it's his twenty-first birthday today	il a vingt-et-un ans aujourd'hui
Happy birthday! Many happy returns (of the day)!	Bon anniversaire !
his nameday his saint's day	sa fête (jour du prénom de qqn)
- An anniversary [ˌænɪ'vɜ:sərɪ]	un anniversaire (d'un événement)
a wedding anniversary	un anniversaire de mariage
their silver / golden wedding (anniversary)	leurs noces d'argent / d'or

■ 3. FAMILY LIFE LA VIE DE FAMILLE

- To bring* up to rear [rɪəʳ] AM to raise [reɪz]	élever (enfant)
to feed* a baby	nourrir un bébé
to breastfeed* ['brestfi:d]	allaiter
to bottlefeed* ['bɒtlfi:d]	nourrir au biberon
to give* a baby his / her bottle	donner le biberon à un bébé
- A lullaby ['lʌləbaɪ]	une berceuse
to rock [rɒk]	bercer
a cradle ['kreɪdl]	un berceau
BR a pram [præm] AM a baby carriage a baby-buggy	un landau
a high chair	une chaise haute
BR a carrycot ['kærɪˌkɒt] AM a baby carrier	
BR a pushchair ['pʊʃˌtʃɛəʳ] AM a stroller ['strəʊləʳ]	une poussette
a baby carrier	un porte-bébé
BR a nappy ['næpɪ] AM a diaper ['daɪəpəʳ]	une couche
BR a disposable nappy AM a disposable diaper	une couche-culotte
- To spoil* [spɔɪl]	gâter
to scold [skəʊld]	gronder
to punish ['pʌnɪʃ]	punir
- The head of the family	le chef de famille
to look after sb / sth	s'occuper de qqn / qqch.
to attend to sth	s'occuper de qqch.
a household ['haʊsˌhəʊld]	un ménage
a housewife ['haʊswaɪf] (plur. housewives)	une ménagère, une femme au foyer
- Single ['sɪŋgl] unmarried ['ʌn'mærɪd]	célibataire
a bachelor ['bætʃələʳ]	un célibataire, un vieux garçon
a single woman	une célibataire
- To live with sb	vivre avec qqn
his / her partner	sa compagne / son compagnon
to live as husband and wife	vivre maritalement
- A divorce [dɪ'vɔ:s]	un divorce
to divorce *sb* [dɪ'vɔ:s] to get* divorced *from sb*	divorcer *de qqn*
divorced [dɪ'vɔ:st]	divorcé
a broken home	un foyer désuni
marital problems	des problèmes conjugaux
to gain custody of the children	obtenir la garde des enfants
alimony ['ælɪmənɪ] (n. c.) BR maintenance ['meɪntɪnəns] (n. c.)	une pension alimentaire
his / her ex (parlé)	son ex(-femme / -mari)
to remarry [ˌri:'mærɪ]	se remarier
- A servant ['sɜ:vənt]	un(e) domestique
a cleaning lady BR a home help	une femme de ménage

a maid [meɪd]	une bonne	a nanny ['nænɪ] AM a child's nurse	une bonne d'enfants
a tutor ['tju:təʳ]	un précepteur	an au pair ['əʊ'pɛə]	une jeune fille au pair

4. INHERITANCE L'HÉRITAGE

– A will ['wɪl]	un testament
to make* one's will	faire son testament
his last wishes	ses dernières volontés
his last will and testament	ses dernières dispositions
to put* sb into one's will	coucher qqn sur son testament
to cut* sb out of one's will	déshériter qqn
an executor [ɪg'zekjʊtəʳ]	un(e) exécuteur (-trice) (testamentaire)
the succession [sək'seʃən]	la succession
to inherit *sth* [ɪn'herɪt]	hériter *de qqch.*
to inherit sth *from sb*	hériter qqch. *de qqn*
an inheritance [ɪn'herɪtəns]	un héritage (action)
an heir [ɛəʳ]	un héritier
an heiress ['ɛəres]	une héritière
– To leave* sth to sb	laisser qqch. à qqn en héritage, léguer qqch. à qqn
to bequeath sth to sb	
to come* into an inheritance	faire un héritage
to be handed down	être transmis de génération en génération
to make* sb one's heir	instituer qqn son héritier
a bequest [bɪ'kwest] a legacy ['legəsɪ]	un legs
a gift [gɪft]	un don
a beneficiary [ˌbenɪ'fɪʃərɪ]	un(e) légataire
to disinherit ['dɪsɪn'herɪt]	déshériter
inheritance tax (sing.) death duties	les droits de succession

8 THE HOUSE
LA MAISON

■ 1. THE BUILDING LE BÂTIMENT

– To have a house built	faire construire une maison
the foundations [faʊn'deɪʃəns]	les fondations
a wall [wɔ:l]	un mur
the front (of the house) the façade [fə'sɑ:d]	la façade
– A door [dɔ:ʳ]	une porte
the front/back door	la porte d'entrée/de derrière
in the doorway	dans l'embrasure de la porte
the doorstep the threshold ['θreʃhəʊld]	le seuil, le pas de la porte
a porch [pɔ:tʃ]	un porche
– A window ['wɪndəʊ]	une fenêtre
a pane [peɪn]	une vitre
a windowsill a window-ledge	un rebord de fenêtre
a sash window	une fenêtre à guillotine
a picture window	une grande baie
a bow window a bay window	une fenêtre en saillie
a skylight ['skaɪlaɪt]	une lucarne
a French window	une porte-fenêtre
– A balcony ['bælkənɪ]	un balcon
a terrace ['terəs]	une terrasse
a veranda [və'rændə] AM a stoop [stu:p]	une véranda
a deck [dek]	une terrasse en bois
– The frame(work) ['freɪm(wɜ:k)]	la charpente
a roof [ru:f]	un toit
the ceiling ['si:lɪŋ]	le plafond
a beam [bi:m]	une poutre
a joist [dʒɔɪst]	une solive
a rafter ['rɑ:ftəʳ]	un chevron
a chimney ['tʃɪmnɪ]	une cheminée (sur le toit)
a gable ['geɪbl]	un pignon
a gutter ['gʌtəʳ]	une gouttière
– The stairs [stɛəz] (plur.) the staircase	l'escalier
the stairwell the stairway	la cage d'escalier
a step [step]	une marche
the landing ['lændɪŋ]	le palier
BR the ground floor AM the first floor	le rez-de-chaussée
BR the first floor AM the second floor	le premier étage
BR the second floor AM the third floor	le deuxième étage
a floor [flɔ:ʳ] BR a storey ['stɔ:rɪ] AM a story ['stɔ:rɪ]	un étage
on that floor	à cet étage
a two-storey house	une maison de deux étages
upstairs ['ʌp'stɛəz]	en haut, à l'étage supérieur
downstairs ['daʊn'stɛəz]	en bas, à l'étage inférieur
an upstairs/downstairs room	une pièce du haut/au rez-de-chaussée
– A brick [brɪk]	une brique
a tile [taɪl]	un carreau (de sol, de mur)
a roof tile	une tuile
a slate [sleɪt]	une ardoise
wood [wʊd]	le bois
wooden ['wʊdn] wood	en bois
BR timber ['tɪmbəʳ] AM lumber ['lʌmbəʳ]	le bois de charpente
a stone [stəʊn]	une pierre
concrete ['kɒnkri:t]	le béton
cement [sə'ment]	le ciment
to cement	cimenter
mortar ['mɔ:təʳ]	le mortier
a breeze-block	un parpaing
plaster ['plɑ:stəʳ]	le plâtre
to plaster	plâtrer

REMARQUE Certains mots de cette section ont des usages comptable et non comptable ; ex. : une maison en brique = a brick house, a brick-built house, a house made of brick ; mais un tas de briques = a heap of bricks.

2. THE ROOMS LES PIÈCES

– A room [rʊm]	une pièce
the hall(way) ['hɔ:lweɪ] / the lobby ['lɒbɪ]	l'entrée, le vestibule
What's the way in/out?	Par où entre-t-on/sort-on ?
a corridor ['kɒrɪdɔ:ʳ] / a passage(way) ['pæsɪdʒ(weɪ)]	un couloir
a cellar ['seləʳ]	une cave
a basement ['beɪsmənt]	un sous-sol
an attic ['ætɪk] / a loft [lɒft]	un grenier
– The sitting room / the drawing room / the lounge [laʊndʒ]	le salon
the living room	la salle de séjour
the dining room	la salle à manger
a dining area	un coin-repas
the study ['stʌdɪ]	le bureau
the library ['laɪbrərɪ]	la bibliothèque
a studio ['stju:dɪəʊ]	un atelier (artiste)
– A bedroom ['bedrʊm]	une chambre à coucher
a nursery ['nɜ:sərɪ]	une chambre d'enfant
the playroom ['pleɪrʊm] / AM the rumpus room	la salle de jeux
a spare room / a guest room	une chambre d'amis
a dressing room	un dressing, un vestiaire
an attic room	une chambre sous les toits
– The kitchen ['kɪtʃɪn]	la cuisine
a kitchenette [ˌkɪtʃɪ'net]	une cuisinette, un coin-cuisine
a larder ['lɑ:dəʳ] / a pantry ['pæntrɪ] / AM a cupboard[1] ['kʌbəd]	un garde-manger
a store(room)	un cellier
a utility room	une buanderie
a junk room / BR a boxroom ['bɒksrʊm] / BR a lumber room / AM a storage room	un cagibi, un débarras
the bathroom ['bɑ:θrʊm]	la salle de bains
the lavatory ['lævətrɪ] / the toilet ['tɔɪlɪt]	les toilettes, les w.-c.
BR the loo [lu:] (parlé)	le petit coin

ATTENTION 1 : BR a cupboard = un placard

3. FURNITURE L'AMEUBLEMENT

– The furniture ['fɜ:nɪtʃəʳ] (n. c. sing.) / the furnishings ['fɜ:nɪʃɪŋz] (plur.)	le mobilier
a piece of furniture	un meuble
a flat pack	un meuble en kit
to furnish ['fɜ:nɪʃ]	meubler
– A seat [si:t]	un siège
a chair [tʃɛəʳ]	une chaise
an armchair ['ɑ:mtʃɛəʳ]	un fauteuil
a chair leg	un pied de chaise
the arm/seat of a chair	le bras/siège d'un fauteuil
the back of a chair	le dossier d'un fauteuil
a rocking-chair	un fauteuil à bascule
a stool [stu:l]	un tabouret
a footstool ['fʊtstu:l]	un tabouret bas
a sofa ['səʊfə]	un sofa
a couch [kaʊtʃ]	un canapé
a divan [dɪ'væn]	un divan
a sofa bed	un canapé-lit
– A table ['teɪbl]	une table
a coffee table	une table basse
an occasional table	une petite table
a dining-table	une table de salle à manger
a (tea) trolley	une table roulante
a sideboard ['saɪdbɔ:d]	un buffet, un bahut
a drawer [drɔ:ʳ]	un tiroir
a display cabinet	une vitrine (meuble)
– A bureau ['bjʊərəʊ]	un secrétaire
a desk [desk] / a writing-desk	un bureau
a shelf [ʃelf] (plur. shelves)	une étagère
a bookcase ['bʊkkeɪs]	une bibliothèque
bookshelves ['bʊkʃelvz]	des étagères (à livres)
a storage unit	un meuble de rangement

a TV stand	un meuble télé
- A bedroom suite	un mobilier de chambre à coucher
a bed [bed]	un lit
a single bed	un lit d'une personne
a double bed	un grand lit
a futon ['fu:tɒn]	un futon
BR a cot [kɒt] AM a crib [krɪb]	un lit d'enfant
twin beds	des lits jumeaux
bunk beds	des lits superposés
the upper/lower bunk	le lit d'en haut/d'en bas
a mattress ['mætrɪs]	un matelas
a pillow ['pɪləʊ]	un oreiller
a bolster ['bəʊlstəʳ]	un traversin
a bedside table	une table de chevet
a dressing-table AM a dresser ['dresəʳ]	une coiffeuse
a chest of drawers AM a bureau ['bjʊərəʊ]	une commode
a wardrobe ['wɔ:drəʊb]	une armoire
a hanging wardrobe	une penderie
BR a cupboard[1] ['kʌbəd] AM a closet ['klɒzɪt]	un placard
a mirror ['mɪrəʳ]	un miroir, une glace

ATTENTION 1 : AM a cupboard = un garde-manger

- The (kitchen) sink	l'évier
BR a tap [tæp] AM a faucet ['fɔ:sɪt]	un robinet
to turn on	ouvrir (robinet)
to turn off	fermer (robinet)
a tiled floor/wall	un sol/mur carrelé
a worktop ['wɜ:ktɒp] a work(ing) surface	un plan de travail
built-in	encastré
a slot-in oven	un four encastrable
- A washbasin ['wɒʃ,beɪsən] AM a sink [sɪŋk]	un lavabo
a handbasin ['hænd,beɪsən]	un lave-mains
a bidet ['bi:deɪ]	un bidet
a bath(tub) ['bɑ:θ(tʌb)]	une baignoire
a bathmat ['bɑ:θmæt]	un tapis de bain
a shower ['ʃaʊəʳ]	une douche
a shower cubicle	une cabine de douche
the toilet bowl the pan [pæn]	la cuvette des w-c
a cistern ['sɪstən]	un réservoir de chasse d'eau
to flush the toilet to pull the chain	tirer la chasse d'eau
bathroom scales (plur.)	un pèse-personne
a towel rail	un porte-serviettes
a soapdish ['səʊpdɪʃ]	un porte-savon
a medicine chest a medicine cabinet	une armoire à pharmacie
- Soft furnishings	les tissus d'ameublement
a curtain ['kɜ:tn]	un rideau
the curtains AM the drapes [dreɪps]	les rideaux
net curtains	les voilages
to pull the curtains to draw* the curtains	tirer les rideaux
a curtain rail	une tringle
hangings ['hæŋɪŋz]	les tentures
a cushion ['kʊʃən]	un coussin
a carpet ['kɑ:pɪt] a rug [rʌg]	un tapis
BR (fitted) carpet AM wall-to-wall carpeting	de la moquette
linoleum [lɪ'nəʊlɪəm]	du linoléum
lino ['laɪnəʊ]	du lino
a floor covering	un revêtement de sol
- Wallpaper ['wɔ:l,peɪpəʳ]	du papier peint
to hang* wallpaper	poser du papier peint
to paper a room	tapisser une pièce
to redecorate a room	refaire une pièce (peinture et/ou tapisseries)
a house painter BR a decorator ['dekəreɪtəʳ]	un peintre-décorateur

4. FIXTURES AND FITTINGS LES AMÉNAGEMENTS INTÉRIEURS

- A floor [flɔ:ʳ]	un sol, un plancher
a floorboard	une latte de plancher
a parquet floor	un parquet
BR a skirting-board AM a baseboard ['beɪsbɔ:d]	une plinthe
a panel ['pænl]	un panneau

(wood) panelling	le lambris
a cupboard under the stairs	une soupente
the ban(n)ister(s) ['bænɪstə(z)]	la rampe
a partition [pɑː'tɪʃən]	une cloison
a (serving) hatch	un passe-plats
– The plumbing ['plʌmɪŋ]	la plomberie
a pipe [paɪp]	un tuyau, un conduit
a waste pipe	un tuyau de vidange
BR a drainpipe ['dreɪnpaɪp] AM a downspout ['daʊn,spaʊt]	un tuyau d'écoulement
a tank [tæŋk]	une citerne
a hot-water tank	un ballon d'eau chaude
a stopcock ['stɒpkɒk]	un robinet d'arrêt
a water/gas main	une conduite d'eau/de gaz
to be on the mains supply	être raccordé au réseau
an aerial ['ɛərɪəl]	une antenne
a satellite dish	une antenne satellite
to have cable	être câblé
– Double-glazing	le double vitrage
double-glazed windows	des fenêtres à double vitrage
a shutter ['ʃʌtə^{r}]	un volet
to close the shutters	fermer les volets
a blind [blaɪnd]	un store
a Venetian blind	un store vénitien
to lower a blind	baisser un store
ajar [ə'dʒɑː^{r}]	entrouvert (porte, fenêtre)
– A key [kiː]	une clé
a bunch of keys	un trousseau de clés
a keyring	un porte-clés
a keyhole	un trou de serrure
a lock [lɒk]	une serrure
to lock	fermer à clé
to unlock ['ʌn'lɒk]	ouvrir (qqch. de fermé à clé)
a latch [lætʃ]	un loquet
a bolt [bəʊlt]	un verrou
to bolt	verrouiller
to knock (at the door)	frapper (à la porte)
a knocker ['nɒkə^{r}]	un heurtoir
a doorbell ['dɔːbel]	une sonnette
a doorhandle ['dɔː,hændl]	une poignée de porte
a doorknob ['dɔːnɒb]	un bouton de porte
a hinge [hɪndʒ]	une charnière
a safety chain	une chaîne de sûreté
a burglar alarm	une sirène d'alarme
a smoke alarm	un détecteur de fumée
a reinforced door	une porte blindée
a letterbox	une boîte aux lettres

5. LIGHTING AND ELECTRICITY L'ÉCLAIRAGE ET L'ÉLECTRICITÉ

– Lighting ['laɪtɪŋ]	l'éclairage
an electric light bulb	une ampoule électrique
a socket ['sɒkɪt]	une douille
a lampshade ['læmpʃeɪd]	un abat-jour
a switch [swɪtʃ]	un interrupteur
to switch on	allumer, ouvrir
to switch off	éteindre, fermer
BR a standard lamp a floor lamp	un lampadaire
a wall lamp a wall light	une applique
a ceiling light a ceiling lamp	un plafonnier
a bedside light a bedside lamp	une lampe de chevet
a halogen lamp	une lampe halogène
a dimmer ['dɪmə^{r}]	un variateur de lumière
a reading lamp	une lampe de travail
a spotlight ['spɒtlaɪt]	un spot
a neon light	un néon
a flashlight ['flæʃlaɪt] BR a torch [tɔːtʃ]	une lampe de poche
a candle ['kændl]	une bougie
a candlestick	un bougeoir
a tealight holder	un photophore
an incense burner	un brûle-encens
a chandelier [ʃændə'lɪə^{r}]	un lustre
a gas/oil lamp	une lampe à gaz/à pétrole
– The (electric) wiring	l'installation électrique
to have mains electricity	être raccordé au réseau
a wire ['waɪə^{r}]	un fil électrique (d'une installation)

BR a flex [fleks] AM a cord [kɔːd]	un fil électrique (d'appareil)
to wire sth up to connect sth up	faire l'installation électrique de qqch.
the electricity meter	le compteur d'électricité
a plug [plʌg]	une prise (mâle)
a socket ['sɒkɪt] a point [pɔɪnt]	une prise (femelle)
an adaptor [ə'dæptəʳ]	une prise multiple
to plug in	brancher
a fuse [fjuːz] AM a fuze	un plomb, un fusible
BR the earth [ɜːθ] AM the ground [graʊnd]	la terre

■ 6. HEATING AND ELECTRICAL APPLIANCES LE CHAUFFAGE ET L'ÉLECTROMÉNAGER

– **Heating** ['hiːtɪŋ]	le chauffage
central heating	le chauffage central
to have a well heated house	être bien chauffé
a boiler ['bɔɪləʳ]	une chaudière
fuel [fjʊəl] (n. c.)	le combustible
gas [gæs]	le gaz
mains gas	le gaz de ville
the gas meter	le compteur à gaz
fuel oil central heating oil	le mazout, le fuel domestique
oil-fired/gas-fired central heating	le chauffage central au mazout/au gaz
solid fuel central heating	le chauffage au charbon
BR a gas/electric fire AM a gas/electric heater	un radiateur à gaz/électrique
a radiator ['reɪdɪeɪtəʳ]	un radiateur
a (night) storage heater	un radiateur à accumulation
a stove [stəʊv]	un poêle
– **A** fire [faɪəʳ]	un feu
a fireplace	une cheminée
a hearth [hɑːθ]	un foyer
by the fireside	au coin du feu
to light* the fire	faire du feu
a match [mætʃ]	une allumette
to strike* a match	frotter une allumette
a firelighter ['faɪəˌlaɪtəʳ]	un allume-feu
a flame [fleɪm]	une flamme
a spark [spɑːk]	une étincelle
to spark	jeter des étincelles
smoke [sməʊk]	la fumée
tongs [tɒŋz]	des pincettes
bellows ['beləʊz] (plur.) a pair of bellows	un soufflet
a poker ['pəʊkəʳ]	un tisonnier
to poke the fire	tisonner le feu
a log [lɒg]	une bûche
coal [kəʊl]	le charbon
live coals embers ['embəz]	les braises
ashes ['æʃɪz]	les cendres
– BR a labour-saving device AM a labor-saving device	un appareil ménager
an electrical appliance	un appareil électrique
a domestic appliance	un appareil électroménager
a gadget ['gædʒɪt]	un gadget
– BR a cooker ['kʊkəʳ] AM a stove [stəʊv]	une cuisinière
an electric/a gas cooker	une cuisinière électrique/à gaz
a hob [hɒb] a hotplate ['hɒtpleɪt]	une plaque chauffante
a ceramic hob	une plaque vitrocéramique
an oven ['ʌvn]	un four
a microwave (oven)	un (four à) micro-ondes
in the oven	au four
a cooker hood	une hotte (aspirante)
– **A** blender ['blendəʳ] a liquidizer ['lɪkwɪdaɪzəʳ] a mixer ['mɪksəʳ]	un mixeur
a mincer ['mɪnsəʳ]	un hachoir
a food processor	un robot ménager
a coffee grinder a coffee mill	un moulin à café
a toaster ['təʊstəʳ]	un grille-pain
a pressure cooker	un autocuiseur
– **A** refrigerator [rɪ'frɪdʒəreɪtəʳ] AM an icebox ['aɪsbɒks]	un réfrigérateur

a fridge [frɪdʒ] (parlé)	un frigo
a freezer[1] ['fri:zəʳ]	un congélateur
the freezer compartment BR the icebox	le freezer
an ice cube	un glaçon
an ice tray	un bac à glaçons
to refrigerate food	réfrigérer des aliments
to defrost [di:'frɒst]	dégivrer
to thaw (out)	décongeler
– A washing machine	un lave-linge
a spin dryer	une essoreuse
a tumble dryer	un sèche-linge
a dishwasher ['dɪʃ,wɒʃəʳ]	un lave-vaisselle
a water heater	un chauffe-eau
a vacuum cleaner a hoover® ['hu:vəʳ]	un aspirateur

7. CROCKERY LA VAISSELLE

– Crockery ['krɒkərɪ] AM flatware ['flætwɛəʳ]	la vaisselle
a dinner set a dinner service	un service de table
china ['tʃaɪnə]	la porcelaine
earthenware ['ɜ:θən,wɛəʳ]	la faïence
a china/an earthenware cup	une tasse en porcelaine/en faïence
a plate [pleɪt]	une assiette
a dish [dɪʃ]	un plat
a (salad) bowl	un saladier
a (soup) tureen	une soupière
a cup [kʌp]	une tasse
a teacup ['ti:kʌp]	une tasse à thé
a coffee-cup	une tasse à café
a saucer ['sɔ:səʳ]	une soucoupe
a mug [mʌg]	≈ une chope
a teapot ['ti:pɒt]	une théière
a coffee-pot	une cafetière
a sugar basin	un sucrier
a milk jug	un pot à lait
a jug [dʒʌg] AM a pitcher ['pɪtʃəʳ]	une cruche
– A glass [glɑ:s]	un verre
a wineglass ['waɪnglɑ:s]	un verre à vin
a decanter [dɪ'kæntəʳ]	une carafe
a water jug	une carafe à eau
– Cutlery ['kʌtlərɪ] (n. c. sing.)	les couverts
a canteen of cutlery	une ménagère
silverware ['sɪlvəwɛəʳ]	l'argenterie
silverplated ['sɪlvə,pleɪtɪd]	plaqué argent
goldplated ['gəʊld,pleɪtɪd]	plaqué or
a fork [fɔ:k]	une fourchette
a knife [naɪf] (plur. knives)	un couteau
a spoon [spu:n]	une cuillère
a teaspoon ['ti:spu:n]	une cuillère à café
a dessertspoon [dɪ'zɜ:t,spu:n]	une cuillère à dessert
a soupspoon ['su:pspu:n]	une cuillère à soupe
a tablespoon ['teɪbl,spu:n] a serving spoon	une cuillère à servir
salad servers (plur.)	le couvert à salade
a ladle ['leɪdl]	une louche
– A place setting	un couvert
a placemat ['pleɪsmæt]	un set de table
a (table)mat	un dessous de plat
a napkin ring	un rond de serviette
a coaster ['kəʊstəʳ]	un dessous de bouteille
a salt cellar	une salière
a pepper pot	un poivrier
a pepper grinder	un moulin à poivre

8. COOKING UTENSILS LES USTENSILES DE CUISINE

– A saucepan ['sɔ:spən]	une casserole
a pot [pɒt]	une marmite
a frying pan AM a fry-pan a skillet ['skɪlɪt]	une poêle à frire
a pan [pæn]	un plat à rôtir
a wok [wɒk]	un wok
a grill [grɪl]	un gril
– A tray [treɪ]	un plateau
a basin ['beɪsn]	une jatte
a bowl [bəʊl]	un bol, un saladier

a jug [dʒʌg]	une cruche
a kettle ['ketl]	une bouilloire
a cake tin	un moule à gâteau
a rolling pin	un rouleau à pâtisserie
a salad spinner	une essoreuse à salade
a breadbin ['bredbɪn]	une huche à pain
kitchen scales (plur.)	une balance de ménage
– A bread knife (plur. knives)	un couteau à pain
a blade [bleɪd]	une lame
a spatula ['spætjʊlə]	une spatule
BR a fish slice AM a pancake turner	une pelle à poisson
a colander ['kʌləndəʳ]	une passoire
a sieve [sɪv]	un tamis
a grater ['greɪtəʳ]	une râpe
a lemon squeezer	un presse-agrumes
a can-opener BR a tin-opener	un ouvre-boîte
BR nutcrackers ['nʌtkrækəz] (plur.) AM a nutcracker	un casse-noix
– A lid [lɪd]	un couvercle (qui se pose)
a screw top	un couvercle (qui se visse)
to screw sth on to screw sth down	visser qqch.
to unscrew ['ʌn'skru:]	dévisser
to cover ['kʌvəʳ]	couvrir
to seal [si:l]	sceller
to close [kləʊs]	fermer, reboucher
the handle ['hændl]	l'anse, la poignée
– A bag [bæg]	un sac
a binbag ['bɪnbæg]	un sac poubelle
a sack [sæk]	un sac de jute
a basket ['bɑ:skɪt]	un panier
a box [bɒks]	une boîte
a case [keɪs]	une caisse

a crate [kreɪt]	un cageot (de fruits, de légumes)
a packet ['pækɪt] a package ['pækɪdʒ]	un paquet
a pot [pɒt] a tub [tʌb]	un pot (de yaourt, de crème)
a carton of milk	un brick de lait
a carton of yoghurt	un pot de yaourt (en carton)
– A can [kæn] BR a tin [tɪn]	une boîte de conserves
a jar [dʒɑ:ʳ]	un pot, un bocal
a bottle ['bɒtl]	une bouteille
a bottle a flask [flɑ:sk]	un flacon
to bottle	mettre en bouteilles
to stop up	boucher
to cork [kɔ:k]	boucher (avec un bouchon en liège)
a cork	un bouchon (en liège)
a stopper ['stɒpəʳ]	un bouchon (en verre, en plastique)
a cap [kæp] a top [tɒp]	une capsule
– BR greaseproof paper AM wax paper	le papier sulfurisé
kitchen paper kitchen roll	l'essuie-tout
kitchen foil	le papier d'aluminium
BR clingfilm® ['klɪŋfɪlm] AM Saranwrap® [sə'rænræp]	le sellofrais®
– The contents ['kɒntents] (plur.)	le contenu
to contain [kən'teɪn] to hold* [həʊld]	contenir
full *of* [fʊl]	plein *de*
to fill sth *with*	remplir qqch. *de*
empty ['emptɪ]	vide
to empty	vider

REMARQUES

1. Avec la plupart des noms désignant un récipient, on peut former un dérivé avec le suffixe -ful ; ex. : a boxful/bagful of buttons = une pleine boîte/un plein sac de boutons.

2. Attention : a can of oil = un bidon d'huile ; an oil can = un bidon à huile ; a wine bottle = une bouteille de vin ; a bottle of wine = une bouteille de vin.

9. HOUSEHOLD LINEN LE LINGE DE MAISON

– A sheet [ʃi:t]	un drap
a fitted sheet	un drap-housse
a blanket ['blæŋkɪt]	une couverture
an electric blanket	une couverture chauffante

the bedclothes ['bed,kləʊðz]	les draps et couvertures
a (continental) quilt BR a duvet ['du:veɪ]	une couette
a duvet cover	une housse de couette
BR an eiderdown ['aɪdəʳdaʊn] AM a comforter ['kʌmfətəʳ] AM a quilt [kwɪlt]	un édredon
a bedcover ['bed,kʌvəʳ]	un couvre-lit
a bedspread ['bedspred]	un dessus-de-lit
a pillowcase ['pɪləʊkeɪs] a pillowslip ['pɪləʊslɪp]	une taie d'oreiller
to make* the bed	faire le lit
bedding ['bedɪŋ]	la literie
- Table linen	le linge de table
a (table)cloth	une nappe
a napkin	une serviette (de table)
a bib [bɪb]	un bavoir
a dish towel BR a tea towel	un torchon
- Bathroom linen	le linge de toilette
a face cloth BR a (face) flannel AM a wash-cloth	un gant de toilette
a towel ['taʊəl]	une serviette éponge
a bathtowel ['bɑ:θ,taʊəl]	une serviette de bain, un drap de bain

■ 10. COMFORT IN THE HOME LE CONFORT

- Comfort ['kʌmfət]	le confort
comfortable ['kʌmfətəbl]	confortable
to have all mod cons (parlé) to have all modern conveniences	avoir tout le confort
cosy ['kəʊzɪ] AM cozy	douillet
a nice home	un intérieur agréable
well-planned	bien conçu
functional ['fʌŋkʃnəl]	fonctionnel
convenient [kən'vi:nɪənt]	pratique
roomy ['rʊmɪ] spacious ['speɪʃəs]	spacieux
luxurious [lʌg'zjʊərɪəs]	luxueux
luxury ['lʌkʃərɪ]	le luxe
- Uncomfortable [ʌn'kʌmfətəbl]	inconfortable
shabby ['ʃæbɪ]	miteux
in poor condition	en mauvais état
dilapidated [dɪ'læpɪdeɪtɪd] ramshackle ['ræm,ʃækl]	délabré
to be falling down	tomber en ruine
BR a draught [drɑ:ft] AM a draft [drɑ:ft]	un courant d'air

■ 11. THE GARDEN LE JARDIN

- BR a garden ['gɑ:dn] AM a yard [jɑ:d]	un jardin
the front/back garden AM the front/back yard	le jardin de devant/derrière
a courtyard	une cour
the grounds [graʊndz] (plur.)	le parc
to open on to to look on to	donner sur (fenêtre)
to look on to to give* on to	donner sur (pièce)
- A gate [geɪt]	un portail
the railings ['reɪlɪŋz] (plur.)	la grille
a fence [fens]	une clôture, une barrière
to fence (off)	clôturer
a hedge [hedʒ]	une haie
- A lawn [lɔ:n]	une pelouse
the grass [grɑ:s]	le gazon
a border ['bɔ:dəʳ]	une bordure
a flowerbed ['flaʊəbed]	un parterre de fleurs
a rockery ['rɒkərɪ]	une rocaille
an orchard ['ɔ:tʃəd]	un verger
a kitchen garden a vegetable garden	un potager
an allotment [ə'lɒtmənt]	un jardin ouvrier
- A plant [plɑ:nt]	une plante
a flower ['flaʊəʳ]	une fleur
a bush [bʊʃ]	un buisson
a tree [tri:]	un arbre
a shrub [ʃrʌb]	un arbuste
a flowerpot	un pot à fleurs
a pot plant	une plante en pot

a clump [klʌmp]	un massif
a patio ['pætɪəʊ]	un patio
a deck [dek]	une terrasse en bois
a (garden) path	un sentier
a gravel(led) path	une allée de gravier
a drive [draɪv]	une allée (carrossable)
a rock garden	une rocaille
an ornamental pond a water feature	un bassin
a pergola ['pɜːgələ]	une pergola
a trellis ['trelɪs]	un treillage
- A garage ['gærɑːʒ]	un garage
a (garden) shed	une cabane (de jardin)
a toolshed	une remise à outils
a lean-to BR an outhouse[1] ['aʊthaʊs]	un appentis
the outbuildings ['aʊtbɪldɪŋz]	les dépendances
a summerhouse ['sʌməˌhaʊs]	un pavillon
a canopy ['kænəpɪ]	une marquise

ATTENTION 1 : AM an outhouse = des toilettes extérieures

- Garden furniture (n. c. sing.)	un mobilier de jardin
a set of garden furniture	un salon de jardin
a garden chair	un fauteuil de jardin
a deckchair	une chaise longue
a hammock ['hæmək]	un hamac
a garden seat a bench [bentʃ]	un banc
cane furniture (n. c. sing.)	des meubles de rotin
a parasol [ˌpærə'sɒl]	un parasol
a flagstone ['flægstəʊn]	une dalle

9 WORKING IN THE HOUSE
LES TRAVAUX DANS LA MAISON

1. HOUSEHOLD CHORES LES TÂCHES MÉNAGÈRES

– Housework ['haʊswɜ:k]	le ménage
to do* the housework	faire le ménage
the cleaning ['kli:nɪŋ]	le nettoyage
to clean [kli:n]	nettoyer
spring-cleaning	le grand nettoyage de printemps
to clean up to tidy up	ranger (pièce)
– To do* the dishes BR to do* the washing-up BR to wash up[1]	faire la vaisselle
a dish rack	un égouttoir
washing-up liquid	du produit à vaisselle
to dry the dishes	essuyer la vaisselle
to load/unload the dishwasher	charger/décharger le lave-vaisselle
to wipe sth (clean)	essuyer qqch.
to clean the windows	faire les vitres
a window-cleaner	un laveur de vitres

ATTENTION 1 : AM to wash up = se laver

– The wash(ing) ['wɒʃ(ɪŋ)]	la lessive
to wash sth	laver qqch.
to do* the washing	faire la lessive
soap powder BR washing powder	la lessive (en poudre)
a stain remover	un détachant
a fabric conditioner	un assouplissant textile
– To rinse [rɪns]	rincer
to wring* [rɪŋ]	essorer (à la main)
to spin* dry	essorer (en machine)
to hang* out the washing	étendre le linge
to dry [draɪ]	sécher
to tumble-dry	faire sécher (dans un sèche-linge)
a clothes line a washing line	une corde à linge
BR a clothes peg AM a clothes pin	une pince à linge
– To starch [stɑ:tʃ]	amidonner
starch	l'amidon
to iron ['aɪən]	repasser
the ironing ['aɪənɪŋ]	le repassage
an iron	un fer à repasser
a steam iron	un fer à vapeur
an ironing board	une planche à repasser
– A brush [brʌʃ]	une brosse
a scrubbing brush	une brosse dure
a clothes brush	une brosse à habits
to scrub [skrʌb]	nettoyer à la brosse
a broom [brʊm] a brush	un balai
to sweep* [swi:p]	balayer
a dustpan ['dʌstpæn]	une pelle à poussière
to mop up	éponger
a sponge mop	un balai-éponge
a floorcloth ['flɔ:klɒθ]	une serpillière
to vacuum a room BR to hoover a room	passer l'aspirateur dans une pièce
to sweep* the chimney	ramoner la cheminée
a chimney sweep	un ramoneur
to wipe sth	donner un coup de torchon à qqch.
– To dust [dʌst]	épousseter
a cloth [klɒθ]	un chiffon
BR a duster ['dʌstəʳ] AM a dust cloth	un chiffon (à poussière)
a feather duster	un plumeau
– A cleaner ['kli:nəʳ]	un produit d'entretien
a detergent [dɪ'tɜ:dʒənt]	un détergent
polish ['pɒlɪʃ]	l'encaustique
to polish	encaustiquer
to polish sth up	faire briller qqch.
shoe polish	du cirage
to polish one's shoes	cirer ses chaussures
to polish	astiquer
to clean the brass/the silver	faire les cuivres/l'argenterie
to scour ['skaʊəʳ]	récurer
bleach [bli:tʃ]	l'eau de javel
to bleach	blanchir
a spray [spreɪ] an aerosol ['ɛərəsɒl]	un aérosol

REMARQUE to scrub/polish sth = to give sth a scrub/a polish ; to wash/a wipe/rinse/dry sth = to give sth a wash/wipe/a rinse/a dry.

2. DIRT AND CLEANLINESS LA SALETÉ ET LA PROPRETÉ

– Clean [kli:n]	propre
cleanliness ['klenlɪnɪs]	la propreté
sparkling clean	étincelant de propreté
neat [ni:t]	bien rangé
spotless ['spɒtlɪs] immaculate [ɪ'mækjʊlɪt]	impeccable
– Dirty ['dɜ:tɪ]	sale
dirt [dɜ:t] grime [graɪm]	la saleté
to get* sth dirty	salir qch
to get* dirty	se salir
this material shows the dirt	ce tissu se salit facilement
filth [fɪlθ]	la crasse
filthy ['fɪlθɪ]	crasseux
disgusting [dɪs'gʌstɪŋ]	dégoûtant
foul [faʊl]	répugnant
– Grease [gri:s]	la graisse
greasy ['gri:sɪ]	graisseux
dust [dʌst]	la poussière
dusty ['dʌstɪ]	poussiéreux
mud [mʌd]	la boue
muddy ['mʌdɪ]	boueux
sticky ['stɪkɪ]	poisseux
a smear [smɪə^r]	une traînée, une salissure
a mark [mɑ:k]	une salissure, une marque
to make* a mess	faire des saletés
fingermarks ['fɪŋgəmɑ:kz]	des traces de doigts
soiled [sɔɪld]	souillé
to stain [steɪn]	tacher
a stain *on sth* a spot *on sth* [spɒt]	une tache *à, sur qqch.*
– Tidy ['taɪdɪ]	bien rangé
he's very tidy	il est très ordonné
he's obsessively tidy	il est maniaque
everything is neat and tidy	tout est bien rangé
to put* things away to do* some tidying up	faire du rangement
untidy [ʌn'taɪdɪ]	en désordre, désordonné
to mess up a room	mettre le désordre dans une pièce
to be a shambles (parlé)	être en pagaille
your room is like a pigsty!	ta chambre est une vraie porcherie !
BR rubbish ['rʌbɪʃ] (n. c. sing.) AM trash [træʃ] (n. c. sing.)	les ordures
kitchen waste (n. c. sing.) household refuse (n. c. sing.)	les ordures ménagères
litter ['lɪtə^r] (n. c. sing.)	des détritus
BR a dustbin ['dʌstbɪn] BR a rubbish bin AM a trash can AM a garbage can AM an ashcan	une poubelle
BR a rubbish chute AM a garbage chute	un vide-ordures
a waste disposal unit	un broyeur d'ordures
to throw* sth in the dustbin	jeter qqch. à la poubelle, jeter qqch. aux ordures
household waste sorting	le tri sélectif
a bottlebank ['bɑtlbæŋk]	un conteneur pour verre usagé

3. TOOLS AND MAINTENANCE L'OUTILLAGE ET L'ENTRETIEN

– A tool [tu:l]	un outil
a toolbox ['tu:lbɒks]	une boîte à outils
a toolbag ['tu:lbæg] a toolkit ['tu:lkɪt]	une trousse à outils
a nail [neɪl]	un clou
to nail	clouer
to drive* in a nail	enfoncer un clou
a hammer ['hæmə^r]	un marteau
to hammer	marteler
to hammer sth in	enfoncer qqch. à coups de marteau
a screw [skru:]	une vis
to screw	visser
a screwdriver	un tournevis
– An electric drill	une perceuse électrique
to drill a hole to bore a hole	percer un trou
to fill holes	boucher les trous

pincers ['pɪnsəz] (plur.) a pair of pincers	des tenailles
pliers ['plaɪəz] (plur.) a pair of pliers	une pince
BR an adjustable spanner a monkey wrench	une clef anglaise, une clef à molette
to tighten ['taɪtn]	serrer (vis, écrou)
to loosen ['lu:sn]	desserrer (vis, écrou)
a file [faɪl]	une lime
to file sth (down)	limer qqch.
a soldering iron	un fer à souder
to solder ['səʊldəʳ]	souder
– Wood [wʊd]	le bois
the woodwork (n. c. sing.)	les boiseries
plywood ['plaɪwʊd]	le contre-plaqué
BR chipboard ['tʃɪpbɔ:d] AM Masonite® ['meɪsənaɪt]	l'aggloméré
hardboard ['ha:dbɔ:d]	l'Isorel®
MDF [,emdi:'ef]	le médium
a plane [pleɪn]	un rabot
to plane	raboter
shavings ['ʃeɪvɪŋz]	des copeaux
sandpaper ['sænd,peɪpəʳ]	le papier de verre
to sand	poncer
a sander ['sændəʳ]	une ponceuse
– Sharp [ʃa:p]	tranchant, bien affilé
to sharpen ['ʃa:pən]	affiler, aiguiser
a sharpener ['ʃa:pnəʳ]	un affiloir
the edge [edʒ]	le tranchant
blunt [blʌnt]	émoussé
to blunt	émousser
a penknife ['pennaɪf] (plur. penknives)	un canif
scissors ['sɪzəz] (plur.) a pair of scissors	une paire de ciseaux
a chisel ['tʃɪzl]	un ciseau
the blade [bleɪd]	la lame
an axe [æks] AM an ax	une hache
a hatchet ['hætʃɪt]	une hachette
a saw [sɔ:]	une scie
a circular saw	une scie circulaire
a hacksaw ['hæksɔ:]	une scie à métaux
a chainsaw [tʃeɪnsɔ:]	une tronçonneuse
to saw*	scier
– A power drill	une perceuse électrique
a pneumatic drill	un marteau-piqueur
a bit [bɪt]	un foret, une mèche
– BR a vice [vaɪs] AM a vise	un étau
BR a spanner ['spænəʳ] AM a wrench [rentʃ]	une clé à écrous
a nut [nʌt]	un écrou
a bolt [bəʊlt]	un boulon
– A rivet ['rɪvɪt]	un rivet
to rivet	riveter, river
a mallet ['mælɪt]	un maillet
a pickaxe ['pɪkæks] AM a pickax	une pioche
a crowbar ['krəʊba:ʳ]	un levier
a spirit level	un niveau à bulle
a ladder ['lædəʳ]	une échelle
a stepladder ['step,lædəʳ]	un escabeau
– Paint [peɪnt]	la peinture (produit)
matt paint	la peinture mate
gloss paint	la laque
Wet paint! AM Fresh paint!	Attention, peinture fraîche !
to paint	peindre
to paint sth white / blue	peindre qqch. en blanc / bleu
to paint with a roller	peindre au rouleau
to spray-paint	peindre au pistolet
a paintbrush	un pinceau
to strip paint	enlever la peinture
an undercoat ['ʌndəkəʊt]	une couche de fond
a coat of primer	une couche d'apprêt
– Varnish ['va:nɪʃ]	le vernis
to varnish	vernir
plaster ['pla:stəʳ]	le plâtre
to plaster	plâtrer
whitewashed ['waɪtwɒʃt]	blanchi à la chaux
turpentine ['tɜ:pəntaɪn]	la térébenthine
BR white spirit AM mineral spirit	le white-spirit

4. REPAIRS LES RÉPARATIONS

– To break* sth	casser qqch.
to break* [breɪk]	se casser
to break* down	tomber en panne
broken ['brəʊkən]	cassé
out of order	hors service
it doesn't work	ça ne marche pas
wear and tear	l'usure
to repair [rɪ'pεəʳ] to mend [mend]	réparer (objet)
to mend	réparer (fuite, déchirure)
to fix [fɪks]	réparer, arranger (appareil)
repairs *to sth* [rɪ'pεəz]	des réparations *à qqch.*
to replace [rɪ'pleɪs]	remplacer
– To send* for sb to call sb	faire venir qqn, appeler qqn
an odd-job man	un homme à tout faire
to do* odd jobs	bricoler, faire de menus travaux
a handyman ['hændɪmæn] (fém. handywoman)	un(e) bricoleur (-euse)
he's very handy he's good with his hands	il est très bricoleur
BR do-it-yourself (abr. DIY)	le bricolage (passe-temps)
a DIY shop	un magasin de bricolage
a (DIY) kit	un kit
– Renovation [ˌrenəʊ'veɪʃən]	la rénovation, la remise à neuf
to renovate ['renəʊveɪt]	rénover, remettre à neuf
to modernize ['mɒdənaɪz]	moderniser
to do* up an old house	retaper une vieille maison
to make* alterations to a house	faire des travaux dans une maison
to extend a house	agrandir une maison
to restore [rɪs'tɔːʳ]	ravaler (façade)
– A plumber ['plʌməʳ]	un plombier
plumbing ['plʌmɪŋ]	la plomberie
a leak [liːk]	une fuite
a leaking roof	un toit qui fuit
BR a dripping tap AM a dripping faucet	un robinet qui fuit
to overflow* ['əʊvəfləʊ]	déborder
the drains are blocked	les canalisations sont bouchées
– An electrician [ɪlek'trɪʃən]	un(e) électricien(ne)
power ['paʊəʳ]	le courant
a power cut	une coupure de courant
to cut* off the power	couper le courant
a power failure a blackout ['blækaʊt]	une panne d'électricité
a short circuit	un court-circuit
to short(-circuit)	se mettre en court-circuit
to short(-circuit) sth	court-circuiter qqch.
a circuit breaker a cutout ['kʌtaʊt]	un disjoncteur
to blow* a fuse	faire sauter un plomb
a fuse has blown	un plomb a sauté
to put* the power back on	rétablir le courant
a shock [ʃɒk] an electric shock	une décharge (électrique)
to get* a shock to get* an electric shock	recevoir une décharge électrique
to electrocute [ɪ'lektrəkjuːt]	électrocuter
electrocution [ɪˌlektrə'kjuːʃən]	l'électrocution
– A joiner ['dʒɔɪnəʳ]	un(e) menuisier (-ière)
a carpenter ['kɑːpɪntəʳ]	un(e) charpentier (-ière)
woodworm ['wʊdwɜːm] (n. c. sing.)	des vers (de bois)
worm-eaten	vermoulu
a termite ['tɜːmaɪt]	un termite
dry rot	la pourriture sèche (du bois)
rising damp	l'humidité par capillarité
– A builder ['bɪldəʳ]	un maçon (en général)
a (stone)mason ['(stəʊn)meɪsən]	un maçon (qui travaille la pierre)
a bricklayer ['brɪkleɪəʳ]	un maçon (qui pose les briques)
a crack [kræk]	une lézarde, une fissure
a glazier ['gleɪzɪəʳ]	un vitrier
a locksmith ['lɒksmɪθ]	un serrurier
the repair man	le dépanneur
under guarantee	sous garantie
after-sales service	le service après-vente

5. GARDENING LE JARDINAGE

– A gardener ['gɑ:dnəʳ]	un(e) jardinier (-ière)
to garden ['gɑ:dn] / to do* some gardening	jardiner
a landscape gardener	un jardinier-paysagiste
BR to have green fingers / AM to have a green thumb	avoir la main verte
– Earth [ɜ:θ] / soil [sɔɪl]	la terre
to grow* [grəʊ]	cultiver
to sow* [səʊ]	semer
a seed [si:d]	une graine
a seedling ['si:dlɪŋ]	un semis, un plant
a bulb [bʌlb]	un bulbe
to thin out	éclaircir (plants)
to plant [plɑ:nt]	planter
to transplant [træns'plɑ:nt]	transplanter
to plant out	repiquer
annuals ['ænjʊəlz]	des plantes annuelles
perennials [pə'renɪəlz]	des plantes vivaces
a cutting ['kʌtɪŋ]	une bouture
a stake [steɪk]	un tuteur
– To dig* [dɪg]	bêcher
a spade [speɪd]	une pelle, une bêche
a fork [fɔ:k]	une fourche
to turn over	retourner
a hoe [həʊ]	une sarclette, une binette
to hoe	sarcler, biner
fertilizer ['fɜ:tɪlaɪzəʳ]	l'engrais (chimique)
manure [mə'njʊəʳ]	l'engrais (animal)
compost ['kɒmpɒst]	le terreau, le compost
– To mow* the lawn	tondre la pelouse
a (lawn)mower	une tondeuse à gazon
to prune [pru:n]	tailler
secateurs [,sekə'tɜ:z] (plur.) / pruning shears (plur.)	un sécateur
to clip the hedge / to trim the hedge	tailler la haie
hedge clippers (plur.) / a pair of hedgeclippers	un sécateur à haies
shears [ʃɪəz]	des cisailles
a scythe [saɪð]	une faux
a sickle ['sɪkl]	une faucille
– To water ['wɔ:təʳ]	arroser
a watering-can	un arrosoir
a garden hose / a hose pipe	un tuyau d'arrosage
a rake [reɪk]	un râteau
to rake	ratisser
to rake up leaves	ratisser des feuilles mortes
a roller ['rəʊləʳ]	un rouleau
a weed [wi:d]	une mauvaise herbe
to weed	désherber
a weedkiller	un désherbant, un herbicide
an insecticide [ɪn'sektɪsaɪd]	un insecticide
a wheelbarrow ['wi:l,bærəʊ]	une brouette
a greenhouse ['gri:nhaʊs] / a glasshouse ['glɑ:shaʊs]	une serre
a hothouse ['hɒthaʊs]	une serre chaude
hothouse plants	des plantes de serre
BR a garden centre / AM a garden center	une jardinerie

10 HOUSING AND ARCHITECTURE
LE LOGEMENT ET L'ARCHITECTURE

1. TOWN PLANNING L'URBANISME

– A (town) planner	un(e) urbaniste
an architect ['ɑ:kɪtekt]	un(e) architecte
architectural [,ɑ:kɪ'tektʃərəl]	architectural
to build* [bɪld]	construire
a plan [plæn]	un plan
to draw* up the plans	dessiner les plans
to design sth	concevoir qqch.
the proportions [prə'pɔ:ʃənz]	les proportions
BR a draughtsman ['drɑ:ftsmən] AM a draftsman	un dessinateur industriel
a drawing board	une planche à dessin
– Town-and-country planning	l'aménagement du territoire
civil engineering	les travaux publics
to get planning permission	obtenir un permis de construire
redevelopment [,ri:dɪ'veləpmənt] renovation [,renəʊ'veɪʃən]	la rénovation (d'un quartier)
restoration [,restə'reɪʃən]	la rénovation (d'un immeuble)
to redevelop [,ri:dɪ'veləp] to rehabilitate [,ri:ə'bɪlɪteɪt] to renovate ['renəʊveɪt]	rénover (un quartier)
to restore [rɪs'tɔ:ʳ]	rénover (un immeuble)
– BR a plot of land AM a lot [lɒt]	un terrain
"site for sale" "building land for sale"	«terrain à bâtir»
an urban development zone	une zone d'aménagement concerté
a piece of waste ground	un terrain vague
– Green spaces green areas	les espaces verts
the green belt	la ceinture verte
a (public) park	un jardin public
a public garden	un square
a playground ['pleɪ,graʊnd]	une aire de jeux

2. TOWN AND VILLAGE VILLE ET VILLAGE

– A town [taʊn]	une ville
a city ['sɪtɪ] a large town	une grande ville
a major city	une métropole
a capital (city)	une capitale
a market town	un bourg, une bourgade
BR a dormitory town AM a satellite town	une ville-dortoir
a new town	une ville nouvelle
a locality [ləʊ'kælɪtɪ]	une localité
a built-up area	une agglomération
an inhabitant [ɪn'hæbɪtənt]	un(e) habitant(e)
a city-dweller a town-dweller	un(e) citadin(e)
an urban community	une communauté urbaine
the town the municipality [mju:,nɪsɪ'pælɪtɪ]	la municipalité
– The town centre	le centre ville
the centre of Boston BR central Boston AM downtown Boston	le centre de Boston
to go* into town	aller en ville
an area ['ɛərɪə]	un quartier, un arrondissement
a district ['dɪstrɪkt]	
the old town	la vieille ville
the upper/lower (part of the) town	la ville haute/basse
a residential area	une zone d'habitation
a middle-class district	un quartier résidentiel
a pedestrian precinct	une zone piétonne
the town hall	l'hôtel de ville, la mairie
– BR an estate [ɪs'teɪt] BR a housing estate AM a housing development AM a housing project	un lotissement, une cité
BR an industrial estate AM an industrial park	une zone industrielle
a shanty town	un bidonville
a block [blɒk]	un pâté de maisons
a row of houses	une rangée de maisons
BR he lives three streets away AM he lives three blocks away	il habite trois rues plus loin

- The outskirts ['aʊtskɜ:ts]	les environs, la périphérie
the suburbs ['sʌbɜ:bz] (plur.)	la banlieue
the outer suburbs (plur.)	la grande banlieue
to commute [kə'mju:t]	prendre les transports en commun pour aller à son travail
a commuter [kə'mju:təʳ]	un(e) banlieusard(e)
- A hamlet ['hæmlɪt]	un hameau
a village ['vɪlɪdʒ]	un village
a villager ['vɪlɪdʒəʳ]	un(e) villageois(e)
country people country folk	les gens de la campagne

3. THE STREETS LES RUES

- A street [stri:t] (abr. St) a road [rəʊd] (abr. Rd)	une rue
a lively/busy street	une rue animée/passante
BR the high street AM the main street	la grand-rue
a side street	une petite rue
an alley ['ælɪ] a lane [leɪn]	une ruelle
an avenue ['ævənju:] (abr. Ave)	une avenue
a boulevard ['bu:ləvɑ:ʳ] (abr. Bd)	un boulevard
a square [skwɛəʳ] (abr. Sq)	une place
the market square	la place du marché
BR a pedestrian way a pedestrianized street AM a walkway ['wɔ:kweɪ]	une rue piétonnière
- BR the pavement ['peɪvmənt] AM the sidewalk ['saɪd,wɔ:k]	le trottoir
the road(way)	la chaussée
BR the kerb [kɜ:b] AM the curb [kɜ:b]	le bord du trottoir
the gutter ['gʌtəʳ]	le caniveau
a crossroads ['krɒs,rəʊds] (sing.)	un carrefour
a pedestrian crossing BR a zebra crossing AM a crosswalk ['krɒswɔ:k]	un passage clouté
a pedestrian walkway	un passage pour piétons
an underpass ['ʌndəpɑ:s] BR a subway[1] ['sʌbweɪ]	un passage souterrain
a set of traffic lights	des feux de circulation
the lights are green/amber/red	le feu est vert/orange/rouge

ATTENTION 1 : AM the subway = le métro

- The banks of the Thames	les berges de la Tamise
along the embankment	sur les quais
a bridge [brɪdʒ]	un pont

REMARQUE Les abréviations données plus haut entre parenthèses pour désigner les voies de circulation sont celles régulièrement employées pour les adresses. On rencontre également les termes suivants : Place (abr. Pl), Crescent (abr. Cres), Drive (abr. Dr), Terrace (abr. Terr), Close (abr. Cl).

4. BUILDINGS LES BÂTIMENTS

- A building ['bɪldɪŋ]	un bâtiment
an office block	un immeuble de bureaux
a tower (block)	une tour
a skyscraper ['skaɪ,skreɪpəʳ]	un gratte-ciel
- A (detached) house	un pavillon, une maison individuelle
semidetached houses	des maisons jumelles
BR terraced houses AM town houses	des maisons mitoyennes
a bungalow ['bʌŋgələʊ]	une maison de plain-pied
a thatched cottage	une chaumière
a villa ['vɪlə]	une villa (de style méditerranéen)
- A manor (house)	un manoir, une gentilhommière
a mansion ['mænʃən]	un hôtel particulier

a castle ['kɑ:sl]	un château fort
the Loire châteaux	les châteaux de la Loire
a palace ['pælɪs]	un palais
a hovel ['hɒvəl]	une masure
a shack [ʃæk]	une cabane, une baraque
– An apartment [ə'pɑ:tmənt] BR a flat [flæt]	un appartement
AM a condominium [,kɒndə'mɪnɪəm]	un appartement (dont on est propriétaire)
a 3-room(ed) apartment	un appartement de 3 pièces
a studio flat BR a flatlet ['flætlɪt] BR a one-room flat AM a studio apartment AM an efficiency (apartment)	un studio[1]
BR a block of flats AM an apartment house	un immeuble d'habitation
BR a high-rise block BR a tower block AM a high-riser	une tour d'habitation
AM a condominium	un immeuble en copropriété
a maisonette [,meɪzə'net]	un appartement en duplex
BR a council house	une maison louée à la municipalité
BR a council flat	un appartement dans un HLM
a penthouse ['penthaʊs] AM a duplex (apartment)	un duplex[2]
BR a bedsitting room a bedsitter ['bed,sɪtə^r]	≈ une chambre de bonne
a furnished apartment	un meublé

ATTENTION FAUX AMIS 1 : AM a studio = un atelier d'artiste
2 : AM a duplex (house) signifie également une maison partagée en deux appartements

– A cabin ['kæbɪn]	une cabane
a hut [hʌt]	une hutte
a log cabin	une cabane de rondins
a chalet ['ʃæleɪ]	un chalet
an annexe ['æneks]	une annexe

5. ARCHITECTURE L'ARCHITECTURE

– A walled city	une ville fortifiée
a rampart ['ræmpɑ:t]	un rempart
the battlements ['bætlmənts]	les créneaux
a tower ['taʊə^r]	une tour
a turret ['tʌrɪt]	une tourelle
a keep [ki:p]	un donjon
a moat [məʊt] (sing.)	des douves
a fort [fɔ:t]	un fort
a fortress ['fɔ:trɪs] a stronghold ['strɒŋ,həʊld]	une forteresse
a citadel ['sɪtədl]	une citadelle
a dome [dəʊm]	un dôme
a vault [vɔ:lt]	une voûte
a courtyard ['kɔ:t,jɑ:d]	une cour
a gallery ['gæləri]	une galerie
a wing [wɪŋ]	une aile
– A column ['kɒləm]	une colonne
a colonnade [,kɒlə'neɪd]	une colonnade
a balustrade [,bæləs'treɪd]	une balustrade
a pillar ['pɪlə^r]	un pilier
a capital ['kæpɪtl]	un chapiteau
an arch [ɑ:tʃ]	un arc, une arche
an arcade [ɑ:'keɪd]	une arcade
a buttress ['bʌtrɪs]	un contrefort
a flying buttress	un arc-boutant
a gargoyle ['gɑ:gɔɪl]	une gargouille
a porch [pɔ:tʃ]	un porche
a portico ['pɔ:tɪkəʊ] (plur. porticoes)	un portique
the pediment ['pedɪmənt]	le fronton
– Bare [bɛə^r]	nu
austere [ɒs'tɪə^r]	austère
modest ['mɒdɪst]	modeste
exuberant [ɪg'zju:bərənt]	exubérant
a pared-down style	un style dépouillé
grandiose ['grændɪəʊz]	grandiose
ostentatious [,ɔsten'teɪʃəs]	ostentatoire
tall [tɔ:l]	élevé
low [ləʊ]	bas
imposing [ɪm'pəʊzɪŋ]	imposant
majestic [mə'dʒestɪk]	majestueux
in a good / poor state of repair	en bon / mauvais état

ruined ['ru:ɪnd] in ruins	en ruine
tumbledown ['tʌmbl,daʊn]	délabré
- A style [staɪl]	un style
the style of the 50's	le style des années 50
a Georgian/Victorian/Tudor house	une maison géorgienne/victorienne/Tudor
contemporary [kən'tempərərɪ]	contemporain
Norman ['nɔ:mən]	roman
Gothic ['gɒθɪk]	gothique
rococo [rəʊ'kəʊkəʊ]	rococo
baroque [bə'rɒk]	baroque

6. HOUSING LE LOGEMENT

- To live in London/in a house	habiter à Londres/dans une maison
he lives at number 12	il habite au numéro 12
his main/second home	sa résidence principale/secondaire
a resident ['rezɪdənt]	un(e) résident(e)
our premises ['premɪsɪz]	nos locaux
on the premises	sur place
- Accommodation [ə,kɒmə'deɪʃən]	l'hébergement
BR accommodation [ə,kɒmə'deɪʃən] (n. c.) AM accommodations [ə,kɒmə'deɪʃəns] (plur.)	un logement
to accommodate sb to house sb to put* sb up	loger qqn
to occupy a building	occuper un bâtiment
the householder ['haʊs,həʊldəʳ] the occupier ['ɒkjʊpaɪəʳ]	l'occupant(e)
a shelter ['ʃeltəʳ]	un abri
- A house for sale	une maison à vendre
BR property ['prɒpətɪ] AM real estate	l'immobilier
BR an estate agent AM a realtor ['rɪəltɔ:ʳ]	un agent immobilier
a property developer	un promoteur immobilier
the managing agent	le syndic, le gérant
- To settle in Paris/into a new house	s'installer à Paris/dans une nouvelle maison
to move in *with sb*	emménager *chez qqn*
to move into a house	emménager dans une maison
a newcomer ['nju:,kʌməʳ]	un(e) nouveau (-elle) venu(e)
to move [mu:v]	déménager, changer de maison
to move out *of a house*	déménager *d'une maison*
a removal [rɪ'mu:vəl]	un déménagement
a removal firm/van	une entreprise/un camion de déménagement
a removal man	un déménageur
- To own one's own house	être propriétaire de sa maison
a house of one's own	une maison à soi
the owner ['əʊnəʳ]	le (la) propriétaire
an owner-occupier	un(e) occupant(e) propriétaire
- My landlord	mon propriétaire
my landlady	ma propriétaire
to let* a house *to sb*	louer une maison *à qqn* (quand on est propriétaire)
to rent a house *from sb*	louer une maison *à qqn* (quand on est locataire)
to sublet* *sth to sb* ['sʌb'let]	sous-louer *qqch. à qqn*
the rent [rent]	le loyer
a receipt [rɪ'si:t]	une quittance
the service charges	les charges
utilities [ju:'tɪlɪtɪz]	l'eau, le gaz et l'électricité
- A tenant ['tenənt]	un(e) locataire
BR a lodger ['lɒdʒəʳ]	un(e) locataire (d'une chambre)
AM a roomer ['rʊməʳ]	
BR to share a flat *with sb*	partager un appartement *avec qqn*
BR my flatmate	mon/ma colocataire
a lease [li:s]	un bail
to renew a lease	renouveler un bail
a security deposit a guarantee [,gærən'ti:] a deposit [dɪ'pɒzɪt]	une caution
the inventory of fixtures	l'état des lieux

to draw* up the inventory	faire l'inventaire
to give* three months' notice	donner un préavis de trois mois
to give* sb notice	donner congé à qqn
– A boarder ['bɔ:dəʳ]	un(e) pensionnaire
a paying guest	un(e) hôte payant(e)
board and lodging	chambre avec pension
half board	demi-pension
full board	pension complète
– Eviction [ɪ'vɪkʃən]	l'expulsion
to evict sb *from*	expulser qqn *de*
to rehouse sb	reloger qqn
to expropriate [eks'prəʊprɪeɪt]	exproprier
expropriation [eks,prəʊprɪ'eɪʃən]	l'expropriation
– BR the caretaker ['kɛəʳ,teɪkəʳ] BR the porter ['pɔ:təʳ] AM the janitor ['dʒænɪtəʳ] AM the super ['su:pəʳ] AM the manager ['mænɪdʒəʳ]	le (la) concierge
BR a neighbour ['neɪbəʳ] AM a neighbor	un(e) voisin(e)
the people next door	mes voisins
BR the neighbourhood AM the neighborhood	le voisinage
– Housing problems	les problèmes de logement
a squatter ['skwɒtəʳ]	un squatter
to squat [skwɒt]	squatter
the homeless ['həʊmlɪs] (n. c. plur.)	les sans-abri
a homeless person	un sans-abri
to sleep* rough	dormir sous les ponts
to have no fixed abode (soutenu)	être sans domicile fixe
a hostel ['hɒstəl]	un foyer
slums [slʌmz] (plur.)	un quartier de taudis
a shanty town	un bidonville
unfit for human habitation	insalubre
squalid ['skwɒlɪd]	misérable, sordide

7. PUBLIC AMENITIES LES ÉQUIPEMENTS COLLECTIFS

– Street lighting	l'éclairage public
BR a lamppost ['læmp,pəʊst] a street light AM a street lamp	un réverbère
a water tower	un château d'eau
the water supply	l'approvisionnement en eau
a sewer ['sjʊəʳ]	un égout
sewerage ['sjʊərɪdʒ] (n. c.)	les égouts
mains drainage (n. c.)	le tout-à-l'égout
– BR a public convenience (sing.) BR public toilets public lavatories AM a rest room AM a comfort station	des toilettes publiques
– Pest control	la lutte contre la vermine
rat extermination	la dératisation
– The cleansing department	le service de voirie
a roadsweeping vehicle	une balayeuse
to hose sth down	nettoyer qqch. au jet
BR a road sweeper AM a street sweeper	un balayeur
maintenance ['meɪntɪnəns]	l'entretien
to maintain [meɪn'teɪn]	entretenir
to clean the streets	nettoyer les rues
BR the dustmen ['dʌstmen] AM the garbage collectors	les éboueurs
BR the dustmen have been	les éboueurs sont passés
– A skip [skɪp]	une benne
BR refuse collection AM garbage collection	le ramassage des ordures
BR the tip [tɪp] BR the rubbish dump AM the garbage dump	la décharge

11 MAN AND SOCIETY
L'HOMME ET LA SOCIÉTÉ

■ 1. SOCIAL STRUCTURE LA STRUCTURE SOCIALE

– **A person** ['pɜːsn] — une personne
people ['piːpl] (n. c. plur.) — les gens
the population [ˌpɒpjʊ'leɪʃən] — la population
populated with — peuplé de
a people — un peuple
indigenous [ɪn'dɪdʒɪnəs] / native ['neɪtɪv] — indigène

– **Race** [reɪs] — la race
racial ['reɪʃəl] — racial
BR colour ['kʌlə'] / AM color — la couleur
black [blæk] — noir
a Black person — un(e) Noir(e)
AM an African-American — un(e) Noir(e) américain(e)
a Native American — un(e) Indien(ne) d'Amérique
white [waɪt] — blanc
a White person — un Blanc, une Blanche
an aborigine [ˌæbə'rɪdʒɪnɪ] — un(e) aborigène
an ethnic minority — une minorité ethnique

– **A tribe** [traɪb] — une tribu
tribal ['traɪbəl] — tribal
a clan [klæn] — un clan
a tribesman ['traɪbzmən] (fém. tribeswoman) — un membre de la tribu
a nomad ['nəʊmæd] — un(e) nomade
nomadic [nəʊ'mædɪk] — nomade
sedentary ['sedntrɪ] / settled ['setld] — sédentaire (population)

– **A civilization** [ˌsɪvɪlaɪ'zeɪʃən] — une civilisation
society [sə'saɪətɪ] — la société
social ['səʊʃəl] — social
the individual [ˌɪndɪ'vɪdjʊəl] — l'individu
a private individual — un particulier
the community [kə'mjuːnɪtɪ] — la collectivité
a community — une communauté
common ['kɒmən] — commun
communal ['kɒmjuːnl] — communautaire
collective [kə'lektɪv] — collectif

– **Community life** — la vie associative
a group [gruːp] — un groupe
an association [əˌsəʊsɪ'eɪʃən] — une association
an organization [ˌɔːgənaɪ'zeɪʃən] — une organisation
a circle ['sɜːkl] — un cercle
a club [klʌb] — un club
a body ['bɒdɪ] — un organisme
an institution [ˌɪnstɪ'tjuːʃən] — une institution

– **To join** [dʒɔɪn] — adhérer à
to belong to — appartenir à
a member ['membə'] — un(e) membre
membership — l'adhésion
a membership card — une carte d'adhérent

– **To assemble** [ə'sembl] / to gather ['gæðə'] — s'assembler
an assembly [ə'semblɪ] / a gathering ['gæðərɪŋ] — une assemblée
a gang [gæŋ] — un gang
to mix with — fréquenter
to go* around with — sortir avec

– **A dropout** ['drɒpˌaʊt] — un(e) marginal(e)
to drop out — se marginaliser
antisocial ['æntɪ'səʊʃəl] — asocial (comportement)
a social misfit — un(e) asocial(e)
a social outcast — un paria

■ 2. THE NATION LA NATION

– **A country** ['kʌntrɪ] — un pays
a land [lænd] — un pays (dans les contextes autres que politiques et administratifs)
one's native land — son pays natal
native of — originaire de
a native of France — un Français de naissance

– **National** ['næʃənl] — national
nationality [ˌnæʃə'nælɪtɪ] — la nationalité
of German nationality — de nationalité allemande

11 MAN AND SOCIETY
L'HOMME ET LA SOCIÉTÉ

a Belgian national	un(e) ressortissant(e) belge
a Spanish subject	un sujet espagnol
a compatriot [kəm'pætrɪət] / a fellow countryman (fém. fellow countrywoman)	un(e) compatriote
– A state [steɪt]	un État
a citizen ['sɪtɪzn]	un(e) citoyen(ne)
a citizen of Italy / an Italian citizen	un citoyen italien
citizenship	la citoyenneté
a resident ['rezɪdənt]	un(e) résident(e)
residence ['rezɪdəns]	la résidence
to be naturalized	se faire naturaliser
naturalization [,nætʃrəlaɪ'zeɪʃən]	la naturalisation
cosmopolitan [,kɒzmə'pɒlɪtən]	cosmopolite
– Foreign ['fɒrən]	étranger
a foreigner ['fɒrənə^r] / AM an alien ['eɪlɪən]	un(e) étranger (-gère)
immigration [,ɪmɪ'greɪʃən]	l'immigration
an immigrant ['ɪmɪgrənt]	un(e) immigrant(e)
an immigrant worker	un travailleur immigré
to immigrate ['ɪmɪgreɪt]	immigrer
an emigrant ['emɪgrənt]	un(e) émigrant(e)
to emigrate ['emɪgreɪt]	émigrer
expatriate [eks'pætrɪət]	expatrié
a refugee [,refjʊ'dʒiː]	un réfugié
stateless ['steɪtlɪs]	apatride
– Patriotism ['pætrɪətɪzəm]	le patriotisme
patriotic [,pætrɪ'ɒtɪk]	patriotique
a patriot ['peɪtrɪət]	un(e) patriote
my homeland / my fatherland	ma patrie
the national anthem	l'hymne national
the (national) flag	le drapeau (national)
to salute the flag	saluer le drapeau

REMARQUE Le drapeau américain s'appelle the Stars and Stripes et le drapeau britannique the Union Jack. Les Britanniques appellent le drapeau français the tricolour et les Américains the tricolor. L'hymne britannique s'appelle le God Save the Queen/King et l'hymne américain le Star-Spangled Banner.

3. SOCIAL CLASSES LES CLASSES SOCIALES

– A class [klɑːs]	une classe
the class system	le système de classes
class-consciousness	la conscience de classe
class bias (n. c. sing.)	des préjugés de classe
a privilege ['prɪvɪlɪdʒ]	un privilège
– Social standing	la position sociale
social rank	le rang social
equality [ɪ'kwɒlɪtɪ]	l'égalité
inequality [,ɪnɪ'kwɒlɪtɪ]	l'inégalité
egalitarian [ɪ,gælɪ'tɛərɪən]	égalitaire
to be sb's equal	être l'égal de qqn
class struggle / class war(fare)	la lutte des classes
hierarchy ['haɪərɑːkɪ]	la hiérarchie
hierarchic(al) [,haɪə'rɑːkɪk(əl)]	hiérarchique
elitism [ɪ'liːtɪzəm]	l'élitisme
elitist [ɪ'liːtɪst]	élitiste
the elite [ɪ'liːt]	l'élite
a caste [kɑːst]	une caste
– The aristocracy [,ærɪs'tɒkrəsɪ]	l'aristocratie
aristocratic [,ærɪstə'krætɪk]	aristocratique
the nobility [nəʊ'bɪlɪtɪ]	la noblesse
the gentry ['dʒentrɪ]	la petite noblesse
the landed gentry	l'aristocratie terrienne
– High society	la haute société
the upper class(es)	les classes supérieures
the ruling class	la classe dirigeante
the intelligentsia [ɪn,telɪ'dʒentsɪə]	l'intelligentsia
– The bourgeoisie [,bʊəʒwɑː'ziː] / the middle class	la bourgeoisie
the middle classes	les classes moyennes
a bourgeois ['bʊəʒwɑː]	un(e) bourgeois(e)
middle-class / bourgeois	bourgeois (milieu, quartier)

the upper/lower middle class	la haute/petite bourgeoisie
to belong to an old family	appartenir à une vieille famille
- The working class(es)	la classe ouvrière
working-class	ouvrier (milieu, banlieue)
the proletariat [ˌprəʊlə'tɛərɪət]	le prolétariat
a proletarian [ˌprəʊlə'tɛərɪən]	un(e) prolétaire
the (working) masses	les masses (laborieuses)
to come* from a modest background	venir d'un milieu modeste
the common man	l'homme du peuple

REMARQUE En anglais bourgeois est souvent péjoratif ; ex. : to have bourgeois tastes = avoir des goûts de bourgeois.

4. FORMS OF ADDRESS LES FORMULES DE POLITESSE

- Ladies and Gentlemen!	Mesdames, (Mesmoiselles,) Messieurs !
Dear Sir or Madam	Madame, (Mademoiselle,) Monsieur (en-tête de lettre)
Dear Sirs	Messieurs (en-tête de lettre)
Mr Jean Dupont	M. Jean Dupont
Messrs Jones and Smith	Messieurs Jones et Smith
yes, Sir (soutenu)	oui, monsieur
Mrs Marie Dupont	Mme Marie Dupont
yes, Madam (soutenu)	oui, madame
Miss Sarah Dupont	Mlle Sarah Dupont
yes, Miss (soutenu)	oui, mademoiselle
he addressed me as 'Sir'	il m'a appelé «Monsieur»

REMARQUE Lorsqu'on écrit, seules les formes abrégées Mr = Monsieur et Mrs = Madame sont utilisées en anglais ; ex. : Mr Daniels = Monsieur Daniels, M. Daniels Mrs Ferris = Madame Ferris, Mme Ferris.
Lorsqu'on écrit à une femme et qu'on ne veut pas faire la distinction entre Mrs = Madame et Miss = Mademoiselle on emploie la forme Ms. Lorsqu'on écrit à un adolescent, on peut utiliser la formule Master ...; ex. : Master Gerald Brown = Monsieur Gerald Brown. Lorsqu'on écrit à un homme, on peut utiliser la formule Esq., forme abrégée de esquire = écuyer ; ex. : Paul T. Janes Esq. = M. Paul T. Janes.

5. TITLES LES TITRES

- A prince [prɪns]	un prince
a princess [prɪn'ses]	une princesse
a duke [dju:k]	un duc
a duchess ['dʌtʃɪs]	une duchesse
a count [kaʊnt]	un comte (en général)
an earl [ɜ:l]	un comte (en GB)
a countess ['kaʊntɪs]	une comtesse
a viscount ['vaɪkaʊnt]	un vicomte
a viscountess ['vaɪkaʊntɪs]	une vicomtesse
a marquess ['mɑ:kwɪs]	un marquis
a marchioness ['mɑ:ʃənɪs]	une marquise
a baron ['bærən]	un baron
a baroness ['bærənɪs]	une baronne
a baronet ['bærənɪt]	un baronnet
a knight [naɪt]	un chevalier
a peer [pɪəʳ]	un pair (en GB)
a peeress ['pɪərɪs]	une pairesse (en GB)
the peerage ['pɪərɪdʒ]	la pairie
to raise sb to the peerage	anoblir qqn
- The court [kɔ:t]	la cour
a courtier ['kɔ:tɪəʳ]	un courtisan
an aristocrat ['ærɪstəkræt]	un(e) aristocrate
a noble ['nəʊbl] a nobleman (fém. noblewoman)	un(e) noble
the nobility [nəʊ'bɪlɪtɪ]	les nobles
a commoner ['kɒmənəʳ]	un(e) roturier (-ière)
to confer a title on sb	conférer un titre à qqn
to knight sb	faire qqn chevalier

- Your Majesty	Votre Majesté
His/Her Majesty	Sa Majesté
Your (Royal) Highness	Votre Altesse (royale)
Her Royal Highness	Son Altesse royale (femme)
a lady-in-waiting	une dame d'honneur
a bow [baʊ]	une révérence (faite par un homme)
a curtsey ['kɜːtsɪ]	une révérence (faite par une femme)
to bow *to* to curtsey *to*	faire une révérence *à*
to bow to sb	s'incliner pour saluer qqn
a coat of arms	un blason
a motto ['mɒtəʊ]	une devise
heraldry ['herəldrɪ]	l'héraldique

REMARQUE En Angleterre, les pairs = peers ont un des cinq titres suivants : duke, marquess, earl, viscount, baron. Ils peuvent siéger à la Chambre des lords. Le titre de Sir est donné aux baronnets = baronets et aux chevaliers = knights ; ex. : Sir Michael Hordern. Le titre de Lord est donné aux marquis, comtes, vicomtes et barons ; ex. : Lord Peter Wimsey. Le titre de Lady est porté par les pairesses et les épouses des baronnets ; ex. : Lady Jane Grey. Le titre de Dame est porté par les femmes décorées d'un ordre de chevalerie ; ex. : Dame Judy Dench.

6. OFFICIAL PROCEDURES LES DÉMARCHES OFFICIELLES

- My papers	mes papiers
an identity card	une carte d'identité
his official status his official details	son état civil
marital status	la situation de famille
a passport ['pɑːspɔːt]	un passeport
a passport photo	une photo d'identité
a visa ['viːzə]	un visa
a residence permit	un permis de séjour
an address [ə'dres]	une adresse
permanent address	domicile permanent
to be domiciled in	être domicilié à
date/place of birth	date/lieu de naissance
- A birth certificate	un acte de naissance
to register a birth	déclarer une naissance
a death certificate	un acte de décès
a marriage certificate	un acte de mariage
a family record book	un livret de famille
- The procedure [prə'siːdʒəʳ]	la procédure
to register ['redʒɪstəʳ]	enregistrer, inscrire
registration [ˌredʒɪs'treɪʃən]	l'enregistrement, l'inscription
the official register	le registre d'état civil
a registrar [ˌredʒɪs'trɑːʳ]	≈ un officier de l'état civil
to certify *that* ['sɜːtɪfaɪ]	certifier *que*
in order	en règle (papiers)
his papers aren't in order	il est en situation irrégulière
people without residence and work permits	les sans-papiers
valid *till, up to* ['vælɪd]	valable, valide *jusqu'à*
out of date	périmé
to extend a visa	proroger un visa
to issue ['ɪʃuː]	délivrer (document)
- A copy ['kɒpɪ]	une copie
a certified copy	une copie certifiée conforme
a document ['dɒkjʊmənt]	un document
a form [fɔːm]	un formulaire, une fiche
BR to fill in a form BR to fill up a form AM to fill out a form	remplir un formulaire
an application *for sth* [ˌæplɪ'keɪʃən]	une demande *de qqch.*
to apply *for sth* [ə'plaɪ]	faire une demande *de qqch.*
to approach sb	faire une démarche auprès de qqn
to take steps to obtain sth	faire des démarches pour obtenir qqch.
a file *on sb* [faɪl] a dossier *on sb* ['dɒsɪeɪ]	un dossier *sur qqn*
official [ə'fɪʃəl]	officiel
an official	un responsable administratif

12 SOCIAL LIFE
LA VIE EN SOCIÉTÉ

■ 1. MEETING PEOPLE LES RENCONTRES

– To meet* sb	rencontrer qqn
to come* across sb to run* into sb	rencontrer qqn par hasard
after we met	après notre rencontre
to meet sb on a chat-line	rencontrer qqn sur un site de rencontres
we arranged to meet	nous nous sommes donné rendez-vous
– To meet* sb to collect sb	accueillir qqn (à son arrivée)
to welcome sb to greet sb	accueillir qqn (chez soi)
to meet* up with sb	rejoindre qqn, retrouver qqn
Welcome to Paris!	Bienvenue à Paris !
to welcome sb	souhaiter la bienvenue à qqn
to be made welcome	être bien accueilli
they didn't make us feel very welcome	ils nous ont mal accueillis
– To show* sb in	faire entrer qqn
to show* sb out	raccompagner qqn (à la porte)
– To greet sb	saluer qqn
Hello! [həˈləʊ]	Bonjour ! (en général)
Good morning!	Bonjour ! (le matin)
Good afternoon!	Bonjour ! (l'après-midi)
Good evening!	Bonsoir !
Hi! [haɪ] Hello! [heˈləʊ] Hallo! [həˈləʊ]	Salut !
How are you?	Comment allez-vous ?
How's things? – fine, thank you (parlé)	Comment ça va ? – très bien, merci
it's so nice to see you again	je suis tellement content de vous revoir
– To say* goodbye *to sb*	dire au revoir *à qqn*
to slip away quietly	s'éclipser
Goodbye! [ˌgʊdˈbaɪ]	Au revoir !
Bye (bye)! Cheerio! [ˈtʃɪərɪˈəʊ]	Salut !
Have a nice day!	Bonne journée !
Good night!	Bonne nuit !
See you later!	À tout à l'heure
See you on Monday!	À lundi !
Talk to you on Monday!	À lundi ! (on se reparlera)
See you soon!	À bientôt !
Talk to you soon!	À bientôt ! (on se reparlera)
– To wave to sb	faire bonjour de la main à qqn
to wave goodbye *to sb*	faire au revoir de la main *à qqn*
to shake* hands with sb	serrer la main de qqn
a handshake [ˈhændʃeɪk]	une poignée de main
to nod to sb	saluer qqn de la tête
to kiss sb	embrasser qqn
to kiss sb goodbye	embrasser qqn en partant
to blow* sb a kiss	envoyer un baiser à qqn
– To get* to know sb	faire la connaissance de qqn
an introduction [ˌɪntrəˈdʌkʃən]	une présentation
to make* the introductions	faire les présentations
to introduce sb *to sb*	présenter qqn *à qqn*
May I introduce Anne Gifford?	Puis-je vous présenter Anne Gifford ?
I want you to meet Jacqueline	Je voudrais te présenter à Jacqueline
Do you know my uncle Frank?	Connaissez-vous mon oncle Frank ?
Have you met him?	L'avez-vous déjà rencontré ?
– Pleased to meet you	je suis très heureux de faire votre connaissance
I don't know him to speak to I only know him by sight	je le connais de vue seulement
give my regards to your sister	faites mes amitiés à votre sœur
give her my love	embrasse-la pour moi
Make yourself at home!	Faites comme chez vous !
Make yourself comfortable!	Mettez-vous à l'aise !
– Here's to your success!	À ta réussite !
Good health! Your health! BR Cheers! [tʃɪəz]	À votre santé !
BR Bless you! AM Gesundheit!	À tes souhaits !

2. INVITATIONS LES INVITATIONS

– A guest [gest]	un(e) invité(e)
the guest of honour	l'invité d'honneur
an invitation [ˌɪnvɪ'teɪʃən]	une invitation
an invitation card	une carte d'invitation
to invite sb *to sth* [ɪn'vaɪt]	inviter qqn *à qqch.*
to invite sb to dinner to ask sb to dinner	inviter qqn à dîner
to invite sb for lunch/drinks	inviter qqn à déjeuner/pour l'apéritif
to invite sb in	inviter qqn à entrer
to ask sb in for a drink	inviter qqn à venir prendre un verre
– Would you like to come to dinner on Friday?	Voulez-vous venir dîner vendredi ?
Are you free for lunch tomorrow?	Êtes-vous libre à déjeuner demain ?
do come and stay with us	venez donc passer quelques jours chez nous
do come in for a moment	entrez un instant
How about coming for a drink? (parlé)	Venez donc prendre un verre
Mr & Mrs X request the pleasure of your company at (soutenu)	M. et Mme X vous prient de leur faire l'honneur d'assister à
we'd be delighted if you could come	vous nous feriez très plaisir en venant
I hope you'll be able to join us	j'espère que vous pourrez vous joindre à nous
– We accept with pleasure	nous acceptons avec plaisir
I'm delighted to accept your invitation	j'accepte votre invitation avec grand plaisir
it was so kind of you to invite us	c'était vraiment très aimable à vous de nous inviter
I look forward to seeing you again	je serai très heureux de vous revoir
I have no plans for that week	je n'ai aucun projet pour cette semaine-là
I wonder if I could bring James?	Puis-je amener James ?
– I'm sorry I can't accept your invitation	je regrette de ne pouvoir accepter votre invitation
I'm afraid I have a previous engagement	je suis malheureusement déjà pris
Can you manage Saturday?	Êtes-vous libre samedi ?
I can't commit myself until I know ... (soutenu)	je ne peux rien promettre avant de savoir...
I can't get away until early evening	je ne peux pas me libérer avant le début de la soirée
I can't make it before 10 o'clock (parlé)	je ne suis pas libre avant 10 heures
I'm tied up all day (parlé)	je suis pris toute la journée
Perhaps another time? AM I'll take a rain check (parlé)	Ce sera pour une autre fois

3. ENTERTAINING LES RÉCEPTIONS

– The host [həʊst]	l'hôte, le maître de maison
the hostess ['həʊstɪs]	l'hôtesse, la maîtresse de maison
to entertain friends	recevoir des amis
to entertain a lot	recevoir beaucoup
– A visit *to sb* ['vɪzɪt]	une visite *à qqn*
BR to visit sb AM to visit with sb	rendre visite à qqn
to call on sb to pay* a call on sb	passer voir qqn
to drop in on sb	faire un saut chez qqn
– A reception [rɪ'sepʃən]	une réception
a function ['fʌŋkʃən]	une réception (officielle)
a bazaar [bə'zɑːʳ]	une vente de charité
a fête [feɪt]	une kermesse (fête de charité)
a fair [fɛəʳ]	une kermesse (fête populaire)
the church/the club social	la fête de la paroisse/du club
a gathering ['gæðərɪŋ] a get-together (parlé)	une réunion
– To go* out in the evening	sortir le soir
to dine out	dîner en ville
a party ['pɑːtɪ]	une soirée, une réception, une fête
to have* a party to give* a party to throw* a party	donner une fête

to have* a dinner party	donner un dîner
to celebrate a birthday	fêter un anniversaire
We must have a celebration! Let's celebrate!	Il faut fêter cela !
– A dance [dɑ:ns]	une soirée dansante
to dance	danser
a ball [bɔ:l]	un bal
a fancy-dress ball	un bal costumé
a gala ['gɑ:lə]	un gala
a cocktail party	un cocktail
a banquet ['bæŋkwɪt]	un banquet
to give* a house-warming (party)	pendre la crémaillère
– BR a diary ['daɪərɪ] AM a datebook ['deɪt,bʊk]	un agenda
BR an appointments diary	un carnet de rendez-vous
informal/formal dress	tenue de ville/de soirée
etiquette ['etɪket]	l'étiquette
– To enjoy o.s.	s'amuser
to have a good time to have fun	bien s'amuser
It was great fun!	On s'est bien amusé !
to spend* a pleasant evening	passer une bonne soirée
dull [dʌl] boring ['bɔ:rɪŋ]	ennuyeux
to be bored stiff	s'ennuyer ferme
– Society life	la vie mondaine
to have a full social life	mener une vie mondaine
high society	la haute société
the jet set	la jet-set
a socialite ['səʊʃəlaɪt]	un(e) mondain(e)
– To be a good mixer	être sociable
to be unsociable	être peu sociable
friendly ['frendlɪ]	amical
he's very easy to get on with	il est d'un abord facile
he's the life and soul of the party	il sait mettre de l'ambiance

4. CONVERSATION LA CONVERSATION

– To speak* to sb	adresser la parole à qqn
to speak* *to sb about sth* [spi:k] to talk *to sb about sth* [tɔ:k]	parler *à qqn de qqch.*
to tell* sb about sth	raconter qqch. à qqn
to say* sth to sb	dire qqch. à qqn
to listen to sb	écouter qqn
to ask a question	poser une question
to ask whether to enquire whether	demander si
to ask after sb to enquire after sb	demander des nouvelles de qqn
– To answer *that* ['ɑ:nsəʳ] to reply *that* [rɪ'plaɪ] to respond *that* [rɪs'pɒnd] (soutenu)	répondre *que*
to answer a question to reply to a question	répondre à une question
an answer a reply a response [rɪs'pɒns] (soutenu)	une réponse
to retort *that* [rɪ'tɔ:t]	répliquer *que*, rétorquer *que*
a retort	une réplique
– A conversation [,kɒnvə'seɪʃən]	une conversation
to start up a conversation *with sb*	engager la conversation *avec qqn*
to have a conversation *with sb about sth* to hold* a conversation *with sb about sth*	avoir une conversation *avec qqn à propos de qqch.*
to make* conversation *with sb*	faire la conversation *à qqn*
to keep* the conversation going	alimenter la conversation
I had to do all the talking	j'ai dû parler tout le temps pour meubler
– A discussion [dɪs'kʌʃən]	une discussion
a talk [tɔ:k]	un entretien
a chat [tʃæt]	un brin de conversation
to have a chat *with sb* to chat *with sb*	bavarder *avec qqn*
BR a dialogue ['daɪəlɒg] AM a dialog	un dialogue
BR a monologue ['mɒnəlɒg] AM a monolog	un monologue
to chatter ['tʃætəʳ]	jacasser
a chatterbox	un moulin à paroles

to gossip *with sb about sth* ['gɒsɪp] — papoter *avec qqn de qqch.*
gossip (n. c.) — les commérages

- To have a tête-a-tête with sb — parler à qqn en tête-à-tête
to confide in sb — se confier à qqn
to confide in sb about sth — confier qqch. à qqn
to joke *with sb about sth* [dʒəʊk] — plaisanter *avec qqn de qqch.*
a joke — une plaisanterie
to have a good sense of humour — avoir beaucoup d'humour
to be good at repartee — avoir le sens de la repartie
to buttonhole sb — accaparer qqn

- Small talk (n. c.) — les menus propos
to talk about this and that — parler de la pluie et du beau temps
to talk for the sake of it
to talk for the sake of talking — parler pour ne rien dire
to exchange pleasantries/banalities — échanger des propos aimables/des banalités
to make* remarks about sth — faire des réflexions sur qqch.

- To be articulate — s'exprimer avec aisance
to be a good conversationalist — avoir de la conversation
talkative ['tɔ:kətɪv]
chatty ['tʃætɪ] — bavard
eloquent ['eləkwənt] — éloquent
eloquence ['eləkwəns] — l'éloquence

- To have nothing to say for o.s. — ne pas avoir grand-chose à dire
to be at a loss for words — ne pas savoir quoi dire
to be tongue-tied — être incapable de dire un mot

- Shy [ʃaɪ] — timide
shyness ['ʃaɪnɪs] — la timidité
to be embarrassed — être embarrassé
embarrassment [ɪm'bærəsmənt] — l'embarras
embarrassing [ɪm'bærəsɪŋ] — embarrassant
stilted ['stɪltɪd] — guindé (conversation)
formal ['fɔ:məl] — formel
informal [ɪn'fɔ:məl] — informel

- An insult [ɪn'sʌlt] — une insulte
abuse [ə'bju:z] (n. c.) — des injures
to insult sb — insulter qqn
to abuse sb — injurier qqn
insulting [ɪn'sʌltɪŋ] — insultant
abusive [əb'ju:sɪv] — injurieux
a snub [snʌb] — une rebuffade
to snub sb — snober qqn

- In my opinion
in my view — à mon avis
as far as I am concerned — pour ma part
I would like to point out that ... — je voudrais vous faire remarquer que...
I must emphasize that ... — je tiens à souligner que...
I don't see what you're driving at — je ne vois pas où vous voulez en venir
I reckon that ... — j'estime que...
I get the impression that ...
I feel that ... — j'ai l'impression que...
if I may say so — si je puis me permettre une remarque
it depends how you look at it — tout dépend du point de vue que vous adoptez

5. MANNERS LE SAVOIR-VIVRE

- To behave (o.s.) [bɪ'heɪv] — se conduire
he behaved (himself) well — il s'est bien conduit
he behaved (himself) badly — il s'est mal conduit
this is no way to behave — ce ne sont pas des façons de se conduire
BR behaviour [bɪ'heɪvjəʳ]
AM behavior — la conduite

BR misbehaviour ['mɪsbɪ'heɪvjəʳ]
AM misbehavior — la mauvaise conduite
to misbehave ['mɪsbɪ'heɪv] — faire des bêtises

- To have good/bad manners — avoir de bonnes/mauvaises manières
to be well-mannered/bad-mannered — être bien/mal élevé

to have no manners	n'avoir aucun savoir-vivre
- Polite [pə'laɪt]	poli
politely [pə'laɪtlɪ]	poliment
politeness [pə'laɪtnɪs]	la politesse
refined [rɪ'faɪnd] polished ['pɒlɪʃt]	raffiné
tact [tækt]	le tact
tactful ['tæktfʊl]	plein de tact
discreet [dɪs'kri:t]	discret
discretion [dɪs'kreʃən]	la discrétion
courteous *towards* ['kɜ:tɪəs]	courtois *envers*
courteously ['kɜ:tɪəslɪ]	courtoisement
courtesy ['kɜ:tɪsɪ]	la courtoisie
civility [sɪ'vɪlɪtɪ]	la civilité
- Impolite [ˌɪmpə'laɪt]	impoli
impolitely [ˌɪmpə'laɪtlɪ]	impoliment
impoliteness [ˌɪmpə'laɪtnɪs]	l'impolitesse
impertinent [ɪm'pɜ:tɪnənt]	impertinent
an impertinence [ɪm'pɜ:tɪnəns]	une impertinence
insolent ['ɪnsələnt]	insolent
insolence ['ɪnsələns]	l'insolence
impudent ['ɪmpjʊdənt]	impudent
impudence ['ɪmpjʊdəns]	l'impudence
cheeky ['tʃi:kɪ] (parlé)	culotté
cheek [tʃi:k] (parlé)	le culot
to have the cheek to do sth	avoir le culot de faire qqch.
offhand [ɒf'hænd] casual ['kæʒjʊl]	désinvolte
- Indiscreet [ˌɪndɪs'kri:t]	indiscret
an indiscretion [ˌɪndɪs'kreʃən]	une indiscrétion
to be tactless	manquer de tact
rude *to* [ru:d]	grossier *envers, avec* (qui est impoli)
coarse [kɔ:s]	grossier (qui est indécent)
rudeness ['ru:dnɪs] coarseness ['kɔ:snɪs]	la grossièreté
vulgar ['vʌlgəʳ]	vulgaire
vulgarity [vʌl'gærɪtɪ]	la vulgarité
- Gauche [gəʊʃ]	gauche
antisocial [ˈæntɪ'səʊʃəl]	asocial
uncouth [ʌn'ku:θ]	fruste
he's always putting his foot in it	il n'arrête pas de faire des gaffes
- Respect [rɪs'pekt]	le respect
respectful *to, towards* [rɪs'pektfʊl]	respectueux *envers*
respectfully [rɪs'pektfəlɪ]	respectueusement
to show* respect towards sb	faire preuve de respect envers qqn
deferential *to* [ˌdefə'renʃəl]	plein de déférence *envers*
deference ['defərəns]	la déférence
to defer to sb/to sb's opinion	s'en remettre à qqn/à l'opinion de qqn
- Disrespect ['dɪsrɪs'pekt]	le manque de respect
to be disrespectful *to*	manquer de respect *envers*
to interrupt sb	interrompre qqn
to break* into the conversation to cut* into the conversation	interrompre la conversation
to ignore sb pointedly	faire comme si qqn n'existait pas

6. HELP L'AIDE

- To help sb *to do sth* to assist sb *to do sth* (soutenu)	aider qqn *à faire qqch.*
to help sb across the road	aider qqn à traverser la rue
to give* sb a hand *to do sth*	donner un coup de main à qqn *pour faire qqch.*
to make* o.s. useful	se rendre utile
to do* sb a service to do* sb a good turn BR to do* sb a favour AM to do* sb a favor	rendre service à qqn
BR to ask sb a favour AM to ask sb a favor	demander un service à qqn
- Helpful ['helpfʊl] obliging [ə'blaɪdʒɪŋ]	serviable
considerate *towards* [kən'sɪdərɪt]	plein d'égards *envers*
attentive *to* [ə'tentɪv]	prévenant *envers*
to support sb *in sth*	apporter son soutien à qqn *dans qqch.*

to be supportive of sb	être d'un grand soutien à qqn
to offer support to sb	offrir son soutien à qqn
- Volunteer [ˌvɒlən'tɪəʳ]	volontaire (personne)
voluntary ['vɒləntərɪ]	volontaire (travail)
to volunteer *to do*	se porter volontaire *pour faire*
unpaid ['ʌn'peɪd]	bénévole
a volunteer	un(e) bénévole, un(e) volontaire
a helper ['helpəʳ]	un(e) aide
an assistant [ə'sɪstənt]	un(e) assistant(e)
- To be inconsiderate	manquer d'égards
to disturb sb to bother sb	déranger qqn
to be a nuisance	être agaçant
to hinder sb's work	gêner qqn dans son travail
a hindrance ['hɪndrəns]	une gêne
to hamper sb's efforts	gêner les efforts de qqn
you are in the way	tu gênes le passage
to do* sb a disservice	rendre un mauvais service à qqn
- Can I be of any help?	Puis-je vous aider ?
Can I be of any assistance to you?	Puis-je vous être utile ?
Do you want a hand?	Voulez-vous un coup de main ?
if it's all right with you, I'll ...	si cela ne vous dérange pas, je vais...
Do you mind if I close the window?	Cela vous dérange si je ferme la fenêtre ?
it's no trouble, I assure you	ça ne me dérange pas du tout, je vous assure

7. NATIONAL HOLIDAYS AND SPECIAL DAYS LES FÊTES NATIONALES

- Bastille Day	le quatorze juillet
BR Labour Day AM Labor Day	la fête du travail
May Day	le premier mai
Armistice Day	le onze novembre
BR Remembrance Sunday AM Veterans Day	≈ le jour du souvenir
the French/Belgian National Day	la fête nationale française/belge
Independence Day the Fourth of July	la fête de l'Indépendance (américaine)
- Mother's Day BR Mothering Sunday	la fête des Mères
Father's Day	la fête des Pères
Saint Valentine's Day	la Saint-Valentin
a Valentine (card)	une carte de la Saint-Valentin
April Fool's Day	le premier avril
April Fool!	Poisson d'avril !
- A public holiday BR a bank holiday	un jour férié
a commemoration [kəˌmemə'reɪʃən]	une commémoration
to commemorate [kə'meməreɪt]	commémorer
BR the centenary [sen'tiːnərɪ] AM the centennial [sen'tenɪəl]	le centenaire
BR the bicentenary [ˌbaɪsen'tiːnərɪ] AM the bicentennial [ˌbaɪsen'tenɪəl]	le bicentenaire
- Fireworks ['faɪəʳˌwɜːks]	des feux d'artifice
a fireworks display	un feu d'artifice
to let* off fireworks	tirer des feux d'artifice
a bonfire ['bɒnfaɪəʳ]	un feu de joie
a procession [prə'seʃən]	un défilé, un cortège
the illuminations [ɪˌluːmɪ'neɪʃəns]	les illuminations
the band [bænd]	la fanfare
a military parade	une revue militaire
to put* out flags	pavoiser
a street party	un bal de rue

REMARQUE La fête du travail a lieu le 1er mai en Grande-Bretagne et le premier lundi de septembre aux États-Unis. L'armistice du onze novembre est commémoré le second dimanche de novembre, en Grande-Bretagne «le jour du souvenir» = Remembrance Sunday.

13 EDUCATION
L'ÉDUCATION

1. THE EDUCATIONAL SYSTEM LE SYSTÈME SCOLAIRE

- Education [ˌedjʊ'keɪʃən]	l'éducation
teaching ['tiːtʃɪŋ]	l'enseignement
to get* a good education	recevoir une bonne éducation
to study ['stʌdɪ]	faire des études
schooling ['skuːlɪŋ]	la scolarité
compulsory education	la scolarité obligatoire
a child of school age a school-age child	un enfant d'âge scolaire
the school-leaving age	l'âge de fin de scolarité
- BR the local education authority AM the school district	≈ l'académie
a school [skuːl]	une école
a boys'/girls' school	une école de garçons/de filles
a coeducational school	un établissement mixte
a private school	un établissement privé
a denominational school	une école confessionnelle
BR a state school AM a public school[1]	un établissement public

ATTENTION 1 : BR a public school = un lycée privé, une «public school»

- BR a crèche [kreɪʃ] AM a child care center	une crèche
a kindergarten ['kɪndəˌgaːtn] a playgroup ['pleɪgruːp] a playschool ['pleɪskuːl]	un jardin d'enfants
a nursery school	une école maternelle
- BR a primary school AM an elementary school AM a grade school	une école primaire
BR a prep(aratory) school[1]	une école primaire privée

ATTENTION 1 : AM a prep school = un lycée privé

- BR a secondary school AM a junior high school	≈ un collège d'enseignement secondaire
BR a secondary school AM a high school	≈ un lycée
a technical school	un lycée technique
a boarding school	un pensionnat, un internat
school fees	les frais de scolarité
a grant [graːnt]	une bourse (en fonction des revenus)
a scholarship ['skɒləʃɪp]	une bourse (en fonction des résultats scolaires)
- Teachers ['tiːtʃəʳz]	les enseignants
the teaching profession	le corps enseignant
a teacher	un professeur, un(e) enseignant(e)
BR a schoolmaster ['skuːlˌmaːstəʳ]	un maître d'école
BR a schoolmistress ['skuːlˌmɪstrɪs]	une maîtresse d'école
Miss! [mɪs]	Maîtresse !
BR a primary school teacher AM a grade school teacher	un(e) instituteur (-trice)
BR a supply teacher AM a substitute teacher	un(e) suppléant(e), un(e) remplaçant(e)
a trainee teacher	un enseignant stagiaire
- To teach* sb sth to teach* sth to sb	enseigner qqch. à qqn
to teach* sb (how) to do sth	apprendre à qqn à faire qqch.
to teach* sb the piano	enseigner le piano à qqn
to train sb *to do sth* [treɪn]	former qqn *à faire qqch.*
training ['treɪnɪŋ] (n. c.)	une formation
private tuition (n. c. sing.)	des cours particuliers
to tutor sb *in sth*	donner à qqn des cours particuliers *de, en qqch.*
to coach sb *for an exam*	préparer qqn *à un examen*
postal tuition	l'enseignement par correspondance
distance learning	l'enseignement à distance
television teaching	le téléenseignement
educational methods	les méthodes pédagogiques
- BR an inspector of schools AM an accreditation officer	un inspecteur
BR the director of education AM the commissioner of education	le recteur d'académie
BR the headmaster ['hedmaːstəʳ] (fém. headmistress) AM the principal ['prɪnsɪpəl]	le proviseur, le principal

13 EDUCATION L'ÉDUCATION

BR the deputy head-master AM the vice-principal	le censeur, le principal adjoint
the bursar ['bɜːsəʳ]	l'intendant
BR the year head AM the dean [diːn]	le (la) conseiller (-ère) d'éducation
– BR careers guidance AM counseling ['kaʊnsəlɪŋ]	l'orientation scolaire
BR a careers adviser AM a counselor ['kaʊnsləʳ]	un(e) conseiller (-ère) d'orientation

REMARQUE En Grande-Bretagne, l'école primaire est divisée en infant school = cours préparatoire pour les enfants de 5 à 7 ans et en junior school = cours élémentaire et cours moyen pour les enfants de 7 à 11 ans. Les comprehensive schools regroupent le collège et le lycée pour adolescents de 12 à 18 ans.

2. AT SCHOOL À L'ÉCOLE

– A classroom ['klɑːsruːm]	une salle de classe
BR a form room AM a homeroom ['həʊmruːm]	une salle de classe (affectée à une classe)
BR the study room AM the study hall	la salle d'étude, la permanence
the playground ['pleɪgraʊnd]	la cour de récréation
a laboratory [lə'bɒrətərɪ]	un laboratoire
a lab [læb] (parlé)	un labo
the gym [dʒɪm]	le gymnase
the sports field	le terrain de sport
the cloakroom ['kləʊkrʊm]	le vestiaire
the office ['ɒfɪs]	le secrétariat
the staffroom ['stɑːfruːm]	la salle des professeurs
the sickroom ['sɪkruːm]	l'infirmerie
the refectory [rɪ'fektərɪ] the dining hall	le réfectoire
the canteen [kæn'tiːn] AM the cafeteria [ˌkæfɪ'tɪərɪə]	la cantine
the dormitory ['dɔːmɪtrɪ]	le dortoir
– A desk [desk]	une table
a whiteboard ['waɪtbɔːd]	un tableau blanc
a marker [mɑːkəʳ]	un feutre
the (black)board [('blæk)bɔːd]	le tableau (noir)
chalk [tʃɔːk]	la craie
a piece of chalk	une craie
BR the notice board AM the bulletin board	le tableau d'affichage
teaching aids (plur.)	le matériel pédagogique
audio-visual aids	les supports audio-visuels
a slide projector	un projecteur de diapositives
an overhead projector	un rétroprojecteur
BR a transparency [træns'pɛərənsɪ] AM a foil [fɔɪl]	un transparent

3. THE PUPIL L'ÉLÈVE

– A schoolboy ['skuːlbɔɪ]	un écolier
a schoolgirl ['skuːlgɜːl]	une écolière
schoolchildren ['skuːlˌtʃɪldrən]	les écoliers
a pupil ['pjuːpl] a (school) student	un(e) élève
a classmate ['klɑːsmeɪt] a school friend	un(e) camarade de classe
a class [klɑːs]	une classe (groupe d'élèves)
BR a year [yɪəʳ] AM a grade [greɪd]	une classe (année d'étude)
BR the first/second/third/fourth year	la (classe de) sixième/
AM the sixth/seventh/eighth/ninth grade	cinquième/quatrième/troisième
BR the fifth year AM the tenth grade	la (classe de) seconde
BR the lower sixth AM the junior grade	la (classe de) première
BR the upper sixth AM the senior grade	la (classe de) terminale
BR a sixth-former AM a senior student	un(e) élève de terminale
a day boy	un externe
a day girl	une externe
a boarder ['bɔːdəʳ]	un(e) pensionnaire, un(e) interne

to take* school meals	être demi-pensionnaire
BR the class prefect BR the class monitor AM the class president	le chef de classe
a class representative	un(e) délégué(e) de classe
- To go* to school	aller à l'école
to be late for school	arriver en retard à l'école
the (attendance) register	le registre (d'absences)
to call the register to call the roll	faire l'appel
to be absent	être absent
an absentee [ˌæbsən'tiː]	un(e) absent(e)
attendance [ə'tendəns]	la présence, l'assiduité
the bell [bel]	la cloche
- In detention [dɪ'tenʃən]	en retenue
to be kept in	être gardé en retenue
to bully ['bʊlɪ]	brutaliser
to make an uproar	faire du chahut
to bait sb	chahuter qqn
BR to play truant AM to play hooky	faire l'école buissonnière
truancy ['trʊənsɪ]	l'absentéisme scolaire
to expel [ɪks'pel]	renvoyer
expulsion [ɪks'pʌlʃən]	le renvoi
- To leave* school	quitter l'école
a school-leaver	un(e) élève en fin de scolarité
a former pupil	un(e) ancien(ne) élève
- School uniform	l'uniforme scolaire
a schoolbag ['skuːlbæg]	un cartable
a satchel ['sætʃəl]	un cartable à bretelles
a (brief)case	une serviette
a book [bʊk]	un livre
a textbook ['tekstbʊk]	un manuel
an exercise book a notebook ['nəʊtbʊk]	un cahier
a (fountain) pen	un stylo à plume
a ballpoint ['bɔːlpɔɪnt] a biro® ['baɪərəʊ]	un stylo à bille
a felt-tip pen	un feutre
a highlighter ['haɪˌlaɪtəʳ]	un surligneur
a pencil ['pensl]	un crayon
a pencil-sharpener	un taille-crayon
a pencil case	une trousse
BR a rubber ['rʌbəʳ] AM an eraser [ɪ'reɪzəʳ]	une gomme
a ruler ['ruːləʳ]	une règle
a file [faɪl]	un classeur
a folder ['fəʊldəʳ]	une chemise
a calculator ['kælkjʊleɪtəʳ]	une calculatrice
a compass ['kʌmpəs] a pair of compasses	un compas
a set square	une équerre
a protractor [prə'træktəʳ]	un rapporteur
a pair of scissors	une paire de ciseaux

■ 4. SCHOOL WORK LE TRAVAIL SCOLAIRE

- The school year	l'année scolaire
a term [tɜːm]	un trimestre
the autumn/spring/summer term	le premier/second/troisième trimestre
a semester [sɪ'mestəʳ]	un semestre
to have Wednesdays off	avoir congé le mercredi
a school visit BR a school (educational) outing	une sortie scolaire
- BR the school holidays AM the school vacation	les vacances scolaires
BR the summer holidays AM the summer vacation	les grandes vacances
the Christmas/Easter holidays	les vacances de Noël/de Pâques
half term	les vacances de milieu de trimestre
to break* up on 20th March	être en vacances à partir du 20 mars
to go* back to school	reprendre l'école
back-to-school offers	promotions «rentrée des classes»
- The timetable ['taɪmˌteɪbl]	l'emploi du temps
a period ['pɪərɪəd]	≈ une heure de cours
a lesson ['lesn]	une leçon
a class [klɑːs]	une classe
a history lesson a history class	une leçon d'histoire
BR a course [kɔːs] AM a program ['prəʊgræm]	un cours, un stage (sur plusieurs séances)

to take* a course in sth	suivre un cours de qqch.
the curriculum [kə'rɪkjʊləm]	le programme (pour une classe)
the syllabus ['sɪləbəs]	le programme (pour une matière)
the books on the syllabus	les œuvres du programme
the core curriculum	le tronc commun
a free period	une heure de libre
BR break [breɪk] AM recess [rɪ'ses]	la récréation
– To learn* [lɜ:n]	apprendre
to learn* sth by heart	apprendre qqch. par cœur
to study ['stʌdɪ]	étudier
to have a good/bad memory	avoir une bonne/mauvaise mémoire
to memorize ['meməraɪz]	retenir, mémoriser
to go* over a lesson	revoir une leçon
– BR homework ['həʊmwɜ:k] (n. c. sing.) AM assignments [ə'saɪnmənts] (plur.)	les devoirs
BR a composition [ˌkɒmpə'zɪʃən]	une rédaction
BR an essay ['eseɪ] AM a theme [θi:m]	une dissertation[1]
an exercise ['eksəsaɪz]	un exercice
an unseen (translation)	un thème
a prose [prəʊz]	une version
a dictation [dɪk'teɪʃən]	une dictée
to dictate [dɪk'teɪt]	dicter
to take* notes	prendre des notes
optional ['ɒpʃənl]	facultatif
practical work (n. c. sing.)	les travaux pratiques

ATTENTION FAUX AMI 1 : a dissertation = un mémoire, une thèse en vue de l'obtention d'un diplôme de l'enseignement supérieur

REMARQUE En Grande-Bretagne, un cours = a period dure en général 45 minutes.

5. SCHOOL SUBJECTS LES DISCIPLINES SCOLAIRES

– A subject ['sʌbdʒɪkt]	une matière, une discipline
reading ['ri:dɪŋ]	la lecture
writing ['raɪtɪŋ]	l'écriture
arithmetic [ə'rɪθmətɪk]	le calcul, les maths
the three Rs (abr. de *Reading, Writing and Arithmetic*)	la lecture, l'écriture et le calcul
to do* history	faire de l'histoire
general knowledge	la culture générale
– Grammar ['græməʳ]	la grammaire
spelling ['spelɪŋ]	l'orthographe
literature ['lɪtərɪtʃəʳ]	la littérature
philosophy [fɪ'lɒsəfɪ]	la philosophie
Latin ['lætɪn]	le latin
Greek [gri:k]	le grec
history ['hɪstərɪ]	l'histoire
geography [dʒɪ'ɒgrəfɪ]	la géographie
religious education (abr. R.E.) religious instruction	l'instruction religieuse
modern languages	les langues vivantes
– Mathematics [ˌmæθə'mætɪks] (n. c. sing.)	les mathématiques
BR maths [mæθs] (n. c. sing.) AM math [mæθ] (n. c. sing.)	les maths
algebra ['ældʒɪbrə]	l'algèbre
geometry [dʒɪ'ɒmɪtrɪ]	la géométrie
trigonometry [ˌtrɪgə'nɒmɪtrɪ]	la trigonométrie
computer science computing [kəm'pju:tɪŋ]	l'informatique
business studies	les études de gestion
science ['saɪəns]	les sciences
biology [baɪ'ɒlədʒɪ]	les sciences naturelles, la biologie
chemistry ['kemɪstrɪ]	la chimie
physics ['fɪzɪks] (n. c. sing.)	la physique
– Physical education (abr. P.E.) physical training (abr. P.T.)	l'éducation physique
sports [spɔ:ts]	les sports
games [geɪmz]	les activités de plein air
gymnastics [dʒɪm'næstɪks] (n. c. sing.)	la gymnastique
music ['mju:zɪk]	la musique
singing ['sɪŋɪŋ]	le chant
dancing ['dɑ:nsɪŋ]	la danse
art and design	le dessin
painting ['peɪntɪŋ]	la peinture

BR pottery ['pɒtərɪ] AM ceramics [sɪ'ræmɪks] (n. c. sing.)	la poterie
technical drawing	le dessin industriel
BR ICT (abr. de *information and communication technology*)	informatique
BR MFL (abr. de *modern foreign languages*)	langues vivantes
BR PSHE (abr. de *personal, social and health education*)	éducation sociale et sanitaire
literacy and numeracy	la lecture et le calcul

6. ACADEMIC PERFORMANCE LES RÉSULTATS SCOLAIRES

– Ability [ə'bɪlɪtɪ]	l'aptitude
to move up a class	passer dans la classe supérieure
to skip a class	sauter une classe
BR to be kept down AM to be held back	redoubler
to repeat a year	redoubler une classe
to be good at sth	être bon en qqch.
intelligent [ɪn'telɪdʒənt] clever ['klevəʳ]	intelligent
bright [braɪt]	éveillé
sharp [ʃɑːp]	vif
gifted ['gɪftɪd]	doué
academically able	doué pour les études
to do* very well in one's studies	faire de brillantes études
– Non academic	peu doué pour les études
a dunce [dʌns]	un cancre
he hasn't had much schooling	il n'a pas fait beaucoup d'études
academic failure	l'échec scolaire
remedial teaching	le rattrapage scolaire
special education	l'éducation spécialisée
– Tidy / untidy work	du travail soigné / peu soigné
to take* care over sth to take* care with sth	faire qqch. avec soin
to take* pains over sth	se donner du mal pour qqch.
conscientious [ˌkɒnʃɪ'enʃəs]	consciencieux
hard-working	travailleur
motivation [ˌməʊtɪ'veɪʃən]	la motivation
to be highly motivated	être très motivé
proficient *in sth* [prə'fɪʃənt]	compétent *en qqch.*
proficiency *in sth* [prə'fɪʃənsɪ]	la compétence *en qqch.*
– Idle ['aɪdl] lazy ['leɪzɪ]	paresseux
to botch sth up	bâcler qch
to drop a subject	abandonner une matière
– Continuous assessment	le contrôle continu
the teacher's assessment	les appréciations du professeur
to correct [kə'rekt]	corriger
a star [stɑːʳ]	un bon point
BR a mark [mɑːk] AM a grade [greɪd]	une note
BR to mark AM to grade	noter
6 out of 10	6 sur 10
BR a mark sheet AM a grade sheet	un relevé de notes
BR the school record AM the student file	le dossier scolaire
– An examination [ɪgˌzæmɪ'neɪʃən] an exam [ɪg'zæm] (parlé)	un examen
BR a mock exam AM a practice test	un examen blanc
a candidate ['kændɪdeɪt]	un(e) candidat(e)
an examiner [ɪg'zæmɪnəʳ]	un(e) examinateur (-trice)
an invigilator [ɪn'vɪdʒɪleɪtəʳ]	un(e) surveillant(e) d'examen
BR a written test AM a quiz [kwɪz]	une interrogation écrite, un contrôle
an oral (exam)	un (examen) oral
a written paper	une épreuve écrite
the chemistry paper	l'épreuve de chimie
a multiple-choice question	une question à choix multiple
BR to do one's GCSE's (abr. de *General Certificate of Secondary Education*)	≈ passer son brevet
BR A levels (plur.) AM the high school diploma	≈ le baccalauréat
a diploma *in sth* [dɪ'pləʊmə]	un diplôme *de qqch.*

to have qualifications	avoir des diplômes
a competitive examination	un concours
the entrance examination	le concours d'entrée
- To sit* an exam to take* an exam	passer un examen[1]
BR to resit* an exam	se représenter à un examen
the session ['seʃən]	la session
BR to get* a pass	≈ avoir la moyenne
to fail [feɪl]	échouer, rater son examen
AM to flunk [flʌŋk] (parlé)	
to fail *an exam / in chemistry*	échouer *à un examen / en chimie*
to fail a candidate AM to flunk a candidate (parlé)	recaler un candidat
to scrape through	réussir de justesse
to cheat in an exam	tricher à un examen
a cheat [tʃiːt]	un(e) tricheur (-euse)
a crib [krɪb]	une anti-sèche
to whisper the answer to sb	souffler la réponse à qqn

ATTENTION FAUX AMI 1 : to pass an exam = réussir un examen

- To study for an exam	préparer un examen
BR to revise *for an exam* [rɪ'vaɪz] AM to review *for an exam* [rɪ'vjuː]	réviser *un examen*
revision [rɪ'vɪʒən]	la révision
to swot for an exam (parlé)	bachoter
to swot up a subject (parlé)	potasser un sujet

REMARQUE Jusqu'en 1988, les O levels en Grande-Bretagne ont correspondu au brevet des collèges en France. L'équivalent du baccalauréat en Grande-Bretagne est le General Certificate of Education (abr. GCE) pour lequel on se présente à plusieurs disciplines au choix appelées A levels (abr. de *advanced levels*) ; ex. : to have five A levels ≈ avoir le baccalauréat dans cinq matières ; to take A level French ≈ prendre le français comme matière au bac.

7. HIGHER EDUCATION L'ENSEIGNEMENT SUPÉRIEUR

- A university [ˌjuːnɪ'vɜːsɪtɪ] AM a college ['kɒlɪdʒ]	une université
the University of Oxford	l'université d'Oxford
Harvard University	l'université de Harvard
to go* to university to go* to college	aller à l'université
- A teacher training college BR a college of education	≈ un institut universitaire de formation des maîtres
an art college	une école des beaux-arts
a business college a business school	une école de gestion
a military academy	une école militaire
the faculty of arts / sciences	la faculté de lettres / de sciences
to drop out of university	abandonner ses études universitaires
- Evening classes night school (n. c. sing.)	les cours du soir
adult education	l'enseignement pour adultes
a training scheme	un programme de formation professionnelle
a trainee [treɪ'niː] an apprentice [ə'prentɪs]	un(e) apprenti(e)
a trainee hairdresser	un apprenti coiffeur
apprenticeship [ə'prentɪsʃɪp]	l'apprentissage
- An academic [ˌækə'demɪk]	un(e) universitaire
BR a (junior) lecturer AM an instructor [ɪn'strʌktəʳ]	≈ un(e) assistant(e)
BR a (senior) lecturer AM an assistant professor	un maître de conférences
a chair [tʃɛəʳ]	une chaire
BR a professor [prə'fesəʳ] AM a college professor	un professeur d'université
to have tenure	être titulaire
a tenured professor	un professeur titulaire

BR the head of department AM the chairman of the department	le chef du département
BR the vice-chancellor AM the president ['prezɪdənt]	≈ le président d'université
the dean of the faculty	le doyen de la faculté

8. THE STUDENT L'ÉTUDIANT

– To enrol in a university	s'inscrire dans une université
enrolment [ɪn'rəʊlmənt]	l'inscription
the registrar's office	le service de la scolarité
BR a student card AM a student ID card	une carte d'étudiant
an undergraduate [ˌʌndə'grædjʊɪt]	un(e) étudiant(e) de premier cycle
BR a fresher ['freʃəʳ] AM a freshman ['freʃmən]	un(e) étudiant(e) de première année
BR a second-year undergraduate AM a sophomore ['sɒfəmɔːʳ]	un(e) étudiant de deuxième année
BR a postgraduate student AM a graduate student	un(e) étudiant(e) de troisième cycle
BR a former student AM an alumnus [ə'lʌmnəs] (fém. alumna) (plur. alumni)	un(e) ancien(ne) étudiant(e) (d'une université)
– The academic year	l'année universitaire
a unit ['juːnɪt]	une unité d'enseignement (matière)
a credit ['kredɪt]	une unité d'enseignement (diplôme)
a module ['mɒdjuːl]	un module
a lecture *on* ['lektʃəʳ]	une conférence *sur*
a seminar ['semɪnɑːʳ]	un séminaire
to give* a paper *on sth* to give* a talk *on sth*	faire un exposé *sur qqch.*
the vacation [və'keɪʃən]	les vacances universitaires
BR a summer school AM a summer institute	une université d'été
– BR a hall of residence AM a residence hall AM a dormitory ['dɔːmɪtrɪ]	une résidence universitaire
a lecture hall	un amphithéâtre
– A university degree	une licence
a B.A. degree a Bachelor of Arts degree an arts degree	une licence ès lettres
a B.Sc. degree a Bachelor of Science degree a science degree	une licence ès sciences
BR an honours degree	≈ une licence avec mention
to do* a degree in	faire une licence de
to graduate in history	obtenir sa licence d'histoire
a graduate[1] ['grædjʊeɪt]	un licencié, un diplômé
to have a master's degree *in*	avoir une maîtrise *de*
an M.A. degree a Master of Arts degree	une maîtrise ès lettres
an M.Sc. degree a Master of Science degree	une maîtrise ès sciences
a doctorate ['dɒktərɪt] a doctoral degree a Ph.D. [ˈpiːˌeɪtʃ'diː]	un doctorat
a thesis *on sth* ['θiːsɪs]	une thèse *sur qqch.*
BR a doctoral thesis AM a doctoral dissertation	une thèse de doctorat
an honorary degree	un diplôme honoris causa
graduation [ˌgrædjʊ'eɪʃən] (n. c.) AM the commencement [kə'mensmənt]	la remise des diplômes

ATTENTION 1 : AM a graduate aussi un bachelier

– Research [rɪ'sɜːtʃ]	la recherche
to research *in / into*	faire de la recherche *en / sur*
to do* research *in*	faire de la recherche *en*
a research assistant	un assistant-chercheur

14 RELIGIONS AND BELIEFS
RELIGIONS ET CROYANCES

1. FAITH AND DOCTRINE LA FOI ET LES DOCTRINES

– A religion [rɪ'lɪdʒən]	une religion
religious [rɪ'lɪdʒəs]	religieux
a divinity [dɪ'vɪnɪtɪ]	une divinité
divine [dɪ'vaɪn]	divin
God [gɒd]	Dieu
a god	un dieu
a goddess ['gɒdɪs]	une déesse
an idol ['aɪdl]	une idole
the Creator [krɪ'eɪtəʳ]	le Créateur
– The spirit ['spɪrɪt]	l'esprit
spiritual ['spɪrɪtjʊəl]	spirituel
the soul [səʊl]	l'âme
reincarnation ['riːɪnkɑː'neɪʃən]	la réincarnation
eternal life	la vie éternelle
sacred ['seɪkrɪd]	sacré
holy ['həʊlɪ]	saint
– Theology [θɪ'ɒlədʒɪ] divinity [dɪ'vɪnɪtɪ]	la théologie
theological [θɪə'lɒdʒɪkəl]	théologique
a theologian [θɪə'ləʊdʒɪən] a divine [dɪ'vaɪn]	un(e) théologien(ne)
– A believer [bɪ'liːvəʳ]	un(e) croyant(e)
to believe [bɪ'liːv] to be a believer	être croyant
to believe *in sth / that*	croire *en qqch. / que*
belief *in* [bɪ'liːf]	la croyance *en*
faith [feɪθ]	la foi
to have faith	avoir la foi
to be converted *to*	se convertir *à*
a convert ['kɒnvɜːt]	un(e) converti(e)
– A doctrine ['dɒktrɪn]	une doctrine
a dogma ['dɒgmə]	un dogme
orthodox ['ɔːθədɒks]	orthodoxe
heretical [hɪ'retɪkəl]	hérétique
a heretic ['herətɪk]	un(e) hérétique
a pilgrim ['pɪlgrɪm]	un pèlerin
to go* on a pilgrimage	faire un pèlerinage
– Pious ['paɪəs] godly ['gɒdlɪ]	pieux
piety ['paɪətɪ]	la piété
devout [dɪ'vaʊt]	dévot
devoutness [dɪ'vaʊtnɪs] religious devotion	la dévotion

fanatical [fə'nætɪkəl]	fanatique
a fanatic [fə'nætɪk]	un(e) fanatique
fanaticism [fə'nætɪsɪzəm]	le fanatisme
fundamentalism [ˌfʌndə'mentəlizəm]	l'intégrisme
a fundamentalist [ˌfʌndə'mentəlist]	un(e) intégriste

> ATTENTION FAUX AMI 1 : a bigot = un(e) fanatique ; bigotry = le sectarisme, le fanatisme ; to be bigoted = être sectaire. On pourra traduire le français bigoterie par religious bigotry.

– Pagan ['peɪgən] heathen ['hiːðən] (péj.)	païen
a pagan a heathen (péj.)	un(e) païen(ne)
lay [leɪ]	laïque
a lay person a layman (fém. laywoman)	un(e) laïque
– Sacrilegious [ˌsækrɪ'lɪdʒəs]	sacrilège
a sacrilege ['sækrɪlɪdʒ]	un sacrilège
blasphemous ['blæsfɪməs]	blasphématoire
blasphemy ['blæsfɪmɪ]	le blasphème
to blaspheme [blæs'fiːm]	blasphémer
profane [prə'feɪn] secular ['sekjʊləʳ]	profane (auteur, œuvre)
profanation [ˌprɒfə'neɪʃən]	la profanation
to profane	profaner (église, tombe, nom)
– Superstitious [ˌsuːpə'stɪʃəs]	superstitieux
a superstition [ˌsuːpə'stɪʃən]	une superstition
an unbeliever ['ʌnbɪ'liːvəʳ] a non-believer	un(e) incroyant(e)
atheistic [ˌeɪθɪ'ɪstɪk]	athée
an atheist ['eɪθɪɪst]	un(e) athée
atheism ['eɪθɪɪzəm]	l'athéisme
an agnostic [æg'nɒstɪk]	un(e) agnostique
a free thinker	un(e) libre penseur (-euse)
a (free)mason	un franc-maçon
freemasonry ['friːˌmeɪsənrɪ]	la franc-maçonnerie
masonic [mə'sɒnɪk]	maçonnique

2. RELIGIONS LES RELIGIONS

– A cult [kʌlt]	un culte
a denomination [dɪˌnɒmɪ'neɪʃən]	une confession
denominational [dɪˌnɒmɪ'neɪʃənl]	confessionnel
a sect [sekt]	une secte
– Jewish ['dʒuːɪʃ]	juif
a Jew [dʒuː]	un juif, une juive
Judaism ['dʒuːdeɪɪzəm]	le judaïsme
Jehovah [dʒɪ'həʊvə]	Jéhovah
the Talmud ['tælmʊd]	le Talmud
the Torah ['təʊrə]	la Thora
antisemitism [ˌæntɪ'semɪtɪzm]	l'antisémitisme
– A Moslem ['mɒzlem] a Muslim ['mʊslɪm]	un(e) musulman(e)
Islam ['ɪzlɑːm]	l'Islam
Islamic [ɪz'læmɪk]	islamique
Allah ['ælə]	Allah
Mahomet [mə'hɒmɪt]	Mahomet
the Koran, the Qur'an [kɒ'rɑːn]	le Coran
the five pillars of Islam	les cinq piliers de l'Islam
to observe Ramadan [ˌræmə'dɑːn]	faire le Ramadan
to give alms [ɑːmz]	faire l'aumône
to do one's ablutions [ə'bluːʃənz]	faire ses ablutions
Eid [eɪd]	Aïd
Islamophobia [izˌlamə'fəʊbɪə]	l'islamophobie
– Hinduism ['hɪnduˌɪzəm]	l'hindouisme
Hindu ['hɪnduː]	hindou
a Hindu	un(e) Hindou(e)
the Vedas ['veɪdəz]	les Véda
Buddhism ['bʊdɪzəm]	le bouddhisme
a Buddhist ['bʊdɪst]	un(e) bouddhiste
Buddha ['bʊdə]	Bouddha
Confucianism [kən'fjuːʃənɪzəm]	le confucianisme
Confucius [kən'fjuːʃəs]	Confucius
Shintoism ['ʃɪntəʊɪzəm] Shinto ['ʃɪntəʊ]	le shintoïsme, le shintô
a Shintoist ['ʃɪntəʊɪst]	un(e) shintoïste
animism ['ænɪmɪzəm]	l'animisme
an animist ['ænɪmɪst]	un(e) animiste

REMARQUE Dans l'usage courant le mot cult désigne souvent une secte.

3. CHRISTIANITY LE CHRISTIANISME

– The Church [tʃɜːtʃ]	l'Église
a Christian ['krɪstɪən]	un(e) chrétien(ne)
the Christian faith	la foi chrétienne
Jesus (Christ)	Jésus(-Christ)
the Lord [lɔːd]	le Seigneur
the Almighty [ɔːl'maɪtɪ]	le Tout-Puissant
BR the Saviour ['seɪvjəʳ] AM the Savior	le Sauveur
the Messiah [mɪ'saɪə]	le Messie
the Virgin (Mary)	la Vierge (Marie)
the Three Kings the Three Wise Men	les Rois mages
the Holy Spirit the Holy Ghost	le Saint-Esprit
the (Holy) Trinity	la (Sainte) Trinité
– The nativity [nə'tɪvɪtɪ]	la nativité
the Last Supper	la Cène
the crucifixion [ˌkruːsɪ'fɪkʃən]	la crucifixion
to crucify ['kruːsɪfaɪ]	crucifier
the resurrection [ˌrezə'rekʃən]	la résurrection
– The Bible ['baɪbl]	la Bible
biblical ['bɪblɪkəl]	biblique
a prophet ['prɒfɪt]	un prophète
a prophecy ['prɒfɪsɪ]	une prophétie
to prophesy sth	prophétiser qqch., prédire qqch.
to prophesy that	prédire que
Moses ['məʊzɪs]	Moïse
an apostle [ə'pɒsl]	un apôtre
a disciple [dɪ'saɪpl]	un disciple
an evangelist [ɪ'vændʒəlɪst]	un évangéliste

14 RELIGIONS AND BELIEFS
RELIGIONS ET CROYANCES

- The Old/New Testament	l'Ancien/le Nouveau Testament
(the Book of) Revelation the Apocalypse [ə'pɒkəlɪps]	l'Apocalypse
the Gospels ['gɒspəlz]	les Évangiles
the Gospel according to St John	l'Évangile selon Saint Jean
(the Book of) Genesis	(le livre de) la Genèse
the Ten Commandments	les Dix Commandements
a parable ['pærəbl]	une parabole
- The Kingdom of Heaven	le royaume des cieux
heaven ['hevn]	le paradis
the Garden of Eden	le jardin d'Éden
hell [hel] Hell	l'enfer
purgatory ['pɜ:gətərɪ]	le purgatoire
in limbo	dans les limbes
- To be saved	être sauvé
salvation [sæl'veɪʃən]	le salut
to redeem [rɪ'di:m]	racheter
redemption [rɪ'dempʃən]	la rédemption, le rachat
grace [greɪs]	la grâce
the incarnation [,ɪnkɑ:'neɪʃən]	l'incarnation
the Last Judgement Doomsday ['du:mzdeɪ]	le Jugement dernier
- The Devil ['devl]	le diable
Satan ['seɪtn]	Satan
Adam ['ædəm]	Adam
Eve [i:v]	Ève
- To sin [sɪn]	pécher
a sin	un péché
the original sin	le péché originel
the Seven Deadly Sins	les sept péchés capitaux
a sinner ['sɪnəʳ]	un(e) pécheur (-eresse)
- A martyr ['mɑ:təʳ]	un(e) martyr(e)
martyrdom ['mɑ:tədəm]	le martyre
a saint [seɪnt]	un(e) saint(e)
to be canonized	être canonisé
an angel ['eɪndʒəl]	un ange
his guardian angel	son ange gardien
an archangel ['ɑ:k,eɪndʒəl]	un archange
angelic [æn'dʒelɪk]	angélique
a cherub ['tʃerəb] (plur. cherubim)	un chérubin

■ 4. CHRISTIAN DENOMINATIONS LES CONFESSIONS CHRÉTIENNES

- A (Roman) Catholic	un(e) catholique
(Roman) Catholicism	le catholicisme
a Protestant ['prɒtɪstənt]	un(e) protestant(e)
Protestantism ['prɒtɪstəntɪzəm]	le protestantisme
the Church of England (abr. the C. of E.)	l'Église anglicane
an Anglican ['æŋglɪkən]	un(e) anglican(e)
Anglicanism ['æŋglɪkənɪzəm]	l'anglicanisme
a Presbyterian [,prezbɪ'tɪərɪən]	un(e) presbytérien(ne)
Presbyterianism [,prezbɪ'tɪərɪənɪzəm]	le presbytérianisme
the Orthodox Church	l'Église orthodoxe
an Orthodox ['ɔ:θədɒks]	un(e) orthodoxe
- A Lutheran ['lu:θərən]	un(e) luthérien(ne)
Lutheranism ['lu:θərənɪzəm]	le luthéranisme
a Calvinist ['kælvɪnɪst]	un(e) calviniste
Calvinism ['kælvɪnɪzəm]	le calvinisme
a Methodist ['meθədɪst]	un(e) méthodiste
Methodism ['meθədɪzəm]	le méthodisme
a Baptist ['bæptɪst]	un(e) baptiste
a Unitarian [,ju:nɪ'tɛərɪən]	un(e) unitarien(ne)
Unitarianism [,ju:nɪ'tɛərɪənɪzəm]	l'unitarisme
the Quakers ['kweɪkəʳz]	les Quakers
the Reformed Church	l'Église réformée
a Nonconformist [,nɔnkən'fɔ:mɪst]	un(e) non-conformiste
Jehovah's Witnesses	les Témoins de Jéhovah
a Mormon ['mɔ:mən]	un(e) mormon(e)

REMARQUE Dans certains pays anglophones, l'Église anglicane s'appelle the Episcopalian Church.

5. THE CLERGY AND THE CONGREGATION LE CLERGÉ ET LES FIDÈLES

– Catechism ['kætɪkɪzəm]	le catéchisme
to go* to Sunday school	≈ aller au catéchisme
to go* to church	aller à l'église
the faithful ['feɪθfʊl] (plur.)	les fidèles, les croyants
the congregation [ˌkɒŋgrɪ'geɪʃən]	l'assemblée des fidèles
practising ['præktɪsɪŋ]	pratiquant
a churchgoer ['tʃɜ:tʃˌgəʊəʳ]	un(e) pratiquant(e)
a parish ['pærɪʃ]	une paroisse
a parishioner [pə'rɪʃənəʳ]	un(e) paroissien(ne)
the choir ['kwaɪəʳ]	le chœur
a chorister ['kɒrɪstəʳ]	un(e) choriste
an altar boy	un enfant de chœur
– A clergyman ['klɜ:dʒɪmən] an ecclesiastic [ɪˌkli:zɪ'æstɪk]	un ecclésiastique
a priest [pri:st]	un prêtre
priesthood	la prêtrise
a (Catholic) priest	un curé
a minister ['mɪnɪstəʳ] a parson ['pɑ:sn]	un pasteur (en général)
a vicar ['vɪkəʳ]	un pasteur (de l'Église anglicane)
a curate ['kjʊərɪt]	un vicaire (de l'Église anglicane)
a chaplain ['tʃæplɪn]	un aumônier
a missionary ['mɪʃənrɪ]	un missionnaire
a preacher ['pri:tʃəʳ]	un prédicateur
– A seminary ['semɪnərɪ] BR a theological college	un séminaire
to ordain sb priest	ordonner qqn prêtre
an ordination [ˌɔ:dɪ'neɪʃən]	une ordination
to enter the priesthood	se faire prêtre
to be in / take* holy orders	être / entrer dans les ordres
to enter the ministry	se faire pasteur
a cassock ['kæsək]	une soutane
– A bishop ['bɪʃəp]	un évêque
an archbishop ['ɑ:tʃ'bɪʃəp]	un archevêque
episcopal [ɪ'pɪskəpəl]	épiscopal
a bishopric	un évêché
a diocese ['daɪəsɪs]	un diocèse
a cardinal ['kɑ:dɪnl]	un cardinal
a mitre ['maɪtəʳ]	une mitre
the pope [pəʊp]	le pape
the Supreme Pontiff	le souverain pontife
His Holiness	sa Sainteté
the papacy ['peɪpəsɪ]	la papauté
papal ['peɪpəl]	papal
the Holy See	le Saint-Siège
a prelate ['prelɪt]	un prélat
– A monk [mʌŋk]	un moine
a nun [nʌn]	une religieuse
a friar ['fraɪəʳ]	un frère
Brother Richard	frère Richard
Sister Josephine	sœur Joséphine
an abbot ['æbət]	un abbé
an abbess ['æbɪs]	une abbesse
a novice ['nɒvɪs]	un(e) novice
to take* a vow of chastity	faire vœu de chasteté
celibacy ['selɪbəsɪ]	le célibat
to take* the veil	prendre le voile
monastic [mə'næstɪk]	monastique

6. PLACES OF WORSHIP LES LIEUX DE PRIÈRE

– A church [tʃɜ:tʃ]	une église
a temple ['templ]	un temple (en général)
a Protestant church	un temple protestant
a chapel ['tʃæpəl]	une chapelle
a cathedral [kə'θi:drəl]	une cathédrale
an abbey ['æbɪ]	une abbaye
a monastery ['mɒnəstərɪ]	un monastère
a convent ['kɒnvənt]	un couvent (de religieuses)
a basilica [bə'zɪlɪkə]	une basilique
a synagogue ['sɪnəgɒg]	une synagogue
a mosque [mɒsk]	une mosquée
a pagoda [pə'gəʊdə]	une pagode
– The church tower the steeple ['sti:pl]	le clocher
a spire ['spaɪəʳ]	une flèche
the belfry ['belfrɪ]	le beffroi

the bells [bels]	les cloches
a cloister ['klɔɪstəʳ]	un cloître
a rose window	une rosace
a stained-glass window a church window	un vitrail
the nave [neɪv]	la nef
an aisle [aɪl]	un bas-côté
the chancel ['tʃɑːnsəl] the choir ['kwaɪəʳ]	le chœur
the vestry ['vestrɪ]	la sacristie
the apse [æps]	l'abside
the altar ['ɒltəʳ]	l'autel
the high altar	le maître-autel
the transept ['trænsept]	le transept
the pulpit ['pʊlpɪt]	la chaire
a minaret ['mɪnəret]	un minaret
– The cross [krɒs]	la croix
a triptych ['trɪptɪk]	un triptyque
a pew [pjuː]	un banc
a prie-dieu [priː'djɜː]	un prie-Dieu
the font [fɒnt] (sing.)	les fonts baptismaux
the stoup [stuːp]	le bénitier
holy water	l'eau bénite
the confessional [kən'feʃənl]	le confessionnal
a shrine [ʃraɪn]	une châsse
a reliquary ['relɪkwərɪ]	un reliquaire

■ 7. RITUAL LE RITUEL

– A ceremony ['serɪmənɪ]	une cérémonie
a rite [raɪt]	un rite
ritual ['rɪtjʊəl]	rituel
a sacrament ['sækrəmənt]	un sacrement
to bless [bles]	bénir
a blessing ['blesɪŋ]	une bénédiction
to say* grace to say* the blessing	dire le bénédicité
– A service ['sɜːvɪs]	un service, un office
a mass [mæs]	une messe
to go* to mass	aller à la messe
to say* mass	dire la messe
to celebrate mass	célébrer la messe
matins ['mætɪnz]	les matines
vespers ['vespəʳz] evensong ['iːvənsɒŋ] (n. c. sing.)	les vêpres
– To preach [priːtʃ]	prêcher
a sermon ['sɜːmən]	un sermon
to take* the collection	faire la quête
(Holy) Communion	la (Sainte) Communion
the Eucharist ['juːkərɪst]	l'Eucharistie
the chalice ['tʃælɪs]	le calice
the Blessed Sacrament	le Saint-Sacrement
– Christening ['krɪsnɪŋ] baptism ['bæptɪzəm]	le baptême
to christen ['krɪsn] to baptize [bæp'taɪz]	baptiser
circumcision [ˌsɜːkəm'sɪʒən]	la circoncision
to circumcise ['sɜːkəmsaɪz]	circoncire
the confirmation [ˌkɒnfə'meɪʃən]	la confirmation
to be confirmed	faire sa confirmation
to take* communion to receive communion	communier
the bar mitzvah [bɑː'mɪtsvə]	la bar-mitzva
– To pray [preɪ]	prier
to pray to God	prier Dieu
a prayer [prɛəʳ]	une prière
to meditate ['medɪteɪt]	se recueillir
meditation [ˌmedɪ'teɪʃən]	le recueillement
to make* the sign of the cross	faire le signe de croix
to cross o.s.	se signer
to kneel* (down)	s'agenouiller
to genuflect ['dʒenjʊflekt]	faire une génuflexion
a rosary ['rəʊzərɪ]	un chapelet
to say* the rosary	dire son chapelet
– Worship ['wɜːʃɪp]	le culte (vénération)
to worship to adore [ə'dɔːʳ]	adorer
the stations of the cross (plur.)	le chemin de croix
a procession [prə'seʃən]	une procession
– A hymn [hɪm]	un cantique
a psalm [sɑːm]	un psaume
the liturgy ['lɪtədʒɪ]	la liturgie
liturgical [lɪ'tɜːdʒɪkəl]	liturgique

the litany ['lɪtənɪ]	la litanie
to chant [tʃɑ:nt]	psalmodier
amen ['ɑ:'men]	amen
– To confess [kən'fes] / to go* to confession	se confesser
to confess one's sins	confesser ses péchés
to repent *of sth* [rɪ'pent]	se repentir *de qqch.*
repentance [rɪ'pentəns]	le repentir
a penitent ['penɪtənt]	un(e) pénitent(e)
to do* penance	faire pénitence

8. RELIGIOUS AND PAGAN FESTIVALS LES FÊTES RELIGIEUSES ET PAÏENNES

– Christmas ['krɪsməs] (abr. Xmas)	Noël
Merry Christmas!	Joyeux Noël !
to wish sb a merry Christmas	souhaiter joyeux Noël à qqn
Christmas Day	le jour de Noël
Christmas Eve	la veille de Noël
BR Boxing Day	le lendemain de Noël
Season's Greetings!	Joyeuses fêtes ! (sur une carte de vœux)
the Christmas and New Year holiday(s)	les fêtes de fin d'année
the Christmas Eve dinner	le réveillon de Noël
to celebrate Christmas Eve	réveillonner (à Noël)
– The crib [krɪb] / the manger ['meɪndʒəʳ]	la crèche
the Christmas turkey	la dinde de Noël
the Yule log	la bûche de Noël
the Christmas tree	l'arbre de Noël
an Advent calendar	un calendrier de l'Avent
Father Christmas / Santa Claus [ˌsæntə'klɔ:z]	le Père Noël
to hang* up one's stocking	≈ mettre son soulier dans la cheminée
a (Christmas) carol	un chant de Noël
to go* to midnight mass	aller à la messe de minuit
– New Year's Day	le jour de l'An
Happy New Year!	Bonne année !
to wish sb a happy New Year	souhaiter une bonne année à qqn
New Year's Eve	la Saint-Sylvestre (en général)
Hogmanay [ˌhɒgmə'neɪ]	la Saint-Sylvestre (en Écosse)
to celebrate New Year's Eve	réveillonner (à la Saint-Sylvestre)
Advent ['ædvənt]	l'Avent
Epiphany [ɪ'pɪfənɪ] / Twelfth Night	l'Épiphanie
– Easter ['i:stəʳ]	Pâques
Easter Sunday	le dimanche de Pâques
Happy Easter!	Joyeuses Pâques !
an Easter egg	un œuf de Pâques
Easter Monday	le lundi de Pâques
Holy Week	la Semaine Sainte
Good Friday	le Vendredi saint
Maundy Thursday	le Jeudi saint
Shrove Tuesday / Pancake Tuesday	Mardi gras
Candlemas ['kændlmæs]	la Chandeleur
Lent [lent]	le Carême
Palm Sunday	le dimanche des Rameaux
– Ascension Day	l'Ascension
Whit Sunday / Pentecost ['pentɪkɒst]	le dimanche de Pentecôte
Whit Monday	le lundi de Pentecôte
the Assumption [ə'sʌmpʃən]	l'Assomption
All Souls' Day	le jour des Morts
All Saints' Day	la Toussaint
Ramadan [ˌræmə'dɑ:n]	le Ramadan
the Passover ['pɑ:səʊvəʳ]	la pâque (juive)

REMARQUE En Grande-Bretagne, ce sont des lapins appelés Easter Bunnies qui sont censés apporter les œufs de Pâques aux enfants.

9. MYTHOLOGY LA MYTHOLOGIE

– A legend ['ledʒənd]	une légende
legendary ['ledʒəndərɪ]	légendaire
a myth [mɪθ]	un mythe
mythical ['mɪθɪkəl]	mythique
mythological [ˌmɪθə'lɒdʒɪkəl]	mythologique
folklore ['fəʊkˌlɔː]	le folklore
fabulous ['fæbjʊləs]	fabuleux
– A nymph [nɪmf]	une nymphe
a dryad ['draɪəd]	une dryade
a satyr ['sætəʳ]	un satyre
a centaur ['sentɔːʳ]	un centaure
– Apollo [ə'pɒləʊ]	Apollon
Atlas ['ætləs]	Atlas
Cupid ['kjuːpɪd]	Cupidon
Hercules ['hɜːkjuliːz]	Hercule
Juno ['dʒuːnəʊ]	Junon
the Muses [mjuːzɪz]	les Muses
Oedipus ['iːdɪpəs]	Œdipe
Orpheus ['ɔːfjuːs]	Orphée
the Sphinx [sfɪŋks]	le Sphinx
Ulysses [juː'lɪsiːz]	Ulysse
Hades ['heɪdiːz] (sing.) the Underworld ['ʌndəwɜːld] Hell [hel]	les Enfers

10. ASTROLOGY AND THE SUPERNATURAL L'ASTROLOGIE ET LE SURNATUREL

– Astrology [əs'trɒlədʒɪ]	l'astrologie
an astrologer [əs'trɒlədʒəʳ]	un(e) astrologue
a horoscope ['hɒrəskəʊp]	un horoscope
to cast* sb's horoscope	faire l'horoscope de qqn
the signs of the zodiac	les signes du zodiaque
Aries ['ɛəriːz]	le Bélier
Taurus ['tɔːrəs]	le Taureau
Gemini ['dʒemɪnaɪ]	les Gémeaux
Cancer ['kænsəʳ]	le Cancer
Leo ['liːəʊ]	le Lion
Virgo ['vɜːgəʊ]	la Vierge
Libra ['liːbrə]	la Balance
Scorpio ['skɔːpɪəʊ]	le Scorpion
Sagittarius [ˌsædʒɪ'tɛərɪəs]	le Sagittaire
Capricorn ['kæprɪkɔːn]	le Capricorne
Aquarius [ə'kwɛərɪəs]	le Verseau
Pisces ['paɪsiːz]	les Poissons
I'm Aquarius/Leo	je suis (du) Verseau/Lion
– Supernatural [ˌsuːpə'nætʃərəl]	surnaturel
destiny ['destɪnɪ]	la destinée
fate [feɪt]	le destin, le sort
a prediction [prɪ'dɪkʃən]	une prédiction
to predict that	prédire que
to tell* the future	prédire l'avenir
to foresee* sth	prévoir qqch.
a fortune-teller ['fɔːtʃənˌteləʳ]	un(e) diseur (-euse) de bonne aventure
to tell* sb's fortune	dire la bonne aventure à qqn
to read* sb's palm	lire les lignes de la main à qqn
palmistry ['pɑːmɪstrɪ] chiromancy ['kaɪərəmænsɪ]	la chiromancie
a clairvoyant [klɛə'vɔɪənt]	un(e) voyant(e)
a crystal ball	une boule de cristal
the tarot ['tærəʊ]	le tarot
to read* the tea leaves	≈ lire dans le marc de café
– Magic ['mædʒɪk]	la magie
black magic	la magie noire
magic	magique
a magic wand	une baguette magique
a magician [mə'dʒɪʃən]	un(e) magicien(ne)
a charm [tʃɑːm]	un fétiche
a lucky charm	un porte-bonheur
a witch [wɪtʃ] a sorceress ['sɔːsəres]	une sorcière
a wizard ['wɪzəd] a sorcerer ['sɔːsərəʳ]	un sorcier
a witch doctor	un sorcier (d'une tribu)
witchcraft ['wɪtʃkrɑːft] sorcery ['sɔːsərɪ]	la sorcellerie

a marabout ['mærə,bʊ:]	un marabout
voodoo ['vu:du:]	le vaudou
a magic spell	un sortilège
to put* a spell on sb to cast* a spell on sb	jeter un sort à qqn
an alchemist ['ælkɪmɪst]	un(e) alchimiste
alchemy ['ælkɪmɪ]	l'alchimie
the philosopher's stone	la pierre philosophale
- A ghost [gəʊst]	un fantôme, un revenant
BR a spectre ['spektə^r] AM a specter	un spectre
an apparition [,æpə'rɪʃən]	une apparition
to appear *to sb*	apparaître *à qqn*
to haunt *sb / sth* [hɔ:nt]	hanter *qqn / qqch.*
haunted ['hɔ:ntɪd]	hanté
a spirit ['spɪrɪt]	un esprit
a poltergeist ['pɔ:ltəgaɪst]	un esprit frappeur
a medium ['mi:dɪəm] (plur. mediums)	un médium
a seance ['seɪɑ̃:ns]	une séance de spiritisme
the occult	les sciences occultes

15 DANGER AND VIOLENCE
LE DANGER ET LA VIOLENCE

1. DANGER LE DANGER

– Danger ['deɪndʒəʳ]	le danger
dangerous ['deɪndʒrəs]	dangereux
dangerously ['deɪndʒrəslɪ]	dangereusement
to be in danger	être en danger (personne)
to endanger [ɪn'deɪndʒəʳ]	mettre en danger (vie)
in mortal danger	en danger de mort
to expose o.s. to danger	s'exposer à un danger
a menace to the public	un danger public
– Perilous ['perɪləs] (soutenu)	périlleux
in jeopardy in peril (soutenu)	en péril
to jeopardize ['dʒepədaɪz] to imperil [ɪm'perɪl] (soutenu)	mettre en péril (carrière, situation)
at the risk of his life	au péril de sa vie
– A risk [rɪsk]	un risque
to take* risks	prendre des risques
high-risk	à haut risque
to run* the risk of	courir le risque de
to risk one's life	risquer sa vie
to risk doing sth	prendre le risque de faire qqch.
I can't risk it	je ne peux pas prendre un tel risque
it's at your own risk	c'est à tes risques et périls
– A hazard[1] ['hæzəd]	un risque, un danger
hazardous ['hæzədəs]	risqué, dangereux
it's an occupational hazard	ce sont les risques du métier
natural hazards	les risques naturels
a health hazard	un risque pour la santé
to have a lot at stake	risquer gros
– I'll chance it (parlé)	je vais tenter le coup
to chance one's luck	tenter sa chance
risky ['rɪskɪ]	risqué, hasardeux
– To warn sb *of sth, about sth/that*	avertir qqn *de qqch./que*
a warning ['wɔːnɪŋ]	un avertissement

2. ACCIDENTS AND DISASTERS LES ACCIDENTS ET LES CATASTROPHES

– An accident ['æksɪdənt]	un accident
to have an accident	avoir un accident
accidental [,æksɪ'dentl]	accidentel
accidentally [,æksɪ'dentəlɪ]	accidentellement
a fatal accident	un accident mortel
a disaster [dɪ'zɑːstəʳ] a catastrophe [kə'tæstrəfɪ]	une catastrophe
at the scene of the disaster	sur les lieux du drame
a disaster area	une région sinistrée
an air/rail disaster	une catastrophe aérienne/ferroviaire
– A fire [faɪəʳ] a blaze [bleɪz]	un incendie
to catch* fire	prendre feu
to blaze to flame up	flamber
to set* fire to sth to set* sth on fire	mettre le feu à qqch.
to be on fire to be burning	être en feu, brûler
to scorch [skɔːtʃ]	brûler, roussir (fer à repasser)
to burn* sth down	brûler complètement qqch.
burning ['bɜːnɪŋ] blazing ['bleɪzɪŋ]	en flammes
– An explosion [ɪks'pləʊʒən]	une explosion
to explode [ɪks'pləʊd] to detonate ['detəneɪt]	exploser, faire exploser
to blow* up	sauter, faire sauter
a nuclear disaster	une catastrophe nucléaire
– Smoke [sməʊk]	la fumée
to smoke	fumer
a spark [spɑːk]	une étincelle
to spark	jeter des étincelles
a flame [fleɪm]	une flamme
the embers ['embəʳz] (plur.)	la braise
ash [æʃ]	la cendre
(in)flammable [(ɪn)'flæməbl]	inflammable

non-(in)flammable	ininflammable
fireproof ['faiə,pru:f]	ignifuge
to extinguish [ɪks'tɪŋgwɪʃ] to put* out	éteindre
a fire extinguisher	un extincteur
- To drown [draʊn]	se noyer
to fall* overboard	tomber par-dessus bord
Man overboard!	Un homme à la mer !
a shipwreck ['ʃɪprek]	un naufrage
to be shipwrecked	faire naufrage
to sink* [sɪŋk]	sombrer, couler
to run* aground	s'échouer
to capsize [kæp'saɪz] to overturn [,əʊvə'tɜ:n]	faire chavirer, chavirer
to be lost with all hands	être perdu corps et biens
- A rail accident a rail crash	un accident de chemin de fer
a derailment [dɪ'reɪlmənt]	un déraillement
to be derailed to come* off the rails	dérailler
to leave* the rails to leave* the track	quitter la voie
- To crash	s'écraser
a plane crash	un accident d'avion
a crash-landing ['kræʃ,lændɪŋ]	un atterrissage en catastrophe
a forced landing an emergency landing	un atterrissage forcé
a belly landing	un atterrissage sur le ventre
a landing on water	un amérissage
a near miss	une quasi-collision
- A road accident	un accident de la route
a car accident a motoring accident a car crash	un accident de voiture
a minor accident	un accrochage
to bump into sb/sth	accrocher qqn/qqch.
a collision [kə'lɪʒən]	une collision
to collide *with sth* [kə'laɪd]	entrer en collision *avec qqch.*
to collide head-on with sth	heurter qqch. de plein fouet
a pile-up	un carambolage
to hit* a wall to run* into a wall	heurter un mur
to crash into a wall	percuter un mur
- To skid [skɪd]	déraper
to swerve [swɜ:v]	faire une embardée
to roll over	faire un tonneau
a reckless driver	un chauffard
an accident black spot	un point noir de la circulation
- To knock sb down	renverser qqn
to run* over sb/sth	écraser qqn/qqch.
to be thrown against sth	être projeté contre qqch.
to be thrown out of the car	être éjecté de la voiture
a wreck [rek]	une épave
to wreck	détruire
to be wrecked to be a write-off	être bon pour la ferraille
- To be injured	être blessé
to be killed instantly	être tué sur le coup
one dead, three injured	un mort, trois blessés
there were five people injured	il y a eu cinq blessés
two people are reported missing	il y aurait deux disparus
seriously injured	grièvement blessé
serious injuries	des blessures graves
a casualty ['kæʒjʊltɪ] a victim ['vɪktɪm]	une victime
to claim many lives	faire de nombreuses victimes
the death toll	le bilan, le nombre de morts
unharmed ['ʌn'hɑ:md] unhurt ['ʌn'hɜ:t] unscathed ['ʌn'skeɪðd]	indemne
safe and sound	sain et sauf
- Damage ['dæmɪdʒ] (n. c. sing.)	les dégâts
there is extensive damage	les dégâts sont importants
to damage	endommager, abîmer
in case of emergency in an emergency	en cas d'urgence
to come* to sb's aid	porter secours à qqn
a rescue party	une équipe de secours

3. VIOLENCE LA VIOLENCE

– A fight [faɪt]	une bagarre
to fight* *(with)* sb	se battre *avec* qqn
to hit* sb *with sth* to strike* sb *with sth*	frapper qqn *avec qqch.*
to beat sb up	rouer qqn de coups
to molest sb	molester qqn
to hit* back	riposter
a stone struck him in the face	une pierre l'a atteint au visage
– A thug [θʌg] a hooligan ['hu:lɪgən]	un voyou
a football hooligan	un hooligan
a riot ['raɪət]	une émeute
a rioter ['raɪətəʳ]	un(e) émeutier (-ière)
riot control	répression des émeutes
the riot police	les unités antiémeute
a baton ['bætən]	une matraque (de policier)
to hit sb with a baton	matraquer qqn
tear gas ['tɪəgæs]	gaz lacrymogène
to run* amok to run* riot	se déchaîner (foule)
– To stab sb	poignarder qqn
a stab wound	un coup de couteau (blessure)
to knife sb	donner un coup de couteau à qqn
BR a flick knife AM a switchblade ['swɪtʃ,bleɪd]	un couteau à cran d'arrêt
to knock sb out to knock sb unconscious	assommer qqn
to strangle sb	étrangler qqn
to knock sb about to manhandle sb	malmener qqn
to ill-treat sb	maltraiter qqn
ill-treatment [,ɪl'tri:tmənt] (n. c. sing.)	les mauvais traitements
– Violent ['vaɪələnt]	violent
violently ['vaɪələntlɪ]	violemment
savage ['sævɪdʒ]	sauvage
ferocious [fə'rəʊʃəs]	féroce
ferocity [fə'rɒsɪtɪ]	la férocité
brutal ['bru:tl]	brutal
brutality [bru:'tælɪtɪ]	la brutalité
barbaric [bɑ:'bærɪk] barbarous ['bɑ:bərəs]	barbare
an atrocity [ə'trɒsɪtɪ]	une atrocité
a massacre ['mæsəkəʳ] slaughter ['slɔ:təʳ] (n. c.)	un massacre
to massacre to slaughter	massacrer
carnage ['kɑ:nɪdʒ] (n. c.)	un carnage
the escalation of violence	l'escalade de la violence
– To persecute sb	persécuter qqn
persecution [,pɜ:sɪ'kju:ʃən]	la persécution
to torment sb	tourmenter qqn
torment ['tɔ:ment] (n. c. sing.)	les tourments
torture ['tɔ:tʃəʳ]	la torture
a form of torture	une torture, un supplice
to torture sb	torturer qqn
a torturer ['tɔ:tʃərəʳ]	un tortionnaire
to force sb to do sth	forcer qqn à faire qqch.
to oppress sb	opprimer qqn
oppression [ə'preʃən]	l'oppression
an oppressor [ə'presəʳ]	un oppresseur
– Racism ['reɪsɪzm]	le racisme
a racist ['reɪsɪst]	un(e) raciste
race hate	la haine raciale
homophobia [,həʊmə'fəʊbɪə]	l'homophobie
homophobic [,həʊmə'fəʊbɪk]	homophobe
a homophobe ['həʊməfəʊb]	un(e) homophobe
– Cruel *to sb* ['krʊəl]	cruel *envers qqn*
cruelty ['krʊəltɪ]	la cruauté
bloodthirsty [blʌd'θɜ:stɪ]	sanguinaire
sadism ['seɪdɪzəm]	le sadisme
sadistic [sə'dɪstɪk]	sadique
a sadist ['seɪdɪst]	un(e) sadique

4. CRIME LA CRIMINALITÉ

– A crime [kraɪm]	un crime
to commit a crime	commettre un crime
criminal ['krɪmɪnl]	criminel
a criminal	un(e) criminel(le)
a crime wave	une vague de criminalité
serious/petty crime	la grande/petite criminalité
crime prevention	la lutte contre le crime
– BR an offence [ə'fens] BR a criminal offence AM an offense	un délit
it's illegal it's against the law	c'est illégal
to break* the law to contravene the law (soutenu)	enfreindre la loi
a breach of the law (soutenu)	une infraction à la loi
a motoring offence	une infraction au code de la route
an offender [ə'fendəʳ] a delinquent [dɪ'lɪŋkwənt]	un(e) délinquant(e)
a juvenile offender	un délinquant juvénile
delinquency [dɪ'lɪŋkwənsɪ]	la délinquance
a hardened criminal	un criminel endurci
a recidivist [rɪ'sɪdɪvɪst] a habitual offender	un(e) récidiviste
– A gangster ['gæŋstəʳ]	un gangster, un bandit
an armed robber a gunman ['gʌnmən]	un bandit armé
a gang [gæŋ]	un gang
organized crime	le grand banditisme
the Maf(f)ia ['mæfɪə]	la Maf(f)ia
an outlaw ['aʊtlɔ:]	un hors-la-loi
a racketeer [,rækɪ'tɪəʳ]	un racketteur
a racket ['rækɪt]	un racket
an accomplice [ə'kʌmplɪs]	un(e) complice
the underworld ['ʌndəwɜ:ld]	le milieu, la pègre
an informer [ɪn'fɔ:məʳ]	un(e) indicateur (-trice)
a grass [grɑ:s] (parlé)	un mouchard

5. CRIMES AGAINST THE PERSON LES CRIMES CONTRE LES PERSONNES

– An attack *on sb* [ə'tæk] an assault [ə'sɔ:lt] (soutenu)	une attaque *contre qqn*, une agression *contre qqn*
to attack sb to assault sb (soutenu)	attaquer qqn, agresser qqn
a mugging ['mʌgɪŋ]	une agression (dans la rue)
to mug sb	agresser qqn (dans la rue)
an attacker [ə'tækəʳ] an aggressor [ə'gresəʳ] an assailant [ə'seɪlənt] (soutenu)	un agresseur
– A murder ['mɜ:dəʳ]	un meurtre, un assassinat
an assassination [ə,sæsɪ'neɪʃən]	un assassinat (politique)
to murder	assassiner (en général)
to assassinate [ə'sæsɪneɪt]	assassiner (homme politique)
a murderer ['mɜ:dərəʳ]	un meurtrier, un assassin
a murderess ['mɜ:dərɪs]	une meurtrière
an assassin [ə'sæsɪn]	un assassin (d'un homme politique)
a murder attempt	une tentative de meurtre
a serial killer	un tueur en série
– A homicide ['hɒmɪsaɪd]	un homicide
manslaughter ['mæn,slɔ:təʳ]	l'homicide involontaire
a child murderer	un infanticide
assault and battery (soutenu)	coups et blessures
– To shoot* at sb	tirer sur qqn
to shoot* sb	abattre qqn
to kill [kɪl]	tuer
a shooting ['ʃu:tɪŋ]	une fusillade
premeditated [pri:'medɪteɪtɪd]	prémédité
the scene of the crime	les lieux du crime
the murder weapon	l'arme du crime
to poison sb	empoisonner qqn
poisoning ['pɔɪznɪŋ]	l'empoisonnement
a poisoner ['pɔɪznəʳ]	un(e) empoisonneur (-euse)
– To batter ['bætəʳ]	martyriser (enfant)
battered children	les enfants martyrs

child abuse	les mauvais traitements aux enfants
to rape sb	violer qqn
a rape [reɪp]	un viol
a rapist ['reɪpɪst]	un violeur
– A kidnap(ping) ['kɪdnæp(ɪŋ)] an abduction [æb'dʌkʃən] (soutenu)	un enlèvement, un rapt
to kidnap sb to abduct sb (soutenu)	enlever qqn
a kidnapper ['kɪdnæpəʳ] an abductor [æb'dʌktəʳ] (soutenu)	un(e) ravisseur (-euse)
a ransom ['rænsəm]	une rançon
blackmail ['blækmeɪl]	le chantage
to blackmail sb	faire chanter qqn
a blackmailer ['blækmeɪləʳ]	un maître chanteur
– Terrorism ['terərɪzəm]	le terrorisme
an act of terrorism	un acte de terrorisme
a terrorist ['terərɪst]	un(e) terroriste
a terror(ist) attack *on*	un attentat *contre*
to claim responsibility for an attack	revendiquer un attentat
in retaliation	par représailles
a bomb scare	une alerte à la bombe
a car/letter bomb	une voiture/lettre piégée
a bomb attack a bombing ['bɒmɪŋ]	un attentat à la bombe
to plant a bomb	poser une bombe
the war on terror	la lutte antiterroriste
the 9-11 attacks	les attentats du 11 septembre
a suicide attack	un attentat suicide
a suicide bomber	un tueur (une tueuse) kamikaze
– A pirate ['paɪərɪt]	un pirate
a hijacker ['haɪdʒækəʳ]	un pirate de l'air
to hijack a plane	détourner un avion
a hijack(ing) ['haɪdʒæk(ɪŋ)]	un détournement d'avion
a hostage ['hɒstɪdʒ]	un otage
to take* sb hostage	prendre qqn en otage
hostage taking (n. c.)	la prise d'otages
an ambush ['æmbʊʃ]	une embuscade, un guet-apens
to ambush sb	faire tomber qqn dans une embuscade
a sabotage ['sæbətɑ:ʒ]	un sabotage
a saboteur [ˌsæbə'tɜ:ʳ]	un(e) saboteur (-euse)
to sabotage sth	saboter qqch.
– A plot [plɒt]	un complot
to plot *against sb/sth*	comploter *contre qqn/qqch.*
a conspiracy [kən'spɪrəsɪ]	une conspiration
to conspire *against sth/to do sth* [kən'spaɪəʳ]	conspirer *contre qqch./pour faire qqch.*
a (security) leak	une fuite (de documents, de renseignements)
– Slander ['slɑ:ndəʳ]	la diffamation (en paroles)
libel ['laɪbəl]	la diffamation (par écrit)
to slander	diffamer (en paroles)
to libel	diffamer (par écrit)
slanderous ['slɑ:ndərəs] BR libellous ['laɪbələs] AM libelous	diffamatoire
an anonymous letter a poison-pen letter	une lettre anonyme

6. THEFT AND FRAUD LE VOL ET LA FRAUDE

– A theft [θeft]	un vol (en général)
a robbery ['rɒbərɪ]	un vol (généralement avec menaces ou violence)
a thief [θi:f] (plur. thieves)	un(e) voleur (-euse) (en général)
a robber ['rɒbəʳ]	un(e) voleur (-euse) (usant de menaces ou de violence)
to steal* [sti:l]	voler
to steal* sth from sb to rob sb of sth	voler qqch. à qqn
to have one's wallet stolen	se faire voler son portefeuille
to rob sb/a bank	dévaliser qqn/une banque
there's been a bank robbery	une banque a été dévalisée
a hold-up ['həʊldʌp] a raid [reɪd]	un hold-up
armed robbery	le vol à main armée
– A burglary ['bɜ:glərɪ]	un cambriolage
BR to burgle ['bɜ:gl] AM to burglarize ['bɜ:gləraɪz]	cambrioler

an attempted burglary	une tentative de cambriolage
a burglar ['bɜ:gləʳ]	un(e) cambrioleur (-euse)
a break-in ['breɪkin]	une effraction
– To hold* sb up	braquer qqn
to aim a gun at sb	braquer une arme sur qqn
to do* sth at gunpoint	faire qqch. sous la menace d'une arme
a firearm ['faɪəʳ,ɑ:m]	une arme à feu
Hands up!	Haut les mains !
to blow* a safe	dynamiter un coffre-fort
– Shoplifting ['ʃɒp,lɪftɪŋ] (n. c.)	le vol à l'étalage
a shoplifter ['ʃɒp,lɪftəʳ]	un voleur à l'étalage
pickpocketing ['pɪk,pɒkɪtɪŋ] (n. c.)	le vol à la tire
a pickpocket ['pɪk,pɒkɪt]	un pickpocket
bag-snatching ['bæg,snætʃɪŋ] (n. c.)	le vol à l'arraché
pilfering ['pɪlfərɪŋ] (n. c.)	le chapardage
to pilfer ['pɪlfəʳ]	chaparder
– A receiver [rɪ'si:vəʳ]	un(e) receleur (-euse)
to receive stolen goods	receler des objets volés
receiving [rɪ'si:vɪŋ]	le recel
a swindle ['swɪndl]	une escroquerie
a confidence trick	un abus de confiance
a crook [krʊk] a swindler ['swɪndləʳ] a con man (parlé)	un escroc
to swindle sb out of sth to cheat sb out of sth	escroquer qqch. à qqn
crooked ['krʊkɪd] (parlé)	malhonnête
– A fraud [frɔ:d]	une fraude
fraudulent ['frɔ:djʊlənt]	frauduleux
to defraud [dɪ'frɔ:d]	frauder
to embezzle [ɪm'bezl]	détourner des fonds
to embezzle 10 million	détourner 10 millions
embezzlement [ɪm'bezlmənt] (n. c.)	un détournement de fonds
to launder ['lɔ:ndəʳ]	blanchir (argent sale)
– Drug trafficking drug running	le trafic de drogue
to traffic in drugs	faire du trafic de drogue
a drug trafficker a drug runner	un(e) trafiquant(e) de drogue
a (drug) pusher	un(e) revendeur (-euse) de drogue
a (drug) dealer	un dealer
– Smuggling ['smʌglɪŋ]	la contrebande
to smuggle sth	faire la contrebande de qqch.
a smuggler ['smʌgləʳ]	un(e) contrebandier (-ière)
to smuggle sth in/out	faire entrer/sortir qqch. en fraude
a forger ['fɔ:dʒəʳ]	un(e) faussaire
to forge sb's signature	imiter la signature de qqn
it is forged it's a forgery	c'est un faux
forged documents	de faux papiers
to alter ['ɒltəʳ] to falsify ['fɔ:lsɪfaɪ]	falsifier
– A vandal ['vændəl]	un(e) vandale
vandalism ['vændəlɪzəm]	le vandalisme
to vandalize sth	saccager qqch.
to loot [lu:t] to plunder ['plʌndəʳ]	piller
a looter ['lu:təʳ]	un pillard
looting ['lu:tɪŋ]	le pillage
arson ['ɑ:sn]	l'incendie criminel
a case of arson	un incendie criminel
an arsonist ['ɑ:sənɪst]	un(e) incendiaire, un(e) pyromane

16 LAW AND ORDER
L'ORDRE PUBLIC

1. PREVENTION LA PRÉVENTION

– Safety ['seɪftɪ]	la sécurité (contre le danger)
security [sɪ'kjʊərɪtɪ]	la sécurité (contre le crime)
to be safe	être en sécurité, être en sûreté
safety measures security measures	les mesures de sécurité
to keep* sth in a safe place	garder qqch. en lieu sûr
it's quite secure it's quite safe	ça ne risque rien
it's perfectly safe	cela ne présente aucun danger
the obsession with safety	la dérive sécuritaire
– To protect sb / sth *from sth / against sth*	protéger qqn / qqch. *de qqch. / contre qqch.*
protection [prə'tekʃən]	la protection
caution ['kɔ:ʃən] prudence ['pru:dəns]	la prudence
to exercise caution	faire preuve de prudence
cautious ['kɔ:ʃəs] prudent ['pru:dənt]	prudent
cautiously ['kɔ:ʃəslɪ] prudently ['pru:dəntlɪ]	prudemment
vigilant ['vɪdʒɪlənt]	vigilant
vigilance ['vɪdʒɪləns]	la vigilance
– To defend sb / sth *against sth*	défendre qqn / qqch. *contre qqch.*
BR defence [dɪ'fens] AM defense	la défense
BR self-defence AM self-defense	la légitime défense
he says he did it in self-defence	il prétend l'avoir fait pour se défendre
– To watch sb / sth	surveiller qqn / qqch.
to be on the watch for sth to watch out for sth	guetter qqch.
to be on the alert	être sur le qui-vive
to be on one's guard	être sur ses gardes
to guard sth	garder qqch., surveiller qqch.
under guard	sous bonne garde
– To check (on) sth	vérifier qqch.
to see* to it that to make* sure that	veiller à ce que
to take* precautions *against sth*	prendre des précautions *contre qqch.*
as an extra precaution	pour plus de sûreté
– A security guard	un gardien, un vigile
a security guard a Securicor guard®	un convoyeur de fonds
to call security	appeler les services de sécurité
a bodyguard ['bɒdɪ,gɑ:d]	un garde du corps
a vigilante group	un groupe d'autodéfense
– A lock [lɒk]	une serrure
to lock sth	fermer qqch. à clé
to lock sth up	mettre qqch. sous clé
under lock and key	sous clé
a safety device	un dispositif de sécurité
a safe [seɪf]	un coffre-fort
a reinforced door	une porte blindée
an armoured truck	un camion blindé
– The emergency exit	la sortie de secours
the fire escape	l'escalier de secours
an escape hatch	un sas de secours
a fire door	une porte coupe-feu
a smoke detector	un détecteur de fumée
protective clothing (n. c. sing.)	des vêtements de protection
a bullet-proof vest a fla(c)k jacket	un gilet pare-balles
– An alarm signal	un signal d'alarme
an alarm bell	une sonnette d'alarme
a fire alarm	une sonnerie d'alarme (en cas d'incendie)
a burglar alarm	une sonnerie d'alarme (en cas de cambriolage)
to set* off a burglar alarm	déclencher une sonnerie d'alarme
to give* the alarm to sound the alarm to raise the alarm	donner l'alarme
to sound the alert	donner l'alerte
a false alarm	une fausse alerte

2. RESCUE SERVICES LES SERVICES DE SECOURS

- To save sb/sth *from sth*	sauver qqn/qqch. *de qqch.*
to rescue sb	sauver qqn, secourir qqn
to save sb's life	sauver la vie de qqn
a rescue ['reskju:]	un sauvetage
rescue operations	les opérations de sauvetage
a rescuer ['reskjʊəʳ]	un sauveteur
a rescue party	une équipe de secours
to go* to sb's rescue to go* to sb's aid	aller au secours de qqn
to bring* aid to sb	porter secours à qqn
to go*/to send* for help	aller/envoyer chercher de l'aide
Help!	Au secours !
to call for help to shout for help	appeler au secours
- An emergency [ɪ'mɜ:dʒənsɪ]	une urgence
to give* sb first aid	donner les premiers soins à qqn
a first-aid worker	un(e) secouriste
a first-aid kit	une trousse de secours
to dig* sb out of the wreckage	dégager qqn des débris
to carry sb on a stretcher	porter qqn sur une civière
the search for survivors	les recherches pour retrouver des survivants
- BR a fireman ['faɪəʳmən] AM a firefighter ['faɪəʳ,faɪtəʳ]	un pompier
BR the fire brigade AM the fire department	les sapeurs-pompiers
BR the fire station AM the fire house	la caserne de pompiers
the fire engine the fire truck	la voiture de pompiers
to fight* a fire	lutter contre un incendie
to contain a fire to bring* a fire under control	maîtriser un incendie
to put* out a fire to extinguish a fire	éteindre un incendie
a ladder ['lædəʳ]	une échelle
a fire hose	une lance d'incendie
a fire hydrant AM a fireplug ['faɪəʳ,plʌg]	une bouche d'incendie
- An SOS (signal)	un S.O.S.
to send* out an SOS	envoyer un S.O.S.
a flare [flɛəʳ]	une fusée de détresse
BR a life jacket AM a life vest	un gilet de sauvetage
a life belt	une ceinture de sauvetage
a life buoy	une bouée de sauvetage
a life raft	un radeau de sauvetage
a lifeboat ['laɪf,bəʊt]	un canot de sauvetage

3. THE POLICE FORCE LES FORCES DE L'ORDRE

- The police [pə'li:s]	la police, la gendarmerie
the police force	les forces de l'ordre
the police were there in force	d'importantes forces de police étaient présentes
the police intervened	les forces de l'ordre sont intervenues
to call emergency services BR to dial 999 AM to call 911	≈ appeler police secours
- BR a police officer AM a lawman ['lɔ:mən] BR a policeman [pə'li:smən] BR a (police) constable AM a patrolman [pə'trəʊlmən]	un policier, un gendarme ≈ un gardien de la paix, un agent de police
a policewoman [pə'li:s,wʊmən]	une femme policier
a cop [kɒp] (parlé)	un flic
a uniformed policeman	un policier en tenue
a detective [dɪ'tektɪv] a plain-clothes policeman a policeman in plain clothes	un policier en civil
a police inspector	un officier de police (en tenue)
BR a detective constable AM a lieutenant [lu:'tenənt]	un inspecteur de police

BR a superintendent [ˌsu:pərɪn'tendənt] AM a police captain	≈ un commissaire (de police)
a community policeman	≈ un îlotier
community policing	≈ l'îlotage
– The police station	le commissariat de police
BR the local police station AM the precinct station	le poste de police du quartier
a police car a squad car AM a prowl car	une voiture de police
an unmarked police car	une voiture de police banalisée
a police patrol	une patrouille de police
– Detective police	la police judiciaire (en général)
the CID [ˌsi:aɪ'di:] (abr. de *Criminal Investigation Department*)	la police judiciaire (en GB)
the FBI [ˌefbi:'aɪ] (abr. de *Federal Bureau of Investigation*)	le FBI, la police fédérale (aux USA)
– The crime squad the murder squad	la brigade criminelle (en général)
the Murder Squad	la brigade criminelle (en GB)
the Homicide Department	la brigade criminelle (aux USA)
the Vice/Narcotics Squad	la brigade des mœurs/des stupéfiants
Interpol ['ɪntəˌpɒl]	Interpol
– BR the traffic police AM the state highway patrol	la police routière
a police motorcyclist	un motard
a traffic warden	un(e) contractuel(le) (en général)
BR a lollipop man (fém. lollipop lady) (parlé)	un(e) contractuel(le) (qui fait traverser les enfants)
the militia [mɪ'lɪʃə]	la milice
the mounted police	la police montée (en général)
the Mounties ['maʊntɪz]	la police montée (au Canada)
a private detective a private eye (parlé)	un détective privé
the riot police	les unités antiémeute
a member of the riot police	≈ un gendarme mobile
a member of the state security police	≈ un CRS
– To be on duty	être de service
the duty officer	l'inspecteur de service
– BR a baton ['bætən] AM a night stick	une matraque
handcuffs ['hændˌkʌf]	les menottes
to handcuff sb	passer les menottes à qqn
a siren ['saɪərən]	une sirène
a police dog	un chien policier
a dog handler	un maître-chien
a riot shield	un bouclier
a helmet ['helmɪt]	un casque
a rubber bullet	une balle en caoutchouc
a water cannon	un canon à eau
a tear gas canister	une bombe lacrimogène
crowd control	la gestion de foule

REMARQUE Dans les pays anglo-saxons, le maintien de l'ordre est assuré par les forces de police sur l'ensemble du territoire, alors qu'en France, ce rôle incombe à la police et à la gendarmerie.

4. POLICE OPERATIONS LES OPÉRATIONS DE POLICE

– A police operation	une opération de police
to enforce the law	faire respecter la loi
a crackdown *on sth*	une campagne de répression *contre qqch.*
a police enquiry a police investigation	une enquête policière
to conduct an enquiry *into sth* to conduct an investigation *into sth*	mener une enquête *sur qqch.*
to investigate a crime	faire une enquête sur un crime
– A suspect ['sʌspekt]	un(e) suspect(e)
to be wanted by the police	être recherché par la police
he is wanted for questioning	la police le recherche

wanted for murder	recherché pour meurtre
to pick up a suspect	appréhender un suspect
– **A** search warrant	un mandat de perquisition
a police raid	une descente de police
a police cordon	un cordon de police
an identity check	un contrôle d'identité
to shadow sb to tail sb	filer qqn
to track sb down to hunt sb down	traquer qqn
to question sb *about sth*	interroger qqn *sur qqch.*
to interrogate sb	interroger qqn (de manière prolongée)
an interrogation [ɪnˌterə'geɪʃən]	un interrogatoire
– **T**o catch* sb redhanded to catch* sb in the act	prendre qqn en flagrant délit
an arrest [ə'rest]	une arrestation
to arrest sb	arrêter qqn
to make* an arrest	procéder à une arrestation
under arrest	en état d'arrestation
they have a warrant for his arrest	ils ont un mandat d'arrêt contre lui
to be kept in custody	être placé en garde à vue
to spend* the night in the cells	passer la nuit au poste
to release sb	relâcher qqn
– **T**o charge sb *with sth / with having done sth*	inculper qqn *de qqch. / d'avoir fait qqch.*
on a charge of	sous l'inculpation de
a statement ['steɪtmənt]	une déposition
to caution sb	informer qqn de ses droits
a fingerprint ['fɪŋgəˌprɪnt]	une empreinte digitale
to fingerprint sb	prendre les empreintes digitales de qqn
a criminal record	un casier judiciaire
he hasn't got a record	il a un casier judiciaire vierge

5. THE LAW LA JUSTICE

– **A** law [lɔ:] an act [ækt]	une loi
by law	conformément à la loi
under French law	selon le droit français
a bill [bɪl]	un projet de loi
legislation *on* [ˌledʒɪs'leɪʃən]	la législation *sur*
jurisdiction [ˌdʒʊərɪs'dɪkʃən]	la juridiction
a regulation [ˌregjʊ'leɪʃən]	un règlement
a code of conduct	un code de conduite
a decree [dɪ'kri:]	un décret
jurisprudence [ˌdʒʊərɪs'pru:dəns]	la jurisprudence
a test case	une affaire qui fait jurisprudence
to set* a precedent	faire jurisprudence
– **L**egal ['li:gəl]	légal
lawful ['lɔ:fʊl]	légal, légitime
legality [lɪ'gælɪtɪ]	la légalité
lawfulness ['lɔ:fʊlnɪs]	la légalité, la légitimité
illegal [ɪ'li:gəl]	illégal
unlawful ['ʌn'lɔ:fʊl]	illégitime
illegality [ˌɪli:'gælɪtɪ] unlawfulness ['ʌn'lɔ:fʊlnɪs]	l'illégalité
– BR a barrister ['bærɪstə^r] BR a lawyer ['lɔ:jə^r] AM an attorney [ə'tɜ:nɪ] AM a counselor ['kaʊnslə^r]	un(e) avocat(e)
to consult a lawyer to take* legal advice	consulter un avocat
a bailiff ['beɪlɪf]	≈ un huissier de justice
BR a solicitor[1] [sə'lɪsɪtə^r] AM a lawyer ['lɔ:jə^r]	≈ un notaire
a legal adviser	un(e) conseiller (-ière) juridique
legal aid	l'aide judiciaire

ATTENTION 1 : AM a solicitor = un conseiller juridique employé par une municipalité

– **T**o legislate *on sth / against sth* ['ledʒɪsleɪt]	promulguer une loi *sur qqch. / contre qqch.*
to pass a law *to the effect that*	faire voter une loi *selon laquelle*
to repeal a law	abolir une loi
the civil / penal code	le code civil / pénal
to decree that	décréter que
to legalize sth	légaliser qqch.

to ban sth to prohibit sth	interdire qqch.
an embargo *on* [ɪm'bɑːgəʊ]	un embargo *sur*
sanction *against* ['sæŋkʃənz]	des sanctions *contre*
to give* a ruling *on sth*	rendre un jugement *sur qqch.*
the judge ruled that	le juge a ordonné que
– To maintain law and order	maintenir l'ordre
to enforce the law	faire respecter la loi
to keep* the law to abide by the law	respecter la loi
law-abiding [,lɔːə'baɪdɪŋ]	respectueux des lois
legitimate [lɪ'dʒɪtɪmɪt]	légitime
legitimacy [lɪ'dʒɪtɪməsɪ]	la légitimité
the rights of the individual	les droits de l'individu
disorder [dɪs'ɔːdəʳ] (n. c. sing.)	les désordres
anarchy ['ænəkɪ]	l'anarchie
martial law	la loi martiale
– To arbitrate ['ɑːbɪtreɪt]	arbitrer
arbitration [,ɑːbɪ'treɪʃən]	l'arbitrage
to go* to arbitration	recourir à l'arbitrage
an arbiter ['ɑːbɪtəʳ] (soutenu)	un arbitre
a mediator ['miːdɪeɪtəʳ]	un(e) médiateur (-trice) (en général)
an arbitrator ['ɑːbɪtreɪtəʳ]	un(e) médiateur (-trice) (conflit social)
an Ombudsman ['ɒmbʊdzmən]	un(e) médiateur (-trice) (en GB, réglant les différents entre les particuliers et l'État)

REMARQUES

1. Pour désigner une loi particulière, on emploie de préférence le mot **act** ; ex. : la loi sur l'éducation = **the Education Act.**
2. Dans le droit anglais, les attributions du **solicitor** correspondent approximativement à celles qui sont dévolues en droit français au notaire et au conseiller juridique. Le **solicitor** ne plaide pas devant le tribunal. Il prépare le dossier de son client pour le **barrister** qui sera chargé de présenter l'affaire devant la cour.

6. THE COURTS LES TRIBUNAUX

– A case [keɪs]	une affaire
a trial ['traɪəl]	un procès (criminel)
a lawsuit ['lɔːsuːt]	un procès (civil)
to go* to law	recourir à la justice
to take* a case to court	porter une affaire devant les tribunaux
to lodge a complaint *against sb, about sb*	porter plainte *contre qqn*
to take* sb to court to sue sb	faire un procès à qqn
to bring* an action against sb to take* proceedings against sb	intenter une action contre qqn
– To try sb	juger qqn
to be tried for murder/theft	être jugé pour meurtre/vol
a (law) court	un tribunal
the courthouse ['kɔːt,haʊs]	le palais de justice
the court room	la salle d'audience
– The defendant [dɪ'fendənt] the accused [ə'kjuːzd]	l'accusé(e)
BR the defence [dɪ'fens] AM the defense	la défense
to defend sb	défendre qqn
BR the counsel for the defence AM the defense counsel	l'avocat de la défense
– The plaintiff ['pleɪntɪf]	le (la) plaignant(e)
the prosecution [,prɒsɪ'kjuːʃən]	l'accusation, le ministère public
an accusation [,ækjʊ'zeɪʃən] a charge [tʃɑːdʒ]	une accusation
to accuse sb *of sth / of doing sth*	accuser qqn *de qqch./de faire qqch.*
BR the public prosecutor AM the district attorney	le procureur
to prosecute sb	poursuivre qqn
– A magistrate ['mædʒɪstreɪt]	un magistrat
a judge [dʒʌdʒ]	un juge
a Justice of the Peace (abr. J.P.)	un juge de paix

the examining magistrate AM the committing magistrate	≈ le juge d'instruction
yes, your honour	oui, monsieur le juge
to try a case	entendre une affaire
to appear before a court	comparaître devant un tribunal
– A witness ['wɪtnɪs]	un témoin
to hear* a witness	entendre un témoin
to give* evidence	témoigner, déposer
to take* the oath	prêter serment
to be on oath to be under oath	être sous serment
to commit perjury	faire un faux serment
BR the witness box AM the witness stand	≈ la barre des témoins
– BR a clue [klu:] AM a clew [klu:]	un indice
proof *of sth* [pru:f] evidence *of sth* ['evɪdəns] (n. c.)	la preuve *de qqch.*
an exhibit [ɪg'zɪbɪt]	une pièce à conviction
an alibi ['ælɪbaɪ]	un alibi
– To plead [pli:d]	plaider
to plead guilty/not guilty	plaider coupable/non coupable
in the dock	sur le banc des accusés
a cross-examination	un contre-interrogatoire
– The jury ['dʒʊərɪ]	le jury
a juror ['dʒʊərəʳ]	un juré
the foreman of the jury	le président du jury
to deliberate [dɪ'lɪbərɪt]	délibérer
the verdict ['vɜ:dɪkt]	le verdict
to return a verdict	rendre un verdict
– Innocent *of sth* ['ɪnəsnt]	innocent *de qqch.*
innocence ['ɪnəsns]	l'innocence
guilty *of sth* ['gɪltɪ]	coupable *de qqch.*
guilt [gɪlt]	la culpabilité
to convict sb to find* sb guilty	reconnaître qqn coupable
the guilty party	le (la) coupable
– An acquittal [ə'kwɪtl]	un acquittement
to acquit sb	acquitter qqn
damages ['dæmɪdʒɪz]	les dommages et intérêts
bail [beɪl] (n. c.)	une caution
to release sb on bail	mettre qqn en liberté sous caution
to pardon sb	gracier qqn
an appeal [ə'pi:l]	un appel
to (lodge an) appeal	faire appel

7. SENTENCES LES PEINES

– A prisoner ['prɪznəʳ]	un(e) prisonnier (-ière), un(e) détenu(e)
BR a prison officer BR a prison warder (fém. wardress) AM a prison guard	un(e) gardien(ne) de prison
BR the governor ['gʌvənəʳ] AM the head warden	le directeur de la prison
the prison authorities (plur.)	l'administration pénitentiaire
– A prison ['prɪzn] a jail [dʒeɪl] BR a gaol [dʒeɪl] AM a penitentiary [ˌpenɪ'tenʃərɪ]	une prison, une centrale
the prison regime	le régime carcéral
a cell [sel]	une cellule
a top-security wing	un quartier de haute surveillance
BR a detention centre BR an approved school AM a reform school AM a reformatory [rɪ'fɔ:mətərɪ]	≈ un centre d'éducation surveillée
a mutiny ['mju:tɪnɪ]	une mutinerie
overcrowding [əʊvə'kraʊdɪŋ]	la surpopulation
– To go* to prison	aller en prison
to put* in prison to imprison [ɪm'prɪzn] to jail [dʒeɪl] BR to gaol [dʒeɪl]	mettre en prison, emprisonner
imprisonment [ɪm'prɪznmənt]	l'emprisonnement
behind bars	derrière les barreaux, sous les verrous
– A conviction [kən'vɪkʃən]	une condamnation
a sentence ['sentəns]	une peine

16 LAW AND ORDER
L'ORDRE PUBLIC

a suspended sentence	une peine avec sursis
to sentence sb for murder	condamner qqn pour meurtre
to sentence sb to three years' imprisonment to pass a three-year (prison) sentence on sb to send* sb to prison for three years	condamner qqn à trois ans de prison
to sentence sb in his absence to sentence sb in absentia (soutenu)	condamner qqn par contumace
a fine [faɪn]	une amende
to fine sb	condamner qqn à une amende
to serve a sentence	purger une peine
– **L**ife imprisonment imprisonment for life	la réclusion à perpétuité
to get*/give* sb a life sentence	être condamné/condamner qqn à perpétuité
solitary confinement	le régime cellulaire
on parole	en liberté conditionnelle
an alternative sentence	une peine de substitution
a suspended sentence	une condamnation avec sursis
to get* a reduction in one's sentence to get* one's sentence cut	obtenir une réduction de peine
– **T**o punish sb *for sth / for doing sth*	punir qqn *de qqch./pour avoir fait qqch.*
corporal punishment (n. c.)	le châtiment corporel
to deport sb	déporter qqn
deportation [ˌdiːpɔːˈteɪʃən]	la déportation
to put* sb/be under house arrest	placer qqn/être sous résidence surveillée
– **C**apital punishment	la peine capitale
the death penalty	la peine de mort
to condemn sb to death to sentence sb to death	condamner qqn à mort
to execute sb to put* sb to death	exécuter qqn
an execution [ˌeksɪˈkjuːʃən]	une exécution
the executioner [ˌeksɪˈkjuːʃnəʳ]	le bourreau
to be hanged[1]	être pendu

ATTENTION 1 : Dans ce sens particulier, to hang a une conjugaison régulière, la forme hanged s'employant pour le prétérit et le participe passé

– **T**he gallows [ˈgæləʊz] (plur.)	la potence
the guillotine [ˌgɪləˈtiːn]	la guillotine
to behead sb	décapiter qqn
the scaffold [ˈskæfəld]	l'échafaud
the electric chair	la chaise électrique
a firing squad	un peloton d'exécution
death by lethal injection	la mort par injection

17 POLITICS
LA POLITIQUE

1. POLITICAL SYSTEMS LES SYSTÈMES POLITIQUES

– A state [steɪt]	un État
a union ['ju:njən]	une union
a federation [ˌfedə'reɪʃən]	une fédération
to govern a country to rule over a country	gouverner un pays
a head of state	un chef d'État
a head of government	un chef de gouvernement
a leader ['li:dəʳ]	un(e) dirigeant(e)
incumbent [ɪn'kʌmbənt]	en exercice (ministre, président)
a regime [reɪ'ʒi:m]	un régime
institutions [ˌɪnstɪ'tju:ʃənz]	les institutions
– A democracy [dɪ'mɒkrəsɪ]	une démocratie
a people's democracy / republic	une démocratie / république populaire
democratic [ˌdemə'krætɪk]	démocratique
a democrat ['deməkræt]	un(e) démocrate
a republic [rɪ'pʌblɪk]	une république
republican [rɪ'pʌblɪkən]	républicain
a republican	un(e) républicain(e)
the president ['prezɪdənt]	le président
the vice-president	le vice-président
the presidency ['prezɪdənsɪ]	la présidence
presidential [ˌprezɪ'denʃəl]	présidentiel
– A sovereign ['sɒvrɪn] a ruler ['ru:ləʳ]	un(e) souverain(e)
a monarch ['mɒnək]	un monarque
a monarchy ['mɒnəkɪ]	une monarchie
royalty ['rɔɪəltɪ]	la royauté
the Royal Family	la famille royale
the Crown [kraʊn]	la Couronne
royal ['rɔɪəl]	royal
to reign *over* [reɪn] to rule *over* [ru:l]	régner *sur*
a reign	un règne
in the reign of	sous le règne de (à l'époque de)
under the reign of	sous le règne de (sous la domination de)
a dynasty ['dɪnəstɪ]	une dynastie
a regent ['ri:dʒənt]	un(e) régent(e)
a coronation [ˌkɒrə'neɪʃən]	un couronnement
a king [kɪŋ]	un roi
a queen [kwi:n]	une reine
a kingdom ['kɪŋdəm]	un royaume
the accession (to the throne) of Henry IV	l'avènement de Henri IV
to ascend the throne to come* to the throne	monter sur le trône
to follow sb on the throne of France to succeed sb on the throne of France	succéder à qqn sur le trône de France
to swear* allegiance to sb	faire serment d'allégeance à qqn
– An empire ['empaɪəʳ]	un empire
imperial [ɪm'pɪərɪəl]	impérial
an emperor ['empərəʳ]	un empereur
an empress ['emprɪs]	une impératrice
a prince [prɪns]	un prince
a princess [prɪn'ses]	une princesse
a principality [ˌprɪnsɪ'pælɪtɪ]	une principauté
a sultan ['sʌltən]	un sultan
an emir [e'mɪəʳ]	un émir
an emirate [e'mɪərɪt]	un émirat
a sheikh [ʃeɪk]	un cheik
– A dictator [dɪk'teɪtəʳ]	un dictateur
a dictatorship [dɪk'teɪtəʃɪp]	une dictature
totalitarian [ˌtəʊtælɪ'tɛərɪən]	totalitaire
totalitarianism [ˌtəʊtælɪ'tɛərɪənɪzəm]	le totalitarisme
a tyrant ['taɪərənt]	un tyran
a tyranny ['tɪrənɪ]	une tyrannie
a police state	un État policier
a life president	un président à vie

2. PARLIAMENT LE PARLEMENT

– A parliament ['pɑ:ləmənt]	un parlement
parliamentary [ˌpɑ:lə'mentərɪ]	parlementaire
a legislative assembly	une assemblée législative
the elected representatives	les élus

BR a lawgiver ['lɔː,gɪvəʳ] AM a lawmaker ['lɔː,meɪkəʳ]	un(e) législateur (-trice)
the Constitution [,kɒnstɪ'tjuːʃən]	la Constitution
– To make* a speech	prononcer un discours
a parliamentary session	une session parlementaire
a parliamentary sitting	une séance parlementaire
the Opposition [,ɒpə'zɪʃən]	(les partis de) l'opposition
to filibuster ['fɪlɪbʌstəʳ]	faire de l'obstruction parlementaire
to back the government	soutenir le gouvernement
to preside over the debates / to chair the debates	présider les débats
parliamentary privilege	l'immunité parlementaire
a motion ['məʊʃən]	une motion
an amendment [ə'mendmənt]	un amendement
to submit a motion of censure / BR to table a motion of censure	déposer une motion de censure
to pass a vote of no confidence	voter la motion de censure
– Recess [rɪ'ses]	les vacances parlementaires
Parliament reassembles this week	la rentrée parlementaire aura lieu cette semaine
to dissolve Parliament	dissoudre l'Assemblée
– The upper/lower chamber	la chambre haute/basse
the Chamber of deputies	la Chambre des députés
a deputy ['depjʊtɪ]	un député
the National Assembly	l'Assemblée nationale
– Parliament ['pɑːləmənt]	le Parlement (en GB)
a member of Parliament / an MP [em'piː]	un membre du Parlement
the House of Commons	la Chambre des communes
the House of Lords	la Chambre des lords
– Congress ['kɒŋgres]	le Congrès (aux USA)
a Congressman (fém. Congresswoman)	un membre du Congrès
the House of Representatives	la Chambre des représentants
a Representative [,reprɪ'zentətɪv]	un représentant
the Senate ['senɪt]	le Sénat (en France et aux USA)
a senator ['senɪtəʳ]	un sénateur
the White House	la Maison-Blanche

REMARQUE Le Parlement britannique = Parliament est composé de deux chambres : la Chambre des communes = the House of Commons et la Chambre des lords = the House of Lords. Il siège au Palais de Westminster = the Houses of Parliament. Le Congrès américain = Congress comprend également deux chambres : la Chambre des représentants = the House of Representatives et le Sénat = the Senate. Il siège au Capitole = the Capitol. La Chambre des communes et la Chambre des représentants sont les chambres basses et correspondent à l'Assemblée nationale en France. La Chambre des lords et le Sénat américain sont les chambres hautes et correspondent au Sénat en France.

3. THE GOVERNMENT LE GOUVERNEMENT

– BR the government ['gʌvənmənt] AM the administration [əd,mɪnɪs'treɪʃən]	le gouvernement
to run* a country	diriger un pays
a minority/coalition government	un gouvernement minoritaire/de coalition
to form a government	former un gouvernement
legislative ['ledʒɪslətɪv]	législatif
the legislature ['ledʒɪslətʃəʳ] / the legislative body	le (corps) législatif
executive [ɪg'zekjʊtɪv]	exécutif
the executive	l'exécutif
judiciary [dʒuː'dɪʃɪərɪ]	judiciaire
the judiciary	le judiciaire
– A minister ['mɪnɪstəʳ]	un ministre
a Secretary ['sekrətrɪ]	un ministre (aux USA)
the council of ministers	le Conseil des ministres
the Cabinet ['kæbɪnɪt]	le Cabinet (en GB)
BR a junior minister / AM an undersecretary [,ʌndə'sekrətrɪ]	≈ un secrétaire d'État

a government reshuffle	un remaniement ministériel
a Cabinet reshuffle	un remaniement ministériel (en GB)
the Prime Minister the Premier ['premɪəʳ] the PM [piː'em]	le Premier ministre
the Shadow Cabinet	le Cabinet fantôme (en GB)
a member of the Shadow Cabinet	un des porte-parole de l'opposition (en GB)
- To appoint sb to an office	nommer qqn à un poste
an appointment [ə'pɔɪntmənt]	une nomination
official [ə'fɪʃəl]	officiel
to take* office	entrer en fonction
to hold* office to be in office	être au pouvoir
his counterpart his opposite number	son homologue
a policy ['pɒlɪsɪ]	une politique (dans un domaine particulier)
policies	une politique (manière de gouverner)
the government's foreign/economic policy	la politique étrangère/économique du gouvernement
to have right-wing/left-wing policies	avoir une politique de droite/de gauche

REMARQUE En Grande-Bretagne, le Cabinet correspond au Conseil des ministres en France. Il rassemble les ministres les plus importants appelés Cabinet ministers. Il se réunit une à trois fois par semaine au 10 Downing Street, demeure officielle du Premier ministre.

4. MAIN GOVERNMENT DEPARTMENTS LES PRINCIPAUX MINISTÈRES

- BR the civil service	la fonction publique
a government employee a government official BR a civil servant	un(e) fonctionnaire
BR a ministry ['mɪnɪstrɪ] AM a department [dɪ'pɑːtmənt]	un ministère
BR ministerial [ˌmɪnɪs'tɪərɪəl] AM departmental [ˌdiːpɑːt'mentl]	ministériel
- BR the Ministry of Education AM the Education Department	le ministère de l'Éducation nationale
BR the Minister of Education AM the Secretary for Education AM the Education Secretary	le ministre de l'Éducation nationale
- The Ministry of Finance	le ministère de l'Économie et des Finances
the Treasury ['treʒərɪ]	le Trésor (en GB)
the Treasury Department	le Trésor (aux USA)
the Finance Minister	le ministre de l'Économie et des Finances
the Chancellor of the Exchequer	le Chancelier de l'Échiquier (en GB)
the Secretary of the Treasury	le secrétaire au Trésor (aux USA)
- The Ministry of Foreign Affairs	le ministère des Affaires étrangères
the Foreign Office	le ministère des Affaires étrangères (en GB)
the State Department	le ministère des Affaires étrangères (aux USA)
the Minister of Foreign Affairs	le ministre des Affaires étrangères
the Foreign Secretary	le ministre des Affaires étrangères (en GB)
the Secretary of State the State Secretary	le ministre des Affaires étrangères (aux USA)
- The Ministry of the Interior	le ministère de l'Intérieur
the Home Office	le ministère de l'Intérieur (en GB)
the Minister of the Interior	le ministre de l'Intérieur
the Home Secretary	le ministre de l'Intérieur (en GB)
- The Ministry of Justice	le ministère de la Justice
the Lord Chancellor's Office	le ministère de la Justice (en GB)
the Department of Justice	le ministère de la Justice (aux USA)
the Justice Minister	le ministre de la Justice

the Lord Chancellor	le ministre de la Justice (en GB)
the Attorney General	le ministre de la Justice (aux USA)
– The Ministry of Environment	le ministère de l'Environnement
the Department of the Environment	le ministère de l'Environnement (en GB)
the Environmental Protection Agency	le ministère de l'Environnement (aux USA)
– The Ministry of Trade	le ministère du Commerce
the Department of Trade and Industry	le ministère du Commerce (en GB)
the Department of Commerce	le ministère du Commerce (aux USA)
– The Ministry of Health	le ministère de la Santé
the Department of Health and Social Security (abr. DHSS)	le ministère de la Santé (en GB)
the Department of Health and Human Services	le ministère de la Santé (aux USA)
– BR the Ministry of Transport AM the Department of Transportation	le ministère des Transports
BR the Ministry of Defence AM the Department of Defense	le ministère de la Défense
BR the Ministry of Employment AM the Department of Labor	le ministère du Travail et de l'Emploi

5. LOCAL GOVERNMENT L'ADMINISTRATION LOCALE

– To administer [əd'mɪnɪstə^r]	administrer
an administrator [əd'mɪnɪstreɪtə^r]	un(e) administrateur (-trice)
administrative [əd'mɪnɪstrətɪv]	administratif
administration [əd,mɪnɪs'treɪʃən]	l'administration
– An assembly [ə'semblɪ]	une assemblée
a council ['kaʊnsl]	un conseil
bureaucracy [bjʊə'rɒkrəsɪ]	la bureaucratie
the mayor [mɛə^r]	le maire
the deputy mayor	l'adjoint au maire
BR the town hall AM the city hall	la mairie, l'hôtel de ville
the town council	le conseil municipal
BR a town councillor AM a city councilman (fém. councilwoman)	un(e) conseiller (-ère) municipal(e)
municipal [mju:'nɪsɪpəl]	municipal
the district ['dɪstrɪkt]	≈ la commune (territoire)
BR the district council AM the community [kə'mju:nɪtɪ]	≈ la commune (autorité locale)
– A county ['kaʊntɪ]	un comté
a department [dɪ'pɑ:tmənt]	un département
the county council	le conseil général
a region ['ri:dʒən]	une région
regional ['ri:dʒənl]	régional
a province ['prɒvɪns]	une province
provincial [prə'vɪnʃəl]	provincial
the local authorities	les autorités locales
a local government officer	un fonctionnaire (d'une administration locale)
a governor ['gʌvənə^r]	un gouverneur (aux USA)
decentralization [di:,sentrəlaɪ'zeɪʃən]	la décentralisation
regionalization [,ri:dʒənəlaɪ'zeɪʃən]	la régionalisation
– A committee [kə'mɪtɪ]	un comité
a commission [kə'mɪʃən]	une commission
to sit* on a committee	être membre d'un comité
a committee meeting	une séance de comité
the chairman (fém. chairwoman) the chairperson	le (la) président(e) (d'un comité, d'une réunion)
the proceedings [prə'si:dɪŋs]	les délibérations
BR a by(e)-law ['baɪlɔ:] AM an ordinance ['ɔ:dɪnəns]	un arrêté (municipal)

6. ELECTIONS LES ÉLECTIONS

– Politics ['pɒlɪtɪks] (sing.)	la politique (activité)
political [pə'lɪtɪkəl]	politique
a politician [ˌpɒlɪ'tɪʃən]	un homme politique
the body politic	le corps politique
to be in politics	faire de la politique (professionnellement)
to be a political activist	faire de la politique (comme militant)
– A candidate ['kændɪdeɪt]	un(e) candidat(e)
BR to stand* for office AM to run* for office	être candidat, poser sa candidature
to be nominated for presidency	être proposé comme candidat à la présidence
AM to gain the party nomination	obtenir l'investiture de son parti (aux USA)
AM on the Democratic ticket	sur la liste du parti démocrate (aux USA)
AM his running mate	son colistier
an electoral college	un collège électoral
– An election campaign	une campagne électorale
to campaign *for sb* [kæm'peɪn]	faire campagne *pour qqn*
an election tour	une tournée électorale
a platform ['plætfɔːm]	une plate-forme électorale
to support sb	apporter son soutien à qqn
to canvass *for sb* ['kænvəs]	solliciter des suffrages *pour qqn*
an opinion poll	un sondage d'opinion
BR a spokesman ['spəʊksmən] (fém. spokeswoman) BR a spokesperson ['spəʊksˌpɜːsən] AM a press secretary	un porte-parole
propaganda [ˌprɒpə'gændə]	la propagande
– BR a constituency [kən'stɪtjʊənsɪ] AM a district ['dɪstrɪkt]	une circonscription électorale
his constituents	les habitants de sa circonscription
a convention [kən'venʃən]	une convention politique (aux USA)
– An election [ɪ'lekʃən]	une élection
to hold* an election	procéder à une élection
a general election (sing.)	des élections législatives

a by(e)-election	une élection partielle
a presidential election	une élection présidentielle
local elections	des élections municipales
to hold* a referendum	organiser un référendum
– To elect sb	élire qqn
the voters ['vəʊtəʳz]	les électeurs
a floating voter	≈ un indécis
my electors [ɪ'lektəʳz]	mes électeurs
the electorate [ɪ'lektərɪt]	l'électorat
the franchise ['fræntʃaɪz]	le droit de vote
universal suffrage	le suffrage universel
the electoral roll the electoral register	la liste électorale
to go* to the polls	aller aux urnes
election day polling day	le jour des élections
– A vote [vəʊt]	un vote, une voix, un suffrage
to vote *for sb*	voter *pour qqn*
BR the polling station AM the polling place	le bureau de vote
a voting booth a polling booth	un isoloir
the ballot (paper)	le bulletin de vote
a spoilt ballot paper	un bulletin nul
a blank vote	un bulletin blanc
a secret ballot	un vote à bulletin secret
the ballot box	l'urne
BR the turnout at the polls AM the voter turnout	le taux de participation électorale
to abstain [əb'steɪn]	s'abstenir
an abstainer [əb'steɪnəʳ] a non-voter	un(e) abstentionniste
the ballot ['bælət]	le scrutin
in the first/second ballot in the first/second round	au premier/second tour de scrutin
to count the votes	dépouiller le scrutin
gerrymandering ['dʒerɪmændərɪŋ]	le charcutage électoral
– To win* a seat	remporter un siège
to win*/to lose* an election	remporter/perdre une élection
to poll 1,000 votes	recueillir 1 000 voix

to gain a majority of 2,000	obtenir une majorité de 2 000 voix
an absolute/a relative majority	une majorité absolue/relative
outgoing ['aʊtgəʊɪŋ]	sortant (député, président)
the president-elect	le futur président (aux USA : avant sa prise de fonction officielle)

7. POLITICAL PARTIES LES PARTIS POLITIQUES

– A party ['pɑ:tɪ]	un parti
a party member	un membre du parti
to belong to a party	être membre d'un parti
to join a party	adhérer à un parti
the leader ['li:dəʳ]	le chef, le leader
a sympathiser ['sɪmpəθaɪzəʳ]	un(e) sympathisant(e)
militantism ['mɪlɪtəntɪzəm]	le militantisme
a militant ['mɪlɪtənt]	un(e) militant(e)
party politics	la politique politicienne
– A manifesto [,mænɪ'festəʊ] (plur. manifestoes)	un manifeste
a party conference	les assises d'un parti
– The left [left]	la gauche
left-wing	de gauche
the right [raɪt]	la droite
right-wing	de droite
BR the centre ['sentəʳ] AM the center	le centre
conservative [kən'sɜ:vətɪv]	conservateur
a conservative	un(e) conservateur (-trice)
conservatism [kən'sɜ:vətɪzəm]	le conservatisme
social democratic	social-démocrate
a social democrat	un(e) social-démocrate
social democracy	la social-démocratie
liberal ['lɪbərəl]	libéral
a liberal	un(e) libéral(e)
liberalism ['lɪbərəlɪzəm]	le libéralisme
moderate ['mɒdərɪt]	modéré
a moderate	un(e) modéré(e)
socialist ['səʊʃəlɪst]	socialiste
a socialist	un(e) socialiste
socialism ['səʊʃəlɪzəm]	le socialisme
communist ['kɒmjʊnɪst]	communiste
a communist	un(e) communiste
communism ['kɒmjʊnɪzəm]	le communisme
Marxist ['mɑ:ksɪst]	marxiste
a Marxist	un(e) marxiste
Marxism ['mɑ:ksɪzəm]	le marxisme
– Anarchist ['ænəkɪst]	anarchiste
an anarchist	un(e) anarchiste
anarchy ['ænəkɪ]	l'anarchie
capitalist ['kæpɪtəlɪst]	capitaliste
a capitalist	un(e) capitaliste
capitalism ['kæpɪtəlɪzəm]	le capitalisme
nationalist ['næʃnəlɪst]	nationaliste
a nationalist	un(e) nationaliste
nationalism ['næʃnəlɪzəm]	le nationalisme
monarchist ['mɒnəkɪst]	monarchiste
a monarchist	un(e) monarchiste
monarchism ['mɒnəkɪzəm]	le monarchisme
royalist ['rɔɪəlɪst]	royaliste
a royalist	un(e) royaliste
royalism ['rɔɪəlɪzəm]	le royalisme
imperialist [ɪm'pɪərɪəlɪst]	impérialiste
an imperialist	un(e) impérialiste
imperialism [ɪm'pɪərɪəlɪzəm]	l'impérialisme
– Fascist ['fæʃɪst]	fasciste
a fascist	un(e) fasciste
fascism ['fæʃɪzəm]	le fascisme
radical ['rædɪkəl]	radical
a radical	un(e) radical(e)
radicalism ['rædɪkəlɪzəm]	le radicalisme
extremist [ɪks'tri:mɪst]	extrêmiste
an extremist	un(e) extrêmiste
extremism [ɪks'tri:mɪzəm]	l'extrêmisme
a hard-liner	un(e) inconditionnel(le), un(e) pur(e) et dur(e)
reactionary [ri:'ækʃənrɪ]	réactionnaire
a reactionary	un(e) réactionnaire
– A Tory ['tɔ:rɪ] (plur. Tories) a Conservative [kən'sɜ:vətɪv]	un(e) conservateur (-trice) (en GB)

the Tory party the Conservative Party	le parti conservateur
Labour ['leɪbəʳ] the Labour Party	le parti travailliste (en GB)
the Liberal Democrats	le parti libéral-démocrate (en GB)
the Republican Party the GOP [ˌdʒiːəʊ'piː] (abr. de *the Grand Old Party*)	le parti républicain (aux USA)
the Green Party	le parti écologiste, les Verts
the National Front	le Front national
the Popular Front	le Front populaire

REMARQUES
1. Les noms désignant les membres des partis politiques prennent une majuscule en anglais ; ex. : a democrat / a republican = un démocrate / un républicain (qui a des idées démocratiques/républicaines) ; a Democrat / a Republican = un démocrate / un républicain (membre du parti démocrate/républicain aux États-Unis).
2. Aux États-Unis, le parti républicain a pour emblème l'éléphant et le parti démocrate l'âne.

8. POLITICAL PROTEST LA CONTESTATION

– To resist *sth* [rɪ'zɪst]	résister *à qqch.*
resistance [rɪ'zɪstəns]	la résistance
to reform sth	réformer qqch.
a reform [rɪ'fɔːm]	une réforme
a reformer [rɪ'fɔːməʳ]	un(e) réformateur (-trice)
– Freedom ['friːdəm]	la liberté
freedom of thought / speech / religion	la liberté de pensée / parole / culte
the rights of man	les droits de l'homme
civil rights	les droits civiques
a civil rights campaigner	un défenseur (militant) des droits civiques
inalienable [ɪn'eɪlɪənəbl]	inaliénable
equality [ɪ'kwɒlɪtɪ]	l'égalité
equal opportunity	l'égalité des chances
sexist ['seksɪst]	sexiste
feminist ['femɪnɪst]	féministe
a feminist	un(e) féministe
feminism ['femɪnɪzəm]	le féminisme
Women's Lib(eration)	le MLF, le Mouvement de libération de la femme
– A demonstration [ˌdemən'streɪʃən]	une manifestation
a demo ['deməʊ] (parlé)	une manif
a demonstrator ['demənstreɪtəʳ]	un(e) manifestant(e)
to demonstrate *for / against* ['demənstreɪt]	manifester *pour / contre*
BR to protest against sth AM to protest sth	protester contre qqch.
a protest movement	un mouvement de protestation
a protester [prə'testəʳ]	un(e) contestataire, un(e) protestataire
to oppose sth / sb	s'opposer à qqch. / qqn
to campaign *for / against* [kæm'peɪn]	faire campagne *pour / contre*
a lobby ['lɒbɪ] (plur. lobbies) BR a pressure group BR a ginger group AM a special interest group	un groupe de pression
to lobby for sth	faire pression pour obtenir qqch
– Unrest [ʌn'rest]	l'agitation
an agitator ['ædʒɪteɪtəʳ]	un(e) agitateur (-trice)
a ringleader ['rɪŋˌliːdəʳ]	un(e) meneur (-euse)
civil disobedience	la résistance passive
a freedom fighter a guerrilla [gə'rɪlə]	un guérillero
a rebellion [rɪ'beljən]	une rébellion
a rebel ['rebl]	un(e) rebelle
to rebel *against* [rɪ'bel]	se rebeller *contre*
a revolution [ˌrevə'luːʃən]	une révolution
a revolutionary [ˌrevə'luːʃnərɪ]	un(e) révolutionnaire
to revolt *against* [rɪ'vəʊlt]	se révolter *contre*
a revolt	une révolte
to rise* *against* [raɪz]	se soulever *contre*
a rising ['raɪzɪŋ] an uprising ['ʌpraɪzɪŋ]	un soulèvement
an insurrection [ˌɪnsə'rekʃən]	une insurrection

17 POLITICS
LA POLITIQUE

subversion [səb'vɜːʃən]	la subversion
subversive [səb'vɜːsɪv]	subversif
a coup (d'état)	un coup d'État
to overthrow* [ˌəʊvə'θrəʊ]	renverser
a national liberation front	un front national de libération
the class struggle	la lutte des classes
- **A** colony ['kɒlənɪ]	une colonie
colonial [kə'ləʊnɪəl]	colonial
colonialism [kə'ləʊnɪəlɪzəm]	le colonialisme
autonomous [ɔː'tɒnəməs] self-governing	autonome
autonomy [ɔː'tɒnəmɪ] self-government	l'autonomie
independent [ˌɪndɪ'pendənt]	indépendant
independence [ˌɪndɪ'pendəns]	l'indépendance
to gain independence	obtenir son indépendance
self-determination [ˌselfdɪtɜːmɪ'neɪʃən]	l'autodétermination
- **O**ppression [ə'preʃən]	l'oppression
to oppress sb	opprimer qqn
oppressive [ə'presɪv]	oppressif
to repress sth to put* down sth	réprimer qqch.

18 INTERNATIONAL RELATIONS LES RELATIONS INTERNATIONALES

1. DIPLOMACY LA DIPLOMATIE

– **A diplomat** ['dɪpləmæt]	un(e) diplomate
diplomatic [ˌdɪplə'mætɪk]	diplomatique
foreign ['fɒrən]	étranger
a foreigner ['fɒrənəʳ]	un(e) étranger (-ère)
abroad [ə'brɔːd]	à l'étranger
international [ˌɪntə'næʃnəl]	international
overseas ['əʊvə'siːz]	outre-mer
an overseas region	une région d'outre-mer
– **Foreign / diplomatic relations**	les relations extérieures / diplomatiques
the West [west]	l'Occident
the western powers	les puissances occidentales
the former Eastern bloc	l'ex-bloc de l'Est
non-aligned	non-aligné
– **The embassy** ['embəsɪ]	l'ambassade
the French / British Embassy	l'ambassade de France / de Grande-Bretagne
an ambassador [æm'bæsədəʳ]	un ambassadeur
an attaché [ə'tæʃeɪ]	un(e) attaché(e)
the commercial / cultural attaché	l'attaché commercial / culturel
– **A consulate** ['kɒnsjʊlɪt]	un consulat
a consul ['kɒnsəl]	un consul
a vice-consul	un vice-consul
a legation [lɪ'geɪʃən]	une légation
an emissary ['emɪsərɪ]	un émissaire
an envoy ['envɔɪ]	un(e) envoyé(e)
a representative [ˌreprɪ'zentətɪv]	un(e) représentant(e)
to represent [ˌreprɪ'zent]	représenter
BR **the diplomatic corps** / AM **the foreign service**	le corps diplomatique
to be accredited to	être accrédité auprès de
diplomatic immunity	l'immunité diplomatique
– **A memorandum** [ˌmemə'rændəm] (plur. memorandums, memoranda)	un mémorandum
BR **the diplomatic bag** / AM **the diplomatic pouch**	la valise diplomatique
a mission ['mɪʃən]	une mission
a trade mission	une mission commerciale
– **To seek* (political) asylum**	demander l'asile politique
a diplomatic incident	un incident diplomatique
to recall an ambassador	rappeler un ambassadeur
an ultimatum [ˌʌltɪ'meɪtəm] (plur. ultimatums, ultimata)	un ultimatum
to deliver an ultimatum *to*	adresser un ultimatum *à*
to break* off diplomatic relations	rompre les relations diplomatiques
– **Talks** [tɔːks]	les pourparlers
a conference ['kɒnfrəns]	une conférence
a round table conference	une table ronde
a summit ['sʌmɪt]	un sommet
a summit conference	une conférence au sommet
an agreement [ə'griːmənt]	un accord
a treaty ['triːtɪ]	un traité
a pact [pækt]	un pacte
to stipulate *sth / that* ['stɪpjʊleɪt]	stipuler *qqch. / que*
to ratify ['rætɪfaɪ]	ratifier, entériner
ratification [ˌrætɪfɪ'keɪʃən]	la ratification

2. THE EUROPEAN COMMUNITY AND OTHER INTERNATIONAL ORGANIZATIONS LA COMMUNAUTÉ EUROPÉENNE ET LES AUTRES ORGANISATIONS INTERNATIONALES

– **The Community** [kə'mjuːnɪtɪ]	la Communauté
the European Community	la Communauté Européenne
the EC [ˌiː'siː]	la C. E.
Community regulations / **EC regulations**	les règlements communautaires
member states / countries	les États / pays membres
to join the EC	devenir membre de la C. E.

union citizenship	la citoyenneté de l'Union
subsidiarity [ˌsəbsɪ'dɪærɪtɪ]	la subsidiarité
– The European Parliament	le Parlement européen
a member of the European Parliament a Euro MP	un député européen
the Council of ministers	le Conseil des ministres
the Commission [kə'mɪʃən]	la Commission
a commissioner [kə'mɪʃənəʳ]	un commissaire
a Eurocrat ['jʊərəʊˌkræt]	un(e) eurocrate
– The Western European Union (abr. WEU)	l'Union de l'Europe occidentale (abr. UEO)
the European Court of Justice	la Cour de justice européenne
the European Council	le Conseil européen
the Treaty of Rome/Maastricht	le Traité de Rome/Maastricht
– The single European currency	la monnaie unique européenne
the euro ['jʊərəʊ]	l'euro
the Economic and Monetary Union (abr. EMU)	l'union économique et monétaire (abr. UEM)
the European Exchange Rate Mechanism the ERM [ˌiːɑː'em]	le mécanisme du taux de change
the monetary snake	le serpent monétaire
the European monetary system	le système monétaire européen
the EMS [ˌiːɛm'ɛs]	le SME
the European Central Bank (abr. ECB)	la banque centrale européenne (abr. BCE)
the Court of Audits	la Cour des comptes
– The Common Agricultural Policy	la politique agricole commune
the C.A.P. [ˌsiːeɪ'piː]	la PAC
customs/trade barriers	les barrières douanières/commerciales
the beef/butter mountain	la montagne de bœuf/de beurre
– The United Nations	les Nations Unies
UNO ['juːnəʊ] the UN [juː'en]	l'ONU
a UN resolution	une résolution de l'ONU
the Security Council	le Conseil de sécurité
the General Assembly	l'Assemblée générale
the Secretary General	le Secrétaire général
a veto ['viːtəʊ]	un veto
to veto	mettre son veto à
– UNESCO [juː'neskəʊ] (abr. de *United Nations Educational, Social and Cultural Organization*)	l'UNESCO
UNICEF ['juːnɪsef] (abr. de *United Nations Children's Fund*)	l'UNICEF
NATO ['neɪtəʊ] (abr. de *North Atlantic Treaty Organization*)	l'OTAN (abr. de *Organisation du traité de l'Atlantique nord*)
– The World Bank	la Banque mondiale
the International Monetary Fund	le Fonds monétaire international
the IMF [ˌaɪem'ef]	le FMI
the OECD ['əʊˌiːsiː'diː] (abr. de *Organization for Economic Cooperation and Development*)	l'OCDE (abr. de *Organisation de coopération et de développement économique*)
the World Health Organization	l'Organisation mondiale de la santé
the WHO [ˌdʌbljuːeɪtʃ'əʊ]	l'OMS

3. SPYING L'ESPIONNAGE

– A spy [spaɪ]	un(e) espion(ne)
to spy *on sb*	espionner *qqn*
espionage [ˌespɪə'nɑːʒ] spying ['spaɪɪŋ]	l'espionnage
confidential [ˌkɒnfɪ'denʃəl]	confidentiel
top-secret	ultra-secret
national security	la sécurité nationale
– An agent ['eɪdʒənt]	un agent
a secret agent	un agent secret
a mole [məʊl]	une taupe
the secret service	les services secrets
the intelligence service	les services de renseignements
counterespionage [ˌkaʊntər'espɪəˌnɑːʒ]	le contre-espionnage
counterespionage services	les services de contre-espionnage
– A code [kəʊd]	un code
to break* a code	déchiffrer un code

to decode/encode a message	décoder/encoder un message
surveillance [sɜː'veɪləns]	la surveillance
to plant a microphono	poser un micro
to bug sb's room	cacher un micro dans la chambre de qqn
to bug sb's phone	mettre le téléphone de qqn sur table d'écoute
phone tapping	la mise sur écoutes téléphoniques
– To pass secrets *to*	divulguer des secrets *à*

a leak [liːk]	une fuite
a breach of national security	une atteinte à la sécurité nationale
a double agent	un agent double
to go* over to the West/the East to defect to the West/the East	passer à l'Ouest/à l'Est
to betray one's country	trahir son pays
a traitor ['treɪtəʳ]	un traître
treachery ['tretʃərɪ]	la traîtrise

REMARQUE En Grande-Bretagne les services secrets s'appellent **MI6** (abr. de *Military Intelligence section 6*) et les services de contre-espionnage s'appellent **MI5** (abr. de *Military Intelligence section 5*) ; aux USA, la **CIA** (abr. de *Central Intelligence Agency*) regroupe ces deux types de services.

4. THE THIRD WORLD LE TIERS-MONDE

– Developing countries	les pays en voie de développement
less developed countries	les pays les moins avancés
emerging countries	les pays émergeants
underdeveloped countries	les pays sous-développés
aid to the Third World	l'aide au Tiers-Monde
North-South dialogue	le dialogue Nord-Sud
– An international agency	une agence internationale
a charity ['tʃærɪtɪ] a charitable organization	une organisation caritative
relief [rɪ'liːf] (n. c. sing.)	les secours, l'aide
to send emergency aid	envoyer une aide d'urgence
a relief organization	une organisation de secours
– BR VSO [viːes'əʊ] (abr. de *Voluntary Service Overseas*) AM the Peace Corps	≈ la coopération
BR a person serving on VSO AM a person serving in the Peace Corps	un(e) coopérant(e)
– Drought [draʊt]	la sécheresse
famine ['fæmɪn]	la famine
starving ['stɑːvɪŋ]	affamé
to die of starvation to starve to death	mourir de faim
malnutrition [ˌmælnjʊ'trɪʃən]	la malnutrition
to subsist [səb'sɪst]	subsister

subsistence [səb'sɪstəns]	la subsistance
vitamin/protein deficiency	la carence en vitamines/protéines
rickets ['rɪkɪts] (n. c. sing.)	le rachitisme
infant mortality	la mortalité infantile
– A well [wel]	un puits
to dig* a well	creuser un puits
drinking water	l'eau potable
to irrigate ['ɪrɪgeɪt]	irriguer
irrigation [ˌɪrɪ'geɪʃən]	l'irrigation
– Food/cash crops	les cultures vivrières/de rapport
economic development	le développement économique
to industrialize [ɪn'dʌstrɪəlaɪz]	industrialiser
industrialization [ɪnˌdʌstrɪəlaɪ'zeɪʃən]	l'industrialisation
technical/economic aid	l'aide technique/économique
a project ['prɒdʒekt] a scheme [skiːm]	un programme
to supply sb with sth	fournir qqch. à qqn
food supplies	des vivres
– To counter the effects of sth	pallier les effets de qqch.
the debt problem	le problème de l'endettement
a shanty town	un bidonville
backward ['bækwəd]	arriéré
endemic [en'demɪk]	endémique (maladie, situation)

5. THE MAIN CURRENCIES LES PRINCIPALES DEVISES

– A euro ['jʊːrəʊ]	un euro
a dollar ['dɒlə^r] AM a buck [bʌk] (parlé)	un dollar
AM a greenback (parlé)	un billet d'un dollar
the Australian/Canadian dollar	le dollar australien/canadien
– The pound sterling	la livre sterling
a pound [paʊnd] BR a quid [kwɪd] (parlé)	une livre
the Turkish/Syrian pound	la livre turque/syrienne
– The Swiss franc	le franc suisse
the Danish/Swedish crown	la couronne danoise/suédoise
a rouble ['ruːbl] a ruble	un rouble
a yen [jen]	un yen
a rupee [ruː'piː]	une roupie
a rand [rænd]	un rand

REMARQUE Le dollar (symbole : $) se divise en 100 cents (abr. ct). 5 cents = a nickel, 10 cents = a dime, 25 cents = a quarter. La livre sterling (symbole : £) se divise en 100 pennies ou pence (abr. p). Jusqu'en 1970, il existait des shillings valant 1/20e de livre.

6. WESTERN EUROPE L'EUROPE DE L'OUEST

– France [frɑːns]	la France
Paris ['pærɪs]	Paris
Lyon ['lɪɒn]	Lyon
Marseille [mɑː'seɪ]	Marseille
Strasbourg ['stræzbɜːg]	Strasbourg
Alsace ['ælsæs]	l'Alsace
Brittany ['brɪtənɪ]	la Bretagne
Burgundy ['bɜːgəndɪ]	la Bourgogne
Corsica ['kɔːsɪkə]	la Corse
Lorraine [lɒ'reɪn]	la Lorraine
Normandy ['nɔːməndɪ]	la Normandie
Picardy ['pɪkədɪ]	la Picardie
Provence [prɒ'vɑ̃ːns]	la Provence
Savoy [sə'vɔɪ]	la Savoie
the Basque Country	le Pays basque
the French Riviera	la Côte d'Azur
– Germany ['dʒɜːmənɪ]	l'Allemagne
former East Germany	l'ex-Allemagne de l'Est
the Federal Republic of Germany	la République fédérale d'Allemagne
the FRG	la RFA
the German Democratic Republic	la République démocratique d'Allemagne
the GDR	la RDA
Bonn [bɒn]	Bonn
Berlin [bɜː'lɪn]	Berlin
East/West Berlin	Berlin-Est/-Ouest
Hamburg ['hæmbɜːg]	Hambourg
Aachen ['ɑːxən]	Aix-la-Chapelle
Bavaria [bə'vɛərɪə]	la Bavière
the Rhineland ['raɪn,lænd]	la Rhénanie
– Austria ['ɒstrɪə]	l'Autriche
Vienna [vɪ'enə]	Vienne
the Tyrol [tɪ'rəʊl]	le Tyrol
– Great Britain	la Grande-Bretagne
the United Kingdom the U.K. [juː'keɪ]	le Royaume-Uni
England ['ɪŋglənd]	l'Angleterre
London ['lʌndən]	Londres
Scotland ['skɒtlənd]	l'Écosse
Edinburgh ['edɪnbərə]	Édimbourg
Wales [weɪlz]	le pays de Galles
Ireland ['aɪələnd]	l'Irlande
Northern Ireland Ulster ['ʌlstə^r]	l'Irlande du Nord
Eire ['ɛərə] the Irish Republic	la République d'Irlande
Dublin ['dʌblɪn]	Dublin
– Holland ['hɒlənd]	la Hollande
the Netherlands ['neðələndz]	les Pays-Bas
Amsterdam ['æmstədæm]	Amsterdam
The Hague [heɪg]	la Haye
Belgium ['beldʒəm]	la Belgique
Brussels ['brʌslz]	Bruxelles

Antwerp ['æntwɜ:p]	Anvers
Flanders ['flɑ:ndəz]	la Flandre, les Flandres
Luxembourg ['lʌksəmbɜ:g]	le Luxembourg
– Scandinavia [ˌskændɪ'neɪvɪə]	la Scandinavie
Denmark ['denmɑ:k]	le Danemark
Copenhagen [ˌkəʊpn'heɪgən]	Copenhague
Finland ['fɪnlənd]	la Finlande
Helsinki ['helsɪŋkɪ]	Helsinki
Norway ['nɔ:weɪ]	la Norvège
Oslo ['ɒzləʊ]	Oslo
Sweden ['swi:dn]	la Suède
Stockholm ['stɒkhəʊm]	Stockholm
Greenland ['gri:nlənd]	le Groenland
Iceland ['aɪslənd]	l'Islande
Lapland ['læplænd]	la Laponie
– Italy ['ɪtəlɪ]	l'Italie
Bologna [bə'ləʊnjə]	Bologne
Florence ['flɒrns]	Florence
Padua ['pædʒʊə]	Padoue
Rome [rəʊm]	Rome
Venice ['venɪs]	Venise
Lombardy ['lɒmbədɪ]	la Lombardie
Piedmont ['pi:dmɒnt]	le Piémont
Tuscany ['tʌskənɪ]	la Toscane
Sardinia [sɑ:'dɪnɪə]	la Sardaigne
Sicily ['sɪsɪlɪ]	la Sicile
the Vatican ['vætɪkən]	le Vatican
– Malta ['mɔ:ltə]	Malte
Monaco ['mɒnəkəʊ]	Monaco
Portugal ['pɔ:tjʊgəl]	le Portugal
Lisbon ['lɪzbən]	Lisbonne
– Spain [speɪn]	l'Espagne
Barcelona [ˌbɑ:sɪ'ləʊnə]	Barcelone
Madrid [mə'drɪd]	Madrid
Seville [sə'vɪl]	Séville
Andalusia [ˌændəlʊ'si:ə]	l'Andalousie
Castile [kæ'sti:l]	la Castille
Catalonia [ˌkætə'ləʊnɪə]	la Catalogne
the Balearic Islands	les îles Baléares
Majorca [mə'jɔ:kə]	Majorque
Minorca [mɪ'nɔ:kə]	Minorque
– Switzerland ['swɪtsələnd]	la Suisse
Geneva [dʒɪ'ni:və]	Genève
Basel ['bɑ:zəl] Basle [bɑ:l]	Bâle
– Greece [gri:s]	la Grèce
Athens ['æθɪnz]	Athènes
Crete [kri:t]	la Crète
Corfu [kɔ:'fu:]	Corfou
Cyprus ['saɪprəs]	Chypre

7. Eastern Europe L'Europe de l'Est

– The former U.S.S.R.	l'ex-U. R. S. S.
the former Soviet Union	l'ex-Union soviétique
the CIS [ˌsi:ai'es]	la CEI
the Commonwealth of Independent States	la Communauté des États indépendants
Russia ['rʌʃə]	la Russie
Moscow ['mɒskəʊ]	Moscou
the Ukraine [ju:'kreɪn]	l'Ukraine
Siberia [saɪ'bɪərɪə]	la Sibérie
Belarus [ˌbelə'ru:s]	la Biélorussie
Chechnya ['tʃetʃnɪə]	la Tchétchénie
the Baltic States	les pays baltes
Estonia [e'stəʊnɪə]	l'Estonie
Latvia ['lætvɪə]	la Lettonie
Lithuania [ˌlɪθjʊ'eɪnɪə]	la Lituanie
– Albania [æl'beɪnɪə]	l'Albanie
Tirana [tɪ'rɑ:nə]	Tirana
the Balkans ['bɔ:lkənz]	les Balkans
Bulgaria [bʌl'gɛərɪə]	la Bulgarie
Sofia ['səʊfɪə]	Sofia
Macedonia [ˌmæsɪ'dəʊnɪə]	la Macédoine
– The Czech Republic	la République tchèque
Moravia [mə'reɪvɪə]	la Moravie
Bohemia [bəʊ'hi:mɪə]	la Bohême
Prague [prɑ:g]	Prague
Slovakia [sləʊ'vækɪə]	la Slovaquie
Bratislava [ˌbrætɪ'slɑ:və]	Bratislava
– Hungary ['hʌŋgərɪ]	la Hongrie
Budapest [ˌbju:də'pest]	Budapest
Poland ['pəʊlənd]	la Pologne
Warsaw ['wɔ:sɔ:]	Varsovie
Rumania [ru:'meɪnɪə]	la Roumanie

Bucharest [ˌbu:kəˈrest]	Bucarest
former Yugoslavia	l'ex-Yougoslavie
Croatia [krəʊˈeɪʃɪə]	la Croatie
Serbia [ˈsɜ:bɪə]	la Serbie
Bosnia-Herzegovina [ˈbɒsnɪə ˌhɜ:tsɪˈgɒvɪnə]	la Bosnie-Herzégovine
Montenegro [ˌmɒntɪˈnegrəu]	le Monténégro
Slovenia [sləˈvi:nɪə]	la Slovénie

■ 8. America L'Amérique

– North / South America	l'Amérique du Nord / du Sud
– Canada [ˈkænədə]	le Canada
Quebec [kwɪˈbek]	le Québec
Newfoundland [ˈnju:fəndlənd]	Terre-Neuve
Montreal [ˌmɒntrɪˈɔ:l]	Montréal
– The United States (of America)	les États-Unis (d'Amérique)
the USA [ju:esˈeɪ] the US [ju:ˈes]	les USA
New York	New York
Washington [ˈwɒʃɪŋtən]	Washington
California [ˌkælɪˈfɔ:nɪə]	la Californie
Philadelphia [ˌfɪləˈdelfɪə]	Philadelphie
New Orleans	la Nouvelle-Orléans
– The Bahamas [bəˈhɑ:məs]	les Bahamas
Costa Rica [ˈkɒstəˈri:kə]	le Costa Rica
Cuba [ˈkju:bə]	Cuba
the Dominican Republic	la République dominicaine
El Salvador [elˈsælvədɔ:ʳ]	le Salvador
Guatemala [ˌgwɑ:tɪˈmɑ:lə]	le Guatemala
Honduras [hɒnˈdjʊərəs]	le Honduras
Jamaica [dʒəˈmeɪkə]	la Jamaïque
Mexico [ˈmeksɪkəʊ]	le Mexique
Mexico City	Mexico
Nicaragua [ˌnɪkəˈrægjʊə]	le Nicaragua
Panama [ˈpænəˌmɑ:]	le Panama
the Panama Canal	le canal de Panama
Trinidad [ˈtrɪnɪdæd]	l'île de la Trinité
the West Indies the Antilles [ænˈtɪli:z]	les Antilles
– Argentina [ˌɑ:dʒənˈti:nə]	l'Argentine
Bolivia [bəˈlɪvɪə]	la Bolivie
Brazil [brəˈzɪl]	le Brésil
Chile [ˈtʃɪlɪ]	le Chili
Colombia [kəˈlɒmbɪə]	la Colombie
Ecuador [ˈekwədɔ:ʳ]	l'Équateur
the Falklands [ˈfɔ:lkləndz] the Falkland Islands	les Malouines
Paraguay [ˈpærəgwaɪ]	le Paraguay
Peru [pəˈru:]	le Pérou
Uruguay [ˈjʊərəgwaɪ]	l'Uruguay
Venezuela [ˌveneˈzweɪlə]	le Venezuela

REMARQUE Pour distinguer la ville de l'État de Washington, on précise **Washington DC** (abr. de *District of Columbia*) pour la ville. Pour distinguer la ville de l'État de New York, on précise **New York City** (abr. NYC) pour la ville, surnommée par ailleurs **the Big Apple.**

■ 9. Africa L'Afrique

– The Sahara [səˈhɑ:rə]	le Sahara
the Suez Canal	le canal de Suez
– South Africa	l'Afrique du Sud
Algeria [ælˈdʒɪərɪə]	l'Algérie
Algiers [ælˈdʒɪəz]	Alger
Angola [æŋˈgəʊlə]	l'Angola
Botswana [ˌbɒtˈswɑ:nə]	le Botswana
Cameroon [ˌkæməˈru:n]	le Cameroun
the Congo [ˈkɒŋgəʊ]	le Congo
the Ivory Coast [ˈaɪvərɪˌkəʊst]	la Côte d'Ivoire
Egypt [ˈi:dʒɪpt]	l'Égypte
Cairo [ˈkaɪərəʊ]	le Caire
Ethiopia [ˌi:θɪˈəʊpɪə]	l'Éthiopie
Gabon [gəˈbɒn]	le Gabon

Ghana ['gɑ:nə] — le Ghana
Guinea ['gɪnɪ] — la Guinée
Kenya ['kenjə] — le Kenya
Libya ['lɪbɪə] — la Libye
Madagascar [,mædə'gæskə^r] — Madagascar
Mali ['mɑ:lɪ] — le Mali
Morocco [mə'rɒkəʊ] — le Maroc
Mauritania [,mɔ:rɪ'teɪnɪə] — la Mauritanie
Mozambique [məʊzəm'bi:k] — le Mozambique
Namibia [nɑ:'mɪbɪə] — la Namibie
Niger ['naɪdʒə^r] — le Niger
Nigeria [naɪ'dʒɪərɪə] — le Nigéria

the Central African Republic — la République centrafricaine
Senegal [,senɪ'gɔ:l] — le Sénégal
Sierra Leone [sɪ'ɛərəlɪ'əʊnɪ] — la Sierra Leone
Somalia [səʊ'mɑ:lɪə] — la Somalie
the Sudan [sʊ'dɑ:n] — le Soudan
Tanzania [,tænzə'nɪə] — la Tanzanie
Chad [tʃæd] — le Tchad
Tunisia [tju:'nɪzɪə] — la Tunisie
Zambia ['zæmbɪə] — la Zambie
Zaire [zɑ:'i:ə^r] — le Zaïre
Zimbabwe [zɪm'bɑ:bwɪ] — le Zimbabwe

■ 10. THE EAST L'ORIENT

- The Middle East — le Moyen-Orient
the Far East — l'Extrême-Orient
the Gulf states — les États du Golfe
Kuwait [kʊ'weɪt] — le Koweït
Saudi Arabia ['sɔ:dɪə'reɪbɪə] — l'Arabie Saoudite
Yemen ['jemən] — le Yémen
Iran [ɪ'rɑ:n] — l'Iran
Persia ['pɜ:ʃə] — la Perse
Iraq [ɪ'rɑ:k] — l'Irak
Israel ['ɪzreɪl] — Israël
Jerusalem [dʒə'ru:sələm] — Jérusalem
Palestine ['pælɪstaɪn] — la Palestine
Jordan ['dʒɔ:dn] — la Jordanie
the West Bank — la Cisjordanie
the Occupied Territories — les Territoires occupés
the Gaza Strip — la Bande de Gaza
Lebanon ['lebənən] — le Liban
Syria ['sɪrɪə] — la Syrie
Turkey ['tɜ:kɪ] — la Turquie

- Afghanistan [æf'gænɪstæn] — l'Afghanistan
Bengal [beŋ'gɔ:l] — le Bengale
Bangladesh [,bæŋglə'deʃ] — le Bangladesh
India ['ɪndɪə] — l'Inde
Pakistan [,pɑ:kɪs'tɑ:n] — le Pakistan
Sri Lanka [,sri:'læŋkə] — le Sri Lanka

- Asia ['eɪʒə] — l'Asie

Burma ['bɜ:mə] — la Birmanie
Myanmar [,maiæn'mɑ:^r] — le Myanmar
Cambodia [kæm'bəʊdɪə] — le Cambodge
China ['tʃaɪnə] — la Chine
Hong Kong ['hɒŋ'kɒŋ] — Hong-Kong
Beijing ['beɪ'dʒɪŋ] — Beijing
Peking [pi:'kɪŋ] — Pékin
Indonesia [,ɪndəʊ'ni:zɪə] — l'Indonésie
Japan [dʒə'pæn] — le Japon
Tokyo ['təʊkjəʊ] — Tokyo
North/South Korea — la Corée du Nord/du Sud
Laos [laʊs] — le Laos
Malaysia [mə'leɪzɪə] — la Malaisie
Mongolia [mɒŋ'gəʊlɪə] — la Mongolie
Singapore [,sɪŋgə'pɔ:^r] — Singapour
Thailand ['taɪlænd] — la Thaïlande
Tibet [tɪ'bet] — le Tibet
North/South Vietnam — le Viêtnam du Nord/du Sud

- Oceania [,əʊʃɪ'eɪnɪə] — Océanie
Australasia [,ɔ:strə'leɪzɪə] — l'Australasie
Australia [ɒs'treɪlɪə] — l'Australie
Tasmania [tæz'meɪnɪə] — la Tasmanie
New Zealand — la Nouvelle-Zélande
New Caledonia — la Nouvelle-Calédonie
a Pacific island — une île du Pacifique
Polynesia [,pɒlɪ'ni:zɪə] — la Polynésie

REMARQUE En américain the Gulf States désignent également les États autour du golfe du Mexique tels que le Texas ou la Louisiane.

11. NATIONALITIES AND LANGUAGES LES NATIONALITÉS ET LES LANGUES

- French [frentʃ]	français
a Frenchman	un Français
a Frenchwoman	une Française
- British ['brɪtɪʃ]	britannique
a Briton ['brɪtən] AM a Britisher ['britiʃəʳ]	un(e) Britannique
English ['ɪŋglɪʃ]	anglais
an Englishman	un Anglais
an Englishwoman	une Anglaise
- Irish ['aɪərɪʃ]	irlandais
an Irishman	un Irlandais
an Irishwoman	une Irlandaise
Scottish ['skɒtɪʃ]	écossais
a Scot(sman)	un Écossais
a Scot(swoman)	une Écossaise
Gaelic ['geɪlɪk]	le gaélique
Welsh [welʃ]	gallois
a Welshman	un Gallois
a Welshwoman	une Galloise
- European [ˌjʊərə'piːən]	européen
Austrian ['ɒstrɪən]	autrichien
Basque [bæsk]	basque
Belgian ['beldʒən]	belge
Flemish ['flemɪʃ]	flamand
a Fleming ['flemɪŋ]	un(e) Flamand(e)
Danish ['deɪnɪʃ]	danois
a Dane [deɪn]	un(e) Danois(e)
- Dutch [dʌtʃ]	hollandais, néerlandais
a Dutchman	un Hollandais, un Néerlandais
a Dutchwoman	une Hollandaise, une Néerlandaise
Finnish ['fɪnɪʃ]	finlandais, finnois
a Finn [fɪn]	un(e) Finlandais(e)
- German ['dʒɜːmən]	allemand
Greek [griːk]	grec
- Icelandic [aɪs'lændɪk]	islandais
an Icelander ['aɪsləndəʳ]	un(e) Islandais(e)
- Italian [ɪ'tæljən]	italien
Roman ['rəʊmən]	romain
Venetian [vɪ'niːʃən]	vénitien
Sardinian [sɑː'dɪnɪən]	sarde
Sicilian [sɪ'sɪlɪən]	sicilien

- Maltese [ˌmɔːl'tiːz]	maltais
Monacan [mɒ'nɑːkən]	monégasque
a Monacan [mɒ'nɑːkən] a Monegasque [mɒnə'gæsk]	un(e) Monégasque
Norwegian [nɔː'wiːdʒən]	norvégien
Portuguese [ˌpɔːtjʊ'giːz]	portugais
Scandinavian [ˌskændɪ'neɪvɪən]	scandinave
- Spanish ['spænɪʃ]	espagnol
a Spaniard ['spænjəd]	un(e) Espagnol(e)
Catalan ['kætəlæn]	catalan
- Swedish ['swiːdɪʃ]	suédois
a Swede [swiːd]	un(e) Suédois(e)
Swiss [swɪs]	suisse
a Swiss	un(e) Suisse
- Russian ['rʌʃən]	russe
Muscovite ['mʌskəvaɪt]	moscovite
Ukrainian [juː'kreɪnɪən]	ukrainien
Siberian [saɪ'bɪərɪən]	sibérien
Belarussian [ˌbelə'rʌʃən]	biélorusse
Chechnyan ['tʃetʃnɪən]	tchétchène
- Estonian [e'stəʊnɪən]	estonien
Latvian ['lætvɪən]	letton
Lithuanian [ˌlɪθjʊ'eɪnɪən]	lituanien
- Balkan ['bɔːlkən]	balkanique
Albanian [æl'beɪnɪən]	albanais
Bulgarian [bʌl'gɛərɪən]	bulgare
Czech [tʃek]	tchèque
Hungarian [hʌŋ'gɛərɪən]	hongrois
Polish ['pəʊlɪʃ]	polonais
a Pole [pəʊl]	un(e) Polonais(e)
Rumanian [ruː'meɪnɪən]	roumain
Serbo-Croat ['sɜːbəʊ'krəʊæt]	le serbo-croate
- North American	nord-américain
South American	sud-américain
Indian ['ɪndɪən]	indien
a Native American	un(e) indien(ne) d'Amérique
Eskimo ['eskɪməʊ]	esquimau
Inuit ['ɪnjuːɪt]	inuit
Hispanic [hɪs'pænɪk]	latino-américain
Canadian [kə'neɪdɪən]	canadien

Quebec [kwɪ'bek]	québécois
a Quebecois [kebe'kwa]	un(e) Québécois(e)
Californian [ˌkælɪ'fɔːnɪən]	californien
– Costa Rican ['kɒstə'riːkən]	costaricain
Cuban ['kjuːbən]	cubain
Honduran [hɒn'djʊərən]	hondurien
Jamaican [dʒə'meɪkən]	jamaïcain
Mexican ['meksɪkən]	mexicain
Nicaraguan [ˌnɪkə'rægjʊən]	nicaraguayen
Panamanian [ˌpænə'meɪnɪən]	panaméen
West Indian	antillais
– Argentinian [ˌɑːdʒən'tɪnɪən] Argentine ['ɑːdʒəntaɪn]	argentin
Bolivian [bə'lɪvɪən]	bolivien
Brazilian [brə'zɪlɪən]	brésilien
Chilean ['tʃɪlɪən]	chilien
Colombian [kə'lɒmbɪən]	colombien
Ecuadorian [ˌekwə'dɔːrɪən]	équatorien
Paraguayan [ˌpærə'gwaɪən]	paraguayen
Peruvian [pə'ruːvɪən]	péruvien
Uruguayan [ˌjʊərə'gwaɪən]	uruguayen
Venezuelan [ˌvene'zweɪlən]	vénézuélien
– African ['æfrɪkən]	africain
Arab ['ærəb] Arabian [ə'reɪbɪən]	arabe
an Arab ['ærəb]	un(e) Arabe
Arabic ['ærəbɪk]	l'arabe
Algerian [æl'dʒɪərɪən]	algérien
Moroccan [mə'rɒkən]	marocain
Tunisian [tjuː'nɪzɪən]	tunisien
Egyptian [i'dʒɪpʃən]	égyptien
Ethiopian [ˌiːθɪ'əʊpɪən]	éthiopien
Libyan ['lɪbɪən]	libyen
Somali [səʊ'mɑːlɪ]	somalien
– Angolan [æŋ'gəʊlən]	angolais
Congolese [ˌkɒŋgəʊ'liːz]	congolais
Ghanaian [gɑː'neɪən]	ghanéen
Kenyan ['kenjən]	kényan
Malian ['mɑːlɪən]	malien
Nigerian [naɪ'dʒɪərɪən]	nigérien
South African	sud-africain

Sudanese [ˌsuːdə'niːz]	soudanais
Tanzanian [ˌtænzə'nɪən]	tanzanien
Zambian ['zæmbɪən]	zambien
Zaïrese [zɑː'iːəriːz]	zaïrois
– Kuwaiti [kʊ'weɪtɪ]	koweïtien
Saudi (Arabian)	saoudien
Iranian [ɪ'reɪnɪən]	iranien
Persian ['pɜːʃən]	persan
Iraqi [ɪ'rɑːkɪ]	irakien
Israeli [ɪz'reɪlɪ]	israélien
Jewish ['dʒuːɪʃ]	juif, israélite
a Jew [dʒuː]	un Juif, une Juive
Hebrew ['hiːbruː]	hébreu
Palestinian [ˌpæləs'tɪnɪən]	palestinien
Lebanese [ˌlebə'niːz]	libanais
Syrian ['sɪrɪən]	syrien
Turkish ['tɜːkɪʃ]	turc
a Turk [tɜːk]	un(e) Turc(que)
Kurdish [kɜːdɪʃ]	kurde
a Kurd [kɜːd]	un(e) Kurde
– Afghan ['æfgæn]	afghan
Bengali [beŋ'gɔːlɪ]	bengali
Indian ['ɪndɪən]	indien
Pakistani [ˌpɑːkɪs'tɑːnɪ]	pakistanais
Singhalese [ˌsɪŋgə'liːz]	cingalais
Sri Lankan [ˌsriː'læŋkən]	sri-lankais
– Asian ['eɪʃn] Asiatic [ˌeɪsɪ'ætɪk]	asiatique
an Asian	un(e) Asiatique
Burmese [bɜː'miːz]	birman
Cambodian [kæm'bəʊdɪən]	cambodgien
Chinese [tʃaɪ'niːz]	chinois
Indonesian [ˌɪndəʊ'niːzɪən]	indonésien
Japanese [ˌdʒæpə'niːz]	japonais
North / South Korean	nord- / sud-coréen
Laotian ['laʊʃɪən]	laotien
Malaysian [mə'leɪzɪən]	malaisien
Manchurian [mæn'tʃʊərɪən]	mandchou
Mongol ['mɒŋgəl]	mongol
Thai [taɪ]	thaïlandais
Thai	le thaï
Tibetan [tɪ'betən]	tibétain
Vietnamese [ˌvjetnə'miːz]	vietnamien

– Australian [ɒs'treɪlɪən]	australien
Australasian [ˌɔːstrə'leɪzɪən]	australasien
New Zealand	néo-zélandais
a New Zealander	un(e) Néo-Zélandais(e)
New Caledonian	néo-calédonien
Polynesian [ˌpɒlɪ'niːzɪən]	polynésien
a Polynesian [ˌpɒlɪ'niːzɪən]	un(e) Polynésien(ne)

REMARQUES

1. Les noms d'habitants prennent une majuscule en anglais comme en français. Cependant, contrairement au français, les adjectifs de nationalité et les noms de langues prennent également une majuscule en anglais ; ex. : a Tibetan = un(e) Tibétain(e) (habitant), Tibetan = tibétain (adjectif), Tibetan = le tibétain (langue). Lorsqu'il n'y a pas de différence orthographique entre le nom de l'habitant, le nom de langue et l'adjectif de nationalité, seul ce dernier est mentionné ici.

2. Les noms d'habitants terminés en -ese sont invariables en anglais ; ex. : a Japanese = un Japonais, two Japanese = deux Japonais.

3. En anglais, lorsque l'adjectif de nationalité est différent du nom d'habitant, il peut être utilisé avec l'article défini pour désigner la totalité des habitants du pays ; ex. : the English = les Anglais, the Irish = les Irlandais, the French = les Français, etc. Il est aussi possible de dire dans le même sens : English people, Irish people, French people, etc.

19 PEACE AND WAR
LA PAIX ET LA GUERRE

1. PEACE LA PAIX

- To make* peace *with sb*	faire la paix *avec qqn*
peaceful ['piːsfʊl]	paisible, pacifique
peaceful coexistence	la coexistence pacifique
in peacetime	en temps de paix
to keep* the peace *between*	maintenir la paix *entre*
(the) détente [deɪ'tɑːnt]	la détente
peacekeeping force	les forces de maintien de la paix
the UN peacekeeping force the Blue Helmets	les Casques bleus
a deterrent force	une force de dissuasion
a nuclear deterrent	une force de dissuasion nucléaire
the interwar period	l'entre-deux-guerres
the postwar period	l'après-guerre
- A peace treaty	un traité de paix
to sign an armistice	signer un armistice
to declare a ceasefire	déclarer le cessez-le-feu
a truce [truːs]	une trêve
to end hostilities	mettre fin aux hostilités
a negotiator [nɪ'gəʊʃɪeɪtəʳ]	un(e) négociateur (-trice)
to negotiate an agreement	négocier un accord
negotiations [nɪˌgəʊʃɪ'eɪʃənz]	les négociations
to enter into negotiations	engager des négociations
to negotiate *sth with sb* [nɪ'gəʊʃɪeɪt]	négocier *qqch. avec qqn*
a non-agression pact	un pacte de non-agression
mediation [ˌmiːdɪ'eɪʃən]	la médiation
a mediator ['miːdɪeɪtəʳ]	un médiateur
to mediate *between* ['miːdɪeɪt]	servir d'intermédiaire *entre*
disarmament [dɪs'ɑːməmənt]	le désarmement
to disarm [dɪs'ɑːm]	désarmer
to demobilize [diː'məʊbɪlaɪz]	démobiliser
to make* reparations *to sb*	payer des réparations *à qqn*
- The peace movement	le mouvement pour la paix
a pacifist ['pæsɪfɪst]	un(e) pacifiste
pacifism ['pæsɪfɪzəm]	le pacifisme
a conscientious objector	un objecteur de conscience
nuclear disarmament	le désarmement nucléaire
CND [siːen'diː] the Campaign for Nuclear Disarmament	le mouvement pour le désarmement nucléaire
to pacify ['pæsɪfaɪ]	pacifier

2. WAR LA GUERRE

- The declaration of war	la déclaration de guerre
to declare war *on*	déclarer la guerre *à*
to go* to war	entrer en guerre
to break* out	éclater
the outbreak of hostilities	le début des hostilités
- To wage war *with sb*	faire la guerre *à qqn*
to be at war *with sb*	être en guerre *avec qqn*
to fight* (with) sb	se battre contre qqn
to struggle *against / for* ['strʌgl]	lutter *contre / pour*
the struggle *against / for*	la lutte *contre / pour*
a conflict ['kɒnflɪkt]	un conflit
in wartime	en temps de guerre
warlike ['wɔːlaɪk]	belliqueux
hostile ['hɒstaɪl, 'hɒstəl]	hostile
hostility [hɒs'tɪlɪtɪ]	l'hostilité
to resist *sth* [rɪ'zɪst]	résister *à qqch.*
resistance *to* [rɪ'zɪstəns]	la résistance *à*
a strategy ['strætɪdʒɪ]	une stratégie
strategic [strə'tiːdʒɪk]	stratégique
tactics[1] ['tæktɪks]	la tactique
tactical ['tæktɪkəl]	tactique
guerrilla warfare	la guérilla
a guerrilla [gə'rɪlə]	un guérillero
to mobilize ['məʊbɪlaɪz]	mobiliser
mobilization [ˌməʊbɪlaɪ'zeɪʃən]	la mobilisation
a world war	une guerre mondiale
the First / Second World War World War One / Two	la Première / Deuxième Guerre mondiale

all-out war	la guerre à outrance, la guerre totale
a war of attrition	une guerre d'usure
nuclear war	la guerre nucléaire
civil war	la guerre civile
Star Wars	la guerre des étoiles
the Strategic Defense Initiative (abr. SDI)	l'Initiative de défense stratégique (abr. I. D. S.)
the cold war	la guerre froide
a war of nerves	une guerre des nerfs
striking force	la force de frappe
the war on terror	la lutte antiterroriste

ATTENTION 1 : **tactics** s'emploie au pluriel dans le contexte militaire

– Fighting men	des combattants
fighting troops	des troupes de combat
the enemy ['enəmɪ]	l'ennemi
enemy troops/lines	les troupes/lignes ennemies
to engage the enemy	engager le combat contre l'ennemi
a campaign [kæm'peɪn]	une campagne
operations [ˌɒpə'reɪʃənz]	les opérations
an offensive [ə'fensɪv]	une offensive
an expedition *against* [ˌekspɪ'dɪʃən]	une expédition *contre*
a task force an expeditionary force	un corps expéditionnaire
to invade [ɪn'veɪd]	envahir
the invader [ɪn'veɪdəʳ]	l'envahisseur
an invasion [ɪn'veɪʒən]	une invasion
to besiege [bɪ'siːdʒ]	assiéger
a siege [siːdʒ]	un siège
to die for one's country	mourir pour la patrie
a mercenary ['mɜːsɪnərɪ]	un mercenaire
– To win*/lose* a war	gagner/perdre une guerre
a victory ['vɪktərɪ]	une victoire
victorious [vɪk'tɔːrɪəs]	victorieux
the victor ['vɪktəʳ]	le vainqueur
to conquer sth	conquérir qqch.
a conquest ['kɒŋkwest]	une conquête
a conqueror ['kɒŋkərəʳ]	un(e) conquérant(e)
to defeat sb	vaincre qqn
a defeat [dɪ'fiːt]	une défaite
– A prisoner of war a P.O.W. ['piːˌəʊ'dʌblˌjuː]	un prisonnier de guerre
a prison camp	un camp de prisonniers
a concentration camp	un camp de concentration
a refugee [ˌrefjʊ'dʒiː]	un(e) réfugié(e)
to desert ['dezət]	déserter
a deserter [dɪ'zɜːtəʳ]	un déserteur
desertion [dɪ'zɜːʃən]	la désertion
to occupy ['ɒkjʊpaɪ]	occuper
the occupation [ˌɒkjʊ'peɪʃən]	l'occupation
occupying forces	les forces d'occupation
a war criminal	un criminel de guerre
war crimes	des crimes de guerre
a crime against humanity	un crime contre l'humanité
a mushroom cloud	un champignon atomique
nuclear fallout ['fɔːlaʊt]	les retombées radioactives
genocide ['dʒenəʊsaɪd]	le génocide

3. FIGHTING LES COMBATS

– In combat	au combat
to go* into action	engager le combat
to attack [ə'tæk]	attaquer
an attack *on*	une attaque *contre*
a counter-attack	une contre-attaque
a surprise attack	une attaque-surprise
an assault [ə'sɔːlt]	un assaut
a battle ['bætl]	une bataille
to go* into battle to fight* a battle	livrer bataille
the front (line)	le front
front-line troops	les troupes de première ligne
to kill [kɪl]	tuer
to destroy [dɪs'trɔɪ]	détruire
destruction [dɪs'trʌkʃən]	la destruction
– To charge [tʃɑːdʒ]	charger
a charge	une charge
a skirmish ['skɜːmɪʃ]	une escarmouche
to fight* hand-to-hand	se battre au corps à corps
to storm a position	prendre une position d'assaut

to come* under heavy fire	essuyer un tir nourri
a raid *on* [reɪd]	un raid *sur*
to put* to flight	mettre en fuite
to repel sb/sth	repousser qqn/qqch.
BR to reconnoitre [ˌrekəˈnɔɪtəʳ] AM to reconnoiter	reconnaître (terrain)
reconnaissance [rɪˈkɒnɪsəns]	la reconnaissance
a reconnaissance mission/patrol	une mission/une patrouille de reconnaissance
to patrol [pəˈtrəʊl]	patrouiller
a patrol	une patrouille
a sniper [ˈsnaɪpəʳ]	un tireur isolé, un sniper
– A landing [ˈlændɪŋ]	un débarquement
the D-day landings	le débarquement du 6 juin 1944
D-day	le jour J
to take* a town/hill	prendre une ville/une colline
to capture [ˈkæptʃəʳ]	capturer
to (put* to) rout	mettre en déroute
to pursue [pəˈsjuː]	poursuivre
to drive* sb back	refouler qqn, repousser qqn
to surround [səˈraʊnd]	entourer
to fall* back	reculer
to retreat [rɪˈtriːt]	battre en retraite
a retreat	une retraite
to give* in to give* up	renoncer, s'avouer vaincu
to surrender *to* [səˈrendəʳ]	se rendre *à*
the surrender *to*	la reddition *à*
an unconditional surrender	une reddition sans conditions
to withdraw* *from* [wɪθˈdrɔː]	se retirer *de*
the vanguard [ˈvængɑːd]	l'avant-garde
the rearguard [ˈrɪəgɑːd]	l'arrière-garde
– BR defences [dɪˈfensɪz] AM defenses	les moyens de défense
defensive [dɪˈfensɪv]	défensif
to defend sth *against sth*	défendre qqch. *contre qqch.*
a battlefield [ˈbætlˌfiːld] a battleground [ˈbætlˌgraʊnd]	un champ de bataille
the trenches [ˈtrentʃɪz]	les tranchées
barbed wire	du fil de fer barbelé
the barbed wire entanglements	les barbelés
a sandbag [ˈsændbæg]	un sac de sable
a bridgehead [ˈbrɪdʒhed]	une tête de pont
the flank [flæŋk]	le flanc
reinforcements [ˌriːɪnˈfɔːsmənts]	des renforts
– To be reported missing	être porté disparu
to be taken prisoner	être fait prisonnier
to suffer heavy losses to have many casualties	essuyer de grosses pertes
the wounded [ˈwuːndɪd] (n. c. plur.)	les blessés
a stretcher-bearer [ˈstretʃəʳˌbɛərəʳ]	un brancardier
a field hospital	un hôpital de campagne
the dead [ded] (n. c. plur.)	les morts
killed in action	tué au combat

■ 4. WEAPONS LES ARMES

– A weapon [ˈwepən]	une arme
conventional/nuclear weapons	les armes conventionnelles/nucléaires
armaments [ˈɑːməmənts]	les armements
ammunition [ˌæmjʊˈnɪʃən] (n. c. sing.) munitions [mjuːˈnɪʃənz] (plur.)	les munitions
an ammunition dump	un dépôt de munitions
BR armour [ˈɑːməʳ] (n. c. sing.) AM armor	les blindés
an explosive [ɪksˈpləʊzɪv]	un explosif
an explosion [ɪksˈpləʊʒən]	une explosion
to explode [ɪksˈpləʊd]	exploser, faire exploser
gunpowder [ˈgʌnˌpaʊdəʳ]	la poudre à canon
– A sword [sɔːd]	une épée
a dagger [ˈdægəʳ]	un poignard
a spear [spɪəʳ]	une lance
a shield [ʃiːld]	un bouclier
a bow [bəʊ]	un arc

an arrow ['ærəʊ]	une flèche
– A firearm ['faɪəʳˌɑːm]	une arme à feu
a revolver [rɪ'vɒlvəʳ]	un revolver
a pistol ['pɪstl]	un pistolet
a gun [gʌn] a rifle ['raɪfl]	un fusil
a sawn-off shotgun	un fusil à canon scié
an automatic [ˌɔːtə'mætɪk]	une arme automatique
a (hand) grenade	une grenade
a shot [ʃɒt]	un coup de feu
to fire [faɪəʳ]	tirer
to shoot* *at sb / sth* [ʃuːt] to fire a shot *at sb / sth*	tirer *sur qqn / qqch.*
to shoot* sb	abattre qqn
Fire!	Feu !
a bullet ['bʊlɪt]	une balle
a stray bullet	une balle perdue
a cartridge ['kɑːtrɪdʒ] a round (of ammunition)	une cartouche
to fire shots in the air	tirer en l'air
to aim at sb / sth	viser qqn / qqch.
the sight [saɪt]	la mire
the target ['tɑːgɪt]	la cible, l'objectif
to hit* the target	atteindre l'objectif
– A canon ['kænən] a gun [gʌn]	un canon
a machine gun	une mitrailleuse
a submachine gun	une mitraillette
a tank [tæŋk]	un tank, un char
a caterpillar ['kætəpɪləʳ]	une chenille
a mortar ['mɔːtəʳ]	un mortier
machine-gun / mortar fire (n. c.)	un tir de mitrailleuse / de mortier
a bombardment [bɒm'bɑːdmənt]	un bombardement
a bomb [bɒm]	une bombe
the H-bomb	la bombe H
the atom(ic) bomb	la bombe atomique
a shell [ʃel]	un obus
to bombard sth *with sth*	bombarder qqch. *de qqch.*
to bomb	bombarder (avec des bombes)
to shell	bombarder (avec des obus)
a mine [maɪn]	une mine
a minefield	un champ de mines
a torpedo [tɔː'piːdəʊ] (plur. torpedoes)	une torpille
to launch a rocket	lancer une fusée
anti-aircraft defence	la D. C. A.
napalm ['neɪpɑːm]	le napalm
a missile ['mɪsaɪl]	un missile
a ground-to-air / air-to-air missile	un missile sol-air / air-air
an intermediate range missile	un missile de moyenne portée
a cruise missile	un missile de croisière
the nuclear warhead	l'ogive nucléaire
a missile launcher	un lance-missiles
– Poison gas	le gaz asphyxiant
to be gassed	être gazé
tear gas	le gaz lacrymogène
nerve gas	le gaz neurotoxique
germ / biological warfare	la guerre bactériologique / biologique
biological / chemical weapons	les armes biologiques / chimiques

REMARQUE Le mot **gun** s'emploie pour désigner toute arme à feu : fusil, revolver, pistolet, canon.

5. ENLISTMENT L'ENRÔLEMENT

– A serviceman ['sɜːvɪsˌmæn]	un militaire
the (armed) forces	les forces armées
to be in the Services to be in the forces AM to be in the military	être militaire, être dans l'armée
a regular soldier / officer	un militaire / officier de carrière
BR a private ['praɪvɪt] AM an enlisted man	un simple soldat
a recruit [rɪ'kruːt]	une recrue
BR a conscript [kən'skrɪpt] AM a draftee [dræf'tiː]	un appelé, un conscrit
– National service military service	le service militaire
BR to sign on BR to join (up) AM to enlist [ɪn'lɪst]	s'engager, s'enrôler
to join the army to go* into the army	s'engager dans l'armée

to recruit sb	recruter qqn
to be called up	être mobilisé
to be demobilized	être démobilisé
a civilian [sɪ'vɪlɪən]	un(e) civil(e)
BR conscription [kən'skrɪpʃən] AM the draft [drɑ:ft]	la conscription
fit for service	bon pour le service
to be declared unfit (for military service)	être réformé
army pay	la solde
– Uniform ['ju:nɪfɔ:m]	l'uniforme
in dress uniform	en tenue de cérémonie
in battle dress	en tenue de combat
a forage cap	un calot
a cap [kæp] a peaked cap	une casquette
a helmet ['helmɪt]	un casque
kit [kɪt] (n. c.)	le barda
a rank [ræŋk]	un grade
a star [stɑ:ʳ]	une étoile
a stripe [straɪp]	un galon
a chevron ['ʃevrən]	un chevron

6. MILITARY LIFE LA VIE MILITAIRE

– To serve *in a regiment* [sɜ:v]	servir *dans un régiment*
to be on duty	être de service
to be off duty	avoir quartier libre
a garrison ['gærɪsən]	une garnison
headquarters ['hedkwɔ:təz] (plur.)	le quartier général
HQ [eɪtʃ'kju:]	le QG
the barracks ['bærəks] (sing.)	la caserne
the mess [mes]	la cantine, le mess
a sentry ['sentrɪ]	une sentinelle, un factionnaire
to be on sentry duty	être de faction
to be on fatigue (duty)	être de corvée
reveille [rɪ'vælɪ]	le réveil
BR confined to barracks BR confined to quarters AM confined to base	consigné
to go* on leave	partir en permission
– An officer ['ɒfɪsəʳ]	un officier
a non-commissioned officer a NCO [ˌensi:'əʊ]	un sous-officier
the commanding officer the CO [si:'əʊ]	le commandant
to get* one's commission to be commissioned	être nommé officier
to be in command	commander
BR an ex-serviceman AM a veteran ['vetərən] AM a vet [vet] (parlé)	un ancien combattant
– To salute *sb* [sə'lu:t]	saluer *qqn*
a salute	un salut
to present arms	présenter les armes
Present arms!	Présentez armes !
to stand* / come* to attention	être / se mettre au garde-à-vous
Attention! [ə'tenʃən]	Garde à vous !
to stand* at ease	être au repos
(Stand) at ease!	Repos !
to march [mɑ:tʃ]	marcher au pas
to mark time	marquer le pas
Quick march!	En avant, marche !
About turn!	Demi-tour !
Right turn!	À droite, droite !
Left turn!	À gauche, gauche !
Halt! Who goes there?	Halte ! Qui va là ?
Lights out!	Extinction des feux !
– To train *for* [treɪn]	s'entraîner *pour*, se préparer *à*
to train sb	former qqn, instruire qqn
training ['treɪnɪŋ]	l'instruction
to drill [drɪl]	faire l'exercice
to drill soldiers	faire faire l'exercice à des soldats
drill (n. c.)	l'exercice
BR to be on manœuvres AM to be on maneuvers	être en manœuvres
the assault course	le parcours du combattant
– A parade [pə'reɪd]	une parade, une revue
a review [rɪ'vju:]	une revue
to review	passer en revue
the parade ground	le terrain de manœuvres
to parade *before sb*	défiler *devant qqn*
to march past	défiler

a march past	un défilé
to inspect [ɪn'spekt]	inspecter
an inspection [ɪn'spekʃən]	une inspection

7. THE ARMY L'ARMÉE DE TERRE

– The British / French army	l'armée britannique / française
the US army	l'armée américaine
the infantry ['ɪnfəntrɪ]	l'infanterie
the artillery [ɑː'tɪlərɪ]	l'artillerie
the engineers [ˌendʒɪ'nɪəʳz]	le génie
the cavalry ['kævəlrɪ]	la cavalerie
the commandos [kə'mɑːndəʊz]	les commandos
the Signals (corps)	les transmissions
an army corps a corps [kɔːʳ]	un corps d'armée
a division [dɪ'vɪʒən]	une division
a brigade [brɪ'geɪd]	une brigade
a regiment ['redʒɪmənt]	un régiment
a battalion [bə'tælɪən]	un bataillon
a company ['kʌmpənɪ]	une compagnie
a platoon [plə'tuːn]	une section, un peloton
– BR a field marshal AM a five-star general	un maréchal
a general ['dʒenərəl]	un général
BR a brigadier [ˌbrɪgə'dɪəʳ] AM a brigadier general	un général de brigade
a colonel ['kɜːnl]	un colonel
a lieutenant colonel	un lieutenant-colonel
a major ['meɪdʒəʳ]	un commandant
a captain ['kæptɪn]	un capitaine
a lieutenant [lef'tenənt]	un lieutenant
a warrant officer	un adjudant
a sergeant ['sɑːdʒənt]	un sergent
a corporal ['kɔːpərəl]	un caporal
an infantryman ['ɪnfəntrɪmæn]	un fantassin
a soldier ['səʊldʒəʳ]	un soldat
a gunner ['gʌnəʳ]	un artilleur
– The troops [truːps]	les troupes
a detachment [dɪ'tætʃmənt]	un détachement
a column ['kɒləm]	une colonne
the reserve [rɪ'zɜːv]	la réserve
an orderly ['ɔːdəlɪ]	un planton
khaki ['kɑːkɪ] AM olive drab	kaki
BR airborne ['ɛəbɔːn] AM airmobile ['ɛəˌməʊbaɪl]	aéroporté
a paratrooper ['pærətruːpəʳ]	un parachutiste
paratroops ['pærətruːps]	les troupes aéroportées
a parachute ['pærəʃuːt]	un parachute
to parachute	parachuter, sauter en parachute

8. THE NAVY LA MARINE DE GUERRE

– The French Navy	la marine française
the Royal Navy (abr. RN)	la marine de guerre britannique
the US Navy (abr. USN)	la marine de guerre américaine
naval ['neɪvəl]	naval
a naval base	une base navale
the fleet [fliːt]	la flotte
a flotilla [flə'tɪlə]	une flotille
a convoy ['kɒnvɔɪ]	un convoi
a port [pɔːt]	un port
the home port the home base	le port d'attache
a naval dockyard	un arsenal maritime
to refit a ship	réarmer un navire
– A warship ['wɔːˌʃɪp]	un navire de guerre
a battleship ['bætlˌʃɪp]	un cuirassé
an aircraft carrier	un porte-avions
a cruiser ['kruːzəʳ]	un croiseur
a destroyer [dɪs'trɔɪəʳ]	un contre-torpilleur
a frigate ['frɪgɪt]	une frégate
a torpedo boat	une vedette lance-torpilles
a troop carrier	un transport de troupes (navire)
a gunboat ['gʌnbəʊt]	une canonnière
a submarine [ˌsʌbmə'riːn]	un sous-marin
a launch [lɔːntʃ]	une vedette
a landing craft	une péniche de débarquement

– An admiral ['ædmərəl]	un amiral
a commander [kə'mɑːndər]	un capitaine de frégate
the marines [mə'riːnz]	les fusiliers marins
a lieutenant [lef'tenənt]	un enseigne de vaisseau
a midshipman ['mɪdʃɪpmən]	un aspirant
a sailor ['seɪlər] a seaman ['siːmən]	un marin
BR a rating ['reɪtɪŋ] AM a recruit [rɪ'kruːt]	un matelot
– The flagship ['flægʃɪp]	le vaisseau amiral
a naval engagement	un combat naval
to escort ['eskɔːt]	escorter
in close formation	en ordre serré
to sink* [sɪŋk] to go* down	couler, sombrer
to sink* a ship	couler un navire
to scuttle a ship	saborder un navire
Action stations!	À vos postes de combat !
All hands on deck!	Tous les hommes sur le pont !
a mine [maɪn]	une mine
a minesweeper	un dragueur de mines
a minelayer	un mouilleur de mines
to lay* mines	mouiller des mines

REMARQUE Le nom des navires de guerre britanniques commence toujours par les initiales HMS (abr. de *His/Her Majesty's Ship*) ; ex. : HMS Bravado = le Bravado. Le nom des navires de guerre américains commence toujours par les initiales USS (abr. de *United States Ship*) ; ex. : the USS Bravado = le Bravado. Les navires sont en général repris par des pronoms et des adjectifs au féminin ; ex. : she was a beautiful ship, you should have seen her = c'était un beau bateau, il fallait le voir.

9. THE AIR FORCE L'ARMÉE DE L'AIR

– The French Air Force	l'armée de l'air française
the Royal Air Force (abr. RAF)	l'armée de l'air britannique
the US Air Force (abr. USAF)	l'armée de l'air américaine
an aircraft ['ɛəkrɑːft] a plane [pleɪn] BR an aeroplane ['ɛərəpleɪn] AM an airplane ['ɛəpleɪn]	un avion
a pilot ['paɪlət]	un pilote
– A fighter ['faɪtər]	un chasseur
a bomber ['bɒmər]	un bombardier
a helicopter ['helɪkɒptər]	un hélicoptère
a vertical take-off plane	un avion à décollage vertical
a jet engine	un moteur à réaction
a wing [wɪŋ]	une escadre aérienne
a squadron ['skwɒdrən]	une escadrille
a glider ['glaɪdər]	un planeur
– BR an air chief marshal AM a general ['dʒenərəl]	un général (d'armée aérienne)
BR an air commodore AM a brigadier general	un général de brigade aérienne
BR a group captain AM a colonel ['kɜːnl]	un colonel (de l'armée de l'air)
BR a wing commander AM a lieutenant colonel	un lieutenant-colonel (de l'armée de l'air)
BR a squadron leader AM a major ['meɪdʒər]	un commandant (de l'armée de l'air)
BR a flight lieutenant AM a captain ['kæptɪn]	un capitaine (de l'armée de l'air)
BR a flying officer AM a first lieutenant	un lieutenant (de l'armée de l'air)
an airman ['ɛəmæn]	un soldat (de l'armée de l'air)
a navigator ['nævɪgeɪtər]	un navigateur
– A sortie ['sɔːtɪ]	une sortie
an air base	une base aérienne
a landing field	un terrain d'atterrissage
a mission ['mɪʃən]	une mission
an air raid a bombing raid	un raid aérien
to drop a bomb *on sth*	lâcher une bombe *sur qqch.*
to shoot* sth/sb down to bring* sth/sb down	abattre qqch./qqn
to crash-land ['kræʃlænd]	atterrir en catastrophe
to bale out	sauter en catastrophe
an ejector seat	un siège éjectable
an air-raid shelter	un abri antiaérien
a fallout shelter	un abri antinucléaire
BR a fly-past ['flaɪˌpɑːst] AM a flyover ['flaɪˌəʊvər]	un défilé aérien

20 THE ECONOMY L'ÉCONOMIE

1. ECONOMIC CHOICES LES CHOIX ÉCONOMIQUES

– **Free enterprise**	la libre entreprise
liberalism ['lɪbərəlɪzəm]	le libéralisme
a free market economy	une économie libérale, une économie de marché
free trade	le libre-échange
protectionism [prə'tekʃənɪzəm]	le protectionnisme
privatization [ˌpraɪvɪˌtaɪ'zeɪʃən]	la privatisation
to privatize ['praɪvɪˌtaɪz]	privatiser
– **Planning** ['plænɪŋ]	la planification
to plan [plæn]	planifier
a state-run economy a state-controlled economy	une économie dirigée
state intervention	le dirigisme
– **Nationalization** [ˌnæʃnəlaɪ'zeɪʃən]	la nationalisation
to nationalize ['næʃnəlaɪz]	nationaliser
the nationalized industries	les industries nationalisées
a state-owned company a state-controlled company	une entreprise publique
to bring* under state control to bring* under government control	étatiser (industrie, entreprise)
a mixed economy	une économie mixte
– **Monetarism** ['mʌnɪtərɪzəm]	le monétarisme
monetary ['mʌnɪtərɪ]	monétaire
a monetarist ['mʌnɪtərɪst]	un(e) monétariste
public spending (n. c.) government spending (n. c.)	les dépenses publiques
a government loan	un emprunt d'État
to issue a loan	lancer un emprunt
a subsidy ['sʌbsɪdɪ]	une subvention
to subsidize ['sʌbsɪdaɪz]	subventionner
– **The balance of trade**	la balance commerciale
the balance of payments	la balance des paiements
the gross national product	le produit national brut
the GNP [ˌdʒiːen'piː]	le PNB
the gross domestic product	le produit intérieur brut
the GDP [dʒiːdiː'piː]	le PIB
the retail price index	l'indice des prix à la consommation
– **The public/private sector**	le secteur public/privé
primary industry	le secteur primaire
manufacturing secondary industry	le secteur secondaire
the service industries tertiary industry	le secteur tertiaire

2. THE ECONOMIC SITUATION LA CONJONCTURE ÉCONOMIQUE

– **Economic** [ˌiːkə'nɒmɪk]	économique (enjeu, problème)
growth [grəʊθ]	la croissance
the growth rate	le taux de croissance
to boom [buːm]	être en plein essor
the economic boom	l'essor économique
a boom in sales/production	une forte progression des ventes/de la production
– **The recession** [rɪ'seʃən] the slump [slʌmp]	la récession
stagnation [stæg'neɪʃən]	le marasme
the budget deficit	le déficit budgétaire
a trade deficit a trade gap	un déficit commercial
a downturn in sales	une baisse des ventes
a slump in demand	une chute de la demande
– **An economic package**	une série de mesures économiques
austerity measures (plur.)	une politique d'austérité
to boost [buːst]	relancer
to boost the economy to reflate the economy	relancer l'économie
reflation [riː'fleɪʃən]	la relance économique
reflationary measures	des mesures de relance
the economic recovery	le redressement économique
the economic revival	la reprise économique

– Inflation [ɪn'fleɪʃən]	l'inflation
inflationary [ɪn'fleɪʃnərɪ]	inflationniste
deflation [diː'fleɪʃən]	la déflation
devaluation [ˌdɪvæljʊ'eɪʃən]	la dévaluation
to devalue ['diː'væljuː]	dévaluer
revaluation [riːˌvæljʊ'eɪʃən]	la réévaluation
to revalue ['riː'væljuː]	réévaluer

■ 3. THE STOCK EXCHANGE LA BOURSE

– A portfolio [pɔːt'fəʊlɪəʊ]	un portefeuille
a share [ʃɛəʳ]	une action
stocks and shares	des actions
securities [sɪ'kjʊərɪtɪz]	les valeurs, les titres
BR gilt-edged securities AM blue chips	des grandes valeurs de la cote
BR to hold* shares *in* AM to have stock *in*	détenir des actions *de*
BR a shareholder ['ʃɛəʳˌhəʊldəʳ] AM a stockholder ['stɒkˌhəʊldəʳ]	un(e) actionnaire
a stake [steɪk] a holding ['həʊldɪŋ] an interest ['ɪntrɪst]	une participation financière
to take* a majority shareholding	prendre une participation majoritaire
– A bond [bɒnd] a debenture [dɪ'bentʃəʳ]	une obligation
a government bond	une obligation d'État
government securities	les fonds d'État
a dividend ['dɪvɪdend]	un dividende
– BR the stock exchange AM the stock market	la Bourse (des valeurs)
the forward market	le marché à règlement mensuel
the spot market the cash market	le marché au comptant
the share index	l'indice des valeurs boursières
the Dow-Jones average	l'indice Dow-Jones
– A currency ['kʌrənsɪ]	une monnaie
foreign currency	les devises étrangères
the rate of exchange the exchange rate	le taux de change
the foreign exchange market	le marché des changes
a foreign exchange dealer	un(e) cambiste
a stockbroker ['stɒkbrəʊkəʳ]	un agent de change
a firm of stockbrokers	une société de Bourse
– To be quoted to be listed	être coté (en Bourse)
a quotation [kwəʊ'teɪʃən]	une cotation
an issue ['ɪʃuː] a flotation [fləʊ'teɪʃən]	une émission
trading ['treɪdɪŋ] (n. c.)	les échanges, les transactions
– To appreciate [ə'priːʃɪeɪt]	s'apprécier, prendre de la valeur
to depreciate [dɪ'priːʃɪeɪt]	perdre de sa valeur
the dollar has risen / fallen by 9 %	le dollar a augmenté / baissé de 9 %
the rise of the dollar against the pound	la hausse du dollar par rapport à la livre
to rally ['rælɪ]	se redresser
the market has rallied	les cours se sont redressés
the market is steady	le marché est stable
– Fluctuation [ˌflʌktjʊ'eɪʃən]	la fluctuation
to fluctuate ['flʌktjʊeɪt]	fluctuer
a bull / bear market	un marché haussier / baissier
the opening / closing price	le cours d'ouverture / de clôture
the collapse of the market	l'effondrement du marché
a crash [kræʃ]	un krach
to speculate *in* ['spekjʊleɪt]	spéculer *sur*
a speculator ['spekjʊleɪtəʳ]	un(e) spéculateur (-trice)

4. BANKS LES BANQUES

– **Finance** [faɪ'næns]	la finance
high finance	la haute finance
a financier [faɪ'nænsɪəʳ]	un financier
banking ['bæŋkɪŋ]	la banque
a banker ['bæŋkəʳ]	un banquier
– **Money** ['mʌnɪ]	l'argent
BR a (bank)note [('bæŋk)nəʊt] AM a (treasury) bill	un billet (de banque)
a 100-euro note	un billet de 100 euros
a coin [kɔɪn]	une pièce
a 10-cent coin	une pièce de 10 centimes
– **Change** [tʃeɪndʒ]	la monnaie
to give sb change for 50 euros	faire à qqn la monnaie de 50 euros
to change a 50-euro note	changer un billet de 50 euros
to get* change	faire de la monnaie
small change	de la petite monnaie
small/large notes notes of large/small denomination	des petites/grosses coupures
– **A bank account**	un compte bancaire
BR a current account AM a checking account	un compte courant
a savings account BR a deposit account	un compte sur livret
to open an account *with* a bank	ouvrir un compte *dans une banque*
to close an account	fermer un compte
Where do you bank?	Quelle est votre banque ?
I bank with them	j'ai un compte chez eux
– **A credit card**	une carte de crédit
BR a cheque [tʃek] AM a check	un chèque
BR a cheque for 500 euros AM a check in the amount of 500 euros	un chèque de 500 euros
BR a chequebook AM a checkbook	un chéquier
to write* a cheque	faire un chèque
to write* sb a cheque for 4,000 euros	faire à qqn un chèque de 4 000 euros
to make* a cheque out to sb	libeller un chèque à l'ordre de qqn
to cross a cheque	barrer un chèque
the cheque bounced (parlé)	c'était un chèque en bois
a bad cheque a dud cheque (parlé)	un chèque sans provision
– **To cash a cheque**	toucher un chèque
to make* a deposit	faire un versement
to deposit 900 euros in one's account	verser 900 euros sur son compte
to credit an account with 3,000 euros	créditer un compte de 3 000 euros
to pay* a cheque into an account	verser un chèque à un compte
to withdraw* money *from*	retirer de l'argent *de*
to draw* money *from one's account*	tirer de l'argent *sur son compte*
a PIN number	un code confidentiel
– **A credit/debit balance**	un solde créditeur/débiteur
the account has a credit/debit of 500 euros	le compte est créditeur/débiteur de 500 euros
a debtor ['detəʳ]	un(e) débiteur (-trice)
a creditor ['kredɪtəʳ]	un(e) créancier (-ière)
– **A (bank) statement**	un relevé bancaire
BR to have an overdraft to be overdrawn	avoir un découvert, être à découvert
to be in the red (parlé)	être dans le rouge
bank charges	des agios
a draft *of sth/on sth* [drɑ:ft]	une traite *de qqch./sur qqch.*
– **To lend* sth** *to sb*	prêter qqch. *à qqn*
a loan [ləʊn]	un prêt, un emprunt
a mortgage ['mɔ:gɪdʒ]	un prêt immobilier
to borrow money *from*	emprunter de l'argent *à*
a credit institution	un organisme de prêt
the schedule of repayments	l'échéancier
– **A mortgage** ['mɔ:gɪdʒ]	un crédit immobilier
to take out a mortgage	souscrire un crédit immobilier
mortgage payments	les remboursements de crédit immobilier
to mortgage sth	hypothéquer qqch.
as a security on a loan	comme caution d'un prêt
to repay* sth	rembourser qqch.

– BR a merchant bank BR a commercial bank AM an investment bank	une banque d'affaires
capital ['kæpɪtl]	le capital
funds [fʌndz]	les fonds
to invest *in* [ɪn'vest]	investir *dans*
an investment [ɪn'vestmənt]	un investissement
an investor [ɪn'vestəʳ]	un investisseur
– Interest ['ɪntrɪst] (n. c.)	l'intérêt, les intérêts
interest on an invest-ment	les intérêts d'un placement
the interest rate	le taux d'intérêt
6 % interest	6 % d'intérêt
to yield 6 %	rapporter 6 %
to give* a good return	être d'un bon rapport
– A bank manager	un directeur de banque
a bank clerk	un(e) employé(e) de banque
BR a cashier [kæ'ʃɪəʳ] AM a teller ['teləʳ]	un(e) caissier (-ière)
BR a safe [seɪf] BR a strong box AM a safe deposit box	un coffre-fort
the strongroom ['strɒŋru:m] the vault [vɔ:lt]	la salle des coffres
BR a cashpoint ['kæʃpɔɪnt] BR a cash dispenser AM an automatic teller	un distributeur automa-tique de billets

■ 5. BUSINESS LES AFFAIRES

– A company ['kʌmpənɪ]	une entreprise, une société
a business ['bɪznɪs]	une affaire
a firm [fɜ:m]	une firme
small businesses	les PME
a dotcom ['dɔtkɔm]	une entreprise dont les services sont unique-ment accessibles via Internet
e-commerce ['i:,kɔmɜ:s] e-business ['i:,bɪznɪs]	le commerce électroni-que
to be in business	être dans les affaires
to run* a business	diriger une affaire
to deal* in to trade in	être dans le commerce de
– Commercial [kə'mɜ:ʃəl]	commercial
trade [treɪd] (n. c.) trading ['treɪdɪŋ] (n. c.)	les échanges commer-ciaux
a trade agreement a trading agreement	un accord commercial
a contract ['kɒntrækt]	un contrat
to sign / cancel a contract	signer / résilier un contrat
a breach of contract	une rupture de contrat
– A businessman ['bɪznɪs,mæn]	un homme d'affaires
a businesswoman ['bɪznɪs,wʊmən]	une femme d'affaires
the head of a company	un chef d'entreprise
the entrepreneurial spirit	l'esprit d'entreprise
to set* up a company	créer une entreprise
to set* up in business on one's own to set* up one's own business	s'établir à son compte
– A make [meɪk]	une marque (produits manufacturés)
a brand [brænd]	une marque (produits alimentaires)
a registered trademark	une marque déposée
the brand image	l'image de marque
a patent ['peɪtənt]	un brevet
– The law of supply and demand	la loi de l'offre et de la demande
competition [,kɒmpɪ'tɪʃən]	la concurrence
unfair competition	la concurrence déloyale
to compete with sb / sth	concurrencer qqn / qqch.
a competitor [kəm'petɪtəʳ]	un(e) concurrent(e)
competitive [kəm'petɪtɪv]	concurrentiel, compétitif
rock-bottom prices	des prix défiant toute concurrence
– Marketing ['mɑ:kɪtɪŋ]	le marketing
direct marketing	le marketing direct
to market ['mɑ:kɪt]	commercialiser
to do* some market research	faire une étude de marché
an outlet ['aʊtlet]	un débouché
to meet* the needs of the customer	répondre aux besoins du client
to see a gap in the market	repérer un créneau

to launch a product	lancer un produit
– The home market the domestic market	le marché intérieur
to break* into new markets	s'établir sur de nouveaux marchés
to capture a market	s'emparer d'un marché
to carve out a share of the market	se tailler une part du marché
to establish o.s. in a market	s'implanter dans un marché
to saturate the market	saturer le marché
– A sales drive	une campagne promotionnelle
a sample ['sɑ:mpl]	un échantillon
a trade fair	une foire commerciale, un salon
the Book Fair	la Foire du livre
the Motor Show	le Salon de l'automobile
an exhibitor [ɪg'zɪbɪtəʳ]	un exposant
– A profit ['prɒfɪt]	un bénéfice
to make* a profit	réaliser un bénéfice
the mark-up	la marge (sur un produit)
a profit margin	une marge bénéficiaire
a loss [lɒs]	une perte
gross [grəʊs]	brut
net [net]	net
the turnover ['tɜ:nˌəʊvəʳ]	le chiffre d'affaires
business is good / bad	les affaires marchent bien / mal
– The financial year	l'exercice financier
the balance sheet	le bilan
assets ['æsets] (plur.)	l'actif
liabilities [ˌlaɪə'bɪlɪtɪz] (plur.)	le passif
receipts [rɪ'si:ts]	les recettes
takings ['teɪkɪŋz]	les rentrées
outgoings ['aʊtgəʊɪŋz]	les sorties
overheads [ˌəʊvə'hedz] BR oncosts ['ɒnkɒsts]	les frais généraux
– A deficit ['defɪsɪt]	un déficit
to be in deficit	être déficitaire
to go* into voluntary liquidation	déposer son bilan
compulsory liquidation	la liquidation judiciaire
to go* bankrupt	faire faillite
bankruptcy ['bæŋkrəptsɪ]	la faillite
to refloat a company	renflouer une compagnie
a rescue plan	un plan de sauvetage

■ 6. BUSINESS ORGANIZATION L'ORGANISATION DE L'ENTREPRISE

– A group [gru:p]	un groupe
a multinational [ˌmʌltɪ'næʃənl]	une multinationale
a subsidiary [səb'sɪdɪərɪ]	une filiale
a branch office	une succursale
the head office	le siège social
the parent company	la maison mère
a small business a small-sized company	une petite entreprise
small and medium-sized companies	≈ les PME
– A joint-stock company	une société par actions
BR a public limited company AM an incorporated company	≈ une société anonyme
BR Dupont & Co. plc AM Dupont & Co. Inc.	≈ Dupont & Cie S. A.
– A monopoly [mə'nɒpəlɪ]	un monopole
a cartel [kɑ:'tel]	un cartel
to go* into partnership *with sb*	s'associer *avec qqn*
a partner ['pɑ:tnəʳ]	un(e) associé(e)
a sleeping partner	un commanditaire
– The management ['mænɪdʒmənt]	la direction
the board (of directors)	le conseil d'administration
a director [dɪ'rektəʳ]	un(e) administrateur (-trice)
BR the managing director AM the chief executive officer	le PDG
a manager ['mænɪdʒəʳ]	un(e) directeur (-trice), un(e) gérant(e)
– The staff [stɑ:f]	le personnel
an executive [ɪg'zekjʊtɪv]	un cadre
a senior executive a senior manager	un cadre supérieur
the managerial staff	les cadres
an employee [ˌɪmplɔɪ'i:]	un(e) employé(e)
– A department [dɪ'pɑ:tmənt]	un service, un département

a head of department	un chef de service
the personnel director the personnel officer	le chef du personnel
– The sales department	le service des ventes
the sales manager	le directeur commercial
the sales force (sing.)	la force de vente
a sales representative a rep	un(e) représentant(e) (de commerce)
– Accounting [ə'kaʊntɪŋ] book-keeping	la comptabilité
the books [bʊks]	les livres de comptes
to keep* the books	tenir les comptes
the ledger ['ledʒəʳ]	le grand livre
an accountant [ə'kaʊntənt]	un(e) comptable
the accounts department	le service de la comptabilité
BR a chartered accountant AM a certified public accountant AM a C.P.A. [ˌsi:pi:'eɪ]	un expert-comptable
– To manage ['mænɪdʒ] to run* [rʌn]	gérer
management ['mænɪdʒmənt]	la gestion
good/poor management	une bonne/mauvaise gestion
– A meeting ['mi:tɪŋ]	une réunion
to be in the chair	présider
to chair a meeting	présider une réunion
on the agenda	à l'ordre du jour
to take* the minutes of a meeting	rédiger le compte rendu d'une réunion
– To plan [plæn]	prévoir
to develop [dɪ'veləp]	développer
to diversify [daɪ'vɜ:sɪfaɪ]	diversifier
it is company policy to do this	la compagnie a pour règle d'agir ainsi
– To buy* up a company to take* over a company	racheter une entreprise
a takeover ['teɪkˌəʊvəʳ]	un rachat
a takeover bid	une OPA
a (company) merger	une fusion d'entreprises
to merge [mɜ:dʒ]	fusionner

■ 7. COMMERCE LE COMMERCE

– An item ['aɪtəm] an article ['ɑ:tɪkl]	un article
a commodity [kə'mɒdɪtɪ]	une denrée, une marchandise
a product ['prɒdʌkt]	un produit
goods [gʊdz] (plur.) merchandise ['mɜ:tʃəndaɪz] (n. c.)	la marchandise
poor/high quality goods	des produits de mauvaise/très bonne qualité
it's junk (parlé)	c'est de la camelote
a range [reɪndʒ]	une gamme
a model ['mɒdl] a design [dɪ'zaɪn]	un modèle
a top-of-the-range model a high-end model	un modèle haut de gamme
a product line	une ligne de produits
– A buyer ['baɪəʳ]	un(e) acheteur (-euse)
to buy* *sth from sb* [baɪ] to purchase *sth from sb* ['pɜ:tʃɪs]	acheter *qqch. à qqn*
a purchase	un achat
to buy* sth wholesale/retail	acheter qqch. en gros/au détail
– A seller ['seləʳ]	un vendeur
to sell* [sel]	vendre
to sell* wholesale	vendre en gros
a wholesaler ['həʊlseɪləʳ]	un grossiste
to retail ['ri:teɪl]	vendre au détail
a retailer ['ri:teɪləʳ]	un détaillant
a dealer ['di:ləʳ]	un concessionnaire
a sales outlet	un point de vente
– The wholesale/retail price	le prix de gros/de détail
the cost/selling price	le prix de revient/de vente
the factory-gate price	le prix sortie d'usine
the launch price	le prix de lancement
– An order ['ɔ:dəʳ]	une commande
to order *sth from sb*	commander *qqch. à qqn*
to place an order *for sth/with sb*	passer une commande *de qqch./à qqn*
to cancel an order	annuler une commande
an order form	un bon de commande
an order book	un carnet de commandes
in stock	en stock

out of stock	en rupture de stock
to have sth in stock	avoir qqch. en magasin
we do not stock this item anymore	nous ne faisons plus cet article
BR a catalogue ['kætəlɒg] AM a catalog	un catalogue
mail-order selling	la vente par correspondance
telephone selling telesales	la vente par téléphone
e-commerce ['i:kɒmɜ:s]	le commerce électronique
web sales	ventes par internet
- On approval	à l'essai
second-hand	d'occasion
an exchange [ɪks'tʃeɪndʒ]	un échange
to exchange *sth for sth*	échanger *qqch. contre qqch.*
barter ['bɑ:təʳ]	le troc
- A label ['leɪbl]	une étiquette (marque)
a price tag	une étiquette (prix)
- A transaction [træn'zækʃən]	une transaction
to make* a deal *with sb*	conclure une affaire *avec qqn*
a quotation [kwəʊ'teɪʃən] a quote [kwəʊt] an estimate ['estɪmɪt]	un devis
an invoice ['ɪnvɔɪs]	une facture
to invoice	facturer
a receipt [rɪ'si:t]	un reçu
to supply sb with sth	fournir qqch. à qqn
the supplier [sə'plaɪəʳ]	le fournisseur
- To pay* [peɪ]	payer
to pay* cash (down)	payer comptant
credit ['kredɪt]	le crédit
BR an instalment [ɪn'stɔ:lmənt] AM an installment	un versement, une mensualité
free credit	le crédit gratuit
to give* sb credit	faire crédit à qqn
credit facilities	des facilités de paiement
to buy* sth on credit to buy* sth on easy terms BR to buy* sth on hire-purchase AM to buy* sth on the installment plan	acheter qqch. à crédit
BR to pay* by monthly instalments AM to pay* by monthly installments	payer par mensualités
to pay* a deposit *on sth*	verser des arrhes *sur qqch.*
- A complaint [kəm'pleɪnt]	une réclamation
to make* a complaint to complain [kəm'pleɪn]	faire une réclamation
a guarantee [,gærən'ti:]	une garantie
a guarantee slip	un bon de garantie
it is under guarantee	c'est sous garantie
to guarantee sth *against sth*	garantir qqch. *contre qqch.*
the after-sales service	le service après-vente
to repair sth	réparer qqch.
- To distribute [dɪs'trɪbju:t]	distribuer
the distribution network	le réseau de distribution
to dispatch [dɪs'pætʃ] to despatch [dɪs'pætʃ] to consign [kən'saɪn] to ship [ʃɪp]	expédier
dispatch despatch shipping ['ʃɪpɪŋ]	l'expédition (transport)
a consignment [kən'saɪnmənt] a shipment ['ʃɪpmənt]	une expédition, un envoi (marchandises)
- A delivery [dɪ'lɪvərɪ]	une livraison
to deliver *sth to sb* [dɪ'lɪvəʳ]	livrer *qqch. à qqn*
cash on delivery	paiement à la livraison
cash with order	payable à la commande
carriage forward / paid	port dû / payé
- The packaging ['pækɪdʒɪŋ]	l'emballage, le conditionnement
to package ['pækɪdʒ]	emballer, conditionner
a cardboard box	un carton
a crate [kreɪt]	une caisse
a goods depot	un dépôt de marchandises
a warehouse ['wɛəhaʊs]	un entrepôt
handling ['hændlɪŋ]	la manutention
a warehouseman (fém. warehousewoman)	un(e) manutentionnaire
- To import sth *from*	importer qqch. *de*
imports ['ɪmpɔ:ts]	les importations
an importer [ɪm'pɔ:təʳ]	un importateur
a cotton importer	un importateur de coton

to export sth *to*	exporter qqch. *vers*
exports [ɪks'pɔ:ts]	les exportations
an exporter [ɪks'pɔ:təʳ]	un exportateur
a coffee exporter	un exportateur de café
BR an export licence AM an export license	une licence d'exportation
a forwarding agent	un transitaire
customs ['kʌstəmz] (plur.)	la douane
a customs officer	un douanier
customs duty (n. c. sing.)	les droits de douane
to clear sth through customs	dédouaner qqch.
nothing/goods to declare	rien/marchandises à déclarer

8. CONSUMPTION LA CONSOMMATION

– To consume [kən'sju:m]	consommer
a consumer [kən'sju:məʳ]	un(e) consommateur (-trice)
the consumer society	la société de consommation
consumer goods	des biens de consommation
living standards the standard of living	le niveau de vie
purchasing power	le pouvoir d'achat
– The cost [kɒst]	le coût
the cost of living	le coût de la vie
What does it cost?	Cela coûte combien ?
How much is this?	C'est combien ?
– Expensive [ɪks'pensɪv]	cher
costly ['kɒstlɪ] dear [dɪəʳ]	coûteux
to be expensive to cost* a lot of money	coûter cher
to cost* a fortune	coûter une fortune
to cost* the earth (parlé)	coûter les yeux de la tête
exorbitant [ɪg'zɔ:bɪtənt] extravagant [ɪks'trævəgənt] outrageous [aʊt'reɪdʒəs]	exorbitant
prohibitive [prə'hɪbɪtɪv]	prohibitif
to be valuable	avoir de la valeur
priceless ['praɪslɪs]	sans prix, inestimable
to pay* the earth for sth	acheter qqch. à prix d'or
– Cheap [tʃi:p]	bon marché
inexpensive [,ɪnɪks'pensɪv]	peu cher
at little cost	à peu de frais
free [fri:]	gratuit
reasonable ['ri:znəbl]	raisonnable
valueless ['væljʊlɪs] worthless ['wɜ:θlɪs]	sans valeur
– To go* up to rise* [raɪz] to increase [ɪn'kri:s]	augmenter (prix)
to go* up in price	augmenter (article)
to go* down to fall* [fɔ:l] to drop [drɒp]	baisser (prix)
to go* down in price	baisser (article)
an increase/a drop in prices	une hausse/baisse des prix
prices are soaring prices are rocketing prices are spiralling	les prix montent en flèche
the explosion of prices	la flambée des prix
– To economize *on sth* [ɪ'kɒnəmaɪz]	économiser *sur qqch.*
to save up to put* aside	économiser (argent)
to save up for sth	faire des économies pour qqch.
to be economical with sth	économiser qqch.
an economy *in sth* [ɪ'kɒnəmɪ]	une économie *de qqch.*
economical [,i:kə'nɒmɪkəl]	économique
to cut* back on food to cut* down on food	réduire ses dépenses de nourriture
to tighten one's belt	se serrer la ceinture
– To spend* [spend]	dépenser
to spend* a lot on one's car	dépenser beaucoup pour sa voiture
an expense [ɪks'pens]	une dépense
expenses [ɪks'pensɪz] outgoings ['aʊtgəʊɪŋz]	les dépenses
– The housekeeping money	l'argent du ménage
a budget ['bʌdʒɪt]	un budget
to work out one's budget	faire ses comptes
to keep* the household accounts	tenir les comptes du ménage
– Payment ['peɪmənt]	le paiement

to pay* for the goods	payer les marchandises
to pay* 8 euros for a book	payer un livre 8 euros
a bill [bɪl]	une facture
to pay* a bill to settle an account	régler une facture
to pay* the bill	régler la note
unpaid bills	des factures impayées
outstanding [aʊt'stændɪŋ] overdue [ˌəʊvə'djuː]	impayé
– To owe money to sb	devoir de l'argent à qqn
a debt [det]	une dette
to get* into debt	s'endetter
in debt	endetté
to be in arrears with one's rent	devoir un arriéré de loyer
it is due by the end of the month	l'échéance est à la fin du mois

■ 9. SHOPPING LES COURSES

– The shopping ['ʃɒpɪŋ] (n. c.)	les achats, les commissions
to do* the shopping AM to market ['mɑːkɪt]	faire les courses
to go* shopping	aller faire les courses
to shop at Hudson's	faire ses courses chez Hudson
to make* a shopping list	faire une liste des commissions
– To look for sth to shop for sth	chercher qqch.
to shop around for sth	comparer les prix de qqch.
to go* window-shopping	faire du lèche-vitrines
– A bargain ['bɑːgɪn]	une affaire
to get* a (good) bargain	faire une affaire
it's good value for money	le rapport qualité-prix est excellent
to buy* sth for next to nothing	acheter qqch. pour une bouchée de pain
– The sales [seɪlz]	les soldes
to sell* sth off (at a sale price)	solder qqch.
BR to be reduced AM to be on sale[1]	être soldé
a discount *on* ['dɪskaʊnt]	une remise *sur*
to give* a 20 % discount *on sth*	faire un rabais de 20 % *sur qqch.*
to knock 100 euros off the price (parlé)	baisser le prix de 100 euros
a reduction [rɪ'dʌkʃən] a discount	une réduction
at a reduced price	au rabais

ATTENTION 1 : BR to be on sale = être en vente

– To display sth	exposer qqch.
a display [dɪs'pleɪ]	un étalage
to be on display	être exposé
BR the (shop) window AM the (store) window	la vitrine
to be in the window	être en vitrine
a stall [stɔːl]	un éventaire, un étal
a shelf [ʃelf] (plur. shelves)	une étagère, un rayon
– The checkout ['tʃekaʊt]	la caisse (supermarché)
the cashdesk ['kæʃdesk]	la caisse (magasin)
the cash register the till [tɪl]	la caisse (enregistreuse)
– To haggle ['hægl] to bargain ['bɑːgɪn]	marchander
to haggle over the price	débattre le prix
to bargain with sb	marchander avec qqn
to bargain over sth	marchander qqch.
– A shopkeeper ['ʃɒpkiːpəʳ]	un(e) commerçant(e)
a dealer ['diːləʳ]	un(e) négociant(e), un(e) marchand(e)
BR a shop walker AM a floor walker	un chef de rayon
BR a shop assistant AM a (sales) clerk	un commis de magasin
a salesman ['seɪlzmən]	un vendeur
a saleswoman ['seɪlzˌwʊmən]	une vendeuse
a customer ['kʌstəməʳ]	un(e) client(e)
the clientele [ˌkliːɑ̃ː'tel] the customers ['kʌstəməʳz]	la clientèle
– A shopping basket	un panier
a shopping bag	un cabas
a carrier (bag) a plastic bag	un sac (en plastique)

BR a (shopping) trolley AM a cart [kɑ:t] AM a caddy ['kædɪ]	un chariot, un caddie
– A parcel ['pɑ:sl]	un paquet
wrapping paper	du papier d'emballage
string [strɪŋ]	de la ficelle
a knot [nɒt]	un nœud (pour attacher qqch.)
a bow [bəʊ]	un nœud (pour décorer)
to wrap sth (up)	emballer qqch.
Is it a present?	C'est pour offrir ?
giftwrap ['gɪftræp]	du papier cadeau
I had it giftwrapped	j'ai fait faire un paquet-cadeau
to unwrap a present	ouvrir un cadeau

10. SHOPS AND STORES LES MAGASINS

– BR a shop [ʃɒp] AM a store [stɔ:ʳ]	un magasin
a general store	un bazar
a boutique [bu:'ti:k]	une boutique de mode
BR a corner shop AM a mom-and-pop store (parlé)	un commerce de proximité
– A department store	un grand magasin
a department [dɪ'pɑ:tmənt]	un rayon (de grand magasin)
a chain store a multiple store a multiple ['mʌltɪpl]	un magasin à succursales multiples
a chain of shops	une chaîne de magasins
a branch [brɑ:nʧ]	une succursale
a supermarket ['su:pə,mɑ:kɪt]	un supermarché, une grande surface
a hypermarket ['haɪpəmɑ:kɪt]	un hypermarché
AM a shopping centre AM a shopping mall	un centre commercial
an arcade [ɑ:'keɪd] a shopping arcade	une galerie marchande
a market ['mɑ:kɪt]	un marché
a covered/an open-air market	un marché couvert/en plein air
a flea market	un marché aux puces
– A baker ['beɪkəʳ]	un(e) boulanger (-ère)
a confectioner [kən'fekʃənəʳ]	un(e) pâtissier (-ière), un(e) confiseur (-euse)
a confectioner's (shop) BR a sweet shop AM a candy store	une confiserie
– A butcher ['bʊtʃəʳ]	un(e) boucher (-ère)
a pork butcher	un(e) charcutier (-ière)
a delicatessen [,delɪkə'tesn]	≈ une épicerie fine
a grocer ['grəʊsəʳ]	un(e) épicier (-ière)
BR a greengrocer ['gri:n,grəʊsəʳ]	un marchand de fruits et légumes
BR a fishmonger ['fɪʃ,mʌŋəʳ]	un(e) poissonnier (-ière)
BR a fishmonger's (shop) AM a fish store	une poissonnerie
a sandwich bar	une sandwicherie
a wine merchant	un marchand de vins
a florist ['flɒrɪst]	un(e) fleuriste
– A newsagent ['nju:z,eɪdʒənt]	un(e) marchand(e) de journaux
BR a bookstall ['bʊkstɔ:l] AM a news stand	un kiosque à journaux
a stationer ['steɪʃənəʳ]	un(e) papetier(-ière)
a bookseller ['bʊk,seləʳ]	un(e) libraire
a bookshop ['bʊkʃɒp] a bookseller's (shop)	une librairie
a second-hand bookseller	un(e) bouquiniste
– BR a chemist ['kemɪst] AM a druggist ['drʌgɪst]	un(e) pharmacien(ne)
a pharmacy ['fɑ:məsɪ] BR a chemist's (shop) AM a drugstore ['drʌgstɔ:ʳ]	une pharmacie
– A jeweller ['dʒu:ələʳ]	un(e) bijoutier (-ière)
a gift shop	un magasin de cadeaux
a second-hand shop	un magasin d'articles d'occasion
a hardware dealer BR an ironmonger ['aɪən,mʌŋgəʳ]	un(e) quincailler (-ère)
a shoeshop ['ʃu:ʃɒp]	un magasin de chaussures
the tobacconist's [tə'bækənɪst]	le bureau de tabac
a computer store	un magasin d'informatique

REMARQUE À partir du nom du commerçant, il est possible de dériver le nom du magasin sur le modèle suivant : a butcher = un boucher → a butcher's shop, a butcher's = une boucherie ; a grocer = un épicier → a grocer's shop, a grocer's = une épicerie. On dit ainsi : to go to the butcher's/to the grocer's = aller chez le boucher/chez l'épicier. to be at the butcher's/at the grocer's = être chez le boucher/chez l'épicier.
Il est également possible de dériver le nom du magasin à partir du type de produit vendu, sur le modèle suivant : music = la musique → BR a music shop, AM a music store = un magasin d'instruments de musique ; wool = la laine → BR a wool shop, AM a wool store = un magasin de laine. Les deux types de construction sont bien sûr conjointement possibles : a florist's (shop), a flower shop = une boutique de fleuriste, un magasin de fleurs.

11. WEALTH AND POVERTY LA RICHESSE ET LA PAUVRETÉ

- The rich [rɪtʃ] (n. c. plur.) — les riches
  rich, wealthy ['welθɪ] — riche, fortuné
  well-to-do, well-off, well-heeled (parlé) — aisé, nanti
  to become* rich, to get* rich — s'enrichir
  prosperous ['prɒspərəs] — prospère
  prosperity [prɒs'perɪtɪ] — la prospérité
  to lead* a life of luxury — vivre dans le luxe
  to be affluent — vivre dans l'aisance
  the affluent society — la société d'abondance
- Wealth [welθ] — la richesse
  riches [rɪtʃɪz] (plur.) — la richesse, les richesses
  a fortune ['fɔ:tʃən] — une fortune
  a millionaire [,mɪljə'nɛəʳ] — un millionnaire
  BR a multimillionaire [,mʌltɪ,mɪljə'nɛəʳ], AM a billionaire [,bɪljə'nɛəʳ] — un milliardaire
  an income ['ɪnkʌm] — un revenu
  to have a large income — avoir de gros revenus
  solvent ['sɒlvənt] — solvable
  solvency ['sɒlvənsɪ] — la solvabilité
- Poor [pʊəʳ] — pauvre
  the poor (n. c. plur.) — les pauvres
  a poor man — un pauvre, un miséreux
  a poor woman — une pauvre, une miséreuse
  poverty ['pɒvətɪ] — la pauvreté, la misère[1]
  the poverty line — le seuil de pauvreté
  to be short of money — être à court d'argent
  to live from hand-to-mouth — vivre au jour le jour
  destitute ['destɪtju:t] — indigent
  needy ['ni:dɪ] — nécessiteux
  in need — dans le besoin
  to be broke (parlé) — être fauché
  penniless ['penɪlɪs] — sans le sou
  to have difficulty in making ends meet — avoir du mal à joindre les deux bouts
  to have a small income, to have a low income — avoir un petit revenu
  poverty-stricken — misérable
  to live in poverty — vivre dans la misère
  abject poverty — la misère noire
  in debt — endetté
  to run* up enormous debts — accumuler d'énormes dettes

ATTENTION FAUX AMI 1 : misery = la tristesse, la détresse

- A beggar ['begəʳ] — un(e) mendiant(e)
  to beg *for sth* [beg] — mendier *qqch.*
  to go* bankrupt — faire faillite
  bankruptcy ['bæŋkrəptsɪ] — la faillite
  insolvent [ɪn'sɒlvənt] — insolvable
  insolvency [ɪn'sɒlvənsɪ] — l'insolvabilité
  a moneylender ['mʌnɪ,lendəʳ], a pawnbroker ['pɔ:n,brəʊkəʳ] — un prêteur sur gages
  to pawn sth — mettre qqch. en gage

■ 12. SOCIAL SECURITY BENEFITS, INSURANCE AND TAX LES PRESTATIONS SOCIALES, LES ASSURANCES ET LES IMPÔTS

– The Welfare State	l'État providence
the social services	les services sociaux
social work	l'assistance sociale
a social worker	un(e) assistant social(e)
social administration	l'administration sociale
BR social security[1] AM state aid	≈ l'aide sociale
to be on social security	≈ recevoir l'aide sociale
to refund [rɪ'fʌnd]	rembourser
an allowance *for sth* [ə'laʊəns]	une allocation *pour qqch.*

ATTENTION 1 : AM social security = pension de vieillesse

– To be entitled to sth	avoir droit à qqch.
BR you can get it on the NHS	c'est remboursé par la Sécurité sociale
to pay* contributions *to*	verser des cotisations *à*
benefit(s) ['benɪfɪt(s)]	les prestations
BR unemployment benefit AM unemployment compensation	l'allocation de chômage
to be on the dole (parlé)	toucher l'allocations de chômage
income support	le revenu minimum d'insertion
to get sickness benefit	toucher l'assurance-maladie
an industrial injury	un accident du travail
a disablement pension	une pension d'invalidité
compensation *for sth* [ˌkɒmpən'seɪʃən]	des indemnités *pour qqch.*
a maternity allowance	une allocation de maternité
maternity leave (n. c.)	le congé de maternité
family allowances	les allocations familiales
housing benefit	l'allocation de logement
the old age pension	la pension de vieillesse
a retirement pension a superannuation [ˌsu:pəˌrænjʊ'eɪʃən]	une pension de retraite
index-linked	indexé
to be retired	être à la retraite
retirement [rɪ'taɪəmənt]	la retraite
a pensioner ['penʃənəʳ] an old age pensioner an OAP [ˌəʊeɪ'pi:]	un retraité
senior citizens	les personnes du troisième âge
a retirement home an old people's home	une maison de retraite

– Car/fire/life insurance	l'assurance automobile/incendie/vie
to insure sth *against theft*	assurer qqch. *contre le vol*
to take* out insurance *against sth*	prendre une assurance *contre qqch.*
civil liability	la responsabilité civile
an insurance policy	une police d'assurance
a premium ['pri:mɪəm]	une prime
a policy holder	un(e) assuré(e)
an all-risks policy	une police multirisque
comprehensive insurance	une assurance tous risques
an insurance agent	un agent d'assurances
an insurance broker	un courtier d'assurances

– Tax [tæks]	l'impôt
a taxpayer	un(e) contribuable
income tax	l'impôt sur le revenu
land tax	l'impôt foncier
wealth tax	l'impôt sur la fortune
BR pay-as-you-earn AM pay-as-you-go	système de retenue à la source de l'impôt sur le revenu
to pay* tax *on sth*	payer des impôts *sur qqch.*
to be liable for tax	être imposable
tax evasion	la fraude fiscale
to evade taxation	frauder le fisc
a tax form	une feuille d'impôts
to do* one's tax return	remplir sa déclaration d'impôts
a tax allowance/rebate	un abattement/dégrèvement fiscal
tax exemption	l'exonération fiscale
a tax haven	un paradis fiscal
the tax collector the taxman (parlé)	le percepteur
the tax authorities BR the Inland Revenue AM the Internal Revenue	le fisc
a tax *on sth*	une taxe *sur qqch.*
BR value added tax AM sales tax	la taxe sur la valeur ajoutée

BR VAT [viːeɪ'tiː, væt]	la TVA
inclusive/exclusive of tax	taxes comprises/non comprises
duty-free	détaxé, hors-taxe
the discount rate	le taux d'escompte
local taxes	les impôts locaux
an eco-tax ['iːkəuˌtæks]	une écotaxe

21 ECONOMIC SECTORS
LES SECTEURS ÉCONOMIQUES

■ 1. INDUSTRY L'INDUSTRIE

– A factory ['fæktərɪ] a plant [plɑ:nt]	une usine, une fabrique
an industrial / a mining complex	un complexe industriel / minier
a warehouse ['wɛəhaʊs]	un entrepôt
a workshop ['wɜ:k,ʃɒp]	un atelier
– Heavy / light industry	l'industrie lourde / légère
a processing industry	une industrie de transformation
a precision-tool industry	une industrie de précision
industrial [ɪn'dʌstrɪəl]	industriel (équipement, recherche)
to industrialize [ɪn'dʌstrɪəlaɪz]	industrialiser
industrialization [ɪn,dʌstrɪəlaɪ'zeɪʃən]	l'industrialisation
an industrialist [ɪn'dʌstrɪəlɪst]	un industriel
– The food (processing) industry	l'industrie alimentaire
the car industry AM the automobile industry	l'industrie automobile
the mechanical engineering industry	l'industrie mécanique
the chemical industry	l'industrie chimique
the construction industry the building industry	le bâtiment
shipbuilding ['ʃɪp,bɪldɪŋ]	la construction navale
a shipbuilder ['ʃɪp,bɪldəʳ]	un constructeur de navires
a shipyard ['ʃɪp,jɑ:d]	un chantier naval
– The textile industry	l'industrie textile
the clothing industry	la confection
a cotton mill	une filature de coton
a flour mill	une minoterie
a distillery [dɪs'tɪlərɪ]	une distillerie
a brewery ['bru:ərɪ]	une brasserie
– Raw materials	les matières premières
the production / assembly line	la chaîne de fabrication / de montage
to assemble [ə'sembl]	monter, assembler
to process ['prəʊses]	traiter
a process	un procédé, un processus
processing ['prəʊsesɪŋ] (n. c.)	le traitement
– Equipment [ɪ'kwɪpmənt]	l'outillage, l'équipement
heavy-duty equipment	l'équipement à usage industriel
plant [plɑ:nt] (n. c.)	le matériel
a machine [mə'ʃi:n]	une machine
a machine tool	une machine-outil
a part [pɑ:t] a component [kəm'pəʊnənt]	une pièce
– A robot ['rəʊbɒt]	un robot
automated ['ɔ:təmeɪtɪd]	robotisé
automation [,ɔ:tə'meɪʃən]	l'automation, la robotisation
automatic [,ɔ:tə'mætɪk]	automatique
a press [pres]	une presse
BR a mould [məʊld] AM a mold	un moule
a vat [væt]	une cuve
– To manufacture [,mænjʊ'fæktʃəʳ]	fabriquer, manufacturer
manufacture	la fabrication, la manufacture
a manufacturer [,mænjʊ'fæktʃərəʳ]	un(e) fabricant(e)
a product ['prɒdʌkt]	un produit
finished / semi-finished goods	les produits finis / semi-finis
manufactured goods	les produits manufacturés
goods made in France	des marchandises de fabrication française
a licensed product	un produit sous licence
to produce [prə'dju:s]	produire
production [prə'dʌkʃən]	la production
to mass-produce sth	produire qqch. en série
mass production	la production en série
productivity [,prɒdʌk'tɪvɪtɪ]	la productivité
output ['aʊtpʊt]	le rendement
full production	le plein rendement

2. HEAVY INDUSTRY L'INDUSTRIE LOURDE

- **Coal** [kəʊl]	le charbon, la houille
a coalfield	un gisement de charbon
a coalmine	une mine de charbon (site)
a pit [pɪt]	une mine de charbon (puits)
a colliery ['kɒlɪərɪ]	une houillère (entreprise)
the coal (mining) industry	l'industrie houillère, les charbonnages
the mining industry	l'industrie minière
- **To work a mine**	exploiter une mine
to extract sth *from sth* **to dig* sth *out of sth***	extraire qqch. *de qqch.*
the pithead ['pɪt,hed]	le carreau de la mine
a coal face	un front de taille
a tunnel ['tʌnl]	une taille
a gallery ['gælərɪ]	une galerie
a shaft [ʃɑ:ft]	un puits
a slag heap	un terril, un crassier
- **To go* down the mines**	travailler à la mine
a miner ['maɪnəʳ]	un mineur
a coalminer	un mineur (de houillère)
a mining engineer	un ingénieur des mines
a safety lamp	une lampe de mineur
BR **a pickaxe** ['pɪk,æks] AM **a pickax**	une pioche
a skip [skɪp]	une benne
- **A quarry** ['kwɒrɪ]	une carrière
BR **open-cast mining** AM **strip mining**	l'exploitation à ciel ouvert
a rock fall **a cave-in** ['keɪvɪn]	un éboulement
to cave in	s'effondrer
firedamp ['faɪə,dæmp]	le grisou
a firedamp explosion	un coup de grisou
- **The iron and steel industry**	la sidérurgie
BR **an ironworks** ['aɪən,wɜ:ks] (sing.) AM **an iron plant**	une usine sidérurgique
a steelworker ['sti:l,wɜ:kəʳ]	un sidérurgiste
BR **a steelworks** (sing.) AM **a steel plant**	une aciérie
a rolling mill	un laminoir
a blast furnace	un haut-fourneau
a foundry ['faʊndrɪ]	une fonderie
- **Metallurgy** [me'tælədʒɪ]	la métallurgie
metal ['metl]	le métal
a metalworker ['metl,wɜ:kəʳ]	un métallurgiste
to melt metal (down)	fondre du métal
sheet metal	la tôle
iron ['aɪən]	le fer
a bar of iron	une barre de fer
cast iron	la fonte (matériau)
iron ore	le minerai de fer
to smelt ore	fondre du minerai
to forge [fɔ:dʒ]	forger

3. THE BUILDING INDUSTRY LE BÂTIMENT

- **To construct** [kən'strʌkt] **to build*** [bɪld]	construire, bâtir
building ['bɪldɪŋ]	la construction, le bâtiment (activité)
masonry ['meɪsnrɪ]	la maçonnerie (résultat)
a building site	un chantier de construction
a survey ['sɜ:veɪ]	un levé
to survey a site	faire un levé de terrain
a (land) surveyor	un arpenteur
a quantity surveyor	un métreur
- **A building contractor**	un entrepreneur en bâtiment
building workers	les ouvriers du bâtiment
a builder ['bɪldəʳ] **a constructor** [kən'strʌktəʳ]	un constructeur
the foreman ['fɔ:mən]	le chef de chantier
a builder ['bɪldəʳ]	un maçon (en général)
a stonemason ['stəʊn,meɪsn]	un maçon (qui travaille la pierre)
a bricklayer ['brɪk,leɪəʳ]	un maçon (qui pose les briques)
a plasterer ['plɑ:stərəʳ]	un plâtrier
- **To excavate** ['ekskəveɪt]	creuser, excaver
excavation [,ekskə'veɪʃən]	le terrassement
to lay* the foundations	poser les fondations
to lay* a pipe	poser un conduit

to dig* [dɪg]	creuser
a trench [trenʧ]	une tranchée
– Scaffolding ['skæfəldɪŋ] (n. c.)	l'échafaudage
a crane [kreɪn]	une grue
a bulldozer ['bʊldəʊzəʳ]	un bulldozer
an excavator ['ekskəveɪtəʳ] a mechanical shover	une pelleteuse
a (pneumatic) drill	un marteau-piqueur
– Building materials	les matériaux de construction
reinforced concrete	le béton armé
cement [sə'ment]	le ciment
roughcast ['rʌfkɑ:st]	le crépi
freestone ['fri:stəʊn]	la pierre de taille
the shell [ʃel]	la carcasse, le gros œuvre
prefabricated [ˌpri:'fæbrɪkeɪtɪd]	préfabriqué
a cement works (sing.) a cement factory	une cimenterie
a brickyard [brɪkjɑ:d]	une briqueterie
– To pull down a building to demolish a building	démolir un bâtiment
to bulldoze ['bʊldəʊz]	démolir au bulldozer
demolition [ˌdemə'lɪʃən]	la démolition
a demolition squad	une équipe de démolition
to knock down	abattre

4. ENERGY L'ÉNERGIE

– Energy ['enədʒɪ] power ['paʊəʳ]	l'énergie
a source of energy a source of power	une source d'énergie
energy resources	les ressources énergétiques
renewable energy sources	les énergies renouvelables
fuels [fjʊəlz]	les combustibles, les carburants
fossil fuel	le combustible fossile
– The energy bill	la facture énergétique
energy conservation (n. c. sing.) energy saving (n. c. sing.)	les économies d'énergie
to save energy	faire des économies d'énergie
power consumption	la consommation d'énergie
– Oil [ɔɪl]	le pétrole[1]
crude oil	le pétrole brut
oil reserves	les réserves de pétrole
an oilfield	un gisement de pétrole
to strike* oil	trouver du pétrole
to drill for oil	forer pour trouver du pétrole
offshore drilling	le forage en mer
a layer of oil	une nappe de pétrole (gisement)
to gush [gʌʃ]	jaillir (pétrole)
– An oil rig	une plate-forme pétrolière
an oil well	un puits de pétrole
a derrick ['derɪk]	un derrick
an oil terminal	un terminal pétrolier
a pipeline ['paɪpˌlaɪn]	un oléoduc
a refinery [rɪ'faɪnərɪ]	une raffinerie
– An oil company	une compagnie pétrolière
an oil-producing country	un pays producteur de pétrole
the OPEC countries	les pays de l'OPEP
a barrel ['bærəl]	un baril
a drum [drʌm]	un fût
a can [kæn]	un bidon
a tank [tæŋk]	une citerne
a tanker ['tæŋkəʳ] an oil tanker	un pétrolier
a supertanker ['su:pəˌtæŋkəʳ]	un superpétrolier
BR a tanker (lorry) AM a tank truck	un camion-citerne
– Domestic oil heating oil	le fuel domestique, le mazout
BR petrol AM gas(oline)	l'essence
jet fuel	le kérosène
diesel oil	le diesel
BR paraffin ['pærəfɪn] AM kerosene ['kerəsi:n]	le pétrole lampant
– Nuclear energy nuclear power	l'énergie nucléaire

ATTENTION FAUX AMI 1 : BR petrol = essence

a nuclear plant	une centrale nucléaire
a reactor [ri:'æktəʳ]	un réacteur
a breeder reactor	un surgénérateur
nuclear fission / fusion	la fission / fusion nucléaire
a chain reaction	une réaction en chaîne
the core [kɔ:ʳ]	le cœur (d'un réacteur nucléaire)
the fuel rods	les crayons combustibles
radioactive [ˌreɪdɪəʊ'æktɪv]	radioactif
radioactivity [ˌreɪdɪəʊ'æktɪvɪtɪ]	la radioactivité
– A leak(age) ['li:k(ɪdʒ)]	une fuite
nuclear waste (n. c. sing.)	les déchets nucléaires
the storage of nuclear waste	le stockage des déchets nucléaires
nuclear waste disposal	le traitement des déchets nucléaires
radiation [ˌreɪdɪ'eɪʃən]	la radiation
to irradiate [ɪ'reɪdɪeɪt]	irradier
a Geiger counter	un compteur Geiger
to contaminate [kən'tæmɪneɪt]	contaminer
contamination [kənˌtæmɪ'neɪʃən]	la contamination
to decontaminate [ˌdi:kən'tæmɪneɪt]	décontaminer
decontamination ['di:kənˌtæmɪ'neɪʃən]	la décontamination
– A generator ['dʒenəreɪtəʳ]	un groupe électrogène
a power station	une centrale électrique
hydroelectric power	l'énergie hydroélectrique
a dam [dæm]	un barrage, un réservoir
at peak hours	aux heures de pointe
off-peak rates	le tarif réduit (heures creuses)
– Gas [gæs]	le gaz
a cylinder of gas	une bouteille de gaz
propane ['prəʊpeɪn]	le propane
butane ['bju:teɪn]	le butane
natural / town gas	le gaz naturel / de ville
a gasometer [gæ'sɒmɪtəʳ] a gasholder ['gæsˌhəʊldəʳ]	un gazomètre
– Solar energy	l'énergie solaire
solar heating	le chauffage (à l'énergie) solaire
a solar collector / panel	un capteur / panneau solaire
wind power	l'énergie éolienne
a windmill ['wɪndmɪl] a wind pump	une éolienne
a wind farm	un parc d'éoliennes
tidal power wave power	l'énergie marémotrice
a tidal power station	une usine marémotrice

5. AGRICULTURE L'AGRICULTURE

– Agriculture ['ægrɪkʌltʃəʳ] farming ['fa:mɪŋ]	l'agriculture
agricultural [ˌægrɪ'kʌltʃərəl]	agricole (population, travaux)
agricultural produce (n. c.) farm produce (n. c.)	les produits agricoles
– The land [lænd]	la terre (terrain, surface)
earth [ɜ:θ]	la terre (sol, matière)
the ground [graʊnd] the soil [sɔɪl]	le sol
a rich / poor soil	un sol riche / pauvre
fertile ['fɜ:taɪl]	fertile
barren ['bærən] arid ['ærɪd]	aride
arable ['ærəbl]	arable
– Cereals ['sɪərɪəlz]	les céréales
wheat [wi:t] BR corn [kɔ:n]	le blé
BR maize [meɪz] AM corn	le maïs
oats [əʊts] (plur.)	l'avoine
barley ['ba:lɪ]	l'orge
rye [raɪ]	le seigle
sunflowers ['sʌnˌflaʊəz] (plur.)	le tournesol
hops [hɒps] (plur.)	le houblon
a hopfield	une houblonnière
– To cultivate ['kʌltɪˌveɪt]	cultiver (champ, terre)
to grow* [grəʊ]	cultiver (céréales, légumes)
farmland ['fa:mˌlænd]	des terres cultivées
cultivation [ˌkʌltɪ'veɪʃən]	la culture
to grow*	pousser

to plant [pla:nt]	planter
to plant a field with wheat/barley	planter un champ en blé/avoine
– To sow* [səʊ]	semer
sowing ['səʊɪŋ] (n. c. sing.)	les semailles
seed(s) [si:d(z)]	les graines
BR to plough [plaʊ] AM to plow [plaʊ]	labourer
BR a plough AM a plow	une charrue
a furrow ['fʌrəʊ]	un sillon
a harrow ['hærəʊ]	une herse
a tractor ['træktəʳ]	un tracteur
a (motorized) cultivator	un motoculteur
– To mow* grass	faucher de l'herbe (mécaniquement)
to scythe grass	faucher de l'herbe (avec une faux)
a scythe [saɪð]	une faux
– The harvest ['ha:vɪst]	la moisson
to harvest	moissonner, récolter (céréales)
a crop [krɒp] a harvest	une récolte
to bring in	rentrer (moisson)
a combine harvester	une moissonneuse-batteuse
a sheaf of corn (plur. sheaves)	une gerbe de blé
an ear [ɪəʳ]	un épi (de blé, de maïs)
hay [heɪ]	le foin
silage ['saɪlɪdʒ]	l'ensilage
a haystack a hayrick	une meule de foin
haymaking	la fenaison
stubble ['stʌbl]	le chaume
straw [strɔ:]	la paille
fodder ['fɒdəʳ]	le fourrage (pour animaux)
BR a silo ['saɪləʊ] AM an elevator ['elɪveɪtəʳ]	un silo
a barn [ba:n]	une grange
– A field [fi:ld]	un champ
a meadow ['medəʊ]	une prairie, un pré
grassland (n. c.)	la prairie
the prairie(s) ['prɛərɪ]	la Grande Prairie (aux USA)
pasture (land) (n. c. sing.)	les pâturages, les herbages

– A farmer ['fa:məʳ]	un(e) agriculteur (-trice), un(e) cultivateur (-trice), un(e) fermier (-ière)
to work on a farm	travailler dans une ferme
a farm worker a farmhand BR a farm labourer AM a farm laborer	un ouvrier agricole
BR a tenant farmer AM a sharecropper ['ʃɛəʳˌkrɒpəʳ]	un métayer
a peasant[1] ['pezənt]	un(e) paysan(ne)
a day labourer	un journalier
a seasonal worker	un saisonnier
a cowboy ['kaʊˌbɔɪ]	un cowboy
a shepherd ['ʃepəd]	un berger
a shepherdess ['ʃepədɪs]	une bergère

ATTENTION 1 : a peasant a une valeur péjorative en dehors du contexte historique. Pour parler des paysans actuels, employez le mot farmers

– A farm [fa:m]	une exploitation agricole, une ferme
a farmhouse	une ferme (maison)
a ranch [ra:ntʃ]	un ranch
– To breed* [bri:d] to rear [rɪəʳ]	élever (bétail)
to breed*	élever (porcs, chevaux)
a herd [hɜ:d]	un troupeau (de bovins)
cattle ['kætl] (n. c. plur.)	le bétail
100 head of cattle	100 têtes de bétail
livestock ['laɪvstɒk] (n. c.)	le cheptel
– A sheep/pig farm	une ferme d'élevage de moutons/de porcs
a stable ['steɪbl]	une écurie
BR a (pig)sty [('pɪg)staɪ] AM a pigpen ['pɪgpen]	une porcherie
a sheepfold ['ʃɪ:pfəʊld]	une bergerie
a cowshed ['kaʊʃed]	une étable
to milk the cows	traire les vaches
a milking machine	une trayeuse
a drinking trough	un abreuvoir
a feeding trough	une auge
– Battery farming	l'élevage intensif, l'élevage en batterie
the farmyard ['fa:mˌja:d]	la basse-cour
a henhouse ['henhaʊs]	un poulailler

21 ECONOMIC SECTORS
LES SECTEURS ÉCONOMIQUES

free-range chickens/eggs	les poulets/les œufs de ferme
a rabbit hutch	un clapier
- **Beekeeping** ['bɪːˌkɪːpiŋ] apiculture ['eɪpɪˌkʌltʃə] (soutenu)	l'apiculture
a beekeeper ['bɪːˌkɪːpə] an apiarist ['eɪpɪərɪst] (soutenu)	un(e) apiculteur (-trice)
to keep* bees	élever des abeilles
a hive [haɪv]	une ruche
a swarm of bees	un essaim d'abeilles
to swarm [swɔːm]	essaimer
honey ['hʌnɪ]	le miel
a honeycomb ['hʌnɪkəʊm]	un rayon de miel
beeswax	la cire d'abeille
royal jelly	la gelée royale
- **Horticulture** ['hɔːtɪkʌltʃəʳ]	l'horticulture
a horticulturist [ˌhɔːtɪ'kʌltʃərɪst]	un(e) horticulteur (-trice)
BR market gardening AM truck farming	la culture maraîchère
BR a market gardener AM a truck farmer	un(e) maraîcher (-ère)
an orchard ['ɔːtʃəd]	un verger
an apple orchard	une pommeraie
a cherry orchard	une cerisaie
an orange grove	une orangeraie
- **Ripe** [raɪp]	mûr
unripe ['ʌn'raɪp] green [griːn]	vert
to ripen ['raɪpən]	mûrir
to yield [jiːld]	produire (champ, arbre)
a good/bad yield	un bon/mauvais rendement
- **Wine growing**	la viticulture
a wine grower	un(e) viticulteur (-trice), un(e) vigneron(ne)
a vineyard ['vɪnjəd]	un vignoble, une vigne

the (grape) harvest (n. c. sing.)	les vendanges
to harvest the grapes	faire les vendanges
an estate [ɪs'teɪt]	un domaine, une propriété
a tea/coffee plantation	une plantation de thé/de café
a planter ['plɑːntəʳ]	un planteur
- **Forestry** ['fɒrɪstrɪ]	la sylviculture
to fell a tree	abattre un arbre
reforestation [ˌriːfɒrɪs'teɪʃən]	le reboisement
a lumberjack ['lʌmbəʳˌdʒak]	un bûcheron
a sawmill ['sɔːmɪl]	une scierie
to saw* [sɔː]	scier
a chain saw	une tronçonneuse
- **Agronomy** [ə'grɒnəmɪ]	l'agronomie
an agricultural engineer	un ingénieur agronome
to drain land	assécher le sol, drainer le sol
to lie* fallow	rester en friche
to irrigate ['ɪrɪgeɪt]	irriguer
irrigation [ˌɪrɪ'geɪʃən]	l'irrigation
to fertilize ['fɜːtɪlaɪz]	fertiliser, amender
a fertilizer ['fɜːtɪlaɪzəʳ]	un engrais (chimique)
to manure [mə'njʊəʳ]	fumer
manure	le fumier
organic [ɔː'gænɪk]	biologique (produits, agriculture)
- **A pest** [pest]	un insecte nuisible
a pesticide ['pestɪsaɪd]	un pesticide
a weed [wiːd]	une mauvaise herbe
a weed-killer	un désherbant, un herbicide
a spray [spreɪ]	un pulvérisateur
to spray sth on	pulvériser qqch. sur

22 WORK
LE TRAVAIL

1. EMPLOYMENT L'EMPLOI

– The working population	la population active
a job [dʒɒb]	un emploi, un poste, un travail
an occupation [ˌɒkjʊ'peɪʃən]	un métier, une profession
a trade [treɪd]	un métier (artisanal, manuel)
professional [prə'feʃənl]	professionnel (non amateur)
– To be in work to have a job	avoir du travail, avoir un emploi
to work [wɜ:k]	travailler
to work in an office/as a teacher	travailler dans un bureau/comme professeur
to work for a publisher	travailler chez un éditeur
to work from home to work at home	travailler à domicile
to work in a factory	travailler en usine
to work on a production line	travailler à la chaîne
– Job security	la sécurité de l'emploi
full employment	le plein-emploi
a career [kə'rɪə^r]	une carrière
to make* a career *in*	faire carrière *dans*
a vocation [vəʊ'keɪʃən] a calling ['kɔ:lɪŋ]	une vocation
to be a plumber/baker by trade	être plombier/boulanger de son métier
What does he do for a living?	Que fait-il dans la vie ?
– To look for work to look for a job to be job-hunting (parlé)	chercher du travail, chercher un emploi
a job application	une demande d'emploi, une candidature
to apply for a job *to sb*	faire une demande d'emploi *auprès de qqn*
to apply for a post	poser sa candidature à un poste
– A vacancy ['veɪkənsɪ] a vacant position	un poste vacant, un poste à pourvoir
this post is vacant	ce poste est à pourvoir
a job offer	une offre d'emploi (en général)
a job advertisement a job ad (parlé)	une offre d'emploi (annonce dans un journal)
to answer an advertisement	répondre à une petite annonce
"situations vacant"	«offres d'emploi» (dans un journal)
"situations wanted"	«demandes d'emploi» (dans un journal)
– BR a curriculum vitae	un curriculum vitae
BR a CV [si:'vi:] AM a résumé ['reɪzju:meɪ]	un CV
skills [skɪlz]	les compétences
training ['treɪnɪŋ]	la formation
qualifications [ˌkwɒlɪfɪ'keɪʃəns]	les diplômes
work experience	l'expérience professionnelle
– An employment agency	une agence de placement
a headhunter ['hedˌhʌntə^r]	un chasseur de têtes
a recruitment agency	une agence de recrutement
to recruit sb	recruter qqn
to employ sb *as*	employer qqn *comme*
to take* sb on	engager qqn, embaucher qqn
to hire sb *as*	embaucher qqn *comme*
to appoint sb (to a post)	nommer qqn à un poste
to appoint sb manager	nommer qqn directeur
to fill a post	pourvoir un poste
an appointment [ə'pɔɪntmənt]	un poste (important)
– A work contract AM a service contract	un contrat de travail
a term contract	un contrat à durée déterminée
to sign a contract *with sb/to do sth*	signer un contrat *avec qqn/pour faire qqch.*
a probationary period a trial period	une période d'essai
to take* sb on probation to take* sb on for a trial period to take* sb on a trial basis	prendre qqn à l'essai
– A task [tɑ:sk]	une tâche
to be responsible for sth	être responsable de qqch.
to be in charge of sth	avoir la responsabilité de qqch.

to be directly responsible to sb	relever directement de qqn
to delegate sth / sb *to*	déléguer qqch. / qqn *à*
– To promote sb *to* to upgrade sb *to*	promouvoir qqn *à*
to be promoted to (the rank of) director to be upgraded to (the rank of) director	être promu directeur
promotion [prə'məʊʃən]	la promotion, l'avancement
to demote sb to downgrade sb	rétrograder qqn
to transfer sb *to*	transférer qqn *à*, muter qqn *à*
a transfer [træns'fɜːʳ]	un transfert, une mutation
– Vocational training	la formation professionnelle
in-service training in-house training	la formation continue (en entreprise)
a training course	un stage
to go* on a training course	faire un stage
to retrain [ˌriː'treɪn]	se recycler (pour un nouveau métier)
to go* on a refresher course	se recycler (pour se perfectionner)
a retraining course	un stage de recyclage (pour un nouveau métier)
a refresher course	un stage de recyclage (pour se perfectionner)
– Busy ['bɪzɪ]	occupé
overworked [ˌəʊvə'wɜːkd]	surmené

to be snowed under with work	être débordé de travail
a workaholic [ˌwɜːkə'hɒlɪk] (parlé)	un bourreau de travail
to work hard	travailler dur
to be hard-working	être travailleur
to work o.s. to death	se tuer au travail
to be at work on sth to be working on sth	travailler à qqch.
to get* down to work	se mettre au travail
job satisfaction	la satisfaction professionnelle
rewarding [rɪ'wɔːdɪŋ]	gratifiant
– Careful ['kɛəfʊl]	soigneux
conscientious [ˌkɒnʃɪ'enʃəs]	consciencieux
hard-working	sérieux
to be trustworthy	être digne de confiance
he's very reliable	on peut vraiment compter sur lui
– Lazy ['leɪzɪ] idle ['aɪdl]	paresseux
laziness ['leɪzɪnɪs] idleness ['aɪdlnɪs]	la paresse
careless ['kɛəlɪs]	négligent
carelessness ['kɛəlɪsnɪs]	la négligence
to be untrustworthy	ne pas être digne de confiance
he is unreliable	on ne peut pas compter sur lui
professional misconduct (n. c.)	une faute professionnelle

2. WORKERS AND WORKING CONDITIONS LES TRAVAILLEURS ET LES CONDITIONS DE TRAVAIL

– A worker ['wɜːkəʳ]	un(e) travailleur (-euse)
a manual worker	un travailleur manuel
an employee [ˌɪmplɔɪ'iː]	un(e) employé(e)
a salaried employee a wage earner	un(e) salarié(e)
a self-employed person a freelance worker	un travailleur indépendant
a temporary worker BR a temp [temp] (parlé)	un(e) intérimaire
to work as a temporary worker to temp (parlé)	travailler comme intérimaire
an immigrant worker	un travailleur immigré

a work permit	un permis de travail
a moonlighter ['muːnlaɪtəʳ]	un travailleur au noir
to moonlight ['muːnlaɪt] to do* moonlighting (parlé)	travailler au noir
the black economy the underground economy	l'économie parallèle
– A worker ['wɜːkəʳ]	un(e) ouvrier (-ière)
a factory worker	un(e) ouvrier (-ière) (d'usine)

BR labour ['leɪbəʳ] AM labor the workforce ['wɜ:kfɔ:s] manpower ['mæn,paʊəʳ]	la main-d'œuvre
casual labour	la main-d'œuvre occasionnelle
seasonal work	le travail saisonnier
labour surplus/shortage	le surplus/le manque de main-d'œuvre
– BR a labourer ['leɪbərəʳ] AM a laborer ['leɪbərəʳ]	un manœuvre
an unskilled worker	un ouvrier non qualifié
a semi-skilled worker	un ouvrier spécialisé
a skilled worker	un ouvrier qualifié
a blue-/white-collar worker	un col bleu/blanc
an apprentice [ə'prentɪs]	un(e) apprenti(e)
apprenticeship [ə'prentɪsʃɪp]	l'apprentissage
BR a work placement AM an internship ['ɪntɜ:ʳnʃɪp]	un stage (en entreprise)
BR a trainee [treɪ'ni:] AM an intern ['ɪntɜ:ʳn]	un(e) stagiaire
– The workforce ['wɜ:k,fɔ:s]	l'effectif (d'une entreprise)
to keep* up manning levels	maintenir le niveau des effectifs
the staff [stɑ:f] the personnel [,pɜ:sə'nel]	le personnel
a staff member	un membre du personnel
to be on the staff	faire partie du personnel
to be employed by a company to be on a company's payroll	être employé par une entreprise
an executive [ɪg'zekjʊtɪv]	un cadre
a senior/middle manager a top/middle executive	un cadre supérieur/moyen
an employer [ɪm'plɔɪəʳ]	un(e) employeur (-euse)
the boss [bɒs]	le (la) patron(ne)
a team [ti:m]	une équipe
teamwork	le travail en équipe
– BR a working day AM a workday ['wɜ:k,deɪ]	une journée de travail
BR a working week AM a workweek ['wɜ:k,wɪ:k]	une semaine de travail
in working time	pendant les heures de travail
to clock in	pointer (en arrivant)
to clock off to clock out	pointer (en partant)
– Part-time ['pɑ:t,taɪm]	à temps partiel
half-time ['hɑ:f,taɪm]	à mi-temps
full-time ['fʊl,taɪm]	à temps plein
to work flexitime	avoir un travail à horaire flexible
to work overtime	faire des heures supplémentaires
he did 15 hours' overtime	il a fait 15 heures supplémentaires
to be paid on an overtime basis	être payé en heures supplémentaires
work sharing	le partage du travail
– Shiftwork ['ʃɪft,wɜ:k]	le travail par roulement, le travail posté
to work shifts to work on shifts (parlé)	travailler par roulement
to work three eight-hour shifts	faire les trois-huit
the day/night shift	l'équipe de jour/de nuit
to be on day/night shift	être de jour/de nuit
a shiftworker	un ouvrier posté
a work station	un poste de travail
– Pay [peɪ]	la paie
wages ['weɪdʒɪz] (plur.)	un salaire (hebdomadaire)
a salary ['sæləri]	un salaire (mensuel, annuel)
to get* paid 50,000 euros a year	gagner 50 000 euros par an
to earn 2,000 euros a month	toucher 2 000 euros par mois
to earn one's living *as sth*	gagner sa vie *comme qqch.*
a fee [fi:] (sing.) fees	des honoraires
BR a rise [raɪz] AM a raise [reɪz]	une augmentation (de salaire)
a payslip ['peɪslɪp]	un bulletin de paie, une feuille de paie
payday ['peɪ,deɪ]	le jour de paie
a bonus ['bəʊnəs]	une prime
a company car	une voiture de fonction
an expense account	une note de frais
a luncheon voucher	un ticket-repas, un chèque-restaurant
– A break [breɪk]	une pause
the lunch hour lunchtime ['lʌntʃ,taɪm] (n. c.)	l'heure du déjeuner

paid leave	les congés payés
to take* a day off	prendre un jour de congé
on leave	en congé
- Health and safety regulations	les règles d'hygiène et de sécurité
a labour inspector BR a factory inspector	un inspecteur du travail
occupational hazards	les risques du métier
an occupational disease	une maladie professionnelle

3. UNEMPLOYMENT LE CHÔMAGE

- Overmanning (n. c. sing.)	les sureffectifs
they are overmanned in this department	ils sont en sureffectifs dans ce département
staff reductions	les compressions de personnel
a cutback in the workforce a cut in manpower	un dégraissage des effectifs
- To make* sb redundant	licencier qqn (débaucher)
redundancy [rɪ'dʌndənsɪ]	le licenciement
to give* sb notice	donner à qqn un préavis de licenciement
a redundancy payment	une prime de licenciement
to lay* off workers	mettre des employés en chômage technique
there have been 300 layoffs	300 travailleurs ont été mis en chômage technique
the company had to shed 100 workers	l'entreprise a dû se séparer de 100 employés
- To dismiss sb to sack sb BR to fire sb	renvoyer qqn, congédier qqn
to be dismissed to get* the sack (parlé) to be sacked (parlé) BR to be fired	être renvoyé, être congédié
a dismissal [dɪs'mɪsəl]	un renvoi
- To leave* one's job	quitter son emploi
to resign [rɪ'zaɪn]	démissionner
to hand in one's resignation	donner sa démission
to retire [rɪ'taɪəʳ]	prendre sa retraite
early retirement	la préretraite
to take* early retirement	partir en préretraite
to pension sb off	mettre qqn à la retraite
- To lose* one's job	perdre son emploi
jobless ['dʒɒblɪs]	sans emploi
the jobless	les sans-emploi
to be unemployed to be out of work	être au chômage
the unemployment figures	les chiffres du chômage
the unemployment figures have fallen	le nombre des demandeurs d'emploi a diminué
youth unemployment	le chômage des jeunes
to be on short-time	être en chômage partiel
an unemployed person	un(e) chômeur (-euse)
the long-term unemployed (plur.)	les chômeurs de longue durée
BR a job centre BR an employment office AM an Employment Service	≈ une Agence Nationale pour l'Emploi, une ANPE
a job creation scheme	un plan de création d'emplois
odd jobs	les petits boulots

4. INDUSTRIAL RELATIONS LES RELATIONS SOCIALES

- Management and labour management and unions	les partenaires sociaux
employers [ɪm'plɔɪəʳs] (plur.)	le patronat
trade(s) unionism	le syndicalisme
BR a trade(s) union BR a union ['ju:njən] AM a labor union	un syndicat (d'ouvriers)
a union branch AM a union lodge AM a union local	une section syndicale
a union member	un(e) syndiqué(e)

a union official BR a trade(s) unionist	un(e) syndicaliste
BR a shop steward	un(e) délégué(e) syndical(e)
BR unionized labour AM unionized labor	la main-d'œuvre syndiquée
the union dues (plur.) the union subscription	la cotisation syndicale
the works council the works committee	le comité d'entreprise
a joint committee	une commission paritaire
– BR labour unrest AM labor unrest	l'agitation sociale
BR an industrial dispute AM a labor dispute	un conflit social
to be in dispute *with sb*	être en conflit *avec qqn*
a grievance ['gri:vəns]	un grief
to be understaffed	manquer de personnel
a breach of contract	une rupture de contrat
a wage demand BR a wage claim	une revendication salariale
to demand sth	exiger qqch.
to claim sth	revendiquer qqch.
to go* to arbitration	recourir à l'arbitrage
to arbitrate ['ɑ:bɪtreɪt]	arbitrer
to reach (a) deadlock	aboutir à une impasse
to break* off negotiations	rompre les négociations
an industrial tribunal	≈ un Conseil de prud'hommes
– A strike [straɪk]	une grève
the right to strike	le droit de grève
a strike call	un ordre de grève
the strike committee	le comité de grève
to give* notice of strike action	déposer un préavis de grève
to go* on strike to take* industrial action BR to come* out on strike	se mettre en grève
to be on strike to be striking	être en grève, faire grève
a striker ['straɪkəʳ]	un(e) gréviste
the striking workers	les ouvriers en grève
– A general strike an all-out strike	une grève générale
an unofficial strike a wildcat strike	une grève sauvage
BR a go-slow [gəʊ'sləʊ] AM a slowdown ['sləʊ,daʊn]	une grève perlée
BR to go* slow AM to slow down	faire une grève perlée
a sit-down strike	une grève sur le tas
BR a strike by rota AM a staggered strike	une grève tournante
a work-to-rule	une grève du zèle
to work to rule	faire la grève du zèle
a sympathy strike	une grève de solidarité
a lightning strike	une grève surprise
a lockout ['lɒkaʊt]	un lock-out, une grève patronale
a stoppage ['stɒpɪdʒ]	un débrayage, un arrêt de travail
– To black a ship/a consignment	boycotter un cargo/un chargement
a picket ['pɪkɪt]	un piquet de grève
to picket a factory	mettre un piquet de grève devant une usine
to cross the picket line	traverser un piquet de grève
a strikebreaker	un briseur de grève
a blackleg ['blækleg] (parlé) a scab [skæb] (parlé)	un jaune
– A settlement ['setlmənt]	un accord
a pay settlement	un accord salarial
an incentive bonus an incentive payment	une prime d'encouragement
a productivity bonus	une prime de rendement
to resume work	reprendre le travail

REMARQUE En Grande-Bretagne, the Trades Union Congress (abr. TUC) est une importante confédération de syndicats.

5. AT THE OFFICE AU BUREAU

– To be at work	être à son travail
an office worker	un employé de bureau
clerical staff	les employés de bureau
a secretary ['sekrətrɪ]	un(e) secrétaire
a personal assistant (abr. PA)	une assistante

22 WORK
LE TRAVAIL

an executive secretary	une secrétaire de direction
the reception desk	la réception
a receptionist [rɪ'sepʃənɪst]	un(e) réceptionniste
- Office equipment	l'équipement de bureau
office automation	la bureautique
word processing	le traitement de texte
a word-processing package	un traitement de texte (logiciel)
a computer [kəm'pju:təʳ]	un ordinateur
a calculator ['kælkjʊleɪtəʳ]	une calculatrice
a photocopier ['fəʊtəʊ,kɒpɪəʳ]	une photocopieuse
to photocopy sth	photocopier qqch.
a photocopy ['fəʊtəʊ,kɒpɪ]	une photocopie
the fax machine	le télécopieur
a fax [fæks]	une télécopie
to fax a message *to sb*	faxer un message *à qqn*
a dictaphone® ['dɪktəfəʊn] a dictating machine	un dictaphone®
to dictate sth *to sb*	dicter qqch. *à qqn*
an e-mail ['i:meɪl]	un courriel, un e-mail
- A desk [desk]	un bureau (meuble)
a filing cabinet	un classeur (meuble)
a folder ['fəʊldəʳ]	une chemise
a file [faɪl]	un dossier
to file sth	classer qqch.
a memo ['meməʊ]	une note de service
headed paper	le papier à en-tête
to sign one's mail	signer le courrier
a telephone message	un message téléphonique
a pigeonhole ['pɪdʒɪn,həʊl]	un casier (pour courrier)
- Office hours	les heures de bureau
to make* an appointment *with sb / for sb*	prendre un rendez-vous *avec qqn / pour qqn*
to put* sth in one's diary	noter qqch. dans son agenda
a business lunch	un déjeuner d'affaires
a business contact	une relation d'affaires

23 LEISURE AND SPORTS
LES LOISIRS ET LES SPORTS

1. LEISURE AND HOBBIES LES LOISIRS ET LES PASSE-TEMPS

– Leisure ['leʒəʳ] spare time	le temps libre
in my leisure time in my free time in my spare time	pendant mes heures de loisir
leisure activities spare-time activities	les loisirs (activités)
to devote one's leisure time to sth	consacrer ses loisirs à qqch.
a pastime ['pɑːstaɪm]	un passe-temps
a hobby ['hɒbɪ]	un violon d'Ingres
– To enjoy o.s.	s'amuser
to have a good time	bien s'amuser
to amuse o.s. doing sth	s'amuser à faire qqch.
entertainment [ˌentə'teɪnmənt] (n. c. sing.) distractions [dɪs'trækʃənz]	les distractions
entertaining [ˌentə'teɪnɪŋ]	distrayant
to relax [rɪ'læks]	se détendre
relaxing [rɪ'læksɪŋ]	délassant
relaxation [ˌriːlæk'seɪʃən]	la détente
– To collect stamps/coins	collectionner les timbres/des pièces
a stamp/butterfly collection	une collection de timbres/de papillons
a collector [kə'lektəʳ]	un(e) collectionneur (-euse)
numismatics [ˌnjuːmɪz'mætɪks] (sing.) coin collecting	la numismatique
philately [fɪ'lætəlɪ] stamp collecting	la philatélie
BR to swop sth *for sth* BR to swap sth *for sth* AM to trade sth *for sth*	échanger qqch. *contre qqch.*
– Outdoor games	les jeux de plein air
a fair [fɛəʳ]	une foire
the fairground	le champ de foire
a funfair [fʌnfɛəʳ]	une fête foraine
BR a merry-go-round BR roundabout ['raʊndəbaʊt] AM carousel [ˌkæruː'sel]	un manège, un carrousel
BR the dodgems ['dɒdʒəmz] BR the dodgem cars AM the bumper cars	les autotamponneuses
BR the big wheel AM the Ferris wheel ['ferɪswiːl]	la grande roue
the roller coaster (sing.)	les montagnes russes
a shooting range	un stand de tir

2. CHILDREN'S GAMES LES JEUX POUR ENFANTS

– A game [geɪm]	un jeu
the rules of the game	les règles du jeu
That's not fair! That's against the rules!	Ce n'est pas de jeu !
to play *with sth/sb* [pleɪ]	jouer *avec qqch./qqn*
It's you to go it's your go	C'est à toi, c'est ton tour
Well played!	Bien joué !
Dare you!	Chiche !
– To play hide-and-seek	jouer à cache-cache
to play blind man's buff	jouer à colin-maillard
to play hopscotch	jouer à la marelle
to play at leapfrog	jouer à saute-mouton
to skip [skɪp]	sauter à la corde
BR a skipping rope AM a jumping rope	une corde à sauter
– A kite [kaɪt]	un cerf-volant
BR a catapult ['kætəpʌlt] AM a slingshot	un lance-pierre(s)
a ball [bɔːl]	un ballon, une balle
a balloon [bə'luːn]	un ballon de baudruche
to blow* up a balloon	gonfler un ballon
a scooter ['skuːtəʳ]	une trottinette
a seesaw ['siːsɔː]	une bascule
a climbing frame	une cage à poules
a swing [swɪŋ]	une balançoire
a slide [slaɪd]	un toboggan
a rocking horse	un cheval à bascule

– **A toy** [tɔɪ]	un jouet
a soft toy BR a fluffy toy	une peluche
a teddy (bear)	un ours en peluche
a doll [dɒl]	une poupée
a box of bricks	un jeu de cubes
a (spinning) top	une toupie
a building set	un jeu de construction
BR a Meccano® set AM an erector set	un meccano
– **A small scale model**	un modèle réduit, une maquette
the scale model of an aeroplane	un avion modèle réduit
a toy train	un petit train, un train électrique
a toy house	une maison miniature
toy soldiers tin soldiers	les soldats de plomb
– **To play at make-believe**	jouer à faire semblant
to dress up *as*	se déguiser *en*
a mask [mɑːsk]	un masque
a nurse's / a Red Indian outfit	une panoplie d'infirmière / d'Indien
a puppet ['pʌpɪt]	une marionnette
a puppet show	un spectacle de marionnettes
a Punch and Judy show	≈ un spectacle de Guignol
BR a colouring book AM a coloring book	un album à colorier
marbles ['mɑːbls]	les billes
modelling clay plasticine® ['plæstɪsiːn]	la pâte à modeler

3. INDOOR GAMES LES JEUX D'INTÉRIEUR

– **Parlour games**	les jeux de société (qui se jouent sans plateau)
board games	les jeux de société (qui se jouent avec un plateau)
a quiz game a competition [ˌkɒmpɪ'tɪʃən]	un jeu-concours
a video game	un jeu vidéo
an electronic game	un jeu électronique
a console game	un jeu de console
– **Chess** [tʃes] (sing.)	les échecs
a chessboard ['tʃesˌbɔːd]	un échiquier
a piece [piːs]	une pièce
the chessmen	les pièces
the queen [kwiːn]	la reine
the king [kɪŋ]	le roi
a bishop ['bɪʃəp]	un fou
a castle ['kɑːsl] a rook [rʊk]	une tour
a knight [naɪt]	un cavalier
a pawn [pɔːn]	un pion
– **A move** [muːv]	un coup
to move	bouger, déplacer
to take* a piece	prendre une pièce
a gambit ['gæmbɪt]	un gambit
stalemate ['steɪlmeɪt]	le pat
checkmate [tʃekmeɪt]	échec et mat
– BR **draughts** ['drɑːfts] (sing.) AM checkers ['tʃekəz] (sing.)	le jeu de dames
BR a draughtboard ['drɑːftˌbɔːd] AM a checkerboard ['tʃekəˌbɔːd]	un damier
– **A die** [daɪ] (plur. dice)	un dé
to throw* the dice to roll the dice	jeter les dés
a dice cup	un gobelet à dés
dominoes ['dɒmɪnəʊz] (sing.)	le jeu de dominos (activité)
a domino set	un jeu de dominos (matériel)
backgammon ['bækˌgæmən]	le trictrac, le jacquet
ludo ['luːdəʊ]	le jeu des petits chevaux
Monopoly® [mə'nɒpəlɪ]	le Monopoly®
Scrabble® ['skræbl]	le Scrabble®
a forfeit ['fɔːfɪt]	un gage
– BR **noughts and crosses** AM tick-tack-toe [ˌtɪktæk'təʊ]	≈ le morpion
a rebus ['riːbəs]	un rébus
a crossword puzzle	une grille de mots croisés
to do* crosswords	faire des mots croisés
a crossword puzzle enthusiast	un(e) cruciverbiste

a puzzle ['pʌzl] a jigsaw (puzzle)	un puzzle
to solve a puzzle/a crossword (puzzle)	finir un puzzle/des mots croisés
– Charades [ʃə'rɑ:dz]	les charades
a riddle ['rɪdl]	une énigme, une devinette
to guess [ges]	deviner
to guess right to guess correctly	deviner juste
to guess wrong	donner une fausse réponse
to give* in to give* up	donner sa langue au chat

■ 4. GAMES OF CHANCE AND GAMES OF SKILL LES JEUX DE HASARD ET LES JEUX D'ADRESSE

– A playing card	une carte à jouer
BR a pack of cards AM a deck of cards	un jeu de cartes (paquet)
a card game	un jeu de cartes (activité)
a suit [su:t]	une couleur
spades [speɪdz]	pique
hearts [hɑ:ts]	cœur
diamonds ['daɪəməndz]	carreau
clubs [klʌbz]	trèfle
the ace [eɪs]	l'as
the king [kɪŋ]	le roi
the queen [kwi:n]	la dame, la reine
the jack [dʒæk] the knave [neɪv]	le valet
a joker ['dʒəʊkə']	un joker
– To play cards	jouer aux cartes
to play bridge/whist	jouer au bridge/au whist
to have a game of	faire une partie de
rummy ['rʌmɪ]	le rami
poker ['pəʊkə']	le poker
– To shuffle the cards	battre les cartes
to cut* the cards	couper le jeu
to deal* the cards	donner les cartes
the dealer ['di:lə']	le donneur
to have a good hand	avoir du jeu
to take* a trick	faire une levée
a trump [trʌmp]	un atout
to play a trump	jouer atout
hearts are trumps	c'est atout cœur
– BR to play patience AM to play solitaire	faire une réussite
blackjack ['blækdʒæk]	le black-jack
BR pontoon [pɒn'tu:n] AM twenty-one ['twentɪwʌn]	le vingt-et-un
– Gambling ['gæmblɪŋ]	les jeux d'argent
to gamble ['gæmbl]	jouer (de l'argent)
a gambler ['gæmblə']	un(e) joueur (-euse)
a big-time gambler	un flambeur
a casino [kə'si:nəʊ]	un casino
a gambling club	une maison de jeu
a croupier ['kru:pɪeɪ]	un croupier
– Roulette [ru:'let]	la roulette
to play (at) boule	jouer à la boule
a chip [tʃɪp]	un jeton, une plaque
a stake [steɪk] a bet [bet]	une mise
to stake 100 euros *on* to bet* 100 euros *on*	miser 100 euros *sur*
to play for high stakes	jouer gros jeu
to break* the bank	faire sauter la banque
– Lotto ['lɒtəʊ]	le loto (joué avec des pions)
to toss a coin	jouer à pile ou face
Heads or tails?	Pile ou face ?
let's toss for it	on le joue à pile ou face
a one-arm(ed) bandit BR a fruit machine	une machine à sous
to win* the jackpot to hit* the jackpot	gagner le gros lot
– BR billiards ['bɪljədz] (sing.) AM pool [pu:l]	le billard
BR to play a game of billiards AM to play a game of pool	faire une partie de billard
BR a billiard table AM a pool table	un billard
bowls [bəʊlz]	le jeu de boules, les boules
the jack [dʒæk]	le cochonnet
(tenpin) bowling	le bowling
croquet ['krəʊkeɪ]	le croquet

knucklebones ['nʌklbəʊnz]	les osselets
skittles ['skɪtlz]	le jeu de quilles, les quilles
darts [dɑːts]	les fléchettes
to hit* the bull's eye	mettre dans le mille

5. SPORTS LE SPORT

– A sportsman (fém. a sportswoman) ['spɔːtsmən]	un(e) sportif (-ive)
an athlete ['æθliːt]	un(e) athlète
amateur ['æmətəʳ]	amateur (équipe, sport)
professional [prə'feʃənl]	professionnel (équipe, sport)
– To practice a sport to do* a sport	pratiquer un sport faire un sport
training ['treɪnɪŋ]	l'entraînement
a practice ['præktɪs] a training session	une séance d'entraînement
to train sb to coach sb	entraîner qqn
to get* in training *for sth* to train *for sth*	s'entraîner *pour qqch.*
a coach [kəʊtʃ] a trainer ['treɪnəʳ]	un entraîneur
– To be fit to be on form	être en forme
on top form	en grande forme
to be out of form to be off form	ne pas être en forme
to be fond of sports to be sporty (parlé)	être sportif (aimer le sport)
to be athletic	être sportif (être doué pour le sport)
– A competitive sport	un sport de compétition
to go* in for competitive sport	faire de la compétition
a competitor [kəm'petɪtəʳ]	un(e) concurrent(e)
to compete *for sth / against sb* [kəm'piːt]	concourir *pour qqch. / contre qqn*
to qualify *for* ['kwɒlɪfaɪ]	se qualifier *pour*
the heats [hiːts]	les éliminatoires
– The Olympic Games the Olympics [əʊ'lɪmpɪks]	les Jeux olympiques
a tournament ['tʊənəmənt]	un tournoi
a meeting ['miːtɪŋ]	une rencontre
the championship ['tʃæmpjənʃɪp]	le championnat
the champion ['tʃæmpjən]	le (la) champion(ne)
the final ['faɪnl]	la finale
the semi-final	la demi-finale
a quarter final	un quart de finale
the cup [kʌp]	la coupe
BR the cup final	la finale de la coupe
– A sports event a sporting event	une épreuve sportive, une compétition sportive
a match [mætʃ]	un match
BR a test match	≈ un match international (au cricket, au rugby)
a return match	un match retour, une revanche
an away match / a home match	un match à l'extérieur / à domicile
a friendly match	un match amical
– The referee [ˌrefə'riː]	l'arbitre (au football, au rugby, en boxe)
to referee [ˌrefə'riː]	arbitrer
the umpire ['ʌmpaɪəʳ]	l'arbitre (au tennis, en hockey, au cricket)
to umpire	arbitrer
– A club [klʌb]	un club
a tracksuit ['træksuːt]	un survêtement
a sports field a sports ground	un terrain de sports
a gym(nasium) [dʒɪm('neɪzɪəm)]	un gymnase
the changing rooms	les vestiaires
the stadium ['steɪdɪəm]	le stade
BR the terraces ['terəsɪz] AM the bleachers ['bliːtʃəz]	les gradins
the grandstand ['grænˌstænd]	la tribune d'honneur
the track [træk]	la piste

6. INDIVIDUAL SPORTS LES SPORTS INDIVIDUELS

– **Athletics** [æθ'letɪks] (sing.)	l'athlétisme
BR an athletics meeting AM a track meet	une rencontre d'athlétisme
running ['rʌnɪŋ]	la course à pied (sport)
a race [reɪs]	une course
to run* [rʌn] to go* running	courir
to run* a race	participer à une course
– **Long-/middle-distance running**	la course de fond/de demi-fond
cross-country (running)	le cross
the 100-metre hurdles	le 100 mètres haies
a relay race	une course de relais
a marathon ['mærəθən]	un marathon
to jog [dʒɒg] to go* jogging	faire du jogging
a runner ['rʌnə^r]	un(e) coureur (-euse)
a stopwatch	un chronomètre
– **Shot putting**	le lancer du poids
to throw* the discus/the javelin	lancer le disque/le javelot
BR the long jump AM the broad jump	le saut en longueur
the high jump	le saut en hauteur
pole vaulting	le saut à la perche
– **A gymnast** ['dʒɪmnæst]	un(e) gymnaste
gymnastics [dʒɪm'næstɪks] (sing.)	la gymnastique
body building	le culturisme
a body builder	un(e) culturiste
weightlifting ['weit,lɪftɪŋ]	l'haltérophilie
a weightlifter ['weit,lɪftə]	un(e) haltérophile
– **Walking** ['wɔ:kɪŋ]	la marche
rambling ['ræmblɪŋ]	la randonnée (en général)
to go* rambling	faire de la randonnée
hiking ['haɪkɪŋ]	la randonnée (sur parcours difficiles)
to go* hiking	faire de la randonnée
a rucksack ['rʌksæk] a haversack ['hævəsæk]	un sac à dos
– **Mountaineering** [,maʊntɪ'nɪərɪŋ]	l'alpinisme
a mountaineer [,maʊntɪ'nɪə^r]	un(e) alpiniste
rock-climbing	l'escalade, la varappe
an ascent [ə'sent]	une ascension

to climb [klaɪm]	grimper, escalader
a climber ['klaɪmə^r]	un(e) grimpeur (-euse), un(e) varappeur (-euse)
a guide [gaɪd]	un guide
a rope [rəʊp] a roped party	une cordée
– **Hang-gliding** ['hæŋ,glaɪdɪŋ]	le deltaplane, le vol libre
a hang-glider ['hæŋ,glaɪdə]	un deltaplane (appareil)
a hang-glider	un(e) libériste
paragliding ['pærə,glaɪdɪŋ]	le parapente
parascending ['pærə,sendɪŋ]	le parachutisme ascensionnel
bungee jumping	le saut à l'élastique
– **Tennis** ['tenɪs]	le tennis
a tennis player	un(e) joueur (-euse) de tennis
a racket ['rækɪt]	une raquette
the net [net]	le filet
the court [kɔ:t]	le court
to bounce [baʊns]	rebondir
– **A backhand (shot)**	un revers
a forehand (shot)	un coup droit
a serve [sɜ:v] a service ['sɜ:vɪs]	un service
to serve	servir
a rally ['rælɪ]	un échange
set/match point	balle de set/match
a ladies' singles/doubles (plur.)	un simple/double dames
on grass/clay	sur herbe/terre battue
– **Badminton** ['bædmɪntən]	le badminton
squash [skwɒʃ]	le squash
table tennis	le tennis de table
ping pong	le ping-pong
golf [gɒlf]	le golf
a golf course	un (terrain de) golf
a golf ball/club	une balle/un club de golf
the tee [ti:]	le tee
a hole [həʊl]	un trou
– **Cycling** ['saɪklɪŋ]	le cyclisme
a cycle race	une course cycliste

a racing cyclist	un(e) coureur (-euse) cycliste
a bicycle ['baɪsɪkl]	une bicyclette
a bike [baɪk]	un vélo
a mountain bike	un vélo tout terrain, un VTT
– Motor racing	la course automobile
a racing driver	un pilote de course
Formula One	la formule 1
motor cycle racing	les courses de moto
a motorbike ['məʊtə,baɪk]	une moto
karting ['kɑːtɪŋ]	le karting
a go-kart ['gəʊkɑːt]	un kart
roller skates	les patins à roulettes
to roller-skate ['rəʊləskeɪt] to go* roller-skating	faire du patin à roulettes
– Horse-riding [hɔːsraɪdɪŋ]	l'équitation
to go* horse-riding	monter à cheval, faire de l'équitation
to ride* a horse	monter un cheval
to mount a horse	monter sur un cheval
to dismount [dɪs'maʊnt]	descendre de cheval
on horseback	à cheval
a rider ['raɪdəʳ]	un(e) cavalier (-ière)
to gallop ['gæləp]	galoper
to trot [trɒt]	trotter
at a gallop/a trot	au galop/trot
to canter ['kæntəʳ]	aller au petit galop
to walk one's horse	mettre son cheval au pas
– A riding hat	une bombe
the (riding) crop	la cravache
the saddle ['sædl]	la selle
the spurs [spɜːʳz]	les éperons
the bit [bɪt]	le mors
the reins [reɪnz]	les rênes
the bridle ['braɪdl]	la bride
a stirrup ['stɪrəp]	un étrier
– Show jumping (n. c.)	le concours hippique (activité)
a horse show	un concours hippique (épreuve)
a horse race	une course de chevaux
a racehorse ['reɪs,hɔːs]	un cheval de course
a stable ['steɪbl]	une écurie
a jockey ['dʒɒkɪ]	un jockey
– BR the racecourse ['reɪskɔːs] AM the racetrack ['reɪstræk]	l'hippodrome, le champ de courses
to go* to the races	aller aux courses
a racegoer	un(e) turfiste
to bet* on the horses	jouer aux courses
the odds [ɒdz] (plur.)	la cote
the odds on Omar are 5 to 1	Omar est à 5 contre 1
the start [stɑːt]	le départ
the finish ['fɪnɪʃ]	l'arrivée
– Fencing ['fensɪŋ]	l'escrime
to fence [fens]	faire de l'escrime
a sword [sɔːd]	une épée
a foil [fɔɪl]	un fleuret
archery ['ɑːtʃərɪ]	le tir à l'arc
an archer ['ɑːtʃəʳ] a bowman	un archer
a bow [bəʊ]	un arc
an arrow ['ærəʊ]	une flèche
to hit the target	atteindre la cible
– Combat sports	les sports de combat
martial arts	les arts martiaux
wrestling ['reslɪŋ]	la lutte
judo ['dʒuːdəʊ]	le judo
karate [kə'rɑːtɪ]	le karaté
boxing ['bɒksɪŋ]	la boxe
a boxer ['bɒksəʳ]	un boxeur
to throw* in the towel	jeter l'éponge
a knock out	un knock-out, un k.-o.
to knock sb out	mettre qqn k.-o.
to be knocked down to go* down for the count	aller au tapis
the (boxing) ring	le ring
boxing gloves	les gants de boxe

7. TEAM SPORTS LES SPORTS D'ÉQUIPE

– A team [tiːm]	une équipe
a team-mate	un(e) coéquipier (-ière)
an opponent [ə'pəʊnənt]	un(e) adversaire
a partner ['pɑːtnəʳ]	un(e) partenaire

the players ['pleɪəz]	les joueurs (-euses)
- A ball [bɔ:l]	une balle, un ballon
the pitch [pɪtʃ]	le terrain (de football, de rugby)
the field [fi:ld]	
a tennis/hockey match	un match de tennis/de hockey
volleyball ['vɒlɪbɔ:l]	le volley-ball
basketball ['bɑ:skɪtbɔ:l]	le basket-ball
handball ['hændbɔ:l]	le handball
- Football ['fʊtbɔ:l] soccer ['sɒkəʳ]	le football
BR American football AM football ['fʊtbɔ:l]	le football américain
a football ['fʊtbɔ:l]	un ballon de football
a soccer player a football player	un(e) footballeur (-euse)
a goal [gəʊl]	un but
the goalkeeper	le gardien de but, le goal
to score a goal	marquer un but
a goal post	un poteau de but
a striker ['straɪkəʳ]	un buteur
offside ['ɒf'saɪd]	hors jeu
- Rugby (football) rugger ['rʌgəʳ] (parlé)	le rugby
rugby union/league	le rugby à quinze/à treize
a rugby ball	un ballon de rugby
a rugby player	un(e) joueur (-euse) de rugby
to score a try	marquer un essai
to convert a try	transformer un essai
the scrum [skrʌm]	la mêlée
the backs [bæks]	les arrières
the forwards ['fɔ:wədz]	les avants
- To kick (the ball) to strike* the ball	frapper le ballon
a kick [kɪk]	un coup de pied
a penalty (kick)	un coup de pied de pénalité
a free kick	un coup franc
to blow* the whistle	siffler (arbitre)
a half [hɑ:f]	une mi-temps (période de jeu)
half-time	la mi-temps (repos)
- BR hockey ['hɒkɪ] AM field hockey	le hockey
BR ice hockey AM hockey	le hockey sur glace
a hockey stick	une crosse de hockey
baseball ['beɪsbɔ:l]	le base-ball
a baseball game AM a ball game	un match de base-ball
cricket ['krɪkɪt]	le cricket
the bowler ['bəʊləʳ]	le lanceur
a bat [bæt]	une batte
the batsman	le batteur
the wicket ['wɪkɪt]	le guichet

8. WINTER AND WATER SPORTS LES SPORTS D'HIVER ET LES SPORTS NAUTIQUES

- Skiing ['ski:ɪŋ]	le ski (activité)
to ski [ski:] to go* skiing	faire du ski
alpine/downhill skiing	le ski alpin/de descente
a downhill race	une (épreuve de) descente
the slalom ['slɑ:ləm]	le slalom
cross-country skiing AM ski-touring	le ski de fond
snowboarding ['snəʊˌbɔ:dɪŋ]	le surf des neiges
monoski ['mɒnəʊˌskɪ:]	le monoski
ski jumping	le saut en skis
a skier ['ski:əʳ]	un(e) skieur (-euse)
- A ski [ski:]	un ski
sticks [stɪks]	les bâtons
(safety) bindings	les fixations (de sécurité)
a ski run	une piste de ski
the nursery slopes	les pistes pour débutants
a skilift	un remonte-pente
a cablecar	un téléphérique
a ski tow	un téléski
- BR a sledge [sledʒ] AM a sled [sled]	une luge
BR to sledge AM to sled	faire de la luge

(ice-)skating	le patinage (sur glace)
to ice-skate to go* ice-skating	patiner
skates [skeɪts]	les patins
an ice rink	une patinoire
– To swim* [swɪm]	nager
to go* for a swim	aller se baigner
the (swimming) pool	la piscine
breaststroke ['brest,strəʊk]	la brasse
crawl [krɔ:l]	le crawl
butterfly stroke	la brasse papillon
backstroke [bæk,strəʊk]	le dos crawlé
the diving board	le plongeoir
to dive¹ [daɪv]	plonger

ATTENTION 1 : prétérit BR dived ; AM dove

– Windsurfing ['wɪndsɜ:fɪŋ] sailboarding ['seɪl,bɔ:dɪŋ]	la planche à voile (activité)
a windsurfer ['wɪndsɜ:fəʳ] a sailboarder ['seɪl,bɔ:dəʳ]	un(e) véliplanchiste
to windsurf ['wɪndsɜ:f] to go* windsurfing to sailboard ['seɪl,bɔ:d] to go* sailboarding	faire de la planche à voile
a windsurfer a sailboard	une planche à voile
– Water-skiing ['wɔ:təʳ,skɪ:ɪŋ]	le ski nautique
to water-ski ['wɔ:təʳ,skɪ:] to go* water-skiing	faire du ski nautique
surfing ['sɜ:fɪŋ]	le surf (activité)
to surf [sɜ:f] to go* surfing	faire du surf
a surfer	un(e) surfeur (-euse)
a surfboard	une planche de surf
scuba diving	la plongée sous-marine
to go* scuba diving	faire de la plongée sous-marine
– Canoeing [kə'nu:ɪŋ]	le canoë-kayak (activité)
a canoe [kə'nu:]	un canoë, un kayak
to canoe to go* canoeing	faire du canoë, faire du kayak
to row [rəʊ] to scull [skʌl]	ramer
rowing ['rəʊɪŋ]	l'aviron (activité)
an oar [ɔ:ʳ] a scull	une rame, un aviron
sailing ['seɪlɪŋ]	la voile (activité)
to sail [seɪl] to go* sailing	faire de la voile
a yacht [jɒt]	un yacht
yachting ['jɒtɪŋ]	la navigation de plaisance
a regatta [rɪ'gætə]	une régate

9. HUNTING AND FISHING LA CHASSE ET LA PÊCHE

– Fishing ['fɪʃɪŋ]	la pêche
to fish [fɪʃ] to go* fishing	pêcher
a fisherman ['fɪʃəmən]	un pêcheur
angling ['æŋglɪŋ]	la pêche à la ligne
to go* angling	pêcher à la ligne
an angler ['æŋgləʳ]	un pêcheur à la ligne
a target ['tɑ:gɪt]	une cible
– Fishing tackle	l'attirail de pêche
a (fishing) rod	une canne à pêche
a float [fləʊt]	un bouchon
the line [laɪn]	la ligne
a hook [hʊk]	un hameçon
the bait [beɪt]	l'appât
fly/spoon(bait) fishing	la pêche à la mouche/à la cuiller
– To cast* [kɑ:st]	lancer
to bite* [baɪt] to rise* (to bait)	mordre
to strike* [straɪk]	ferrer
to catch* [kætʃ]	prendre, attraper
the catch	la prise
to land a catch	ramener une prise
a fishing net	un filet, une épuisette
– BR shooting ['ʃu:tɪŋ] AM hunting ['hʌntɪŋ]	la chasse
BR to go* shooting AM to go* hunting	chasser, aller à la chasse
BR hunting ['hʌntɪŋ]	la chasse à courre
a hunter ['hʌntəʳ]	un chasseur (en général)
a hunter a huntsman ['hʌntsmən]	un chasseur (de chasse à courre)
a gamekeeper ['geɪm,ki:pəʳ]	un garde-chasse

to poach [pəʊtʃ]	braconner
a poacher ['pəʊtʃəʳ]	un braconnier
a trap [træp]	un piège
– A beat [bi:t]	une battue
to load [ləʊd]	charger
to raise one's rifle	épauler
to aim at sth to take* aim at sth	viser qqch.
to pull the trigger	appuyer sur la gâchette
to fire [faɪəʳ]	faire feu
to shoot* *at sth* [ʃu:t]	tirer *sur qqch.*
to shoot* sth	tirer qqch., tuer qqch.
to be a good/bad shot	être bon/mauvais tireur, être un bon/mauvais fusil
– The pack (of hounds)	la meute
game [geɪm]	le gibier
to sound the horn	sonner du cor
to lose* the scent	perdre la piste
to throw* dogs off the scent	dépister les chiens
– A gamebag	une gibecière
to come* home with an empty bag to come* home empty-handed	rentrer bredouille
a cartridge belt	une cartouchière
clay-pigeon shooting skeet shooting trapshooting ['træp,ʃu:tɪŋ]	le ball-trap

■ 10. WINNING AND LOSING LA VICTOIRE ET LA DÉFAITE

– To win* [wɪn]	gagner
the winner ['wɪnəʳ]	le (la) gagnant(e)
to win* hands down to win* in an armchair	gagner haut la main
to beat* sb to defeat sb	battre qqn
to beat* sb 5-3	battre qqn 5 à 3
to beat* the pants off sb (parlé) to thrash sb (parlé) BR to beat* sb hollow	battre qqn à plates coutures
to lose* [lu:z]	perdre
the loser ['lu:zəʳ]	le (la) perdant(e)
to be a good/bad loser	être bon/mauvais perdant
– A point [pɔɪnt]	un point
the score [skɔ:ʳ]	le score
the score was 3 to 2	le score était de 3 à 2
the score was 4 all	le score était de 4 partout
– To be in the lead	mener, être en tête
to have a lead over sb	avoir une avance sur qqn
to come* in first/second	se classer premier/second
the runner-up	le (la) second(e)
to tie with sb for first place	être premier ex æquo avec qqn
there is a tie for second place	il y a deux ex æquo en seconde position
"deuce" [dju:s]	« égalité » (au tennis)
a draw [drɔ:] a tie [taɪ]	un match nul
to draw* to tie	faire match nul
– A record *for* [rɪ'kɔ:d]	un record *de*
the world record	le record mondial
to break*/hold* the record	battre/détenir le record
to mount the podium	monter sur le podium
a gold/silver/bronze medal	une médaille d'or/d'argent/de bronze
to be disqualified	être disqualifié
to withdraw* [wɪθ'drɔ:]	déclarer forfait

REMARQUES

1. Contrairement au verbe jouer, to play est généralement transitif ; ex. : jouer au volley-ball/rugby = to play volleyball/rugby ; jouer aux échecs = to play chess.

2. Les verbes décrivant une activité sportive peuvent se traduire de plusieurs façons selon les contextes ; ex. : il court vite = he is a fast runner, he runs fast ; il court tous les samedis = he runs every Saturday, he goes running every Saturday ; il est allé courir = he has gone for a run, he has gone running.

24 FOOD
L'ALIMENTATION

1. NUTRITION LA NUTRITION

– The food business the food trade	l'alimentation (secteur commercial)
foodstuffs ['fu:dˌstʌfs]	les denrées alimentaires
perishable foods	les denrées périssables
a food [fu:d]	un aliment
– To feed* sb	nourrir qqn, donner à manger à qqn
well-nourished	bien nourri
nourishing ['nʌrɪʃɪŋ]	nourrissant
– Dietetics [ˌdaɪə'tetɪks] (sing.)	la diététique
dietary ['daɪətərɪ]	diététique, de régime
a vegetarian [ˌvedʒɪ'tɛərɪən]	un(e) végétarien(ne)
a vegan ['vɪ:gən]	un(e) végétalien(ne)
nutritious [nju:'trɪʃəs]	nutritif
the nutritional value of sth	la valeur nutritive de qqch.
the major food groups	les principaux groupes alimentaires
organic [ɔ:'gænɪk]	bio
to eat* sensibly	avoir une alimentation équilibrée
proteins ['prəʊti:nz]	les protéines
vitamins ['vɪtəmɪnz]	les vitamines
carbohydrates [ˌka:bəʊ'haɪdreɪts]	les glucides
high-protein	riche en protéines
calories ['kælərɪz]	des calories
a low-/high-calorie diet	un régime hypocalorique/hypercalorique

– Wholesome ['həʊlsəm] food	des aliments sains
light [laɪt]	léger
heavy ['hevɪ]	lourd
it's gone off	ça s'est gâté
mouldy ['məʊldɪ]	moisi
low-fat ['ləʊfæt]	allégé (beurre, fromage)
– Digestion [dɪ'dʒestʃən]	la digestion
indigestion [ˌɪndɪ'dʒestʃən] (n. c.)	l'indigestion
to have an attack of indigestion	avoir une indigestion
to digest [daɪ'dʒest]	digérer
edible ['edɪbl]	comestible
inedible [ɪn'edɪbl]	non comestible
– To feed* (o.s.) *on sth*	se nourrir *de qqch.*
to subsist [səb'sɪst]	subsister
a ration ['ræʃən]	une ration
undernourishment [ˌʌndə'nʌrɪʃmənt]	la sous-alimentation
malnutrition [ˌmælnjʊ'trɪʃən]	la malnutrition
a vitamin deficiency	une carence en vitamines
hunger ['hʌŋgəʳ]	la faim
to starve to death to be starving	mourir de faim
to die of starvation	mourir d'inanition

2. APPETITE L'APPÉTIT

– To eat* [i:t]	manger
to eat*/drink* in moderation	manger/boire avec modération
to have an appetite	avoir de l'appétit
to have a healthy appetite	avoir un solide appétit
to have a hearty appetite	avoir bon appétit
to eat* heartily	manger à belles dents
to eat* like a horse	manger comme quatre
to be a big eater	être gros mangeur
– To have a very small appetite to eat* like a bird	avoir un appétit d'oiseau
to be off one's food	manquer d'appétit

to lose* one's appetite	perdre l'appétit
to fast [fa:st]	jeûner
frugal ['fru:gəl]	frugal
– To be hungry	avoir faim
to be famished	être affamé
to be ravenous	avoir une faim de loup
to eat* one's fill	manger à sa faim
– Greedy ['gri:dɪ]	gourmand
greed [gri:d]	la gourmandise
gluttonous ['glʌtənəs]	glouton
gluttony ['glʌtənɪ]	la gloutonnerie
fastidious [fæs'tɪdɪəs] BR choosy ['tʃu:zɪ] AM picky ['pɪkɪ]	difficile (pour la nourriture)

- To bite* (into) sth	mordre (dans) qqch.
to chew [tʃu:]	mastiquer, mâcher
to nibble ['nɪbl]	grignoter
to lick [lɪk]	lécher
to swallow ['swɒləʊ]	avaler
it went down the wrong way	j'ai avalé de travers
- To tuck into a meal	attaquer un repas
to eat* sth up to polish sth off to finish sth off	finir (de manger) qqch.
a substantial meal	un repas copieux
filling ['fɪlɪŋ]	bourratif
it made my mouth water	ça m'a mis l'eau à la bouche
to gobble up to gulp down to wolf down	engloutir
to gorge o.s. on sth	se bourrer de qqch.
to stuff o.s. *with sth* (parlé)	se goinfrer *de qqch.*
I'm full!	J'ai trop mangé !
BR to savour sth AM to savor sth	savourer qqch.
to pick at one's food	manger du bout des dents, chipoter
- It's nice / awful it tastes nice / awful	c'est bon / mauvais
appetizing ['æpɪtaɪzɪŋ]	appétissant
delicious [dɪ'lɪʃəs]	délicieux
a delicacy ['delɪkəsɪ]	un mets délicat
a gourmet ['gʊəmeɪ]	un gourmet
to treat o.s. to sth	s'offrir qqch., se payer qqch.
This is my treat!	C'est moi qui régale !
- To drink* [drɪŋk]	boire
a drink	une boisson
thirst [θɜ:st]	la soif
to be thirsty	avoir soif
to make* sb thirsty	donner soif à qqn
to sip sth	boire qqch. à petits coups, siroter qqch.
to drink* sth up	finir (de boire) qqch.
to quench one's thirst	se désaltérer
to drain one's glass	vider son verre
he's a heavy drinker	il boit beaucoup, il boit trop

3. MEALS LES REPAS

- Breakfast ['brekfəst]	le petit déjeuner
to have breakfast	prendre le petit déjeuner
lunch [lʌntʃ]	le déjeuner
to have lunch	déjeuner
an afternoon snack	≈ un goûter
dinner ['dɪnəʳ]	le dîner
to have dinner	dîner
supper ['sʌpəʳ]	le souper
- To be eating to be having a meal	être à table
to sit* down to a meal	se mettre à table
a snack [snæk]	un casse-croûte
a barbecue ['bɑ:bɪkju:]	un barbecue
a picnic ['pɪknɪk]	un pique-nique
a banquet ['bæŋkwɪt]	un banquet
a feast [fi:st]	un festin
a buffet lunch a buffet supper	un buffet
refreshments [rɪ'freʃmənts]	les rafraîchissements
- A course [kɔ:s] a dish [dɪʃ]	un plat[1]
appetizers ['æpɪtaɪzəz]	les amuse-gueule
a cracker ['krækəʳ]	un cracker, un biscuit salé
an hors d'oeuvre BR a starter ['stɑ:təʳ]	un hors-d'œuvre
an entrée ['ɒntreɪ]	une entrée
the main course	le plat de résistance
the fish / meat course	le plat de viande / de poisson
a dessert [dɪ'zɜ:t] a pudding ['pʊdɪŋ] BR a sweet [swi:t]	un dessert
a three-course meal	≈ un repas avec une entrée, un plat et un dessert

ATTENTION FAUX AMI 1 : a plate = une assiette

- What's for pudding?	Qu'y a-t-il comme dessert ?
Dinner's ready! Lunch is ready!	À table !
Let's eat!	Passons à table !
Enjoy your meal!	Bon appétit !

What's for supper?	Que mange-t-on ce soir ?
What will you have?	Que prends-tu ?
to start with, I'll have ...	comme entrée, je prendrai...
– BR to lay* the table AM to set* the table	mettre le couvert
to clear away to clear the table	débarrasser (la table)
to serve sb	servir qqn
to help o.s. *to sth*	se servir *de qqch.*
to dish sth out to dish sth up	servir qqch.
a helping ['helpɪŋ] a portion ['pɔːʃən]	une portion (en général)
a serving ['sɜːvɪŋ]	une portion (en restauration)
to have a second helping of sth	reprendre de qqch.
to hand round a plate of sth	faire passer un plat de qqch.
to carve the meat	découper la viande
to open a bottle to uncork a bottle	déboucher une bouteille
to seat the guests	placer les invités
– A restaurant ['restərɔːŋ]	un restaurant
to eat* out	aller au restaurant
a chef [ʃef]	un chef
BR the head waiter AM the maître d'hôtel	le maître d'hôtel
a waiter ['weɪtəʳ]	un garçon
a waitress ['weɪtrɪs]	une serveuse
the wine waiter	le sommelier
BR to wait at table AM to wait table	servir à table
the first/second sitting	le premier/second service
the menu ['menjuː]	le menu, la carte
"today's special"	« plat du jour »
– A canteen [kæn'tiːn]	une cantine
a refectory [rɪ'fektərɪ]	un réfectoire
a cafeteria [,kæfɪ'tɪərɪə]	une cafétéria
a snack bar	un snack-bar
fast food	la restauration rapide
a fast-food restaurant a burger place (parlé)	un restaurant rapide, un fast-food
a café ['kæfeɪ] AM a diner ['daɪnəʳ]	un café
BR a takeaway ['teɪkəweɪ] AM a takeout ['teɪkaʊt]	un plat à emporter
BR a hamburger to take out AM a hamburger to go	un hamburger à emporter

■ 4. MEAT AND POULTRY LA VIANDE ET LA VOLAILLE

– Beef [biːf]	le bœuf
veal [viːl]	le veau
mutton ['mʌtn]	le mouton
lamb [læm]	l'agneau
pork [pɔːk]	le porc
venison ['venɪsən]	le chevreuil
– A cut of meat	un morceau de viande
BR a joint [dʒɔɪnt] BR a roast [rəʊst]	un rôti
roast beef/pork/veal (n. c.)	le rôti de bœuf/de porc/de veau
a slice off the joint	une tranche de rôti
a leg of lamb	un gigot
a chop [tʃɒp]	une côtelette (de porc, d'agneau)
a cutlet ['kʌtlɪt]	une côtelette (de veau, d'agneau)
a mutton chop	une côte de mouton
a rib of beef	une côte de bœuf
a loin chop	une côte première
an escalope ['eskə,lɒp]	une escalope
BR fillet steak AM tenderloin	le filet de bœuf
a steak [steɪk]	un bifteck, un steak
a grill [grɪl]	une grillade
loin of pork	l'échine de porc
brisket ['brɪskɪt]	la poitrine de bœuf
sirloin ['sɜːlɔɪn]	l'aloyau
saddle of lamb	la selle d'agneau
a marrowbone ['mærəbəʊn]	un os à moelle
– Offal ['ɒfəl] (n. c. sing.)	les abats
liver ['lɪvəʳ]	le foie
kidneys ['kɪdnɪz]	les rognons
ox tongue	la langue de bœuf
oxtail ['ɒks,teɪl]	la queue de bœuf
pig's trotters ['trɒtəʳz]	les pieds de porc
tripe [traɪp] (n. c. sing.)	les tripes
the rind [raɪnd]	la couenne

calf's sweetbreads	les ris de veau
– BR corned beef	le corned-beef[1]
a sausage ['sɒsɪdʒ]	une saucisse
a frankfurter ['fræŋk,fɜːtə(r)]	une saucisse de Francfort
sausage meat	la chair à saucisse
a sausage roll	≈ un friand à la viande
salami [sə'lɑːmɪ]	le salami
ham [hæm]	le jambon
cooked ham boiled ham	le jambon blanc
a hock [hɒk]	un jambonneau
Parma ham	le jambon de Parme
bacon ['beɪkən]	≈ le lard (fumé)
BR a rasher of bacon AM a slice of bacon	≈ une tranche de lard fumé

ATTENTION 1 : AM corned beef = le bœuf salé

– BR minced meat BR mince [mɪns] AM ground beef AM hamburger meat	la viande hâchée (de bœuf)
a beefburger ['biːf,bɜːgə(r)] a hamburger ['hæm,bɜːgə(r)]	un hamburger
– Fat [fæt]	le gras
fatty ['fætɪ]	gras
lean [liːn]	maigre
dripping ['drɪpɪŋ]	la graisse de rôti
juice(s) from the meat	le jus de viande (de cuisson)
gravy ['greɪvɪ]	la sauce (faite avec du jus de viande)
– A fowl [faʊl]	une volaille
poultry ['pəʊltrɪ] (n. c. plur.)	la volaille
a chicken ['tʃɪkɪn]	un poulet
a roast chicken	un poulet rôti
chicken breast	le blanc de poulet
a wing [wɪŋ]	une aile
a drumstick	un pilon
a leg [leg]	une cuisse
stuffing ['stʌfɪŋ]	la farce
stuffed [stʌfd]	farci
giblets ['dʒɪblɪts]	les abattis
– A duck [dʌk]	un canard
a goose [guːs] (plur. geese)	une oie
a guinea fowl	une pintade
a turkey ['tɜːkɪ]	une dinde
a boiled chicken	une poule au pot
– An egg [eg]	un œuf
a (soft-)boiled egg	un œuf à la coque
a hard-boiled egg	un œuf dur
a fried egg	un œuf sur le plat
a poached egg	un œuf poché
scrambled eggs	des œufs brouillés
a ham/cheese omelette	une omelette au jambon/au fromage
– Game [geɪm]	le gibier
a pigeon ['pɪdʒən]	un pigeon
a quail [kweɪl]	une caille
a rabbit ['ræbɪt]	un lapin
jugged hare	le civet de lièvre
snails [sneɪlz]	les escargots

5. FISH AND SHELLFISH LE POISSON ET LES CRUSTACÉS

– A fish [fɪʃ]	un poisson
freshwater/saltwater fish	le poisson de mer/d'eau douce
a fishbone	une arête
a trout [traʊt]	une truite
a (Dover) sole	une sole
a plaice [pleɪs]	un carrelet
a mackerel ['mækrəl]	un maquereau
a haddock ['hædək]	un aiglefin
a herring ['herɪŋ]	un hareng
a kipper ['kɪpə(r)]	un hareng fumé
a sardine [sɑː'diːn]	une sardine
tuna ['tjuːnə]	du thon
a salmon ['sæmən]	un saumon
smoked salmon AM lox [lɒks]	du saumon fumé
BR a skate [skeɪt] AM a ray [reɪ]	une raie
a squid [skwɪd]	un calmar
– A carp [kɑːp]	une carpe
an eel [iːl]	une anguille
a mullet ['mʌlɪt]	un mulet
a pike [paɪk]	un brochet
a sturgeon ['stɜːdʒən]	un esturgeon

a halibut ['hælɪbət]	un flétan
an anchovy ['æntʃəvɪ]	un anchois
soft roe	la laitance
caviar ['kævɪɑːʳ]	le caviar
– Seafood ['siːfʊd] (n. c. sing.)	les fruits de mer
a shrimp [ʃrɪmp]	une crevette grise
a prawn [prɔːn]	une crevette rose, un bouquet
a lobster ['lɒbstəʳ]	un homard, une langouste
a langoustine	une langoustine
a crab [kræb]	un crabe
oysters ['ɔɪstəʳz]	les huîtres
mussels ['mʌslz]	les moules
a scallop ['skɒləp]	une coquille Saint-Jacques
cockles ['kɒklz]	les coques
clams [klæms]	les palourdes, les praires, les clams

REMARQUE Certains noms de poisson peuvent, au singulier, exprimer un pluriel. Le verbe est alors soit au pluriel, soit au singulier ; ex. : all the carp have died = toutes les carpes sont mortes ; there's a lot of trout around here = il y a beaucoup de truites par ici. L'anglais courant emploie cependant de plus en plus souvent le substantif au pluriel lorsqu'il s'agit de dénombrer les poissons. Ainsi on dira plus volontiers I caught three fishes que I caught three fish = j'ai attrapé trois poissons.

6. FRUIT LES FRUITS

– Fruit [fruːt] (n. c. sing.)	les fruits
a piece of fruit	un fruit
ripe [raɪp]	mûr
unripe ['ʌn'raɪp]	vert, pas mûr
overripe [əʊvə'raɪp]	trop mûr, blet
hard [hɑːd]	dur
juicy ['dʒuːsɪ]	juteux
– The peel [piːl]	l'écorce
the skin [skɪn]	la pelure, la peau
a stone [stəʊn]	un noyau
to stone to pit [pɪt]	dénoyauter
a pip [pɪp]	un pépin
– An apple ['æpl]	une pomme
an eating apple	une pomme à couteau
a cooking apple	une pomme à cuire
an apple core	un trognon de pomme
a pear [pɛəʳ]	une poire
a plum [plʌm]	une prune[1]
a greengage ['griːn,geɪdʒ]	une reine-claude
a peach [piːtʃ]	une pêche
a nectarine ['nektərɪn]	une nectarine, un brugnon
an apricot ['eɪprɪkɒt]	un abricot
rhubarb ['ruːbɑːb]	la rhubarbe
a cherry ['tʃerɪ]	une cerise
a quince [kwɪns]	un coing

ATTENTION FAUX AMI 1 : a prune = un pruneau

– A berry ['berɪ]	une baie
strawberries ['strɔːbərɪz]	les fraises
raspberries ['rɑːzbərɪz]	les framboises
blackberries ['blækbərɪz]	les mûres
blackcurrants [,blæk'kʌrəntz]	les cassis
blueberries ['bluːbərɪz] bilberries ['bɪlbərɪz]	les myrtilles
redcurrants [,red'kʌrəntz]	les groseilles rouges
gooseberries ['gʊzbərɪz]	les groseilles à maquereau
cranberries ['krænbərɪz]	les airelles
grapes [greɪps] (plur.)	le raisin
a grape [greɪp]	un grain de raisin
a bunch of grapes	une grappe de raisin
a melon ['melən]	un melon
a watermelon	une pastèque
– An orange ['ɒrɪndʒ]	une orange
a mandarin (orange) a tangerine [,tændʒə'riːn]	une mandarine
a clementine ['kleməntaɪn]	une clémentine
a lemon ['lemən]	un citron
a lime [laɪm]	un citron vert
a grapefruit ['greɪpfruːt]	un pamplemousse
a pineapple ['paɪn,æpl]	un ananas

a banana [bə'nɑ:nə]	une banane
a date [deɪt]	une datte
a fig [fɪɡ]	une figue
a black/green olive	une olive noire/verte
a pomegranate ['pɒmə,ɡrænɪt]	une grenade
a kiwi (fruit)	un kiwi
a litchi [,laɪ'tʃɪ:] a lichee	un litchi
a mango ['mæŋɡəʊ] (plur. mangoes)	une mangue
– A walnut ['wɔ:lnʌt]	une noix
a hazelnut ['heɪzəlnʌt]	une noisette
an almond ['ɑ:mənd]	une amande
a peanut ['pi:nʌt]	une cacahuète
a groundnut ['ɡraʊndnʌt]	une arachide
a cashew (nut)	une noix de cajou
a Brazil (nut)	une noix du Brésil
a pistachio (nut)	une pistache
a pecan (nut)	une noix de pacane
a chestnut ['tʃesnʌt]	une châtaigne, un marron
a coconut ['kəʊkənʌt]	une noix de coco
a (nut)shell	une coquille
a raisin ['reɪzən]	un raisin sec
a sultana [sʌl'tɑ:nə]	un raisin de Smyrne
a currant ['kʌrənt]	un raisin de Corinthe
a prune [pru:n]	un pruneau

REMARQUES

1. Fruit s'emploie le plus souvent au singulier pour exprimer le pluriel ; ex. : fruit is good for you = les fruits sont bons pour la santé ; I bought some fruit = j'ai acheté des fruits. Le pluriel est plus rarement employé : I ate all the fruits = j'ai mangé tous les fruits.
2. Pour désigner les fruits à écale en général, on emploie le mot nuts ; ex. : mixed nuts = un assortiment d'amandes, de noisettes, de noix, etc.

7. VEGETABLES LES LÉGUMES

– Vegetables ['vedʒtəblz] veg [vedʒ] (plur.) (parlé)	les légumes
green vegetables greens (parlé)	les légumes verts
a potato [pə'teɪtəʊ] (plur. potatoes)	une pomme de terre
boiled potatoes	les pommes vapeur
mashed potatoes (plur.)	la purée de pommes de terre
jacket potatoes baked potatoes	les pommes de terre en robe des champs
BR chips [tʃɪps] AM French fries	les frites
BR crisps AM chips	les chips
potato peelings	les épluchures de pommes de terre
– A tomato [tə'mɑ:təʊ] (plur. tomatoes)	une tomate
a cucumber ['kju:kʌmbəʳ]	un concombre
BR a courgette [kʊə'ʒet] AM a zucchini [zu:'ki:nɪ]	une courgette
BR a (vegetable) marrow AM a squash [skwɒʃ]	une courge
an artichoke ['ɑ:tɪtʃəʊk] a globe artichoke	un artichaut
a turnip ['tɜ:nɪp]	un navet
a carrot ['kærət]	une carotte
a mixed salad	une salade composée
a tomato/cucumber salad	une salade de tomates/de concombre
– A salad vegetable	une salade (légume)
a (green) salad	une salade (verte) (plat)
a lettuce ['letɪs]	une laitue
BR a cos lettuce AM a romaine lettuce	une romaine
watercress	le cresson
BR endive ['endaɪv]	la chicorée
BR a head of chicory AM an endive	une endive
– A radish ['rædɪʃ]	un radis
BR a beetroot ['bi:tru:t] AM a beet [bi:t]	une betterave
a mushroom ['mʌʃrʊm]	un champignon (comestible)
a truffle ['trʌfl]	une truffe
a porcini [pɔ:'tʃi:nɪ] mushroom	un cèpe
a chanterelle [,tʃæntə'rɛl]	une girolle, une chanterelle
crisp [krɪsp]	croquant

limp [lɪmp]	fané
– A cabbage ['kæbɪdʒ]	un chou
a cauliflower ['kɒlɪflaʊəʳ]	un chou-fleur
(Brussels) sprouts	les choux de Bruxelles
an onion ['ʌnjən]	un oignon
a leek [li:k]	un poireau
celery ['selərɪ]	le céleri en branches
a head of celery	un pied de céleri
celeriac [sə'lerɪæk]	le céleri-rave
asparagus [ə'spærəgəs] (n. c. sing.)	les asperges
asparagus tips	les pointes d'asperges
fennel ['fenl]	le fenouil
spinach ['spɪnɪdʒ] (n. c. sing.)	les épinards
BR an aubergine ['əʊbəʒi:n] AM an eggplant ['eg,pla:nt]	une aubergine
an avocado (pear)	un avocat
a green/red pepper	un poivron vert/rouge
– Peas [pi:z]	les pois
green peas garden peas	les petits pois
chickpeas	les pois chiches
a bean [bi:n]	un haricot
runner beans	les haricots à rame
French beans	les haricots verts
haricot beans	les haricots blancs
kidney beans	les haricots rouges
dried beans	les haricots secs
broad beans	les fèves
bean sprouts bean shoots	les germes de soja
– Pulses ['pʌlsɪz]	les légumes secs
lentils ['lentlz]	les lentilles
rice [raɪs]	le riz
long-grained rice	le riz à grains longs
short-grained rice round-grained rice	le riz à grains ronds
brown rice	le riz complet
(breakfast) cereals	les céréales
cornflakes ['kɔ:n,fleɪks]	les cornflakes
bran [bræn]	le son
oatmeal ['əʊt,mɪ:l] (n. c. sing.)	les flocons d'avoine
sweet corn	le maïs doux
corn on the cob	les épis de maïs
flour ['flaʊəʳ]	la farine

8. DAIRY PRODUCE LES LAITAGES

– Milk [mɪlk]	le lait
skimmed/unskimmed milk	le lait écrémé/entier
homogenized/pasteurized milk	le lait homogénéisé/pasteurisé
condensed milk	le lait concentré
powdered milk	le lait en poudre
milk straight from the cow	le lait cru
– Butter ['bʌtəʳ]	le beurre
salted/unsalted butter	le beurre salé/doux
to butter	beurrer
margarine [,ma:dʒə'ri:n] AM oleomargarine	la margarine
rancid ['rænsɪd]	rance
– Cheese [tʃi:z]	du fromage
a ripe cheese	un fromage fait
a blue cheese	un fromage bleu
a soft/hard cheese	un fromage à pâte molle/dure
a full-fat/low-fat cheese	un fromage gras/maigre
goat's cheese	le fromage de chèvre
ewe's milk cheese	le fromage de brebis
cottage cheese	≈ le fromage blanc (égoutté)
cream cheese	la crème de fromage
a cheese spread	un fromage à tartiner
the cheese board	le plateau de fromages
a fruit/strawberry yog(h)urt	un yaourt aux fruits/à la fraise

■ 9. CONDIMENTS AND SPICES LES CONDIMENTS ET LES ÉPICES

– **Oil** [ɔɪl]	l'huile
sunflower/groundnut/olive oil	l'huile de tournesol/d'arachide/d'olive
salad/cooking oil	l'huile de table/à friture
vinegar ['vɪnɪgəʳ]	le vinaigre
wine/tarragon vinegar	le vinaigre de vin/à l'estragon
French dressing salad dressing vinaigrette sauce	la vinaigrette
mayonnaise [ˌmeɪə'neɪz]	la mayonnaise
– **A sauce** [sɔːs]	une sauce
a stock cube	un bouillon-cube
meat/vegetable stock	le bouillon de viande/de légumes
tomato/white sauce	la sauce tomate/blanche
tomato purée	le concentré de tomates
(tomato) ketchup AM catsup ['kætsəp]	le ketchup
pickled onions	des oignons au vinaigre
gherkins ['gɜːkɪnz]	les cornichons
– **Garlic** ['gɑːlɪk]	l'ail
a clove of garlic	une gousse d'ail
herbs [hɜːbz]	les fines herbes
a bouquet garni	un bouquet garni
dill [dɪl]	l'aneth
basil ['bæzl]	le basilic
chives [tʃaɪvz] (plur.)	la ciboulette
shallot [ʃə'lɒt] scallion ['skælɪən]	l'échalote
bay leaves (plur.)	le laurier
tarragon ['tærəgən]	l'estragon
parsley ['pɑːslɪ]	le persil
marjoram ['mɑːdʒərəm]	la marjolaine
thyme [taɪm]	le thym
sorrel ['sɒrəl]	l'oseille
rosemary ['rəʊzmərɪ]	le romarin
oregano [ˌɒrɪ'gɑːnəʊ]	l'origan
curry ['kʌrɪ]	le curry, le cari, le carry
– **Condiments** ['kɒndɪmənts]	les condiments

salt [sɔːlt]	le sel
coarse salt	le gros sel
to salt	saler
salted	salé
pepper ['pepəʳ]	le poivre
white/black/green pepper	le poivre blanc/noir/vert
whole/ground pepper	le poivre en grain/moulu
Cayenne pepper	le poivre de Cayenne
peppery ['pepərɪ]	poivré
– **A chilli** ['tʃɪlɪ]	un piment rouge
horseradish ['hɔːsˌrædɪʃ]	le raifort
mustard ['mʌstəd]	la moutarde
– **Seasoning** ['siːznɪŋ]	l'assaisonnement
a spice [spaɪs]	une épice
spicy ['spaɪsɪ]	épicé
to spice sth *with sth*	épicer, relever qqch. *de qqch.*
hot [hɒt]	relevé
– **Cinnamon** ['sɪnəmən]	la cannelle
cloves [kləʊvz]	les clous de girofle
coriander [ˌkɒrɪ'ændəʳ]	la coriandre
cumin ['kʌmɪn]	le cumin
ginger ['dʒɪndʒəʳ]	le gingembre
nutmeg ['nʌtmeg]	la noix de muscade
paprika ['pæprɪkə]	le paprika
mixed spice (n. c. sing.)	les quatre épices
saffron ['sæfrən]	le safran
vanilla [və'nɪlə]	la vanille
– **Sugar** ['ʃʊgəʳ]	le sucre
granulated sugar	le sucre cristallisé
caster sugar	le sucre semoule, le sucre en poudre
cane sugar	le sucre de canne
brown sugar	le sucre brun, le sucre roux, la cassonnade
BR icing sugar AM confectionery sugar AM powdered sugar	le sucre glace
a lump of sugar	un morceau de sucre
sweet [swiːt]	sucré

10. BREAD, PASTA AND PASTRIES LE PAIN, LES PÂTES ET LES PÂTISSERIES

– Bread [bred] (n. c.)	le pain
a loaf (of bread) (plur. loaves)	un pain
a slice [slaɪs]	une tranche
a piece of bread and butter a slice of bread and butter	une tartine
the crust [krʌst]	la croûte
a crumb [krʌm]	une miette
– Dough [dəʊ]	la pâte à pain
to knead dough	pétrir la pâte
new/stale bread	le pain frais/rassis
brown bread	le pain bis
granary bread wholemeal bread	le pain complet
rye bread	le pain de seigle
farmhouse bread	le pain de campagne
sandwich bread	le pain de mie
– A cottage loaf	une miche
a stick of French bread	une baguette
toast [təʊst] (n. c.)	le pain grillé
a slice of toast a piece of toast	une tranche de pain grillé
a roll [rəʊl]	un petit pain
a bun [bʌn]	un petit pain rond
a croissant ['krwʌsɒŋ]	un croissant
a ham/cheese sandwich	un sandwich au jambon/au fromage
– BR a biscuit ['bɪskɪt] AM a cookie	un biscuit
rusks [rʌsks]	les biscottes
a wafer ['weɪfəʳ]	une gaufrette
a waffle ['wɒfl]	une gauffre
a cake [keɪk]	un gâteau[1]
a fruit cake	un cake
a sponge cake	un pain de Gênes
gingerbread	le pain d'épices
a macaroon [ˌmækə'ruːn]	un macaron

ATTENTION FAUX AMI 1 : a gâteau = un gros gâteau à la crème

(pancake) batter	la pâte à crêpes
BR a pancake ['pænkeɪk] AM a crepe [kreɪp]	une crêpe
apple/banana fritters	des beignets aux pommes/à la banane
– Pastry ['peɪstrɪ]	la pâte à tarte
BR shortcrust pastry AM pie crust pastry	la pâte brisée
puff pastry BR flaky pastry	la pâte feuilletée
BR sablé pastry AM sugar crust pastry	la pâte sablée
choux pastry	la pâte à choux
to roll out pastry	abaisser la pâte (au rouleau)
– A pastry ['peɪstrɪ] a cake [keɪk]	une pâtisserie
a tart [tɑːt]	une tarte
a strawberry/plum tart	une tarte aux fraises/aux prunes
BR a tartlet ['tɑːtlɪt]	une tartelette
an apple pie	une tourte aux pommes
Christmas pudding	le pudding de Noël
a Christmas log	une bûche de Noël
– Flour ['flaʊəʳ]	la farine
self-raising flour	la farine avec levure incorporée
BR cornflour ['kɔːnˌflaʊəʳ] AM cornstarch ['kɔːnˌstɑːtʃ]	la farine de maïs, la maïzena®
yeast [jiːst]	la levure
to rise* [raɪz]	monter (pâte)
stodgy ['stɒdʒɪ]	bourratif, lourd
– Pasta ['pæstə]	les pâtes (alimentaires)
noodles ['nuːdls]	les nouilles
spaghetti [spə'getɪ] (n. c. sing.)	les spaghettis
lasagna [lə'zænjə] (n. c. sing.)	les lasagnes
ravioli [ˌrævɪ'əʊlɪ] (n. c. sing.)	les raviolis
semolina [ˌsemə'liːnə] (n. c. sing.)	la semoule

11. DESSERTS LES DESSERTS

- Jam [dʒæm]	la confiture
strawberry/raspberry jam	la confiture de fraises/de framboises
redcurrant/blackcurrant jelly	la gelée de groseilles/de cassis
marmalade ['mɑ:məleɪd]	la marmelade
honey ['hʌnɪ]	le miel
preserved fruit (n. c. sing.)	les fruits en conserve, les fruits au sirop
candied fruit (n. c. sing.) glacé fruit (n. c. sing.)	les fruits confits
crystallized fruit (n. c. sing.)	les pâtes de fruits
a piece of crystallized fruit	une pâte de fruits
BR (black) treacle AM molasses [məʊ'læsɪz] (sing.)	la mélasse
maple syrup	le sirop d'érable
caramel ['kærəməl]	le caramel (sucre roussi)
peanut butter	le beurre de cacahuète(s)
whipped cream	la crème fouettée, la crème Chantilly
- Chocolate mousse	la mousse au chocolat
custard ['kʌstəd]	la crème anglaise
fruit salad	la salade de fruits
strawberries/raspberries and cream	les fraises/les framboises à la crème
stewed fruit (n. c. sing.)	une compote de fruits
stewed apples	une compote de pommes
- An ice cream	une glace
BR sorbet ['sɔ:beɪ] AM sherbet ['ʃɜ:bət]	le sorbet
a cone [kəʊn]	un cornet de glace
a choc-ice AM an icecream bar	un esquimau
- Sweet things	les sucreries
BR a sweet [swi:t] AM a candy ['kændɪ]	un bonbon
a mint [mɪnt]	un bonbon à la menthe
chocolate ['tʃɒklɪt]	le chocolat
plain/milk chocolate	le chocolat à croquer/au lait
a chocolate	un chocolat, une crotte au chocolat
an Easter egg	un œuf de Pâques
a toffee ['tɒfɪ] AM a taffy ['tæfɪ]	un caramel
a lollipop ['lɒlɪpɒp]	une sucette
popcorn	le pop-corn
chewing gum	le chewing-gum

12. COOKING LA CUISINE

- Cooking ['kʊkɪŋ]	la cuisine (activité)
a cook [kʊk]	un(e) cuisinier (-ière)
to cook to do* the cooking	faire la cuisine
to be a good cook	bien faire la cuisine
to cook	cuire, faire cuire
a cookbook a cookery book	un livre de cuisine
a recipe ['resɪpɪ]	une recette
- To chop sth (up)	hâcher qqch. (avec un couteau)
to mince sth	hâcher qqch. (dans un appareil)
to dice sth	découper qqch. en dés
to slice sth	découper qqch. en tranches
to cut* sth into thin strips	découper qqch. en lamelles
to bone sth	désosser qqch.
to pluck a chicken	plumer un poulet
to skin a rabbit	dépouiller un lapin
to grate cheese/carrots	râper du fromage/des carottes
to peel sth	éplucher qqch.
to shell sth	décortiquer qqch.
to shell peas	écosser des petits pois
- An ingredient [ɪn'gri:dɪənt]	un ingrédient
BR to flavour sth *with sth* AM to flavor sth *with sth*	parfumer qqch. *à qqch.*
to season ['si:zn]	assaisonner
a dash of	une pointe de
a squeeze of lemon	un filet de citron
to curdle ['kɜ:dl]	ne pas prendre, tomber (mayonnaise)
to beat* eggs	battre des œufs
to whisk the whites	battre les blancs en neige

to cream the butter and the sugar	travailler le beurre et le sucre
to stir sth	remuer qqch.
to marinate ['mærɪneɪt]	mariner, faire mariner
to spread* butter on sth to spread* sth with butter	étaler du beurre sur qqch.
to cook on a low heat/high heat	faire cuire à petit feu/à feu vif
– To boil [bɔɪl]	bouillir, faire bouillir
to steam [sti:m]	cuire à la vapeur, faire cuire à la vapeur
to poach [pəʊtʃ]	faire pocher
to simmer ['sɪməʳ]	mijoter, faire mijoter
to stew [stju:]	cuire à l'étouffée, faire cuire à l'étouffée
to fry [fraɪ]	frire, faire frire
to brown onions	faire revenir des oignons
to bake [beɪk]	cuire au four, faire cuire au four
to roast [rəʊst]	rôtir, faire rôtir
to baste meat	arroser la viande
to braise sth	braiser qqch.
BR to grill [grɪl] AM to broil [brɔɪl]	griller, faire griller
to barbecue ['bɑ:bɪkju:]	faire griller au barbecue
– To drain sth	égoutter qqch.
to toss the salad	tourner la salade
to garnish sth with cress/lettuce	garnir qqch. de cresson/de laitue
to dress a salad	assaisonner une salade
to ice [aɪs]	glacer (gâteau)
to glaze [gleɪz]	glacer (viande)
– A can [kæn] BR a tin [tɪn]	une boîte de conserve
canned food (n. c. sing.) BR tinned food (n. c. sing.)	les conserves
a can of pineapple/peaches BR a tin of pineapple/of peaches	une boîte d'ananas/de pêches
canned pineapple/peaches BR tinned pineapple/peaches	l'ananas/les pêches en boîte

13. COOKED DISHES LES PLATS CUISINÉS

– A dish [dɪʃ]	un plat
ready meals	les plats préparés
frozen food (n. c. sing.)	les surgelés
leftovers ['left,əʊvəz]	les restes
– Cooked [kʊkt]	cuit
undercooked [,ʌndə'kʊkt]	pas assez cuit
overcooked [,əʊvə'kʊkt]	trop cuit
raw [rɔ:]	cru
tender ['tendəʳ]	tendre
tough [tʌf]	dur (viande)
rare [rɛəʳ] underdone [,ʌndə'dʌn]	saignant
medium (rare)	à point
very rare	bleu
– A soup [su:p]	une soupe, un potage
onion/tomato soup	la soupe à l'oignon/à la tomate
a consommé [kən'sɔmeɪ]	un consommé
beef/vegetable stock	le bouillon de bœuf/de légumes
cream of chicken/tomato	la crème de poulet/de tomates
– A pie [paɪ]	une tourte
a chicken/beef pie	une tourte au poulet/au bœuf
a stew [stju:]	un ragoût
potatoes au gratin	un gratin de pommes de terre
cauliflower cheese	le chou-fleur en gratin
pâté	le pâté
liver pâté	le pâté de foie
foie gras	le foie gras
a soufflé ['su:fleɪ]	un soufflé
kebabs [kə'bæbz]	les brochettes
frogs' legs	les cuisses de grenouille
a chicken/lamb curry	un curry de poulet/d'agneau

■ 14. NON-ALCOHOLIC DRINKS LES BOISSONS SANS ALCOOL

- A drink [drɪŋk] a beverage ['bevərɪdʒ] (soutenu)	une boisson
a hot/cold drink	une boisson chaude/froide
soft drinks	les boissons non-alcoolisées
I'd like something to drink	je voudrais quelque chose à boire
drinkable ['drɪŋkəbl]	buvable
undrinkable ['ʌn'drɪŋkəbl]	imbuvable
strong [strɒŋ]	fort
to pour [pɔːʳ]	verser
a straw [strɔː]	une paille
BR a Thermos® (flask) BR a vacuum flask AM a vacuum bottle	une bouteille thermos
- Coffee ['kɒfɪ]	le café
coffee beans (plur.)	le café en grains
ground coffee	le café moulu
filter coffee	le café filtre
an espresso [es'presəʊ]	un expresso
a cappuccino [ˌkæpʊ'tʃiːnəʊ]	un cappuccino
decaffeinated [ˌdiː'kæfɪneɪtɪd]	décaféiné
black coffee	le café noir
BR white coffee AM coffee with cream	le café crème
instant coffee	le café instantané
- Tea [tiː]	le thé
to make* (a pot of) tea	faire du thé
to infuse [ɪn'fjuːz]	infuser, faire infuser
to take* sugar/milk	prendre du sucre/du lait
herb(al) tea	la tisane
a cup of cocoa ['kəʊkəʊ] a cup of hot chocolate	un chocolat chaud
- Water ['wɔːtəʳ]	l'eau
drinking/non-drinking water	eau potable/non-potable
still [stɪl]	plat, non gazeux
mineral/plain water	l'eau minérale/plate
fizzy ['fɪzɪ]	pétillant, gazeux
soda water	l'eau gazeuse
BR a fizzy drink AM pop [pɒp] (n. c.)	un soda
a Coke® [kəʊk] (parlé)	un coca
orangeade ['ɒrɪndʒ'eɪd]	l'orangeade
tonic (water) (Indian) tonic	≈ le Schweppes®
fruit juice	le jus de fruit
orange juice	le jus d'orange
cranberry juice	le jus d'airelles
BR he's a teetotaller AM he's a teetotaler	il ne boit jamais d'alcool

■ 15. ALCOHOLIC DRINKS LES BOISSONS ALCOOLISÉES

- Alcohol ['ælkəhɒl]	l'alcool
spirits ['spɪrɪts]	les spiritueux
a cocktail ['kɒkteɪl]	un cocktail
an aperitif [əˌperɪ'tiːf]	un apéritif
a liqueur [lɪ'kjʊəʳ]	un digestif[1], une liqueur

ATTENTION FAUX AMI 1 : a digestive = une sorte de gâteau sec

- Wine [waɪn]	le vin
red/white/rosé wine	le vin rouge/blanc/rosé
a dry/sweet wine	un vin sec/doux
sparkling wine	le vin mousseux
a vintage wine	un vin millésimé
claret ['klærət]	le bordeaux rouge
burgundy ['bɜːgəndɪ]	le bourgogne
champagne [ʃæm'peɪn]	le champagne
sherry ['ʃerɪ]	le xérès, le sherry
port (wine)	le porto
vermouth ['vɜːməθ]	le vermouth
mulled wine	le vin chaud (épicé)
- Whisky ['wɪskɪ]	le whisky
scotch (whisky)	le scotch
bourbon (whisky)	le bourbon
a whisky and soda	un whisky-soda
BR he drinks his whisky neat AM he drinks his whisky straight	il boit son whisky sec
gin and tonic	le gin tonic

brandy ['brændɪ]	le cognac
rum [rʌm]	le rhum
vodka ['vɒdkə]	la vodka
– Beer [bɪəʳ]	la bière
a pint (of beer)	≈ un demi
draught beer	≈ la bière (à la) pression
lager ['lɑːgəʳ] BR light ale	la bière blonde
brown ale BR stout [staʊt]	la bière brune
a shandy ['ʃændɪ]	un panaché
alcohol-free beer	la bière sans alcool
cider ['saɪdəʳ]	le cidre
– A bottle ['bɒtl]	une bouteille
a cork [kɔːk]	un bouchon
a corkscrew	un tire-bouchon
a bottle opener	un décapsuleur
to open a bottle	déboucher une bouteille
"serve chilled / at room temperature"	« servir frais / chambré »
an ice cube	un glaçon
to drink* a toast to sb	porter un toast à qqn
to drink* to sb's health	boire à la santé de qqn
Your health! Good health!	À votre santé !
Cheers! (parlé)	À la bonne vôtre !
a round (of drinks)	une tournée
the drinks are on the house	c'est la tournée du patron
– A bar [bɑːʳ]	un bar
a pub [pʌb]	un pub
a wine bar	un bar à vin
a tavern ['tævən]	une taverne
an inn [ɪn]	une auberge
BR a barman AM a bartender	un barman
a barmaid	une serveuse

25 TRANSPORT AND TRAVELLING
LES TRANSPORTS ET LES VOYAGES

1. ROAD VEHICLES LES VÉHICULES AUTOMOBILES

– A car [kɑː^r] AM an auto(mobile) [ˈɔːtə(məbiːl)]	une voiture
a two-door/four-door car	une (voiture) deux/quatre portes
a front-wheel/rear-wheel drive	une traction avant/arrière
a four-wheel drive vehicle	un véhicule à quatre roues motrices
an automatic (car)	une voiture à boîte automatique
a diesel [ˈdiːzəl]	un diesel
a cross-country vehicle	un véhicule tout-terrain
BR a second-hand car AM a used car	une voiture d'occasion
– BR a saloon [səˈluːn] AM a sedan [sɪˈdæn]	une berline, une conduite intérieure
a tourer [ˈtʊərə^r] a touring car	une voiture de tourisme
a hatchback [ˈhætʃbæk]	une voiture à hayon
BR an estate (car) AM a station wagon	un break, une voiture commerciale
a minivan [ˈmɪnɪvæn] a people carrier	un monospace
a convertible [kənˈvɜːtəbl]	une décapotable, un cabriolet
a coupé [ˈkuːpeɪ]	un coupé
a sports car	une voiture de sport
a 4 × 4 [ˌfɔːbaɪˈfɔː]	un 4 × 4
an off-road vehicle	un véhicule tout-terrain
a company car	une voiture de fonction
a limousine [ˈlɪməziːn] AM a limo [ˈlɪməʊ] (parlé)	une limousine
an old banger [ˈbæŋə^r] (parlé)	un clou, un tacot
– A taxi [ˈtæksɪ] a cab [kæb]	un taxi
a taxi driver a cab driver	un chauffeur de taxi
to call a taxi	appeler un taxi
– A heavy goods vehicle an HGV [ˌeɪtʃdʒiːˈviː]	un poids lourd
BR a lorry [ˈlɒrɪ] AM a truck [trʌk]	un camion
BR an articulated lorry AM a trailer truck AM a rig [rɪg]	un semi-remorque
a trailer [ˈtreɪlə^r]	une remorque
a van [væn]	une camionnette, une fourgonnette
a pick-up truck	une camionnette ouverte
a bus [bʌs]	un autobus, un bus
a double-decker	un autobus à impériale
a bus BR a coach [kəʊtʃ]	un car
– A bicycle [ˈbaɪsɪkl]	une bicyclette
a bike [baɪk] (parlé) BR a push-bike (parlé)	un vélo
BR a moped [ˈməʊped] BR a motorbike [ˈməʊtəbaɪk]	une mobylette, un vélomoteur
a motorcycle [ˈməʊtəˌsaɪkəl]	une motocyclette
a (motor)bike (parlé)	une moto
a quad bike	une moto à quatre roues motrices
a sidecar [ˈsaɪdkɑː]	un side-car
a scooter [ˈskuːtə^r]	un scooter
– A coach [kəʊtʃ]	un carrosse
a stagecoach [ˈsteɪdʒˌkəʊtʃ]	une diligence
a (pony) trap	un cabriolet
a carriage and pair/and four	un équipage à deux chevaux/à quatre chevaux
a hackney cab	un fiacre
a wag(g)on [ˈwægən]	un chariot
a chariot [ˈtʃærɪət]	un char (romain)
to go for a ride in a horse and carriage	faire une promenade en calèche

2. PARTS AND ACCESSORIES LES PIÈCES ET LES ACCESSOIRES

– The chassis [ˈʃæsɪ]	le châssis
the coachwork [ˈkəʊtʃˌwɜːk]	la carrosserie
the bodywork [ˈbɒdɪˌwɜːk]	la caisse
the roof [ruːf]	le toit
a sunroof [ˈsʌnruːf]	un toit ouvrant
BR the hood [hʊd] AM the (soft) top	la capote
a roof rack	une galerie

25 TRANSPORT AND TRAVELLING
LES TRANSPORTS ET LES VOYAGES

– BR the bonnet ['bɒnɪt] AM the hood [hʊd]	le capot
BR the wing [wɪŋ] AM the fender ['fendəʳ]	l'aile
BR the bumper ['bʌmpəʳ] AM the fender	le pare-chocs
BR the boot [bu:t] AM the trunk [trʌŋk]	le coffre
the tailboard ['teɪlbɔ:d] the tailgate ['teɪlgeɪt]	le hayon
BR a number plate AM a license plate	une plaque d'immatriculation
– BR the windscreen ['wɪnd,skrɪ:n] AM the windshield ['wɪnd,ʃɪ:ld]	le pare-brise
the rear window	la lunette arrière
a front/back window	une glace avant/arrière, une vitre avant/arrière
BR the winder ['waɪndəʳ] AM the crank [kræŋk]	le lève-glace, le lève-vitre
BR to wind* the window up/down AM to crank the window up/down	remonter/baisser la glace
BR windscreen wipers AM windshield wipers	les essuie-glaces
BR the windscreen washer AM the windshield washer	le lave-glace
the rear-view mirror	le rétroviseur (central)
BR a wing mirror AM a side-view mirror	un rétroviseur latéral
the quarterlight ['kwɔ:tə,laɪt]	le déflecteur
– A door [dɔ:ʳ]	une portière
a seat [si:t]	un siège
the front seat	le siège avant
the back seat	le siège arrière, la banquette arrière
a baby seat	un siège pour bébé
a seat belt	une ceinture de sécurité
to fasten/unfasten one's seat belt	attacher/détacher sa ceinture
– The glove compartment	la boîte à gants
the parcel shelf	la plage arrière
a roof light	un plafonnier
a vanity mirror	un miroir de courtoisie
– The dashboard ['dæʃbɔ:d] the instrument panel	le tableau de bord
the horn [hɔ:n]	l'avertisseur, le klaxon
to sound one's horn to hoot [hu:t]	klaxonner
an indicator ['ɪndɪkeɪtəʳ] a flasher ['flæʃəʳ]	un clignotant
to indicate left/right	mettre son clignotant gauche/droit
the speedometer [spɪ'dɒmɪtəʳ]	le compteur (de vitesse)
BR the mileometer [maɪ'lɒmɪtəʳ] AM the odometer [ɒ'dɒmɪtəʳ]	le compteur kilométrique
– The headlights ['hedlaɪts]	les phares
to turn on one's headlights to switch on one's headlights	allumer les phares
to have one's headlights full on	être en pleins phares
BR to dip one's headlights AM to dim one's headlights	se mettre en code
the rear lights the tail lights	les feux arrière
the sidelights ['saɪdlaɪts]	les feux de position, les veilleuses
BR reversing lights AM back-up lights	les feux de recul
the brake lights	les feux stop, les stops
a fog lamp	un phare antibrouillard
– The controls [kən'trəʊlz]	les commandes
the gears [gɪəʳz]	les vitesses
BR the gearbox AM the transmission [trænz'mɪʃən]	la boîte de vitesses
BR the gear lever AM the gearshift	le levier de vitesse
the brakes [breɪks]	les freins
disc/drum brakes	des freins à disque/à tambour
the brake pedal	la pédale de frein
the handbrake ['hændbreɪk]	le frein à main
the engine breaking	le frein moteur
the brake fluid	le liquide de frein
the brake pads	les plaquettes de frein
the clutch [klʌtʃ]	l'embrayage
the clutch pedal	la pédale d'embrayage

the accelerator [æk'seləreɪtəʳ] AM the gas pedal	l'accélérateur
– The engine ['endʒɪn]	le moteur
the camshaft ['kæmʃæft]	l'arbre à cames
the propeller shaft	l'arbre de transmission
a cylinder ['sɪlɪndəʳ]	un cylindre
a piston ['pɪstən]	un piston
a valve [vælv]	une soupape
BR the carburettor [ˌkɑ:bjʊ'retəʳ] AM the carburetor	le carburateur
the coil [kɔɪl]	la bobine
the alternator ['ɒltɜ:ˌneɪtəʳ]	l'alternateur
the ignition [ɪg'nɪʃən]	le contact, l'allumage
the ignition key	la clé de contact
to switch on/off the engine	mettre/couper le contact
BR the dynamo ['daɪnəməʊ] AM the generator ['dʒenəreɪtəʳ]	la dynamo
the battery ['bætərɪ]	la batterie
– BR a spark plug AM a sparking plug	une bougie
the choke [tʃəʊk]	le starter[1]
to pull the choke out	mettre le starter

ATTENTION FAUX AMI 1 : the starter = le démarreur

– The radiator ['reɪdɪeɪtəʳ]	le radiateur
the cooling system	le circuit de refroidissement
the fan [fæn]	le ventilateur
the fan belt	la courroie de ventilateur
antifreeze ['æntɪ'fri:z]	l'antigel
de-icing ['di:'aɪsɪŋ]	le dégivrage
the air/oil filter	le filtre à air/huile
– BR the petrol tank AM the gas tank	le réservoir
a petrol cap	un bouchon de réservoir
the exhaust (pipe)	le tuyau d'échappement, le pot d'échappement
BR a silencer ['saɪlənsəʳ] AM a muffler ['mʌfləʳ]	un silencieux
BR a catalyser [ˌkætə'laɪzəʳ] AM a catalyzer	un pot catalytique
– The steering ['stɪərɪŋ]	la direction
power-assisted steering	la direction assistée
the (steering) wheel	le volant
to be at the wheel	être au volant
to take* the wheel	prendre le volant
– A wheel [wi:l]	une roue
the spare wheel	la roue de secours
a hub cap	un enjoliveur
BR a tyre ['taɪəʳ] AM a tire	un pneu
tubeless ['tju:blɪs]	sans chambre à air
the axle ['æksl]	l'essieu
the suspension [səs'penʃən]	la suspension
the shock absorbers	les amortisseurs
– The saddle ['sædl]	la selle
the handlebars ['hændlˌbɑ:z] (plur.)	le guidon
the frame [freɪm]	le cadre (bicyclette)
the pedals ['pedlz]	les pédales
to pedal	pédaler
to pedal up/down the street	descendre/remonter la rue à bicyclette
a crash helmet	un casque
BR a mudguard ['mʌdgɑ:d] AM a fender ['fendəʳ]	un garde-boue
the spokes [spəʊks]	les rayons
a bicycle chain	une chaîne de vélo
a bicycle pump	une pompe à vélo
a gearwheel ['gɪəʳˌwɪ:l]	un pignon
a chain wheel	un plateau
a derailleur [də'reɪljəʳ]	un dérailleur
the inner tube	la chambre à air
the pillion ['pɪljən]	le siège arrière

3. DRIVING AND TRAFFIC LA CONDUITE ET LA CIRCULATION

– Motoring ['məʊtərɪŋ]	la conduite automobile
to drive* [draɪv]	conduire
to drive* a car/a lorry	conduire une voiture/un camion
the driver ['draɪvəʳ]	le (la) conducteur (-trice)
BR a motorist ['məʊtərɪst] a (car) driver	un(e) automobiliste

25 TRANSPORT AND TRAVELLING
LES TRANSPORTS ET LES VOYAGES

a driver	un chauffeur (conducteur)
a chauffeur ['ʃəʊfəʳ]	un chauffeur (privé)
BR a lorry driver AM a trucker ['trʌkəʳ]	un camionneur, un routier
a reckless driver a roadhog ['rəʊdhɒg]	un chauffard
a pedestrian [pɪ'destrɪən]	un piéton
– To drive* off to move off	démarrer
to start up a car	mettre une voiture en marche
to turn the wheel	braquer
to pull out	déboîter
to reverse (the car) BR to back (the car) AM to back up	faire marche arrière
to do* a U-turn to make* an about-turn	faire demi-tour
to keep* to the left/right	tenir sa gauche/droite
to go* at 50 mph (abr. de *miles per hour*)	≈ rouler à 80 km/h
– BR to give* way *to* AM to yield *to* [ji:ld]	céder le passage *à*
to make* a left/right turn to turn left/right	tourner à gauche/à droite
to engage gear to put in gear	mettre en prise
BR to change gear AM to shift gear	changer de vitesse
to engage first gear to put* the car into first gear	passer la première
to let* in the clutch	embrayer
to let* out the clutch to release the clutch	débrayer
to accelerate [æk'seləreɪt]	accélérer
BR to put* one's foot down (parlé) AM to step on the gas (parlé)	appuyer sur le champignon
– To slow down	ralentir
to brake [breɪk] to put* the brakes on	freiner
to come* to a halt to come* to a stop	s'immobiliser
to stop [stɒp] to pull up to pull in to draw* up	s'arrêter
to stop short to stop suddenly	s'arrêter pile, s'arrêter net

– To pass sb BR to overtake* sb	doubler qqn, dépasser qqn
dangerous overtaking (n. c.)	un dépassement dangereux
to cut* in *on sb*	faire une queue de poisson *à qqn*
to flash one's headlights *at sb*	faire un appel de phares *à qqn*
to freewheel ['fri:,wi:l] AM to coast [kəʊst]	rouler en roue libre
BR to run* in (a car) AM to break* in (a car)	roder (une voiture)
– To set* off	prendre la route
it will be a long journey it will be a long drive it will be a long ride	la route sera longue
to go* for a drive	faire un tour en voiture
to drive* into town	aller en ville en voiture
to drive* sb somewhere	conduire qqn quelque part
to take* a short cut	prendre un raccourci
at the roadside at the side of the road	sur le bord de la route
the road to La Rochelle	la route de La Rochelle
– The car holds the road well	la voiture tient bien la route
to be/remain in control of one's car	être/rester maître de son véhicule
to lose* control of one's car	perdre le contrôle de son véhicule
to go* into a skid to skid [skɪd]	déraper
a skid	un dérapage
visibility is bad	la visibilité est mauvaise
– The speed limit is 50 mph (abr. de *miles per hour*)	≈ la vitesse est limitée à 80 km/h
to be speeding to exceed the speed limit	dépasser la limitation de vitesse
a radar trap a speed trap	un radar
– Traffic out of/into Paris	la circulation dans le sens Paris-province/province-Paris
traffic is heavy/moving	la circulation est dense/fluide
the rush hour (sing.)	les heures d'affluence, les heures de pointe
a bottleneck ['bɒtlnek] BR a tailback ['teɪlbæk]	un bouchon, une retenue

a traffic jam a (traffic) holdup	un embouteillage
congested [kən'dʒestɪd]	encombré
busy ['bɪzɪ]	fréquenté (route)
– A road sign a signpost ['saɪnpəʊst]	un panneau indicateur
traffic lights	les feux (de circulation)
the traffic lights were at red/amber/green	le feu était au rouge/à l'orange/au vert
to jump the lights	passer au feu rouge
to go* through the traffic lights AM to run* a red light	brûler un feu rouge
– A traffic policeman	un agent de la circulation
to be stopped by the police	se faire arrêter par la police
to be fined	recevoir une amende, recevoir une contravention
to be fined for speeding	recevoir une contravention pour excès de vitesse
drunk driving	la conduite en état d'ivresse
drinking and driving	l'alcool au volant
a Breathalyzer® ['breθəlaɪzəʳ]	un alcootest
they breathalyzed him	ils l'ont fait souffler dans le ballon
blow into the bag please	soufflez dans le ballon, s'il vous plaît
– To break* down	tomber en panne
a breakdown ['breɪkdaʊn]	une panne
BR a breakdown van AM a tow truck AM a wrecker ['rekəʳ]	une dépanneuse
to run* out of petrol	tomber en panne d'essence
– BR a driving licence AM a driver's license	un permis de conduire
to take* one's driving test	passer son permis de conduire
a driving school	une auto-école
a driving instructor	un(e) moniteur (-trice) d'auto-école
to take* driving lessons	prendre des leçons de conduite
the highway code	le code de la route
BR the log book AM the registration papers	la carte grise
– To ride* a cycle/motorcycle	rouler à bicyclette/en moto
a cyclist ['saɪklɪst]	un(e) cycliste
a motorcyclist ['məʊtəˌsaɪklɪst] a rider ['raɪdəʳ]	un(e) motocycliste

4. ROADS LES ROUTES

– The road network	le réseau routier
a main road	une grande route, un grand axe
BR a trunk road BR an A-road AM a highway ['haɪweɪ]	une route nationale
a secondary road BR a B-road	une route départementale
an arterial road a thoroughfare ['θʌrəˌfɛəʳ] (soutenu)	une artère
BR a motorway ['məʊtəweɪ] AM an expressway [ɪks'presweɪ] a freeway ['frɪːˌweɪ] a speedway ['spɪːˌdweɪ]	une autoroute
BR a toll motorway AM a turnpike ['tɜːnpaɪk]	une autoroute à péage
a rest area	une aire de repos
BR a speed camera	un radar
a throughway ['θruːweɪ]	une voie express (en agglomération)
BR a ring road AM a beltway ['beltweɪ]	un périphérique
a section ['sekʃən]	un tronçon
a country road	une route de campagne
a dirt road	un chemin de terre
– An access road	une bretelle
a side road/street	une rue/route latérale
a one-way street	une rue à sens unique
a cul-de-sac ['kʌldəˌsæk] a dead end	une impasse

– To branch off to fork off	bifurquer (route)
a fork (in the road)	une bifurcation
a bend (in the road)	un virage
a hairpin bend	un virage en épingle à cheveux
– A junction ['dʒʌŋkʃən] an interchange ['ɪntə,tʃeɪndʒ]	un échangeur
BR a (road) junction AM an intersection [,ɪntə'sekʃən]	un croisement
BR a roundabout ['raʊndəbaʊt] AM a traffic circle AM a rotary ['rəʊtərɪ]	un rond-point
a crossroads ['krɒsrəʊdz] (sing.)	un carrefour
– A bridge [brɪdʒ]	un pont
a viaduct ['vaɪədʌkt]	un viaduc
BR a flyover ['flaɪ,əʊvə] AM an overpass ['əʊvəpɑːs]	un autopont
an underpass ['ʌndəpɑːs] BR a subway ['sʌbweɪ]	un passage souterrain
a bypass ['baɪpɑːs]	une rocade
a diversion [daɪ'vɜːʃən]	une déviation
traffic has been diverted	la circulation a été déviée
– BR the roadway ['rəʊdweɪ] AM the pavement ['peɪvmənt]	la chaussée
a lane [leɪn]	une voie, une file
a single-lane / a three-lane road	une route à voie unique / à trois voies
BR a dual carriageway AM a divided highway	une route à quatre voies
the left- / right-hand lane	la file de gauche / de droite
a bike lane	une piste cyclable

to change lanes	changer de file
a contraflow system	une voie à contresens
– A crash barrier	une glissière de sécurité
BR the central reservation AM the median strip	le terre-plein central
cat's eyes	les catadioptres, les cataphotes
the verge [vɜːdʒ]	le bas-côté
"soft verge"	« accotement non stabilisé »
the hard shoulder	la bande d'arrêt d'urgence
a speed zone	une zone à vitesse limitée
BR a 30-mile-an-hour area	≈ une zone à vitesse limitée à 50 km/h
BR the pavement ['peɪvmənt] AM the sidewalk ['saɪdwɔːk]	le trottoir
BR the kerb [kɜːb] AM the curb [kɜːb]	le bord du trottoir
the gutter ['gʌtəʳ]	le caniveau
– Roadworks ['rəʊdwɜːks]	les travaux de réfection des voies
a bump [bʌmp]	une bosse
bumpy ['bʌmpɪ]	cahoteux, bosselé
a pothole ['pɔthəʊl]	un nid de poule
a rut [rʌt]	une ornière
BR a sleeping policeman AM a speed bump	un ralentisseur, un casse-vitesse
– The road surface	le revêtement de la chaussée
loose chippings	les gravillons
tarmac ['tɑːmæk]	le macadam
tar [tɑːʳ]	le goudron
asphalt ['æsfælt]	l'asphalte

■ 5. GARAGES AND PARKING LES GARAGES ET LE STATIONNEMENT

– BR a car park AM a parking lot	un parking, un parc de stationnement
parking ['pɑːkɪŋ]	le stationnement
"no parking"	« défense de stationner »
BR "no waiting" AM "no standing"	« arrêt interdit »
to park [pɑːk]	se garer

to be parked	stationner, être garé
to double-park	se garer en double file
to reverse into a parking space	faire un créneau
– A parking meter	un parcmètre
BR a traffic warden AM a meter maid	une contractuelle

to get* a parking ticket	avoir un P.-V., avoir une contravention
a wheel clamp AM a Denver boot	un sabot (de Denver)
– BR petrol ['petrəl] AM gas(oline) ['gæs(əʊli:n)]	l'essence
BR four-star petrol AM super (gas) AM premium (gas)	le super
BR two-star petrol AM regular (gas)	l'ordinaire
BR lead-free petrol unleaded gas	l'essence sans plomb
diesel ['di:zl]	le gasoil
– BR petrol consumption AM gas mileage	la consommation (d'essence)
to do* 50 to the gallon to do* 50 mpg (abr. de *miles per gallon*)	≈ consommer 6 litres aux 100
a petrol pump	une pompe à essence
a (pump) attendant	un(e) pompiste
BR a petrol station AM a filling station	une station-service, un poste d'essence
the petrol gauge	la jauge d'essence
to fill up (with petrol)	faire le plein
fill it up please	le plein s'il vous plaît
– A garage ['gærɑ:ʒ]	un garage
a garage owner	un garagiste (propriétaire)
a mechanic [mɪ'kænɪk]	un mécanicien
to have one's car serviced	faire réviser sa voiture
an oil change	une vidange
to check the oil/water (level)	vérifier le niveau d'huile/d'eau
BR tyre pressure AM tire pressure	la pression (des pneus)
to inflate [ɪn'fleɪt] to pump up	gonfler
a dealer ['di:lə^r]	un concessionnaire
– Spare parts	les pièces de rechange
to repair [rɪ'pɛə^r]	réparer
a repair shop	un atelier de réparations
a puncture ['pʌŋktʃə^r] AM a flat (tire)	une crevaison
to change a wheel	changer une roue
a jack [dʒæk]	un cric
jump leads	les câbles de démarrage (pour batterie)
to give* sb a tow to tow sb	remorquer qqn

■ 6. PUBLIC TRANSPORT LES TRANSPORTS EN COMMUN

– A passenger ['pæsndʒə^r]	un(e) passager (-ère)
to go* somewhere by bus/train	aller quelque part en bus/train
the bus/coach driver	le conducteur de l'autobus/du car
the (bus) conductor	le receveur (en GB)
BR a tram ['træm] AM a streetcar ['strɪ:tkɑ:^r]	un tramway
a coach station a bus station	une gare routière
a bus shelter	un abribus
the waiting room	la salle d'attente
the refreshment room	le buffet (dans une gare)
– A seat [si:t]	une place
Is this seat taken?	Cette place est-elle libre ?
a reservation [ˌrezə'veɪʃən]	une réservation
to reserve a seat to book a seat	réserver (une place), faire une réservation
the fare [fɛə^r]	le prix du billet
– A ticket ['tɪkɪt]	un billet, un ticket
BR a single (ticket) *to* AM a one-way ticket *to*	un aller *pour*
BR a return (ticket) *to* AM a round-trip ticket *to*	un aller (et) retour *pour*
a half-fare ticket	un billet demi-tarif
a group ticket	un billet de groupe
BR a travelcard ['trævlkɑ:d] BR a season ticket AM a commutation ticket	une carte d'abonnement
BR valid ['vælɪd] AM available [ə'veɪləbl]	valide, valable
the ticket office	le guichet
to punch [pʌntʃ]	poinçonner
to punch	composter (avec un poinçon)
to (date) stamp	composter (avec un tampon)

- BR the timetable ['taɪmteɪbl] AM the schedule ['skedju:l]	l'horaire
the arrival(s)/departure(s) indicator board	le tableau des arrivées/des départs
"Arrivals" [ə'raɪvəlz]	« Arrivées »
"Departures" [dɪ'pɑ:tʃə'z]	« Départs »
to leave* at 9 am	partir à 9 h
the train is due at 9 am	le train arrive à 9 h
on time	à l'heure
late [leɪt]	en retard
early ['ɜ:lɪ]	en avance
- To get* into the bus/train	monter dans l'autobus/le train
to get* off the bus/train	descendre de l'autobus/du train
to catch* the bus/the train	attraper l'autobus/le train
to miss one's bus/train	manquer son autobus/son train
to see* sb off at the station	accompagner qqn à la gare
to meet* sb to go* and fetch sb	aller chercher qqn
- BR the left-luggage (office) AM the checkroom ['tʃekrʊm]	la consigne
a left-luggage locker	une consigne automatique
the luggage rack the baggage rack	le porte-bagages, le filet
the lost property office	le bureau des objets trouvés
BR a (luggage) trolley AM a cart [kɑ:t]	un chariot

■ 7. RAIL TRANSPORT LES TRANSPORTS FERROVIAIRES

- BR the railway ['reɪlweɪ] AM the railroad ['reɪlrəʊd]	le chemin de fer
by rail	par chemin de fer
a train [treɪn]	un train
a passenger train	un train de voyageurs
BR a goods train AM a freight train	un train de marchandises
- A high-speed train	≈ un TGV, un train à grande vitesse
an express train	un rapide
a fast train	un train express
a main-line train	un train de grande ligne
a commuter train	un train de banlieue
a non-stop train BR a through train	un train direct
a stopping train a slow train	un omnibus
an extra train	un train supplémentaire
the engine ['endʒɪn] the locomotive [,ləʊkə'məʊtɪv]	la locomotive
- To take* the train	prendre le train
the Poitiers train	le train de Poitiers
the next train *to*	le prochain train *à destination de*
to travel first/second class	voyager en première/en seconde
to face the engine	être assis dans le sens de la marche
to have one's back to the engine	être assis dans le sens contraire (à celui) de la marche
- To stop *at* [stɒp]	s'arrêter *à*
a stop	un arrêt
the train will be calling at Dijon, Lyon ...	le train s'arrêtera à Dijon, Lyon...
the train stops at every station before Paris	le train est omnibus jusqu'à Paris
to change *at* [tʃeɪndʒ]	changer *à*
to change trains	changer de train
to miss one's connection	manquer sa correspondance
- BR a (railway) station AM a train station a railroad station	une gare
the concourse ['kɒŋkɔ:s]	le hall
the platform ['plætfɔ:m]	le quai
BR on platform one AM on track one	sur la voie numéro un
- BR a carriage ['kærɪdʒ] AM a car [kɑ:']	une voiture
BR a front/rear carriage AM a front/rear car	une voiture de tête/de queue
the corridor ['kɒrɪdɔ:']	le couloir
a sleeping car	une voiture-lit

a berth [bɜːθ] a couchette [kuː'ʃet]	une couchette
the dining car	la voiture-restaurant
the buffet car	la voiture-bar
BR the luggage van AM the baggage car	le fourgon (à bagages)
– BR an engine driver AM an engineer [ˌendʒɪ'nɪəʳ]	un mécanicien
BR the guard [gɑːd] AM the conductor [kən'dʌktəʳ]	le chef de train
the station master	le chef de gare
a ticket inspector	un contrôleur (dans le train)
a ticket collector	un contrôleur (dans la gare)
a porter ['pɔːtəʳ] AM a redcap ['redkæp]	un porteur
– BR a sleeper ['sliːpəʳ] AM a tie [taɪ]	une traverse
BR the points [pɔɪnts] AM the switches ['swɪtʃɪz]	les aiguilles
a signal box	un poste d'aiguillage
the embankment [ɪm'bæŋkmənt]	le remblai
the rails [reɪls]	les rails
the track [træk] the line [laɪn]	la voie ferrée
a railway line	une ligne de chemin de fer
a siding ['saɪdɪŋ]	une voie de garage
a junction ['dʒʌŋkʃən]	un embranchement
BR a level crossing AM a grade crossing	un passage à niveau
a tunnel ['tʌnl]	un tunnel
the Channel Tunnel	le tunnel sous la Manche
– BR the underground ['ʌndəgraʊnd] BR the tube [tjuːb] (parlé) AM the subway ['sʌbweɪ]	le métro
BR an underground station BR a tube station (parlé) AM a subway station	une station de métro
BR an underground train AM a subway train	une rame de métro

8. AIR TRANSPORT LES TRANSPORTS AÉRIENS

– Aviation [ˌeɪvɪ'eɪʃən]	l'aviation
air space	l'espace aérien
an airport ['ɛəʳpɔːt]	un aéroport
an airfield ['ɛəˌfiːld]	un terrain d'aviation (général)
an airstrip ['ɛəˌstrɪp]	un terrain d'aviation (petit aéroport)
a heliport ['helɪpɔːt]	un héliport, une héligare
an airline ['ɛəˌlaɪn]	une compagnie aérienne
a low-cost airline	une compagnie à bas prix
a terminal ['tɜːmɪnl]	une aérogare
a runway ['rʌnweɪ]	une piste
– A plane [pleɪn] BR an aeroplane ['ɛərəpleɪn] AM an airplane ['ɛəpleɪn]	un avion
an aircraft ['ɛəkrɑːft]	un appareil
a long-/medium-haul aircraft	un long-/moyen-courrier
supersonic [ˌsuːpə'sɒnɪk]	supersonique
a jet	un avion à réaction, un jet
a jumbo jet	un gros porteur
an airliner ['ɛəˌlaɪnəʳ]	un avion de ligne
– A seaplane ['siːˌpleɪn]	un hydravion
BR a hovercraft ['hɒvəˌkrɑːft] AM an air cushion vehicle (abr. ACV)	un aéroglisseur
an airship ['ɛəʃɪp] AM a dirigible ['dɪrɪdʒəbl]	un dirigeable
a glider ['glaɪdəʳ]	un planeur
a cargo plane	un avion-cargo
a helicopter ['helɪkɒptəʳ]	un hélicoptère
– A flight [flaɪt]	un vol
a scheduled/charter flight	un vol régulier/charter
a domestic/international flight	un vol intérieur/international
to fly* to London	aller à Londres en avion
a refuelling stop	une escale technique
to stop over at	faire escale à
a non-stop flight	un vol sans escale
to be grounded	être retenu au sol

– To check in	se présenter à l'enregistrement
an e-ticket ['iː,tɪkɪt]	un billet électronique
the check-in desk	le guichet d'enregistrement
passport control	le contrôle des passeports
Gate 5	Porte 5
a shuttle ['ʃʌtl]	une navette
a boarding pass a boarding card	une carte d'embarquement
the departure lounge	la salle d'embarquement
to board the plane	monter à bord, embarquer
BR hand luggage AM hand baggage	les bagages à main
BR to disembark [,dɪsɪm'bɑːk] AM to deplane [,diː'pleɪn]	descendre d'avion
the baggage reclaim area	la zone de livraison des bagages
to clear customs	passer la douane
to have jet lag to be jet-lagged	souffrir du décalage horaire
– The cabin ['kæbɪn]	la cabine
in the front/rear of the plane	à l'avant/à l'arrière de l'avion
the fuselage ['fjuːzəlɑːʒ]	le fuselage
the cockpit ['kɒkpɪt] the flight deck	le poste de pilotage
the instrument panel	le tableau de bord
the hold [həʊld]	la soute
a window ['wɪndəʊ]	un hublot
an aisle [aɪl]	une allée
an aisle seat	un siège côté couloir
a window seat	un siège côté hublot
the emergency exit	la sortie de secours
– The control tower	la tour de contrôle
an air traffic controller	un aiguilleur du ciel, un contrôleur aérien
the ground staff the ground crew	le personnel à terre
the flight staff	le personnel navigant

– The captain ['kæptɪn]	le capitaine
the pilot ['paɪlət]	le pilote
the automatic pilot	le pilote automatique
the navigator ['nævɪgeɪtəʳ]	le navigateur
the (air)crew	l'équipage
the flying personnel	le personnel navigant
an air hostess	une hôtesse de l'air
the stewardess ['stjʊədes] AM the flight attendant	l'hôtesse
the steward ['stjuːəd] AM the flight attendant	le steward
– To taxi ['tæksɪ]	rouler au sol
to take* off	décoller
takeoff ['teɪkɔf]	le décollage
to cruise at 30,000 feet	≈ voler à 10 000 mètres
the cruising speed	la vitesse de croisière
– To land [lænd]	atterrir
landing ['lændɪŋ]	l'atterrissage
a smooth landing	un atterrissage en douceur
an emergency/a blind landing	un atterrissage forcé/sans visibilité
blind flying	le pilotage sans visibilité
a near miss	une quasi-collision
turbulence ['tɜːbjʊləns] (n. c. sing.)	les turbulences
to dive[1] [daɪv]	plonger, descendre en piqué
the black box	la boîte noire
a parachute	un parachute

ATTENTION 1 : prétérit BR dived, AM dove

– Aviation fuel AM kerosene ['kerəsiːn]	le kérosène (général)
jet fuel	le kérosène (de jet)
the wing [wɪŋ]	l'aile
the propeller [prə'peləʳ]	l'hélice
BR the undercarriage ['ʌndəkærɪdʒ] AM the landing gear	le train d'atterrissage
a hangar ['hæŋəʳ]	un hangar

9. SHIPS AND BOATS LES BATEAUX

– A ship [ʃɪp]	un navire
shipping ['ʃɪpɪŋ] (n. c. sing.)	les navires (collectivement)
a merchant ship a merchantman ['mɜːtʃəntmən]	un navire marchand, un navire de commerce

the mercantile marine BR the merchant navy AM the merchant marine	la marine marchande
a boat [bəʊt]	un bateau
a vessel ['vesl] (soutenu)	un vaisseau
ocean-going ['əʊʃən,gəʊɪŋ]	de haute mer
- A liner ['laɪnəʳ] a passenger ship	un paquebot
a ferry ['ferɪ]	un ferry, un bac
a steamer ['sti:məʳ]	un bateau à vapeur
BR a paddle steamer AM a sidewheeler	un bateau à roue, un bateau à aubes
a hydroplane ['haɪdrəʊ,pleɪn]	un hydroglisseur
- A tanker ['tæŋkəʳ] an oil tanker	un pétrolier
a freighter ['freɪtəʳ] a cargo boat	un cargo
- A coaster ['kəʊstəʳ]	un caboteur
a speedboat ['spɪ:dbəʊt] an outboard ['aʊtbɔ:d]	un hors-bord
a dinghy ['dɪŋgɪ]	un youyou, un (petit) canot
a sailing boat	un voilier
a sailing dinghy	un dériveur
a multihull ['mʌltɪhʌl]	un multicoque
a catamaran [,kætəmə'ræn]	un catamaran
- To paddle ['pædl]	pagayer
a paddle	une pagaie
to row [rəʊ]	ramer
a rowboat a rowing boat	un bateau à rames
an oar [ɔ:ʳ]	une rame
- A fishing boat	un bateau de pêche
a trawler ['trɔ:ləʳ]	un chalutier
fishing nets	les filets de pêche
a barge [bɑ:dʒ]	une péniche
a tug [tʌg]	un remorqueur
to tug to tow [təʊ]	remorquer
a motorboat ['məʊtəbəʊt]	un bateau à moteur
- Sails [seɪls]	les voiles
the rigging ['rɪgɪŋ]	le gréement
a mast [mɑ:st]	un mât
the helm [helm] the tiller ['tɪləʳ]	la barre
the rudder ['rʌdəʳ]	le gouvernail
the hull [hʌl]	la coque
the keel [ki:l]	la quille
the propeller [prə'peləʳ]	l'hélice
the gangway ['gæŋweɪ]	la passerelle d'embarquement
the deck [dek]	le pont
the hold [həʊld]	la cale
- The bow(s) [baʊ(z)]	l'avant, la proue
the stern [stɜ:n]	l'arrière, la poupe
the engine room	la salle des machines
the bridge [brɪdʒ]	la passerelle de commandement
port [pɔ:t]	bâbord
starboard ['stɑ:bəd]	tribord
- The compass ['kʌmpəs]	le compas
a seachart ['sɪ:ʃɑ:t]	une carte marine
the logbook ['lɒgbʊk]	le livre de bord, le journal de bord

■ 10. SEA TRANSPORT LES TRANSPORTS MARITIMES

- Navigation [,nævɪ'geɪʃən] shipping ['ʃɪpɪŋ]	la navigation
closed to shipping	interdit à la navigation
a shipping line	une compagnie de navigation
a shipping lane	une voie de navigation
sea traffic	le trafic maritime
the flag [flæg]	le pavillon
to fly* the French flag	battre pavillon français
to hoist [hɔɪst]	hisser
- The captain ['kæptɪn]	le capitaine (grand bateau)
the skipper	le capitaine (bateau de pêche, de plaisance)
the crew [kru:]	l'équipage
a member of the crew	un homme d'équipage
a sailor ['seɪləʳ]	un marin
the first mate	le second
BR a docker ['dɒkəʳ] AM a longshoreman ['lɒŋ,ʃɔ:mən]	un docker
- A port [pɔ:t]	un port (ville portuaire)
a harbour ['hɑ:bəʳ]	un port (enceinte)

to enter/leave harbour	entrer dans/quitter le port
a buoy [bɔɪ]	une bouée
the quay [kiː]	le quai (en général)
at the quayside	à quai
the wharf [wɔːf]	le quai (pour marchandises)
a landing stage	un appontement
the pier [pɪəʳ]	l'embarcadère
the jetty ['dʒetɪ]	la jetée
a lighthouse ['laɪthaʊs]	un phare
– The gangway ['gæŋweɪ] the gangplank ['gæŋplæŋk]	la passerelle d'embarquement
to go* on board	monter à bord, (s')embarquer
to embark *on* [ɪm'bɑːk]	(s')embarquer *à bord de*
the anchor ['æŋkəʳ]	l'ancre
to weigh anchor	lever l'ancre
to put* out to sea	prendre la mer (en général)
to (set*) sail	prendre la mer (voilier)
to cast* off / to get* underway	appareiller, larguer les amarres
– To head for the open sea	gagner le large
to head for	faire route vers
to sail towards	faire voile vers
the ship to Marseille / the ship bound for Marseille	le bateau à destination de Marseille
the ship from Dover / the ship out of Dover	le bateau en provenance de Douvres
the wake [weɪk]	le sillage
to drift [drɪft]	dériver
– On board	à bord
a cabin ['kæbɪn]	une cabine
a berth [bɜːθ]	une couchette
a cruise [kruːz]	une croisière
to go* on a cruise	faire une croisière
to cruise	être en croisière
a crossing ['krɒsɪŋ]	une traversée
to cross from England to France	faire la traversée d'Angleterre en France
a rough/smooth crossing	une mauvaise/bonne traversée
to be a good/poor sailor	avoir/ne pas avoir le pied marin
– To call at / to put* in at	faire escale à
the dock [dɒk]	le bassin, le dock
to dock	arriver à quai
to moor [mʊəʳ]	amarrer
moorings ['mʊərɪŋz]	les amarres
to disembark [ˌdɪsɪm'bɑːk]	débarquer
to come* alongside	venir à quai, accoster
to go* ashore	débarquer, descendre à terre
to drop anchor	jeter l'ancre
to lie* at anchor	mouiller

■ 11. TOURISM AND HOLIDAYS LE TOURISME ET LES VACANCES

– Tourism ['tʊərɪzəm] / the tourist industry / the tourist trade	l'industrie du tourisme, le tourisme
a travel agent	un agent de voyages
a travel agency	une agence de voyages
a tour operator	un tour-opérateur, un voyagiste
a holiday brochure	une brochure touristique
a leaflet ['liːflɪt]	un dépliant
the tourist information office / the tourist information centre / the tourist bureau	l'office du tourisme, le syndicat d'initiative
– BR a holiday ['hɒlɪdeɪ] / AM a vacation [və'keɪʃən]	des vacances
the summer holiday(s)	les vacances d'été
on (one's) holiday(s)	en vacances
the school holidays	les vacances scolaires
the Easter/Christmas holiday(s)	les vacances de Pâques/de Noël
Have a good holiday!	Bonnes vacances !
to take* a holiday	prendre des vacances
to take* one's holidays in June	prendre ses vacances en juin
to go* on holiday	partir en vacances
Are you going away for Easter/Christmas?	Vous partez en vacances à Pâques/à Noël ?
to spend* one's holidays in / to spend* one's vacations in	passer ses vacances à
to go* on a skiing holiday	partir aux sports d'hiver

– BR holiday-makers AM vacationers [vəˈkeɪʃənəʳz] AM vacationists [vəˈkeɪʃənɪsts]	les vacanciers
annual leave	le congé annuel
holidays with pay	les congés payés
a package holiday an all-in holiday	des vacances organisées
– To book [bʊk]	réserver
to make* a booking	faire une réservation
to cancel [ˈkænsəl]	annuler, résilier
a cancellation [ˌkænsəˈleɪʃən]	une annulation, une résiliation
to rent a house	louer une maison
to pay* a deposit *on*	verser des arrhes *sur*
BR to hire a car to rent a car	louer une voiture
BR a hire car a rented car	une voiture de location
– To pack (one's luggage)	faire ses bagages, faire ses valises
a (suit)case a bag [bæg]	une valise
a (cabin) trunk	une malle
a holdall [ˈhəʊldɔːl] a grip [grɪp]	un sac de voyage, un fourre-tout
– A holiday villa	une villa de vacances
a holiday village	un village de vacances
BR a holiday camp AM a summer camp	une colonie de vacances
a seaside resort	une station balnéaire
a ski resort	une station de sports d'hiver
a spa [spɑː]	une ville d'eau, une station thermale
a health farm	un établissement de cure, un centre de remise en forme
– To travel [ˈtrævl]	voyager
BR a traveller [ˈtrævləʳ] AM a traveler	un(e) voyageur (-euse)
travel (n. c. sing.) travelling [ˈtrævlɪŋ] (n. c. sing.)	le(s) voyage(s)
a trip [trɪp]	un voyage
a trip to Greece/London	un voyage en Grèce/à Londres
to go* on a trip to take* a trip	partir en voyage

the journey	le voyage, le trajet
Have a good journey!	Bon voyage !
to go* on a world tour to go* round the world	faire le tour du monde
to stop over in Rome	faire une halte à Rome
to break* one's journey in Rome	faire étape à Rome
– An excursion [ɪksˈkɜːʃən]	une excursion
to go* on an excursion	faire une excursion
trippers [ˈtrɪpəʳz]	les excursionnistes
to explore a country/district	explorer un pays/une région
an itinerary [aɪˈtɪnərərɪ] a route [ruːt]	un itinéraire
to spend* a day at the seaside/in the country	passer une journée au bord de la mer/à la campagne
to go* away for the weekend	partir en weekend
to get* a change of air	changer d'air
– To go* sightseeing to go* touring to tour [ˈtʊəʳ]	faire du tourisme
to visit [ˈvɪzɪt]	visiter (monument, musée)
to see* the sights of Paris	visiter (les monuments de) Paris
to go* on a guided tour	faire une visite guidée
a visitor [ˈvɪzɪtəʳ]	un(e) visiteur (-euse)
summer visitors	les estivants
a tourist [ˈtʊərɪst]	un(e) touriste
it's very popular with tourists it has great tourist attraction	c'est très touristique
it's very touristy (péj.)	c'est trop touristique
– A map [mæp]	une carte
a street plan a street map	un plan (des rues)
a guide(book)	un guide touristique (livre)
a guide [gaɪd]	un guide (personne)
a courier [ˈkʊrɪəʳ]	un(e) accompagnateur (-trice)
– To hitchhike [ˈhɪtʃhaɪk]	faire de l'auto-stop
to hitch [hɪtʃ] (parlé)	faire du stop
a hitch-hiker	un(e) auto-stoppeur (-euse)
to hitch a lift to Paris	aller à Paris en stop
to get* a lift	être pris en stop

12. HOTELS LES HÔTELS

– The hotel industry	l'hôtellerie, l'industrie hôtelière
a hotel chain	une chaîne hôtelière
a luxury hotel	un palace
a three-/four-star hotel	un hôtel trois/quatre étoiles
a hotel-keeper [həʊ'telkiːpə] a hotelier [həʊ'telɪəʳ]	un(e) hôtelier (-ière)
– A motel [məʊ'tel]	un motel
an inn [ɪn]	une auberge
a youth hostel	une auberge de jeunesse
a boarding house a guest house	une pension de famille
a self-catering holiday cottage	un gîte (en général)
a gite	un gîte (en France)
a bed-and-breakfast place (abr. B & B)	≈ une chambre d'hôte
– To stay in a hotel to put* up at a hotel	descendre à l'hôtel
to check in to register ['redʒɪstəʳ]	signer le registre, remplir la fiche d'accueil
to book a room	réserver une chambre
to confirm one's reservation	confirmer sa réservation
the bill [bɪl] AM the check [tʃek]	la note
to check out to pay* one's bill	régler sa note
a guest [gest] a patron ['peɪtrən]	un client
"no vacancies"	« complet »
the hotel is full	l'hôtel est plein
"vacancies" ['veɪkənsɪz]	« chambres libres »
Have you got any vacancies for July?	Avez-vous des chambres (libres) pour juillet ?
– Full board	chambre avec pension complète
half board	chambre avec demi-pension
a double bed	un grand lit
a single bed	un lit simple, un lit d'une personne
a single/double room	une chambre pour une personne/pour deux personnes
a room with twin beds	une chambre à lits jumeaux
a room with a bath/a shower	une chambre avec salle de bain/douche
room number 15	la chambre numéro 15
a room with a sea view	une chambre avec vue sur la mer
room service	le service à l'étage
– The lounge [laʊndʒ]	le salon
the dining-room ['daɪnɪŋˌrʊm]	la salle à manger
the bar [bɑːʳ] the cocktail lounge	le bar
air-conditioned ['ɛəˌkən'dɪʃənd]	climatisé
the air conditioning	la climatisation
– The reception (desk)	la réception
BR the receptionist [rɪ'sepʃənɪst] AM the room clerk AM the desk clerk	le réceptionniste
the manager ['mænɪdʒəʳ]	le gérant
the manageress [ˌmænɪdʒə'res]	la gérante
the hotel staff	le personnel de l'hôtel
the doorman ['dɔːmən] the commissionaire [kəˌmɪʃə'nɛəʳ]	le portier
BR the pageboy ['peɪdʒbɔɪ] AM the bellboy ['belbɔɪ] AM the bellhop ['belhɒp]	le groom, le chasseur
BR a lift [lɪft] AM an elevator ['elɪveɪtəʳ]	un ascenseur
BR a lift boy BR a lift man AM an elevator boy	un liftier
the chambermaid ['tʃeɪmbəˌmeɪd]	la femme de chambre

■ 13. CAMPING AND CARAVANNING LE CAMPING ET LE CARAVANING

– **A** camp(ing) ground a camp(ing) site	un (terrain de) camping
to camp [kæmp] to go* camping	faire du camping
a camper ['kæmpəʳ]	un(e) campeur (-euse)
a site [saɪt]	un emplacement
a shady site a site with shade	un emplacement ombragé
– **A** tent [tent]	une tente
to put* up a tent to erect a tent	monter une tente
a tent pole	un montant de tente
a mallet ['mælɪt]	un maillet
a peg [peg]	un piquet
a guy rope	une corde
the awning ['ɔːnɪŋ]	l'auvent
to take* down a tent	démonter une tente
to sleep* under canvas	coucher sous la tente
waterproof ['wɔːtəprʊf]	imperméable
to waterproof sth	imperméabiliser qqch.
– **A** gas cylinder	une bouteille de gaz
a camp bed	un lit de camp
a folding chair/table	une chaise/une table pliante
a camping stove	un réchaud de camping
a groundsheet ['graʊndʃɪːt]	un tapis de sol
a sleeping bag	un sac de couchage
a backpack ['bækpæk] a rucksack ['rʌksæk]	un sac à dos
– BR a camper ['kæmpəʳ] AM a motorhome ['məʊtəhəʊm] AM an RV [ɑː'viː] (abr. de *recreational vehicle*)	un camping-car
a mobile home	une autocaravane
BR a caravan ['kærəvæn] AM a trailer ['treɪləʳ]	une caravane
a tent trailer	une caravane pliante
a trailer	une remorque

26 COMMUNICATIONS AND THE MEDIA
LES MOYENS DE COMMUNICATION ET LES MÉDIAS

1. TELECOMMUNICATIONS LES TÉLÉCOMMUNICATIONS

– A phone [fəʊn]	un téléphone
BR a mobile ['məʊbaɪl] (phone) AM a cellphone ['selfəʊn]	un téléphone mobile
a cameraphone ['kæmrəfəʊn]	un téléphone avec appareil photo
a SIM card	une carte SIM
a hands-free kit	un kit mains libres, un kit piéton
an earpiece ['ɪəpi:s]	une oreillette
a ringtone ['rɪŋtəʊn]	une sonnerie
to answer the phone	répondre au téléphone
to hang* up	raccrocher
– A public phone a payphone ['peɪfəʊn]	un téléphone public
BR a callbox ['kɔ:lbɒks] BR a phone box AM a phone booth	une cabine (téléphonique)
a card phone	un téléphone à carte
a phonecard ['fəʊn,kɑ:d]	une carte téléphonique
– A landline phone	un téléphone fixe
a touch-tone phone	un téléphone à touches
the receiver [rɪ'si:vəʳ]	le combiné
to lift the receiver to pick up the receiver	décrocher (le téléphone)
to leave* the phone off the hook	laisser le téléphone décroché
an intercom ['ɪntəkɒm] a buzzer ['bʌzəʳ]	un interphone
a walkie-talkie ['wɔ:kɪ'tɔ:kɪ]	un talkie-walkie
– A phone number	un numéro de téléphone
the keys [ki:z] the buttons ['bʌtnz]	les touches
the hash key	la touche dièse
to dial a number	composer un numéro
BR the dialling tone AM the dial tone	la tonalité
BR the dialling code AM the area code	l'indicatif
call waiting	le signal d'appel
call diversion	le transert d'appel
talk time	le temps de communication
– A phone call	un appel téléphonique, un coup de téléphone, une communication téléphonique
a local call	un appel local
BR to reverse the charges BR to transfer the charges AM to call collect	téléphoner en PCV
– To phone [fəʊn] to make* a (phone) call	téléphoner
to phone sb	téléphoner à qqn
to get* through	obtenir la communication
to put* sb through to sb	mettre qqn en communication avec qqn, passer qqn à qqn
to be on the phone *to sb*	être au téléphone *avec qqn*
to call back to phone back	rappeler
voice mail	la messagerie vocale
to leave* a message *for sb*	laisser un message *pour qqn*
instant messaging	la messagerie instantanée
a text message	un texto
to text sb	envoyer un texto à qqn
– To ring* [rɪŋ]	sonner
There's no reply	Ça ne répond pas
to be cut off	être coupé
BR It's engaged AM It's busy	C'est occupé
to get* a wrong number	faire un faux numéro
You're breaking up!	Je ne te capte plus !
– Hello! [hə'ləʊ] Hallo! [hə'ləʊ]	Allô !
Hello, Wallisdown & Co, can I help you?	Allô, Wallisdown et Cie, j'écoute
Could I speak to Robert, please?	Pourrais-je parler à Robert ?
Who's speaking?	Qui est à l'appareil ?
This is Marie speaking	C'est Marie à l'appareil
Is that Marie? – Speaking	C'est Marie (à l'appareil) ? – Elle-même
Hold the line, please!	Ne quittez pas !
We're trying to connect you	Nous recherchons votre correspondant
He hung up on me	Il m'a raccroché au nez
– The phone book	l'annuaire

to look up sb's number in the phone book	chercher le numéro de qqn dans l'annuaire
the yellow pages	les pages jaunes (de l'annuaire)
BR to be ex-directory AM to be unlisted	être sur liste rouge
BR directory enquiries AM information [ˌɪnfəˈmeɪʃən] (sing.)	les renseignements
– BR a telephonist [tɪˈlefənɪst] AM a telephone operator	un(e) téléphoniste
a switchboard operator	un(e) standardiste
the (telephone) switchboard	le standard

extension 516 AM station 516	poste 516
– A fax [fæks]	une télécopie, un fax
a fax machine	un télécopieur, un fax
to fax sth *to sb*	transmettre qqch. par télécopie *à qqn*
– An e-mail [ˈiːmeɪl]	un courriel, un mail
to e-mail sb	envoyer un mail à qqn
an attachment [əˈtætʃmənt]	une pièce jointe, un fichier attaché
to forward an e-mail	transférer un mail
the outbox [ˈaʊtbɔks]	la boîte d'envoi
the inbox [ˈɪnbɔks]	la boîte de réception
spam [spæm]	le spam

2. POSTAL SERVICES LES SERVICES POSTAUX

– A post office	un bureau de poste, une poste
the mail service BR the post [pəʊst] BR the postal service	la poste (service)
a mailman (fém. mailwoman)	un(e) facteur (-trice), un(e) préposé(e)
a post office worker BR a postman (fém. postwoman)	un(e) postier (-ière), un(e) employé(e) des postes
the mailman has been	le facteur est passé
a mail strike a postal strike	une grève des postes
– Mail [meɪl] BR post [pəʊst]	le courrier
to have one's mail forwarded	faire suivre son courrier
a letter [ˈletəʳ]	une lettre
a postcard	une carte postale
a packet [ˈpækɪt]	un paquet
a parcel [ˈpɑːsl]	un colis
a customs form	une fiche de déclaration de douane
– A (postage) stamp	un timbre(-poste)
to stick on a stamp	coller un timbre
to stamp [stæmp]	affranchir (avec un timbre)
postage [ˈpəʊstɪdʒ]	l'affranchissement (prix payé)
"postage paid"	« ne pas affranchir »
postage rates	les tarifs postaux
a surcharge [ˈsɜːtʃɑːdʒ]	une surtaxe

– An address [əˈdres]	une adresse
to address sth *to sb*	adresser qqch. *à qqn*
a postcode [ˈpəʊstkəʊd] AM a zip code	un code postal
the addressee [ˌædreˈsiː]	le (la) destinataire
the sender [ˈsendəʳ]	l'expéditeur (-trice)
to seal an envelope	fermer une enveloppe
– To mail sth *to sb* BR to post sth *to sb*	poster qqch. *à qqn*
to send* sth by mail BR to send* sth by post	envoyer qqch. par la poste
to send* sth by airmail	envoyer qqch. par avion
an airmail letter	un aérogramme
to express sth BR to send* sth by express post BR to send* sth express AM to send* sth by special delivery	envoyer qqch. en exprès
BR express letter/parcel AM special delivery letter/parcel	lettre/colis exprès
by return of post	par retour de courrier
– To send* sth recorded delivery	envoyer qqch. en recommandé (en général)
to register sth to send* sth by registered mail BR to send* sth by registered post	envoyer qqch. en recommandé (avec valeur assurée)
a recorded delivery letter	une lettre recommandée (en général)
a registered letter	un lettre recommandée (avec valeur assurée)

– A letterbox	une boîte aux lettres (privée)
BR a postbox AM a mailbox	une boîte aux lettres
the postmark	le cachet de la poste
the sorting office	le centre de tri
to sort mail	trier le courrier
to deliver mail	distribuer le courrier
collection [kə'lekʃən]	une levée
a P.O. box	une boîte postale
poste restante	poste restante
– A mailbag ['meɪlbæg] a postbag ['pəʊstbæg]	un sac postal
a mailvan ['meɪlvæn]	un fourgon postal
– A telegram ['telɪgræm] AM a wire ['waɪəʳ]	un télégramme
to send* a telegram *to* sb AM to send* a wire *to* sb AM to wire sb	envoyer un télégramme *à qqn*
a money order a postal order	un mandat

3. INFORMATION L'INFORMATION

– Information *about / on* [ˌɪnfə'meɪʃən] (n. c. sing.)	l'information *concernant / sur*, des renseignements *concernant / sur*
a piece of information	une information, un renseignement
to brief sb *on sth, about sth* to fill sb in *on sth*	mettre qqn au courant *de qqch.* (de faits nouveaux)
to bring* / keep* sb up to date *on sth*	mettre / tenir qqn au courant *de qqch.* (de changements)
a briefing ['bri:fɪŋ]	un briefing
– An enquiry [ɪn'kwaɪərɪ] an inquiry [ɪn'kwaɪərɪ]	une demande de renseignements
to inform sb *of / about sth*	informer qqn *de / sur qqch.*
to give* sb some information	renseigner qqn
to enquire *about sth* to inquire *about sth* to make* enquiries *about sth* to make* inquiries *about sth* to find* out *about sth*	s'informer, se renseigner *sur qqch.*
to inform o.s.	s'informer (dans un domaine)
well-informed	bien informé
for your information	à titre d'information, pour votre information
to gather information *about sth / sb*	se documenter *sur qqch. / qqn*
– To study sth	étudier qqch.
to make* a study of sth to survey sth	faire une étude de qqch.
an enquiry *into sth, about sth* [ɪn'kwaɪərɪ] an inquiry *into sth, about sth* [ɪn'kwaɪərɪ]	une enquête *sur qqch.*
a survey *on* ['sɜ:vei]	une enquête (approfondie) *sur*
– To discover that to find* out that	découvrir que
a discovery [dɪs'kʌvərɪ]	une découverte
to uncover sth	dévoiler qqch.
to check sth to verify sth	vérifier qqch.
a check [tʃek]	une vérification
to ascertain sth	s'assurer de qqch.
a fact [fækt]	un fait
to get* the facts clear to get* the facts straight	établir les faits
to confirm sth	confirmer qqch.
confirmation [ˌkɒnfə'meɪʃən]	la confirmation
– To contact sb *about sth*	contacter qqn *à propos de qqch.*
to be in contact *with sb* to be in touch *with sb*	être en contact *avec qqn*
to get* in touch *with sb* to get* into contact *with sb*	se mettre en contact *avec qqn*
to communicate [kə'mju:nɪkeɪt]	communiquer
a communication [kəˌmju:nɪ'keɪʃən]	une communication
to notify sb *of sth, about sth*	aviser qqn *de qqch.*
a notice ['nəʊtɪs]	un avis
to issue a bulletin / statement *about sth*	publier un bulletin / un communiqué *sur qqch.*

a spokesperson *for* ['spəʊks,pɜːsən] / a spokesman *for* ['spəʊksmən] (fém. spokeswoman)	un porte-parole *de*
– A hint [hɪnt]	une allusion
to drop a hint *about*	faire une allusion *à*
to hint that	laisser entendre que
a leak [liːk]	une fuite
to leak sth	divulguer qqch.
BR a rumour ['ruːmə^r] / AM a rumor	une rumeur, un bruit
BR it's rumoured that / AM it's rumored that	la rumeur veut que
– To refute [rɪ'fjuːt] / to deny [dɪ'naɪ]	démentir
to keep* quiet about sth	passer qqch. sous silence, taire qqch.
to hush sth up	étouffer qqch.
censorship ['sensəʃɪp]	la censure
to censor ['sensə^r]	censurer

■ 4. THE PRESS LA PRESSE

– The press [pres]	la presse (institution, journaux)
the newspapers ['njuːs,peɪpəz] / the papers ['peɪpəz] (parlé)	la presse (journaux)
a newspaper / a paper (parlé)	un journal
to read* sth in the paper	lire qqch. dans le journal
it's in all the papers	c'est dans toute la presse
to hold* a press conference	tenir une conférence de presse
to issue a press statement	publier un communiqué de presse
the freedom of the press	la liberté de la presse
– A daily (paper)	un quotidien
a weekly (magazine)	un hebdomadaire
a monthly (magazine)	un mensuel
a periodical [,pɪərɪ'ɒdɪkəl]	un périodique
a journal ['dʒɜːnl]	une revue
a quality paper	un journal sérieux
a tabloid ['tæblɔɪd]	un tabloïde, un quotidien populaire
the popular press	la presse à grand tirage
women's magazines (plur.)	la presse féminine
– An edition [ɪ'dɪʃən]	une édition
to come* out / to appear [ə'pɪə^r]	paraître
an issue ['ɪʃuː]	un numéro
the circulation [,sɜːkjʊ'leɪʃən]	le tirage
it has a circulation of 100,000	il tire à 100 000 exemplaires
a reader ['riːdə^r]	un(e) lecteur (-trice)
newsprint ['njuːs,prɪnt]	le papier journal
newspaper ['njuːs,peɪpə^r]	
– The news [njuːz] (n. c. sing.)	les nouvelles
the news is good	les nouvelles sont bonnes
a piece of news	une nouvelle, une information (en général)
a news item	une nouvelle, une information (diffusée)
Have you heard the news?	Tu as entendu la nouvelle ?
a dispatch [dɪs'pætʃ] / a despatch [dɪs'pætʃ]	une dépêche (en général)
a telegram ['telɪgræm]	une dépêche (télégraphique)
– A headline ['hedlaɪn]	un gros titre
the front page	la une
in banner headlines on the front page	sur cinq colonnes à la une
to hit* the headlines	faire la une des journaux
an article ['ɑːtɪkl]	un article
a feature article	un article de fond
an editorial [,edɪ'tɔːrɪəl] / a leading article / a leader ['liːdə^r]	un éditorial
the sports/finance news (n. c. sing.)	la chronique sportive/financière
a review [rɪ'vjuː]	une critique
a film/book review	une critique de film/de livre
to review sth	faire la critique de qqch.

– An open letter *to*	une lettre ouverte *à*
letters to the editor (plur.)	le courrier des lecteurs
the gossip column	la rubrique des échos
the agony column (parlé)	le courrier du cœur
a cartoon [kɑːˈtuːn]	une caricature
a caption [ˈkæpʃən]	une légende (de dessin)
an advertorial [ˌædvəˈtɔːrjəl]	un publireportage
a press cutting AM a press clipping	une coupure de presse
– To report [rɪˈpɔːt]	rapporter
to announce [əˈnaʊns]	annoncer
a report an announcement [əˈnaʊnsmənt]	une annonce
ten people are reported to be dead	dix personnes seraient mortes, on annonce la mort de dix personnes
to cover an event	couvrir un événement
a scoop [skuːp]	un scoop
a correction [kəˈrekʃən]	un rectificatif
– Journalism [ˈdʒɜːnəlɪzəm]	le journalisme
investigative journalism	le journalisme d'investigation
a journalist [ˈdʒɜːnəlɪst]	un(e) journaliste
a newspaperman [ˈnjuːsˌpeɪpəˌmæn] (fém. newspaperwoman)	un(e) journaliste
a press photographer	un(e) photographe de presse
the chief editor	le (la) rédacteur (-trice) en chef
BR a subeditor [ˈsʌbˈedɪtəʳ] AM a copyreader [ˈkɒpɪˌrɪːdə]	un(e) rédacteur (-trice) (en général)
an editor [ˈedɪtəʳ]	un(e) rédacteur (-trice) (responsable de section)
the political/economics editor	le rédacteur politique/économique
a leader writer an editorial writer	un(e) éditorialiste
a columnist [ˈkɒləmnɪst]	un(e) chroniqueur (-euse)
– A reporter [rɪˈpɔːtəʳ]	un reporter
an international reporter	un grand reporter
a correspondent [ˌkɒrɪsˈpɒndənt]	un(e) correspondant(e)
a special correspondent	un(e) envoyé(e) spécial(e)
a foreign correspondent	un correspondant à l'étranger
a news agency a press agency	une agence de presse
a press card	une carte de presse
a press baron	un magnat de la presse

▪ 5. RADIO AND TELEVISION LA RADIO ET LA TÉLÉVISION

– A radio	un poste de radio
on the radio	à la radio
a radio station	une station de radio
to transmit [trænzˈmɪt]	émettre
a transmitter [trænzˈmɪtəʳ]	un émetteur
a frequency [ˈfriːkwənsɪ]	une fréquence
a waveband [ˈweɪvˌbænd]	une bande de fréquences
a wavelength [ˈweɪvˌleŋθ]	une longueur d'onde
on the air	sur les ondes
on short/medium/long wave	sur ondes courtes/petites ondes/grandes ondes
on FM	sur FM
a pirate station	une station pirate
– To pick up	capter
to tune in *to*	se mettre à l'écoute *de*
to be tuned in *to* to be listening *to*	être à l'écoute *de*
static [ˈstætɪk] (n. c. sing.) interference [ˌɪntəˈfɪərəns] (n. c. sing.)	les parasites
– A television a TV	un poste de télévision, un téléviseur
on television	à la télévision
to be on the air	être à l'antenne
to watch television	regarder la télévision
the screen [skriːn]	l'écran
a flat-screen TV	un téléviseur à écran plat

a plasma TV/ an LCD TV	un téléviseur plasma/ LCD
a portable television	une télévision portative
a remote control unit a remote	une télécommande
a SCART socket	une prise Péritel
BR an aerial ['ɛərɪəl] AM an antenna [æn'tenə]	une antenne
a (satellite) dish aerial AM a (satellite) dish antenna	une antenne parabolique
high definition	la haute définition
– A channel ['tʃænl]	une chaîne
a TV network	un réseau de télévision, une chaîne de télévision
a pay channel	une chaîne à péage, une chaîne cryptée
cable television	la télévision par câble
satellite television	la télévision par satellite
digital television	la télévision numérique
– To broadcast* ['brɔːdkaːst]	diffuser
to repeat [rɪ'piːt] to rerun* ['riːrʌn]	rediffuser
a rerun a repeat	une rediffusion
a broadcast BR a programme ['prəʊgræm] AM a program	une émission, un programme
a recorded/live broadcast	une émission en différé/ en direct
to record [rɪ'kɔːd]	enregistrer
a recording [rɪ'kɔːdɪŋ]	un enregistrement
to bill a programme	programmer une émission
a time slot	un créneau horaire
– The news [njuːz] (n. c. sing.)	les informations
a news bulletin a newscast	un bulletin d'informations
a news flash	un flash d'informations
the latest news	une information de dernière minute
the main headlines	les principaux titres (de l'actualité)
the weather forecast	le bulletin météorologique
– An interview ['ɪntəvjuː]	une interview
to interview	interviewer
a documentary [ˌdɒkjʊ'mentərɪ]	un documentaire

a report [rɪ'pɔːt]	un reportage
to report on sth	faire un reportage sur qqch.
a commentary ['kɒməntərɪ]	un commentaire
a running commentary *on sth*	un commentaire suivi *sur qqch.*
to comment ['kɒment]	commenter
– A TV play	une dramatique (télévisée)
a radio play a play for radio	une dramatique (radiodiffusée)
a serial ['sɪərɪəl]	un feuilleton
a soap opera	un feuilleton mélodramatique
a variety show a variety programme	un spectacle de variétés
a quiz (show)	un jeu-concours
a reality show	un reality-show
a phone-in (programme) AM a call-in (program)	une émission à ligne ouverte
– A newscaster ['njuːzˌkaːstə] BR a newsreader ['njuːzˌrɪːdə] AM a news announcer	un(e) présentateur (-trice) (d'informations)
a sports commentator	un commentateur sportif
the host [həʊst]	l'animateur (-trice)
to host a show to compere a show	animer une émission
an announcer [ə'naʊnsəʳ]	un(e) speaker(ine)
a producer [prə'djuːsəʳ]	un(e) réalisateur (-trice)
an anchorman ['æŋkəmæn]	un présentateur
an anchorwoman ['æŋkəwʊmən]	une présentatrice
– The listeners ['lɪsnəʳz]	les auditeurs
the viewers ['vjuːəʳz]	les téléspectateurs
the licence fee	la redevance
the audience ratings (plur.)	l'indice d'écoute (en général)
the viewing figures (plur.) AM viewership	l'indice d'écoute (à la télévision)
to have good/poor ratings	avoir un bon/mauvais indice d'écoute, avoir un bon/mauvais audimat
prime (viewing) time (sing.) peak viewing time (sing.)	les heures de grande écoute

- **The studio** ['stju:dɪəʊ] — le studio
  - **a mobile studio** — une voiture de reportage (de radio, de TV)
  - **a radio car** — un car de reportage (de radio)
  - **a microphone** ['maɪkrəʊ,fəʊn] / **a mike** [maɪk] (parlé) — un micro(phone)

- **a DVD** [,di:vi:'di:] — un DVD
- **a DVD player** — un lecteur de DVD
- **a video cassette** / **a video tape** — une cassette vidéo
- **a video (recorder)** / **a video cassette recorder** (abr. VCR) — un magnétoscope
- **to record sth** — enregistrer qch

6. ADVERTISING LA PUBLICITÉ

- **An advertising agency** / **a publicity agency** — une agence de publicité
  - **an advertising agent** / **a publicity agent** — un(e) publicitaire
  - **a press agent** — un agent de publicité
  - **a copywriter** — un(e) rédacteur (-trice) publicitaire
  - **an advertiser** ['ædvətaɪzəʳ] — un annonceur (publicitaire)
  - **a designer** [dɪ'zaɪnəʳ] — un(e) dessinateur (-trice), un(e) graphiste
  - **an illustrator** ['ɪləstreɪtəʳ] — un(e) illustrateur (-trice)

- **To advertise *sth*** ['ædvətaɪz] — faire de la publicité *pour qqch.*
  - **an advertisement** [əd'vɜ:tɪsmənt] / **an ad** [æd] (parlé) / BR **an advert** [əd'vɜ:t] (parlé) — une publicité, une annonce publicitaire
  - **a promotional film** — un film publicitaire
  - **a commercial** [kə'mɜ:ʃəl] — un spot publicitaire
  - **a slogan** ['sləʊgən] — un slogan
  - **a poster** ['pəʊstəʳ] — une affiche
  - BR **a hoarding** ['hɔ:dɪŋ] / AM **a billboard** ['bɪlbɔ:d] — un panneau publicitaire
  - **a brochure** ['brəʊʃjʊəʳ] / **a leaflet** ['li:flɪt] — un prospectus
  - **a sign(board)** [,saɪn(bɔ:d)] — une enseigne
  - **an illuminated sign** — une enseigne lumineuse
  - **a neon sign** — une enseigne au néon
  - **a blurb** [blɜ:b] — un texte publicitaire
  - **the classified ads** / **the small ads** — les petites annonces
  - **misleading advertising** — la publicité mensongère
  - **a (trade) fair** — une foire, un salon

- **An advertising campaign** — une campagne publicitaire
  - **a target** ['tɑ:gɪt] — une cible
  - **to target a campaign at a group** — cibler une campagne sur un groupe
  - **to sell*** [sel] — faire vendre
  - **to push sth** (parlé) — pousser la vente de qqch., faire la promotion de qqch.
  - **hype** [haɪp] (parlé) — le battage publicitaire
  - **to hype sth** (parlé) — faire du battage autour de qqch.

- **Public relations** / **PR** [pi:'ɑ:ʳ] — les relations publiques, la communication
  - **a public relations man/woman** — un(e) responsable des relations publiques
  - **a press attaché** — un(e) attaché(e) de presse
  - **a sponsor** ['spɒnsəʳ] — un sponsor
  - **to sponsor** — sponsoriser

27 FLORA AND FAUNA
LA FAUNE ET LA FLORE

1. THE ANIMAL WORLD LE MONDE ANIMAL

– An animal ['ænɪməl]	un animal, une bête
the animal kingdom	le règne animal
a species ['spi:ʃi:z]	une espèce
a breed [bri:d]	une race
a genus ['dʒenəs] (plur. genera)	un genre
wildlife ['waɪldlaɪf]	la faune
a strange/fascinating creature	une bête étrange/fascinante
a wildlife programme	une émission animalière
– A mammal ['mæməl]	un mammifère
a bird [bɜ:d]	un oiseau
a fish [fɪʃ]	un poisson
a reptile ['reptaɪl]	un reptile
an insect ['ɪnsekt]	un insecte
– A vertebrate ['vɜ:tɪbrət]	un vertébré
an invertebrate [ɪn'vɜ:tɪbrɪt]	un invertébré
an amphibian [æm'fɪbɪən]	un amphibie
amphibious [æm'fɪbɪəs]	amphibie
a parasite ['pærəsaɪt]	un parasite
– Carnivorous [kɑ:'nɪvərəs]	carnassier, carnivore
a carnivore ['kɑ:nɪvɔ:ʳ]	un carnassier, un carnivore
herbivorous [hɜ:'bɪvərəs]	herbivore
a herbivore ['hɜ:bɪvɔ:ʳ]	un herbivore
omnivorous [ɒm'nɪvərəs]	omnivore
an omnivore ['ɒmnɪvɔ:ʳ]	un omnivore
a ruminant ['ru:mɪnənt]	un ruminant
a rodent ['rəʊdənt]	un rongeur
a predator ['predətəʳ]	un prédateur
its prey [preɪ]	sa proie
– Habitat ['hæbɪtæt]	l'habitat
a territory ['terɪtərɪ]	un territoire
the breeding ground	le lieu de reproduction
migratory [maɪ'greɪtərɪ]	migrateur
– Oviparous [əʊ'vɪpərəs]	ovipare
viviparous [vɪ'vɪpərəs]	vivipare
a male [meɪl]	un mâle
a female ['fi:meɪl]	une femelle
to breed* [bri:d]	se reproduire
to give* birth	mettre bas
– A herd [hɜ:d]	un troupeau (de vaches, de chevaux, d'éléphants)
a flock [flɒk]	un troupeau (de moutons, de chèvres)
a gaggle ['gægl]	un troupeau (d'oies)
a pack [pæk]	une meute, une bande (de loups, de chiens)
a flock [flɒk]	une volée (d'oiseaux)
a colony ['kɒlənɪ]	une colonie (de pingouins, de termites, de phoques)
a shoal [ʃəʊl] a school [sku:l]	un banc (de poissons)
– An endangered species	une espèce en voie de disparition
extinct [ɪks'tɪŋkt]	disparu
a zoo [zu:]	un zoo
a wildlife park a nature reserve a wildlife sanctuary	une réserve naturelle

2. PETS LES ANIMAUX DE COMPAGNIE

– A pet [pet]	un animal de compagnie, un animal familier
to keep* pets	avoir des animaux de compagnie
– A cat [kæt]	un(e) chat(te)
a kitten ['kɪtn]	un chaton
a tabby (cat)	un chat tigré
an alley cat	un chat de gouttière
Puss! Puss! [pʊs]	Minet, minet !
– A dog [dɒg]	un chien
a bitch [bɪtʃ]	une chienne
a puppy ['pʌpɪ]	un chiot
"Beware of the dog!"	« Attention, chien méchant ! »
a guard/guide dog	un chien de garde/d'aveugle
a retriever [rɪ'tri:vəʳ]	un chien de chasse
a hound [haʊnd]	un chien courant
a sheepdog ['ʃi:pdɒg]	un chien de berger
a lapdog ['læpdɒg]	un chien de manchon
a husky ['hʌskɪ]	un chien de traîneau
a bulldog ['bʊldɒg]	un bouledogue
a collie ['kɒlɪ]	un colley

BR an alsatian [æl'seɪʃən] AM a German shepherd	un berger allemand
a greyhound ['greɪhaʊnd]	un lévrier
a poodle ['pu:dl]	un caniche
a spaniel ['spænjəl]	un épagneul
a mongrel ['mʌŋgrəl]	un bâtard
– A budgerigar ['bʌdʒərɪgɑ:ʳ] a budgie ['bʌdʒɪ] (parlé)	une perruche
a canary [kə'nɛərɪ]	un canari
a parrot ['pærət]	un perroquet
Pretty Polly!	Bonjour Jacquot !
a hamster ['hæmstəʳ]	un hamster
a guineapig ['gɪnɪˌpɪg]	un cochon d'Inde, un cobaye
a goldfish ['gəʊldfɪʃ]	un poisson rouge
– A collar ['kɒləʳ]	un collier
a lead [li:d] a leash [li:ʃ]	une laisse
to keep* a dog on a lead to keep* a dog on a leash	tenir un chien en laisse
a kennel ['kenl]	un chenil
the dog's/cat's basket	le panier du chien/du chat
a (bird)cage [('bɜ:d)keɪdʒ]	une cage (à oiseaux)
an aviary ['eɪvɪərɪ]	une volière
an aquarium [ə'kwɛərɪəm]	un aquarium

REMARQUE Pour signaler qu'un animal est de compagnie, on fait précéder son nom du terme pet ; ex. : a pet pig, a pet lamb.

3. FARM ANIMALS LES ANIMAUX DE LA FERME

– A cow [kaʊ]	une vache
an ox [ɒks] (plur. oxen)	un bœuf
a calf [kɑ:f] (plur. calves)	un veau
a heifer ['hefəʳ]	une génisse
a bull [bʊl]	un taureau
– A sheep [ʃi:p]	un mouton
a ewe [ju:]	une brebis
a ram [ræm]	un bélier
a lamb [læm]	un agneau
a (nanny-)goat [('nænɪ)gəʊt]	une chèvre
a billy goat	un bouc
a kid [kɪd]	un chevreau
a pig [pɪg]	un cochon, un porc
a sow [saʊ]	une truie
a piglet ['pɪglɪt]	un cochonnet, un porcelet
– A horse [hɔ:s]	un cheval
a mare [mɛəʳ]	une jument
a foal [fəʊl]	un poulain
a colt [kəʊlt]	un jeune cheval
a filly ['fɪlɪ]	une pouliche
a pony ['pəʊnɪ]	un poney
a carthorse ['kɑ:thɔ:s]	un cheval de trait
a stallion ['stæljən]	un étalon
a mule [mju:l]	une mule
a donkey ['dɒŋkɪ]	un âne
– A cockerel ['kɒkrəl] a rooster ['ru:stəʳ]	un coq
a hen [hen]	une poule
a chicken ['tʃɪkɪn]	un poulet
a chick [tʃɪk]	un poussin
a fowl [faʊl]	une volaille
poultry ['pəʊltrɪ] (n. c. plur.)	la volaille
– A duck [dʌk]	un canard
a duckling	un caneton
a goose [gu:s] (plur. geese)	une oie
a turkey cock	un dindon
a turkey ['tɜ:kɪ]	une dinde
a guinea fowl	une pintade
a rabbit ['ræbɪt]	un lapin
– A litter ['lɪtəʳ]	une portée
the young [jʌŋ] (plur.)	les petits

4. WILD ANIMALS LES ANIMAUX SAUVAGES

– A bear [bɛəʳ]	un ours
a polar/brown bear	un ours polaire/brun
a grizzly (bear)	un grizzly
a wolf [wʊlf] (plur. wolves)	un loup
a wolf cub	un louveteau
a wildcat ['waɪld,kæt]	un chat sauvage
a coyote [kɔɪ'əʊtɪ]	un coyote
BR a mountain cat AM a mountain lion a puma ['pju:mə] a cougar ['ku:gəʳ]	un couguar, un puma
– A bison ['baɪsn] AM a buffalo ['bʌfələʊ] (plur. buffaloes)	un bison
a caribou ['kærɪbu:]	un caribou
a deer [dɪəʳ]	un daim
a roe deer	un chevreuil
a stag [stæg]	un cerf
a doe [dəu]	une biche
an elk [elk]	un élan (en Europe)
a moose [mu:s]	un élan, un orignal (au Canada)
a reindeer ['reɪndɪəʳ]	un renne
a mountain goat	un chamois
a marmot ['mɑ:mət]	une marmotte
a rac(c)oon [rə'ku:n]	un raton laveur
– A whale [weɪl]	une baleine
a walrus ['wɔ:lrəs]	un morse
a dolphin ['dɒlfɪn]	un dauphin
a seal [si:l]	un phoque
a sea lion	une otarie
an otter ['ɒtəʳ]	une loutre
– A (big) cat	un félin
a lion ['laɪən]	un lion
a lioness ['laɪənɪs]	une lionne
a lion cub	un lionceau
a tiger ['taɪgəʳ]	un tigre
a panther ['pænθəʳ]	une panthère
a leopard ['lepəd]	un léopard
a jaguar ['dʒægjʊəʳ]	un jaguar
a jackal ['dʒækɔ:l]	un chacal
a cheetah ['tʃi:tə]	un guépard
a hyena [haɪ'i:nə]	une hyène
a lynx [lɪŋks]	un lynx
a mongoose ['mɒŋgu:s]	une mangouste
a man-eating animal	un animal mangeur d'hommes
– An elephant ['elɪfənt]	un éléphant
a bull elephant	un éléphant mâle
a cow elephant	un éléphant femelle
an elephant calf	un éléphanteau
a giraffe [dʒɪ'rɑ:f]	une girafe
a baby giraffe	un girafeau
a hippopotamus [,hɪpə'pɒtəməs] (plur. hippopotamuses, hippopotami) a hippo ['hɪpəʊ] (parlé)	un hippopotame
a rhinoceros [raɪ'nɒsərəs] a rhino ['raɪnəʊ] (parlé)	un rhinocéros
– A buffalo ['bʌfələʊ] (plur. buffaloes)	un buffle
a kangaroo [,kæŋgə'ru:]	un kangourou
an antelope ['æntɪləʊp]	une antilope
a gnu [nu:]	un gnou
a gazelle [gə'zel]	une gazelle
a zebra ['zi:brə]	un zèbre
a camel ['kæməl]	un chameau
a dromedary ['drɒmɪdərɪ]	un dromadaire
– Apes [eɪps]	les grands singes
a monkey ['mʌŋkɪ]	un singe
a chimpanzee [,tʃɪmpæn'zi:] a chimp [tʃɪmp] (parlé)	un chimpanzé
an orang-utan [ɔ:,ræŋu:'tæn]	un orang-outan
a baboon [bə'bu:n]	un babouin
a gorilla [gə'rɪlə]	un gorille
– A fox [fɒks]	un renard
a vixen ['vɪksn]	une renarde
a (fox) cub	un renardeau
a badger ['bædʒəʳ]	un blaireau
a beaver ['bi:vəʳ]	un castor
a porcupine ['pɔ:kjʊpaɪn]	un porc-épic
a wild boar	un sanglier
– A rat [ræt]	un rat
a mouse [maʊs] (plur. mice)	une souris
a fieldmouse ['fi:ldmaʊs] (plur. fieldmice)	un mulot
a ferret ['ferɪt]	un furet

a vole [vəʊl]	un campagnol
a weasel ['wi:zl]	une belette
a shrew [ʃru:]	une musaraigne
a hedgehog ['hedʒ,hɒg]	un hérisson
a mole [məʊl]	une taupe
– A hare [hɛəʳ]	un lièvre
a squirrel ['skwɪrəl]	un écureuil
a stoat [stəʊt]	une hermine
a bat [bæt]	une chauve-souris
a chinchilla [tʃɪn'tʃɪlə]	un chinchilla
a mink [mɪŋk]	un vison
– A frog [frɒg]	une grenouille
a toad [təʊd]	un crapaud
a tadpole ['tædpəʊl]	un têtard
a newt [nju:t]	un triton
– A den [den]	une tanière
a lair [lɛəʳ]	un repaire
a burrow ['bʌrəʊ]	un terrier
a warren ['wɒrən]	une garenne
a molehill ['məʊlhɪl]	une taupinière

5. BIRDS LES OISEAUX

– A blackbird ['blækbɜ:d]	un merle
a bluetit ['blu:tɪt]	une mésange bleue
a chaffinch ['tʃæfɪntʃ]	un pinson
a cuckoo ['kʊku:]	un coucou
a dove [dʌv]	une colombe
a (sky)lark [('skaɪ)lɑ:k]	une alouette
a robin ['rɒbɪn]	un rouge-gorge
a sparrow ['spærəʊ]	un moineau
a starling ['stɑ:lɪŋ]	un étourneau
a stork [stɔ:k]	une cigogne
a swallow ['swɒləʊ]	une hirondelle
a swift [swɪft]	un martinet
a thrush [θrʌʃ]	une grive
a wren [ren]	un roitelet
– A raven ['reɪvn] a crow [krəʊ]	un corbeau
a crow	une corneille
a rook [rʊk]	un freux
a magpie ['mægpaɪ]	une pie
a rookery ['rʊkərɪ]	une colonie de freux
a peacock ['pi:kɒk]	un paon
an ostrich ['ɒstrɪtʃ]	une autruche
a cockatoo [,kɒkə'tu:]	un cacatoès
a toucan ['tu:kən]	un toucan
– A bird of prey	un oiseau de proie
a falcon ['fɔ:lkən] a hawk [hɔ:k]	un faucon
an eagle ['i:gl]	un aigle
a vulture ['vʌltʃəʳ]	un vautour
a buzzard ['bʌzəd]	une buse
an owl [aʊl]	un hibou, une chouette
– A wader ['weɪdəʳ]	un échassier
a heron ['herən]	un héron
a snipe [snaɪp]	une bécassine
a swan [swɒn]	un cygne
a kingfisher ['kɪŋ,fɪʃə]	un martin-pêcheur
a pelican ['pelɪkən]	un pélican
a (sea)gull [('si:,)gʌl]	une mouette, un goéland
a penguin ['peŋgwɪn]	un manchot, un pingouin
a puffin ['pʌfɪn]	un macareux
– A pigeon ['pɪdʒən]	un pigeon
a pheasant ['feznt]	un faisan
a partridge ['pɑ:trɪdʒ]	une perdrix
a quail [kweɪl]	une caille
a grouse [graʊs]	une grouse
– A nest [nest]	un nid
an egg [eg]	un œuf
to lay* an egg	pondre un œuf
to sit* on eggs	couver des œufs
to hatch out	éclore
a brood [bru:d]	une couvée, une nichée
a nestling ['nestlɪŋ]	un oisillon

6. FISH AND REPTILES LES POISSONS ET LES REPTILES

– A fish [fɪʃ]	un poisson
a shark [ʃɑ:k]	un requin
a swordfish ['sɔ:dfɪʃ]	un espadon
a ray [reɪ]	une raie

– A shell [ʃel]	un coquillage, une coquille
shellfish (n. c. sing.)	les coquillages
BR a mollusc ['mɒləsk] AM a mollusk	un mollusque
a clam [klæm]	une palourde, une praire
a sea urchin	un oursin
an octopus ['ɒktəpəs]	une pieuvre
a squid [skwɪd]	un calmar
a jellyfish ['dʒelɪfɪʃ]	une méduse
a starfish ['stɑ:fɪʃ]	une étoile de mer
coral ['kɒrəl]	le corail
a sponge [spʌndʒ]	une éponge
– A snake [sneɪk]	un serpent
a grass snake	une couleuvre
an adder ['ædəʳ] a viper ['vaɪpəʳ]	une vipère
a python ['paɪθən]	un python
a rattlesnake ['rætl,sneɪk] AM a rattler ['rætləʳ]	un serpent à sonnettes
a cobra ['kəʊbrə]	un cobra
a boa constrictor	un boa constrictor
harmless ['hɑ:mlɪs]	inoffensif
poisonous ['pɔɪznəs]	venimeux
venom ['venəm]	le venin
– A crocodile ['krɒkədaɪl]	un crocodile
an alligator ['ælɪgeɪtəʳ]	un alligator
a lizard ['lɪzəd]	un lézard
a chameleon [kə'mi:lɪən]	un caméléon
a tortoise ['tɔ:təs]	une tortue
a turtle ['tɜ:tl]	une tortue de mer
a terrapin ['terəpɪn]	une tortue d'eau douce

7. INSECTS AND OTHER ANIMALS LES INSECTES ET AUTRES ANIMAUX

– A butterfly ['bʌtəflaɪ]	un papillon
a moth [mɒθ]	un papillon de nuit
BR a ladybird ['leɪdɪ,bɜ:d] AM a ladybug ['leɪdɪ,bʌg]	une coccinelle
a spider ['spaɪdəʳ]	une araignée
a cobweb ['kɒbweb] BR a spider's web AM a spiderweb	une toile d'araignée
to spin* a web	tisser sa toile
– A flea [fli:]	une puce
a bedbug ['bed,bʌg]	une punaise
a cockroach ['kɒk,rəʊtʃ]	une blatte, un cafard
an ant [ænt]	une fourmi
an ant hill	une fourmilière
a termite ['tɜ:maɪt]	un termite
a beetle ['bi:tl]	un scarabée
a scorpion ['skɔ:pɪən]	un scorpion
an earwig ['ɪəʳwɪg]	un perce-oreille
a louse [laʊs] (plur. lice)	un pou
a bug [bʌg]	une bestiole
– A snail [sneɪl]	un escargot
a slug [slʌg]	une limace
a grub [grʌb]	un asticot
a worm [wɜ:m] an earthworm ['ɜ:θ,wɜ:m]	un ver de terre
a caterpillar ['kætəpɪləʳ]	une chenille
a chrysalis ['krɪsəlɪs]	une chrysalide
a larva ['lɑ:və] (plur. larvae)	une larve
– A bee [bi:]	une abeille
the queen bee	la reine des abeilles
a bumblebee ['bʌmblbi:]	un bourdon
a wasp [wɒsp]	une guêpe
a horsefly ['hɔ:s,flaɪ]	un taon
a hornet ['hɔ:nɪt]	un frelon
a nest [nest]	un nid
a hive [haɪv]	une ruche
a swarm [swɔ:m]	un essaim
to swarm	essaimer
– A (house)fly [('haʊs,)flaɪ]	une mouche
a bluebottle ['blu:,bɒtəl]	une mouche bleue
a midge [mɪdʒ] a gnat [næt]	un moucheron
a mosquito [mɒs'ki:təʊ] (plur. mosquitoes)	un moustique
a grasshopper ['grɑ:s,hɒpəʳ]	une sauterelle
a cricket ['krɪkɪt]	un grillon
a locust ['ləʊkəst]	une locuste
a cicada [sɪ'kɑ:də]	une cigale
a dragonfly ['drægən,flaɪ]	une libellule
a greenfly ['gri:n,flaɪ]	un puceron
a clothes moth	une mite

8. ANIMAL BODIES LE CORPS DES ANIMAUX

– The mouth [maʊθ]	la gueule
the nose [nəʊz]	le museau, la truffe
the muzzle ['mʌzl]	le mufle
the snout [snaʊt]	le groin
the trunk [trʌŋk]	la trompe
– A leg [leg]	une patte (membre)
a paw [pɔ:]	une patte (extrémité du membre d'un chien, d'un félin)
a foot [fʊt] (plur. feet)	une patte (extrémité du membre d'un oiseau)
hind/fore legs	les pattes de derrière/de devant
a hoof [hu:f] (plur. hooves)	un sabot
– An udder ['ʌdəʳ]	un pis
a teat [ti:t]	une tétine
a tail [teɪl]	une queue
the pouch [paʊtʃ]	la poche ventrale
– The hide [haɪd]	la peau
a pelt [pelt]	une peau (cuir, fourrure)
hair [hɛəʳ]	le poil
bristles ['brɪslz]	les poils durs
the fur [fɜ:ʳ]	la fourrure
the coat [kəʊt]	le pelage, la robe (d'un cheval)
wool [wʊl]	la laine
the fleece [fli:s]	la toison
furry ['fɜ:rɪ]	à poil
hairy ['hɛərɪ]	velu
spots [spɒts]	les taches
spotted ['spɒtɪd]	tacheté

stripes [straɪps]	les rayures
striped [straɪpt]	rayé, tigré
– Whiskers ['wɪskəz]	les moustaches
the mane [meɪn]	la crinière
antennae [æn'teni:] feelers ['fi:ləz]	les antennes
– A horn [hɔ:n]	une corne
a tusk [tʌsk]	une défense
the antlers ['æntləʳz]	les bois, la ramure
fangs [fæŋz]	les crocs
a claw [klɔ:]	une griffe
a spine [spaɪn]	un piquant (de hérisson)
a quill [kwɪl]	un piquant (de porc-épic)
– A feather ['feðəʳ]	une plume
plumage ['plu:mɪdʒ]	le plumage
feathered ['feðəd]	à plumes
down [daʊn]	le duvet
a wing [wɪŋ]	une aile
the crest [krest]	la crête (en général)
the comb [kəʊm]	la crête (de coq)
the beak [bi:k] the bill [bɪl]	le bec
a talon ['tælən]	une serre
web-footed	palmipède
– Scales [skeɪlz]	les écailles
the gills [gɪlz]	les ouïes, les branchies
a fin [fɪn]	une nageoire, un aileron
a flipper ['flɪpəʳ]	une nageoire (de dauphin, de phoque)
a tentacle ['tentəkl]	un tentacule

9. ANIMAL MOVEMENTS LES MOUVEMENTS DES ANIMAUX

– To leap* [li:p] to jump [dʒʌmp]	sauter
a leap a jump	un saut
to bound [baʊnd]	bondir
a bound	un bond
to hop [hɒp]	sautiller
– To trot [trɒt]	trotter
to canter ['kæntəʳ]	aller au petit galop
to gallop ['gæləp]	galoper
at a trot/canter/gallop	au trot/au petit galop/au galop

to bolt [bəʊlt]	s'emballer
– To scratch [skrætʃ]	gratter, se gratter
to stretch (itself)	s'étirer
to wag its tail	agiter la queue
to prick up its ears	dresser les oreilles
to wriggle ['rɪgl]	frétiller
to crawl [krɔ:l]	ramper
to slither ['slɪðəʳ]	onduler
to prowl [praʊl]	rôder
to curl up	se rouler en boule
to coil itself round sth	s'enrouler autour de qqch.

to crouch [kraʊtʃ]	se ramasser
– To attack [əˈtæk]	attaquer
to charge [tʃɑːdʒ]	charger
a charge	la charge
to spring* *at sb / sth* [sprɪŋ] to pounce *on sth* [paʊns]	sauter *sur qqn / qqch.*, bondir *sur qqn / qqch.*
to claw [klɔː]	griffer
to draw* in its claws to sheathe its claws	rentrer ses griffes
to bite* [baɪt]	mordre
to kick [kɪk]	ruer
a kick	une ruade
to rear (up)	se cabrer
to sting* [stɪŋ]	piquer
– To feed* [fiːd]	nourrir, se nourrir
to gnaw [nɔː]	ronger
to nibble [ˈnɪbl]	grignoter
to lick [lɪk]	lécher

to lap (up)	laper
– To fly* [flaɪ]	voler
flight [flaɪt]	le vol
to flap its wings	battre des ailes
to flutter [ˈflʌtəʳ]	voltiger
to swoop down on	fondre sur
to flit [flɪt]	voleter
to glide [glaɪd]	planer
to hover [ˈhɒvəʳ]	planer (oiseau de proie)
to alight on a branch	se poser sur une branche
to roost [ruːst]	jucher
to peck *at sth* [pek]	picorer *qqch.*
– To shed hair BR to moult [məʊlt] AM to molt	muer (animal à poil)
BR to moult AM to molt	muer (oiseau)
to slough [slʌf] its skin	muer (serpent)

■ 10. ANIMAL NOISES LES CRIS DES ANIMAUX

– To roar [rɔːʳ]	rugir
to grunt [grʌnt]	grogner
to growl [graʊl]	gronder
to trumpet [ˈtrʌmpɪt]	barrir
to squeal [skwiːl]	pousser des cris aigus
to hiss [hɪs]	siffler
to buzz [bʌz] to hum [hʌm] to drone [drəʊn]	bourdonner
– To bellow [ˈbeləʊ]	mugir, beugler (bœuf, taureau)
to low [ləʊ] to moo [muː]	mugir, meugler (vache)
to bleat [bliːt]	bêler
to neigh [neɪ] to whinny [ˈwɪnɪ]	hennir
to bray [breɪ]	braire
to snort [snɔːt]	s'ébrouer
– To mew [mjuː] to miaow [miːˈaʊ]	miauler
to purr [pɜːʳ]	ronronner
to bark [bɑːk]	aboyer

to yelp [jelp]	japper
to howl [haʊl]	hurler
to whine [waɪn]	gémir
– Birdsong [ˈbɜːdˌsɒŋ]	le chant des oiseaux
to sing* [sɪŋ]	chanter (en général)
to crow* [krəʊ]	chanter (coq)
at cockcrow	au premier chant du coq
to warble [ˈwɔːbl] to chirp [tʃɜːp] to chirrup [ˈtʃɪrəp]	gazouiller
to tweet [twiːt] to twitter [ˈtwɪtəʳ]	pépier
to cackle [ˈkækl]	caqueter
to cluck [klʌk]	glousser
to quack [kwæk]	cancaner
to croak [krəʊk]	coasser, croasser
to hoot [huːt]	hululer
to screech [skriːtʃ]	crier (chouette)
to cheep [tʃiːp]	piauler
to squeal [skwiːl]	couiner
to coo [kuː]	roucouler

REMARQUE La plupart des cris d'animaux ont une forme et un usage comptables et non-comptables dérivés du verbe ; ex. : to yelp = japper, a yelp = un jappement, I heard a yelp, I heard yelping = j'ai entendu un jappement, awaken by his dog's yelps, awaken by his dog's yelping = réveillé par les jappements de son chien. De to bray on dérive donc a bray et braying, de to hum, a hum et humming, etc.

11. PLANTS LES PLANTES

– Vegetation [ˌvedʒɪ'teɪʃən]	la végétation
the plant kingdom	le règne végétal
a climbing plant a climber ['klaɪməʳ]	une plante grimpante
a creeping plant a creeper ['kriːpəʳ]	une plante rampante
a houseplant ['haʊsˌplɑːnt] a pot plant	une plante d'apparte-ment
a houseplant a green (foliage) plant	une plante verte
a succulent	une plante grasse
a (hardy) perennial	une plante vivace
grass [grɑːs]	l'herbe
a blade of grass	un brin d'herbe
– Moss [mɒs]	la mousse
lichen ['laɪkən]	le lichen
seaweed ['siːˌwiːd]	une algue, des algues
a fungus ['fʌŋgəs] (plur. fungi)	un champignon (terme générique)
a mushroom ['mʌʃrʊm]	un champignon (comestible)
cultivated mushrooms	les champignons de Paris
a toadstool ['təʊdˌstuːl]	un champignon vénéneux
– A leaf [liːf] (plur. leaves)	une feuille
a stalk [stɔːk] a stem [stem]	une tige
a thorn [θɔːn]	une épine
a root [ruːt]	une racine
a tuber ['tjuːbəʳ]	un tubercule
a bulb [bʌlb]	un oignon
– Ivy ['aɪvɪ]	le lierre
a vine [vaɪn]	une vigne
heather ['heðəʳ]	la bruyère
a thistle ['θɪsl]	un chardon
a nettle ['netl]	une ortie
a reed [riːd]	un roseau
a fern [fɜːn]	une fougère
bracken ['brækən] (n. c. sing.)	la fougère, les fougères
mistletoe ['mɪsltəʊ]	le gui
bamboo [bæm'buː]	le bambou
a cactus ['kæktəs] (plur. cactus(es), cacti)	un cactus
– A flower ['flaʊəʳ] a bloom [bluːm] (soutenu)	une fleur (en général)
a blossom ['blɒsəm]	une fleur (d'arbre fruitier)
blossom (n. c. sing.)	la floraison, les fleurs
in flower in bloom	en fleurs (arbuste, plante)
in blossom	en fleurs (arbre fruitier)
to flower to bloom (soutenu)	fleurir (arbuste, plante)
to blossom	fleurir (arbre fruitier)
– To open out	s'ouvrir
to bloom [bluːm]	éclore, s'épanouir
a bud [bʌd]	un bouton
a petal ['petl]	un pétale
a stamen ['steɪmen]	une étamine
pollen ['pɒlən]	le pollen
– A seed [siːd]	une graine
to sprout [spraʊt]	germer
to shoot* [ʃuːt]	bourgeonner
a shoot	une pousse
– The husk [hʌsk]	la bogue, l'enveloppe
a (nut)shell [('nʌt)ʃel]	une coquille
a pod [pɒd]	une cosse
the kernel ['kɜːnl]	l'amande (noyau)
a cherry/peach stone	un noyau de cerise/pêche
pips [pɪps]	les pépins
– Ripe [raɪp]	mûr
overripe [əʊvə'raɪp]	blet
to ripen ['raɪpən]	mûrir
unripe ['ʌn'raɪp]	vert, qui n'est pas mûr

12. FLOWERS LES FLEURS

– A bunch of flowers	un bouquet de fleurs, une botte de fleurs
a bouquet ['bʊkeɪ]	un bouquet de fleurs (soigneusement présenté)
to pick [pɪk]	cueillir
to gather ['gæðəʳ]	ramasser
to wilt [wɪlt]	se faner
to fade [feɪd]	commencer à se faner
to wither ['wɪðəʳ]	se flétrir
– A snowdrop ['snəʊ,drɒp]	un perce-neige
a hyacinth ['haɪəsɪnθ]	une jacinthe
an anemone [ə'nemənɪ]	une anémone
a pansy ['pænzɪ]	une pensée
a marigold ['mærɪgəʊld]	un souci
a carnation [kɑː'neɪʃən]	un œillet
a lily ['lɪlɪ]	un lis
forget-me-nots [fə'getmiː,nɒts]	le myosotis
lily of the valley	le muguet
a crocus ['krəʊkəs]	un crocus
– A rose [rəʊz]	une rose
a rosebud	un bouton de rose
a rosebush	un rosier
a hollyhock ['hɒlɪ,hɒk]	une rose trémière, une passerose
a tulip ['tjuːlɪp]	une tulipe
a geranium [dʒɪ'reɪnɪəm]	un géranium
a dahlia ['deɪlɪə]	un dahlia
a peony ['pɪənɪ]	une pivoine
a gladiolus [,glædɪ'əʊləs] (plur. gladioli)	un glaïeul
sweet peas	les pois de senteur
– A narcissus [nɑː'sɪsəs] (plur. narcissi)	un narcisse
a daffodil ['dæfədɪl]	une jonquille
a wallflower ['wɔːl,flaʊəʳ]	une giroflée
a chrysanthemum [krɪ'sænθəməm]	un chrysanthème
a lupin ['luːpɪn]	un lupin
a sunflower ['sʌn,flaʊəʳ]	un soleil, un tournesol
an orchid ['ɔːkɪd]	une orchidée
a waterlily ['wɔːtəʳ,lɪlɪ]	un nénuphar
a camellia [kə'miːlɪə]	un camélia
– A hydrangea [haɪ'dreɪndʒə]	un hortensia
a clematis ['klemətɪs]	une clématite
lilac ['laɪlək]	le lilas
honeysuckle ['hʌnɪ,sʌkl]	le chèvrefeuille
jasmine ['dʒæzmɪn]	le jasmin, un jasmin
wisteria [wɪs'tɪərɪə]	la glycine
– A wild flower	une fleur sauvage
a poppy ['pɒpɪ]	un coquelicot
a cornflower ['kɔːn,flaʊəʳ]	un bleuet
a daisy ['deɪzɪ]	une pâquerette, une marguerite
a dandelion ['dændɪ,laɪən]	un pissenlit
a buttercup ['bʌtəkʌp]	un bouton-d'or
a primrose ['prɪmrəʊz]	une primevère
– A bluebell ['bluːbel]	une jacinthe des bois
a periwinkle ['perɪ,wɪŋkl]	une pervenche
a violet ['vaɪəlɪt]	une violette
clover ['kləʊvəʳ]	le trèfle
a four-leaf clover	un trèfle à quatre feuilles

13. TREES LES ARBRES

– A tree [triː]	un arbre
foliage ['fəʊlɪɪdʒ]	le feuillage
wood [wʊd]	le bois (substance)
the trunk [trʌŋk]	le tronc
a branch [brɑːntʃ] a limb [lɪm] (soutenu) a bough [baʊ] (soutenu)	une branche
a twig [twɪg]	une brindille
bark [bɑːk]	l'écorce
sap [sæp]	la sève
resin ['rezɪn]	la résine
a tree stump	une souche
– Deciduous [dɪ'sɪdjʊəs]	à feuilles caduques
evergreen ['evəgriːn]	à feuilles persistantes
an evergreen	un arbre à feuilles persistantes
a conifer ['kɒnɪfəʳ]	un conifère
– An oak [əʊk] (tree)	un chêne
a plane [pleɪn] (tree)	un platane

27 FLORA AND FAUNA
LA FAUNE ET LA FLORE

a poplar ['pɒplə^r]	un peuplier
a (silver) birch [bɜ:tʃ]	un bouleau
a beech [bi:tʃ]	un hêtre
a chestnut ['tʃestnʌt] (tree)	un châtaigner
a lime [laɪm] (tree)	un tilleul
an elm [elm]	un orme
a willow ['wɪləʊ]	un saule
a weeping willow	un saule pleureur
an ash [æʃ]	un frêne
a yew (tree)	un if
– A sycamore ['sɪkəmɔ:^r]	un sycomore
a maple ['meɪpl]	un érable
mahogany [mə'hɒgənɪ]	l'acajou
a palm tree	un palmier
a rubber tree	un hévéa
a bay tree a laurel ['lɒrəl]	un laurier-sauce
an oleander [ˌəʊlɪ'ændə^r]	un laurier-rose
a magnolia [mæg'nəʊlɪə]	un magnolia
a hawthorn ['hɔ:θɔ:n]	une aubépine
a rhododendron [ˌrəʊdə'dendrən]	un rhododendron
– An apple tree	un pommier
a plum tree	un prunier
a cherry tree	un cerisier
a pear tree	un poirier
a peach tree	un pêcher
an apricot tree	un abricotier
an almond tree	un amandier
a lemon tree	un citronnier
an orange tree	un oranger
– A fir (tree)	un sapin
a pine (tree)	un pin
a cypress ['saɪprɪs]	un cyprès
a spruce [spru:s]	un épicéa
a larch [lɑ:tʃ]	un mélèze
a redwood ['redwʊd]	un séquoia
a cedar ['si:də^r]	un cèdre
a monkey-puzzle ['mʌŋkɪˌpʌzl]	un araucaria
– A pine cone a fir cone	une pomme de pin
(pine) needles	les aiguilles (de pin)
an acorn ['eɪkɔ:n]	un gland
– A forest ['fɒrɪst]	une forêt
a wood [wʊd]	un bois
wooded ['wʊdɪd]	boisé
a grove [grəʊv]	un bocage, un bosquet
a copse [kɒps] a coppice ['kɒpɪs]	un taillis
a clump of trees	un bouquet d'arbres
a thicket ['θɪkɪt]	un fourré, un hallier
the undergrowth ['ʌndəgrəʊθ]	le sous-bois
brushwood ['brʌʃˌwʊd] (n. c. sing.)	les broussailles
a clearing ['klɪərɪŋ] a glade [gleɪd] (soutenu)	une clairière
to fell a tree to chop a tree down	abattre un arbre
– A shrub [ʃrʌb]	un arbrisseau, un arbuste
a bush [bʊʃ]	un buisson
holly ['hɒlɪ]	le houx
a holly bush a holly tree	un houx
gorse [gɔ:s] (n. c. sing.)	les ajoncs
a gorse bush	un ajonc
a broom [brʊm]	un genêt
box [bɒks]	le buis
privet ['prɪvɪt]	le troène

28 MATTER AND THE UNIVERSE
LA MATIÈRE ET L'UNIVERS

1. BODIES LES CORPS

– **A substance** ['sʌbstəns]	une substance
matter ['mætəʳ]	la matière
living/inanimate matter	la matière vivante/inanimée
a material [mə'tɪərɪəl]	une matière
an element ['elɪmənt]	un élément
simple/compound bodies	les corps simples/composés
– **A cell** [sel]	une cellule
cellular ['seljʊləʳ]	cellulaire
a particle ['pɑ:tɪkl]	une particule
a molecule ['mɒlɪkju:l]	une molécule
molecular [məʊ'lekjʊləʳ]	moléculaire
an atom ['ætəm]	un atome
atomic [ə'tɒmɪk]	atomique
the nucleus ['nju:klɪəs] (plur. nuclei)	le nucléus, le noyau
nuclear ['nju:klɪəʳ]	nucléaire
a neutron ['nju:trɒn]	un neutron
a proton ['prəʊtɒn]	un proton
an electron [ɪ'lektrɒn]	un électron
an ion ['aɪən]	un ion
an isotope ['aɪsəʊtəʊp]	un isotope
– **Mass** [mæs]	la masse
volume ['vɒlju:m]	le volume
weight [weɪt]	le poids
density ['densɪtɪ]	la densité
inertia [ɪ'nɜ:ʃə]	l'inertie

2. METALS LES MÉTAUX

– **Metal** ['metl]	le métal
ore [ɔ:ʳ]	le minerai
metallic [mɪ'tælɪk]	métallique
an alloy ['ælɔɪ]	un alliage
rust [rʌst]	la rouille
rusty ['rʌstɪ]	rouillé
– BR **aluminium** [ˌæljʊ'mɪnɪəm] AM **aluminum** [ə'lu:mɪnəm]	l'aluminium
bronze [brɒnz]	le bronze
copper ['kɒpəʳ]	le cuivre (rouge)
brass [brɑ:s]	le laiton, le cuivre (jaune)
iron ['aɪən]	le fer
zinc [zɪŋk]	le zinc
tin [tɪn]	l'étain (minerai)
pewter ['pju:təʳ]	l'étain (utilisé en artisanat)
gold [gəʊld]	l'or
silver ['sɪlvəʳ]	l'argent
platinum ['plætɪnəm]	le platine
lead [led]	le plomb
– **Magnesium** [mæg'ni:zɪəm]	le magnésium
calcium ['kælsɪəm]	le calcium
sodium ['səʊdɪəm]	le sodium
mercury ['mɜ:kjʊrɪ]	le mercure
nickel ['nɪkl]	le nickel
radium ['reɪdɪəm]	le radium
plutonium [plu:'təʊnɪəm]	le plutonium
uranium [jʊə'reɪnɪəm]	l'uranium

REMARQUE Les noms de métaux peuvent s'employer comme adjectifs ; ex. : **a brass handle/statue** = une poignée/une statue en cuivre.

3. ROCKS LES ROCHES

– **A stone** [stəʊn]	une pierre
a rock [rɒk]	une roche
a layer ['leɪəʳ]	une couche
a stratum ['strɑ:təm] (plur. strata)	une strate
dust [dʌst]	la poussière
– **Geology** [dʒɪ'ɒlədʒɪ]	la géologie
a geologist [dʒɪ'ɒlədʒɪst]	un(e) géologue
geological [dʒɪəʊ'lɒdʒɪkəl]	géologique
mineralogy [ˌmɪnə'rælədʒɪ]	la minéralogie
a mineralogist [ˌmɪnə'rælədʒɪst]	un(e) minéralogiste

– Alabaster ['æləbɑːstəʳ]	l'albâtre
basalt ['bæsɔːlt]	le basalte
bauxite ['bɔːksaɪt]	la bauxite
crystal ['krɪstl]	le cristal
flint [flɪnt]	le silex
granite ['grænɪt]	le granit
graphite ['græfaɪt]	le graphite
– Marble ['mɑːbl]	le marbre
quartz ['kwɔːts]	le quartz
sand [sænd]	le sable
sandstone	le grès
silica ['sɪlɪkə]	la silice
slate [sleɪt]	l'ardoise
– Arsenic ['ɑːsnɪk]	l'arsenic
asbestos [æz'bestəs]	l'amiante
lime [laɪm]	la chaux
limestone	le calcaire
chalk [tʃɔːk]	la craie
chalky ['tʃɔːkɪ]	crayeux
a stalagmite ['stæləgmaɪt]	une stalagmite
a stalactite ['stæləktaɪt]	une stalactite
– A deposit [dɪ'pɒzɪt]	un dépôt
a fossil ['fɒsl]	un fossile
sediment ['sedɪmənt] (n. c. sing.)	les sédiments
alluvium [ə'luːvɪəm] (n. c. sing.)	les alluvions
peat [piːt]	la tourbe
– Bitumen ['bɪtjʊmɪn]	le bitume
asphalt ['æsfælt]	l'asphalte
carbon ['kɑːbən]	le carbone
carbon-dating	la datation au carbone 14
pumice (stone)	la pierre ponce
clay [kleɪ]	l'argile

REMARQUE Les noms de roches peuvent s'employer comme adjectifs ; ex. : a crystal ball = une boule de cristal ; a silver ring = une bague en argent.

4. GASES LES GAZ

– A gas [gæs]	un gaz
gaseous ['gæsɪəs] / gassy ['gæsɪ]	gazeux
natural gas	le gaz naturel
carbon dioxide	le gaz carbonique
carbon monoxide	l'oxyde de carbone
air [ɛəʳ]	l'air
nitrogen ['naɪtrədʒən]	l'azote
hydrogen ['haɪdrɪdʒən]	l'hydrogène
oxygen ['ɒksɪdʒən]	l'oxygène
– Acetylene [ə'setɪliːn]	l'acétylène
ammonia [ə'məʊnɪə]	l'ammoniac
butane ['bjuːteɪn]	le butane
propane ['prəʊpeɪn]	le propane
chlorine ['klɔːriːn]	le chlore
helium ['hiːlɪəm]	l'hélium
methane ['miːθeɪn]	le méthane
– Steam [stiːm]	la vapeur (d'eau)
BR a vapour ['veɪpəʳ] / AM a vapor	une vapeur
to emit [ɪ'mɪt]	dégager, émettre
an emission [ɪ'mɪʃən]	un dégagement, une émission
volatile ['vɒlətaɪl]	volatil

5. LIQUIDS LES LIQUIDES

– A liquid ['lɪkwɪd]	un liquide
liquid	liquide
a fluid ['fluːɪd]	un fluide
fluid	fluide
water ['wɔːtəʳ]	l'eau
aqueous ['eɪkwɪəs]	aqueux
– A drop [drɒp]	une goutte
to drip [drɪp]	tomber goutte à goutte
a trickle ['trɪkl]	un filet
to trickle	couler en un filet
to dribble ['drɪbl]	dégouliner
to stream [striːm]	ruisseler
to ooze [uːz]	suinter
to flow [fləʊ] / to run* [rʌn]	couler
to pour [pɔːʳ]	couler à flots

- To spill* [spɪl]	renverser, se renverser
to overflow ['əʊvəfləʊ]	déborder
the overflow	le trop-plein
to splash [splæʃ]	éclabousser
a splash	un éclaboussement
to gush (out)	jaillir
to squirt (out)	gicler
- A solution [sə'lu:ʃən]	une solution
to dissolve [dɪ'zɒlv]	dissoudre, se dissoudre
soluble ['sɒljʊbl]	soluble
distillation [ˌdɪstɪ'leɪʃən]	la distillation
BR to distil [dɪs'tɪl] AM to distill	distiller
a bubble ['bʌbl]	une bulle, un bouillon
to bubble	bouillonner
fermentation [ˌfɜ:men'teɪʃən]	la fermentation
to ferment [fə'ment]	fermenter
evaporation [ɪˌvæpə'reɪʃən]	l'évaporation
to evaporate [ɪ'væpəreɪt]	s'évaporer
- Oil [ɔɪl]	l'huile
oily ['ɔɪlɪ]	huileux
to oil	huiler
grease [gri:s]	la graisse
greasy ['gri:sɪ]	graisseux
to grease	graisser
a lubricant ['lu:brɪkənt]	un lubrifiant
to lubricate ['lu:brɪkeɪt]	lubrifier
viscous ['vɪskəs]	visqueux
viscosity [vɪs'kɒsɪtɪ]	la viscosité
emulsion [ɪ'mʌlʃən]	l'émulsion
milky ['mɪlkɪ]	laiteux

6. SPACE L'ESPACE

- The universe ['ju:nɪvɜ:s]	l'univers
the cosmos ['kɒzmɒs]	le cosmos
cosmic ['kɒzmɪk]	cosmique
a world [wɜ:ld]	un monde
(outer) space	l'espace (intersidéral)
space travel	les voyages dans l'espace
interplanetary [ˌɪntə'plænɪtərɪ]	interplanétaire
extraterrestrial [ˌekstrətɪ'restrɪəl]	extraterrestre
infinity [ɪn'fɪnɪtɪ]	l'infini
infinite ['ɪnfɪnɪt]	infini
- The theory of relativity	la théorie de la relativité
the big bang	le big bang
gravity ['grævɪtɪ]	la pesanteur
gravitation [ˌgrævɪ'teɪʃən]	la gravitation
the void [vɔɪd]	le vide
weightlessness ['weɪtlɪsnɪs]	l'apesanteur
- The solar system	le système solaire
the sun [sʌn]	le soleil
solar ['səʊləʳ]	solaire
sunrays	les rayons du soleil
a sunspot	une tache solaire
to rise* [raɪz]	se lever (soleil)
to set* [set]	se coucher (soleil)
- The moon [mu:n]	la lune
the full moon	la pleine lune
the new moon	la nouvelle lune
a crescent/quarter moon	un croissant/quartier de lune
lunar ['lu:nəʳ]	lunaire
to wax [wæks]	croître (lune)
to wane [weɪn]	décroître (lune)
- The zenith ['zenɪθ]	le zénith
a partial/total eclipse	une éclipse partielle/totale
the equinox ['i:kwɪnɒks]	l'équinoxe
a solstice ['sɒlstɪs]	un solstice
the northern lights the aurora borealis	l'aurore boréale
the aurora australis	l'aurore australe
- The sky [skaɪ] the heavens ['hevnz] (plur.) (soutenu)	le ciel
a star [stɑ:ʳ]	une étoile
a shooting star	une étoile filante
a starry sky	un ciel étoilé
stellar ['steləʳ]	stellaire
a constellation [ˌkɒnstə'leɪʃən]	une constellation
a galaxy ['gæləksɪ]	une galaxie
galactic [gə'læktɪk]	galactique
a satellite ['sætəlaɪt]	un satellite

a nebula ['nebjʊlə] (plur. nebulas, nebulae)	une nébuleuse
a nova ['nəʊvə] (plur. novas, novae)	une nova
a quasar ['kweɪzɑːʳ]	un quasar
a black hole	un trou noir
a light-year	une année-lumière
it is 30 light-years away	c'est à 30 années-lumière
- A planet ['plænɪt]	une planète
planetary ['plænɪtərɪ]	planétaire
a comet ['kɒmɪt]	une comète
the tail of a comet	la queue d'une comète
an asteroid ['æstərɔɪd]	un astéroïde
a meteor ['miːtɪəʳ]	un météore
a meteorite ['miːtɪəraɪt]	un météorite
an orbit ['ɔːbɪt]	une orbite
in orbit *round sth*	en orbite *autour de qqch.*
(the) Earth [ɜːθ]	la Terre
Jupiter ['dʒuːpɪtəʳ]	Jupiter
Mars [mɑːz]	Mars
Mercury ['mɜːkjʊrɪ]	Mercure
Neptune ['neptjuːn]	Neptune
Pluto ['pluːtəʊ]	Pluton
Saturn ['sætən]	Saturne
Uranus [jʊə'reɪnəs]	Uranus
Venus ['viːnəs]	Vénus
- The Milky Way	la Voie lactée
the Great Bear BR the Plough [plaʊ] AM the Big Dipper	la Grande Ourse
the Pleiades ['plaɪədiːz]	les Pléiades
the Southern Cross	la Croix du Sud
the Pole Star	l'Étoile polaire
the Dog Star	Sirius
Orion [ə'raɪən]	Orion
the Zodiac ['zəʊdɪæk]	le zodiaque
a star chart	une carte du ciel
- An astronomer [əs'trɒnəməʳ]	un(e) astronome
astronomical [ˌæstrə'nɒmɪkəl]	astronomique
an observatory [əb'zɜːvətrɪ]	un observatoire
a telescope ['telɪskəʊp]	un télescope
a planetarium [ˌplænɪ'tɛərɪəm]	un planétarium

7. PHYSICAL PROPERTIES LES PROPRIÉTÉS PHYSIQUES

- Hard [hɑːd]	dur
hardness ['hɑːdnɪs]	la dureté
to harden ['hɑːdn]	durcir, se durcir
tough [tʌf]	dur, résistant
toughness ['tʌfnɪs]	la dureté, la résistance
to toughen ['tʌfn]	rendre résistant, devenir résistant
firm [fɜːm]	ferme
firmness ['fɜːmnɪs]	la fermeté
stiff [stɪf]	raide
stiffness ['stɪfnɪs]	la raideur
to stiffen ['stɪfn]	raidir, se raidir
rigid ['rɪdʒɪd]	rigide
rigidity [rɪ'dʒɪdɪtɪ]	la rigidité
- Limp [lɪmp]	mou, flasque
limpness ['lɪmpnɪs]	la mollesse
malleable ['mælɪəbl]	malléable
malleability [ˌmælɪə'bɪlɪtɪ]	la malléabilité
supple ['sʌpl]	souple
suppleness ['sʌplnɪs]	la souplesse
flexible ['fleksəbl] pliable ['plaɪəbl]	flexible
flexibility [ˌfleksɪ'bɪlɪtɪ]	la flexibilité
elastic [ɪ'læstɪk]	élastique
elasticity [ˌiːlæs'tɪsɪtɪ]	l'élasticité
plastic ['plæstɪk]	plastique
plasticity [plæs'tɪsɪtɪ]	la plasticité
- Thin [θɪn]	mince
thinness ['θɪnnɪs]	la minceur
thick [θɪk]	épais
thickness ['θɪknɪs]	l'épaisseur
delicate ['delɪkɪt]	délicat
fragile ['frædʒaɪl]	fragile
fragility [frə'dʒɪlɪtɪ]	la fragilité
crumbly ['krʌmblɪ] flaky ['fleɪkɪ]	friable
flakiness ['fleɪkɪnɪs]	la friabilité
- To bend* [bend]	plier, faire plier
to stretch [stretʃ]	étirer, s'étirer
to give* [gɪv] to yield [jiːld]	céder

29 THE EARTH LA TERRE

1. GEOGRAPHY LA GÉOGRAPHIE

– The globe [gləʊb]	le globe
the Earth's surface	la surface terrestre
a land mass	une masse terrestre
the atmosphere ['ætməsfɪəʳ]	l'atmosphère
the stratosphere ['strætəʊsfɪəʳ]	la stratosphère
the ionosphere [aɪ'ɒnəsfɪəʳ]	l'ionosphère
the biosphere ['baɪəsfɪəʳ]	la biosphère
geographical [dʒɪə'græfɪkəl]	géographique
a geographer [dʒɪ'ɒgrəfəʳ]	un(e) géographe
the ozone layer	la couche d'ozone
– The North / South Pole	le pôle Nord / Sud
polar ['pəʊləʳ]	polaire
Arctic ['ɑ:ktɪk]	arctique
the Arctic (Region)	l'Arctique
the Arctic Circle	le cercle polaire arctique
the Arctic Ocean	l'océan Arctique
Antarctica [ænt'ɑ:ktɪkə]	l'Antarctique
the Antarctic Circle	le cercle polaire austral
the Antarctic Ocean	l'océan Antarctique
– The northern / southern hemisphere	l'hémisphère nord / sud
the Equator [ɪ'kweɪtəʳ]	l'équateur
on the Equator	à l'équateur
equatorial [ˌekwə'tɔ:rɪəl]	équatorial
the Tropic of Cancer / Capricorn	le tropique du Cancer / du Capricorne
tropical ['trɒpɪkəl]	tropical
in the tropics	sous les tropiques
– Latitude ['lætɪtju:d]	la latitude
longitude ['lɒŋgɪtju:d]	la longitude
a meridian [mə'rɪdɪən]	un méridien
the Greenwich meridian	le méridien de Greenwich
a time zone	un fuseau horaire
the 46th parallel	le 46e parallèle
– A continent ['kɒntɪnənt]	un continent (en général)
the mainland	le continent (par rapport à une île)
the continental drift	la dérive des continents
the continental shelf	le plateau continental
a tropical / temperate zone	une zone tropicale / tempérée
a region ['ri:dʒən]	une région
a territory ['terɪtərɪ]	un territoire
territorial [ˌterɪ'tɔ:rɪəl]	territorial
– A map [mæp]	une carte (en général)
a chart [tʃɑ:t]	une carte (marine, du ciel)
an Ordnance Survey map	≈ une carte d'état-major
to map a region	dresser la carte d'une région
a map a plan [plæn]	un plan
the scale of a map	l'échelle d'une carte
cartography [kɑ:'tɒgrəfɪ]	la cartographie
a cartographer [kɑ:'tɒgrəfəʳ]	un(e) cartographe
an atlas ['ætləs]	un atlas
topography [tə'pɒgrəfɪ]	la topographie
topographical [ˌtɒpə'græfɪkl]	topographique
– The land [lænd]	la terre
on dry land	sur la terre ferme
the countryside ['kʌntrɪsaɪd]	la campagne
the landscape ['lændˌskeɪp] the scenery[1] ['si:nərɪ]	le paysage
a landmark ['lændmɑ:k]	un point de repère

ATTENTION 1 : scenery ne s'emploie jamais dans un contexte péjoratif

– Flat [flæt]	plat (étendue, région)
on level ground	sur terrain plat
undulating ['ʌndjʊleɪtɪŋ] hilly ['hɪlɪ]	accidenté (région)
uneven [ʌn'i:vən] bumpy ['bʌmpɪ]	accidenté (terrain)
– A marsh [mɑ:ʃ] a bog [bɒg] a swamp [swɒmp]	un marais, un marécage
marshland (n. c. sing.) wetlands ['wetləndz]	les marécages
marshy ['mɑ:ʃɪ] boggy ['bɒgɪ]	marécageux
waterlogged ['wɔ:təlɒgd]	détrempé
– A cave [keɪv] a cavern ['kævən] (soutenu)	une caverne, une grotte

a speleologist [ˌspiːlɪ'ɒlədʒɪst] a caver [keɪvəʳ] (parlé) BR a potholer ['pɒthəʊləʳ] AM a spelunker [spɪ'lʌŋkəʳ] (parlé)	un(e) spéléologue
speleology [ˌspiːlɪ'ɒlədʒɪ]	la spéléologie (étude)
caving ['keɪvɪŋ] (parlé) BR potholing ['pɒthəʊlɪŋ] AM spelunking [spɪ'lʌŋkɪŋ] (parlé)	la spéléologie (exploration)
– An island ['aɪlənd] an isle [aɪl] (soutenu)	une île
a peninsula [pɪ'nɪnsjʊlə]	une péninsule, une presqu'île
an isthmus ['ɪsməs]	un isthme
a promontory ['prɒməntrɪ]	un promontoire
a cape [keɪp] a headland ['hedlənd]	un cap
an atoll ['ætɒl]	un atoll
an archipelago [ˌɑːkɪ'pelɪgəʊ] (plur. archipelagoes)	un archipel
– A desert ['dezət]	un désert
(sand) dunes	les dunes (de sable)
an oasis [əʊ'eɪsɪs] (plur. oases)	une oasis
savanna(h) [sə'vænə]	la savane
the bush [bʊʃ]	la brousse
the jungle ['dʒʌŋgl]	la jungle
– A moor [mʊəʳ]	une lande
moorland (n. c.)	la lande
scrub(land) ['skrʌb(lənd)] (n. c. sing.) brushwood ['brʌʃwʊd] (n. c. sing.)	les broussailles
woodland ['wʊdlənd] (n. c. sing.)	la forêt, les bois
– A view [vjuː]	une vue
a vista ['vɪstə]	une vue, une perspective
as far as the eye can see	à perte de vue
a panorama [ˌpænə'rɑːmə]	un panorama
panoramic [ˌpænə'ræmɪk]	panoramique

2. THE POINTS OF THE COMPASS LES POINTS CARDINAUX

– The compass ['kʌmpəs]	la boussole
a degree [dɪ'griː]	un degré
to find* one's bearings	s'orienter
– The north [nɔːθ]	le nord
north northern ['nɔːðən]	du nord, septentrional (côte, pays)
northerly ['nɔːðəlɪ]	au nord (région, point)
a northerly wind	un vent du nord
the north wind	le vent du nord
north(wards) ['nɔːθ(wədz)] towards the north	au nord, vers le nord (aller, se trouver)
northernmost	le plus au nord (ville, point)
– The south [saʊθ]	le sud
south southern ['sʌðən]	du sud, méridional (côte, pays)
southerly ['sʌðəlɪ]	au sud (région, point)
a southerly wind	un vent du sud
south(wards) ['saʊθ(wədz)] towards the south	au sud, vers le sud (aller, se trouver)
southernmost	le plus au sud (ville, point)
– The east [iːst]	l'est
the Orient ['ɔːrɪənt]	l'Orient
east eastern ['iːstən]	de l'est, oriental (côte, pays)
easterly ['iːstəli]	à l'est (région, point)
an easterly wind	un vent d'est
east(wards) ['iːst(wədz)] towards the east	à l'est, vers l'est (aller, se trouver)
easternmost	le plus à l'est (ville, point)
– The west [west]	l'ouest, l'Occident
west western ['westən]	de l'ouest, occidental (côte, pays)
westerly ['westəlɪ]	de l'ouest, vers l'ouest (vent)
west(wards) ['west(wədz)] towards the west	à l'ouest, vers l'ouest (aller, se trouver)
westernmost	le plus à l'ouest (ville, point)
– The north of France northern France	le nord de la France

in the north of France in northern France	dans le nord de la France
north of France	au nord de la France (hors de France)
to live in the north	vivre dans le nord
further north	plus au nord
the north-east	le nord-est
north-by-north-east	nord-nord-est

3. MOUNTAINS AND VALLEYS LES MONTAGNES ET LES VALLÉES

– **High** [haɪ]	haut
height [haɪt]	la hauteur
elevation [ˌelɪ'veɪʃən]	l'élévation
altitude ['æltɪtjuːd]	l'altitude
at high altitude	en altitude (se trouver, voler)
low [ləʊ]	bas
at low altitude	à basse altitude (en général)
low(-lying)	à basse altitude (nuages)
a contour (line)	une courbe de niveau
the contours ['kɒntʊəz]	les contours
– **A mountain** ['maʊntɪn]	une montagne
mountainous ['maʊntɪnəs]	montagneux
a hill [hɪl]	une colline
a range of hills	une chaîne de collines
a range of mountains **a mountain chain**	une chaîne de montagnes
the foothills ['fʊthɪlz]	les contreforts
a massif [mæ'siːf]	un massif
a ridge [rɪdʒ]	une arête
the eternal snows	les neiges éternelles
snow-capped	couronné de neige
– **The summit** ['sʌmɪt]	le sommet
the top of the mountain/of the hill	le sommet de la montagne/de la colline
a mountain top	un sommet de montagne
a hilltop ['hɪltɒp]	le sommet d'une colline
a pinnacle ['pɪnəkl]	un pinacle
the crest [krest]	la crête
a point [pɔɪnt]	une pointe
a peak [piːk]	un pic
a glacier ['glæsɪə^r]	un glacier
– **A valley** ['vælɪ] **a vale** [veɪl] (soutenu)	une vallée
the Loire valley	la vallée de la Loire
hilly ['hɪlɪ]	vallonné
rolling countryside	un paysage onduleux
a gorge [gɔːdʒ] AM **a canyon** ['kænjən]	une gorge
– **A cliff** [klɪf]	une falaise
a slope [sləʊp]	une pente
a gentle slope	une pente douce
to slope down	descendre en pente
a ledge [ledʒ]	une corniche, une saillie
a pass [pɑːs]	un col
a sheer drop	un à-pic
a ravine [rə'viːn]	un ravin
a precipice ['presɪpɪs]	un précipice
a chasm ['kæzəm]	un gouffre
a crevasse [krɪ'væs]	une crevasse
– **A plain** [pleɪn]	une plaine
a plateau ['plætəʊ]	un plateau
a hollow ['hɒləʊ]	un creux
a depression [dɪ'preʃən]	une dépression
a basin ['beɪsn]	un bassin
– **To rise* up**	s'élever (montagne)
to rise* steeply	se dresser abruptement
to tower over sth	dominer qqch. (montagne)
steep [stiːp]	raide, escarpé
precipitous [prɪ'sɪpɪtəs]	à pic, très escarpé
impassable [ɪm'pɑːsəbl]	infranchissable
– **A volcano** [vɒl'keɪnəʊ] (plur. volcanoes)	un volcan
volcanic [vɒl'kænɪk]	volcanique
a volcanic eruption	une éruption volcanique
to erupt [ɪ'rʌpt]	entrer en éruption
to smoke [sməʊk]	fumer
a crater ['kreɪtə^r]	un cratère
lava ['lɑːvə]	la lave
a fault [fɔːlt]	une faille
an earthquake ['ɜːθkweɪk]	un tremblement de terre
an earth tremor	une secousse tellurique
7 on the Richter scale	7 sur l'échelle de Richter

- The Alps [ælps]	les Alpes
the Pyrenees [pɪrə'ni:z]	les Pyrénées
the Apennines ['æpənaɪnz] (plur.)	l'Apennin
the Rocky Mountains the Rockies ['rɒkɪz]	les Montagnes Rocheuses
the Appalachian Mountains the Appalachians [,æpə'leɪʃənz]	les Appalaches
the Andes ['ændi:z]	les Andes
the Himalayas [,hɪmə'leɪəz] (plur.)	l'Himalaya

4. THE SEA LA MER

- Sea level	le niveau de la mer
above/below sea level	au-dessus/en dessous du niveau de la mer
at sea	en mer
the open sea	la pleine mer
a landlocked sea	une mer fermée
on the high seas	en haute mer
- Sea water	l'eau de mer
an ocean ['əʊʃən]	un océan
a current ['kʌrənt]	un courant
maritime ['mærɪtaɪm]	maritime
the sea bed (sing.)	les fonds marins
marine animals/plants	la faune/la flore marine
- The tide [taɪd]	la marée
at high/low tide	à marée haute/basse
the tide is in/out	la mer est haute/basse
the rising/falling tide	la marée montante/descendante
the tide is coming in/is going out	la marée monte/descend
to turn [tɜ:n]	changer (marée)
the flood tide	le flux
the ebb tide	le reflux
- A wave [weɪv]	une vague
a ground swell	une lame de fond
surf [sɜ:f] (n. c. sing.)	les vagues déferlantes
to break* [breɪk]	déferler
a breaker ['breɪkəʳ]	un brisant
the swell	la houle
the undertow ['ʌndətəʊ] the backwash ['bækwɒʃ]	le ressac
a rough/choppy/calm sea	une mer houleuse/agitée/calme
the crest of a wave	la crête d'une vague
white horses	les moutons
spray [spreɪ] (n. c. sing.)	les embruns
foam [fəʊm]	l'écume
a tidal wave	un raz-de-marée
- A bay [beɪ]	une baie
a gulf [gʌlf]	un golfe
a cove [kəʊv]	une anse
an inlet ['ɪnlet] BR a creek[1] [kri:k]	une crique
a strait [streɪt] straits (plur.)	un détroit
a channel ['tʃænl]	un chenal

ATTENTION 1 : AM a creek = un ruisseau

- The coast [kəʊst]	la côte
coastal ['kəʊstəl]	côtier
the (sea)shore [('si:)ʃɔ:ʳ]	le rivage
by the seashore	sur le rivage
the seaside ['si:saɪd]	le bord de la mer
at the seaside by the seaside	au bord de la mer
- The beach [bi:tʃ]	la plage
sand [sænd]	le sable
a sandbank	un banc de sable
a sandy beach	une plage de sable
a pebble ['pebl]	un galet
shingle ['ʃɪŋgl] (n. c. sing.) pebbles	les galets
a shingle beach a pebbly beach	une plage de galets
a rock [rɒk]	une roche, un rocher
rocky ['rɒkɪ]	rocailleux
a reef [ri:f]	un récif
- The mouth of a river	l'embouchure d'un fleuve
an estuary ['estjʊərɪ]	un estuaire
a delta ['deltə]	un delta
a lagoon [lə'gu:n]	un lagon, une lagune
a fjord [fjɔ:d]	un fjord
landlocked ['lændlɒkt]	sans accès à la mer, sans littoral
- The Adriatic (Sea)	l'Adriatique, la mer Adriatique
the Aegean [i:'dʒi:ən]	la mer Égée

the Atlantic (Ocean)	l'(océan) Atlantique
the Baltic (Sea)	la (mer) Baltique
the Black Sea	la mer Noire
the Caribbean [ˌkærɪ'bi:ən]	la mer des Caraïbes, la mer des Antilles
the Caspian Sea	la mer Caspienne
the (English) Channel	la Manche
the Dead Sea	la mer Morte
the Indian Ocean	l'océan Indien
the Irish Sea	la mer d'Irlande
the Mediterranean (Sea)	la (mer) Méditerranée
the North Sea	la mer du Nord
the Pacific (Ocean)	l'océan Pacifique
the Red Sea	la mer Rouge
the South Seas	les mers du Sud
– The Bay of Biscay	le golfe de Gascogne
the Gulf of Lions	le golfe du Lion
the Gulf of Mexico	le golfe du Mexique
the (Persian) Gulf	le golfe Persique
the Hudson Bay	la baie de Hudson
the roaring forties	les quarantièmes rugissants
the Strait of Gibraltar	le détroit de Gibraltar

■ 5. RIVERS AND LAKES LES COURS D'EAU ET LES LACS

– A river ['rɪvəʳ]	un fleuve, une rivière, un cours d'eau
by the riverside	au bord de la rivière
the (river)bank	la rive
the bed of a river a riverbed	le lit d'un fleuve
the course of a river	le cours d'un fleuve
the (rate of) flow	le débit
the stream [stri:m] the current ['kʌrənt]	le courant
against the stream	à contre-courant
upstream ['ʌp'stri:m]	en amont
downstream ['daʊnˌstri:m]	en aval
– A spring [sprɪŋ]	une source (en général)
a source [sɔ:s]	une source (de cours d'eau)
this river has its source in the Alps this river springs up in the Alps	cette rivière prend sa source dans les Alpes
a brook [brʊk] a stream [stri:m] AM a creek[1] [kri:k]	un ruisseau
a tributary ['trɪbjʊtərɪ]	un affluent
a torrent ['tɒrənt]	un torrent
BR the watershed ['wɔ:təʃed] AM the divide [dɪ'vaɪd]	la ligne de partage des eaux

ATTENTION 1 : BR a creek = une crique

– Mud [mʌd]	la boue
muddy ['mʌdɪ]	boueux
silt [sɪlt]	le limon
slime [slaɪm]	la vase
to silt up	s'envaser, s'ensabler
– A lake [leɪk]	un lac
the lakeside	le bord du lac
a pool [pu:l]	un étang
a pond [pɒnd]	une mare
a waterfall ['wɔ:təfɔ:l]	une chute d'eau
a cascade [kæs'keɪd]	une cascade
a whirlpool ['wɜ:lpu:l]	un tourbillon
rapids ['ræpɪdz]	les rapides
a ford [fɔ:d]	un gué
to ford	passer à gué
a dyke [daɪk]	une digue
a ditch [dɪtʃ]	un fossé
– Fresh water	l'eau douce
clear [klɪəʳ]	limpide
fast-flowing [ˌfɑ:st'fləʊɪŋ] swift-flowing [ˌswɪft'fləʊɪŋ]	rapide
slow [sləʊ]	lent
winding ['waɪndɪŋ]	sinueux
narrow ['nærəʊ]	étroit
broad [brɔ:d]	large
deep [di:p]	profond
shallow ['ʃæləʊ]	peu profond
to wind* [waɪnd]	serpenter
meanders [mɪ'ændəz]	les méandres
to meander	faire des méandres
to ripple ['rɪpl]	se rider
a ripple	une ride, une ondulation

- **To flow** [fləʊ]	couler
to flow into / **to run* into**	se jeter dans
to gush [gʌʃ]	jaillir
to overflow its banks / **to burst* its banks**	déborder, sortir de son lit
a rise in the water level	une crue (montée des eaux)
in spate	en crue
a flood [flʌd]	une inondation, une crue
to flood	inonder
flooding ['flʌdɪŋ]	l'inondation
- **Navigable** ['nævɪgəbl]	navigable
a waterway ['wɔːtəweɪ]	une voie navigable
a canal [kə'næl]	un canal
a lock [lɒk]	une écluse
the lock gates	les portes d'une écluse
the towpath ['təʊpɑːθ]	le chemin de halage
a dam [dæm]	un barrage
a reservoir ['rezəvwɑːʳ] / **a dam**	un réservoir
- **The Great Lakes**	les Grands Lacs
Lake Geneva	le lac Léman, le lac de Genève
Niagara Falls	les chutes du Niagara
Victoria Falls	les chutes de Victoria
the (River) Thames	la Tamise
the Seine [seɪn]	la Seine
the Rhine [raɪn]	le Rhin
the Danube ['dænjuːb]	le Danube
the Tiber ['taɪbəʳ]	le Tibre
the Mississippi (River)	le Mississippi
the Amazon ['æməzən]	l'Amazone
the Nile [naɪl]	le Nil
the Jordan ['dʒɔːdn]	le Jourdain
the Congo River	le Congo
the Ganges ['gændʒiːz]	le Gange

6. THE WEATHER LE TEMPS

- **Weather conditions**	les conditions météorologiques
meteorology [ˌmiːtɪə'rɒlədʒɪ]	la météorologie
meteorological [ˌmiːtɪərə'lɒdʒɪkəl]	météorologique
the weather forecast	la météo, les prévisions météorologiques
a meteorologist [ˌmiːtɪə'rɒlədʒɪst]	un(e) météorologue
- **The barometer** [bə'rɒmɪtəʳ]	le baromètre
the barometer is set at fair/is pointing to rain	le baromètre est au beau/à la pluie
atmospheric/barometric pressure	la pression atmosphérique/barométrique
a weathercock ['weðəkɒk] / **a weathervane** ['weðəveɪn]	une girouette
the climate ['klaɪmɪt]	le climat
a cold/hot climate	un climat froid/chaud
- **Good weather**	le beau temps
the weather's fine	il fait beau
it's a nice day	il fait beau aujourd'hui
glorious weather	du très beau temps
sunny ['sʌnɪ]	ensoleillé
bright intervals	des éclaircies
the weather is clearing (up)	le temps se lève
the weather is brightening (up)	le temps s'éclaircit, le temps se dégage
to get* better	s'améliorer
dry [draɪ]	sec
a drought [draʊt]	une sécheresse
- **A cloud** [klaʊd]	un nuage
a cloud bank	un banc de nuages
cloudy ['klaʊdɪ]	nuageux
to cloud over	se couvrir (ciel)
overcast ['əʊvəˌkɑːst]	couvert (ciel)
dull [dʌl]	maussade
a grey sky / **grey skies** (plur.)	un ciel gris
changeable ['tʃeɪndʒəbl]	variable
unsettled ['ʌn'setld]	instable
it looks like rain/snow	le temps est à la pluie/la neige
to get* worse	empirer
- **Rain** [reɪn]	la pluie
rainfall (n. c. sing.)	les précipitations
a raindrop	une goutte de pluie
rainwater	l'eau de pluie
a deluge ['deljuːdʒ]	une pluie diluvienne, un déluge

rainy ['reɪnɪ] wet [wet]	pluvieux (temps, journée, région)
to rain	pleuvoir
– To drizzle ['drɪzl]	bruiner
drizzle	la bruine
a steady drizzle	une petite pluie fine
a shower ['ʃaʊəʳ]	une averse
scattered showers	des averses intermittentes
a cloudburst ['klaʊdbɜ:st] a downpour ['daʊn,pɔ:ʳ]	une grosse averse
it's pouring (with rain)	il pleut à torrents
a monsoon [mɒn'su:n]	une mousson
– Sleet [sli:t]	la neige fondue
hail [heɪl]	la grêle
a hailstone	un grêlon
to hail	grêler
fog [fɒg]	le brouillard
foggy ['fɒgɪ]	brumeux
mist [mɪst]	la brume
misty ['mɪstɪ]	brumeux
a haze [heɪz]	une brume
hazy ['heɪzɪ]	brumeux
to lift [lɪft]	se lever (brouillard, brume)
to disperse [dɪs'pɜ:s]	se disperser
– Wet [wet]	mouillé
to get* wet	se (faire) mouiller
to get* soaked to get* drenched	se faire tremper
to be soaked through	être trempé jusqu'aux os
to dry* [draɪ]	sécher
a rainbow ['reɪnbəʊ]	un arc-en-ciel
– Humid ['hju:mɪd]	humide (air, climat, chaleur)
humidity [hju:'mɪdɪtɪ]	l'humidité (de l'air, du climat)
damp [dæmp]	humide (et froid) (cave)
dampness ['dæmpnɪs]	l'humidité (froide)
dew [dju:]	la rosée
– The wind [wɪnd]	le vent
there's a wind blowing it's windy	il y a du vent
a high wind a strong wind	un vent fort
the prevailing wind	le vent dominant
a gust of wind	un coup de vent
to blow* [bləʊ]	souffler
to gust [gʌst]	souffler en bourrasques

windy ['wɪndɪ]	venteux
windswept	balayé par les vents
a breeze [bri:z]	une brise
there was hardly a breath of wind	il n'y avait pas un souffle d'air
to abate [ə'beɪt]	se calmer, tomber
– A storm [stɔ:m] a gale [geɪl] a tempest ['tempɪst] (soutenu)	une tempête
a howling gale	une violente tempête
it's blowing a gale	le vent souffle en tempête
a squall [skwɔ:l] a strong gust of wind	une rafale de vent
a tornado [tɔ:'neɪdəʊ] (plur. tornadoes)	une tornade
a whirlwind ['wɜ:lwɪnd]	un tourbillon de vent
a typhoon [taɪ'fu:n]	un typhon
a hurricane ['hʌrɪkən]	un ouragan
to rage [reɪdʒ]	se déchaîner
a landslide ['lænd,slaɪd]	un glissement de terrain
– A thunderstorm ['θʌndəʳ,stɔ:m]	un orage
thundery ['θʌndərɪ] stormy ['stɔ:mɪ]	orageux
thunder ['θʌndəʳ]	le tonnerre
a clap of thunder	un coup de tonnerre
to thunder	tonner
lightning ['laɪtnɪŋ]	les éclairs, la foudre
there were flashes of lightning the lightning flashed	il y avait des éclairs
lightning has struck	la foudre est tombée
a lightning conductor	un paratonnerre
– Frost [frɒst]	le gel, la gelée
ground frost	la gelée blanche
to freeze* [fri:z]	geler
there will be a hard frost	il gèlera dur
it will be a frosty morning	il gèlera le matin
hoarfrost ['hɔ:,frɒst]	le givre
to ice up to frost over	(se) givrer
ice [aɪs]	la glace
icy ['aɪsɪ]	glacé, glacial (vent)
black ice	le verglas
a sheet of black ice	une plaque de verglas
icy	verglacé (route)

– Snow [snəʊ]	la neige
to snow	neiger
a snowflake	un flocon de neige
a snowfall	une chute de neige
a blanket of snow	une couche de neige
a snowdrift	une congère
an avalanche [ˈævəlɑːnʃ]	une avalanche
snowy [ˈsnəʊɪ]	neigeux (temps)
snow-covered	enneigé, couvert de neige
snowbound	enneigé, bloqué par la neige (route, région)
to melt [melt]	fondre

7. HEAT AND COLD LA CHALEUR ET LE FROID

– Heat [hiːt]	la chaleur
to be bothered by the heat	être incommodé par la chaleur
sweltering heat	une chaleur caniculaire
hot [hɒt]	chaud, très chaud
to be hot	avoir très chaud
it's hot	il fait chaud
a blazing hot day	une journée de grand beau temps
a heatwave	une vague de chaleur
it's scorching hot	il fait une chaleur étouffante
I'm boiling hot	j'étouffe
sultry [ˈsʌltrɪ]	suffocant (chaleur)
close [kləʊs]	lourd (temps)
– To heat (up)	faire chauffer, chauffer
it's burning hot	c'est brûlant (objet)
it's boiling hot	c'est brûlant, c'est bouillant (boisson)
it's piping hot	c'est brûlant (nourriture)
– Warmth [wɔːmθ]	la chaleur (douce, agréable)
in the warm	au chaud
warm [wɔːm]	chaud, assez chaud
to be warm	avoir chaud
to be nice and warm	avoir bien chaud, être bien au chaud
Are you warm enough?	As-tu assez chaud ?
it's warm today	il fait assez chaud aujourd'hui
it's nice and warm today	il fait bon aujourd'hui
– To warm (up)	faire chauffer, chauffer
to reheat [ˌriːˈhiːt] to heat up again to warm up again	réchauffer (nourriture)
to warm up	réchauffer (personne)
to get* warmer	se réchauffer (temps, température)
to warm o.s. (up)	se réchauffer (personne)
tepid [ˈtepɪd] lukewarm [ˈluːkwɔːm]	tiède, pas assez chaud
– The temperature [ˈtemprɪtʃəʳ]	la température
to take* the temperature of sth	prendre la température de qqch.
a thermometer [θəˈmɒmɪtəʳ]	un thermomètre
in temperatures of over 30°	par des températures de plus de 30°
below-freezing temperatures	des températures en dessous de zéro
30° centigrade	30° centigrades
30 °Celsius (abr. C)	30 °Celsius
90 degrees Fahrenheit (abr. F)	90 degrés Fahrenheit
it was 30° in the shade	il faisait 30 degrés à l'ombre
to fall* [fɔːl]	baisser (température)
to rise* [raɪz]	monter (température)
– Cold [kəʊld]	froid
it's cold	il fait froid
cool [kuːl]	frais
it's cool	il fait frais
it's nice and cool	c'est bien frais
in the cool of the night	dans la fraîcheur de la nuit
– To be cold	avoir froid
to feel* the cold	être frileux
it's icy cold in here it's freezing cold in here	c'est glacial ici
I'm freezing	je gèle
I'm perished (parlé)	je meurs de froid
it's chilly	il fait très frais
it's nippy (parlé)	il fait frisquet
– To chill [tʃɪl]	rafraîchir (vin)
to cool [kuːl]	rafraîchir (boisson)
it's getting cooler it's getting colder	le temps se rafraîchit
to get* cold	refroidir (nourriture)

REMARQUE En Grande-Bretagne les températures sont encore parfois exprimées en degrés Fahrenheit. Le point de congélation est à 32 °F (0 °C) et le point d'ébullition à 212 °F (100 °C). Pour convertir des degrés Fahrenheit en degrés Celsius, on retranche 32 puis on multiplie le reste par 5 et on divise le tout par 9. Pour convertir des degrés Celsius en degrés Fahrenheit, on multiplie par 9 puis on divise par 5 et on ajoute 32.

8. LIGHT AND DARKNESS LA LUMIÈRE ET L'OBSCURITÉ

- **Light** [laɪt]	la lumière
a light	une lumière
a light source	une source de lumière
a ray of light a beam (of light)	un rayon de lumière
- **Daylight** ['deɪlaɪt]	le jour, la lumière du jour
in (the) daylight	à la lumière du jour, au grand jour
in broad daylight	en plein jour
sunlight ['sʌnlaɪt]	le soleil, la lumière du soleil
sunlit ['sʌnlɪt]	éclairé par le soleil, ensoleillé
moonlight ['mu:nlaɪt]	le clair de lune
moonlit ['mu:nlɪt]	éclairé par la lune
- **To light* (up)**	éclairer (lampe)
there was a light in the window the window was lit up	la fenêtre était éclairée
to light* a candle/a lamp	allumer une bougie/une lampe
to illuminate [ɪ'lu:mɪneɪt]	illuminer
illumination [ɪ,lu:mɪ'neɪʃən]	l'illumination
to lighten ['laɪtn]	éclaircir (teinte)
- **Clear** [klɪəʳ]	clair (ciel, eau)
bright [braɪt] light [laɪt]	clair, lumineux (pièce)
bright	vif (flamme, lumière)
brightness ['braɪtnɪs]	la clarté (d'une pièce, d'une flamme)
- **To shine*** [ʃaɪn]	briller
shining ['ʃaɪnɪŋ]	brillant
brilliance ['brɪljəns]	l'éclat
brilliant ['brɪljənt]	éclatant
to dazzle ['dæzl]	éblouir
dazzling ['dæzlɪŋ]	éblouissant
- **A glow** [gləʊ] a gleam [gli:m]	une lueur
to glow to gleam	luire
glowing ['gləʊɪŋ] gleaming ['gli:mɪŋ]	luisant
a glimmer ['glɪməʳ]	une faible lueur
to glimmer	luire faiblement
- **To twinkle** ['twɪŋkl]	scintiller
a twinkle	un scintillement
to shimmer ['ʃɪməʳ]	miroiter
a shimmer (of light)	un miroitement
to sparkle ['spɑ:kl]	étinceler
a sparkle	une étincelle
fluorescent [flʊə'resnt]	fluorescent
fluorescence [flʊə'resns]	fluorescence
to flash [flæʃ]	clignoter
- **Faint** [feɪnt] dim [dɪm]	faible, pâle (lumière)
dull [dʌl]	sans éclat (lumière)
shadow ['ʃædəʊ]	l'ombre (d'une personne, d'un objet)
shade [ʃeɪd]	l'ombre, l'ombrage
in the shade	à l'ombre
shady ['ʃeɪdɪ]	ombragé
- **Dark** [dɑ:k]	sombre
in the dark	dans le noir
before/after dark	avant/après la tombée de la nuit
it's pitch-dark	il fait nuit noire
dark	obscur
darkness ['dɑ:knɪs] obscurity [əb'skjʊərɪtɪ]	l'obscurité
to darken ['dɑ:kən]	assombrir, s'assombrir
dark gloomy ['glu:mɪ]	ténébreux
darkness (n. c. sing.) gloom [glu:m] (n. c. sing.)	les ténèbres

■ 9. COLOURS LES COULEURS

– BR a colour ['kʌləʳ] AM a color	une couleur
the primary colours	les couleurs fondamentales
the spectrum ['spektrəm] (plur. spectra)	le spectre
What colour is it?	De quelle couleur est-ce ?
coloured ['kʌləd]	coloré (en général)
colourful ['kʌləfʊl]	coloré (joliment, vivement)
multicoloured ['mʌltɪˌkʌləd]	multicolore
a splash of colour	une tache de couleur
– White [waɪt]	blanc
to whiten ['waɪtn]	blanchir (tissu)
to turn white BR to go* grey AM to go* gray	blanchir (cheveux)
BR grey [greɪ] AM gray	gris
black [blæk]	noir
to blacken ['blækən]	noircir (fumée, couleur)
to darken ['dɑ:kən]	noircir (peinture, cire)
– Blue [blu:]	bleu
to turn blue	bleuir
green [gri:n]	vert
to turn green	verdir
yellow ['jeləʊ]	jaune
to turn yellow	jaunir
brown [braʊn]	marron
dark brown	brun
to go* darker	brunir (cheveux)
to get* a tan	brunir (peau, personne)
– Red [red]	rouge
to redden ['redn] to turn red	rougir (fruit, légume)
to blush [blʌʃ] to go* red	rougir (de honte, par gêne)
pink [pɪŋk]	rose
to go* pink	rosir (visage)
to grow* pink to turn pink	rosir (ciel)
– Snow-white	blanc comme neige
crimson ['krɪmzn]	cramoisi
scarlet ['skɑ:lɪt]	écarlate
purple ['pɜ:pl] violet ['vaɪəlɪt]	violet, pourpre
mauve [məʊv]	mauve
jet/inky black black as jet/ink	noir comme du jais/de l'encre
indigo ['ɪndɪgəʊ]	indigo
orange ['ɒrɪndʒ]	orange
maroon [mə'ru:n]	bordeaux
ochre ['əʊkəʳ]	ocre
– Olive(-green)	vert olive
russet ['rʌsɪt] reddish-brown	roux (feuilles, pelage)
ginger ['dʒɪndʒəʳ]	roux (orangé) (cheveux)
red [red] auburn ['ɔ:bən]	roux (foncé) (cheveux)
turquoise ['tɜ:kwɔɪz]	turquoise
silver(y) ['sɪlvər(ɪ)]	argenté
gold(en) ['gəʊld(ən)]	doré
copper(y) ['kɒpər(ɪ)]	cuivré
bronze [brɒnz]	bronze
– Light yellow/grey	jaune/gris clair
pale yellow/grey	jaune/gris pâle
dark green/red	vert/rouge foncé
deep [di:p]	intense
bright [braɪt] vivid ['vɪvɪd]	vif
strong [strɒŋ]	soutenu
dull [dʌl]	terne
plain [pleɪn]	uni
colourless ['kʌləlɪs]	incolore
– Gaudy ['gɔ:dɪ] garish ['gɛərɪʃ] loud [laʊd]	voyant, criard
drab [dræb]	fade
speckled ['spekld]	tacheté
to match *sth*	être assorti *à qqch.*
to go* with	s'assortir avec
to clash *with* [klæʃ]	jurer *avec*
– To colour ['kʌləʳ]	colorer
colouring ['kʌlərɪŋ] (n. c.)	le coloris, la coloration
a shade [ʃeɪd]	un ton
a tint [tɪnt] a hue [hju:] (soutenu)	une teinte
to tint	teinter
pigment ['pɪgmənt]	le pigment
to dye [daɪ]	teindre
a dye	une teinture, un colorant

- To run* [rʌn] — déteindre
to fade [feɪd] — passer
faded ['feɪdɪd] — passé, délavé

bleach [bliːtʃ] — l'eau de Javel
to bleach — décolorer

REMARQUES
1. L'orthographe américaine color s'applique à tous les emplois de colour et de ses dérivés dans cette section.
2. Le suffixe -âtre français a comme équivalent -ish en anglais ; ex. : verdâtre = greenish ; jaunâtre = yellowish.

10. ECOLOGY AND POLLUTION L'ÉCOLOGIE ET LA POLLUTION

- The environment [ɪn'vaɪərənmənt] — l'environnement
environmental [ɪnˌvaɪərən'mentl] — lié à l'environnement, environnemental
the ecosystem ['iːkəʊˌsɪstəm] — l'écosystème
an ecologist [ɪ'kɒlədʒɪst] — un(e) écologiste
ecological [ˌiːkə'lɒdʒɪkəl] — écologique
an environmentalist [ɪnˌvaɪərən'mentəlɪst] — un(e) environnementaliste
conservation [ˌkɒnsə'veɪʃən] — la défense de l'environnement
a conservationist [ˌkɒnsə'veɪʃənɪst] — un(e) défenseur (-euse) de l'environnement
to conserve sth
to preserve sth — préserver qqch.
to protect *against* [prə'tekt] — protéger *contre*
a clean-up campaign — une campagne de propreté

- To survive [sə'vaɪv] — survivre
survival [sə'vaɪvəl] — la survie
to be threatened *with* — être menacé *de*
extinction [ɪks'tɪŋkʃən] — la disparition (d'une espèce)
extinct [ɪks'tɪŋkt] — disparu
an endangered species — une espèce en voie de disparition

- To pollute [pə'luːt] — polluer
air/water pollution — la pollution de l'air/de l'eau
marine pollution — la pollution de la mer
polluting [pə'luːtɪŋ] — polluant
a pollutant [pə'luːtənt] — un(e) pollueur (-euse)
to contaminate [kən'tæmɪneɪt] — contaminer
contamination [kənˌtæmɪ'neɪʃən] — la contamination
to poison ['pɔɪzn] — empoisonner
to leak [liːk] — fuir
a leak — une fuite
toxic ['tɒksɪk] — toxique
a poison cloud — un nuage toxique

- A sewer ['sjʊəʳ] — un égout
sewerage ['sjʊərɪdʒ] — le système d'égouts
sewage ['sjuːɪdʒ] (n. c. sing.) — les eaux d'égout
a sewage outfall — un déversoir d'égout
noise pollution — les nuisances sonores
decibels ['desɪbelz] — les décibels
the threshold of tolerance — le seuil de tolérance

- Climate change — le changement climatique
global warming — le réchauffement de la planète
the greenhouse effect — l'effet de serre
the ozone layer — la couche d'ozone
"ozone friendly" — « préserve la couche d'ozone »
factory smoke (n. c. sing.) — les fumées industrielles
an insecticide [ɪn'sektɪsaɪd] — un insecticide
a pesticide ['pestɪsaɪd] — un pesticide
genetically modified (GM) crops — les cultures génétiquement modifiées
genetically modified organisms (GMOs) — les organismes génétiquement modifiés, les OGM
GM-free — sans OGM
an aerosol ['ɛərəsɒl] — un aérosol
CFCs [siː'ef'siːz] (abr. de *chloroflurocarbons*) — les CFCs
crop-spraying — la pulvérisation des cultures
acid rain (n. c. sing.) — les pluies acides
an oil slick
an oil spill — une nappe de pétrole, une marée noire
radioactivity [ˌreɪdɪəʊæk'tɪvɪtɪ] — la radioactivité

radioactive fallout (sing.)	les retombées radioactives
the Kyoto protocol	le protocole de Kyoto
Earth Day	la Journée de la Terre
sustainable development	le développement durable
- **To waste** [weɪst]	gaspiller
wastage ['weɪstɪdʒ]	le gaspillage
litter ['lɪtəʳ] (n. c. sing.)	les détritus
refuse [rɪ'fjuːz] (n. c. sing.) BR **rubbish** ['rʌbɪʃ] (n. c. sing.)	les ordures
household refuse (n. c. sing.)	les ordures ménagères
BR **a rubbish tip** BR **a rubbish dump** AM **a garbage dump**	une décharge
waste (n. c. sing.)	les déchets
to dump waste/ rubbish	déposer des déchets/ des ordures
toxic/industrial/ radioactive waste	les déchets toxiques/ industriels/radioactifs
waste disposal	le traitement des déchets
a waste collection centre **a waste collection site**	une déchetterie, un centre de traitement des déchets
a bottle bank	un container pour verre usagé
to recycle [ˌriː'saɪkl]	recycler
sorting household waste	le tri sélectif
glass/paper/waste recycling	le recyclage du verre/ des vieux papiers/des déchets
biodegradable ['baɪəʊdɪ'greɪdəbl]	biodégradable
biofuel ['baɪəʊfjʊəl]	le combustible organique

30 SCIENCE AND TECHNOLOGY
LA SCIENCE ET LA TECHNOLOGIE

1. THE SCIENCES LES SCIENCES

- A science ['saɪəns] — une science
  - the experimental sciences — les sciences expérimentales
  - natural sciences — les sciences naturelles
  - the physical sciences — les sciences physiques
  - applied sciences — les sciences appliquées
  - the social sciences — les sciences humaines
  - scientific [,saɪən'tɪfɪk] — scientifique
  - a scientist ['saɪəntɪst] — un(e) scientifique, un savant

- Research [rɪ'sɜ:tʃ] — la recherche
  - basic research — la recherche fondamentale
  - a researcher [rɪ'sɜ:tʃəʳ] — un(e) chercheur (-euse)
  - theory ['θɪərɪ] — la théorie
  - theoretical [θɪə'retɪkəl] — théorique
  - practice ['præktɪs] — la pratique
  - practical ['præktɪkəl] — pratique
  - an invention [ɪn'venʃən] — une invention
  - a discovery [dɪs'kʌvərɪ] — une découverte
  - a technician [tek'nɪʃən] — un(e) technicien(ne)

- Physics (sing.) — la physique
  - nuclear physics (sing.) — la physique nucléaire
  - a physicist ['fɪzɪsɪst] — un(e) physicien(ne)
  - astronomy [əs'trɒnəmɪ] — l'astronomie
  - astrophysics ['æstrəʊ'fɪzɪks] (sing.) — l'astrophysique
  - an astrophysicist [,æstrəʊ'fɪzɪsɪst] — un(e) astrophysicien(ne)
  - mathematics [,mæθə'mætɪks] (sing.) — les mathématiques
  - a mathematician [,mæθəmə'tɪʃən] — un(e) mathématicien(ne)

- Medicine ['medsn] — la médecine
  - medical ['medɪkəl] — médical
  - biology [baɪ'ɒlədʒɪ] — la biologie
  - microbiology [,maɪkrəʊbaɪ'ɒlədʒɪ] — la microbiologie
  - biological [,baɪə'lɒdʒɪkəl] — biologique
  - a biologist [baɪ'ɒlədʒɪst] — un(e) biologiste
  - physiology [,fɪzɪ'ɒlədʒɪ] — la physiologie
  - physiological ['fɪzɪə'lɒdʒɪkəl] — physiologique
  - a physiologist [,fɪzɪ'ɒlədʒɪst] — un(e) physiologiste
  - anatomy [ə'nætəmɪ] — l'anatomie
  - anatomical [,ænə'tɒmɪkəl] — anatomique
  - an anatomist [ə'nætəmɪst] — un(e) anatomiste

- Anthropology [,ænθrə'pɒlədʒɪ] — l'anthropologie
  - anthropological [,ænθrəpə'lɒdʒɪkəl] — anthropologique
  - an anthropologist [,ænθrə'pɒlədʒɪst] — un(e) anthropologue
  - botany ['bɒtənɪ] — la botanique
  - botanical [bə'tænɪkəl] — botanique
  - a botanist ['bɒtənɪst] — un(e) botaniste
  - zoology [zəʊ'ɒlədʒɪ] — la zoologie
  - zoological [,zəʊə'lɒdʒɪkəl] — zoologique
  - a zoologist [,zəʊ'ɒlədʒɪst] — un(e) zoologue

- Psychology [saɪ'kɒlədʒɪ] — la psychologie
  - psychological [,saɪkə'lɒdʒɪkəl] — psychologique
  - a psychologist [saɪ'kɒlədʒɪst] — un(e) psychologue
  - psychiatry [saɪ'kaɪətrɪ] — la psychiatrie
  - psychiatric [,saɪkɪ'ætrɪk] — psychiatrique
  - a psychiatrist [saɪ'kaɪətrɪst] — un(e) psychiatre

- Sociology [,səʊsɪ'ɒlədʒɪ] — la sociologie
  - sociological [,səʊsɪə'lɒdʒɪkəl] — sociologique
  - a sociologist [,səʊsɪ'ɒlədʒɪst] — un(e) sociologue
  - economics [,i:kə'nɒmɪks] (sing.) — les sciences économiques, l'économie
  - an economist [ɪ'kɒnəmɪst] — un(e) économiste
  - statistics [stə'tɪstɪks] (sing.) — la statistique
  - statistical [stə'tɪstɪkəl] — statistique
  - a statistician [,stætɪs'tɪʃən] — un(e) statisticien(ne)

2. ELECTRICITY L'ÉLECTRICITÉ

- Electric [ɪ'lektrɪk]	électrique (fonctionnant à l'électricité)
electrical [ɪ'lektrɪkəl]	électrique (propre à l'électricité)
to conduct electricity	être conducteur d'électricité
a good/bad conductor	un bon/mauvais conducteur
conductivity [ˌkɒndʌk'tɪvɪtɪ]	la conductivité
- The voltage ['vəʊltɪdʒ]	le voltage, la tension
live [lɪv]	sous-tension
a volt [vəʊlt]	un volt
polarity [pəʊ'lærɪtɪ]	la polarité
positive ['pɒzɪtɪv]	positif
negative ['negətɪv]	négatif
the load [ləʊd] the charge [tʃɑːdʒ]	la charge
- A watt [wɒt]	un watt
a 550-watt motor	un moteur de 550 watts
an amp(ere) ['æmp(ɛəʳ)]	un ampère
a 5-amp fuse	un fusible de 5 ampères
resistance [rɪ'zɪstəns]	la résistance
an ohm [əʊm]	un ohm
- A power station	une centrale (électrique)
to generate ['dʒenəreɪt]	produire
a generator ['dʒenəreɪtəʳ]	un groupe électrogène
a dynamo ['daɪnəməʊ]	une dynamo
a transformer [træns'fɔːməʳ]	un transformateur
a pylon ['paɪlən]	un pylône
a power line a high-tension line	une ligne à haute tension
the current ['kʌrənt]	le courant
direct current	le courant continu
alternating current	le courant alternatif
the (power) grid	le réseau électrique
- A battery ['bætərɪ]	une pile, une batterie
to charge [tʃɑːdʒ]	se (re)charger (batterie)
to put* a battery on charge to charge a battery	charger une batterie
to discharge [dɪs'tʃɑːdʒ]	se décharger
the battery is flat	la batterie est à plat
- A coil [kɔɪl]	une bobine
a cell [sel]	une cellule
an anode ['ænəʊd]	une anode
a cathode ['kæθəʊd]	une cathode
an electrode [ɪ'lektrəʊd]	une électrode
a circuit ['sɜːkɪt]	un circuit
a cable ['keɪbl]	un câble

3. COMPUTERS AND ELECTRONICS L'INFORMATIQUE ET L'ÉLECTRONIQUE

- A computer [kəm'pjuːtəʳ]	un ordinateur
computing [kəm'pjuːtɪŋ] computer science IT [aɪ'tiː]	l'informatique
a computer scientist	un(e) informaticien(ne) (dans un laboratoire)
an IT person	un(e) informaticien(ne) (dans une entreprise)
I work in computers	je suis informaticien(ne)
to computerize [kəm'pjuːtəraɪz]	informatiser
computerization [kəmˌpjuːtəraɪ'zeɪʃən]	l'informatisation
- Hardware ['hɑːdwɛəʳ]	le matériel, le hardware
a multi-user system	une configuration multi-poste
an interface ['ɪntəfeɪs]	une interface
a peripheral [pə'rɪfərəl]	un périphérique
a terminal ['tɜːmɪnl]	un terminal
the mainframe ['meɪnfreɪm]	l'unité centrale
a server ['sɜːvəʳ]	un serveur
- The memory ['memərɪ]	la mémoire
random access memory (abr. RAM)	la mémoire vive
a bit [bɪt]	un bit
a byte [baɪt]	un octet
a megabyte ['megəˌbaɪt]	un mégaoctet
a gigabyte ['dʒɪgəbaɪt]	un gigaoctet
- A chip [tʃɪp]	une puce
a memory chip	une puce à mémoire
a microchip ['maɪkrəʊˌtʃɪp]	une puce électronique
a microprocessor [ˌmaɪkrəʊ'prəʊsesəʳ]	un microprocesseur
compatible [kəm'pætɪbl]	compatible
compatibility [kəmˌpætə'bɪlɪtɪ]	la compatibilité

– **A desk-top computer**	un ordinateur de bureau
a laptop computer	un ordinateur portable
a micro(computer) ['maɪkrəʊ(kəm'pjuːtəʳ)]	un micro-ordinateur
a home computer a personal computer a PC [piː'siː]	un ordinateur personnel, un PC
a disk [dɪsk]	un disque
a hard disk	un disque dur
a memory card	une carte mémoire
a memory stick	une clé USB
a disk drive	un lecteur de disquettes
to format ['fɔːmæt]	formater
– **The screen** [skriːn]	l'écran
a touch screen	un écran tactile
the cursor ['kɜːsəʳ]	le curseur
the keyboard ['kiːbɔːd]	le clavier
a key [kiː]	une touche
a function key	une touche de fonction
a mouse [maʊs] (plur. mice)	une souris
a wheel mouse	une souris à roulette
to click on sth	cliquer sur qqch
to left/right-click	cliquer avec le bouton gauche/droite
the printer ['prɪntəʳ]	l'imprimante
a laser/inkjet printer	une imprimante (à) laser/à jet d'encre
a CD burner	un graveur de CD
to burn a CD	graver un CD
a screensaver ['skriːnseɪvəʳ]	un économiseur d'écran
– **Data**[1] ['deɪtə]	les données
data-processing	le traitement de données
a database ['deɪtəbeɪs]	une base de données
an expert system	un système expert
binary ['baɪnərɪ]	binaire
an algorithm ['ælgə,rɪðəm]	un algorithme
a computer language a programming language	un langage de programmation
a machine language	le langage machine

REMARQUE 1 : data est généralement suivi d'un verbe au singulier

– **Software** ['sɒftwɛəʳ] (n. c.)	les logiciels
a piece of software	un logiciel
a (software) package	une suite de logiciels
a spreadsheet (program)	un tableur
a plug-in ['plʌgɪn]	un plug-in, un greffon
a systems analyst	un analyste-programmeur
freeware ['friːweəʳ]	les logiciels libres
shareware ['ʃeəweəʳ]	les logiciels contributifs
– **A program** ['prəʊgræm]	un programme
to write* a program	écrire un programme
to program	programmer
a programmer ['prəʊgræməʳ]	un(e) programmeur (-euse)
a keyboarder ['kiːbɔːdəʳ] a keyboard operator	un(e) claviste
a password ['pɑːswɜːd]	un mot de passe
– **A file** [faɪl]	un fichier
a directory [də'rektərɪ]	un répertoire
to open/close/move/rename a file	ouvrir/fermer/déplacer/renommer un fichier
a file extension	une extension de fichier
to sort [sɔːt]	trier
to delete [dɪ'liːt] to erase [ɪ'reɪz]	effacer
to copy and paste	faire du copier-coller
an error message	un message d'erreur
– **A menu** ['menjuː]	un menu
a menu bar	une barre de menus
the toolbar ['tuːlbɑːʳ]	la barre des outils
a scrollbar ['skrəʊlbɑːʳ]	une barre de défilement
a virus ['vaɪərəs]	un virus
a bug [bʌg]	un bogue
to debug [diː'bʌg]	déboguer
a hacker ['hækəʳ]	un pirate informatique
a geek [giːk] (parlé)	un mordu d'informatique
to hack into a system	pirater un système
the system is down	il y a une panne de système
– **Electronics** [ɪlek'trɒnɪks] (sing.)	l'électronique
electronic [ɪlek'trɒnɪk]	électronique
magnetic [mæg'netɪk]	magnétique
a magnet ['mægnɪt]	un aimant
radar ['reɪdɑːʳ]	le radar
a laser ['leɪzəʳ]	un laser
a laser beam	un rayon laser

4. THE INTERNET L'INTERNET

- **The (World Wide) Web** — la Toile
  - a website ['websaɪt] — un site web
  - "lerobert dot com" — " lerobert point com "
  - a mirror site — un site miroir
  - a network ['netwɜ:k] — un réseau
  - a portal ['pɔ:təl] — un portail
  - a webcam ['webkæm] — une webcam
  - a service provider — un fournisseur d'accès
  - a URL [ˌju:ɑ:'rel] — un URL
  - to have broadband — avoir une connexion à haut débit
- **A search engine** — un moteur de recherche
  - a browser ['braʊzəʳ] — un navigateur
  - a homepage ['həʊmpeɪdʒ] — une page d'accueil
  - a link [lɪŋk] — un lien
  - a bookmark ['bʊkmɑ:k] — un signet
  - to bookmark a page — ajouter une page aux signets
  - a blog [blɔg] — un blog
  - to publish a blog — publier un blog
  - a firewall ['faɪəwɑ:l] — un pare-feu
- **A Web user** — un(e) internaute
  - to log on — se connecter
  - to log off — se déconnecter
  - to be on line — être en ligne
  - to start a search — lancer une recherche
  - a keyword ['kɪ:wɜ:d] — un mot-clé
  - to surf the Net — surfer sur le Net
  - a domain name — un nom de domaine
  - a forward slash — une barre oblique
  - to download ['daʊnləʊd] — télécharger
  - to upload ['ʌpləʊd] — télécharger (vers un serveur)
  - downloadable [daʊn'ləʊdəbl] — téléchargeable

5. ASTRONAUTICS L'ASTRONAUTIQUE

- **Space travel** — les voyages dans l'espace
  - the aerospace industry — l'industrie aérospatiale
  - an astronaut ['æstrənɔ:t] — un(e) astronaute
  - a cosmonaut ['kɒzmənɔ:t] — un(e) cosmonaute
  - a space suit — une combinaison spatiale
- **A spaceship** ['speɪsʃɪp] / a spacecraft ['speɪskrɑ:ft] — un vaisseau spatial
  - a manned/an unmanned spacecraft — un engin habité/inhabité
  - a rocket ['rɒkɪt] — une fusée
  - the first/second stage of the rocket — le premier/deuxième étage de la fusée
  - retrorockets ['retrəʊˌrɒkɪts] — les rétrofusées
  - a space station / a space platform — une station spatiale
  - a skylab ['skaɪlæb] / a space laboratory — un laboratoire spatial
  - a space probe — une sonde spatiale
  - a space shuttle — une navette spatiale
  - a capsule ['kæpsju:l] — une capsule
  - a lunar vehicle — un véhicule lunaire
  - weightlessness ['weɪtlɪsnɪs] — l'apesanteur
  - weightless ['weɪtlɪs] — en état d'apesanteur (personne, objet)
  - space sickness — le mal de l'espace
- **To launch** [lɔ:ntʃ] — lancer
  - a launch — un lancement
  - a launch(ing) pad — une rampe de lancement
  - a countdown ['kaʊntˌdaʊn] — un compte à rebours
  - to lift off — décoller (fusée)
  - lift-off — le décollage
  - an orbit ['ɔ:bɪt] — une orbite
  - in orbit *round* — en orbite *autour de*
  - a space flight — un vol spatial
- **Re-entry** [ˌri:'entrɪ] — la rentrée dans l'atmosphère (d'un vaisseau spatial)
  - a touchdown ['tʌtʃˌdaʊn] — un atterrissage
  - to touch down — atterrir, toucher le sol
  - a splashdown ['splæʃˌdaʊn] — un amerrissage
  - to splash down — amerrir
  - a moon landing — un alunissage
  - to land on the moon — alunir
  - to dock [dɒk] — s'arrimer

to spacewalk ['speɪswɔ:k]	marcher dans l'espace
– A satellite ['sætəlaɪt]	un satellite
a weather satellite	un satellite météorologique
a communications satellite	un satellite de télécommunications
satellite transmission	la transmission par satellite
remote-controlled	télécommandé

■ 6. MECHANICS LA MÉCANIQUE

– Mechanical [mɪ'kænɪkəl]	mécanique
to mechanize ['mekənaɪz]	mécaniser
mechanized ['mekənaɪzd]	mécanisé
a mechanism ['mekənɪzəm]	un mécanisme
a mechanic [mɪ'kænɪk]	un(e) mécanicien(ne)
an engineer [,endʒɪ'nɪəʳ]	un ingénieur
engineering [,endʒɪ'nɪərɪŋ]	l'ingénierie
– Automatic [,ɔ:tə'mætɪk]	automatique
automatically [,ɔ:tə'mætɪkəlɪ]	automatiquement
automation [,ɔ:tə'meɪʃən]	l'automatisation, la robotisation
a robot ['rəʊbɒt]	un robot
fully automated	complètement robotisé
robotics [rəʊ'bɒtɪks] (sing.)	la robotique
– Equipment [ɪ'kwɪpmənt] (n. c.) gear [gɪəʳ] (n. c.)	le matériel
an instrument ['ɪnstrʊmənt]	un instrument
an appliance [ə'plaɪəns] an apparatus [,æpə'reɪtəs] (plur. apparatus, apparatuses)	un appareil
a machine [mə'ʃi:n]	une machine
a machine tool	une machine-outil
the machinery [mə'ʃi:nərɪ] the plant [plɑ:nt]	la machinerie
a device [dɪ'vaɪs]	un dispositif
an engine ['endʒɪn]	un moteur (en général)
a motor ['məʊtəʳ]	un moteur (de petits appareils)
– To machine [mə'ʃi:n]	usiner
a lathe [leɪð]	un tour
a milling machine	une fraiseuse
a hoist [hɔɪst]	un palan
to hoist sth (up)	hisser qqch.
a pump [pʌmp]	une pompe
to pump	pomper
– A dial ['daɪəl]	un cadran
an indicator ['ɪndɪkeɪtəʳ]	un indicateur
to indicate ['ɪndɪkeɪt] to show* [ʃəʊ] to read* [ri:d]	indiquer (instrument)
a gauge [geɪdʒ]	une jauge
a turbine ['tɜ:baɪn]	une turbine
a piston ['pɪstən]	un piston
a knob [nɒb]	un bouton
a cog (wheel)	une roue dentée
a ball bearing	un roulement à billes
a lever ['li:vəʳ]	un levier
to lever sth up	faire levier sur qqch.
a pulley ['pʊlɪ]	une poulie
– To function ['fʌŋkʃən] to work [wɜ:k] to go* [gəʊ]	fonctionner, marcher
to run* smoothly	bien marcher
in working order	en état de marche
operational [,ɒpə'reɪʃənl]	opérationnel
in operation	en service
– To start up a machine	faire démarrer une machine
to work a machine	faire marcher une machine
to run* an engine	faire tourner un moteur
to operate sth	faire fonctionner qqch.
the controls [kən'trəʊlz]	les commandes
the control panel	le pupitre de commandes
to adjust [ə'dʒʌst]	régler
– Out of order	en panne
to break* down	tomber en panne
spare parts spares [spɛəz]	les pièces de rechange

a repair [rɪ'pɛəʳ] — une réparation
to repair [rɪ'pɛəʳ] — réparer
an oilcan ['ɔɪlkæn] — une burette de graissage
to oil a machine — graisser une machine, lubrifier une machine

7. CHEMISTRY LA CHIMIE

- **Chemical** ['kemɪkəl] — chimique
a chemical — un produit chimique
a chemist ['kemɪst] — un(e) chimiste
a lab assistant — un(e) laborantin(e)
biochemistry ['baɪəʊ'kemɪstrɪ] — la biochimie
biochemical ['baɪəʊ'kemɪkəl] — biochimique
a biochemist ['baɪəʊ'kemɪst] — un(e) biochimiste
pharmacology [,fɑːmə'kɒlədʒɪ] — la pharmacologie
pharmacy ['fɑːməsɪ] — la pharmacie
pharmaceutical [,fɑːmə'sjuːtɪkəl] — pharmaceutique
a pharmaceutical assistant — un(e) préparateur (-trice) (de laboratoire)

- **An element** ['elɪmənt] — un élément
mass [mæs] — la masse
the atomic weight — le poids atomique
volume ['vɒljuːm] — le volume
a concentrate ['kɒnsəntreɪt] — un concentré
an acid ['æsɪd] — un acide
acid — acide
a base [beɪs] — une base
basic ['beɪsɪk] — basique
an alkali ['ælkəlaɪ] — un alcali
alkaline ['ælkəlaɪn] — alcalin
a crystal ['krɪstl] — un cristal
crystalline ['krɪstəlaɪn] — cristallin

- **Oxide** ['ɒksaɪd] — l'oxyde
chlorine ['klɔːriːn] — le chlore
hydrochloric acid — l'acide chlorhydrique
carbon ['kɑːbən] — le carbone
nitrate ['naɪtreɪt] — le nitrate
nitric ['naɪtrɪk] — nitrique
phosphorus ['fɒsfərəs] — le phosphore
BR sulphur ['sʌlfəʳ] AM sulfur — le soufre
BR sulphuric acid AM sulfuric acid — l'acide sulfurique
ammonia [ə'məʊnɪə] — l'ammoniaque

- **A laboratory** [lə'bɒrətərɪ] — un laboratoire
a lab [læb] (parlé) — un labo
a test tube — une éprouvette, un tube à essai
a burette [bjʊə'ret] — une éprouvette graduée
a beaker ['biːkəʳ] — un vase à bec
a retort [rɪ'tɔːt] — une cornue
a flask [flɑːsk] — un ballon
a tripod ['traɪpɒd] — un trépied
a pipette [pɪ'pet] — une pipette
a funnel ['fʌnl] — un entonnoir
a crucible ['kruːsɪbl] — un creuset
a mortar ['mɔːtəʳ] — un mortier
a pestle ['pesl] — un pilon
a Bunsen burner — un bec Bunsen
a centrifuge ['sentrɪfjuːʒ] — une centrifugeuse
a still [stɪl] — un alambic

- **An experiment** [ɪks'perɪmənt] — une expérience[1]
to (carry out an) experiment *on* — faire une expérience *sur*
experimental [ɪks,perɪ'mentl] — expérimental
experimentation [ɪks,perɪmen'teɪʃən] — l'expérimentation
an analysis [ə'næləsɪs] (plur. analyses) — une analyse
to analyze ['ænəlaɪz] — analyser
a test [test] — une analyse, un test

ATTENTION FAUX AMI 1 : an experience = une expérience professionnelle ou humaine

- **A formula** ['fɔːmjʊlə] (plur. formulae, formulas) — une formule
a catalyst ['kætəlɪst] — un catalyseur
a solution [sə'luːʃən] — une solution
a precipitate [prɪ'sɪpɪteɪt] — un précipité
litmus paper — le papier de tournesol
a reaction [riː'ækʃən] — une réaction
to react *with sth* — réagir *à qqch.*
- **A synthesis** ['sɪnθəsɪs] (plur. syntheses) — une synthèse
to synthesize sth — synthétiser qqch.
to purify ['pjʊərɪfaɪ] — purifier
to oxidize ['ɒksɪdaɪz] — s'oxyder

8. SYNTHETIC SUBSTANCES LES SUBSTANCES SYNTHÉTIQUES

- **Synthetic** [sɪn'θetɪk]	synthétique
man-made fibres	les fibres synthétiques
artificial [ˌɑːtɪ'fɪʃəl]	artificiel
plastic ['plæstɪk]	le plastique
nylon ['naɪlɒn]	le nylon
acrylic [ə'krɪlɪk]	l'acrylique
resin ['rezɪn]	la résine
- **Polyester** [ˌpɒlɪ'estəʳ]	le polyester
PVC [ˌpiːviː'siː]	le PVC
melamine ['meləmiːn]	la mélamine
polystyrene [ˌpɒlɪ'staɪriːn]	le polystyrène
expanded polystyrene	le polystyrène expansé
polyurethane [ˌpɒlɪ'jʊərɪθeɪn]	le polyuréthane
vinyl ['vaɪnɪl]	le vinyle
Teflon® ['teflɒn]	le téflon®
Formica® [fɔː'maɪkə]	le formica®
- **Cellophane®** ['seləfeɪn]	la cellophane®
rayon ['reɪɒn]	la rayonne
artificial silk	la soie artificielle
imitation leather	le similicuir
BR perspex® ['pɜːspeks] AM Plexiglass® ['pleksɪglɑːs]	le plexiglas®

REMARQUE Tous les noms de substances ci-dessus peuvent s'employer comme adjectifs ; ex. : un sac en plastique = a plastic bag, un plan de travail en formica = a Formica worktop.

31 PROCESSES LES PROCESSUS

1. DOING THINGS AGIR

– To do* sth	faire qqch
the act of doing sth	l'acte de faire qqch
to be caught in the act	être pris en flagrant délit
an act of cruelty	un acte de cruauté
to act on sb's behalf	agir au nom de qqn
action	l'action
We must act now We must take action now	Il faut agir sans attendre
– Active ['æktɪv]	actif
to be active in a movement/an association	prendre une part active dans un mouvement/une association
an activity [æk'tɪvɪtɪ]	une activité
a task [tɑ:sk]	une tâche
to set* sb a task to give* sb a task	confier une tâche à qqn
– To try *sth/to do sth* [traɪ]	essayer *qqch./de faire qqch.*
to make* an effort *to do sth*	faire un effort *pour faire qqch.*
to attempt sth/to do sth	tenter qqch./de faire qqch.
an attempt	une tentative
at the first attempt	du premier coup, à la première tentative
BR to endeavour to do sth AM to endeavor to do sth	s'efforcer de faire qqch.
to strive* to do sth to do* one's utmost to do sth	s'évertuer à faire qqch.
to do* one's best *to do sth*	faire tout son possible *pour faire qqch.*
– To take* steps to do sth	prendre des mesures pour faire qqch.
to get* things moving (parlé)	faire avancer les choses
an initiative [ɪ'nɪʃətɪv]	une initiative
to take* the initiative *of doing sth*	prendre l'initiative *de faire qqch.*
to undertake* *to do sth* [,ʌndə'teɪk]	entreprendre *de faire qqch.*
an undertaking [,ʌndə'teɪkɪŋ]	une entreprise
to tackle sth	s'attaquer à qqch.
an objective [əb'dʒektɪv] an aim [eɪm]	un objectif
to set* out to do sth	se donner pour objectif de faire qqch.
to carry out a plan	mettre un projet en oeuvre
– BR to practise sth AM to practice sth	pratiquer qqch.
a practice ['præktɪs]	une pratique
to put* sth into practice	mettre qqch. en pratique
a method ['meθəd]	un procédé, une méthode
potential [pə'tenʃəl]	potentiel
to have a lot of potential	avoir un grand potentiel
– To cooperate *with sb on sth* [kəʊ'ɒpəreɪt]	coopérer *avec qqn à qqch.*
cooperation [kəʊ,ɒpə'reɪʃən]	la coopération
to collaborate *with sb on sth* [kə'læbəreɪt]	collaborer *avec qqn à qqch.*
to cope *with* [kəʊp]	se débrouiller *avec* (situation, problème)
to cope by o.s.	se débrouiller tout seul
to accomplish sth to achieve sth	accomplir qqch., réaliser qqch.
an accomplishment [ə'kʌmplɪʃmənt] an achievement [ə'tʃi:vmənt]	un accomplissement, une réalisation
– Inactive [ɪn'æktɪv]	inactif
inactivity [,ɪnæk'tɪvɪtɪ]	l'inactivité
passive ['pæsɪv]	passif
passivity [pæ'sɪvɪtɪ]	la passivité
inertia [ɪ'nɜ:ʃə]	l'inertie

2. CREATING THINGS CRÉER

– A work [wɜ:k]	une œuvre, un ouvrage
it's a good piece of work	c'est du bon travail
the basis *of sth, for sth* ['beɪsɪs] (plur. bases)	la base *de qqch.*
the origin ['ɒrɪdʒɪn]	l'origine
originally [ə'rɪdʒənəlɪ]	à l'origine
a source of inspiration	une source d'inspiration
– To invent [ɪn'vent]	inventer

an invention [ɪn'venʃən]	une invention
inventive [ɪn'ventɪv]	inventif
inventiveness [ɪn'ventɪvnɪs]	l'esprit d'invention
an inventor [ɪn'ventəʳ]	un(e) inventeur (-trice)
to discover sth	découvrir qqch.
a breakthrough ['breɪkθruː] a groundbreaking discovery	une découverte capitale
a pioneer *in* [ˌpaɪə'nɪəʳ]	un(e) pionnier (-ière) *de*
pioneering work	un travail novateur
He pioneered the use of...	C'était le premier à utiliser...
to think* up to dream up[1]	imaginer (système, instrument)

ATTENTION 1 : to dream sth up peut être péjoratif

- Original [ə'rɪdʒɪnl] novel ['nɒvəl]	original
originality [əˌrɪdʒɪ'nælɪtɪ] novelty ['nɒvəltɪ]	l'originalité
new [njuː]	nouveau
fresh [freʃ]	nouveau, neuf (différent)
a novelty	une nouveauté
- To innovate ['ɪnəʊveɪt]	innover
an innovation [ˌɪnəʊ'veɪʃən]	une innovation
innovative ['ɪnəʊˌveɪtɪv]	innovateur
to initiate [ɪ'nɪʃɪeɪt]	lancer (mode, projet)
to launch [lɔːntʃ]	lancer (produit nouveau)
- To improvise ['ɪmprəvaɪz]	improviser
improvisation [ˌɪmprəvaɪ'zeɪʃən]	l'improvisation
to prepare sth *for*	préparer qqch. *pour*
preparation [ˌprepə'reɪʃən]	la préparation
to plan sth	élaborer qqch., planifier qqch.
planning ['plænɪŋ]	l'élaboration, la planification

a plan [plæn]	un plan
a project ['prɒdʒekt] a plan	un projet
- To conceive [kən'siːv] to devise [dɪ'vaɪz]	concevoir (projet, solution)
conception [kən'sepʃən]	la conception (d'un projet, d'une solution)
to design [dɪ'zaɪn]	concevoir, dessiner (objet)
the design *of, for*	la conception *de*
a designer [dɪ'zaɪnəʳ]	un(e) concepteur (-trice)
a prototype ['prəʊtəʊtaɪp]	un prototype
- To create [kriː'eɪt]	créer
creative [kriː'eɪtɪv]	créatif
creativity [ˌkriːeɪ'tɪvɪtɪ]	la créativité
a creator [kriː'eɪtəʳ]	un(e) créateur (-trice)
a creation [kriː'eɪʃən]	une création
- To make* sth	faire qqch. (façonner, fabriquer)
to produce sth	produire qqch.
a product ['prɒdʌkt]	un produit
a production [prə'dʌkʃən]	une production
a producer [prə'djuːsəʳ]	un(e) producteur (-trice)
to construct sth *out of sth, from sth*	construire qqch. *à partir de qqch.*
construction [kən'strʌkʃən]	la construction
to structure sth	structurer qqch.
a structure ['strʌktʃəʳ]	une structure
- To fashion sth to shape sth	façonner qqch., modeler qqch.
form [fɔːm]	la forme (en général)
the shape [ʃeɪp]	la forme (contour, apparence)
in the shape of	sous la forme de, en forme de
shapeless ['ʃeɪplɪs] formless ['fɔːmlɪs]	informe

■ 3. TRANSFORMING THINGS TRANSFORMER

- To change *sth from ... into* [tʃeɪndʒ]	changer *qqch. de... en*
a change *in sth*	un changement *de qqch.*
to transform sth *into sth*	transformer qqch. *en qqch.*
a transformation [ˌtrænsfə'meɪʃən]	une transformation
to mutate [mjuː'teɪt]	subir une mutation, muter
a mutation [mjuː'teɪʃən]	une mutation

a metamorphosis [ˌmetəˈmɔːfəsɪs] (plur. metamorphoses)	une métamorphose
to transform sth *into* / to metamorphose sth *into*	métamorphoser qqch. *en*
transition *from ... to* [trænˈzɪʃən]	la transition *de... à*
to switch from sth to	passer de qqch. à
– To modify [ˈmɒdɪfaɪ] / to alter [ˈɒltəʳ]	modifier, se modifier
a modification [ˌmɒdɪfɪˈkeɪʃən] / an alteration [ˌɒltəˈreɪʃən]	une modification
to make* alterations *to*	apporter des modifications *à*
– To fluctuate [ˈflʌktjʊeɪt]	fluctuer
fluctuation [ˌflʌktjʊˈeɪʃən]	la fluctuation
to vary [ˈvɛərɪ]	varier
variable [ˈvɛərɪəbl] / changeable [ˈtʃeɪndʒəbl]	variable
a variation [ˌvɛərɪˈeɪʃən]	une variation
unchanging [ʌnˈtʃeɪndʒɪŋ]	immuable
– To substitute sth for sth	substituer qqch. à qqch.
a substitution [ˌsʌbstɪˈtjuːʃən]	une substitution
to replace sth *with sth*	remplacer qqch. *par qqch.*
a replacement [rɪˈpleɪsmənt]	un remplacement
to reform [rɪˈfɔːm]	réformer
a reform *in, of*	une réforme *de*
a reformer [rɪˈfɔːməʳ]	un(e) réformateur (-trice)
to disrupt [dɪsˈrʌpt]	bouleverser
an upheaval [ʌpˈhiːvəl] / a disruption [dɪsˈrʌpʃən]	un bouleversement
to revolutionize [ˌrevəˈluːʃənaɪz]	révolutionner
a revolution *in sth* [ˌrevəˈluːʃən]	une révolution *dans qqch.*
revolutionary [ˌrevəˈluːʃnərɪ]	révolutionnaire
to renew [rɪˈnjuː]	renouveler
renewal [rɪˈnjuːəl]	le renouvellement
to revive [rɪˈvaɪv]	faire renaître (style, mouvement)
revival [rɪˈvaɪvəl]	le renouveau
– To adapt sth *to sth*	adapter qqch. *à qqch.*
to adapt *to sth* [əˈdæpt]	s'adapter *à qqch.*
adaptable [əˈdæptəbl]	adaptable
an adaptation [ˌædæpˈteɪʃən]	une adaptation
to convert sth *into*	convertir qqch. *en*
convertible [kənˈvɜːtəbl]	convertible
a conversion [kənˈvɜːʃən]	une conversion
– To adjust sth	régler qqch., ajuster qqch.
an adjustment [əˈdʒʌstmənt]	un réglage, un ajustement
adjustable [əˈdʒʌstəbl]	réglable, ajustable
to correct [kəˈrekt]	corriger
a correction [kəˈrekʃən]	une correction
to improve [ɪmˈpruːv]	améliorer, s'améliorer
an improvement *in* [ɪmˈpruːvmənt]	une amélioration *de*
– A copy [ˈkɒpɪ]	une copie
to copy sth *from*	copier qqch. *de*
to imitate [ˈɪmɪteɪt]	imiter
an imitation [ˌɪmɪˈteɪʃən]	une imitation
a facsimile [fækˈsɪmɪlɪ]	un fac-similé
a replica [ˈreplɪkə]	une réplique
– To degenerate *into* [dɪˈdʒenəreɪt]	dégénérer *en*
degeneration [dɪˌdʒenəˈreɪʃən]	la dégénérescence
to deteriorate [dɪˈtɪərɪəreɪt]	se dégrader, se détériorer
a deterioration *in sth* [dɪˌtɪərɪəˈreɪʃən]	une dégradation *de qqch.*, une détérioration *de qqch.*
to worsen [ˈwɜːsn] / to get* worse	empirer

■ 4. MIXING AND BLENDING THINGS MÉLANGER

– A mixture [ˈmɪkstʃəʳ]	un mélange (en général)
a blend [blend]	un mélange (de vins, de tabacs, de couleurs)
to mix [mɪks] / to blend	mélanger
to mingle *with* [ˈmɪŋgl]	mêler *à*, se mêler *à*
to combine [kəmˈbaɪn]	combiner, se combiner
a combination [ˌkɒmbɪˈneɪʃən]	une combinaison
to incorporate sth *into sth*	incorporer qqch. *à qqch.*

– To fuse [fju:z]	fusionner (idées, tendances)
to merge [mɜ:dʒ] to combine [kəm'baɪn]	fusionner (partis, systèmes)
to unite [ju:'naɪt]	unir, s'unir
a union ['ju:njən]	une union
to join [dʒɔɪn]	joindre (efforts, forces)
to link up to link together	relier (faits, idées, mots)
a link *between* [lɪŋk]	un lien *entre*
to match [mætʃ]	assortir (couleurs, motifs)
matching ['mætʃɪŋ]	assorti
– A compound	un composé
composite ['kɒmpəzɪt]	composite
complex ['kɒmpleks]	complexe
hybrid ['haɪbrɪd]	hybride
a hybrid	un hybride
diverse [daɪ'vɜ:s]	divers
diversity [daɪ'vɜ:sɪtɪ]	la diversité
varied ['vɛərɪd]	varié
variety [və'raɪətɪ]	la variété
sundry objects	des objets hétéroclites
disparate ['dɪspərɪt]	disparate (éléments, mobilier)
ill-assorted badly-matched	disparate (couleurs)
– Odds and ends (plur.) bric-à-brac ['brɪkəbræk]	le bric-à-brac
chaos ['keɪɒs]	le chaos
chaotic [keɪ'ɒtɪk]	chaotique
a hotchpotch ['hɒtʃpɒtʃ]	un fatras
a jumble ['dʒʌmbl]	un fouillis

5. DEVELOPING AND USING THINGS DÉVELOPPER ET UTILISER

– To develop sth *from*	développer qqch. *à partir de*
development [dɪ'veləpmənt]	le développement
to diversify [daɪ'vɜ:sɪfaɪ]	diversifier
diversification [daɪˌvɜ:sɪfɪ'keɪʃən]	la diversification
– To extend [ɪks'tend] to expand [ɪks'pænd]	étendre (activités, pouvoirs, connaissances)
an extension [ɪks'tenʃən] an expansion [ɪks'pænʃən]	une extension
to develop [dɪ'veləp] to accentuate [æk'sentjʊeɪt]	amplifier, accentuer (tendance)
to expand [ɪks'pænd] to increase [ɪn'kri:s]	amplifier (mouvement, échanges)
– To use [ju:z]	utiliser (en général)
to utilize ['ju:tɪlaɪz]	utiliser (langue technique)
use [ju:s]	l'emploi, l'utilisation, l'usage
to make* use of sth	se servir de qqch.
a user ['ju:zəʳ]	un(e) utilisateur (-trice)
to resort to sth	avoir recours à qqch.
as a last resort	en dernier recours
a resource [rɪ'sɔ:s]	une ressource
to take* advantage of sth *to do sth*	profiter de qqch. *pour faire qqch.*
to make* the most of	bien profiter de (jeunesse)
to profit from sth to profit by sth	tirer profit de qqch., tirer avantage de qqch.
– To waste [weɪst]	gaspiller
waste wastage ['weɪstɪdʒ]	le gaspillage, le gâchis
to misuse ['mɪs'ju:z]	mal employer (ressources, temps)
misuse [mɪs'ju:s]	le mauvais emploi, le mauvais usage
to abuse [ə'bju:z] to misuse	abuser de (pouvoir, autorité)
to abuse	abuser de (confiance, hospitalité)

6. DESTROYING THINGS DÉTRUIRE

– To destroy [dɪs'trɔɪ]	détruire
destruction [dɪs'trʌkʃən]	la destruction
destructive [dɪs'trʌktɪv]	destructeur
a destroyer [dɪs'trɔɪəʳ]	un(e) destructeur (-trice)
– To demolish [dɪ'mɒlɪʃ] to pull down to knock down to tear* down	démolir (bâtiment)
demolition [ˌdemə'lɪʃən]	la démolition
to raze a building to the ground	raser un bâtiment

– To wipe out to annihilate [ə'naɪəleɪt]	anéantir (ville, armée)
to dash [dæʃ] to ruin ['ru:ɪn]	anéantir (espoirs)
to wreck [rek] to ruin	anéantir (efforts)
to exterminate [ɪks'tɜ:mɪneɪt]	exterminer
extermination [ɪks,tɜ:mɪ'neɪʃən]	l'extermination
to eliminate [ɪ'lɪmɪneɪt]	éliminer
elimination [ɪ,lɪmɪ'neɪʃən]	l'élimination
a ruin	une ruine
– To break* [breɪk]	casser, se casser
to smash sth (up)	briser qqch.
to smash sth to smithereens	briser qqch. en mille morceaux
to shatter ['ʃætəʳ]	fracasser, se fracasser
a fragment ['frægmənt]	un fragment
to fragment [fræg'ment]	fragmenter, se fragmenter
– To dissolve [dɪ'zɒlv]	dissoudre
dissolution [,dɪsə'lu:ʃən]	la dissolution
to dismantle [dɪs'mæntl] to break* up	démanteler
dismantling [dɪs'mæntəlɪŋ] break-up ['brekʌp]	le démantèlement

to take* sth apart to take* sth to pieces	démonter qqch.
to tear* sth up to tear* sth to pieces to rip sth up	déchirer qqch.
to pull sth apart to pull sth to pieces	mettre qqch. en pièces
to disintegrate [dɪs'ɪntɪgreɪt]	désintégrer, se désintégrer
disintegration [dɪs,ɪntɪ'greɪʃən]	la désintégration
– To damage ['dæmɪdʒ]	endommager
damage (n. c. sing.)	les dégâts
extensive damage	des dégâts considérables
rubble ['rʌbl] (n. c. sing.)	les décombres
a wreck [rek]	une épave
wreckage ['rekɪdʒ] (n. c. sing.)	les débris
to devastate sth to lay* waste to sth	dévaster qqch., ravager qqch.
devastation [,devə'steɪʃən] havoc ['hævək] (n. c. sing.)	la dévastation, les ravages
to sack [sæk]	mettre à sac (ville)
to ransack ['rænsæk]	mettre à sac (pièce, maison)
a cataclysm ['kætəklɪzəm]	un cataclysme

■ 7. BEGINNING AND ENDING COMMENCER ET FINIR

– To begin* [bɪ'gɪn] to start [stɑ:t] to commence [kə'mens] (soutenu)	commencer
to start doing sth to begin* doing sth	commencer à faire qqch., se mettre à faire qqch.
the beginning [bɪ'gɪnɪŋ] the start [stɑ:t]	le commencement, le début
– First [fɜ:st]	premier
first firstly ['fɜ:stlɪ]	premièrement
initial [ɪ'nɪʃəl]	initial
to inaugurate [ɪ'nɔ:gjʊreɪt]	inaugurer
inauguration [ɪ,nɔ:gjʊ'reɪʃən]	l'inauguration
inaugural [ɪ'nɔ:gjʊrəl]	inaugural
incipient [ɪn'sɪpɪənt] (soutenu)	naissant (révolte, maladie)

– To finalize sth	mettre au point, finaliser qqch.
to finish ['fɪnɪʃ] to end [end]	achever[1], finir (discours, repas)
to finish to complete [kəm'pli:t]	achever, finir (études, tâche, œuvre)
completion [kəm'pli:ʃən]	l'achèvement
to put* an end to sth to bring* sth to an end to terminate sth (soutenu)	mettre fin à qqch.
to end up (by) doing sth	finir par faire qqch.

ATTENTION FAUX AMI 1 : to achieve = accomplir, réussir

– To end [end] to finish ['fɪnɪʃ]	finir, se terminer (cours)
to end to come* to an end	finir, se terminer (collaboration)
to draw* to a close	s'achever (journée, réunion, vie)

the close [kləʊs]	la fin, la conclusion
the end the finish	la fin
– Last [lɑːst]	dernier
last	en dernier
final ['faɪnl]	final
eventually [ɪ'ventʃʊəlɪ] finally ['faɪnəlɪ] in the end	finalement (après tout)
finally	finalement (dans une énumération)
conclusion [kən'kluːʒən]	la conclusion
to conclude [kən'kluːd]	conclure
to expire [ɪks'paɪəʳ]	venir à expiration, arriver à terme
to come* to a sudden end	tourner court (discussion, projet)
to peter out	tourner court (intrigue, histoire)
– A pause [pɔːz] a break [breɪk]	une pause
to pause to take* a break	faire une pause
an interval ['ɪntəvəl]	un intervalle
to resume [rɪ'zjuːm]	reprendre (travaux, relations, négociations)
to take* up again	reprendre (ses études)
to start up again	reprendre (pluie, bruit)
to start again	reprendre (cours)
– A stop [stɒp]	un arrêt
to stop (doing) sth	arrêter (de faire) qqch.
to stop	s'arrêter (personne, appareil)
to stop to come* to a stop	s'arrêter (train, voiture)
to stop to come* to a halt to come* to a standstill	s'arrêter (développement, croissance)
– A delay [dɪ'leɪ] a holdup ['həʊldʌp]	un retard (dans un projet)
to delay sth to hold* sth up	retarder qqch.
to suspend [səs'pend]	suspendre
the suspension [səs'penʃən]	la suspension
to defer [dɪ'fɜːʳ] to put* off	différer
to postpone sth	remettre qqch. à plus tard, différer qqch., ajourner qqch.
postponement [pəʊst'pəʊnmənt]	l'ajournement
to put* sth on the back burner	mettre qqch. en veilleuse

REMARQUE L'usage est d'associer the beginning and the end, the start and the finish.

8. SUCCEEDING AND FAILING RÉUSSIR ET ÉCHOUER

– An achievement [ə'tʃiːvmənt] a success [sək'ses]	une réussite, un succès
to achieve sth	réussir qqch.
to succeed *in sth / in doing sth* [sək'siːd] to be successful *in sth / in doing sth*	réussir *dans qqch. / à faire qqch.*
to manage to do sth	parvenir à faire qqch., arriver à faire qqch.
he couldn't manage it	il n'y est pas arrivé
a feat [fiːt] an exploit ['eksplɔɪt]	un exploit
– To have success in sth	avoir du succès dans qqch.
to meet* with success	remporter un succès
crowned with success	couronné de succès
to be a success	être un succès
to be a hit (parlé)	faire un malheur (chanson, film)
to be a bestseller	faire un malheur (livre)
to go* right	bien marcher (projet)
everything went right (for him)	tout a bien marché (pour lui)
– An achiever [ə'tʃiːvəʳ]	un(e) fonceur (-euse)
a go-getter ['gəʊ,getəʳ] (parlé)	un(e) battant(e)
prosperous ['prɒspərəs] thriving ['θraɪvɪŋ] flourishing ['flʌrɪʃɪŋ]	prospère (commerce, pays)
prosperous	prospère (période)
to prosper ['prɒspəʳ] to thrive [θraɪv] to flourish ['flʌrɪʃ]	prospérer (commerce, pays)
to prosper	prospérer (personne)
prosperity [prɒs'perɪtɪ]	la prospérité

a triumph ['traɪʌmf]	un triomphe
to triumph *over sb / sth*	triompher *de qqn / qqch.*
triumphant [traɪ'ʌmfənt]	triomphant
triumphal [traɪ'ʌmfəl]	triomphal
– A failure ['feɪljəʳ]	un échec
to fail *in sth* [feɪl] to be unsuccessful *in sth*	échouer *à qqch., dans qqch.*
to fail *to do sth*	ne pas réussir *à faire qqch.*
to be a failure	être un raté
unsuccessful ['ʌnsək'sesfʊl]	infructueux, sans succès
to be a flop	faire un four
a fiasco [fɪ'æskəʊ] a washout ['wɒʃaʊt] (parlé)	un fiasco
in vain to no avail	en vain
there's something wrong there's something amiss	il y a quelque chose qui ne va pas
to go* wrong	mal tourner, ne pas aller

32 MOVEMENT
LE MOUVEMENT

1. MOBILITY AND IMMOBILITY LA MOBILITÉ ET L'IMMOBILITÉ

– Movement ['mu:vmənt] motion ['məʊʃən]	le mouvement
a movement	un mouvement
moving ['mu:vɪŋ]	en mouvement
mobile ['məʊbaɪl] moving	mobile (qui bouge)
mobile	mobile (capable de bouger)
mobility [məʊ'bɪlɪtɪ]	la mobilité
to move [mu:v]	se déplacer, bouger
to go* [gəʊ]	aller
to come* [kʌm]	venir
to pass [pɑ:s] to go* past	passer
– Immobile [ɪ'məʊbaɪl] still [stɪl] motionless ['məʊʃənlɪs]	immobile
to stand* still to stay still	rester immobile
immobility [ˌɪməʊ'bɪlɪtɪ]	l'immobilité
inert [ɪ'nɜ:t]	inerte
inertia [ɪ'nɜ:ʃə]	l'inertie
– To stop [stɒp] to halt [hɔ:lt]	faire halte, s'arrêter
to come* to a standstill to come* to a halt	s'immobiliser (machine, véhicule)
to stop to stand* still	s'immobiliser (personne)
stationary ['steɪʃənərɪ]	stationnaire
static ['stætɪk]	statique
to stay [steɪ] to remain [rɪ'meɪn]	rester
to stay put	rester sur place
– To hang* about to loiter ['lɔɪtəʳ] to hang* around	traîner, flâner
to linger ['lɪŋgəʳ]	s'attarder
to lounge about to lounge around	paresser
BR a queue [kju:] AM a line [laɪn]	une file d'attente, une queue
BR to queue (up) BR to stand* in a queue BR to form a queue AM to stand* in line	faire la queue

2. TO GO ALLER

– To go* along	avancer
to go* along the road	avancer sur la route
to go* out	sortir
to go* in	entrer
to go* into a room	entrer dans une pièce
to go* out of the house	sortir de la maison
to go* up	monter
to go* up the stairs	monter l'escalier
to go* up to the first floor/to one's room	monter au premier étage/dans sa chambre
to go* down	descendre
to go* down the stairs	descendre l'escalier
– To go* away to go* off	s'en aller, partir
to go* away from a place	partir d'un endroit, s'éloigner d'un endroit
to go* off the road	quitter la route
to go* on to go* ahead	continuer (d'avancer)
to go* back	retourner
to go* back to the house	retourner à la maison
to go* back	reculer
to go* backwards	aller à reculons
– To go* past to go* by	passer
to go* past the school	passer devant l'école
to go* across	traverser
to go* across a road to go* over a road	traverser une rue
to go* through a tunnel	traverser un tunnel
to go* through	passer à travers
to go* over the wall	passer par-dessus le mur
to go* over to sb's house to go* round to sb's house	aller chez qqn
to go* round	faire le tour
to go* round a pillar	contourner un pilier

REMARQUE Cette section illustre l'usage des particules de mouvement avec le verbe to go. La plupart des verbes de la section suivante peuvent être employés avec ces particules ; ils forment alors des expressions plus idiomatiques que des verbes simples de même sens ; ex. : to go along, to come in sont d'un emploi plus idiomatique que to advance, to enter.

3. MOVING AROUND SE DÉPLACER

- To walk [wɔ:k] — marcher
- to walk back — rentrer (à pied)
- a walk — une promenade
- to go* for a walk — aller se promener
- to walk lightly/heavily — avoir une démarche légère/pesante
- to walk on tiptoe — marcher sur la pointe des pieds

- To stride* [straɪd] — marcher à grands pas
- to stride* in — entrer à grands pas
- a stride — une enjambée
- to trudge [trʌdʒ] — marcher péniblement
- to tramp [træmp] — marcher d'un pas lourd
- to stalk out — sortir avec raideur

- To wade [weɪd] — patauger
- to waddle ['wɒdl] — se dandiner
- to strut about / to strut around — se pavaner
- to sidle along — avancer de biais
- to hobble ['hɒbl] — clopiner
- to hobble in — entrer en clopinant
- to limp [lɪmp] / to have a limp — boiter

- To fall* [fɔ:l] / to fall* down / to fall* over — tomber
- to knock sb down — faire tomber qqn, renverser qqn
- to drop sth — laisser tomber qqch., lâcher qqch.
- to stagger ['stægəʳ] — chanceler
- to stagger away — s'éloigner en chancelant
- to sway (backwards and forwards) — osciller (d'arrière en avant)
- to reel [ri:l] — vaciller

- to stumble *over sth* ['stʌmbl] — trébucher *sur qqch., contre qqch.*
- to trip [trɪp] — faire un faux pas
- to slip [slɪp] — glisser (accidentellement)
- to slump (down) — s'affaisser
- to collapse [kə'læps] — s'effondrer

- A jump [dʒʌmp] / a leap [li:p] — un saut, un bond
- to jump / to leap — sauter, bondir
- to jump across / to leap across — traverser d'un bond
- to jump up — sauter sur ses pieds, se relever d'un bond
- to bounce [baʊns] — rebondir
- to bounce out — sortir d'un bond
- to skip [skɪp] — sautiller, gambader
- to hop [hɒp] — sauter à cloche-pied

- To climb (up) — grimper, monter
- to climb up a staircase/a ladder — grimper un escalier/sur une échelle
- to climb down a tree — descendre d'un arbre
- a climb [klaɪm] — une montée, une ascension
- to creep* [kri:p] — ramper
- to wriggle ['rɪgl] — se tortiller
- to slide* [slaɪd] — glisser
- to glide [glaɪd] — glisser (élégamment)
- to swim* [swɪm] — nager
- to swim* back — revenir à la nage
- to fly* [flaɪ] — voler
- to fly* away — s'envoler
- to rumble past — passer avec fracas
- to rattle past — passer dans un bruit de ferraille

4. SPEED AND SLOWNESS LA RAPIDITÉ ET LA LENTEUR

- Quick [kwɪk] / fast [fa:st] / rapid ['ræpɪd] / speedy ['spi:dɪ] — rapide
- quickly ['kwɪklɪ] / fast / rapidly ['ræpɪdlɪ] / speedily ['spi:dɪlɪ] — vite, rapidement

rapidity [rə'pɪdɪtɪ] quickness ['kwɪknɪs] speed [spi:d]	la rapidité, la vitesse
swift [swɪft]	prompt
the impetus ['ɪmpɪtəs]	l'impulsion, l'élan
– Speed [spi:d]	la vitesse
at full speed at full tilt	à toute vitesse (aller, courir)
to speed* along	aller à toute vitesse, aller à toute allure
to tear* along to race along	passer à toute allure
pace [peɪs]	l'allure
in a flash	en un éclair
like a flash quick as a flash like lightning	comme un éclair
to flash past	passer comme un éclair
to hurtle past	passer en trombe
– To run* [rʌn]	courir
to tear* along to spurt [spɜ:t]	foncer (coureur)
a burst of speed a spurt	une brusque accélération
to accelerate [æk'seləreɪt] to speed up	accélérer
– To be in a hurry to be in a rush	être pressé
to hurry (up)	se dépêcher, se presser
Hurry up! Be quick!	Dépêche-toi !
There's no hurry!	Inutile de se dépêcher !
haste [heɪst]	la hâte
hasty ['heɪstɪ]	hâtif
hastily ['heɪstɪlɪ]	hâtivement
to hurry down	descendre à la hâte
to hurry on	continuer d'un pas pressé
– A rush [rʌʃ] a stampede [stæm'pi:d]	une ruée
there was a rush for the door	il y a eu une ruée vers la porte
to rush	se précipiter
to rush into a shop	se précipiter dans un magasin
to scramble out of the train	descendre avec précipitation du train
to dash in	entrer précipitamment
– Slow [sləʊ]	lent
slowly but surely	lentement mais sûrement
to slow down	ralentir
to slow sth (down)	ralentir qqch.
to stroll [strəʊl] to saunter ['sɔ:ntə^r]	flâner
to wander in	entrer sans se presser
to amble ['æmbl]	marcher sans se presser
to plod [plɒd]	avancer d'un pas lourd
at a gentle/steady pace	à une allure modérée/régulière
gently ['dʒentlɪ]	doucement
unhurriedly ['ʌn'hʌrɪdlɪ]	sans se presser
Take your time!	Prenez votre temps !
– To crawl along to go* at a crawl	avancer au pas
at a snail's pace	à une allure d'escargot
to dawdle ['dɔ:dl] to dawdle about to dawdle around	traîner
a dawdler ['dɔ:dlə^r] BR a slowcoach ['sləʊkəʊtʃ] (parlé) AM a slowpoke ['sləʊpəʊk] (parlé)	un(e) traînard(e)
weary ['wɪərɪ]	las
wearily ['wɪərɪlɪ]	avec lassitude

■ 5. DIRECTION LA DIRECTION

– A direction [dɪ'rekʃən]	une direction, un sens
in the direction of	dans la direction de, en direction de
lengthwise ['leŋ(k)θˌwaɪz]	dans le sens de la longueur
widthwise ['wɪdθwaɪz]	dans le sens de la largeur
sideways ['saɪdweɪz]	de côté
diagonally [daɪ'ægənəlɪ] crosswise ['krɒswaɪz]	en diagonale, diagonalement
clockwise ['klɒkwaɪz]	dans le sens des aiguilles d'une montre
anticlockwise ['æntɪ'klɒkwaɪz] AM counter clockwise	dans le sens contraire à celui des aiguilles d'une montre
– Forward(s) ['fɔ:wəd(z)]	en avant

to advance [əd'vɑːns] to move forward	avancer
to head for	se diriger vers
toward(s) [tə'wɔːd(z)]	vers, du côté de
the other way in the other direction in the opposite direction	de l'autre côté, en sens inverse
– **Backward(s)** ['bækwəd(z)]	en arrière, vers l'arrière
to take* a step back to step back(wards)	faire un pas en arrière
behind [bɪ'haɪnd]	en arrière, derrière
to look behind to look back	regarder en arrière
to return [rɪ'tɜːn] to come* back to get* back	revenir, retourner, rentrer
when he gets back	à son retour (futur)
when he got back	à son retour (passé)
to go* home	rentrer chez soi, retourner chez soi
to come* home	rentrer chez soi, revenir chez soi
– **A departure** [dɪ'pɑːtʃəʳ]	un départ
to leave* *from / for* [liːv] to depart *from / for* [dɪ'pɑːt] (soutenu)	partir *de / pour*
to leave* a place	quitter un endroit
since he left	depuis son départ
to start out to set* off to set* out to get* under way	se mettre en route
Let's go! Let's be off! Off we go!	En route !
– **Flight** [flaɪt]	la fuite
to flee* *from sb / sth* [fliː]	fuir *qqn / qqch.*
an escape [ɪs'keɪp]	une fuite, une évasion
to run* away *from* to escape *from*	s'enfuir *de*
to break* out of to escape from	s'échapper de
to follow ['fɒləʊ]	suivre
in pursuit of sb / sth in chase of sb / sth	à la poursuite de qqn / qqch.
to pursue sb / sth to chase (after) sb / sth	poursuivre qqn / qqch.
– **To go* near** to come* near to approach [ə'prəʊtʃ]	s'approcher
to draw* near to a place (soutenu)	se rapprocher d'un endroit
to approach a place	approcher d'un endroit
at his approach	à son approche
to reach a place	atteindre un endroit, arriver dans un endroit
to arrive [ə'raɪv]	arriver
an arrival [ə'raɪvəl]	une arrivée
when he arrives	dès son arrivée (futur)
when he arrived	dès son arrivée (passé)
to converge *on* [kən'vɜːdʒ]	converger *sur*
– **Through** [θruː] AM thru [θruː]	à travers (la foule, un trou)
across [ə'krɒs] through AM thru	à travers (un champ, une forêt)
to cross [krɒs]	traverser (pont, rue)
to go* through	traverser (ville, tunnel, forêt)
to turn round	faire demi-tour

■ 6. SITUATION LA SITUATION

– **Here** [hɪəʳ]	ici
from here	d'ici
I can hear him from here	je l'entends d'ici
there [ðɛəʳ]	là
over there	là-bas
from there	de là
from there you'll see the church	de là vous verrez l'église
2 kilometres away 2 kilometres off	à 2 kilomètres (d'ici)
– **In** [ɪn]	dans
it's in this road / my bag	c'est dans cette rue / mon sac
in(side) [ɪn('saɪd)]	dedans, à l'intérieur
I've left my keys inside	j'ai laissé mes clés à l'intérieur
in(side)	à l'intérieur de
within [wɪð'ɪn]	dans les limites de, dans
within this perimeter	dans ce périmètre
out of	hors de

outside (of)	à l'extérieur de
it's outside the town	c'est à l'extérieur de la ville
outside ['aʊt'saɪd] out [aʊt]	à l'extérieur, dehors
leave your boots outside	laisse tes bottes dehors
– **On** [ɒn] upon [ə'pɒn]	sur (en général)
on the table/the wall	sur la table/le mur
on top of	sur (en haut de)
on top of the wardrobe	sur l'armoire
over (it)	par-dessus, dessus (passer, lancer)
on (it)	dessus (fixer, écrire)
on top (of it)	dessus (placer, poser)
– **Below** [bɪ'ləʊ] beneath [bɪ'ni:θ] under(neath) ['ʌndə('ni:θ)]	sous, en dessous (de)
below the horizon	sous l'horizon
he's hidden under the bed	il est caché sous le lit
the flat below	l'appartement en dessous
– **In front of** before [bɪ'fɔ:ʳ]	devant
he was standing in front of me he was standing before me	il était devant moi
I'll go ahead	j'irai devant
ahead *of* [ə'hed] in front *of*	en avant *de*
she has gone on ahead she has gone on in front	elle est partie en avant
at the head of	en tête de, à la tête de
– **In the front *of*** at the front *of*	à l'avant *de*
at the back *of* in the back *of* AM (in) back *of*	à l'arrière *de*
seated at the front/back of the car seated in the front/back of the car	assis à l'avant/l'arrière de la voiture
at the rear *of* in the rear *of*	à l'arrière *de*
at the rear of the train/the procession	à l'arrière du train/de la procession
behind [bɪ'haɪnd]	derrière
they were walking one behind the other	ils marchaient l'un derrière l'autre

the others are a long way behind (us)	les autres sont loin derrière (nous)
– **After** ['ɑ:ftəʳ] past [pɑ:st]	après (plus loin que)
his house is after the church his house is past the church	sa maison est après l'église
behind [bɪ'haɪnd] after	après (derrière)
I was just behind him in the queue I was just after him in the queue	j'étais juste derrière lui dans la file
– **On the left/right *of*** to the left/right *of*	à gauche/à droite *de*
opposite ['ɒpəzɪt]	en face (de)
it's the house just opposite (ours)	c'est la maison juste en face (de la nôtre)
beyond [bɪ'jɒnd]	au-delà, au-delà de
beyond (that) is Spain	au-delà il y a l'Espagne
between [bɪ'twi:n]	entre
– **On the surface *of***	sur la surface *de*
at the end *of*	au bout *de*
at one end *of*	à l'extrémité *de*
at the tip *of* on the tip *of*	à la pointe *de*
in the middle *of*	au milieu *de*
at the heart *of*	au cœur *de*
at the centre *of* AM at the center *of*	au centre *de*
in the centre *of* AM in the center *of*	dans le centre *de*
– **Next door**	à côté (pièce ou maison adjacente)
the garden next door	le jardin d'à côté
next to beside [bɪ'saɪd] at the side of by the side of	à côté de (adjacent à)
he was at my side he was by my side	il était à côté de moi, il était à mes côtés
on the other side *of* across [ə'krɒs]	de l'autre côté *de*
it's on the other side of the forest	c'est de l'autre côté de la forêt
the shop across the road the shop on the other side of the road	le magasin de l'autre côté de la rue
on the side	sur le côté (en général)

on one's side	sur le côté (dormir, être allongé)
side by side	côte à côte, l'un à côté de l'autre
on all sides on every side	de tous côtés
– **At the bottom** *of*	au fond *de*
at the bottom of the glass/the lake	au fond du verre/du lac
at the foot *of*	au pied *de*
at the foot of the tower	au pied de la tour
at the base *of*	à la base *de*
on (top of)	en haut de
at the top *of* on the top *of*	en haut *de*
there's a restaurant at the top (of the building)	il y a un restaurant en haut (du bâtiment)
at the edge *of* on the edge *of*	au bord *de* (cratère, table, forêt)
– **Across** [ə'krɒs] crosswise ['krɒswaɪz]	en travers
across	en travers de
lying across the road	étendu en travers de la route
round [raʊnd]	autour de
around [ə'raʊnd]	(tout) autour
among [ə'mʌŋ]	parmi
halfway *between*	à mi-chemin *entre*
– **Distance** ['dɪstəns]	la distance
remote [rɪ'məʊt] distant ['dɪstənt] far-off faraway ['fɑːrəˌweɪ]	lointain, éloigné
not (very) far	pas loin
is it far?	c'est loin ?
how far is it?	c'est à quelle distance ?
it's a long way (away)	c'est loin
– **Close to**	à proximité de
close by nearby ['nɪəbaɪ]	tout près, à proximité, proche
near [nɪə^r] by [baɪ]	près de
adjacent *to* [ə'dʒeɪsənt]	adjacent *à*, contigu *à*
he's somewhere about	il est (quelque part) dans les parages
– **Where** [wɛə^r]	où
somewhere ['sʌmwɛə^r] AM some place	quelque part
somewhere else elsewhere ['elswɛə^r] AM some place else	ailleurs
everywhere ['evrɪwɛə^r] AM everyplace ['evrɪpleɪs]	partout
everywhere else anywhere else AM any place else	partout ailleurs
anywhere ['enɪwɛə^r] AM any place	n'importe où
nowhere ['nəʊwɛə^r] AM no place	nulle part
nowhere else AM no place else	nulle part ailleurs
here, there and everywhere	un peu partout
– **A place** [pleɪs]	un endroit
in places here and there	par endroits
a site [saɪt]	un site, un emplacement (d'une entreprise)
to locate [ləʊ'keɪt] to situate ['sɪtjʊeɪt] to site [saɪt]	placer, situer (bâtiment)
situation [ˌsɪtjʊ'eɪʃən] location [ləʊ'keɪʃən]	la situation, l'emplacement
to be well/badly situated	être bien/mal situé
to be located *at/in*	se trouver *à/dans*, se situer *à/dans*

■ 7. PUTTING THINGS SOMEWHERE PLACER

– **To put*** sth *in/on sth*	mettre qqch. *dans/sur qqch.*
to place sth *in/on sth*	placer qqch. *dans/sur qqch.*
to put* sth (down) to lay* sth (down) to set* sth down	poser qqch.
to lean* a ladder against a wall to put* up a ladder against a wall	poser une échelle contre un mur
to lay* sth (down) *on sth*	déposer qqch. *sur qqch.*
to perch sth *on sth*	jucher qqch. *sur qqch.*
to lean* sth *against sth*	appuyer qqch. *contre qqch.*, adosser qqch. *contre qqch.*
– **A pile** [paɪl]	une pile
to pile (up)	empiler
a heap [hiːp]	un tas

to heap (up)	entasser
- To arrange [ə'reɪndʒ]	disposer (fleurs, personnes, meubles)
to place things in a row/in a circle	disposer des choses en ligne/en cercle
to align [ə'laɪn] to line up	aligner (objets)
to put* together to organize ['ɔːgənaɪz] to order ['ɔːdəʳ]	agencer (éléments)
to arrange to organize	ordonner (éléments)
- To join two things (together)	joindre deux choses
to link sth *with*	relier qqch. *à*
to attach sth *to*	joindre qqch. *à*
to fix sth *onto/in*	fixer qqch. *sur/à*
to instal(l) [ɪn'stɔːl] to put* in	installer (meuble)
to put* up	installer (étagère, rideau)
- To press sth (down)	appuyer sur qqch.
to pack sth down *into sth*	tasser qqch. *dans qqch.*
to insert sth *into sth*	insérer qqch. *dans qqch.*
to stuff sth into sth to ram sth into sth to jam sth into sth	fourrer qqch. dans qqch.
to squeeze sth into sth	faire entrer qqch. dans qqch. (en le pressant)
to wedge sth *in/between*	coincer qqch. *dans/entre*

8. MOVING THINGS AND PEOPLE DÉPLACER

- To carry ['kærɪ] to bear* [bɛəʳ] (soutenu)	porter (objets, enfant)
to bring* [brɪŋ]	apporter
to move [muːv] to shift [ʃɪft]	déplacer, bouger
to transport ['trænspɔːt]	transporter
- To bring* sth closer *to* to bring* sth nearer *to*	rapprocher qqch. *de*
to bring* things/people together	rassembler des choses/des gens
to move sb/sth away *from* to take* sb/sth away *from*	éloigner qqn/qqch. *de*
- To take* [teɪk]	prendre
to take* sth off *from* to take* sth away *from* to remove sth *from*	enlever qqch. *de*, ôter qqch. *de*
to withdraw* sth *from*	retirer qqch. *de*
to extract sth *from*	extraire qqch. *de*
- To lift sth to raise sth	lever qqch.
to lift sb/sth (up)	soulever qqn/qqch.
to heave sth up/along	soulever/traîner qqch. péniblement
to lower sth	baisser qqch., abaisser qqch.
to lift sth down from a shelf to take* sth down from a shelf	descendre qqch. d'une étagère
- To push sb/sth to give* sb/sth a push (parlé)	pousser qqn/qqch.
to push sth in/out	faire entrer/sortir qqch. en le poussant
to pull [pʊl]	tirer
to pull sth out	enlever qqch., arracher qqch.
to drag [dræg] to pull	traîner (sac, personne)
- To throw* sth *to sb*	jeter qqch. *à qqn*, lancer qqch. *à qqn* (pour qu'il l'attrape)
to throw sth *at sb*	jeter qqch. *à qqn*, lancer qqch. *à qqn* (pour l'atteindre)
to hurl sth across a room	lancer qqch. à travers une pièce (avec agressivité)
to throw* sth out to fling* sth out (parlé) to chuck sth out (parlé)	jeter qqch., se débarrasser de qqch.
to scatter ['skætəʳ]	éparpiller
to pick sth up	ramasser qqch.
- To (go* and) fetch sb/sth	aller chercher qqn/qqch.
to transfer sb/sth *from/to*	transférer qqn/qqch. *de/à*
to change places *with sb*	changer de place *avec qqn*
to let* sb in/out	laisser entrer/sortir qqn
to usher sb in/out	faire entrer/sortir qqn
to escort ['eskɔːt]	escorter
an escort	une escorte

33 TIME
LE TEMPS

1. TELLING THE TIME L'HEURE

– An hour ['aʊəʳ]	une heure
a minute ['mɪnɪt]	une minute
a second ['sekənd]	une seconde
half an hour a half-hour	une demi-heure
a quarter of an hour	un quart d'heure
three quarters of an hour	trois quarts d'heure
an hour and a half	une heure et demie
– Summer time	l'heure d'été (en général)
British Summer Time (abr. BST)	l'heure d'été (en GB)
to put* the clocks forward/back one hour	avancer/retarder les pendules d'une heure
the time difference the time lag	le décalage horaire
to have jetlag	souffrir du décalage horaire
a meridian [mə'rɪdɪən]	un méridien
a time zone	un fuseau horaire
at 8 p.m. local time	à 20 heures, heure locale
at 10 hours GMT (abr. de *Greenwich Mean Time*)	à 10 heures GMT
– Have you got the time?	Avez-vous l'heure ?
What time is it (by your watch)?	Quelle heure est-il (à votre montre) ?
What time do you make it?	Vous avez quelle heure ?
I make it five to six	j'ai six heures moins cinq
my watch says 4.25	à ma montre il est 4 h 25
What time did you arrive?	À quelle heure êtes-vous arrivé ?
– It's one/two o'clock	il est une heure/deux heures
at six o'clock	à six heures
at twenty past three	à trois heures vingt
at twenty to three	à trois heures moins vingt
it's five past six AM it's five after six	il est six heures cinq
it's half past six	il est six heures et demie
it's a quarter to nine AM it's a quarter of nine	il est neuf heures moins le quart
it's five/ten to three AM it's five/ten before three	il est trois heures moins cinq/dix
– At 3.20 a.m. (abr. de *ante meridiem*)	à 3 h 20 (du matin)
at 6 (o'clock) in the morning	à six heures du matin
at 5.30 p.m. (abr. de *post meridiem*)	à 17h 30
at 6 (o'clock) in the evening	à 18 h
at 11.30 p.m.	à 23 h 30
at 11 (o'clock) at night	à 23h
– About [ə'baʊt] roughly ['rʌflɪ]	à peu près, environ
it's about five o'clock	il est environ cinq heures
almost ['ɔ:lməʊst] nearly ['nɪəlɪ]	presque
approximately [ə'prɒksɪmətlɪ]	approximativement
it's almost midnight it's nearly midnight	il est presque minuit
towards six o'clock	vers six heures, aux environs de six heures
it's just after three	il est un peu plus de trois heures
it's gone three	il est trois heures passées
– To strike* ten	sonner dix heures
at the stroke of midnight	sur le coup de minuit
at the third stroke it will be ...	au troisième top il sera...
on the stroke of six	à six heures juste(s)
it was just on ten o'clock	il était tout juste dix heures
it's exactly half past four	il est exactement quatre heures et demie
at four precisely	à quatre heures précises
at seven o'clock sharp at seven o'clock on the dot (parlé) BR at dead on seven o'clock (parlé)	à sept heures pile, à sept heures tapantes

REMARQUE a.m. se prononce [eɪ'em] et p.m. ['pi:'em].

2. MEASURING TIME MESURER LE TEMPS

- A clock [klɒk] — une horloge, une pendule
  by the clock — à l'horloge, à la pendule
  a grandfather clock — une horloge de parquet
  a pendulum ['pendjʊləm] — un balancier
  the chime [tʃaɪm] — le carillon
  an alarm clock — un réveille-matin, un réveil
  a clock-radio — un radio-réveil
  an hourglass ['aʊəglɑs] — un sablier
  a sundial ['sʌn,daɪəl] — un cadran solaire
- A watch [wɒtʃ] — une montre
  a digital/quartz watch — une montre digitale/à quartz
  a diver's watch — une montre de plongée
  a fob watch — une montre de gousset
  a stopwatch ['stɒpwɒtʃ] — un chronomètre
  to time sth with a stop-watch — chronométrer qqch.
- The dial ['daɪəl]
  the face [feɪs] — le cadran
  the hand [hænd] — l'aiguille
  the hour hand — la petite aiguille
  the minute hand — la grande aiguille
  the second hand
  the sweep hand — la trotteuse
  a liquid crystal display (abr. LCD) — un affichage à cristaux liquides
  the winder ['waɪndəʳ] — le remontoir
  the spring [sprɪŋ] — le ressort
  a cog (wheel) — un rouage
  a watch battery — une pile de montre
  a (watch) strap — un bracelet
- To put* the clock/one's watch right — mettre la pendule/sa montre à l'heure
  the clock is slow/fast — la pendule retarde/avance
  it's 5 minutes slow/fast — elle retarde/avance de 5 minutes
  to wind* up a watch — remonter une montre
  to tick [tɪk] — faire tic-tac
  the tick(ing) of a clock — le tic-tac d'une pendule
  to ring* [rɪŋ] — sonner (réveil)
  to chime [tʃaɪm] — sonner (pendule)
  a clockmaker ['klɒk,meɪkəʳ]
  a watchmaker ['wɒtʃ,meɪkəʳ] — un(e) horloger (-ère)

3. NIGHT AND DAY LE JOUR ET LA NUIT

- A day [deɪ] — un jour, une journée
  during the day — pendant la journée
  in the daytime — pendant la journée, le jour
- The morning ['mɔːnɪŋ] — le matin, la matinée
  this morning — ce matin
  in the morning, we ... — le matin, nous...
  early in the morning — tôt le matin
  late in the morning — en fin de matinée
  in the small hours
  in the wee hours — au petit matin
  on a fine spring morning
  one fine spring morning — par une belle matinée de printemps
  from morning till night — du matin au soir
- At noon
  at midday
  at 12 (o'clock) — à midi (à 12 heures)
  at lunchtime
  at the lunch hour — à midi (à l'heure du déjeuner)
- The afternoon ['ɑːftə'nuːn] — l'après-midi
  this afternoon — cet après-midi
  in the afternoon, we ... — l'après-midi, nous...
  the evening ['iːvnɪŋ] — le soir, la soirée
  this evening
  tonight [tə'naɪt] — ce soir
  in the evening, we ... — le soir, nous... dans la soirée, nous...
  early/late in the eve-ning — en début/en fin de soirée
  late at night — tard le soir
- A night [naɪt] — une nuit
  last night — cette nuit, la nuit dernière
  at night, we ... — la nuit, nous...
  during the night — pendant la nuit
  in the middle of the night — au milieu de la nuit
  midnight ['mɪdnaɪt] — minuit

at midnight	à minuit
it's getting dark	la nuit tombe
it's pitch dark	il fait nuit noire
after dark	après la tombée de la nuit
nocturnal [nɒk'tɜ:nl]	nocturne
- Dawn [dɔ:n]	l'aube
at dawn at first light	à l'aube
dawn is breaking	le jour se lève
sunrise ['sʌnraɪz]	le lever du soleil
at sunrise	au lever du soleil
- Dusk [dʌsk] twilight ['twaɪlaɪt]	le crépuscule
at dusk at twilight	au crépuscule
sunset ['sʌnset]	le coucher du soleil
at sunset	au coucher du soleil
the sun is setting	le soleil se couche

REMARQUE Soir se traduit souvent par night lorsque l'on se réfère à la partie de la journée consacrée aux sorties ; ex. : il sort presque tous les soirs = he goes out almost every night.

4. THE SEASONS LES SAISONS

- Seasonal ['si:zənl]	saisonnier
the dry season	la saison sèche
the wet season the rainy season	la saison des pluies
at this time of year	en cette époque de l'année
the days are shortening / lengthening	les jours raccourcissent / rallongent
- Spring [sprɪŋ]	le printemps
in spring(time)	au printemps
spring	printanier (de printemps)
springlike	printanier (doux, qui rappelle le printemps)
summer ['sʌməʳ]	l'été
in summer(time)	en été
in the height of summer	en plein été
summer	estival (d'été)
summery ['sʌmərɪ]	estival (chaud, qui rappelle l'été)
Indian summer	l'été indien, l'été de la Saint-Martin
- Autumn ['ɔ:təm] AM fall [fɔ:l]	l'automne
late autumn	l'arrière-saison
autumnal [ɔ:'tʌmnəl]	automnal, d'automne
winter ['wɪntəʳ]	l'hiver
in winter(time)	en hiver
in midwinter	en plein hiver
winter	hivernal (d'hiver)
wintry ['wɪntrɪ]	hivernal (très froid)
to hibernate ['haɪbəneɪt]	hiberner
hibernation [,haɪbə'neɪʃən]	l'hibernation

5. DATES AND DAYS LES DATES ET LES JOURS DE LA SEMAINE

- The calendar ['kæləndəʳ]	le calendrier
a date [deɪt]	une date
What is today's date?	Le combien sommes-nous aujourd'hui ?, quelle est la date d'aujourd'hui ?
to date sth	dater qqch.
Friday April 5th Friday 5th April	le vendredi 5 avril
on 5th April, we ...	le 5 avril, nous...
in the year 2000	en l'an 2000
- Monday ['mʌndɪ]	lundi
Tuesday ['tju:zdɪ]	mardi
Wednesday ['wenzdɪ]	mercredi
Thursday ['θɜ:zdɪ]	jeudi
Friday ['fraɪdɪ]	vendredi
Saturday ['sætədɪ]	samedi
Sunday ['sʌndɪ]	dimanche
- On Saturday, we went ...	samedi, nous sommes allés...
on Saturdays, we go ...	le samedi nous allons..., tous les samedis nous allons...
last Saturday	samedi dernier

next Sunday	dimanche prochain
it's Monday today today is Monday	nous sommes lundi
– A week [wiːk]	une semaine
a weekday	un jour de semaine
a working day	un jour ouvrable, ouvré
BR a week on Saturday BR Saturday week AM a week from Saturday	samedi en huit
the weekend	le week-end
at the weekend, we went ...	le week-end, nous sommes allés...
BR at weekends, we ... AM on weekends, we ...	le week-end, nous allons..., tous les week-ends, nous allons...
two weeks BR a fortnight ['fɔːtnaɪt]	quinze jours, une quinzaine
two weeks on Friday BR a fortnight on Friday	vendredi en quinze
– Today [tə'deɪ]	aujourd'hui
yesterday ['jestədeɪ]	hier
yesterday evening last night	hier soir
the day before yesterday	avant-hier
the night before last	avant-hier soir
the day before	la veille
two days before	l'avant-veille
the previous day	le jour précédent
– Tomorrow [tə'mɒrəʊ]	demain
tomorrow morning	demain matin
the day after tomorrow	après-demain
tomorrow evening	demain soir
the following day the next day	le lendemain
two days later	le surlendemain

REMARQUES
1. April 5th 2007 et 5th April, 2007 se disent :
en anglais britannique April the fifth, two thousand and seven ou the fifth of April, two thousand and seven,
en américain April fifth, two thousand seven
2. on 5th April se dit on the fifth of April.

6. MONTHS AND YEARS LES MOIS ET LES ANNÉES

– January ['dʒænjʊərɪ]	janvier
February ['februərɪ]	février
March [mɑːtʃ]	mars
April ['eɪprəl]	avril
May [meɪ]	mai
June [dʒuːn]	juin
July [dʒuː'laɪ]	juillet
August ['ɔːgəst]	août
September [sep'tembəʳ]	septembre
October [ɒk'təʊbəʳ]	octobre
November [nəʊ'vembəʳ]	novembre
December [dɪ'sembəʳ]	décembre
– In April	en avril
during May	au (cours du) mois de mai
in mid-March	à la mi-mars
at the end of March	à la fin de mars
next February	en février prochain
last February	en février dernier
early in June in early June at the beginning of June	au début de juin
late in June in late June	vers la fin (du mois de) juin
– A month [mʌnθ]	un mois
a quarter ['kwɔːtəʳ]	un trimestre (en général)
a term [tɜːm]	un trimestre (d'année scolaire)
a year [jɪəʳ]	une année
a calendar year	une année civile
a leap year	une année bissextile
a decade ['dekeɪd]	une décennie
a century ['sentjʊrɪ]	un siècle
the millennium [mɪ'lenɪəm]	le millénaire
347 BC (abr. de *Before Christ*)	347 av. J.-C.
1489 AD (abr. de *Anno Domini*)	1489 apr. J.-C.

7. DURATION LA DURÉE

- **To go*** on for an hour/a week	durer une heure/une semaine (en général)
to last an hour/a week	durer une heure/une semaine (comme prévu)
How long does it last?	Combien de temps cela dure-t-il ?
it went on for hours and hours	ça a duré des heures et des heures
- **Duration** [djʊ'reɪʃən] length [leŋθ]	la durée (d'un examen, d'un spectacle, d'un voyage)
the term [tɜːm] duration	la durée (d'un contrat)
life [laɪf]	la durée (de vie) (d'une ampoule, d'une pile)
for a limited/an unlimited length of time for a limited/an unlimited period	pour une durée limitée/illimitée
for (the period of) two months	pour une durée de deux mois
a lapse of time	un laps de temps
- **While** [waɪl]	pendant que
meanwhile ['miːnwaɪl]	en attendant, pendant ce temps
in the meantime	entre-temps, pendant ce temps
for a while	pendant quelque temps
over a period of	pendant une période de
for two days/months	pendant deux jours/mois
he didn't eat anything for two days	il n'a rien mangé pendant deux jours
for three weeks/years	pour trois semaines/mois
I'm here for two days	je suis ici pour deux jours
- **All day (long)** the whole day for the whole day	pendant toute la journée
throughout the week/the year all through the week/the year	pendant toute la semaine/l'année
- **During** ['djʊərɪŋ]	durant, pendant
during my studies	durant mes études
for months on end	des mois durant, pendant des mois et des mois
for a full three hours for a whole three hours	trois heures durant

- **During** ['djʊərɪŋ] in the course of	au cours de, durant
it snowed during the night it snowed in (the course of) the night	il a neigé durant la nuit
in (all of) ten years, I've seen him three times	en dix ans, je l'ai vu trois fois
in no time	en un rien de temps
- **All the time** the whole time	tout le temps, à longueur de temps
he does that all the time he does that the whole time	il fait tout le temps cela
the all time I was there the whole time I was there	tout le temps que j'étais là
all day the whole day	à longueur de journée
round the clock	24 heures sur 24
- **Since the beginning** from the beginning all along	depuis le début
for some time	depuis quelque temps
since January	depuis janvier
for two days/three months	depuis deux jours/trois mois
I have been here for two days	je suis ici depuis deux jours
he has been working here for five years	il travaille ici depuis cinq ans, cela fait cinq ans qu'il travaille ici
he has been working here since May	il travaille ici depuis mai
Since when have you been living here?	Depuis quand habitez-vous ici ?
How long have you been living here?	Depuis combien de temps habitez-vous ici ?, cela fait combien de temps que vous habitez ici ?
- **Till** [tɪl] until [ən'tɪl] up to	jusqu'à (ce que), jusqu'en
until May	jusqu'en mai
he worked until the age of 80 he worked up to the age of 80	il a travaillé jusqu'à 80 ans

she stayed till the end she stayed to the end	elle est restée jusqu'à la fin
up to now	jusqu'à présent
until then up till then	jusqu'alors
till he arrives until he arrives	jusqu'à ce qu'il arrive
up to and including March 3rd	jusqu'au 3 mars inclus
- From now on henceforth ['hensfɔ:θ] (soutenu) in future	désormais, à partir de maintenant
from then on	à partir de ce moment-là (dans le passé)
from 1988 (onwards)	dès 1988, à partir de 1988
BR from Monday to Thursday AM Monday thru Thursday	de lundi jusqu'à jeudi
BR from 1959 till 1985 BR from 1959 to 1985 AM from 1959 thru 1985	de 1959 à 1985
- Short [ʃɔ:t]	court, de courte durée (stage, séjour)
a short spell	une courte période
short-lived	de courte durée (bonheur, répit)
short-term	à court terme (projet, vue)
brief [bri:f]	bref
briefly ['bri:flɪ]	brièvement
passing ['pɑ:sɪŋ] brief	passager (malaise)
transient ['trænzɪənt] ephemeral [ɪ'femərəl] fleeting ['fli:tɪŋ]	passager, éphémère, fugitif (bonheur, beauté)
to shorten ['ʃɔ:tn] to curtail [kɜ:'teɪl]	écourter (discussion, séjour)
- Momentary ['məʊməntərɪ]	momentané
for a short while BR momentarily[1] ['məʊməntərɪlɪ]	momentanément
temporary ['tempərərɪ]	temporaire
temporarily ['tempərərɪlɪ]	temporairement
provisional [prə'vɪʒənl]	provisoire
provisionally [prə'vɪʒnəlɪ]	provisoirement
the transition *from ... to* [træn'zɪʃən]	la transition *de... à*
transitional [træn'zɪʃənəl]	transitoire, de transition (mesures, régime)

ATTENTION 1 : AM momentarily = tout de suite

- Long [lɒŋ]	long
lengthy ['leŋθɪ]	très long, trop long
a long time quite some time	longtemps
lengthily ['leŋθɪlɪ] at length	longuement
long-term	à long terme (projet, vue)
to prolong [prə'lɒŋ]	prolonger
- Continuous [kən'tɪnjʊəs]	continu
continual [kən'tinjʊəl]	continuel
constant ['kɒnstənt]	constant
ceaseless ['si:slɪs]	incessant
persistent [pə'sɪstənt]	persistant
to persist [pə'sɪst]	persister
perpetual [pə'petjʊel]	perpétuel
permanent ['pɜ:mənənt]	permanent
to go* on	continuer
lasting ['lɑ:stɪŋ] enduring [ɪn'djʊərɪŋ] (soutenu)	durable
- Eternal [ɪ'tɜ:nl] everlasting [ˌevə'lɑ:stɪŋ]	éternel
eternally [ɪ'tɜ:nəlɪ] everlastingly [ˌevə'lɑ:stɪŋlɪ]	éternellement
eternity [ɪ'tɜ:nɪtɪ]	l'éternité
endless ['endlɪs] unending [ˌʌn'endɪŋ]	sans fin
forever [fər'evəʳ] for good	pour toujours
for ever (and ever)	à jamais

REMARQUE Attention aux temps ! L'anglais emploie le present perfect simple ou progressif pour exprimer qu'une action a commencé dans le passé mais se poursuit dans le présent ; ex. : il habite Paris depuis deux ans/depuis 1986 = he has lived in Paris for two years/since 1986 ou he has been living in Paris for two years/since 1986.

8. FREQUENCY LA FRÉQUENCE

- **Frequent** ['fri:kwənt] — fréquent
- frequently ['fri:kwəntlɪ] — fréquemment
- frequency ['fri:kwənsɪ] — la fréquence
- regular ['regjʊlə^r] — régulier
- regularly ['regjʊləlɪ] — régulièrement
- regularity [,regjʊ'lærɪtɪ] — la régularité

- **Rare** [rɛə^r] — rare
- rarely ['rɛəlɪ] / seldom ['seldəm] — rarement
- rarity ['rɛərɪtɪ] — la rareté
- irregular [ɪ'regjʊlə^r] — irrégulier
- irregularly [ɪ'regjʊləlɪ] — irrégulièrement
- irregularity [ɪ,regjʊ'lærɪtɪ] — l'irrégularité
- intermittent [,ɪntə'mɪtənt] — intermittent
- periodical [,pɪərɪ'ɒdɪkəl] — périodique
- unique [ju:'ni:k] — unique

- **A cycle** ['saɪkl] — un cycle
- cyclical ['saiklikəl] — cyclique
- every four days — tous les quatre jours
- on the 23rd of each month — tous les 23 du mois
- every second Sunday/week / every other Sunday/week — un dimanche/une semaine sur deux
- every third day/month — un jour/mois sur trois
- daily ['deɪlɪ] — quotidien
- weekly ['wi:klɪ] — hebdomadaire
- monthly ['mʌnθlɪ] — mensuel
- annual ['ænjʊəl] — annuel
- biennial [baɪ'enɪəl] — biennal, bisannuel
- at intervals of — à intervalles de

- **Always** ['ɔ:lweɪz] — toujours
- often ['ɒfən] — souvent
- more often than not / as often as not — le plus souvent, la plupart du temps
- once [wʌns] / AM one time — une fois
- twice [twaɪs] / AM two times — deux fois
- How many times did it happen? — Combien de fois est-ce arrivé ?
- it happened four times — ça s'est produit quatre fois

- **Once too often** — une fois de trop
- sometimes ['sʌmtaɪmz] — quelquefois, parfois
- several times — plusieurs fois
- many times / many a time — bien des fois

- **From time to time** / every now and again / once in a while — de temps en temps, de temps à autre
- occasionally [ə'keɪʒnəlɪ] / on occasion — à l'occasion
- occasional [ə'keɪʒənl] — occasionnel
- very occasionally — de loin en loin
- sporadic [spə'rædɪk] — sporadique
- once in a blue moon (parlé) — tous les trente-six du mois
- practically never — pour ainsi dire jamais
- that's unheard of — cela ne s'est jamais vu

- **Every time** / each time — chaque fois
- every time (that) / whenever [wen'evə^r] — chaque fois que
- every time he says it — chaque fois qu'il le dit
- it's the first time (that)... — c'est la première fois que...

- **To repeat** [rɪ'pi:t] — répéter
- repetition [,repɪ'tɪʃən] — la répétition
- repeated [rɪ'pi:tɪd] — répété
- repetitive [rɪ'petɪtɪv] — répétitif
- to reiterate [ri:'ɪtəreɪt] — réitérer
- recurring [rɪ'kɜ:rɪŋ] — récurrent
- to recur [rɪ'kɜ:^r] — se reproduire

9. EXPRESSIONS OF TIME LES EXPRESSIONS TEMPORELLES

- **To have (got) time** *to do sth* — avoir le temps *de faire qqch.*
- to have plenty of time *to do sth* — avoir largement le temps *de faire qqch.*
- I haven't got time to do it — je n'ai pas le temps de le faire
- to save time — gagner du temps (pour l'économiser)
- to play for time — gagner du temps (temporiser)
- to lose* time / to waste time — perdre du temps

to make* up for lost time	rattraper le temps perdu
to pass the time to while away the time	faire passer le temps
– To spend* one's time doing sth	passer son temps à faire qqch.
to take* a long time to do sth	mettre longtemps à faire qqch.
it takes ages (parlé)	cela prend une éternité
It's about time!	Il est bien temps !, Ce n'est pas trop tôt !
it's high time he left	il est grand temps qu'il parte
time flies	le temps passe vite
there isn't much time left	il ne reste pas beaucoup de temps
as time goes by	avec le temps (dans le futur)
as time went by	avec le temps (dans le passé)
– At the same time	en même temps
at the same moment	au même moment
at that moment	à ce moment-là
just as	au moment où
as soon as	dès que, aussitôt que
as soon as I saw him the moment I saw him	dès que je l'ai vu
simultaneous [ˌsɪməl'teɪnɪəs]	simultané
simultaneously [ˌsɪməl'teɪnɪəslɪ]	simultanément
simultaneousness [ˌsɪməl'teɪnɪəsnɪs] simultaneity [ˌsɪməltə'ni:ɪtɪ]	la simultanéité
– Just a minute!	Une minute !
Just a second!	Une seconde !
a moment ['məʊmənt]	un moment
an instant ['ɪnstənt]	un instant
immediate [ɪ'mi:dɪət]	immédiat
immediately [ɪ'mi:dɪətlɪ]	immédiatement
instant	instantané
instantly ['ɪnstəntlɪ]	instantanément
at once right away straight away forthwith ['fɔ:θ'wɪθ] (soutenu) AM momentarily[1] ['məʊməntərɪlɪ]	tout de suite, sur-le-champ

ATTENTION 1 : BR momentarily = momentanément

– On time	à l'heure
in time *for*	à temps *pour*
timely ['taɪmlɪ]	à propos, opportun
punctual ['pʌŋktjʊəl]	ponctuel, à l'heure
punctually ['pʌŋktjʊəlɪ]	ponctuellement, à l'heure
punctuality [ˌpʌŋktjʊ'ælɪtɪ]	la ponctualité, l'exactitude
– Early ['ɜ:lɪ]	tôt, de bonne heure
earlier	plus tôt
earlier than	plus tôt que
premature ['premətʃʊəʳ]	prématuré
prematurely ['premətʃʊəlɪ]	prématurément
late [leɪt]	en retard
to be/to arrive early *for sth*	être/arriver en avance *pour qqch.*
to be/to arrive late *for sth*	être/arriver en retard *pour qqch.*
– Later (on)	plus tard
later than	plus tard que
not later than	pas plus tard que
sooner or later	tôt ou tard
for the time being	pour le moment
– Already [ɔ:l'redɪ]	déjà
BR I've already told you AM I already told you AM I told you already	je te l'ai déjà dit
at last	enfin
Here you are at last!	Vous voici enfin !
still [stɪl]	encore, toujours (jusqu'à maintenant)
Is he still here?	Est-il encore ici ?, est-il toujours ici ?
yet [jet]	encore, déjà
not [...] (as) yet	ne [...] pas encore
Has he arrived yet?	Est-il déjà arrivé ?
I haven't seen him yet	je le l'ai pas encore vu
– When [wen]	quand, lorsque
as [æz]	comme
the day/the week (when) ...	le jour/la semaine où...
the year he died	l'année où il est mort
– Never ['nevəʳ] not ever	ne... jamais

33 TIME
LE TEMPS

I have never seen her I haven't ever seen her	je ne l'ai jamais vue
Didn't he ever understand?	N'a-t-il jamais compris ?
at no time	à aucun moment

REMARQUES

1. L'anglais emploie ever à la place de never lorsqu'une négation se trouve déjà dans la phrase ; ex. : il ne se passe jamais rien = nothing ever happens.

2. Attention aux temps ! Ex. : je l'ai déjà fait = BR I've already done it, AM I already did it, I did it already.

34 PAST, PRESENT AND FUTURE
LE PASSÉ, LE PRÉSENT ET LE FUTUR

1. PAST AND PRESENT LE PASSÉ ET LE PRÉSENT

– **Now** [naʊ]	maintenant
at present just now	à présent
at the moment	en ce moment
– **Then** [ðen]	alors
at that time	à cette époque
at one time at one point at some point	à un moment donné (dans le passé)
at some point	à un moment donné (dans le futur)
on that occasion	à cette occasion
– **Two days ago**	il y a deux jours
a long time ago long ago	il y a longtemps
he left two days ago / a long time ago	il est parti il y a deux jours / il y a longtemps
it has been a long time since ...	cela fait longtemps que...
it dates from ...	cela date de...
it goes back to ...	cela remonte à...
– **Old** [əʊld]	vieux, ancien
ancient [ˈeɪnʃənt]	très ancien, antique
ancient remains	des vestiges de l'Antiquité
antique [ˌænˈtiːk]	ancien
antique furniture	du mobilier ancien
an antique	une antiquité
the plinth is original	le socle est d'origine
– **Before** [bɪˈfɔːʳ]	avant
he arrived before me	il est arrivé avant moi
before	avant que
he left before I could tell him	il est parti avant que j'aie pu lui dire
before doing sth	avant de faire qqch.
do it before going to bed	fais-le avant d'aller te coucher
before(hand)	auparavant (d'abord)
– **Three days later** three days afterwards	trois jours plus tard
within three days of his arrival	moins de trois jours après son arrivée
– **Former** [ˈfɔːməʳ]	ancien, précédent (qui n'est plus)
the former mayor	l'ancien maire, le maire précédent
the former world champion	l'ancien champion du monde

my former husband	mon mari précédent
my ex-husband	mon ex-mari
it has lost its former charm	cela a perdu son charme d'autrefois
formerly [ˈfɔːməlɪ] in former days	anciennement, autrefois
– **Prior** [ˈpraɪəʳ] previous [ˈpriːvɪəs]	préalable (accord, avis)
first [fɜːst] beforehand [bɪˈfɔːhænd]	préalablement
prior to	préalablement à, avant
– **Previous** [ˈpriːvɪəs] earlier [ˈɜːlɪəʳ]	antérieur, précédent (occasion, situation, rencontre)
in a former life	dans une vie antérieure
prior to	antérieur à
that was prior to his resignation	c'était antérieur à sa démission, c'était avant qu'il ne démissionne
previously [ˈpriːvɪəslɪ]	antérieurement, précédemment,
earlier	auparavant
three years previously three years earlier	trois ans auparavant
– **Past** [pɑːst]	passé
the past	le passé
in the distant past	dans un passé lointain
before [bɪfɔː]	auparavant
in the olden days in olden times	au temps jadis, autrefois
in the past	dans le passé, par le passé
– **Present** [ˈpreznt]	présent, actuel[1]
in present-day circumstances / China	dans les circonstances / la Chine d'aujourd'hui
the present	le présent
at present AM presently[2] [ˈprezntlɪ]	à présent
recent [ˈriːsnt]	récent
recently [ˈriːsntlɪ]	récemment
not long ago	il y a peu de temps

> ATTENTION FAUX AMIS 1 : actual = réel
> 2 : BR presently = tout à l'heure

– **Old-fashioned** [ˈəʊldˈfæʃnd]	démodé
antiquated [ˈæntɪkweɪtɪd]	vieillot
outdated [aʊtˈdeɪtɪd]	suranné, désuet

34 PAST, PRESENT AND FUTURE
LE PASSÉ, LE PRÉSENT ET LE FUTUR

out-of-date expired [ɪks'paɪəʳd]	périmé (billet, bon)
outdated	périmé (idée)
obsolete ['ɒbsəli:t]	obsolète
anachronistic [əˌnækrə'nɪstɪk]	anachronique
an anachronism [ə'nækrənɪzəm]	un anachronisme
archaic [ɑ:'keɪɪk]	archaïque
an archaism ['ɑ:keɪɪzəm]	un archaïsme
– Modern ['mɒdən]	moderne
current ['kʌrənt] present ['preznt]	courant (année, semaine)
contemporary [kən'tempərərɪ]	contemporain
up-to-date [ˌʌptə'deɪt]	actualisé, à jour (données, rapport)
it's the very latest thing	c'est le dernier cri
a state-of-the-art computer/car	un ordinateur/une voiture dernier cri
up-to-date	dans le vent (attitude, personne)

REMARQUE Attention aux temps ! ago se construit toujours avec le prétérit, since avec le passé composé (present perfect) ou le plus-que-parfait (pluperfect).

2. FUTURE LE FUTUR

– Future ['fju:tʃəʳ]	futur
my husband-to-be	mon futur mari
subsequent ['sʌbsɪkwənt]	postérieur, ultérieur
subsequently ['sʌbsɪkwəntlɪ]	ultérieurement, par la suite
at some future date	à une date ultérieure
the future	l'avenir
in the near future	dans un proche avenir
in the distant future	dans un avenir lointain
in weeks/years to come	dans les semaines/années à venir
– Soon [su:n]	bientôt
in a while shortly ['ʃɔ:tlɪ] BR presently[1] ['prezntlɪ]	tout à l'heure
in a minute	dans une minute
before long	sous peu
after a while	au bout de quelque temps
imminent ['ɪmɪnənt] impending [ɪm'pendɪŋ]	imminent

ATTENTION 1 : AM presently = à présent

– After(wards) ['ɑ:ftə(wədz)]	après
he arrived after me	il est arrivé après moi
I'll do it afterwards	je le ferai après
after some time	après quelque temps
after ['ɑ:ftəʳ]	après que
I arrived after he left	je suis arrivé après qu'il fut parti
after doing sth	après avoir fait qqch.
– The following day/month	le jour/mois suivant
when the time comes	le moment venu (dans le futur)
when the time came	le moment venu (dans le passé)
in the long run	à la longue
ultimate ['ʌltɪmɪt]	final, ultime

3. HISTORY L'HISTOIRE

– The history of France French history	l'histoire de France
historical [hɪs'tɒrɪkəl]	historique (étude, vérité, roman)
historic [hɪs'tɒrɪk]	historique, qui fait date (événement, monument)
a historian [hɪs'tɔ:rɪən]	un(e) historien(ne)
– A history book	un livre d'histoire
a source [sɔ:s]	une source
a document ['dɒkjʊmənt] a record ['rekɔ:d]	un document
the archives ['ɑ:kaɪvz]	les archives
an archivist ['ɑ:kɪvɪst]	un(e) archiviste
– An account [ə'kaʊnt]	un récit
to give* an account of	faire le récit de
to recount [rɪ'kaʊnt]	raconter

to narrate [nə'reɪt] (soutenu) to relate [rɪ'leɪt]	narrer
a chronicle ['krɒnɪkl]	une chronique
a chronicler ['krɒnɪkləʳ]	un chroniqueur
to chronicle sth	faire la chronique de qqch.
to distort the facts to misrepresent the facts	déformer les faits
an event [ɪ'vent]	un événement
that'll make history	cela fera date
to go* down in history	entrer dans l'histoire
– Chronology [krə'nɒlədʒɪ]	la chronologie
chronological [ˌkrɒnə'lɒdʒɪkəl]	chronologique
a period ['pɪərɪəd]	une période, une époque
periodic [ˌpɪərɪ'ɒdɪk]	périodique
an era ['ɪərə]	une ère, une époque
modern ['mɒdən]	moderne
contemporary [kən'tempərərɪ]	contemporain
in the time of	à l'époque de
in prehistoric/ancient times	à l'époque préhistorique/antique

4. ARCHAEOLOGY AND PREHISTORY L'ARCHÉOLOGIE ET LA PRÉHISTOIRE

– Prehistory [priː'hɪstərɪ]	la préhistoire
prehistoric [ˌpriːhɪs'tɒrɪk]	préhistorique
BR archaeology [ˌɑːkɪ'ɒlədʒɪ] AM archeology	l'archéologie
BR archaeological [ˌɑːkɪə'lɒdʒɪkəl] AM archeological	archéologique
BR an archaeologist [ˌɑːkɪ'ɒlədʒɪst] AM an archeologist	un(e) archéologue
paleontology [ˌpælɪɒn'tɒlədʒɪ]	la paléontologie
a paleontologist [ˌpælɪɒn'tɒlədʒɪst]	un(e) paléontologue
– A dig [dɪg] (sing.)	des fouilles
a find [faɪnd]	une découverte
remains [rɪ'meɪnz]	les restes, les vestiges
traces of	des traces de
a treasure ['treʒəʳ]	un trésor
a fossil ['fɒsl]	un fossile
a mummy ['mʌmɪ]	une momie
a cave painting	une peinture rupestre
to date sth	dater qqch.
– A site [saɪt]	un site
a burial mound	un tumulus
a dolmen ['dɒlmen]	un dolmen
a menhir ['menhɪəʳ]	un menhir
a monolith ['mɒnəʊlɪθ]	un monolithe
monolithic [ˌmɒnə'lɪθɪk]	monolithe, monolithique
a megalith ['megəlɪθ]	un mégalithe
megalithic [ˌmegə'lɪθɪk]	mégalithique
– The Ice Age the glacial period	la période glaciaire
the Stone Age	l'âge de pierre
paleolithic [ˌpælɪəʊ'lɪθɪk]	paléolithique
mesolithic [ˌmesəʊ'lɪθɪk]	mésolithique
neolithic [ˌniːəʊ'lɪθɪk]	néolithique
the Bronze Age	l'âge du bronze
the Iron Age	l'âge du fer
– A dinosaur ['daɪnəsɔːʳ]	un dinosaure
a pterodactyl [ˌterəʊ'dæktɪl]	un ptérodactyle
a brontosaurus [ˌbrɒntə'sɔːrəs]	un brontosaure
a diplodocus [dɪ'plɒdəkəs]	un diplodocus
to die out	disparaître, s'éteindre
a hominid ['hɒmɪnɪd]	un hominidé
primitive/prehistoric man	l'homme primitif/préhistorique
Neanderthal man	l'homme de Neandertal
a cave dweller a caveman ['keɪvmæn]	un homme des cavernes

5. A FEW HISTORICAL LANDMARKS QUELQUES REPÈRES HISTORIQUES

– **Antiquity** [æn'tɪkwɪtɪ]	l'antiquité
the ancient world	le monde antique
ancient Rome / Greece	la Rome / la Grèce antique
Gaul [gɔ:l]	la Gaule
the Gauls [gɔ:lz]	les Gaulois
the Celts [kelts]	les Celtes
Celtic ['keltɪk]	celte, celtique
the Vikings ['vaɪkɪŋz]	les Vikings
the Normans ['nɔ:mənz]	les Normands
Norman	normand
– **The Saxons** ['sæksnz]	les Saxons
Saxon	saxon
the Anglo-Saxons ['æŋgləʊ'sæksənz]	les Anglo-Saxons
Anglo-Saxon	anglo-saxon
the Roman Empire	l'Empire romain
the rise and fall of the Roman Empire	la grandeur et la décadence de l'Empire romain
– **The Christian era**	l'ère chrétienne
the Middle Ages	le Moyen-Âge
the Dark Ages	le haut Moyen-Âge
feudal ['fju:dl]	féodal
feudalism ['fju:dəlɪzəm]	la féodalité
BR mediaeval [,medɪ'i:vəl] AM medieval	médiéval
– **The Crusades** [kru:'seɪdz]	les Croisades
to go* on a crusade	partir en croisade
a crusader [kru:'seɪdə^r]	un croisé
the Hundred Years' War	la guerre de Cent Ans
the Wars of the Roses	la guerre des Deux Roses
the Wars of Religion	les guerres de Religion
– **A dynasty** ['dɪnəstɪ]	une dynastie
dynastic [daɪ'næstɪk]	dynastique
the House of Bourbon / Valois	la maison des Bourbon / des Valois
the Regency ['ri:dʒənsɪ]	la Régence
the Renaissance [rɪ'neɪsɑ̃:ns]	la Renaissance
the Reformation [,refə'meɪʃən]	la Réforme
the Restoration [,restə'reɪʃən]	la Restauration
the Industrial Revolution	la révolution industrielle
the (Age of) Enlightenment	le Siècle des lumières
– **The Belle Epoque**	la Belle Époque
the Victorian era	l'ère victorienne
the Roaring Twenties	les Années folles
the First / Second World War World War I / II	la Première / Deuxième Guerre mondiale
the pre-war / post-war period	l'avant- / l'après-guerre
the inter-war period	l'entre-deux-guerres
– **The Declaration of Independence**	la Déclaration d'indépendance
the (American) Civil War	la guerre de Sécession américaine
the Prohibition [,prəʊɪ'bɪʃən]	la Prohibition
the Depression [dɪ'preʃən]	la crise de 1929
the Space Age	l'ère spatiale
the Atomic / Electronic Age	l'ère nucléaire / de l'électronique

35 COUNTING AND QUANTITY
LA QUANTIFICATION

1. CARDINAL NUMBERS LES NOMBRES CARDINAUX

– Zero ['zɪərəʊ] nought [nɔːt]	zéro
one [wʌn]	un
two [tuː]	deux
three [θriː]	trois
four [fɔːʳ]	quatre
five [faɪv]	cinq
six [sɪks]	six
seven ['sevn]	sept
eight [eɪt]	huit
nine [naɪn]	neuf
– Ten [ten]	dix
eleven [ɪ'levn]	onze
twelve [twelv]	douze
thirteen [θɜː'tiːn]	treize
fourteen ['fɔː'tiːn]	quatorze
fifteen [fɪf'tiːn]	quinze
sixteen ['sɪks'tiːn]	seize
seventeen ['sevn'tiːn]	dix-sept
eighteen ['eɪ'tiːn]	dix-huit
nineteen ['naɪn'tiːn]	dix-neuf
– Twenty ['twentɪ]	vingt
twenty-one	vingt et un
twenty-two	vingt-deux
twenty-three	vingt-trois
twenty-four	vingt-quatre
twenty-five	vingt-cinq
twenty-six	vingt-six
twenty-seven	vingt-sept
twenty-eight	vingt-huit
twenty-nine	vingt-neuf
– Thirty ['θɜːtɪ]	trente
forty ['fɔːtɪ]	quarante
fifty ['fɪftɪ]	cinquante
sixty ['sɪkstɪ]	soixante
seventy ['sevntɪ]	soixante-dix
eighty ['eɪtɪ]	quatre-vingt

ninety ['naɪntɪ]	quatre-vingt-dix
– A hundred ['hʌndrəd] one hundred	cent
two/three hundred	deux/trois cents
BR a hundred and one/two AM a hundred one/two	cent un/deux
a thousand ['θaʊzənd] one thousand	mille
two/three thousand	deux/trois mille
BR a thousand and one/two AM a thousand one/two	mille un/deux
a hundred thousand	cent mille
– A million ['mɪljən]	un million
two/three million	deux/trois millions
a million records	un million de disques
a billion ['bɪljən] BR a thousand million	un milliard
– Ten [ten]	une dizaine (dix)
ten or so about ten	une dizaine (environ dix)
dozens of letters	des dizaines (ou des douzaines) de lettres
a dozen ['dʌzn]	une douzaine
a dozen books/people	une douzaine de livres/de gens
a half-dozen half-a-dozen	une demi-douzaine
twenty ['twentɪ]	une vingtaine (vingt)
about twenty	une vingtaine (environ vingt)
a hundred ['hʌndrəd] one hundred	une centaine (cent)
a hundred or so	une centaine (environ cent)
hundreds of	des centaines de
a thousand ['θaʊzənd] one thousand	un millier (mille)
a thousand or so	un millier (environ mille)
thousands of	des milliers de
tens of thousands of	des dizaines de milliers de

REMARQUES

1. À l'intérieur d'un numéro, zéro se prononce [əʊ] en anglais britannique et ['zɪərəʊ] en américain ; ex. : 104 se prononce [wʌnəʊ'fɔːʳ] en anglais britannique et [wʌn'zɪərəʊfɔːʳ] en américain. Dans le vocabulaire des sports, zéro se dit nil ; ex. : battu 5-0 = beaten 5-nil. Toutefois, au tennis, on emploie love ; ex. : quinze-zéro fifteen-love. Quand il s'agit d'une note, zéro se dit nought.

2. a hundred = one hundred. On peut employer l'une ou l'autre de ces formes entre les nombres 101 et 199.
3. a thousand = one thousand. On peut employer l'un ou l'autre dans les nombres composés jusqu'à 1099 ; au-delà, one thousand est préférable.
4. Attention : en anglais, la virgule s'emploie pour séparer les milliers ; ex. : deux mille s'écrit en chiffres 2,000 ; un million quatre cent mille trois cent vingt-six (1 400 326) = one million, four hundred thousand, three hundred and twenty-six (1,400,326).

2. ORDINAL NUMBERS LES NOMBRES ORDINAUX

- First [fɜ:st] (abr. 1st) — premier (1er)
second ['sekənd] (abr. 2nd) — deuxième (2e)
third [θɜ:d] (abr. 3rd) — troisième (3e)
fourth [fɔ:θ] (abr. 4th) — quatrième (4e)
fifth [fɪfθ] (abr. 5th) — cinquième (5e)
sixth [sɪksθ] (abr. 6th) — sixième (6e)
seventh ['sevnθ] (abr. 7th) — septième (7e)
eighth [eɪtθ] (abr. 8th) — huitième (8e)
ninth [naɪnθ] (abr. 9th) — neuvième (9e)
tenth [tenθ] (abr. 10th) — dixième (10e)

- Eleventh [ɪ'levnθ] — onzième
twelfth [twelfθ] — douzième
thirteenth ['θɜ:ti:nθ] — treizième
fourteenth ['fɔ:'ti:nθ] — quatorzième
fifteenth ['fɪf'ti:nθ] — quinzième
sixteenth ['sɪks'ti:nθ] — seizième
seventeenth ['sevn'ti:nθ] — dix-septième
eighteenth ['eɪ'ti:nθ] — dix-huitième
nineteenth ['naɪn'ti:nθ] — dix-neuvième

- Twentieth ['twentɪɪθ] — vingtième
twenty-first — vingt et unième
twenty-second — vingt-deuxième
twenty-third — vingt-troisième
twenty-fourth — vingt-quatrième
twenty-fifth — vingt-cinquième
twenty-sixth — vingt-sixième
twenty-seventh — vingt-septième
twenty-eighth — vingt-huitième
twenty-ninth — vingt-neuvième

- Thirtieth ['θɜ:tɪɪθ] — trentième
fortieth ['fɔ:tɪɪθ] — quarantième
fiftieth ['fɪftɪɪθ] — cinquantième
sixtieth ['sɪkstɪɪθ] — soixantième
seventieth ['sevntɪɪθ] — soixante-dixième
eightieth ['eɪtɪəθ] — quatre-vingtième
ninetieth ['naɪntɪɪθ] — quatre-vingt-dixième
hundredth ['hʌndrɪdθ] — centième
BR hundred and first / AM hundred first — cent unième
thousandth ['θaʊzənθ] — millième
millionth ['mɪljənθ] — millionième
one million four hundred thousand three hundred and twenty-sixth — un million quatre cent mille trois cent vingt-sixième

3. ARITHMETIC AND ALGEBRA L'ARITHMÉTIQUE ET L'ALGÈBRE

- Mathematics [ˌmæθə'mætɪks] (sing.) — les mathématiques
BR maths [mæθs] (sing.) / AM math [mæθ] (sing.) — les maths
mathematical [ˌmæθə'mætɪkəl] — mathématique
a mathematician [ˌmæθəmə'tɪʃən] — un(e) mathématicien(ne)
statistics [stə'tɪstɪks] (sing.) — la statistique (science)
statistics (plur.) — les statistiques (données)
statistical [stə'tɪstɪkəl] — statistique
a statistician [ˌstætɪs'tɪʃən] — un(e) statisticien(ne)

- Arithmetic(al) [ˌæriθ'metɪk(əl)] — arithmétique
algebraic [ˌældʒɪ'breɪɪk] — algébrique
arithmetic [ə'rɪθmətɪk] / counting ['kaʊntɪŋ] — le calcul

COUNTING AND QUANTITY
LA QUANTIFICATION 35

a sign [saɪn] a symbol ['sɪmbəl]	un signe un symbole
– A number ['nʌmbəʳ]	un nombre
an even/odd number	un nombre pair/impair
a whole number an integer ['ɪntɪdʒəʳ]	un nombre entier
a prime number	un nombre premier
a number	un numéro
a figure ['fɪgəʳ] a numeral ['nju:mərəl]	un chiffre
a digit ['dɪdʒɪt] a figure	un chiffre (dans un nombre)
a four-figure number a four-digit number	un nombre à quatre chiffres
to write* out a number in figures	écrire un nombre en chiffres
a decimal ['desɪməl]	une décimale
the decimal point	la virgule décimale
– A factor ['fæktəʳ]	un facteur
a formula ['fɔ:mjʊlə]	une formule
an equation [ɪ'kweɪʒən]	une équation
a variable ['vɛərɪəbl]	une variable
a constant ['kɒnstənt]	une constante
a function ['fʌŋkʃən]	une fonction
a unit ['ju:nɪt]	une unité
a log(arithm) ['lɒg(ərɪθəm)]	un log(arithme)
– A calculation [ˌkælkjʊ'leɪʃən]	un calcul (en général)
a sum [sʌm]	un calcul (exercice scolaire)
mental arithmetic	le calcul mental
to calculate ['kælkjʊleɪt] to reckon ['rekən] to compute [kəm'pju:t] to work out	calculer (prix, quantité)
to calculate to work out	calculer (surface)
a problem ['prɒbləm]	un problème
to solve [sɒlv]	résoudre
the answer ['ɑ:nsəʳ] the solution [sə'lu:ʃən]	la solution
– To count [kaʊnt]	compter
to count up to ten	compter jusqu'à dix
to count sth up	faire le total de qqch.
the total ['təʊtl] the sum [sʌm]	le total, la somme
the whole [həʊl]	le tout

– By my reckoning according to my calculations	d'après mes calculs
I get 406 I make it 406	j'obtiens 406
it comes to ...	cela fait...
your calculations are out your calculations are wrong	ton calcul est faux
– Addition [ə'dɪʃən]	l'addition
an addition a sum [sʌm]	une addition
to add (up) to reckon up	additionner
plus [plʌs]	plus
a plus (sign)	un (signe) plus
12 plus 8 is 20 12 and 8 make 20	12 plus 8 font 20
– A subtraction [səb'trækʃən]	une soustraction
to take* (away) *from* to subtract *from* [səb'trækt]	soustraire *de*
minus ['maɪnəs]	moins
a minus (sign)	un (signe) moins
20 minus 12 is 8	20 moins 12 font 8
– To equal ['i:kwəl]	égaler
equal *to*	égal *à*
an equal(s) sign	un (signe) égal
to amount to to total ['təʊtl]	s'élever à
to carry ['kærɪ]	retenir
– Multiplication [ˌmʌltɪplɪ'keɪʃən]	la multiplication
to multiply *by* ['mʌltɪplaɪ]	multiplier *par*
multiplication tables	les tables de multiplication
the three/four times table	la table de trois/quatre
– Division [dɪ'vɪʒən]	la division
to divide 12 by 6 to divide 6 into 12	diviser 12 par 6
it won't divide by 5 it is not divisible by 5	ce n'est pas divisible par 5
to halve [hɑ:v]	diviser en deux

to quarter ['kwɔ:tə^r]	diviser en quatre
indivisible [ˌɪndɪ'vɪzəbl]	indivisible, insécable
– **Double** ['dʌbl]	double
to double	doubler
treble ['trebl]	triple
to treble	tripler
multiple ['mʌltɪpl]	multiple
a multiple *of*	un multiple *de*
– **A** percentage [pə'sentɪdʒ]	un pourcentage
per cent	pour cent
the ratio ['reɪʃɪəʊ]	la proportion, le rapport
proportion [prə'pɔ:ʃən]	la proportion
proportional *to* [prə'pɔ:ʃənl]	proportionnel *à*
the average ['ævərɪdʒ]	la moyenne
on average	en moyenne
to work out the average of sth	faire la moyenne de qqch.
the arithmetic/geometric mean	la moyenne arithmétique/géométrique
a set [set]	un ensemble
a subset ['sʌbˌset]	un sous-ensemble
– **The** root [ru:t]	la racine
square [skwɛə^r]	carré
the square root	la racine carrée
to square	élever au carré
cubic ['kju:bɪk]	cube
a cube [kju:b]	un cube
to cube	cuber, élever au cube
the cube root	la racine cubique
an exponent [ɪks'pəʊnənt]	un exposant
2 to the power of 10	2 puissance 10
to number ['nʌmbə^r]	numéroter
– **A** fraction ['frækʃən]	une fraction
a vulgar fraction a simple fraction a common fraction	une fraction simple
a half [hɑ:f] one half	un demi
a third [θɜ:d] one third	un tiers
two thirds	deux tiers
a quarter ['kwɔ:tə^r] one quarter	un quart
three-quarters	trois quarts
four and a half	quatre et demi
four and a half kilometres	quatre kilomètres et demi
one and a quarter kilos	un kilo et quart

REMARQUE Les fractions se forment avec les adjectifs ordinaux ; ex. : trois dixièmes = three tenths, sept centièmes = seven hundredths.

■ 4. GEOMETRY LA GÉOMÉTRIE

– **Geometrical** [ˌdʒɪəʊ'metrɪkəl]	géométrique
a geometrician [ˌdʒɪˌɒmɪ'trɪʃən]	un(e) géomètre
trigonometry [ˌtrɪgə'nɒmɪtrɪ]	la trigonométrie
a theorem ['θɪərəm]	un théorème
– **A** line [laɪn]	une ligne
linear ['lɪnɪə^r]	linéaire
a straight line	une ligne droite
a curve [kɜ:v]	une courbe
curved [kɜ:vd]	courbe
perpendicular *to* [ˌpɜ:pən'dɪkjʊlə^r]	perpendiculaire *à*
parallel *to* ['pærəlel]	parallèle *à*, parallèlement *à*
diagonal [daɪ'ægənl]	diagonal
the diagonal	la diagonale
– **Horizontal** [ˌhɒrɪ'zɒntl]	horizontal
horizontally [ˌhɒrɪ'zɒntəlɪ]	horizontalement
the horizontal	l'horizontale
vertical ['vɜ:tɪkəl]	vertical
vertically ['vɜ:tɪkəlɪ]	verticalement
the vertical	la verticale
– **A** quadrilateral [ˌkwɒdrɪ'lætərəl]	un quadrilatère
quadrilateral	quadrilatéral
a square [skwɛə^r]	un carré
square	carré
a rectangle ['rekˌtæŋgl] an oblong ['ɒblɒŋ]	un rectangle

rectangular [rek'tæŋgjʊlə'] oblong — rectangulaire
a parallelogram [ˌpærə'leləʊgræm] — un parallélogramme
a trapezium [trə'pi:zɪəm] — un trapèze
a triangle ['traɪæŋgl] — un triangle
triangular [traɪ'æŋgjʊlə'] — triangulaire

- An angle ['æŋgl] — un angle
an acute/obtuse angle — un angle aigu/obtus
a right angle — un angle droit
right-angled — à angle droit
a degree [dɪ'gri:] — un degré

- A circle ['sɜ:kl] — un cercle
a semicircle ['semɪˌsɜ:kl] — un demi-cercle
circular ['sɜ:kjʊlə'] — circulaire
the diameter [daɪ'æmɪtə'] — le diamètre
the radius ['reɪdɪəs] (plur. radii) — le rayon
BR the centre ['sentə'] AM the center — le centre
the circumference [sə'kʌmfərəns] — la circonférence
pi [paɪ] — pi
an arc [ɑ:k] — un arc
a tangent ['tændʒənt] — une tangente
a segment ['segmənt] — un segment

- A sphere [sfɪə'] — une sphère
a cone [kəʊn] — un cône
conical ['kɒnɪkəl] — conique
convex ['kɒn'veks] — convexe
concave ['kɒn'keɪv] — concave
a plane [pleɪn] — un plan
a cube [kju:b] — un cube
a pyramid ['pɪrəmɪd] — une pyramide

5. WEIGHTS AND MEASURES LES POIDS ET MESURES

- To measure ['meʒə'] — mesurer
a measure — une mesure (quantité)
two measures of flour — deux mesures de farine
a measurement ['meʒəmənt] — une mesure (évaluation, dimension)
to take* the measurements of sth — prendre les mesures de qqch.
the dimensions [daɪ'menʃənz] the measurements ['meʒəmənts] — les dimensions
to quantify sth — quantifier qqch.

- The metric system — le système métrique
metric ['metrɪk] — métrique
BR a metre ['mi:tə'] AM a meter — un mètre
BR a centimetre ['sentɪˌmi:tə'] AM a centimeter — un centimètre
BR a kilometre [kɪ'lɒmətə'] AM a kilometer — un kilomètre
a square metre (abr. sqm) — un mètre carré (abr. m^2)
a hectare ['hektɑ:'] — un hectare
a cubic metre — un mètre cube

- A gram [græm] BR a gramme — un gramme
a kilo(gram) ['kɪləʊ(græm)] BR a kilo(gramme) — un kilo(gramme)
a ton [tʌn] — une tonne
BR a litre ['li:tə'] AM a liter — un litre

- The imperial system — le système impérial (britannique)
an inch [ɪntʃ] (abr. in) — un pouce (= 2,54 cm)
a foot [fʊt] (abr. ft) — un pied (= 30,48 cm)
a yard [jɑ:d] (abr. yd) — un yard (= 91,44 cm)
a pint [paɪnt] (abr. pt) — une pinte (en GB = 0,57 l ; aux USA = 0,47 l ; ≈ un demi-litre)
a mile [maɪl] — un mile (= 1,609 km)
a knot [nɒt] — un nœud, un mille nautique ((= 1,85 km))
a gallon ['gælən] (abr. gal) — un gallon (en GB = 4,546 l ; aux USA = 3,78 l)
an ounce [aʊns] (abr. oz) — une once (= 28,35 g)
a pound [paʊnd] (abr. lb) — une livre (= 453,6 g)
an acre ['eɪkə'] — un arpent, un acre (= 4046,86 m^2)

- Long [lɒŋ] — long
4 metres long — long de 4 mètres
to be 3 metres in length — faire 3 mètres de long
length [leŋ(k)θ] — la longueur

lengthways lengthwise	dans le sens de la longueur
broad [brɔːd] wide [waɪd]	large
4 metres across 4 metres wide	large de 4 mètres
to be 3 metres in breadth to be 3 metres in width	faire 3 mètres de large
breadth [bretθ] width [wɪdθ]	la largeur
breadthways breadthwise	dans le sens de la largeur
- High [haɪ]	haut
height [haɪt]	la hauteur
tall [tɔːl]	grand
tallness ['tɔːlnɪs]	la grandeur
5 metres high	haut de 5 mètres
to be 5 metres in height	faire 5 mètres de haut
he is 1 m 92 (tall)	il mesure 1 m 92
- Deep [diːp]	profond
4 metres deep	profond de 4 mètres
to be 5 metres in depth	faire 5 mètres de profondeur
depth [depθ]	la profondeur
thick [θɪk]	épais
to be 2 centimetres thick	être épais de 2 centimètres, avoir une épaisseur de 2 centimètres
thickness ['θɪknɪs]	l'épaisseur
- To weigh [weɪ]	peser
to weigh 6 kilos to be 6 kilos in weight	peser 6 kilos
weight [weɪt]	le poids
a pair of scales scales [skeɪlz] (plur.)	une balance
volume ['vɒljuːm]	le volume
to be 6 cubic metres in volume	faire 6 mètres cubes de volume
mass [mæs]	la masse
capacity [kə'pæsɪtɪ]	la capacité
- Surface ['sɜːfɪs]	la surface
area ['ɛərɪə]	la superficie
to be 5 square metres in area to have an area of 5 square metres	avoir une superficie de 5 mètres carrés
to measure 5 metres by 2 (metres)	mesurer 5 mètres sur 2

REMARQUE L'anglais utilise souvent une unité de mesure appelée stone pour le poids des personnes. Elle est équivalente à 14 livres, soit 6,35 kg ; ex. : he weighs 10 stones = il pèse 63 kilos et demi.

6. SIZE LA TAILLE

- Tall [tɔːl] big [bɪg]	grand
to get* taller to get* bigger	grandir (enfant)
to grow* [grəʊ]	grandir (plante, enfant)
growth [grəʊθ]	la croissance
to enlarge [ɪn'lɑːdʒ]	agrandir, s'agrandir
- Big [bɪg] large [lɑːdʒ]	gros
to get* bigger to become* larger	grossir
enormous [ɪ'nɔːməs] huge [hjuːdʒ]	énorme
bulky ['bʌlkɪ] voluminous [və'luːmɪnəs]	volumineux
heavy ['hevɪ]	lourd
to make* heavy	alourdir
to become* heavy	s'alourdir
- Long [lɒŋ]	long
to lengthen ['leŋ(k)θən]	rallonger
vast [vɑːst]	immense, énorme, vaste
immense [ɪ'mens]	immense
vastness ['vɑːstnɪs] immensity [ɪ'mensɪtɪ]	l'immensité
giant ['dʒaɪənt]	géant
gigantic [dʒaɪ'gæntɪk]	gigantesque
gigantism [dʒaɪ'gæntɪzəm]	le gigantisme
colossal [kə'lɒsl]	colossal
gargantuan [gɑː'gæntjʊən]	gargantuesque
- Small [smɔːl] little ['lɪtl]	petit
tiny ['taɪnɪ]	tout petit

minute ['mɪnɪt] minuscule ['mɪnə,skju:l]	minuscule
miniature ['mɪnɪtʃəʳ]	miniature
microscopic [,maɪkrə'skɒpɪk]	microscopique
infinitesimal [,ɪnfɪnɪ'tesiməl]	infime
- Short [ʃɔ:t]	court
to shorten ['ʃɔ:tn]	raccourcir
low [ləʊ]	bas
to lower ['ləʊəʳ]	baisser
narrow ['nærəʊ]	étroit
narrowness ['nærəʊnɪs]	l'étroitesse
to narrow	rétrécir, se rétrécir
thin [θɪn]	mince
thinness ['θɪnnɪs]	la minceur
- Light [laɪt]	léger
lightness ['laɪtnɪs]	la légèreté
to lighten ['laɪtn]	alléger
shallow ['ʃæləʊ]	peu profond
flat [flæt]	plat
to flatten (down) to flatten out	aplatir, s'aplatir
- Wide [waɪd] broad [brɔ:d]	large
to widen ['waɪdn]	élargir
to widen	s'élargir (rue)
to get* wider to stretch [stretʃ]	s'élargir (vêtement)
to stretch (out)	s'étendre (forêt, plaine)
area ['ɛərɪə] expanse [ɪks'pæns]	l'étendue (d'une forêt, d'une plaine)
to deepen ['di:pən]	approfondir, s'approfondir
to thicken ['θɪkən]	épaissir, s'épaissir
- To shrink* [ʃrɪŋk]	rétrécir, se rétrécir
shrinkage ['ʃrɪŋkɪdʒ]	le rétrécissement
to contract ['kɒntrækt]	contracter, se contracter
contraction [kən'trækʃən]	la contraction
to condense *into* [kən'dens]	condenser *en*, se condenser *en*
to telescope ['telɪskəʊp]	se télescoper
- Of average height/weight of medium height/weight	de taille moyenne, de poids moyen
it's a fair size	c'est assez grand
it's the size of ...	c'est de la taille de...

7. QUANTITY LA QUANTITÉ

- A quantity ['kwɒntɪtɪ] an amount [ə'maʊnt]	une quantité
a reasonable/moderate/modest quantity *of* a reasonable/moderate/modest amount *of*	une quantité raisonnable/modérée/modeste *de*
- A lot [lɒt] a great deal very much	beaucoup
he eats a lot	il mange beaucoup
he reads a lot he reads a great deal	il lit beaucoup
he doesn't read (very) much he doesn't read a lot he doesn't read a great deal	il ne lit pas beaucoup
- A lot of much [mʌtʃ]	beaucoup de (suivi d'un nom non comptable)
there's a lot of milk left	il reste beaucoup de lait
there isn't much milk left	il ne reste pas beaucoup de lait
- Many ['menɪ] a lot of	beaucoup de (suivi d'un nom comptable)
a lot of them believed it many of them believed it	beaucoup d'entre eux l'ont cru
there were lots of people	il y avait beaucoup de gens
I know a great many people who ... I know a lot of people who ...	j'en connais beaucoup qui...
- Quite a lot of a fair amount of	pas mal de (suivi d'un nom non comptable)
he has quite a lot of money he has a fair amount of money	il a pas mal d'argent
- A good many a good few quite a lot of	pas mal de (suivi d'un nom comptable)

35 COUNTING AND QUANTITY
LA QUANTIFICATION

she bought a good many books she bought a good few books she bought quite a lot of books	elle a acheté pas mal de livres
– The majority of most [məʊst]	la plupart de, la majorité de
the majority of candidates most candidates	la plupart des candidats, la majorité des candidats
most people	la plupart des gens, la majorité (des gens)
to be the majority	être majoritaire
much of	une grande partie de, la plupart de (suivi d'un nom singulier)
much of the book	une grande partie du livre
much of the time	la plupart du temps
– Not much little ['lɪtl]	peu (modifiant un verbe)
I don't go out much	je sors peu
he drank very little	il a très peu bu
not very	peu (modifiant un adjectif, un adverbe)
he's not very sociable	il est peu sociable
– Little ['lɪtl] not much	peu de (suivi d'un nom non comptable)
I do not want much	j'en veux peu
few [fju:] not (very) many	peu de (suivi d'un nom comptable)
he has got few friends he hasn't got many friends	il a peu d'amis
a minority [maɪ'nɒrɪtɪ]	une minorité
in a minority in the minority	en minorité, minoritaire
– A little ['lɪtl] a bit [bɪt]	un peu
a little bit	un tout petit peu
I'm a little (bit) tired I'm a bit tired	je suis un peu fatigué
you're driving a little fast you're driving a bit fast	tu conduis un peu vite
– A little ['lɪtl] a bit of	un peu de
a little money/sugar	un peu d'argent/de sucre
a little patience a bit of patience	un peu de patience
– Some [sʌm]	quelques, certains
some books	quelques livres, certains livres
some of the books	quelques-uns des livres, certains des livres
several ['sevrəl]	plusieurs
several books	plusieurs livres
several of the books	plusieurs des livres
a few [fju:]	quelques-uns
a few friends	quelques amis
a few of them	quelques-uns d'entre eux
quite a few	un certain nombre
– Enough [ɪ'nʌf]	assez
enough sugar	assez de sucre
big/small enough	assez grand/petit
more than enough	plus qu'assez
plenty of	bien assez de
I've got plenty of time/of apples	j'ai bien assez de temps/de pommes
she's got plenty she's got quite enough	elle en a bien assez
– Too much	trop (avec un verbe)
you sleep/work too much	tu dors/travailles trop
too [tu:]	trop (devant un adjectif ou un adverbe)
too old/quickly	trop vieux/rapidement
too much	trop de (devant un nom non comptable)
you've put too much salt	tu as mis trop de sel
too many	trop de (devant un nom comptable)
he made too many mistakes	il a fait trop d'erreurs
four/five too many	quatre/cinq de trop
very ['verɪ]	très
very good/quickly indeed	vraiment très bon/vite
– More [mɔ:ʳ]	plus
I want more	j'en veux plus
three/four times as much	trois/quatre fois plus
(the) most [məʊst]	le plus
the one who earns (the) most	celui qui gagne le plus
no more than	pas plus de
it took no more than an hour	ça n'a pas pris plus d'une heure

at (the) most	au plus, au maximum
he's at most 70 he's 70 at the most	il a au plus 70 ans
at the very most	tout au plus
there are two more chairs there are two extra chairs	il y a deux chaises en plus
we need another two chairs we need two more chairs	il nous faut deux chaises en plus
an extra plate an additional plate	une assiette supplémentaire
– More and more	de plus en plus
it's getting more and more difficult	cela devient de plus en plus difficile
it was getting bigger and bigger	cela devenait de plus en plus gros
the more ... the more	plus... plus
the more he has the more he wants	plus il en a plus il en veut
the smaller it is the dearer it is	plus c'est petit plus c'est cher
the more ... the less	plus... moins
the more he works the less successful he is	plus il travaille moins il réussit
– Less [les]	moins
(the) least [li:st]	le moins
the one who works (the) least	celui qui travaille le moins
no less than	pas moins de
it weighs no less than 50 kilos	cela ne pèse pas moins de 50 kilos
at (the) least	au moins, au minimum
she's got at least ten cats	elle a au moins dix chats
there are two chairs missing we are two chairs short	il y a deux chaises en moins
– Less and less	de moins en moins
it's less and less efficient	c'est de moins en moins efficace
the less ... the less	moins... moins
the less I eat the less hungry I am	moins je mange moins j'ai faim
the more ... the less	moins... plus
the less I smoke the more I eat	moins je fume plus j'ai faim
there are two chairs missing	il y a deux chaises en moins (elles manquent)

– As much ... *as*	autant de... ***que*** (avec un nom non comptable)
there's as much snow here	il y a autant de neige ici
as many ... *as*	autant de... ***que*** (avec un nom comptable)
I have as many pupils as last year	j'ai autant d'élèves que l'année dernière
not as ... as all that	pas si... que ça
it's not as easy as all that	ce n'est pas si facile que ça
– All [ɔ:l]	tout
in all all told	en tout
6 in all	6 en tout
the whole book the entire book	le livre entier
wholly ['həʊlɪ]	entièrement, complètement
total ['təʊtl]	total
complete [kəm'pli:t]	complet
all in all	tout compte fait
partial ['pa:ʃəl]	partiel
– Every ['evrɪ] each [i:tʃ]	chaque
every time/book each time/book	chaque fois/livre
each (one) every one	chacun
every one of the boys each of the boys	chacun des garçons
one out of three/ten one in three/ten	un sur trois/dix
the only reason/person	la seule raison/personne
only ['əʊnlɪ]	seulement
– Any book	n'importe quel livre
both ... and	et... et
both [bəʊθ]	ensemble
both of them the two of them	tous les deux, ensemble
all three of them the three of them	tous les trois
both	à la fois, tout ensemble
both stupid and ugly	à la fois bête et laid
either ... or	ou... ou, soit... soit
either in Paris or in London	soit à Paris soit à Londres
– None	aucun, pas un
none of the guests knew that	aucun invité ne le savait

there are none at all there is not a single one	il n'y en a pas un seul
not one person was lost	pas une seule personne ne s'est perdue
no one nobody	personne
nobody, not even Joe	personne, pas même Joe
nothing	rien
I have no sisters/no family	je n'ai pas de sœur/de famille
there is no room there is not any room	il n'y a pas de place
neither ... nor	ni... ni
neither he nor I	ni lui ni moi
neither (of them)	ni l'un ni l'autre
– **Have you any books?**	Avez-vous des livres ?
I haven't any books	Je n'ai pas de livres
How much does it cost?	Combien cela coûte-t-il ?
How many people were there?	Combien de gens y avait-il ?
I want this much	J'en veux comme ça
It's this big	C'est grand comme ça

8. INCREASING AND DECREASING AUGMENTER ET DIMINUER

– **To increase** *by* [ɪn'kri:s] to raise *by* [reɪz]	augmenter *de*, accroître *de* (prix, nombre, production)
to increase *by* to rise* *by* [raɪz] to go* up *by*	augmenter *de* (prix, nombre, production)
to increase sth *by*	augmenter qqch. *de*
a 5 % increase in capital/price	une augmentation de 5 % du capital/du prix
– **To reduce** sth *by* to bring* sth down *by* to cut* sth *by*	diminuer qqch. *de*, réduire qqch. *de* (prix, dépenses, production)
to reduce *by* to decrease *by* [di:'kri:s]	diminuer *de*, réduire *de* (nombre, longueur)
to diminish *by* [dɪ'mɪnɪʃ] to decrease *by* to fall* *by* [fɔ:l] to drop *by* [drɒp]	diminuer *de* (nombre, production)
a reduction in expenses a cut in expenses	une réduction des dépenses
a decrease in supplies a diminution in supplies	une diminution des réserves
a fall in demand a drop in demand	une diminution de la demande
– **A lack of** a scarcity of	un manque de
a shortage of a dearth of	une pénurie de
to lack sth	manquer de qqch.
I am 5 points short	il me manque 5 points
insufficient [ˌɪnsə'fɪʃənt]	insuffisant
rare [rɛəʳ]	rare (objet, mot, cas)
scarce [skɛəs]	rare, peu abondant (nourriture, main-d'œuvre)
sparse [spɑ:s]	rare, peu abondant (végétation)
rarely ['rɛəlɪ] seldom ['seldəm]	rarement
scarcely ['skɛəslɪ] barely ['bɛəlɪ]	à peine
– **A surplus** *of* ['sɜ:pləs]	un surplus *de*, un excédent *de*
surplus	en surplus, excédentaire
an excess [ɪk'ses]	un excès
an abundance of	une abondance de
plentiful ['plentɪfʊl] abundant [ə'bʌndənt]	abondant
abundant food food in plenty	de la nourriture en abondance
– **Numerous** ['nju:mərəs]	nombreux
a profusion of	une profusion de
a multitude of	une multitude de
sufficient [sə'fɪʃənt]	suffisant
superfluous [sʊ'pɜ:flʊəs]	superflu
excessive [ɪk'sesɪv]	excessif
– **Empty** ['emptɪ]	vide
to empty	vider
full [fʊl]	plein
to fill [fɪl]	remplir
half-full/-eaten	à moitié plein/mangé

36 CHARACTER AND BEHAVIOUR
LE CARACTÈRE ET LE COMPORTEMENT

1. TEMPERAMENT LE TEMPÉRAMENT

- **Character** ['kærɪktəʳ]	le caractère
BR to mould sb's character AM to mold sb's character	former le caractère de qqn
to be good-/ill-natured to be good-/bad-tempered	avoir bon/mauvais caractère
to be of a cheerful disposition	être d'un tempérament enjoué
- **Personality** [ˌpɜːsə'nælɪtɪ]	la personnalité
to have a strong personality	avoir une forte personnalité
to be cold/passionate by nature	avoir une nature froide/passionnée
natural ['nætʃrəl]	naturel
a characteristic [ˌkærɪktə'rɪstɪk]	une caractéristique
that's in character for him that's just like him	cela lui ressemble bien
a trait [treɪt]	un trait de caractère
- **A** good quality	une qualité
a bad quality a fault [fɔːlt]	un défaut
a failing ['feɪlɪŋ] a shortcoming ['ʃɔːtkʌmɪŋ]	un travers
- **Innate** [ɪ'neɪt]	inné
individual [ˌɪndɪ'vɪdjʊəl]	individuel
individuality [ˌɪndɪˌvɪdjʊ'ælɪtɪ]	l'individualité
individualistic [ˌɪndɪˌvɪdjʊə'lɪstɪk]	individualiste
idiosyncratic [ˌɪdɪəsɪŋ'krætɪk]	particulier, idiosyncrasique
an idiosyncrasy [ˌɪdɪə'sɪŋkrəsɪ]	une particularité, une idiosyncrasie
- **Balance** ['bæləns]	l'équilibre
balanced ['bælənst]	équilibré
unbalanced ['ʌn'bælənst] unhinged ['ʌn'hɪndʒd]	déséquilibré
changeable ['tʃeɪndʒəbl]	changeant
unstable ['ʌn'steɪbl]	instable
- **Optimistic** [ˌɒptɪ'mɪstɪk]	optimiste
an optimist ['ɒptɪmɪst]	un(e) optimiste
optimistically [ˌɒptɪ'mɪstɪklɪ]	avec optimisme
optimism ['ɒptɪmɪzəm]	l'optimisme
pessimistic ['pesɪmɪstɪk]	pessimiste
a pessimist ['pesɪmɪst]	un(e) pessimiste
pessimistically [ˌpesɪ'mɪstɪklɪ]	avec pessimisme
pessimism ['pesɪmɪzəm]	le pessimisme
- **Shy** [ʃaɪ] timid ['tɪmɪd] bashful ['bæʃfʊl]	timide
shyness ['ʃaɪnɪs] timidity [tɪ'mɪdɪtɪ] bashfulness ['bæʃfʊlnɪs]	la timidité
distant ['dɪstənt]	distant
- **Tough** [tʌf]	dur
strong [strɒŋ]	fort
strength [streŋθ]	la force
weak [wiːk]	faible
weakness ['wiːknɪs]	la faiblesse
to have a weakness for sth	avoir un faible pour qqch.
spineless ['spaɪnlɪs]	mou, veule
spinelessness ['spaɪnlɪsnɪs]	la mollesse, la veulerie
- **To be liable to do sth**	être susceptible de faire qqch.
a propensity for (doing) sth a propensity to (do) sth	une propension à (faire) qqch.
to be inclined to (do) sth	être enclin à (faire) qqch.
to tend to do sth	tendre à faire qqch.
to have a tendency to (do) sth	avoir tendance à (faire) qqch.
to have leanings towards sth	avoir un penchant pour qqch.
to be liable to (do) sth to be prone to (do) sth	être sujet à (faire) qqch.

2. BEHAVIOUR LE COMPORTEMENT

- **Conduct** ['kɒndʌkt] BR behaviour [bɪ'heɪvjəʳ] AM behavior	la conduite, le comportement
to behave [bɪ'heɪv] to conduct o.s. (soutenu)	se conduire, se comporter
to behave (well) to behave o.s.	bien se conduire

to misbehave ['mɪsbɪ'heɪv]	mal se conduire
BR misdemeanour [ˌmɪsdɪ'miːnəʳ] (n. c.) AM misdemeanor BR misbehaviour ['mɪsbɪ'heɪvjəʳ] (n. c.) AM misbehavior	un écart de conduite, une incartade
- Decent ['diːsənt]	décent
proper ['prɒpəʳ]	convenable, bienséant
moral ['mɒrəl]	moral
morality [mə'rælɪtɪ]	la moralité
morals ['mɒrəlz] standards of behaviour moral standards	les mœurs
virtuous ['vɜːtjʊəs]	vertueux
a virtue ['vɜːtjuː]	une vertu
- Reputation [ˌrepjʊ'teɪʃən]	la réputation
to have a good/bad reputation	avoir bonne/mauvaise réputation
to have a reputation for generosity to have a reputation for being generous	avoir la réputation d'être généreux
- Immoral [ɪ'mɒrəl]	immoral
immorality [ˌɪmə'rælɪtɪ]	l'immoralité
indecent [ɪn'diːsnt]	indécent
obscene [əb'siːn]	obscène
obscenity [əb'senɪtɪ]	l'obscénité
an obscenity	une obscénité
depraved [dɪ'preɪvd]	dépravé
depravity [dɪ'prævɪtɪ]	la dépravation
a vice [vaɪs]	un vice
a pervert [pə'vɜːt]	un(e) vicieux (-euse)
perverted [pə'vɜːtɪd]	vicieux[1]

ATTENTION FAUX AMI 1 : vicious = méchant, haineux en parlant d'une personne

- An impulse ['ɪmpʌls]	une impulsion
to act on impulse	céder à une impulsion
impulsive [ɪm'pʌlsɪv]	impulsif
stimulating ['stɪmjʊleɪtɪŋ]	stimulant
stimulation [ˌstɪmjʊ'leɪʃən]	la stimulation
apathetic [ˌæpə'θetɪk]	apathique
apathy ['æpəθɪ]	l'apathie
- Eccentric [ik'sentrik]	excentrique
an eccentric	un(e) excentrique
eccentrically [ɪk'sentrɪkəlɪ]	avec excentricité
eccentricity [ˌeksən'trɪsɪtɪ]	l'excentricité
an eccentricity a quirk (of character)	une excentricité
a whim [wɪm]	un caprice, une lubie
whimsical ['wɪmzɪkəl]	fantasque
capricious [kə'prɪʃəs] temperamental [ˌtempərə'mentl]	capricieux
- Mood [muːd] BR humour ['hjuːməʳ] AM humor	l'humeur
to be in a good mood to be in a good humour	être de bonne humeur
to be in a bad mood to be out of humour	être de mauvaise humeur
to feel* in the mood for doing sth	se sentir d'humeur à faire qqch.
to be in the right (kind of) mood for doing sth	être d'humeur à faire qqch.
his moodiness (n. c.)	ses sautes d'humeur
moody ['muːdɪ]	d'humeur changeante, lunatique[1]

ATTENTION FAUX AMI 1 : lunatic = fou

3. KINDNESS LA GENTILLESSE

- Sympathetic[1] [ˌsɪmpə'θetɪk] compassionate [kəm'pæʃənət]	compatissant
sympathy[2] ['sɪmpəθɪ] compassion [kəm'pæʃən]	la compassion
sympathetically [ˌsɪmpə'θetɪkəlɪ] compassionately [kəm'pæʃənətlɪ]	avec compassion
to feel* sorry for sb	avoir de la peine pour qqn
to sympathize with sb[3]	comprendre qqn, compatir avec qqn

ATTENTION FAUX AMIS 1 : sympathique = nice, friendly, likeable trouver qqn sympathique = to like sb
2 : la sympathie = friendliness
3 : sympathiser avec qqn = to make friends with sb

- Good [gʊd]	bon

goodness ['gʊdnɪs]	la bonté
kind [kaɪnd] nice [naɪs]	gentil, aimable
a kindness ['kaɪndnɪs]	une gentillesse, une bonté
amiable ['eɪmɪəbl] (soutenu)	aimable
kindly ['kaɪndlɪ] benevolent [bɪ'nevələnt]	bienveillant
kindliness ['kaɪndlɪnɪs] benevolence [bɪ'nevələns]	la bienveillance
gentle ['dʒentl]	doux
gentleness ['dʒentlnɪs]	la douceur
gently ['dʒentlɪ]	doucement
considerate [kən'sɪdərɪt] thoughtful ['θɔ:tfʊl]	prévenant
considerateness [kən'sɪdərɪtnɪs] thoughtfulness ['θɔ:tfʊlnɪs]	la prévenance
humane [hju:'meɪn]	humain
a nice guy (parlé)	un brave type, un type sympa
a decent person	quelqu'un de bien
– Pleasant ['pleznt] congenial [kən'dʒi:nɪəl]	agréable
charming ['tʃɑ:mɪŋ]	charmant
charm [tʃɑ:m]	le charme
delightful [dɪ'laɪtfʊl]	délicieux
sociable ['səʊʃəbl]	sociable

to like sb to be fond of sb	bien aimer qqn
friendly ['frendlɪ]	amical
genial ['dʒi:nɪəl]	affable
– Good-natured	accommodant
good-hearted	qui a bon cœur
to be kind-hearted	avoir bon cœur
to have a heart of gold	avoir un cœur d'or
warm-hearted	chaleureux
tender-hearted	sensible, compatissant
charitable ['tʃærɪtəbl]	charitable
understanding [ˌʌndə'stændɪŋ]	la compréhension
understanding	compréhensif
well-intentioned	bien intentionné
encouraging [ɪn'kʌrɪdʒɪŋ]	encourageant
to encourage [ɪn'kʌrɪdʒ]	encourager
– Tolerant ['tɒlərənt]	tolérant
tolerance ['tɒlərəns]	la tolérance
to tolerate sth / sb to put* up with sth / sb	tolérer qqch. / qqn
indulgent [ɪn'dʌldʒənt] lenient ['li:nɪənt]	indulgent
indulgence [ɪn'dʌldʒəns] leniency ['li:nɪənsɪ]	l'indulgence
pity ['pɪtɪ]	la pitié
to have pity on sb	avoir pitié de qqn
merciful ['mɜ:sɪfʊl]	clément
clemency ['klemənsɪ]	la clémence

4. BEING NASTY LA MÉCHANCETÉ

– Bad [bæd]	mauvais, méchant
wicked ['wɪkɪd]	méchant, malfaisant
nasty ['nɑ:stɪ] AM mean [mi:n]	très méchant, très mauvais
nastily ['nɑ:stɪlɪ]	méchamment
wickedness ['wɪkɪdnɪs] nastiness ['nɑ:stɪnɪs] AM meanness [mi:nnɪs]	la méchanceté
out of spite	par méchanceté
cruel [krʊəl]	cruel
cruelty ['krʊəltɪ]	la cruauté
– Unpleasant [ʌn'pleznt] disagreeable [ˌdɪsə'gri:əbl]	désagréable
unpleasantly [ʌn'plezntlɪ] disagreeably [ˌdɪsə'gri:əblɪ]	désagréablement

unkind *to sb* [ʌn'kaɪnd]	peu gentil *envers qqn*, peu aimable *envers qqn*
cold [kəʊld]	froid
coldness ['kəʊldnɪs]	la froideur
sour-tempered surly ['sɜ:lɪ]	revêche
sour ['saʊə']	acerbe
unsociable [ʌn'səʊʃəbl]	insociable
– Harsh [hɑ:ʃ] stern [stɜ:n] hard [hɑ:d]	dur, sévère
to be harsh with sb to be hard on sb	être sévère avec qqn
uncharitable [ʌn'tʃærɪtəbl]	peu charitable

ruthless ['ru:θlɪs] merciless ['mɜ:sɪlɪs] pitiless ['pɪtɪlɪs]	impitoyable, sans pitié
relentless [rɪ'lentlɪs] remorseless [rɪ'mɔ:slɪs]	implacable
to be heartless	être sans cœur
to have a heart of stone	avoir un cœur de pierre
intolerant [ɪn'tɒlərənt]	intolérant
intolerance [ɪn'tɒlərəns]	l'intolérance

■ 5. SINCERITY AND HONESTY LA SINCÉRITÉ ET L'HONNÊTETÉ

– Sincere [sɪn'sɪəʳ] genuine ['dʒenjʊɪn]	sincère
sincerity [sɪn'serɪtɪ]	la sincérité
frank [fræŋk] candid ['kændɪd]	franc
to be frank *with sb about sth*	parler franchement *de qqch. avec qqn*
frankness ['fræŋknɪs] BR candour[1] ['kændəʳ] AM candor	la franchise

> ATTENTION FAUX AMI 1 : Le français candide peut se rendre par l'anglais innocent, naive, guileless, artless. Le français candeur se rendra par l'anglais innocence, naivety, guilelessness, artlessness. L'anglais ingenuous / ingenuousness signifie à la fois sincère / sincérité et ingénu / ingénuité

– Trust *in sb / sth* [trʌst]	la confiance *en qqn / qqch.*
trusting ['trʌstɪŋ] trustful ['trʌstfʊl]	confiant
to trust sb	faire confiance à qqn
to take* sth on trust	accepter qqch. en toute confiance
trustworthy ['trʌst,wɜ:ðɪ]	digne de confiance
straightforward [,streɪt'fɔ:wəd]	direct
– Innocent ['ɪnəsnt]	innocent
innocence ['ɪnəsns]	l'innocence
naive [naɪ'i:v]	naïf
naivety [naɪ'i:vtɪ]	la naïveté
– Respectable [rɪs'pektəbl]	respectable
respectability [rɪs,pektə'bɪlɪtɪ]	la respectabilité
honest [ɒnɪst]	honnête
honesty ['ɒnɪstɪ]	l'honnêteté
upright ['ʌpraɪt]	intègre, droit
integrity [ɪn'tegrɪtɪ] uprightness ['ʌp,raɪtnɪs]	l'intégrité, la droiture
BR honour ['ɒnəʳ] AM honor	l'honneur
BR honourable ['ɒnərəbl] AM honorable	honorable
to be above board	être très correct
scruples ['skru:plz]	les scrupules
– Conscientious [,kɒnʃɪ'enʃəs]	consciencieux
serious ['sɪərɪəs] earnest ['ɜ:nɪst]	sérieux
seriousness ['sɪərɪəsnɪs] earnestness ['ɜ:nɪstnɪs]	le sérieux
I'm in earnest	je ne plaisante pas, je suis sérieux
loyal *to sb* ['lɔɪəl]	loyal *envers qqn*
loyalty ['lɔɪəltɪ]	la loyauté
faithful *to sb* ['feɪθfʊl]	fidèle *à qqn*
faithfulness ['feɪθfʊlnɪs]	la fidélité
to have faith in sb	croire en qqn, avoir foi en qqn
in good / bad faith	de bonne / mauvaise foi

■ 6. HYPOCRISY AND DISHONESTY L'HYPOCRISIE ET LA MALHONNÊTETÉ

– Dishonest [dɪs'ɒnɪst]	malhonnête
dishonesty [dɪs'ɒnɪstɪ]	la malhonnêteté
unfaithful *to sb* ['ʌn'feɪθfʊl] disloyal *to sb* ['dɪs'lɔɪəl]	déloyal *envers qqn*
disloyalty ['dɪs'lɔɪəltɪ]	la déloyauté
untrustworthy ['ʌn'trʌst,wɜ:ðɪ]	indigne de confiance
distrustful [dɪs'trʌstfʊl] mistrustful [mɪs'trʌstfʊl]	méfiant
distrust [dɪs'trʌst] mistrust [mɪs'trʌst]	la méfiance
to distrust to mistrust	se méfier de
– To lie [laɪ] to tell* lies	mentir
a lie a falsehood ['fɔ:lshʊd] (soutenu)	un mensonge
an untruth ['ʌn'tru:θ]	une contre-vérité

a fib [fɪb] (parlé)	un bobard
a white lie	un pieux mensonge
a liar ['laɪəʳ]	un(e) menteur (-euse)
– To deceive sb	tromper qqn
deceitful [dɪ'si:tfʊl]	trompeur (personne)
deceiving [dɪ'si:vɪŋ] misleading [,mɪs'li:dɪŋ]	trompeur (attitude, apparences)
deceit [dɪ'si:t] deception [dɪ'sepʃən]	la tromperie
to fool sb to take* sb in	duper qqn, berner qqn
to trick sb to con sb (parlé)	rouler qqn
to mislead* sb	induire qqn en erreur
– To conceal sth *from sb* to hide* sth *from sb*	cacher qqch. *à qqn*
to pretend¹ *to do* [prɪ'tend]	faire semblant *de faire*
BR a pretence [prɪ'tens] AM a pretense a pretext ['pri:tekst]	un prétexte
to do* sth under the pretence of	faire qqch. sous couvert de
insincere [,ɪnsɪn'sɪəʳ] hypocritical [,hɪpə'krɪtɪkəl]	hypocrite
a hypocrite ['hɪpəkrɪt]	un(e) hypocrite
insincerity [,ɪnsɪn'serɪtɪ] hypocrisy [hɪ'pɒkrɪsɪ]	l'hypocrisie
affectation [,æfek'teɪʃən]	l'affectation
affected [ə'fektɪd]	affecté
to put* on an act	jouer la comédie

ATTENTION FAUX AMI 1 : prétendre = to claim
il prétend connaître le directeur = he claims he knows the manager

– To cheat [tʃi:t]	tricher
to cheat sb	escroquer qqn
to betray [bɪ'treɪ]	trahir
betrayal [bɪ'treɪəl]	la trahison
treason ['tri:zn]	la trahison (politique)
a traitor ['treɪtəʳ]	un traître
treacherous ['tretʃərəs]	traître
treachery ['tretʃərɪ]	la traîtrise
to conspire *with sb to do sth* [kən'spaɪəʳ]	conspirer *avec qqn pour faire qqch.*
a conspiracy [kən'spɪrəsɪ]	une conspiration
a plot [plɒt]	un complot
to plot *against sb / to do sth*	comploter *contre qqn / de faire qqch.*
an impostor [ɪm'pɒstəʳ]	un imposteur
to pose as	se faire passer pour
double-dealing	la duplicité, le double jeu
to play a double game	jouer double jeu
– Crafty ['krɑ:ftɪ] cunning ['kʌnɪŋ]	rusé
cunning	la ruse
sly [slaɪ]	sournois

■ 7. COURAGE AND COWARDICE LE COURAGE ET LA LÂCHETÉ

– Courageous [kə'reɪdʒəs]	courageux
courageously [kə'reɪdʒəslɪ]	courageusement
courage ['kʌrɪdʒ]	le courage
bold [bəʊld]	hardi
boldly ['bəʊldlɪ]	hardiment
boldness ['bəʊldnɪs]	la hardiesse
brave [breɪv]	courageux
bravely ['breɪvlɪ]	courageusement
bravery ['breɪvərɪ]	le courage
– Heroic [hɪ'rəʊɪk]	héroïque
heroically [hɪ'rəʊɪkəlɪ]	héroïquement
heroism ['herəʊɪzəm]	l'héroïsme
a hero ['hɪərəʊ]	un héros
a heroine ['herəʊɪn]	une héroïne
spirited ['spɪrɪtɪd]	fougueux
with spirit spiritedly ['spɪrɪtɪdlɪ]	avec fougue
to have plenty of spirit	être plein de fougue
– To keep* one's head	garder son sang-froid
to dare *(to) do sth* [dɛəʳ]	oser *faire qqch.*
daring ['dɛərɪŋ] audacious [ɔ:'deɪʃəs]	audacieux
daring audacity [ɔ:'dæsɪtɪ]	l'audace
– Fearless ['fɪəlɪs] intrepid [ɪn'trepɪd]	intrépide
fearlessness ['fɪəlɪsnɪs]	l'intrépidité
bravado [brə'vɑ:dəʊ]	la bravade
to have pluck (parlé)	avoir du cran

to have a nerve (parlé)	avoir du culot
to have the nerve to do sth	avoir l'audace de faire qqch.
– A daredevil ['dɛəʳˌdevl]	un casse-cou
a challenge ['tʃælɪndʒ]	un défi
to dare sb to do sth	mettre qqn au défi de faire qqch.
to take* up a challenge	relever un défi
– Cowardly ['kaʊədlɪ]	lâche
cowardice ['kaʊədɪs] cowardliness ['kaʊədlɪnɪs]	la lâcheté
a coward ['kaʊəd]	un(e) lâche
He's chicken! (parlé)	Quel trouillard !
to chicken out (parlé)	se dégonfler

8. PRIDE AND HUMILITY LA FIERTÉ ET L'HUMILITÉ

– Proud *of* [praʊd]	fier *de*
proudly ['praʊdlɪ]	fièrement
pride [praɪd]	la fierté
to take* (a) pride in sth	tirer fierté de qqch.
to pride o.s. on doing sth	se targuer de faire qqch.
self-confidence	la confiance en soi
to be self-confident	avoir confiance en soi
ambitious [æm'bɪʃəs]	ambitieux
ambition [æm'bɪʃən]	l'ambition
– Vain [veɪn]	vaniteux, narcissique
vanity ['vænɪtɪ]	la vanité, le narcissisme
boastful ['bəʊstfʊl]	vantard
boastfulness ['bəʊstfʊlnɪs]	la vantardise
to boast *of sth, about sth / that* [bəʊst] to brag *about sth / that* [bræg]	se vanter *de qqch. / que*
– Self-satisfaction	la suffisance
self-satisfied	suffisant
conceit [kən'si:t]	la prétention
conceited [kən'si:tɪd]	prétentieux
to show* off	crâner, parader
brash [bræʃ]	effronté
brashly ['bræʃlɪ]	effrontément
brashness ['bræʃnɪs]	l'effronterie
arrogant ['ærəgənt]	arrogant
arrogance ['ærəgəns]	l'arrogance
– Humble ['hʌmbl]	humble
humbly ['hʌmblɪ]	humblement
modest ['mɒdɪst]	modeste, pudique
modestly ['mɒdɪstlɪ]	modestement, pudiquement
modesty ['mɒdɪstɪ]	la modestie, la pudeur
simple ['sɪmpl]	simple
simply ['sɪmplɪ]	simplement
simplicity [sɪm'plɪsɪtɪ]	la simplicité
self-denial abnegation [ˌæbnɪ'geɪʃən]	l'abnégation
– Reserved [rɪ'zɜ:vd]	réservé
discreet [dɪs'kri:t] unobtrusive ['ʌnəb'tru:sɪv]	discret
discreetly [dɪs'kri:tlɪ] unobtrusively ['ʌnəb'tru:sɪvlɪ]	discrètement
discretion [dɪs'kreʃən] unobtrusiveness ['ʌnəb'tru:sɪvnɪs]	la discrétion
indiscreet [ˌɪndɪs'kri:t] obtrusive [əb'tru:sɪv]	indiscret
indiscretion [ˌɪndɪs'kreʃən] obtrusiveness [əb'tru:sɪvnɪs]	l'indiscrétion
nosy ['nəʊzɪ] (parlé)	fureteur, fouinard
– To be self-conscious	être mal à l'aise
awkward ['ɔ:kwəd]	gauche
awkwardly ['ɔ:kwədlɪ]	gauchement
awkwardness ['ɔ:kwədnɪs]	la gaucherie
clumsy ['klʌmzɪ]	maladroit
clumsily ['klʌmzɪlɪ]	maladroitement
clumsiness ['klʌmzɪnɪs]	la maladresse
prim [prɪm]	guindé
shameful ['ʃeɪmfʊl]	honteux (action)
ashamed *of* [ə'ʃeɪmd]	honteux *de* (personne)
shame [ʃeɪm]	la honte
shameless ['ʃeɪmlɪs]	éhonté

9. CAUTION AND CARELESSNESS LA PRUDENCE ET L'IMPRUDENCE

– **Cautious** ['kɔːʃəs] **careful** ['kɛəfʊl]	prudent
cautiously ['kɔːʃəslɪ] **carefully** ['kɛəfəlɪ]	prudemment
caution ['kɔːʃən]	la prudence
thoughtful ['θɔːtfʊl]	réfléchi
wise [waɪz]	sage
wisely ['waɪzlɪ]	sagement
wisdom ['wɪzdəm]	la sagesse
foresight ['fɔːsaɪt] **forethought** ['fɔːθɔːt]	la prévoyance
to take* precautions	prendre des précautions
tact [tækt]	le tact
tactful ['tæktfʊl]	plein de tact
– **Rash** [ræʃ] **imprudent** [ɪm'pruːdənt]	imprudent
rashness ['ræʃnɪs] **imprudence** [ɪm'pruːdəns]	l'imprudence

unwise ['ʌn'waɪz]	malavisé
thoughtless ['θɔːtlɪs]	irréfléchi, inconsidéré
foolhardy ['fuːl,hɑːdɪ] **reckless** ['reklɪs]	téméraire
foolhardiness ['fuːl,hɑːdɪnɪs] **recklessness** ['reklɪsnɪs]	la témérité
risky ['rɪskɪ] **chancy**[1] ['tʃɑːnsɪ]	aventureux (projet)

ATTENTION FAUX AMI 1 : chanceux = **lucky, fortunate**

– **Scatterbrained** ['skætəbreɪnd] AM **birdbrained** ['bɜːdbreɪnd]	écervelé
careless ['kɛəlɪs]	négligent
carelessly ['kɛəlɪslɪ]	négligemment
carelessness ['kɛəlɪsnɪs]	la négligence
tactless ['tæktlɪs]	qui manque de tact
tactlessness ['tæktlɪsnɪs]	le manque de tact

10. GENEROSITY AND MEANNESS LA GÉNÉROSITÉ ET L'AVARICE

– **Generous** ['dʒenərəs]	généreux
generously ['dʒenərəslɪ]	généreusement
generosity [,dʒenə'rɒsɪtɪ]	la générosité
prodigal *of sth* ['prɒdɪgəl] (soutenu)	prodigue *de qqch.*
prodigality [,prɒdɪ'gælɪtɪ] (soutenu)	la prodigalité
to spare no expense *to do sth*	ne pas regarder à la dépense *pour faire qqch.*
hospitable [hɒs'pɪtəbl]	hospitalier
hospitality [,hɒspɪ'tælɪtɪ]	l'hospitalité
– **Selfless** ['selflɪs] **unselfish** ['ʌn'selfɪʃ]	désintéressé
selflessness ['selflɪsnɪs] **unselfishness** ['ʌn'selfɪʃnɪs]	le désintéressement
liberal ['lɪbərəl]	libéral
liberality [,lɪbə'rælɪtɪ]	la libéralité
magnanimous [mæg'nænɪməs]	magnanime
magnanimity [,mægnə'nɪmɪtɪ]	la magnanimité
noble ['nəʊbl]	noble
nobly ['nəʊblɪ]	noblement
nobility [nəʊ'bɪlɪtɪ]	la noblesse

– **Extravagant** [ɪks'trævəgənt]	dépensier
he's a spendthrift	c'est un dépensier
to spend* lavishly **to be lavish with one's money**	dépenser sans compter
to spend* money like water	jeter l'argent par les fenêtres
to squander ['skwɒndəʳ]	gaspiller, dilapider
to be self-indulgent	ne rien se refuser
– **Mean** [miːn] **miserly** ['maɪzəlɪ]	avare
a miser ['maɪzəʳ]	un(e) avare
meanness ['miːnnɪs] **miserliness** ['maɪzəlɪnɪs]	l'avarice
avaricious [,ævə'rɪʃəs]	cupide
avarice ['ævərɪs]	la cupidité
close-fisted (parlé) **tight-fisted** (parlé)	radin
stingy ['stɪndʒɪ] **grasping** ['grɑːspɪŋ]	ladre
greedy ['griːdɪ]	avide
greed [griːd]	l'avidité
greedily ['griːdɪlɪ]	avidement
a skinflint ['skɪnflɪnt]	un grippe-sou

cheeseparing ['tʃi:z,pɛərɪŋ] (n. c. sing.) penny-pinching (n. c. sing.)	des économies de bouts de chandelle
to skimp *on sth* [skɪmp]	lésiner *sur qqch.*
- Thrifty ['θrɪftɪ]	économe
thrift [θrɪft] thriftiness ['θrɪftɪnɪs]	l'économie
to economize [ɪ'kɒnəmaɪz]	économiser
to make economies	faire des économies
frugal ['fru:gəl]	frugal
frugality [fru:'gælɪtɪ]	la frugalité
- Selfish ['selfɪʃ]	égoïste
an egoist ['egəʊɪst]	un(e) égoïste
selfishness ['selfɪʃnəs] selfishness ['selfɪʃnɪs]	l'égoïsme
BR self-centred AM self-centered	égocentrique
BR self-centredness AM self-centeredness	l'égocentrisme

■ 11. HUMOUR L'HUMOUR

- Wit [wɪt]	l'esprit
to be witty	avoir de l'esprit
quick-witted	qui a de la repartie
a witty reply	une remarque spirituelle
tongue in cheek	ironiquement, en plaisantant
to make* fun of sb to poke fun at sb	se moquer de qqn
to tease sb	taquiner qqn
- A joke [dʒəʊk]	une plaisanterie
to joke *about sth*	plaisanter *sur qqch.*
to tell* a joke	raconter une plaisanterie
to get* the point of a joke to see* the joke	saisir la plaisanterie
he can't take a joke (parlé)	il ne comprend pas la plaisanterie
for a joke in jest (soutenu)	par plaisanterie, pour rire
a pun *on sth* [pʌn]	un calembour, un jeu de mots *sur qqch.*
a spoonerism ['spu:nərɪzəm]	une contrepèterie
- A prank [præŋk] a hoax [həʊks] a practical joke	une farce
a practical joker	un farceur
a trick [trɪk]	un tour
to play a trick on sb	faire une farce à qqn, jouer un tour à qqn
it's getting beyond a joke	ce n'est plus drôle
- Farce [fa:s]	la farce
it's farcical	c'est de la pure farce
slapstick (comedy)	la grosse farce
a clown [klaʊn]	un clown
he's a real comedian	c'est un vrai clown, c'est un pitre
comical ['kɒmɪkəl]	comique
to fool around to fool about	faire l'imbécile
to clown about to clown around	faire le clown
a gag [gæg]	une blague
a visual gag	un gag
- BR **humour** ['hju:məʳ] AM humor	l'humour
humorous ['hju:mərəs]	humoristique
a humorist ['hju:mərɪst]	un(e) humoriste
to have a sense of humour	avoir le sens de l'humour
to have no sense of humour	n'avoir aucun sens de l'humour
facetious [fə'si:ʃəs]	moqueur
facetiousness [fə'si:ʃəsnɪs]	la moquerie
a prank [præŋk]	une espièglerie, une facétie
mischievous ['mɪstʃɪvəs]	malicieux
mischievousness ['mɪstʃɪvəsnɪs]	la malice[1]

> ATTENTION FAUX AMI 1 : malice = la malveillance - malicious = malveillant

- Amusing [ə'mju:zɪŋ] entertaining [,entə'teɪnɪŋ]	amusant, divertissant
to amuse [ə'mju:z] to entertain [,entə'teɪn]	amuser, divertir
it's hilarious	c'est à mourir de rire
hilarity [hɪ'lærɪtɪ] merriment ['merɪmənt] mirth [mɜ:θ]	l'hilarité

to have fun to enjoy o.s. to have a good time	s'amuser
to do* sth for fun to do* sth for the fun of it	faire qqch. pour s'amuser
fun [fʌn] amusement [ə'mju:zmənt]	l'amusement, le divertissement
funny ['fʌni]	drôle
entertaining	distrayant
just for a laugh (parlé)	histoire de rire

37 SENSITIVITY
LA SENSIBILITÉ

■ 1. EMOTIONS LES ÉMOTIONS

– An emotion [ɪ'məʊʃən]	une émotion
a feeling ['fi:lɪŋ]	un sentiment
to feel* sth	éprouver qqch.
to experience sth	ressentir qqch.
emotional [ɪ'məʊʃənl]	émotionnel, affectif
emotional	émotif
susceptible *to sth* [sə'septəbl] sensitive *to sth* ['sensɪtɪv]	sensible[1] *à qqch.*
sensitivity [ˌsensɪ'tɪvɪtɪ] sensitiveness ['sensɪtɪvnɪs]	la sensibilité
sentimental [ˌsentɪ'mentl]	sentimental
sentimentally [ˌsentɪ'mentəlɪ]	sentimentalement
sentimentality [ˌsentɪmen'tælɪtɪ]	la sentimentalité

ATTENTION FAUX AMI 1 : sensible = sensé, raisonnable

– Filled with despair/happiness	rempli de désespoir/bonheur
to be full of joy/of enthusiasm	déborder de joie/d'enthousiasme
to laugh/cry for joy	rire/pleurer de joie
– Moving ['mu:vɪŋ]	émouvant
to move sb	émouvoir qqn
touching ['tʌtʃɪŋ]	touchant
to touch sb	toucher qqn
to affect sb	affecter qqn, peiner qqn
to be (deeply) affected *by sth*	être (très) affecté *par qqch.*
to take* sth to heart	prendre qqch. à cœur
impressionable [ɪm'preʃnəbl]	impressionnable
– To bear* sth to endure sth	supporter qqch.
I can't bear it I can't stand it	je ne peux pas supporter ça
I just can't take it any more! (parlé)	Je n'en peux plus !
to put* up with sth/sb	s'accommoder de qqch./qqn
bearable ['bɛərəbl]	supportable
unbearable [ʌn'bɛərəbl]	insupportable
relief [rɪ'li:f]	le soulagement
to relieve sb	soulager qqch.
– Insensitive *to* [ɪn'sensɪtɪv]	insensible *à*
unfeeling [ʌn'fi:lɪŋ] callous ['kæləs]	dur, sans cœur
unemotional ['ʌnɪ'məʊʃənl] emotionless [ɪ'məʊʃənlɪs]	impassible
indifferent *to* [ɪn'dɪfrənt] unconcerned *about* ['ʌnkən'sɜ:nd]	indifférent *à*
to repress one's feelings	réprimer ses sentiments

■ 2. HAPPINESS AND CHEERFULNESS LE BONHEUR ET LA GAIETÉ

– Happy ['hæpɪ]	heureux
happiness ['hæpɪnɪs]	le bonheur
joy [dʒɔɪ]	la joie
delight [dɪ'laɪt]	le ravissement
joyful ['dʒɔɪfʊl] joyous ['dʒɔɪəs]	joyeux
joyously ['dʒɔɪəslɪ] joyfully ['dʒɔɪfəlɪ]	joyeusement
to jump for joy	sauter de joie
overjoyed [ˌəʊvə'dʒɔɪd] thrilled [θrɪld] ecstatic [eks'tætɪk]	au comble de la joie
– Glad *about* [glæd] pleased *with* [pli:zd]	content *de*
delighted [dɪ'laɪtɪd]	ravi
to delight sb	réjouir qqn, enchanter qqn
to rejoice *over sth* [rɪ'dʒɔɪs]	se réjouir *de qqch.*
rejoicing(s) [rɪ'dʒɔɪsɪŋ(z)]	les réjouissances
– Pleasure ['pleʒəʳ] enjoyment [ɪn'dʒɔɪmənt]	le plaisir
a pleasure an enjoyment [ɪn'dʒɔɪmənt]	un plaisir
to take* pleasure in sth/in doing sth	prendre plaisir à qqch./à faire qqch.
to take* delight in to delight in	prendre grand plaisir à
to please sb	faire plaisir à qqn
pleased *with* [pli:zd] satisfied *with* ['sætɪsfaɪd]	satisfait *de*
to enjoy sth/doing sth	aimer qqch./faire qqch.

to enjoy o.s. to have a good time to have fun	s'amuser, prendre du bon temps
enjoyable [ɪn'dʒɔɪəbl] pleasant ['pleznt]	agréable
– Cheerful ['tʃɪəfʊl]	gai, enjoué
cheerfully ['tʃɪəfʊlɪ]	gaiement
cheerfulness ['tʃɪəfʊlnɪs]	la gaieté
liveliness ['laɪvlɪnɪs] buoyancy ['bɔɪənsɪ]	l'entrain
lively ['laɪvlɪ] buoyant ['bɔɪənt] high-spirited	plein d'entrain
to be in high spirits to be full of beans (parlé)	être plein d'entrain
to be as pleased as Punch	être aux anges
– Light-hearted	enjoué
jolly ['dʒɒlɪ] jovial ['dʒəʊvɪəl]	jovial
BR good-humoured AM good-humored	de bonne humeur
carefree ['kɛəfri:] happy-go-lucky	insouciant
chirpy ['tʃɜ:pɪ] (parlé) perky ['pɜ:kɪ] (parlé)	guilleret
– To keep* one's spirits up	ne pas se laisser abattre
Keep your chin up! (parlé)	Allez, un peu de courage !
to cheer up	se dérider
Cheer up!	Haut les cœurs !
to cheer sb up	remonter le moral à qqn
to take* heart	reprendre courage
to be in good spirits	avoir bon moral

3. CALMNESS LE CALME

– Calm [kɑ:m] cool [ku:l]	calme
calmly ['kɑ:mlɪ] coolly ['ku:lɪ]	calmement
to calm sb (down)	calmer qqn
to calm down to cool down	se calmer
to keep* calm to keep* cool to keep* one's cool (parlé)	rester calme, garder son calme
– Composed [kəm'pəʊzd] cool-headed collected [kə'lektɪd] (soutenu)	plein de sang-froid
composure [kəm'pəʊʒəʳ] sang-froid ['sɑ̃:ŋ'frwɑ:] (soutenu)	le sang-froid
phlegmatic [fleg'mætɪk]	flegmatique
to be as cool as a cucumber	garder son flegme
to keep* one's temper	ne pas se fâcher
to have an even temper to be even-tempered	être d'humeur égale
Cool it! (parlé)	Ne t'énerve pas !, Du calme !
to lose* one's temper to lose* one's cool (parlé)	perdre son calme
– Self-control [ˌselfkən'trəʊl] self-command [ˌselfkə'mɑ:nd]	la maîtrise de soi
to keep* one's self-control	rester maître de soi
to control o.s.	se maîtriser
to control one's feelings	maîtriser ses sentiments
– Peaceful ['pi:sfʊl]	paisible
peacefully ['pi:sfəlɪ]	paisiblement
peace [pi:s]	la paix, la tranquillité
serene [sə'ri:n]	serein
serenely [sə'ri:nlɪ]	sereinement
serenity [sɪ'renɪtɪ]	la sérénité
to unwind* [ʌn'waɪnd] (parlé) to relax [rɪ'læks] (parlé)	se détendre
relaxed [rɪ'lækst]	détendu, décontracté
relaxation [ˌri:læk'seɪʃən]	la détente

4. SADNESS LA TRISTESSE

– Sad [sæd]	triste
sadly ['sædlɪ]	tristement
to sadden sb	attrister qqn
unhappy [ʌn'hæpɪ]	malheureux

unhappiness [ʌn'hæpɪnɪs]	le malheur
he doesn't feel good about himself	il est mal dans sa peau
– To depress sb	déprimer qqn
depressed [dɪ'prest]	déprimé
a nervous breakdown	une dépression nerveuse
depressing [dɪ'presɪŋ]	déprimant
– Discouraged [dɪs'kʌrɪdʒd] disheartened [dɪs'hɑ:tnd]	découragé
discouraging [dɪs'kʌrɪdʒɪŋ] disheartening [dɪs'hɑ:tnɪŋ]	décourageant
to get* discouraged to lose* heart	se décourager
to feel* low to be in low spirits to be down in the mouth (parlé)	être démoralisé
to feel* down to feel* blue (parlé)	avoir le cafard
downcast ['daʊn,kɑ:st] dispirited [dɪs'pɪrɪtɪd] dejected [dɪ'dʒektɪd]	abattu
to lose* hope	perdre espoir
BR sombre ['sɒmbəʳ] AM somber	sombre
sullen ['sʌlən]	maussade, renfrogné
– Gloomy ['glu:mɪ] lugubrious [lu:'gu:brɪəs] dismal ['dɪzməl]	lugubre
to feel* gloomy	avoir des idées noires
gloom [glu:m]	la profonde tristesse
to look glum	avoir l'air lugubre
dismayed [dɪs'meɪd]	consterné
dismay [dɪs'meɪ] consternation [,kɒnstə'neɪʃən]	la consternation
to my great dismay	à ma grande consternation
– Wistful ['wɪstfʊl] melancholy ['melənkəlɪ]	mélancolique
wistfully ['wɪstfəlɪ] melancholically [,melən'kɒlɪklɪ]	mélancoliquement
wistfulness ['wɪstfʊlnɪs] melancholy	la mélancolie
morose [mə'rəʊs]	morose
nostalgia [nɒs'tældʒɪə]	la nostalgie
nostalgic [nɒs'tældʒɪk]	nostalgique
homesickness ['həʊm,sɪknɪs]	le mal du pays
to be homesick	avoir le mal du pays
to feel* sorry for o.s.	s'apitoyer sur son propre sort
– Upset [ʌp'set] annoyed [ə'nɔɪd]	contrarié
to upset* sb to annoy sb	contrarier qqn
an upset	un chagrin
upsetting [ʌp'setɪŋ] annoying [ə'nɔɪɪŋ]	contrariant
a worry ['wʌrɪ]	un souci
to trouble sb	gêner qqn
troublesome ['trʌblsəm]	gênant

5. DISTRESS LA DÉTRESSE

– Despair [dɪs'pɛəʳ]	le désespoir
to be in despair	être au désespoir
to drive* sb to despair	faire le désespoir de qqn
to despair *of (doing) sth*	désespérer ***de (faire)*** *qqch.*
desperate ['despərɪt]	désespéré
desperately ['despərɪtlɪ]	désespérément
despairing [dɪs'pɛərɪŋ] hopeless ['həʊplɪs]	désespérant
distressing [dɪs'tresɪŋ]	affligeant
– Anguish ['æŋgwɪʃ]	le tourment
anguished ['æŋgwɪʃt]	tourmenté
shattered ['ʃætəd]	bouleversé
shattering ['ʃætərɪŋ]	bouleversant
mournful ['mɔ:nfʊl]	éploré
to mourn for sb	pleurer la mort de qqn
– Pain [peɪn]	la douleur
painful ['peɪnfʊl]	douloureux
grief [gri:f] sorrow ['sɒrəʊ]	le chagrin, la peine
grief-stricken	accablé de chagrin
sorrowful ['sɒrəʊfʊl]	affligé
to grieve *at, about, over* [gri:v]	s'affliger ***de***
to grieve for sb/sth	pleurer qqn/qqch.

– Misery ['mɪzərɪ]	la misère
miserable ['mɪzərəbl] wretched ['retʃɪd]	malheureux, misérable
miserably ['mɪzərəblɪ]	misérablement, pitoyablement
bitter ['bɪtəʳ]	amer
bitterly ['bɪtəlɪ]	amèrement
bitterness ['bɪtənɪs]	l'amertume
to break* sb's heart	briser le cœur de qqn
to be heartbroken to be broken-hearted	avoir le cœur brisé
to have an aching heart	avoir la mort dans l'âme
– Pitiful ['pɪtɪfʊl] pitiable ['pɪtɪəbl]	pitoyable
pitifully ['pɪtɪfəlɪ] pitiably ['pɪtɪəblɪ]	pitoyablement
pathetic [pə'θetɪk]	désolant, navrant
pathos ['peɪθɒs]	le pathétique
lamentable ['læməntəbl]	lamentable

■ 6. ANXIETY L'ANXIÉTÉ

– Nervous ['nɜːvəs]	nerveux
nervously ['nɜːvəslɪ]	nerveusement
nervousness ['nɜːvəsnɪs]	la nervosité
to be highly strung	être très nerveux
to be on edge	être énervé, être à cran
he's a bundle of nerves	c'est un paquet de nerfs
to live on one's nerves	vivre sur les nerfs
to disturb sb to perturb sb	perturber qqn
disturbed *by, at* [dɪs'tɜːbd] perturbed *by* [pə'tɜːbd]	perturbé *par*
disturbing [dɪs'tɜːbɪŋ] perturbing [pə'tɜːbɪŋ]	troublant
– Tense [tens]	tendu
tenseness ['tensnɪs] strain [streɪn]	la tension
stress [stres]	le stress
to be under stress	être stressé
stressful ['stresfʊl]	stressant
the stresses and strains of modern life	les agressions de la vie moderne
agitated ['ædʒɪteɪtɪd]	agité
agitation [ˌædʒɪ'teɪʃən]	l'agitation
to get* o.s. into a state to work o.s. into a state	se mettre dans tous ses états
to get* all hot and bothered *about* (parlé)	se mettre dans tous ses états *à propos de*
– Worried *about* ['wʌrɪd] concerned *about* [kən'sɜːnd]	inquiet *de*
to worry* sb to disquiet sb	inquiéter qqn
to worry* *about* ['wʌrɪ] to be concerned *about*	s'inquiéter *au sujet de*, se faire du souci *pour*
worry concern [kən'sɜːn] disquiet [dɪs'kwaɪət]	l'inquiétude, le souci
health worries	des soucis de santé
worrying ['wʌrɪɪŋ] disquieting [dɪs'kwaɪətɪŋ]	inquiétant
he is a great worry to us	il nous donne beaucoup de souci
to be worried to death (parlé) to be worried stiff (parlé)	se faire du mauvais sang
anxious ['æŋkʃəs]	anxieux, angoissé
uneasy [ʌn'iːzɪ]	mal à l'aise, gêné
uneasiness [ʌn'iːzɪnɪs]	le malaise, la gêne

■ 7. FEAR AND TERROR LA PEUR ET LA TERREUR

– A fear [fɪəʳ]	une peur, une crainte
to fear sth / sb	craindre qqch. / qqn
to be fearful of sth / of doing sth	craindre qqch. / de faire qqch.
to fear for sb / sth	trembler pour qqn / qqch.
to be in fear of one's life to fear for one's life	craindre pour sa vie
for fear of / that	de crainte de / que
to be afraid *of sth / to do*	avoir peur *de qqch. / de faire*
to be frightened *of sth / to do* to be scared *of sth / of doing*	avoir très peur *de qqch. / de faire*
fright [fraɪt]	la frayeur
frightened ['fraɪtnd] scared [skɛəd]	effrayé

to frighten sb to give* sb a fright to scare sb	faire peur à qqn
to be frightened into doing sth	faire qqch. par peur
frightening ['fraɪtnɪŋ]	effrayant
scary ['skɛərɪ] (parlé)	angoissant, qui donne des frissons
to have a fit of nerves	avoir le trac (à l'examen)
to have stage fright	avoir le trac (devant un public)
– Alarmed [ə'lɑ:md]	alarmé
to be scared stiff (parlé) to be scared to death (parlé) to be scared out of one's wits	être mort de peur
to have the jitters (parlé) to be jittery (parlé)	avoir la frousse
to scare the life out of sb to scare the living day-lights out of sb (parlé)	faire une peur bleue à qqn
apprehension [ˌæprɪ'henʃən]	l'appréhension
apprehensive [ˌæprɪ'hensɪv]	appréhensif
– Fearful ['fɪəfʊl] fearsome ['fɪəsəm]	effroyable
alarming [ə'lɑ:mɪŋ]	alarmant
– Dread [dred]	l'effroi
to dread [dred]	redouter
terror ['terəʳ]	la terreur, l'épouvante
terrible ['terəbl] dreadful ['dredfʊl] awful ['ɔ:fəl]	terrible
terribly ['terəblɪ] dreadfully ['dredfəlɪ] awfully ['ɔ:flɪ]	terriblement
to terrify* sb	terrifier qqn
terrifying ['terɪfaɪɪŋ]	terrifiant
terrified ['terɪfaɪd]	terrifié
to terrorize sb	terroriser qqn
– BR to appal sb AM to appall sb	épouvanter qqn
appalling [ə'pɔ:lɪŋ] dreadful ['dredfʊl]	épouvantable, effroyable
to be appalled at sth	être épouvanté de qqch.
to strike* terror in sb	remplir qqn d'effroi
blood-curdling spine-chilling	à vous glacer le sang
– Horror ['hɒrəʳ]	l'horreur
horrible ['hɒrɪbl] horrendous [hɒ'rendəs] horrific [hɒ'rɪfɪk]	horrible
horribly ['hɒrɪblɪ] horrendously [hɒ'rendəslɪ] horrifically [hɒ'rɪfɪkəlɪ]	horriblement
to have a horror of sth / of doing sth	avoir horreur de qqch. / de faire qqch.
to horrify* ['hɒrɪfaɪ]	horrifier
to be horrified *at sth*	être horrifié *par qqch.*
horrifying ['hɒrɪfaɪɪŋ]	horrifiant
– Panic ['pænɪk]	l'affolement, la panique
a panic	un affolement, une panique
to (get* into a) panic	s'affoler
panic-stricken	affolé, pris de panique
panicky ['pænɪkɪ] (parlé)	qui s'affole facilement
petrified ['petrɪfaɪd]	pétrifié

8. ENTHUSIASM AND BOREDOM L'ENTHOUSIASME ET L'ENNUI

– An enthusiast [ɪn'θu:zɪæst]	un(e) enthousiaste
enthusiastic [ɪnˌθu:zɪ'æstɪk]	enthousiaste
enthusiastically [ɪnˌθu:zɪ'æstɪkəlɪ]	avec enthousiasme
eager *for sth / to do sth* ['i:gəʳ] BR keen *on sth / on doing sth, to do sth* [ki:n]	plein d'enthousiasme *pour qqch. / pour faire qqch.*
– Ardent ['ɑ:dənt]	ardent
BR ardour ['ɑ:dəʳ] AM ardor	l'ardeur
fervent ['fɜ:vənt]	fervent
to thrill sb	faire un plaisir fou à qqn
a thrill of joy	un frisson de joie
zeal [zi:l]	le zèle
zealous ['zeləs]	zélé
motivation [ˌməʊtɪ'veɪʃən]	la motivation
motivated ['məʊtɪveɪtɪd]	motivé
– Excitement [ɪk'saɪtmənt]	l'excitation
to excite sb	passionner qqn, exciter qqn

excited [ɪk'saɪtɪd] turned on (parlé)	excité
exciting [ɪk'saɪtɪŋ] thrilling ['θrɪlɪŋ]	passionnant, excitant
to get* excited	s'exciter
to get* a kick out of sth (parlé)	trouver qqch. excitant
overexcited [əʊvərɪk'saɪtɪd]	surexcité
– Sensational [sen'seɪʃənl]	sensationnel, formidable
It's sensational! It's a sensation!	C'est sensationnel !
breathtaking ['breθteɪkɪŋ]	à couper le souffle
exhilarating [ɪg'zɪləreɪtɪŋ]	grisant
to be exhilarated by sth	être grisé par qqch.
– Boredom ['bɔ:dəm] tedium ['ti:dɪəm]	l'ennui
boring ['bɔ:rɪŋ]	ennuyeux
he's so boring he's such a bore	il est tellement ennuyeux
tedious ['ti:dɪəs]	mortellement ennuyeux (conversation, tâche)
to bore sb	ennuyer qqn
to get* bored	s'ennuyer
to be bored to tears to be bored stiff (parlé)	s'ennuyer à mourir
– Monotonous [mə'nɒtənəs]	monotone
monotony [mə'nɒtənɪ]	la monotonie
to weary of sth / sb	se lasser de qqch. / qqn
weariness ['wɪərɪnɪs]	la lassitude
to have enough *of*	en avoir assez *de*
to be fed up *with* (parlé)	en avoir marre *de*
to be sick to death of sth (parlé)	en avoir par-dessus la tête de qqch.
to be sick and tired of sth (parlé)	en avoir ras le bol de qqch.

■ 9. FRIENDSHIP L'AMITIÉ

– Friendship ['frendʃɪp]	l'amitié
a friend [frend]	un(e) ami(e)
a friend of mine one of my friends	un de mes amis
a childhood friend	un ami d'enfance
a close friend	un ami intime
to like sb	bien aimer qqn
to take* a liking to sb	se prendre d'amitié pour qqn
to make* friends with sb to strike* up a friendship with sb	se lier d'amitié avec qqn
– Friendly ['frendlɪ]	amical
in a friendly way	amicalement
friendliness ['frendlɪnɪs]	la gentillesse
goodwill *towards sb* [,gʊd'wɪl]	la bonne volonté *envers qqn*
devoted [dɪ'vəʊtɪd]	dévoué
devotion[1] *to sb* [dɪ'vəʊʃən]	le dévouement *envers qqn*

ATTENTION FAUX AMI 1 : la dévotion = devoutness, religious devotion

– An acquaintance [ə'kweɪntəns]	une connaissance
a comrade ['kɒmreɪd]	un(e) camarade
comradeship ['kɒmreɪdʃɪp]	la camaraderie
camaraderie [,kæmə'rɑ:dərɪ]	la camaraderie (régiment, équipe)
a companion [kəm'pænjən]	un compagnon, une compagne
a mate [meɪt] (parlé) a pal [pæl] (parlé)	un copain, une copine
AM a buddy ['bʌdɪ] (parlé)	un copain
– Affectionate [ə'fekʃənɪt]	affectueux
affection [ə'fekʃən] fondness ['fɒndnɪs]	l'affection
to be fond of sb	avoir de l'affection pour qqn
a token of affection	un gage d'affection
– Likeable ['laɪkəbl] nice [naɪs]	sympathique[1] (personne)
friendly ['frendlɪ] pleasant ['pleznt]	sympathique[1] (soirée)
to like sb	avoir de la sympathie[2] pour qqn
friendliness ['frendlɪnɪs]	la sympathie[3]
to make* friends with sb	sympathiser[2] avec qqn

ATTENTION FAUX AMIS 1 : sympathetic = compatissant
2 : to sympathize = compatir
3 : sympathy = la compassion

to be on good terms *with sb* / to be on friendly terms *with sb*	être en bons termes *avec qqn*
to get* on (well) *with sb*	bien s'entendre *avec qqn*
to get* on like a house on fire (parlé)	s'entendre à merveille

10. LOVE L'AMOUR

– To love [lʌv]	aimer
beloved [bɪ'lʌvɪd]	bien-aimé
his beloved	sa bien-aimée
to be in love *with*	être amoureux *de*
to fall* in love *with sb* / to fall* *for sb* [fɔːl] (parlé)	tomber amoureux *de qqn*
it was love at first sight	ça a été le coup de foudre
– Loving ['lʌvɪŋ]	affectueux, aimant
lovingly ['lʌvɪŋlɪ]	affectueusement
tender ['tendəʳ]	tendre
tenderly ['tendəlɪ]	tendrement
tenderness ['tendənɪs]	la tendresse
to adore [ə'dɔːʳ]	adorer
adoration [ˌædə'reɪʃən]	l'adoration
adorable [ə'dɔːrəbl]	adorable
to cherish ['tʃerɪʃ]	chérir
passionate ['pæʃənɪt]	passionné, éperdu
passionately ['pæʃənɪtlɪ]	passionnément, éperdument
a suitor ['suːtəʳ]	un soupirant
– To be crazy about sb / to be wild about sb / to be mad about sb (parlé)	être fou de qqn
to become* infatuated with sb	s'amouracher de qqn
to take* a fancy to sb (parlé)	se toquer de qqn
to be keen on sb (parlé)	avoir le béguin pour qqn
to be enamoured of sb (soutenu)	être épris de qqn
to dote on sb	aimer qqn à la folie
to have a soft spot for sb (parlé)	avoir un petit faible pour qqn
– Alluring [ə'ljʊərɪŋ] / appealing [ə'piːlɪŋ]	attrayant
attractive [ə'træktɪv]	attirant
to attract sb / to appeal to sb	attirer qqn, plaire à qqn
to be attracted to sb / to feel* drawn to sb	être attiré par qqn
attraction [ə'trækʃən]	l'attirance
charm [tʃɑːm] / appeal [ə'piːl]	le charme
to captivate sb	tenir qqn sous le charme
– To seduce [sɪ'djuːs]	séduire
seduction [sɪ'dʌkʃən]	la séduction
a seducer [sɪ'djuːsəʳ]	un(e) séducteur (-trice)
seductive [sɪ'dʌktɪv]	séduisant
to desire [dɪ'zaɪəʳ]	désirer
desire	le désir
desirable [dɪ'zaɪərəbl]	désirable
– A boyfriend ['bɔɪfrend]	un petit ami
a girlfriend ['gɜːlfrend]	une petite amie
to go* out with sb (parlé)	sortir avec qqn (en général)
to have a date with sb (parlé)	sortir avec qqn (un soir)
to be going steady (parlé)	sortir ensemble (régulièrement)
to court sb (soutenu) / to woo sb (soutenu)	faire la cour à qqn
a couple ['kʌpl]	un couple
an affair [ə'fɛəʳ] / a love affair	une liaison
her lover	son amant
his mistress	sa maîtresse
a flirtation [flɜː'teɪʃən]	un flirt
to flirt *with sb* [flɜːt]	flirter *avec qqn*
to be flirtatious	aimer flirter
he tried to pick her up (parlé) / he chatted her up (parlé)	il l'a draguée
she stood him up (parlé)	elle lui a posé un lapin
– A kiss [kɪs]	un baiser
with (much) love / love and kisses	bons baisers (en fin de lettre)
to kiss sb / to give* sb a kiss	embrasser qqn
to hug sb / to give* sb a hug	serrer qqn dans ses bras
to embrace sb	prendre qqn dans ses bras, étreindre qqn

an embrace [ɪm'breɪs]	une étreinte
to caress [kə'res] to fondle ['fɒndl]	caresser
to stroke sb's hand / hair	caresser la main / les cheveux de qqn
a caress	une caresse
to cuddle sb to give* sb a cuddle	faire un câlin à qqn
to hold* hands	se tenir par la main

– Dear [dɪəʳ]	cher
dearest ['dɪər'st]	très cher
darling ['dɑːlɪŋ]	chéri
yes, my darling	oui, mon chéri
yes, honey	oui, chéri(e)
my love	mon amour
yes, sweetheart	oui, mon ange

■ 11. JEALOUSY AND REVENGE LA JALOUSIE ET LA VENGEANCE

– Revenge [rɪ'vendʒ] vengeance ['vendʒəns]	la vengeance
an act of revenge an act of vengeance	une vengeance
to avenge sb / sth	venger qqn / qqch.
to avenge o.s. *on sb* to get* one's revenge *on sb*	se venger *de qqn*
to take* revenge *on sb for sth*	se venger *de qqch. sur qqn*
in revenge for sth	pour se venger de qqch.
to seek* revenge *for sth*	chercher à se venger *de qqch.*
vindictive [vɪn'dɪktɪv] vengeful ['vendʒfʊl]	vindicatif
to revenge o.s. to get* one's own back	prendre sa revanche
– Envy ['envɪ]	l'envie
envious ['envɪəs]	envieux
enviously ['envɪəslɪ] with envy	avec envie
to make* sb envious	faire envie à qqn
to envy *sb (for) sth*	envier *qqch. à qqn*
covetousness ['kʌvɪtəsnɪs]	la convoitise
to covet ['kʌvɪt]	convoiter

– Jealousy ['dʒeləsɪ]	la jalousie
jealous ['dʒeləs]	jaloux
to be jealous *of sth / sb*	être jaloux *de qqch. / qqn*
green with envy (parlé)	vert de jalousie
a rival ['raɪvəl]	un(e) rival(e)
rivalry *between* ['raɪvəlrɪ]	la rivalité *entre*
– Reprisal [rɪ'praɪzəl] retaliation [rɪˌtælɪ'eɪʃən] (n. c. sing.)	des représailles
to take* reprisals *against sb* to retaliate *against sb* [rɪ'tælɪeɪt]	user de représailles *contre qqn*
as a reprisal for in retaliation for	en représailles de
to give* sb tit for tat	rendre la pareille à qqn
it's tit for tat	c'est œil pour œil, dent pour dent
to pay* sb back to get* even with sb to give* sb a dose of their own medicine	rendre à qqn la monnaie de sa pièce
a vendetta *between* [ven'detə]	une vendetta *entre*
a family feud	une querelle de famille

■ 12. IRRITATION AND ANNOYANCE L'IRRITATION ET L'AGACEMENT

– To irritate sb	irriter qqn
irritating ['ɪrɪteɪtɪŋ]	irritant
irritable ['ɪrɪtəbl]	irritable
irritability [ˌɪrɪtə'bɪlɪtɪ]	l'irritabilité
tiresome ['taɪəsəm] irksome ['ɜːksəm] vexing[1] ['veksɪŋ]	irritant, agaçant
a vexation[2] [vek'seɪʃən]	un agacement
to vex[3] sb (soutenu)	agacer qqn

ATTENTION FAUX AMIS 1 : vexant pour = hurtful to
2 : une vexation = a humiliation
3 : vexer qqn = to hurt sb, to offend sb

– To be a nuisance	être embêtant
to be a nuisance to sb	casser les pieds à qqn
What a nuisance!	Que c'est embêtant !
– To pester sb	importuner qqn
to bother sb to bug sb	embêter qqn

to disturb sb	déranger qqn
– To exasperate sb to aggravate sb (parlé)	exaspérer qqn
exasperating [ɪg'zɑːspəreɪtɪŋ]	exaspérant
exasperatingly slow	d'une lenteur exaspérante
exasperation [ɪg,zɑːspə'reɪʃən]	l'exaspération
impatient [ɪm'peɪʃənt]	impatient
to get* sb's goat (parlé) to get* on sb's nerves (parlé)	taper sur les nerfs de qqn
to badger sb *with*	harceler qqn *de*
to get* hot under the collar (parlé)	bouillir (d'énervement)
– Indignant [ɪn'dɪgnənt]	indigné
indignation [,ɪndɪg'neɪʃən]	l'indignation
to lose* patience *with sb*	perdre patience *avec qqn*
to try sb's patience to try sb	mettre la patience de qqn à l'épreuve
trying ['traɪɪŋ]	éprouvant
to be ruffled	perdre son calme

– To be in a (bad) temper to be bad-tempered	être de mauvaise humeur
to be in a foul temper	être d'une humeur massacrante
to have a quick temper to be quick-tempered	se mettre facilement en colère
to fly* into a temper	se mettre en rogne
to have a hot temper to be hot-tempered	être soupe au lait
to have a nasty temper to have a vile temper	avoir un sale caractère
dissatisfied ['dɪs'sætɪsfaɪd]	insatisfait
dissatisfaction ['dɪs,sætɪs'fækʃən]	l'insatisfaction
– Displeasure [dɪs'pleʒəʳ] discontent(ment) ['dɪskən'tent(mənt)]	le mécontentement
displeased *with* [dɪs'pliːzd]	mécontent *de*
to displease sb	mécontenter qqn
touchy ['tʌtʃɪ]	susceptible
touchiness ['tʌtʃɪnɪs]	la susceptibilité
huffy ['hʌfɪ] (parlé)	froissé
to be in a huff (parlé)	être froissé
to get* into a huff (parlé)	prendre la mouche

■ 13. ANGER AND RAGE LA COLÈRE ET LA RAGE

– Anger ['æŋgəʳ]	la colère
angry *with sb at sth* ['æŋgrɪ]	en colère *contre qqn à cause de qqch.*
cross *with* [krɒs]	fâché *contre*
crossly ['krɒslɪ] angrily ['æŋgrɪlɪ]	d'un air fâché
an outburst of anger a fit of anger	un accès de colère
angrily ['æŋgrɪlɪ] in anger	avec colère
to make* sb angry to anger sb	mettre qqn en colère
to get* angry to lose* one's temper	se mettre en colère
to throw* a tantrum	faire une colère (enfant)
to take* one's anger out on sb to vent one's anger on sb	passer sa colère sur qqn
to be mad at sb (parlé)	être furieux contre qqn
to get* mad at sb (parlé)	s'emporter contre qqn
peeved *with* [piːvd] (parlé) sore *with* [sɔːʳ] (parlé)	en rogne *contre*

– Fury ['fjʊərɪ]	la fureur
furious ['fjʊərɪəs] incensed [ɪn'senst] infuriated [ɪn'fjʊərɪeɪtɪd]	furieux
to infuriate sb to incense sb	rendre qqn furieux
to madden sb to drive* sb mad	rendre qqn fou, faire enrager qqn
infuriating [ɪn'fjʊərɪeɪtɪŋ] maddening ['mædnɪŋ]	rageant
– Rage [reɪdʒ]	la rage
to fly* into a rage	se mettre en rage
to be in a rage to fume (with rage)	être en rage
to enrage sb	mettre qqn en rage
in a blind rage in a towering rage	dans une rage folle
to be wild at sb (parlé) to be wild with sb (parlé)	être fou de rage contre qqn
to have a fit of rage	piquer une crise de rage
to be beside o.s. with rage	être hors de soi

– To blow* one's top (parlé)	exploser
overwrought [əʊvə'rɔːt]	excédé, à bout
to fly* off the handle (parlé)	sortir de ses gonds
it makes my blood boil	cela me fait bouillir
irate [aɪ'reɪt] wrathful ['rɒθfʊl] (soutenu)	courroucé
wrath [rɒθ] (soutenu)	le courroux

14. AGGRESSIVENESS AND HOSTILITY L'AGRESSIVITÉ ET L'HOSTILITÉ

– Unfriendly ['ʌn'frendlɪ]	peu amical
spiteful ['spaɪtfʊl] malicious[1] [mə'lɪʃəs]	malveillant
spitefulness ['spaɪtfʊlnɪs] malice[2] ['mælɪs]	la malveillance

ATTENTION FAUX AMIS 1 : malicieux = mischievous
2 : la malice = mischievousness

– BR rancour ['ræŋkəʳ] AM rancor	la rancœur
grudge [grʌdʒ]	la rancune
to bear* sb a grudge *for* sth	garder rancune à qqn *de* qqch.
I don't bear grudges	Je ne suis pas rancunier
resentment [rɪ'zentmənt]	le ressentiment
to resent sth to be resentful of sth	éprouver du ressentiment de qqch.
animosity *towards* [,ænɪ'mɒsɪtɪ]	l'animosité *contre*
– Brutal ['bruːtl]	brutal
brutality [bruː'tælɪtɪ]	la brutalité
aggressive [ə'gresɪv]	agressif
aggressiveness [ə'gresɪvnɪs]	l'agressivité
an attack [ə'tæk]	une agression
– Hostile *to* ['hɒstaɪl, 'hɒstəl]	hostile *à*
hostility [hɒs'tɪlɪtɪ]	l'hostilité
a threat [θret] a menace ['menɪs]	une menace
to threaten *sb with sth* ['θretn] to menace	menacer *qqn de qqch.*
threatening ['θretnɪŋ] menacing ['menɪsɪŋ]	menaçant
– To insult sb	insulter qqn
an insult [ɪn'sʌlt]	une insulte
to abuse sb	injurier qqn
abuse [ə'bjuːz] (n. c. sing.)	les injures
abusive [əb'juːsɪv]	injurieux
a swearword ['swɛəwɜːd] an oath [əʊθ] a curse [kɜːs]	un juron
to curse sb / sth	maudire qqn / qqch.
to swear* *at sb* [swɛəʳ]	jurer *contre qqn*
to snap at sb to bite* sb's head off (parlé)	rabrouer qqn
– To scoff at sb to poke fun at sb to mock sb	se moquer de qqn
mockery ['mɒkərɪ]	la moquerie
ridicule ['rɪdɪkjuːl]	le ridicule
to ridicule	ridiculiser
to jeer at sb to gibe at sb to sneer at sb	railler qqn
a jeer [dʒɪəʳ] a gibe [dʒaɪb] a sneer [snɪəʳ]	une raillerie, une moquerie, un quolibet
– An enemy ['enəmɪ] a foe [fəʊ] (soutenu)	un(e) ennemi(e)
an opponent [ə'pəʊnənt]	un(e) adversaire

38 THE MIND
L'ESPRIT

1. INTELLECTUAL ABILITIES LES FACULTÉS INTELLECTUELLES

– Intelligent [ɪn'telɪdʒənt] clever ['klevəʳ] bright [braɪt] brainy ['breɪnɪ] (parlé)	intelligent (personne)
intelligence [ɪn'telɪdʒəns]	l'intelligence
the brain [breɪn]	le cerveau
the intellect ['ɪntɪlekt]	l'intellect
intellectual [ɪntɪ'lektjʊəl]	intellectuel
an intellectual	un(e) intellectuel(le)
the intelligentsia [ɪn,telɪ'dʒentsɪə]	l'intelligentsia
– Able *to do sth* ['eɪbl] capable *of doing sth* ['keɪpəbl]	capable *de faire qqch.*, apte[1] *à faire qqch.*
ability [ə'bɪlɪtɪ] capability [,keɪpə'bɪlɪtɪ]	la capacité
aptitude *for sth / doing sth* ['æptɪtju:d]	l'aptitude *pour qqch. / à faire qqch.*
to have an aptitude for sth	avoir des dispositions pour qqch.
competent ['kɒmpɪtənt]	compétent
competence ['kɒmpɪtəns]	la compétence

ATTENTION FAUX AMI 1 : to be apt to do sth = être enclin à faire qqch.

– To be quick-witted / slow-witted	avoir l'esprit vif / lent
to be quick on the uptake	comprendre vite, avoir l'esprit vif
penetrating ['penɪtreɪtɪŋ] sharp [ʃɑ:p]	pénétrant, sagace
insight ['ɪnsaɪt]	la perspicacité
– Smart [smɑ:t] shrewd [ʃru:d] astute [əs'tju:t]	astucieux
perceptive [pə'septɪv]	perspicace
cunning ['kʌnɪŋ]	malin, rusé
resourceful [rɪ'sɔ:sfʊl]	ingénieux, plein de ressources
skilful ['skɪlfʊl]	habile
skill [skɪl]	l'habileté
to have the knack of doing sth	connaître le truc pour faire qqch., avoir le coup pour faire qqch.
there's a knack to it	il y a un truc
to have a flair for sth	avoir du flair pour qqch.

– A gift [gɪft]	un don
gifted ['gɪftɪd]	doué
to have a gift for sth	être doué pour qqch.
BR a gifted child AM an exceptional child	un enfant surdoué
a child prodigy	un enfant prodige
a whiz(z) kid (parlé)	un petit prodige
a genius ['dʒi:nɪəs]	un génie
a stroke of genius	un trait de génie
a brainwave ['breɪnweɪv]	une idée géniale
– A talent *for* ['tælənt]	un talent *pour*
to have talent to be talented	avoir du talent
to be highly talented	avoir beaucoup de talent
versatile ['vɜ:sətaɪl]	aux talents variés
– Common sense	le bon sens, le sens commun
sensible ['sensəbl]	sensé
scatterbrained ['skætə,breɪnd]	écervelé
– To be slow-witted	avoir l'esprit lent
silly ['sɪlɪ] foolish ['fu:lɪʃ]	bête
silliness ['sɪlɪnɪs] foolishness ['fu:lɪʃnɪs]	la bêtise
stupid ['stju:pɪd]	stupide
idiotic [,ɪdɪ'ɒtɪk] BR daft [dɑ:ft] (parlé) AM dumb [dʌm] (parlé)	idiot
an idiot ['ɪdɪət]	un(e) idiot(e)
a fool [fu:l]	un(e) imbécile, un(e) sot(te)
– Nonsense ['nɒnsəns] (n. c. sing.)	des sottises
That's nonsense!	Quelle sottise !
a nitwit ['nɪtwɪt] (parlé)	un(e) nigaud(e)
to be slow (on the uptake)	avoir l'esprit lent
dull [dʌl]	borné
dim [dɪm]	obtus
backward ['bækwəd]	retardé
a simpleton ['sɪmpltən]	un simple d'esprit

2. REASONING LE RAISONNEMENT

– Reason ['ri:zn]	la raison
reasonable ['ri:znəbl]	raisonnable
his powers of reasoning	ses facultés de raisonnement
to reason *about sth*	raisonner *sur qqch.*
rational ['ræʃənl]	rationnel
rationality [,ræʃə'nælɪtɪ]	la rationalité
irrational [ɪ'ræʃənl]	irrationnel
– Logic ['lɒdʒɪk]	la logique
logical ['lɒdʒɪkəl]	logique
illogical [ɪ'lɒdʒɪkəl]	illogique
mental ['mentl]	mental
a paradox ['pærədɒks]	un paradoxe
paradoxical [,pærə'dɒksɪkəl]	paradoxal
– A premise ['premɪs]	une prémisse
an analysis [ə'nælɪsɪs] (plur. analyses)	une analyse
to analyze ['ænəlaɪz]	analyser
analytic(al) [,ænə'lɪtɪk(əl)]	analytique
to solve a problem to work out a solution to a problem	résoudre un problème
the solution *to sth* [sə'lu:ʃən]	la solution *de qqch., à qqch.*
– To conclude *from sth / that* [kən'klu:d]	conclure *de qqch. / que*
a conclusion [kən'klu:ʒən]	une conclusion
to come* to the conclusion that	arriver à la conclusion que
to draw* conclusions *from*	tirer des conclusions *de*
to jump to conclusions	tirer des conclusions trop hâtives
to deduce *sth from sth / that* [dɪ'dju:s]	déduire *qqch. de qqch. / que*
a deduction [dɪ'dʌkʃən]	une déduction
to infer *sth from sth / that* [ɪn'fɜ:ʳ]	inférer *qqch. de qqch. / que*
an inference ['ɪnfərəns]	une inférence
– A thought [θɔ:t]	une pensée
to think* *of sth / sb, about sth / sb* [θɪŋk]	penser *à qqch. / qqn*
a thinker ['θɪŋkəʳ]	un penseur
thoughtful ['θɔ:tfʊl] pensive ['pensɪv]	pensif
I had an afterthought	cela m'est venu à l'esprit après coup
an ulterior motive	une arrière-pensée
– To think* sth over	réfléchir à qqch.
to think* twice about sth	réfléchir à qqch. à deux fois
to reflect on sth	réfléchir sur qqch.
to ponder *over sth, about sth* ['pɒndəʳ]	réfléchir longuement *sur qqch.*
on second thoughts ...	réflexion faite...
to change one's mind to have second thoughts	changer d'avis
– To consider *sth to be sth / that* [kən'sɪdəʳ]	considérer *qqch. comme qqch. / que*
to take* sth into consideration	prendre qqch. en considération
to meditate *on sth* ['medɪteɪt]	méditer *sur qqch.*
meditation [,medɪ'teɪʃən]	la méditation
to deliberate *about sth* [dɪ'lɪbərɪt]	délibérer *sur qqch.*
deliberation [dɪ,lɪbə'reɪʃən]	la délibération
to brood on sth, over sth	remâcher qqch., ressasser qqch.

3. JUDGING LE JUGEMENT

– To judge *sth / sb / that* [dʒʌdʒ]	juger *qqch. / qqn / que*
a judg(e)ment [dʒʌdʒmənt]	un jugement
an error of judgement	une erreur de jugement
to pass judgement *on*	prononcer un jugement *sur*
to lack judgement	manquer de jugement
to be a good / poor judge of	être bon / mauvais juge de
to misread* the situation	se méprendre sur la situation
to misjudge sb	se méprendre sur qqn
to miscalculate [,mɪs'kælkjʊ,leɪt]	faire un mauvais calcul
a miscalculation [,mɪskælkjʊ'leɪʃən]	un mauvais calcul

to misinterpret sth	mal interpréter qqch.
- **Judicious** [dʒuː'dɪʃəs]	judicieux
to evaluate [ɪ'væljʊeɪt] to assess [ə'ses] to appraise [ə'preɪz] (soutenu)	évaluer, estimer
an evaluation [ɪˌvæljʊ'eɪʃən] an assessment [ə'sesmənt] an appraisal [ə'preɪzəl] (soutenu)	une estimation, une évaluation
to distinguish *between* [dɪs'tɪŋgwɪʃ] to discriminate *between* [dɪs'krɪmɪneɪt]	discerner *entre*, distinguer *entre*
to be discerning to be discriminating	faire preuve de discernement
- **Objective** [əb'dʒektɪv]	objectif
objectivity [ˌɒbdʒɪk'tɪvɪtɪ]	l'objectivité
subjective [səb'dʒektɪv]	subjectif
subjectivity [ˌsʌbdʒek'tɪvɪtɪ]	la subjectivité
to prejudge sth	préjuger de qqch.
a bias *towards / against* ['baɪəs]	un parti pris *en faveur de / contre*
a prejudice ['predʒʊdɪs]	un préjugé
prejudiced *against* ['predʒʊdɪst]	plein de préjugés *contre*
bias(s)ed ['baɪəst]	partial
unbia(s)sed [ʌn'baɪəst]	impartial

4. VALUE JUDGEMENTS LES JUGEMENTS DE VALEUR

- **A value** ['væljuː]	une valeur
a system of values	un système de valeurs
good [gʊd]	bien, bon
good	le bien
bad [bæd]	mauvais (en général)
evil ['iːvl]	mauvais (moralement)
evil	le mal
right and wrong good and evil	le bien et le mal
to know* right from wrong to know* good from evil	discerner le bien du mal
it is the right thing to do	c'est ce qu'il faut faire
it is the wrong thing to do	c'est la chose à ne pas faire
- **A wrong** [rɒŋ]	un tort
to be wrong	avoir tort
wrongly ['rɒŋlɪ]	à tort
a fault [fɔːlt] a defect ['diːfekt] a failing ['feɪlɪŋ]	un défaut
to be at fault	être dans son tort, être fautif
an error ['erəʳ]	une erreur, une faute
erroneous [ɪ'rəʊnɪəs]	erroné
- **Right** [raɪt]	juste, correct
to be right	avoir raison
rightly ['raɪtlɪ]	avec raison
a duty ['djuːtɪ]	un devoir
it is his duty to do it	il est de son devoir de le faire
- **Moral** ['mɒrəl]	moral
ethical ['eθɪkəl]	éthique
immoral [ɪ'mɒrəl]	immoral
unethical [ʌn'eθɪkəl]	peu éthique
conscience ['kɒnʃəns]	la conscience
to have a clear conscience	avoir la conscience tranquille
to have sth on one's conscience	avoir qqch. sur la conscience
- **Just** [dʒʌst] fair ['fɛəʳ]	juste
justice ['dʒʌstɪs] fairness ['fɛənɪs]	la justice
unjust [ʌn'dʒʌst] unfair [ʌn'fɛəʳ]	injuste
injustice [ɪn'dʒʌstɪs] unfairness [ʌn'fɛənɪs]	l'injustice

5. UNDERSTANDING LA COMPRÉHENSION

- **To understand*** *sth / that* [ˌʌndə'stænd] to comprehend *sth / that* [ˌkɒmprɪ'hend] (soutenu)	comprendre *qqch. / que*
understandable [ˌʌndə'stændəbl] comprehensible [ˌkɒmprɪ'hensəbl]	compréhensible

understanding [ˌʌndəˈstændɪŋ] comprehension [ˌkɒmprɪˈhenʃən]	la compréhension, l'entendement
that is beyond all understanding that is beyond all comprehension	cela dépasse l'entendement
intelligible [ɪnˈtelɪdʒəbl]	intelligible
intelligibility [ɪnˌtelɪdʒəˈbɪlɪtɪ]	l'intelligibilité
– To make* o.s. understood	se faire comprendre
to manage to understand sth to make* sense of sth	arriver à comprendre qqch.
it makes sense	c'est logique
to realize that	se rendre compte que
to grasp sth	saisir qqch.
to be within/beyond sb's grasp	être/ne pas être à la portée de qqn
to follow [ˈfɒləʊ]	suivre
to gather *sth/that* [ˈgæðəʳ]	croire comprendre, deviner *qqch./que*
so I gather	c'est ce que j'ai cru comprendre
I don't see the point (of it)	je n'en vois pas l'intérêt
it suddenly dawned on him that	il a tout à coup compris que
– Evident [ˈevɪdənt] obvious [ˈɒbvɪəs]	évident, manifeste
evidently [ˈevɪdəntlɪ] obviously [ˈɒbvɪəslɪ]	de toute évidence, manifestement
coherent [kəʊˈhɪərənt]	cohérent
coherence [kəʊˈhɪərəns]	la cohérence
unequivocal [ʌnɪˈkwɪvəkəl]	sans équivoque
lucid [ˈluːsɪd]	lucide
lucidity [luːˈsɪdɪtɪ]	la lucidité
– To fail to understand sth	ne pas arriver à comprendre qqch.
to miss the point *of sth* to misunderstand* *sth* [ˌmɪsʌndəˈstænd]	mal comprendre *qqch.*
a misunderstanding [ˌmɪsʌndəˈstændɪŋ]	une méprise
to make* a mistake to be mistaken	se tromper
to have a mistaken idea of sb/sth	se tromper sur qqn/qqch.
mistakenly [mɪsˈteɪkənlɪ]	par erreur
– It's not consistent	ça ne se tient pas
I can't make head nor tail of this	je n'y comprends strictement rien
I haven't the faintest idea	je n'en ai pas la moindre idée
I'm lost	je suis perdu
– Incomprehensible [ɪnˌkɒmprɪˈhensəbl]	incompréhensible
puzzling [ˈpʌzlɪŋ]	déroutant, déconcertant
unintelligible [ˈʌnɪnˈtelɪdʒəbl]	inintelligible
equivocal [ɪˈkwɪvəkəl]	équivoque
obscure [əbˈskjʊəʳ]	obscur
unfathomable [ʌnˈfæðəməbl]	insondable
incoherent [ˌɪnkəʊˈhɪərənt]	incohérent
incoherence [ˌɪnkəʊˈhɪərəns]	l'incohérence
– Mystifying [ˈmɪstɪfaɪɪŋ]	mystificateur
enigmatic [ˌenɪgˈmætɪk]	énigmatique
an enigma [ɪˈnɪgmə]	une énigme
ambiguous [æmˈbɪgjʊəs]	ambigu
an ambiguity [ˌæmbɪˈgjʊɪtɪ]	une ambiguïté

6. INTELLECTUAL CURIOSITY LA CURIOSITÉ INTELLECTUELLE

– Curious [ˈkjʊərɪəs]	curieux
to have an enquiring mind	avoir l'esprit curieux
curiosity [ˌkjʊərɪˈɒsɪtɪ]	la curiosité
spurred on by curiosity	poussé par la curiosité
to be curious enough to do sth	avoir la curiosité de faire qqch.
alert [əˈlɜːt]	éveillé
the thirst for knowledge	la soif de connaître
to stimulate [ˈstɪmjʊleɪt]	stimuler
stimulating [ˈstɪmjʊleɪtɪŋ]	stimulant
stimulation [ˌstɪmjʊˈleɪʃən]	la stimulation
– Interest *in sth* [ˈɪntrɪst]	l'intérêt *porté à qqch.*
to interest sb	intéresser qqn
to be interested in sth to take* an interest in sth	s'intéresser à qqch.

to take* an interest in everything	s'intéresser à tout
to feel* concerned *about sth*	se sentir concerné *par qqch.*
to be anxious to learn	être très désireux d'apprendre
to wish to know	vouloir savoir
– To check (on) sth	vérifier qqch.
a check [tʃek]	une vérification
to probe into sth	sonder qqch.
to enquire *into sth, about sth* [ɪn'kwaɪəʳ] to inquire *into sth, about sth* [ɪn'kwaɪəʳ]	se renseigner *sur qqch.*
to make* enquiries *about sth/sb* to make* inquiries *about sth/sb*	se renseigner *sur qqch./qqn*
to examine [ɪg'zæmɪn]	examiner
examination [ɪg,zæmɪ'neɪʃən]	l'examen
an investigation [ɪn,vestɪ'geɪʃən]	une investigation
enquiring [ɪn'kwaɪərɪŋ] inquiring [ɪn'kwaɪərɪŋ]	investigateur
an investigator [ɪn'vestɪgeɪtəʳ]	un(e) investigateur (-trice)
BR a clue *to sth* [klu:] AM a clew *to sth* [klu:]	un indice *de qqch.*, une indication *de qqch.*
to have/follow up a clue	être sur/suivre une piste
to rack one's brains	se creuser la tête
– Uninteresting [ʌn'ɪntrɪstɪŋ]	inintéressant
uninterested *in* [ʌn'ɪntrɪstɪd]	non intéressé *par*
indifferent *to, towards* [ɪn'dɪfrənt]	indifférent *à*
indifference [ɪn'dɪfrəns]	l'indifférence

7. CONJECTURE LA CONJECTURE

– Speculation [,spekjʊ'leɪʃən] (n. c. sing.)	les conjectures, les suppositions
to speculate idly *about sth* to make* idle speculations *about sth*	se perdre en conjectures *à propos de qqch.*
to surmise sth to conjecture sth	conjecturer qqch.
to suppose [sə'pəʊz] to assume [ə'sju:m] AM to guess [ges]	supposer
assuming he can do it ...	en supposant qu'il puisse le faire...
a supposition [,sʌpə'zɪʃən]	une supposition
to presume that to assume that to make* an assumption that	présumer que
presumably ... I assume that ...	je présume que...
a presumption [prɪ'zʌmpʃən]	une présomption
supposed [sə'pəʊzd]	présumé, prétendu
– A hypothesis [,haɪ'pɒθɪsɪs] (plur. hypotheses)	une hypothèse
a working hypothesis	une hypothèse de travail
hypothetic(al) [,haɪpəʊ'θetɪk(əl)]	hypothétique
a theory *about sth* ['θɪərɪ]	une théorie *sur qqch.*
in theory	en théorie
theoretical [θɪə'retɪkəl]	théorique
a theorist ['θɪərɪst]	un(e) théoricien(ne)
– To expect sth/that	s'attendre à qqch./à ce que
expected [ɪks'pektɪd]	attendu
to anticipate *sth/that* [æn'tɪsɪpeɪt]	prévoir *qqch./que*
in anticipation *of sth/that*	en prévision *de qqch./de ce que*
to guess *sth/that* [ges]	deviner *qqch./que*
to make* a guess *at sth*	essayer de deviner *qqch.*
to guess right	deviner juste
That's a good guess! You guessed right!	Tu as deviné juste !
to guess wrong	tomber à côté
it's only a guess it's only guesswork	ce n'est qu'une supposition
– To have a feeling that	avoir le sentiment que
to have an idea that to have a notion that	avoir idée que
to have the impression that to feel* that	avoir l'impression que

to have a hunch that ... (parlé)	avoir comme une petite idée que...
it turned out that ...	il s'est avéré que...
it seems that ... it looks as though ... it looks as if ... AM it looks like ...	il semble que...
it appears that ...	il paraît que...

■ 8. KNOWLEDGE LA CONNAISSANCE

– **A subject** ['sʌbdʒɪkt] a topic ['tɒpɪk]	un sujet, une matière
a discipline ['dɪsɪplɪn]	une discipline
cognitive ['kɒgnɪtɪv]	cognitif
cognitive science	la science cognitive
cognition [kɒg'nɪʃən]	la cognition
– **Study** ['stʌdɪ]	l'étude
a detailed study an in-depth study	une étude approfondie
to study	étudier
research [rɪ'sɜ:tʃ] (n. c.)	la recherche
to do* research into sth	faire des recherches sur qqch.
a researcher [rɪ'sɜ:tʃəʳ]	un(e) chercheur (-euse)
– **To discover sth**	découvrir qqch.
to find* out *sth / that*	découvrir *qqch. / que*
a discovery [dɪs'kʌvərɪ]	une découverte
to come* to mind to spring* to mind	venir à l'esprit
it occurred to him that ...	il lui est venu à l'esprit que...
– **To learn*** *sth about sth / sb* [lɜ:n]	apprendre *qqch. sur qqch. / qqn*
to learn* sth by heart	apprendre qqch. par cœur (parfaitement)
to learn* sth by rote	apprendre qqch. par cœur (sans comprendre)
language learning	l'apprentissage des langues
to assimilate [ə'sɪmɪleɪt]	assimiler
assimilation [əˌsɪmɪ'leɪʃən]	l'assimilation
to repeat sth parrot-fashion	répéter qqch. comme un perroquet
to master a subject	posséder à fond un sujet
to be self-taught	être autodidacte
– **To know*** *sth / that* [nəʊ]	savoir *qqch. / que*
as far as I know as far as I can tell	autant que je sache
knowledge ['nɒlɪdʒ]	le savoir
general knowledge	la culture générale
know-how ['nəʊ'haʊ] (parlé)	le savoir-faire
to do* sth knowingly	faire qqch. sciemment
to know* sth like the back of one's hand	connaître qqch. comme sa poche
to know* sth backwards to know* sth inside out	savoir qqch. sur le bout du doigt
to be a mine of information to be a fund of knowledge	être un puits de science
he is a walking encyclopedia (parlé)	c'est une encyclopédie vivante
a know-all ['nəʊɔ:l] (parlé) AM a know-it-all [nəʊɪt'ɔ:l] (parlé) a clever Dick (parlé)	un je-sais-tout
– **To know*** *sth / sb* [nəʊ]	connaître *qqch. / qqn*
to be acquainted with a subject / a fact	connaître un sujet / un fait
to be knowledgeable *about*	s'y connaître *en*
knowledge ['nɒlɪdʒ]	la connaissance
to the best of my knowledge	à ma connaissance
to acquire knowledge	acquérir des connaissances
a basic / slight knowledge of	des connaissances élémentaires / limitées de
the rudiments of	les rudiments de
to have a smattering of	avoir quelques notions de
a thorough knowledge of	des connaissances approfondies de
– **Expert** ['ekspɜ:t]	expert
an expert *on sth*	un expert *en qqch.*
expertise [ˌekspə'ti:z]	l'expertise
an authority *on* [ɔ:'θɒrɪtɪ]	une autorité *en matière de*
learned ['lɜ:nɪd]	savant
erudite ['erʊdaɪt]	érudit
erudition [ˌerʊ'dɪʃən] learning ['lɜ:nɪŋ]	l'érudition

cultivated ['kʌltɪveɪtɪd] cultured ['kʌltʃəd]	cultivé
(well-)versed in	versé dans
– Ignorant *of sth* ['ɪgnərənt]	ignorant *de qqch.*
ignorance ['ɪgnərəns]	l'ignorance
to be an ignoramus	être ignare
uncultivated [ʌn'kʌltɪˌveɪtɪd] uncultured [ʌn'kʌltʃəd]	inculte
to know* nothing *about sth*	ne rien savoir *de qqch.*

■ 9. CONCENTRATION AND MEMORY LA CONCENTRATION ET LA MÉMOIRE

– Attention [ə'tenʃən]	l'attention
to pay* attention to to heed [hi:d] (soutenu)	faire attention à, prêter attention à
to pay* no attention to	ne prêter aucune attention à
to catch* sb's attention	retenir l'attention de qqn
to call sb's attention *to sth* to attract sb's attention *to sth*	attirer l'attention de qqn *sur qqch.*
attentive *to* [ə'tentɪv]	attentif *à*
intently [ɪn'tentlɪ]	très attentivement
to give* one's undivided attention to	se consacrer entièrement à
– To take* notice of	tenir compte de
to take* no notice of	ne pas tenir compte de
to notice sth / that	remarquer qqch. / que
I noticed that ... it came to my notice that ...	j'ai remarqué que...
to take* note of	prendre note de
– Concentration [ˌkɒnsən'treɪʃən]	la concentration
to concentrate *on sth* ['kɒnsənˌtreɪt]	se concentrer *sur qqch.*
to spoil* sb's concentration	empêcher qqn de se concentrer
to be engrossed in	être plongé dans, être absorbé par
absorbing [əb'sɔ:bɪŋ] engrossing [ɪn'grəʊsɪŋ]	absorbant
– Inattention [ˌɪnə'tenʃən]	l'inattention
inattentive [ˌɪnə'tentɪv]	inattentif
heedless of	inattentif à
to be absent-minded	être étourdi, être distrait (de nature)
his mind wandered his attention wandered	il était distrait (un instant)
absent-mindedness ['æbsənt'maɪndɪdnɪs]	la distraction, l'étourderie
unaware of oblivious to	inconscient de
to go* unnoticed to go* unremarked	passer inaperçu
it escaped his notice that ...	il ne s'est pas aperçu que..., il n'a pas remarqué que...
– To have a good memory	avoir une bonne mémoire
if I remember right ...	si j'ai bonne mémoire...
to have a good memory for figures / names	avoir la mémoire des chiffres / des noms
to have a memory like an elephant	avoir une mémoire d'éléphant
to have a bad memory to have a poor memory	avoir mauvaise mémoire
to have a memory like a sieve	avoir la tête comme une passoire
to memorize sth to commit sth to memory	mémoriser qqch.
it's engraved in my memory	c'est gravé dans ma mémoire
to quote from memory	citer de mémoire
to jog sb's memory	rafraîchir la mémoire de qqn
within living memory	de mémoire d'homme
unforgettable [ˌʌnfə'getəbl]	inoubliable
– To remind *sb about sth, sb of sth* [rɪ'maɪnd]	rappeler *qqch. à qqn*
he reminds me of his father	il me rappelle son père
remember me to your mother	rappelez-moi au bon souvenir de votre mère
to bring* sth to mind to call sth to mind	évoquer qqch., rappeler qqch.
a reminder [rɪ'maɪndəʳ]	un rappel
– To remember *sth / that* [rɪ'membəʳ] to recall *sth / that* [rɪ'kɔ:l] to recollect *sth / that* [ˌrekə'lekt]	se souvenir *de qqch. / que*
to remember *sb*	se souvenir *de qqn*

to the best of my recollection as far as I can remember	autant que je m'en souvienne
recollection [ˌrekə'lekʃən]	le souvenir
the recollection of sth the memory of sth	le souvenir de qqch.
to have happy memories of	garder de bons souvenirs de
childhood memories	des souvenirs d'enfance
the memory of sb	le souvenir de qqn
in memory of in remembrance of	en souvenir de
a keepsake ['ki:pseɪk] a memento [mə'mentəʊ] (plur. mementoes)	un souvenir (objet)
a souvenir [ˌsu:və'nɪəʳ]	un souvenir
– To forget* *sb / sth / to do* [fə'get]	oublier *qqn / qqch. / de faire*
and not forgetting ...	sans oublier...
forgetful of	oublieux de
to omit sth to leave* sth out	omettre qqch.
an omission [əʊ'mɪʃən]	une omission
– A lapse of memory	un trou de mémoire
my memory fails me	j'ai un trou de mémoire
his mind went blank	il a eu un trou
I don't remember it I can't remember it	je ne me le rappelle pas, je ne m'en souviens pas
I'd clean forgotten about it (parlé)	ça m'était complètement sorti de la tête
it does not mean a thing to me it does not ring a bell	ça ne me rappelle rien
it has slipped my memory	je ne l'ai plus à l'esprit
to have a name on the tip of one's tongue	avoir un nom sur le bout de la langue
his name escapes me	son nom m'échappe

■ 10. THE CONSCIOUS AND THE UNCONSCIOUS LE CONSCIENT ET L'INCONSCIENT

– Conscious of aware of mindful of (soutenu)	conscient de
to become* aware of sth / that	prendre conscience de qqch. / du fait que
consciousness ['kɒnʃəsnɪs] awareness [ə'wɛənɪs]	la conscience
– Unconscious [ʌn'kɒnʃəs]	inconscient
the collective unconscious	l'inconscient collectif
deep in his unconscious	au plus profond de son inconscient
the subconscious ['sʌb'kɒnʃəs]	le subconscient
subliminal [ˌsʌb'lɪmɪnl]	subliminal
intuition [ˌɪntju:'ɪʃən]	l'intuition
intuitive [ɪn'tju:ɪtɪv]	intuitif
an instinct ['ɪnstɪŋkt]	un instinct
by instinct	par instinct
instinctive [ɪn'stɪŋktɪv]	instinctif
a drive [draɪv]	une pulsion
compulsive [kəm'pʌlsɪv]	compulsif
– Psychology [saɪ'kɒlədʒɪ]	la psychologie
psychological [ˌsaɪkə'lɒdʒɪkəl]	psychologique
a psychologist [saɪ'kɒlədʒɪst]	un(e) psychologue
psychoanalysis [ˌsaɪkəʊə'nælɪsɪs]	la psychanalyse
psychoanalytic(al) [ˌsaɪkəʊˌænə'lɪtɪk(əl)]	pyschanalytique
to psychoanalyze [ˌsaɪkəʊ'ænəlaɪz]	psychanalyser
a psychoanalyst [ˌsaɪkəʊ'ænəlɪst]	un(e) psychanalyste
the psyche ['saɪkɪ]	le psychisme
the self [self]	le moi
the ego ['i:gəʊ]	l'ego
the super ego	le sur-moi
the id [ɪd]	le ça
an archetype ['ɑ:kɪtaɪp]	un archétype
– To repress [rɪ'pres]	réprimer, refouler
repression [rɪ'preʃən]	la répression, le refoulement
a trauma ['trɔ:mə]	un traumatisme
traumatic [trɔ:'mætɪk]	traumatisant
a fantasy ['fæntəzɪ]	un fantasme
to fantasize *about* ['fæntəsaɪz]	fantasmer *sur*
to sublimate ['sʌblɪmeɪt]	sublimer
sublimation [ˌsʌblɪ'meɪʃən]	la sublimation

– Introversion [ˌɪntrəʊ'vɜːʃən]	l'introversion
introverted ['ɪntrəʊvɜːtɪd]	introverti
an introvert ['ɪntrəʊvɜːt]	un(e) introverti(e)
extraversion [ˌekstrə'vɜːʃən] extroversion [ˌekstrəʊ'vɜːʃən]	l'extraversion
extraverted ['ekstrəˌvɜːtɪd] extroverted ['ekstrəʊˌvɜːtɪd]	extraverti
an extravert ['ekstrəˌvɜːt] an extrovert ['ekstrəʊˌvɜːt]	un(e) extraverti(e)
– A complex ['kɒmpleks] a hang-up ['hæŋʌp] (parlé)	un complexe
to have a complex *about*	être complexé *par*
the Oedipus complex	le complexe d'Œdipe
to have an inferiority / a superiority complex	avoir un complexe d'infériorité / de supériorité
to have a persecution complex	avoir le délire de la persécution
to feel* guilty	(se) culpabiliser
the libido [lɪ'biːdəʊ]	la libido

11. PHILOSOPHY LA PHILOSOPHIE

– Philosophic(al) [ˌfɪlə'sɒfɪk(əl)]	philosophique
a philosopher [fɪ'lɒsəfəʳ]	un(e) philosophe
to philosophize *about* [fɪ'lɒsəfaɪz]	philosopher *sur*
a concept ['kɒnsept]	un concept
conceptual [kən'septjʊəl]	conceptuel
an idea [aɪ'dɪə]	une idée
an ideology [ˌaɪdɪ'ɒlədʒɪ]	une idéologie
ideological [ˌaɪdɪə'lɒdʒɪkəl]	idéologique
a principle ['prɪnsəpl]	un principe
a maxim ['mæksɪm]	une maxime
a precept ['priːsept]	un précepte
fallacious [fə'leɪʃəs]	fallacieux
a fallacy ['fæləsɪ]	un raisonnement fallacieux
– Moral ['mɒrəl]	moral
ethics ['eθɪks] (n. c. sing.)	l'éthique
ethical ['eθɪkəl]	éthique
metaphysics [ˌmetə'fɪzɪks] (n. c. sing.)	la métaphysique
metaphysical [ˌmetə'fɪzɪkəl]	métaphysique
a metaphysician [ˌmetə'fɪzɪʃən]	un(e) métaphysicien(ne)
BR aesthetics [iːs'θetɪks] (n. c. sing.) AM esthetics (n. c. sing.)	l'esthétique
BR aesthetic [iːs'θetɪk] AM esthetic	esthétique
epistemology [ɪˌpɪstə'mɒlədʒɪ]	l'épistémologie
ontology [ɒn'tɒlədʒɪ]	l'ontologie
– Socrates ['sɒkrətiːz]	Socrate
Socratic [sɒ'krætɪk]	socratique
Plato ['pleɪtəʊ]	Platon
Platonic [plə'tɒnɪk]	platonicien
Platonist ['pleɪtənɪst]	un(e) platonicien(ne)
Platonism ['pleɪtənɪzəm]	le platonisme
Aristotle ['ærɪstɒtl]	Aristote
an Aristotelian [ˌærɪstə'tiːlɪən]	un(e) aristotélicien(ne)
Aristotelianism [ˌærɪstə'tiːlɪənɪzəm]	l'aristotélisme
a Stoic ['stəʊɪk]	un(e) stoïcien(ne)
stoicism ['stəʊɪsɪzəm]	le stoïcisme
– Idealism [aɪ'dɪəlɪzəm]	l'idéalisme
an idealist [aɪ'dɪəlɪst]	un(e) idéaliste
idealistic [aɪˌdɪə'lɪstɪk]	idéaliste
a sophist ['sɒfɪst]	un sophiste
sophistry ['sɒfɪstrɪ]	la sophistique
hedonism ['hiːdənɪzəm]	l'hédonisme
hedonistic [ˌhiːdə'nɪstɪk]	hédoniste
a hedonist ['hiːdənɪst]	un(e) hédoniste
Epicurus [ˌepɪ'kjʊərəs]	Épicure
Epicureanism [ˌepɪkjʊə'rɪənɪzəm]	l'épicurisme
an Epicurean [ˌepɪkjʊə'riːən]	un(e) Épicurien(ne)
– Humanism ['hjuːmənɪzəm]	l'humanisme
a humanist ['hjuːmənɪst]	un(e) humaniste
humanistic [ˌhjuːmə'nɪstɪk]	humaniste
Cartesianism [kɑː'tiːzɪənɪzəm]	le cartésianisme
Cartesian [kɑː'tiːzɪən]	cartésien

utilitarianism [ˌjuːtɪlɪ'tɛərɪənɪzəm]	l'utilitarisme
utilitarian [ˌjuːtɪlɪ'tɛərɪən]	utilitaire
materialism [mə'tɪərɪəlɪzəm]	le matérialisme
a materialist [mə'tɪərɪəlɪst]	un(e) matérialiste
Marxism ['mɑːksɪzəm]	le marxisme
a Marxist ['mɑːksɪst]	un(e) marxiste
existentialism [ˌegzɪs'tenʃəlɪzəm]	l'existentialisme
an existentialist [ˌegzɪs'tenʃəlɪst]	un(e) existentialiste
naturalism ['nætʃrəlɪzəm]	le naturalisme
a naturalist ['nætʃrəlɪst]	un(e) naturaliste
- Pragmatism ['prægmətɪzəm]	le pragmatisme
pragmatic [præg'mætɪk]	pragmatique
a pragmatist ['prægmətɪst]	un(e) pragmatiste
rationalism ['ræʃnəlɪzəm]	le rationalisme
a rationalist ['ræʃnəlɪst]	un(e) rationaliste
realism ['rɪəlɪzəm]	le réalisme
a realist ['rɪəlɪst]	un(e) réaliste
positivism ['pɒzɪtɪvɪzəm]	le positivisme
a positivist ['pɒzɪtɪvɪst]	un(e) positiviste
- Empiricism [em'pɪrɪsɪzəm]	l'empirisme
an empiricist [em'pɪrɪsɪst]	un(e) empiriste
mysticism ['mɪstɪsɪzəm]	le mysticisme
a mystic ['mɪstɪk]	un(e) mystique
agnosticism [æg'nɒstɪsɪzəm]	l'agnosticisme
an agnostic [æg'nɒstɪk]	un(e) agnostique

39 WILL
LA VOLONTÉ

1. WILLPOWER AND INTENT LA VOLONTÉ ET L'INTENTION

– The will *to do sth* [wɪl]	la volonté *de faire qqch.*
to have the will to do sth	avoir assez de volonté pour faire qqch.
to have a lot of will-power to have a strong will to have a will of one's own	avoir beaucoup de volonté
to have an iron will to be iron-willed	avoir une volonté de fer
to impose one's will *on sb*	imposer sa volonté *à qqn*
with the best will in the world	avec la meilleure volonté du monde
self-willed	volontaire
he is strong-minded	il sait ce qu'il veut
– To be willing to do sth	bien vouloir faire qqch.
to propose to do sth	se proposer de faire qqch.
to offer to do sth	proposer de faire qqch
willingly ['wɪlɪŋlɪ]	volontiers
to volunteer *to do sth* [ˌvɒlən'tɪəʳ]	se proposer *pour faire qqch.*
a volunteer	un(e) volontaire
– To intend to do/sb to do to mean* to do/sb to do	avoir l'intention de faire/que qqn fasse
an intention [in'tenʃən]	une intention
to have the best of intentions	avoir les meilleures intentions
to aim to do sth	viser à faire qqch, avoir pour objectif de faire qqch
measures aimed at	des mesures visant à
to be intent on doing sth	être bien décidé à faire qqch.
intentional [ɪn'tenʃənl]	intentionnel
deliberate [dɪ'lɪbərɪt]	voulu, délibéré
done on purpose	fait exprès
I didn't mean to do it	je ne l'ai pas fait exprès
– A plan of action BR a programme of action AM a program of action	un plan d'action
a plan [plæn]	un projet
to plan sth/to do	projeter qqch./de faire
to make* plans *for*	faire des projets *pour*
a target ['tɑ:gɪt] an objective [əb'dʒektɪv]	un objectif
an aim [eɪm] a goal [gəʊl] a purpose ['pɜ:pəs]	un but
– A resolution [ˌrezə'lu:ʃən]	une résolution
to make* a resolution to make* a resolve	prendre une résolution
to make* a resolution to do sth	prendre la résolution de faire qqch.
resolute ['rezəlu:t] purposeful ['pɜ:pəsfʊl] steadfast ['stedfəst]	résolu
– To resolve to do/that to determine to do/that	décider de faire/que
determination [dɪˌtɜ:mɪ'neɪʃən]	la détermination
to be determined *to do sth*	être déterminé *à faire qqch.*
to insist *on doing/that* [ɪn'sɪst]	insister *pour faire/pour que*
insistent [ɪn'sɪstənt]	insistant
insistence [ɪn'sɪstəns]	l'insistance
– BR wilful ['wɪlfʊl] AM willful stubborn ['stʌbən]	entêté, têtu
as stubborn as a mule pigheaded [ˌpɪg'hedɪd] (parlé)	têtu comme une mule
obstinate ['ɒbstɪnɪt]	obstiné
obstinacy ['ɒbstɪnəsɪ]	l'obstination
to persevere *in, with* [ˌpɜ:sɪ'vɪəʳ]	persévérer *dans*
persevering [ˌpɜ:sɪ'vɪərɪŋ]	persévérant
perseverance [ˌpɜ:sɪ'vɪərəns]	la persévérance
– To lack willpower to have a weak will	manquer de volonté
to lack the will to do sth	manquer de volonté pour faire qqch.
to be unwilling to do sth	être peu disposé à faire qqch.
to be reluctant *to do sth* to show* reluctance *to do sth*	se montrer réticent *à faire qqch.*
reluctance [rɪ'lʌktəns]	la réticence
to do* sth against one's will	faire qqch. à contre-cœur
irresolute [i'rezəlu:t]	irrésolu
unintentional ['ʌnɪn'tenʃənl]	involontaire, non intentionnel

2. CHOICE AND DECISION LE CHOIX ET LA DÉCISION

– To choose* sth to pick sth (out)	choisir qqch.
Take your pick!	Choisissez ce que vous voulez !
to choose* to do sth to opt to do sth	choisir de faire qqch
a choice *between* [tʃɔɪs]	un choix *entre*
to make* one's choice	faire son choix
to settle on sth	arrêter son choix sur qqch.
there was no choice it was Hobson's choice	il n'y avait pas le choix
to be spoilt for choice	avoir l'embarras du choix
– To opt for sth	opter pour qqch.
an option ['ɒpʃən]	une option
an alternative *to sth* [ɒl'tɜːnətɪv]	une alternative *à qqch.*
to have the option of doing	avoir la possibilité de faire
to have no choice but to do sth to have no alternative but to do sth	ne pas avoir d'autre solution que de faire qqch.
– To select [sɪ'lekt]	sélectionner
a selection [sɪ'lekʃən]	une sélection
selective [sɪ'lektɪv]	sélectif
hand-picked	trié sur le volet
to be discriminating	savoir choisir
BR to be choos(e)y (parlé) AM to be picky (parlé)	être difficile à contenter
to pick and choose*	faire le (la) difficile
I like to pick and choose	j'aime prendre mon temps pour choisir
– A decision [dɪ'sɪʒən]	une décision
to make* a decision to take* a decision	prendre une décision
to decide *sth/to do*	décider *qqch./de faire*
to make* up one's mind *about sth/to do sth*	se décider *pour qqch./à faire qqch.*
decisive [dɪ'saɪsɪv]	décisif
it's up to you	c'est à toi de décider
– A dilemma [daɪ'lemə]	un dilemme
hesitation [ˌhezɪ'teɪʃən]	l'hésitation
to hesitate *between/to do*	hésiter *entre/à faire*
to waver *between* to vacillate *between*	hésiter *entre*, balancer *entre*
indecisive [ˌɪndɪ'saɪsɪv]	indécis
indecision [ˌɪndɪ'sɪʒən]	l'indécision
to be perplexed	être perplexe
perplexity [pə'pleksɪtɪ]	la perplexité
to procrastinate [prəʊ'kræstɪneɪt] to hum and haw to dilly-dally ['dɪlɪdælɪ] (parlé)	tergiverser
I'm in two minds about it	je suis irrésolu à ce sujet

3. WISHES AND PREFERENCES LES SOUHAITS ET LES PRÉFÉRENCES

– A wish [wɪʃ]	un vœu, un souhait, un désir
his wish came true	son vœu s'est réalisé
to wish for sth/to do	souhaiter qqch./faire
to want sth/to do/sb to do	vouloir qqch./faire/que qqn fasse
– To feel* like doing to have a good mind to do	avoir envie de faire
to be eager for sth/to do to long for sth/to do	avoir très envie de qqch./de faire
a longing *for* ['lɒŋɪŋ]	une envie *de*, un désir *de*
to crave for sth	avoir une folle envie de qqch.
a craving *for* ['kreɪvɪŋ]	une folle envie *de*
– To be anxious to do sth to be keen to do sth	tenir à faire qqch
to be inclined to do sth to be prone to do sth	être enclin à faire qqch
to yearn for sth	aspirer à qqch.
to dream of sth to hanker after sth, for sth	rêver de qqch.
that is wishful thinking	c'est prendre ses désirs pour la réalité
– To prefer sth *to sth* [prɪ'fɜː']	préférer qqch. *à qqch.*
preferable ['prefərəbl]	préférable
a preference *for sth* ['prefərəns]	une préférence *pour qqch.*

to have a marked preference for	avoir une nette préférence pour
preferably ['prefərəblɪ]	de préférence
in preference to	de préférence à
to give* sb preferential treatment	accorder un traitement de faveur à qqn
BR to favour sth AM to favor sth	être partisan de qqch.
BR favourite ['feɪvərɪt] AM favorite ['feɪvərɪt]	favori, préféré
BR to be in favour / out of favour with sb AM to be in favor / out of favor with sb	être / ne pas être en faveur auprès de qqn
to give* priority to sth / sb	donner la priorité à qqch. / qqn
to support a team	être supporter d'une équipe
a supporter [sə'pɔːtəʳ]	un supporter
– What would you rather do?	Que préférez-vous faire ?
Which would you rather have? Which do you like better? Which one do you prefer?	Lequel préférez-vous ?
I'd rather go now	je préfère partir tout de suite
I'd as soon wait	je préfère attendre
I would like to do that	j'aimerais faire cela
I would prefer to see him	j'aimerais mieux le voir
I'd prefer it if ...	j'aimerais mieux que...
I'd rather you didn't do that	j'aime mieux que tu ne fasses pas cela
– It would be better to do ... it would be best to do ...	il vaudrait mieux faire...
it would suit me better *to / if ...*	cela m'arrangerait mieux *de / si...*
would it be convenient to ...	cela vous dérangerait-il de...
– To be indifferent *to sth*	être indifférent *à qqch.*
indifference [ɪn'dɪfrəns]	l'indifférence
it's all the same to me I don't mind	cela m'est égal
it's a matter of complete indifference to me I don't care one way or the other	cela m'est complètement égal
I don't care	je m'en fiche
I couldn't care less (parlé)	je m'en fiche complètement
it's six of one and half a dozen of the other	c'est du pareil au même, c'est bonnet blanc et blanc bonnet
As you like! Whatever you like!	Comme vous voulez !
what you gain on the swings you lose on the roundabouts (parlé)	ce qu'on gagne d'un côté on le perd de l'autre

4. LIKES AND DISLIKES LES GOÛTS ET LES AVERSIONS

– To like sth / sb	aimer (bien) qqch. / qqn
to like doing to like to do	aimer (bien) faire
to be fond of sb / sth	aimer beaucoup qqn / qqch.
to be keen on sth	être passionné de qqch.
his likes and dislikes	ce qu'il aime et ce qu'il n'aime pas
– To admire sb *for sth / for doing sth*	admirer qqn *pour qqch. / de faire qqch.*
admiring [əd'maɪərɪŋ]	admiratif
admiration [,ædmə'reɪʃən]	l'admiration
an admirer [əd'maɪərəʳ]	un(e) admirateur (-trice)
attractive [ə'træktɪv]	attrayant, attirant
to be drawn to sth / sb	être attiré par qqch. / qqn
to be tempted by sth	être tenté par qqch.
I find the idea quite tempting	l'idée me tente
– To hate [heɪt]	haïr
to detest [dɪ'test] to loathe [ləʊð]	détester
to hate *sb / sth / doing, to do* to detest *sb / sth / doing, to do*	détester *qqn / qqch. / faire*
one of his pet hates (parlé)	une de ses bêtes noires
hatred ['heɪtrɪd] hate	la haine

hateful ['heɪtfʊl] detestable [dɪ'testəbl] loathesome	détestable
full of hatred	haineux[1]

ATTENTION FAUX AMI 1 : heinous = atroce

– Odious ['əʊdɪəs]	odieux
to abhor [əb'hɔːʳ]	exécrer
abhorrence [əb'hɒrəns]	l'aversion
abhorrent [əb'hɒrənt]	exécrable, répugnant
a dislike [dɪs'laɪk] an aversion [ə'vɜːʃən]	une aversion
to dislike sb / sth to have a dislike for sb / sth	ne pas aimer qqn / qqch.
to take* a dislike to sth / sb	prendre qqch. / qqn en grippe
to be fed up with doing to be sick of doing	en avoir assez de faire
I can't bear him I can't stand him	je ne peux pas le souffrir
I can't bear him doing ... I can't stand him doing ...	je ne peux pas supporter qu'il fasse...
– To feel* disgust *for*	éprouver du dégoût *pour*
to be disgusted *at sth, by sth / sb*	être dégoûté *de qqch., par qqch. / qqn*
disgusting [dɪs'gʌstɪŋ] revolting	dégoûtant
to find* sth disgusting to be repelled by sth	trouver qqch. dégoûtant
to repel [rɪ'pel]	repousser
repulsion [rɪ'pʌlʃən]	la répulsion
repulsive [rɪ'pʌlsɪv]	repoussant
revulsion [rɪ'vʌlʃən]	l'écœurement
repugnant [rɪ'pʌgnənt]	répugnant
repugnance [rɪ'pʌgnəns]	la répugnance
to put* sb off sth	faire passer l'envie de qqch. à qqn
off-putting (parlé)	rebutant, rébarbatif

5. AUTHORITY L'AUTORITÉ

– To have authority over to have power over	avoir autorité sur
to exercise authority over	exercer son autorité sur
to have authority over sb	avoir de l'autorité sur qqn
her word is law	ce qu'elle dit fait loi
authoritative [ɔː'θɒrɪtətɪv]	qui fait autorité
the authorities	les autorités
– Supreme [sʊ'priːm]	suprême
supremacy *over* [sʊ'preməsɪ]	la suprématie *sur*
powerful ['paʊəfʊl] mighty ['maɪtɪ]	puissant
power ['paʊəʳ] might [maɪt] (soutenu)	la puissance
– To master sth	maîtriser qqch.
mastery *over* ['mɑːstərɪ]	la maîtrise *de*
to control sth / sb	contrôler qqch. / qqn
control [kən'trəʊl]	le contrôle
to have the situation under control	être maître de la situation
under his control	sous son contrôle
uncontrolled ['ʌnkən'trəʊld]	incontrôlé
to supervise ['suːpəvaɪz]	surveiller
unsupervised	non surveillé
a supervisor ['suːpəvaɪzəʳ]	un(e) surveillant(e)
supervision [ˌsuːpə'vɪʒən]	la surveillance
under the supervision of	sous la surveillance de
– To be in charge of sth	être responsable de qqch.
to put* sb in charge of sth to place sb in charge of sth	confier qqch. à qqn
to take* command of sth	prendre le commandement de qqch.
under his command	sous son commandement
under his direction	sous sa direction
to run* [rʌn]	diriger (entreprise)
to manage sth	gérer qqch.
to preside over	présider (assemblée)
to lead* [liːd]	mener (mouvement)
– To dominate ['dɒmɪneɪt]	dominer
dominant ['dɒmɪnənt]	dominant
domineering [ˌdɒmɪ'nɪərɪŋ]	dominateur

domination [ˌdɒmɪ'neɪʃən]	la domination
to boss sb around (parlé)	mener qqn à la baguette
to get* the upper hand *of sb*	prendre le dessus *sur qqn*
to throw* one's weight around (parlé)	faire l'important
patronizing ['pætrənaɪzɪŋ] condescending [ˌkɒndɪ'sendɪŋ]	condescendant
to patronize sb	traiter qqn avec condescendance
– **Strict** [strɪkt]	strict
severe [sɪ'vɪə']	sévère
imperious [ɪm'pɪərɪəs]	impérieux
authoritarian [ˌɔːθɒrɪ'tɛərɪən]	autoritaire
high-handed [ˌhɑɪ'hændɪd] bossy ['bɒsɪ] (parlé)	très autoritaire, tyrannique
a dictator [dɪk'teɪtə']	un dictateur
dictatorial [ˌdɪktə'tɔːrɪəl]	dictatorial
– **To make*** sb do sth	faire faire qqch. à qqn
to force sb to do	contraindre qqn à faire, forcer qqn à faire
to compel sb to do to oblige sb to do	obliger qqn à faire
to twist sb's arm (parlé) AM to put* the arm on sb (parlé)	forcer la main de qqn
under constraint	sous la contrainte

■ 6. OBEDIENCE AND DISOBEDIENCE L'OBÉISSANCE ET LA DÉSOBÉISSANCE

– **To obey** *sb / sth* [ə'beɪ]	obéir *à qqn / à qqch.*
obedient [ə'biːdɪənt]	obéissant
to conform *to sth* [kən'fɔːm]	se conformer *à qqch.*
in accordance with	conformément à
to abide* by sth to respect sth to observe sth	respecter qqch.
law-abiding	respectueux de la loi
to toe the line	se mettre au pas, marcher droit
to obey sb implicitly	obéir à qqn au doigt et à l'œil
to be at sb's beck and call	être aux moindres ordres de qqn
she can twist him round her little finger	elle fait de lui ce qu'elle veut
– **As you please** as you like	comme vous voulez
do what you are told do as you are told	fais ce qu'on te dit
– **Compliant** [kəm'plaɪənt]	arrangeant
accommodating [ə'kɒmədeɪtɪŋ]	accommodant
docile ['dəʊsaɪl]	docile
docility [dəʊ'sɪlɪtɪ]	la docilité
meek [miːk]	doux, humble
to submit *to sb / sth* [səb'mɪt]	se soumettre *à qqn / qqch.*
submission [səb'mɪʃən]	la soumission
submissive [səb'mɪsɪv]	soumis
subservient [səb'sɜːvɪənt] servile ['sɜːvaɪl]	servile
subservience [səb'sɜːvɪəns] servility [sɜː'vɪlɪtɪ]	la servilité
obsequious	obséquieux
– **To defer to sb**	s'en remettre à la volonté de qqn
deferential *to* [ˌdefə'renʃəl]	plein d'égards *envers*, plein de déférence *envers*
deference ['defərəns]	la déférence
to give* way to sb / sth to yield to sb / sth	céder à qqn / qqch.
BR to back down AM to back off	se dérober, reculer
– **To disobey** [ˌdɪsə'beɪ]	désobéir
disobedient [ˌdɪsə'biːdɪənt]	désobéissant
disobedience [ˌdɪsə'biːdɪəns]	la désobéissance
to ignore [ɪg'nɔː'] to pay* no heed to	ne tenir aucun compte de
defiance [dɪ'faɪəns]	le défi
in defiance of	au mépris de
defiant [dɪ'faɪənt]	provocant
to defy sb *to do sth*	défier qqn *de faire qqch.*
to stand* up to sb	tenir tête à qqn
nonconformity ['nɒnkən'fɔːmɪtɪ]	le non-conformisme
– **Insubordinate** [ˌɪnsə'bɔːdənɪt]	insubordonné

insubordination ['ɪnsəˌbɔːdɪ'neɪʃən]	l'insubordination
recalcitrant [rɪ'kælsɪtrənt]	récalcitrant
rebellious [rɪ'beljəs]	rebelle
a rebel ['rebl]	un(e) rebelle
to rebel *against* [rɪ'bel]	se rebeller *contre*, s'insurger *contre*
a rebellion [rɪ'beljən]	une rébellion
to revolt *against* [rɪ'vəʊlt]	se révolter *contre*
a revolt	une révolte
mutinous ['mjuːtɪnəs]	mutiné
a mutiny ['mjuːtɪnɪ]	une mutinerie
to mutiny	se mutiner

7. INFLUENCE L'INFLUENCE

– Influential [ˌɪnflʊ'enʃəl]	influent
to have influence to be influential	avoir de l'influence, être influent
to have an influence *on, over*	avoir de l'influence *sur*
to exercise one's influence *on, over*	exercer son influence *sur*
to influence sb *to do sth*	influencer qqn *pour qu'il fasse qqch.*
to be a good/bad influence on sb	exercer une bonne/mauvaise influence sur qqn
under the influence of	sous l'influence de, sous l'effet de
easily influenced suggestible [sə'dʒestɪbl]	influençable
to have/gain ascendancy over sb	avoir/prendre de l'ascendant sur qqn
– To have an effect on sth	avoir un effet sur qqch.
to bring* pressure to bear on sb to put* pressure on sb	faire pression sur qqn
to pressure sb *into doing sth*	faire pression sur qqn *pour qu'il fasse qqch.*
a pressure group BR a ginger group AM a special interest group	un groupe de pression
to make* one's voice heard	se faire entendre
to have a say *in sth*	avoir son mot à dire *dans qqch.*
to carry weight	avoir du poids (argument, personne)
to have an influence on sb/sth to affect sb/sth	influer sur qqn/qqch.
– To dissuade sb *from doing*	dissuader qqn *de faire*
to induce sb to do	amener qqn à faire
to prevail on sb to do	décider qqn à faire
to wheedle sth out of sb	obtenir qqch. de qqn à force de cajoleries
to coax sb into doing	cajoler qqn pour qu'il fasse
– To have clout (parlé) to have a long arm	avoir le bras long
BR to pull strings AM to pull wires	faire jouer le piston
BR to pull strings for sb AM to pull wires for sb	pistonner qqn
BR string-pulling AM wire-pulling	le piston
the power behind the throne	l'éminence grise
to have a hold over sb	avoir prise sur qqn
to manipulate sb	manipuler qqn
BR to manœuvre sb *into doing* AM to maneuver sb *into doing*	manipuler qqn *pour qu'il fasse*
– To impress sb to make* an impression on sb	faire impression sur qqn
to give* a good/bad impression	faire bonne/mauvaise impression
impressionable [ɪm'preʃnəbl]	impressionnable
prestigious [pres'tɪdʒəs]	prestigieux
prestige [pres'tiːʒ]	le prestige
charismatic [ˌkærɪz'mætɪk]	charismatique
charisma [kæ'rɪzmə]	le charisme
reputation [ˌrepjʊ'teɪʃən]	la réputation
to have a reputation for to be reputed for	être réputé pour
a personality [ˌpɜːsə'nælɪtɪ]	une personnalité
a VIP [viːaɪ'piː] (abr. de *Very Important Person*)	un VIP
a big shot (parlé)	une grosse légume

40 LANGUAGE LE LANGAGE

1. SPEECH LA PAROLE

– To speak* [spi:k]	parler
his way of speaking	sa manière de parler
to say* sth	dire qqch.
– Articulation [ɑ:ˌtɪkjʊ'leɪʃən] enunciation [ɪˌnʌnsɪ'eɪʃən]	l'articulation
to articulate [ɑ:'tɪkjʊlɪt] to enunciate [ɪ'nʌnsɪeɪt]	articuler
to pronounce sth	prononcer qqch. (articuler)
to utter sth	prononcer qqch. (dire)
pronunciation [prəˌnʌnsɪ'eɪʃən]	la prononciation
to pronounce sth correctly/wrongly	prononcer qqch. correctement/incorrectement
to mispronounce a name	prononcer un nom de travers, estropier un nom
unpronounceable ['ʌnprə'naʊnsəbl]	imprononçable
a tongue twister	une phrase imprononçable
diction ['dɪkʃən]	la diction
an utterance ['ʌtərəns]	un énoncé
– To be quiet to shut* up (parlé)	se taire
to keep* quiet to be silent	garder le silence
silent ['saɪlənt]	silencieux, muet
taciturn ['tæsɪtɜ:n]	taciturne
– A speech defect	un trouble du langage
to lisp [lɪsp] to have a lisp to speak* with a lisp	zézayer
to have a nasal voice to talk through one's nose	parler du nez
to stammer ['stæmə^r] to stutter ['stʌtə^r]	bégayer
speech therapy	l'orthophonie
a speech therapist	un(e) orthophoniste
– A language ['læŋgwɪdʒ] a tongue [tʌŋ] (soutenu)	une langue
formal/informal language	la langue soignée/parlée
a sound [saʊnd]	un son
oral ['ɔ:rəl]	oral
vocal ['vəʊkəl]	vocal
– His mother tongue his native language	sa langue maternelle
a foreign language	une langue étrangère
ancient/modern languages	les langues anciennes/vivantes
the vernacular [və'nækjʊlə^r]	la langue vernaculaire
a dialect ['daɪəlekt]	un dialecte
a patois ['pætwɑ:]	un patois
a lingua franca	une langue véhiculaire
– Slang [slæŋ]	l'argot
slangy ['slæŋɪ]	argotique
colloquial language familiar language	le langage familier
jargon ['dʒɑ:gən]	le jargon
baby talk	le langage enfantin
pidgin (English)	le pidgin
Esperanto [ˌespə'ræntəʊ]	l'espéranto
– To speak* a language	parler une langue
monolingual [ˌmɒnəʊ'lɪŋgwəl]	monolingue
bilingual [baɪ'lɪŋgwəl]	bilingue
multilingual [ˌmʌltɪ'lɪŋgwəl]	multilingue
polyglot ['pɒlɪglɒt]	polyglotte
– To speak* fluent English to speak* English fluently	parler anglais couramment
French-speaking	francophone
a French speaker	un(e) francophone
English-speaking	anglophone
an English speaker	un(e) anglophone
a German speaker	un(e) germanophone
a Spanish speaker	un(e) hispanophone
to speak* with a German/Greek accent	parler avec un accent allemand/grec
to have a strong accent	avoir un accent marqué
to have a good/poor accent	avoir un bon/mauvais accent
– It is said that ...	on dit que...
that goes without saying	cela va sans dire, cela va de soi
so to speak	pour ainsi dire
That's saying a lot! (parlé)	C'est beaucoup dire !
I told you so!	Je vous l'avais bien dit !
You're telling me! (parlé)	À qui le dis-tu !

2. READING AND WRITING LA LECTURE ET L'ÉCRITURE

– To read* [ri:d]	lire
a reader ['ri:dəʳ]	un(e) lecteur (-trice)
to read* sth aloud	lire qqch. à haute voix
to read* to sb	faire la lecture à qqn
to read* sth from beginning to end	lire qqch. de bout en bout
to be immersed in a book	être plongé dans un livre
a bedside book	un livre de chevet
to take* some reading matter	emporter de la lecture
to scan sth to skim through sth	parcourir qqch.
to leaf through a book to browse through a book	feuilleter un livre
to decipher [dɪ'saɪfəʳ]	déchiffrer
I can't make it out	je ne peux pas le déchiffrer
– To write* [raɪt]	écrire
in writing	par écrit
the alphabet ['ælfəbet]	l'alphabet
in alphabetical order alphabetically [,ælfə'betɪkəlɪ]	par ordre alphabétique
illiterate [ɪ'lɪtərɪt]	analphabète, illettré
illiteracy [ɪ'lɪtərəsɪ]	l'analphabétisme, l'illettrisme
– Handwritten ['hænd,rɪtn]	écrit à la main
to inscribe sth	inscrire qqch.
an inscription [ɪn'skrɪpʃən]	une inscription
an autograph ['ɔ:təgrɑ:f]	un autographe
to inscribe a book to	dédier un livre à
an inscription	une dédicace
to make* a note of sth to write* sth down to jot sth down	noter qqch.
to take* notes	prendre des notes
– To print sth	écrire qqch. en script
a manuscript ['mænjʊskrɪpt]	un manuscrit
in block letters in block capitals	en caractères d'imprimerie
in capitals in capital letters	en majuscules
in black and white	noir sur blanc
calligraphy [kə'lɪgrəfɪ]	la calligraphie

– Legible ['ledʒəbl]	lisible
illegible [ɪ'ledʒəbl]	illisible
to have good/poor (hand)writing	avoir une belle écriture/une écriture illisible
a scrawl [skrɔ:l]	un gribouillage
to scrawl	gribouiller
a scribble ['skrɪbl]	un griffonnage
to scribble	griffonner
– Spelling ['spelɪŋ]	l'orthographe
to spell* [spel]	orthographier, épeler
a spelling mistake	une faute d'orthographe
to annotate ['ænəʊteɪt]	annoter
– A draft [drɑ:ft]	une ébauche, un premier jet
to draft	ébaucher
a copy ['kɒpɪ]	une copie
a rough copy	un brouillon
a fair copy	une copie au net
to correct [kə'rekt]	corriger
a correction [kə'rekʃən]	une correction
to rub sth out to erase sth	gommer qqch.
to delete sth	supprimer qqch.
to strike* sth out to score sth out	rayer qqch.
to make* an alteration to sth	raturer qqch.
to edit sth	mettre qqch. au point
– To write* sth up	rédiger qqch.
to rewrite* ['ri:'raɪt]	réécrire
to reword ['ri:'wɜ:d]	reformuler
to copy sth out to write* sth out	recopier qqch.
to transcribe [træn'skraɪb]	transcrire
a transcription [træn'skrɪpʃən]	une transcription
– A letter ['letəʳ]	une lettre
to write* sb a letter	écrire une lettre à qqn
correspondence [,kɒrɪs'pɒndəns]	la correspondance
to correspond *with sb* [,kɒrɪs'pɒnd]	correspondre *avec qqn*
to keep* up a correspondence *with sb*	entretenir une correspondance *avec qqn*
a business letter	une lettre d'affaires
a correspondent [,kɒrɪs'pɒndənt]	un(e) correspondant(e)

a note [nəʊt] a line [laɪn]	un petit mot
to drop a line to sb	envoyer un petit mot à qqn
to sign [saɪn]	signer
a signature ['sɪgnətʃəʳ]	une signature
his initials	ses initiales
– Dear Mr. Smith, ... Yours sincerely	Cher Monsieur,... je vous prie d'agréer, cher Monsieur, l'assurance de mes sentiments les meilleurs
Dear Sir/Madam, ... Yours faithfully	Monsieur/Madame,... Je vous prie d'agréer, Monsieur/Madame l'expression de ma considération distinguée
Dear James, ... Kind regards, Alexander	Cher Jacques,... Amicalement, Alexandre
Dear Susan, ... Love and kisses Dear Susan, ... With (much) love	Chère Suzanne,... Grosses bises
Love from Mary	Je t'embrasse, Marie
thank you for your letter	je vous remercie de votre lettre
with love to you all	bien des choses à tous
remember me to your mother	veuillez transmettre mon meilleur souvenir à votre mère
give our love to Barbara	embrasse Barbara pour nous
Jenny sends her love	Jenny te fait ses amitiés

■ 3. VOCABULARY LE VOCABULAIRE

– A word [wɜːd]	un mot
a term [tɜːm]	un terme
a phrase [freɪz] a locution [lə'kjuːʃən]	une locution
an expression [ɪks'preʃən] a phrase	une expression
a set phrase	une expression figée
a colloquialism [kə'ləʊkwɪəlɪzəm]	une expression familière
BR a time-honoured phrase AM a time-honored phrase	une expression consacrée par l'usage
a catch phrase	une formule, un slogan
an idiom ['ɪdɪəm]	un idiotisme
idiomatic [,ɪdɪə'mætɪk]	idiomatique
an idiomatic phrase	une expression idiomatique
a cliché ['kliːʃeɪ]	un cliché
technical/specialist/medical vocabulary	le vocabulaire technique/spécialisé/médical
terminology [,tɜːmɪ'nɒlədʒɪ]	la terminologie
terminological [,tɜːmɪnə'lɒdʒɪkəl]	terminologique
lexical ['leksɪkəl]	lexical
to enrich/increase one's vocabulary	enrichir/augmenter son vocabulaire
to use a word	utiliser un mot
usage ['juːzɪdʒ]	l'usage
– To come* from	venir de
to coin a word/a phrase	lancer un mot/une expression
the origin ['ɒrɪdʒɪn]	l'origine
a word of Latin/Greek origin	un mot d'origine latine/grecque
a root [ruːt]	une racine
an abbreviation [ə,briːvɪ'eɪʃən]	une abréviation
to abbreviate sth	abréger qqch.
an acronym ['ækrənɪm]	un acronyme
a set of initials	un sigle
obsolescent [,ɒbsə'lesnt]	vieilli
obsolete ['ɒbsəliːt]	obsolète
archaic [ɑː'keɪɪk]	archaïque
an archaism ['ɑːkeɪɪzəm]	un archaïsme
a neologism [nɪ'ɒlə,dʒɪzəm]	un néologisme
– Derivation [,derɪ'veɪʃən]	la dérivation
a derivative [dɪ'rɪvətɪv] a derived word	un dérivé
to derive from	dériver de
a compound (word)	un (mot) composé
a suffix ['sʌfɪks]	un suffixe
a prefix ['priːfɪks]	un préfixe
a portmanteau word	un mot-valise
a collocation [,kɒlə'keɪʃən]	une collocation
– Sense [sens]	le sens
the meaning of a word	la signification d'un mot
to mean* [miːn]	vouloir dire

What does it mean?	Qu'est-ce que cela veut dire ?	What do you call it?	Comment appelle-t-on cela ?
to signify ['sɪgnɪfaɪ]	signifier	meaningless ['mi:nɪŋlɪs]	dénué de sens
significance [sɪg'nɪfɪkəns]	la signification	nonsense ['nɒnsəns]	le non-sens
		a piece of nonsense	un non-sens

REMARQUE Exemple de mot-valise : brunch = breakfast + lunch.

4. GRAMMAR LA GRAMMAIRE

– A grammar (book)	une grammaire, un livre de grammaire
grammatical [grə'mætɪkəl]	grammatical
ungrammatical ['ʌngrə'mætɪkəl]	non grammatical
agrammatical [ˌeɪgrə'mætɪkəl]	agrammatical
a grammarian [grə'mɛərɪən]	un(e) grammairien(ne)
– Gender ['dʒendəʳ]	le genre
masculine ['mæskjʊlɪn]	masculin
feminine ['femɪnɪn]	féminin
neuter ['nju:təʳ]	neutre
number ['nʌmbəʳ]	le nombre
singular ['sɪŋgjʊləʳ]	singulier
plural ['plʊərəl]	pluriel
concrete ['kɒnkri:t]	concret
abstract ['æbstrækt]	abstrait
– To analyze ['ænəlaɪz]	analyser
to parse sth	faire l'analyse grammaticale de qqch.
sentence analysis	l'analyse logique
parts of speech	les parties du discours
a grammatical category	une catégorie grammaticale
a noun [naʊn]	un nom
an adjective ['ædʒektɪv]	un adjectif
a determiner [dɪ'tɜ:mɪnəʳ]	un déterminant
the definite / indefinite article	l'article défini / indéfini
a pronoun ['prəʊnaʊn]	un pronom
the first / second / third person	la première / deuxième / troisième personne
a verb [vɜ:b]	un verbe
an adverb ['ædvɜ:b]	un adverbe
a conjunction [kən'dʒʌŋkʃən]	une conjonction
a preposition [ˌprepə'zɪʃən]	une préposition
a modifier ['mɒdɪfaɪəʳ]	un modificatif
an interjection [ˌɪntə'dʒekʃən]	une interjection
– Countable ['kaʊntəbl]	dénombrable, comptable
uncountable ['ʌn'kaʊntəbl]	non dénombrable, non comptable
an uncountable noun a mass noun	un nom non dénombrable
a proper noun	un nom propre
a personal pronoun	un pronom personnel
demonstrative [dɪ'mɒnstrətɪv]	démonstratif
relative ['relətɪv]	relatif
interrogative [ˌɪntə'rɒgətɪv]	interrogatif
possessive [pə'zesɪv]	possessif
an antecedent [ˌæntɪ'si:dənt]	un antécédent
to decline [dɪ'klaɪn]	décliner
a declension [dɪ'klenʃən]	une déclinaison
a gerundive [dʒɪ'rʌndɪv]	un adjectif verbal
a gerund ['dʒerənd]	un substantif verbal
a participle ['pɑ:tɪsɪpl]	un participe
the present / past participle	le participe présent / passé
– A sentence ['sentəns]	une phrase
a clause [klɔ:z]	une proposition
a phrase [freɪz]	un syntagme
the subject ['sʌbdʒɪkt]	le sujet
the complement ['kɒmplɪmənt]	le complément
the object ['ɒbdʒɪkt]	le complément d'objet
– To conjugate ['kɒndʒʊgeɪt]	conjuguer
a conjugation [ˌkɒndʒʊgeɪʃən]	une conjugaison
affirmative [ə'fɜ:mətɪv]	affirmatif
negative ['negətɪv]	négatif

an infinitive [ɪn'fɪnɪtɪv]	un infinitif
the mood [mu:d]	le mode
the indicative [ɪn'dɪkətɪv]	l'indicatif
the subjunctive [səb'dʒʌŋktɪv]	le subjonctif
the conditional [kən'dɪʃənl]	le conditionnel
in the active/passive (voice)	à la voix active/passive
continuous [kən'tɪnjʊəs] progressive [prə'gresɪv]	progressif
an inflection [ɪn'flekʃən]	une inflexion
the root [ru:t]	le radical
an ending ['endɪŋ]	une terminaison
a perfective/imperfective verb	un verbe perfectif/imperfectif
– A tense [tens]	un temps
the present (tense)	le présent
the future (tense)	le futur
the past [pɑ:st]	le passé
the perfect ['pɜ:fɪkt]	le passé composé
the present perfect	le (présent) parfait
the preterite ['pretərɪt]	le prétérit
the simple past	le passé simple
the imperfect [ɪm'pɜ:fɪkt]	l'imparfait
the pluperfect ['plu:'pɜ:fɪkt]	le plus-que-parfait
the future perfect	le futur antérieur
– Attributive [ə'trɪbjʊtɪv]	attributif
predicative [prɪ'dɪkətɪv]	prédicatif
a comparative [kəm'pærətɪv]	un comparatif
a superlative [sʊ'pɜ:lətɪv]	un superlatif
in the comparative/superlative	au comparatif/superlatif
to qualify ['kwɒlɪfaɪ]	qualifier
to modify ['mɒdɪfaɪ]	modifier
in apposition *to*	en apposition *à*

5. PUNCTUATION AND LAYOUT — LA PONCTUATION ET LA MISE EN PAGE

– To punctuate ['pʌŋktjʊeɪt]	ponctuer
a punctuation mark	un signe de ponctuation
BR a full stop AM a period ['pɪərɪəd]	un point
a comma ['kɒmə]	une virgule
a semicolon [ˌsemɪ'kəʊlən]	un point-virgule
a colon ['kəʊlən]	deux-points
BR an exclamation mark AM an exclamation point	un point d'exclamation
a question mark BR a query ['kwɪərɪ]	un point d'interrogation
quotation marks BR inverted commas	les guillemets
in quotation marks BR in inverted commas in quotes (parlé)	entre guillemets
to open/close the quotation marks	ouvrir/fermer les guillemets
quote ... unquote	ouvrez les guillemets... fermez les guillemets
a parenthesis [pə'renθɪsɪs] BR a bracket ['brækɪt]	une parenthèse
in parentheses BR in brackets	entre parenthèses
to bracket sth	mettre qqch. entre parenthèses
square brackets	les crochets
suspension points	les points de suspension
a brace [breɪs]	une accolade
– A hyphen ['haɪfən]	un trait d'union
to hyphenate ['haɪfəneɪt]	mettre un trait d'union à
hyphenated ['haɪfəneɪtɪd]	à trait d'union
a dash [dæʃ]	un tiret
an oblique [ə'bli:k] a slash [slæʃ] a stroke [strəʊk]	une barre oblique
a backslash['bækslæʃ]	une barre oblique inversée
an apostrophe [ə'pɒstrəfɪ]	une apostrophe
an asterisk ['æstərɪsk]	un astérisque
an at sign	une arobase
lerobert dot com	lerobert point com
– An acute (accent)	un accent aigu
e acute	e accent aigu
a grave (accent)	un accent grave
a circumflex (accent)	un accent circonflexe
a cedilla [sɪ'dɪlə]	une cédille
a tilde ['tɪldə]	un tilde

an umlaut ['ʊmlaʊt]	un tréma
a diaeresis [daɪ'erɪsɪs]	
AM a dieresis	
– A paragraph ['pærəgrɑ:f]	un paragraphe, un alinéa
a line [laɪn]	une ligne
to start a new paragraph	aller à la ligne
to leave* a line	sauter une ligne
to space sth out	espacer qqch.
a space [speɪs]	un espace
BR to centre sth	centrer qqch.
AM to center sth	
in single-/double-spacing	à simple/double interligne
single-/double-spaced	
a heading ['hedɪŋ]	un en-tête, un titre
a blank [blæŋk]	un blanc
to leave* sth blank	laisser qqch. en blanc

6. LINGUISTICS LA LINGUISTIQUE

– A linguist ['lɪŋgwɪst]	un(e) linguiste
linguistic [lɪŋ'gwɪstɪk]	linguistique
phonetics [fəʊ'netɪks] (sing.)	la phonétique
phonetic [fəʊ'netɪk]	phonétique
a phonetician [ˌfəʊnɪ'tɪʃən]	un(e) phonéticien(ne)
– Phonology [fəʊ'nɒlədʒɪ]	la phonologie
phonological [ˌfəʊnə'lɒdʒɪkəl]	phonologique
a phonologist [fə'nɒlədʒɪst]	un(e) phonologue
a homophone ['hɒməfəʊn]	un homophone
a phoneme ['fəʊni:m]	un phonème
– A vowel ['vaʊəl]	une voyelle
a consonant ['kɒnsənənt]	une consonne
the consonant/vowel system	le système consonantique/vocalique
an open/closed vowel	une voyelle ouverte/fermée
a diphthong ['dɪfθɒŋ]	une diphtongue
a triphthong ['trɪfθɒŋ]	une triphtongue
voiced [vɔɪst]	voisé, sonore
unvoiced ['ʌn'vɔɪst]	non voisé, sourd
– Stress [stres]	l'accentuation, l'accent
to stress	accentuer
intonation [ˌɪntəʊ'neɪʃən]	l'intonation
a tone of voice	un ton
a tone language	une langue à tons
elision [ɪ'lɪʒən]	l'élision
to elide [ɪ'laɪd]	élider
a liaison [li:'eɪzɒn]	une liaison
– Semantics [sɪ'mæntɪks] (sing.)	la sémantique
semantic [sɪ'mæntɪk]	sémantique
a semanticist [sɪ'mæntɪsɪst]	un(e) sémanticien(ne)
a lexical item	une unité lexicale
a lexeme ['leksi:m]	un lexème
a synonym ['sɪnənɪm]	un synonyme
synonymous *with* [sɪ'nɒnɪməs]	synonyme *de*
synonymy [sɪ'nɒnəmɪ]	la synonymie
an antonym ['æntənɪm]	un antonyme
a homonym ['hɒmənɪm]	un homonyme
a hyponym ['haɪpənɪm]	un hyponyme
a superordinate [ˌsu:pər'ɔ:dənɪt]	un hyperonyme
a homograph ['hɒməʊgrɑ:f]	un homographe
– Morphology [mɔ:'fɒlədʒɪ]	la morphologie
morphological [ˌmɔ:fə'lɒdʒɪkəl]	morphologique
a morphologist [mɔ:'fɒlədʒɪst]	un(e) morphologue
a morpheme ['mɔ:fi:m]	un morphème
an affix [ə'fɪks]	un affixe
syntax ['sɪntæks]	la syntaxe
syntactic(al) [sɪn'tæktɪk(əl)]	syntactique, syntaxique
– Philology [fɪ'lɒlədʒɪ]	la philologie
philological [ˌfɪlə'lɒdʒɪkəl]	philologique
a philologist [fɪ'lɒlədʒɪst]	un(e) philologue
etymology [ˌetɪ'mɒlədʒɪ]	l'étymologie
etymological [ˌetɪmə'lɒdʒɪkəl]	étymologique
an etymologist [ˌetɪ'mɒlədʒɪst]	un(e) étymologiste

a Latin/Romance/Germanic language	une langue latine/romane/germanique
- **Pragmatics** [præg'mætɪks] (sing.)	la pragmatique
pragmatic [præg'mætɪk]	pragmatique
discourse analysis	l'analyse du discours
enunciation [ɪ,nʌnsɪ'eɪʃən]	l'énonciation
semiotics [,semɪ'ɒtɪks] (sing.)	la sémiotique
semiotic [,semɪ'ɒtɪk]	sémiotique
a code [kəʊd]	un code
to encode [ɪn'kəʊd]	encoder
to decode ['diː'kəʊd]	décoder, déchiffrer
an ideogram ['ɪdɪəgræm]	un idéogramme

7. TRANSLATION LA TRADUCTION

- **A** translation [trænz'leɪʃən]	une traduction
automatic translation machine translation	la traduction automatique
a translator [trænz'leɪtəʳ]	un(e) traducteur (-trice)
to translate *from/into* [trænz'leɪt]	traduire *de/en*
to mistranslate sth	mal traduire qqch.
a mistranslation ['mɪstrænz'leɪʃən]	une erreur de traduction
untranslatable ['ʌntrænz'leɪtəbl]	intraduisible
- **Interpretation** [ɪn,tɜːprɪ'teɪʃən]	l'interprétation
interpreting [ɪn'tɜːprɪtɪŋ]	l'interprétariat
simultaneous interpreting	l'interprétation simultanée
an interpreter [ɪn'tɜːprɪtəʳ]	un(e) interprète
a simultaneous interpreter	un interprète simultané
to interpret *for sb* [ɪn'tɜːprɪt]	faire l'interprète *pour qqn*

41 SELF-EXPRESSION L'EXPRESSION

1. STATING AND ANNOUNCING THINGS DÉCLARER ET ANNONCER

– To declare sth *to sb*	déclarer qqch. *à qqn*
to state sth / that	déclarer qqch. / que
a declaration [ˌdekləˈreɪʃən] a statement [ˈsteɪtmənt]	une déclaration
to make* a declaration to make* a statement	faire une déclaration
to assert sth / that to affirm sth / that (soutenu)	affirmer qqch. / que
an assertion [əˈsɜːʃən] an affirmation [ˌæfəˈmeɪʃən] (soutenu)	une affirmation
– To claim sth / that to maintain sth / that	prétendre qqch. / que
to maintain that	soutenir que
to assure sb of sth / sb that	assurer qqn de qqch. / à qqn que
to vouch for the fact that to attest that (soutenu)	attester que
to inform sb of sth to acquaint sb with sth	mettre qqn au courant de qqch.
to bring* sth to sb's attention	signaler qqch. à qqn
– To announce sth *to sb* to intimate sth *to sb* (soutenu)	annoncer qqch. *à qqn*
an announcement [əˈnaʊnsmənt] an intimation [ˌɪntɪˈmeɪʃən] (soutenu)	une annonce
to proclaim sth / that	proclamer qqch. / que
a proclamation [ˌprɒkləˈmeɪʃən]	une proclamation
to reveal sth *to sb*	révéler qqch. *à qqn*
a revelation [ˌrevəˈleɪʃən]	une révélation
a spokesperson *for* [ˈspəʊksˌpɜːsən] a spokesman *for* [ˈspəʊksmən] (fém. spokeswoman)	un porte-parole *de*
official [əˈfɪʃəl] formal [ˈfɔːməl]	officiel
informal [ɪnˈfɔːməl]	officieux
to go* on record as saying that	déclarer publiquement que
this is strictly off the record (parlé)	ceci est strictement officieux, ceci doit rester entre nous
– To insist *on sth / that* [ɪnˈsɪst]	insister *sur qqch. / sur le fait que*
to stress sth / that	insister sur qqch. / sur le fait que
insistence [ɪnˈsɪstəns]	l'insistance
insistent [ɪnˈsɪstənt]	pressant, insistant
to emphasize sth	mettre l'accent sur qqch.
to underline sth / that	souligner qqch. / le fait que
to reiterate sth / that	réitérer qqch. / que
– To exaggerate sth to overstate sth	exagérer qqch.
exaggerated [ɪgˈzædʒəreɪtɪd]	exagéré
an exaggeration [ɪgˌzædʒəˈreɪʃən] an overstatement [əʊvəˈsteɪtmənt]	une exagération
emphatic [ɪmˈfætɪk] categorical [ˌkætɪˈgɒrɪkəl]	catégorique
moderate [ˈmɒdərɪt]	modéré
– I've heard that ...	j'ai appris que...
we are pleased to announce ...	nous sommes heureux d'annoncer...
you should know that ... you should be aware that ...	il faut savoir que...
it should be noted that ...	il faut signaler que...
one must not forget that ...	il ne faut pas oublier que...
it is important to bear in mind that ...	il faut tenir compte du fait que...
I have no hesitation in saying / asserting that he ...	je le dis / l'affirme sans hésiter, il...
it's an understatement	c'est en dessous de la vérité, c'est peu dire

2. EXPLAINING THINGS EXPLIQUER

– To explain sth *to sb*	expliquer qqch. *à qqn*
to explain o.s.	s'expliquer (personne)
an explanation [ˌekspləˈneɪʃən]	une explication
to demand an explanation	exiger une explication

to seek* an explanation *for sth*	chercher une explication *à qqch.*
to give* an account of sth	rendre compte de qqch.
to interpret sth *as sth*	interpréter qqch. *comme qqch.*
an interpretation [ɪn,tɜːprɪ'teɪʃən]	une interprétation
to misinterpret sth	mal interpréter qqch.
– To describe [dɪs'kraɪb]	décrire
a description [dɪs'krɪpʃən]	une description
to elucidate [ɪ'luːsɪdeɪt]	élucider
elucidation [ɪ,luːsɪ'deɪʃən]	l'élucidation
to shed* light on sth	jeter de la lumière sur qqch., éclaircir qqch.
to clarify sth	clarifier qqch.
clarification [,klærɪfɪ'keɪʃən] (n. c. sing.)	des éclaircissements
to demonstrate *how/that* ['demənstreɪt]	démontrer *comment/que*
a demonstration [,demən'streɪʃən]	une démonstration
– Inexplicable [,ɪnɪks'plɪkəbl] unaccountable ['ʌnə'kaʊntəbl]	inexplicable
groundless ['graʊndlɪs]	sans fondement
– Because of on account of owing to	à cause de
because [bɪ'kɒz]	parce que
from fear/despair out of fear/despair	de peur/désespoir
as [æz]	comme
considering [kən'sɪdərɪŋ]	étant donné
since [sɪns]	étant donné que
due to	dû à
therefore ['ðɛəfɔːʳ]	donc
– In view of	vu, étant donné
in view of the fact that seeing that	vu que
thanks to	grâce à
for lack of for want of	faute de
for fear of	de crainte de
by means of	au moyen de
according to	selon
– On (the) grounds of	pour cause de
on financial/family grounds for financial/family reasons	pour raisons financières/familiales
on the pretext of sth/doing/that on the pretence of sth/doing/that	sous prétexte de qqch./de faire/que
– That is why it happened	voilà pourquoi c'est arrivé
it all arises from the fact that …	cela vient de ce que…
it is all a question of …	il s'agit en fait de…
it has to do with …	c'est lié à…
the thing is … (parlé)	c'est que…
it depends on …	cela dépend de…
I reasoned that …	je me suis dit que…

■ 3. ASKING QUESTIONS AND ANSWERING QUESTIONNER ET RÉPONDRE

– To ask sb sth	demander qqch. à qqn
to ask whether to enquire whether to inquire whether	demander si
to ask sb a question *about sth* to put* a question to sb *about sth*	poser une question à qqn *à propos de qqch.*
to question sb *about sth*	interroger qqn *sur qqch.*, questionner qqn *sur qqch.*
– To answer *sth/that* ['ɑːnsəʳ] to reply *sth/that* [rɪ'plaɪ]	répondre *qqch./que*
to answer sb *on sth* to reply to sb *on sth*	répondre à qqn *sur qqch.*
an answer to a reply to a response to (soutenu)	une réponse
in answer to in reply to in response to	en réponse à
– Which book/friend?	Quel livre/ami ?
Which (one)?	Lequel ?
Where? [wɛəʳ]	Où ?
When? [wen]	Quand ?
How? [haʊ]	Comment ?
Why? [waɪ]	Pourquoi ?
What for?	Pour quoi faire ?
How much?	Combien ? (suivi d'un sing.)

How many?	Combien ? (suivi d'un plur.)
– Direct [daɪ'rekt]	direct
evasive [ɪ'veɪzɪv]	évasif
frank [fræŋk] straightforward [,streɪt'fɔ:wəd]	franc
spontaneous [spɒn'teɪnɪəs]	spontané
– Please [pli:z]	s'il vous plaît
may I ask you why/where ...	puis-je vous demander pourquoi/où...
can you tell me who/when ...	pouvez-vous me dire qui/quand...
I need the following information	j'aurais besoin des renseignements suivants
I should like to know what/whether ...	j'aimerais savoir ce que/si...
he didn't reply anything he said nothing in reply	il n'a rien répondu
he wouldn't give me a straight answer he wouldn't say yes or no	il m'a fait une réponse de Normand

■ 4. MAKING AND GRANTING REQUESTS REQUÉRIR ET ACCORDER

– To ask for sth	demander qqch.
to ask sb for sth/sb to do sth	demander qqch. à qqn/à qqn de faire
to call for sth	réclamer qqch., exiger qqch.
to request sth to make* a request for sth	requérir qqch.
a request [rɪ'kwest]	une requête
to apply for sth to put* in a request for sth	faire une demande de qqch.
an application *for* [,æplɪ'keɪʃən]	une demande *de* (autorisation, emploi)
to make* a formal application *for sth*	faire une demande en bonne et due forme *de qqch.*
– To beg sb *to do sth* to entreat sb *to do sth* to beseech* sb *to do sth* (soutenu)	supplier qqn *de faire qqch.*
to implore sb *to do sth* to plead with sb *to do sth*	implorer qqn *de faire qqch.*
to solicit sth *from sb* to seek* sth *from sb*	solliciter qqch. *de qqn*
a petition *for/against* [pə'tɪʃən]	une pétition *pour/contre*
to petition sb for sth	adresser une pétition à qqn pour qqch.
an appeal *to sb/for sth* [ə'pi:l]	un appel *à qqn/pour qqch.*
to appeal to sb *for sth*	faire appel à qqn *pour qqch.*
– To grant *sb* sth	accorder qqch. *à qqn*
to accede to sb's wishes (soutenu)	accéder aux désirs de qqn
to have mercy *on*	avoir pitié *de*
to take* pity on sb	prendre qqn en pitié
merciful ['mɜ:sɪfʊl]	clément, miséricordieux
– To allow sth/sb to do	permettre qqch./à qqn de faire
to give* permission to sb/to do	donner la permission à qqn/de faire
to permit sth/sb to do	autoriser qqch./à qqn de faire
a permit ['pɜ:mɪt]	un permis
to authorize sth/sb to do	autoriser qqch./qqn à faire
an authorization [,ɔ:θəraɪ'zeɪʃən]	une autorisation
– BR a licence ['laɪsəns] AM a license	une licence
to license sb to do	accorder à qqn une licence pour faire
to forbid* sth/sb to do	interdire qqch./à qqn de faire
to prohibit sth to ban sth	interdire qqch. (langage administratif)
– May I have your authority to do so?	Ai-je votre autorisation ?
you have my permission to ...	je vous donne la permission de...
for God's sake	pour l'amour de Dieu
for heaven's sake for pity's sake (parlé)	pour l'amour du ciel
Could I? May I?	Puis-je ?
Would you object if ...?	Cela vous ennuierait-il si... ?

5. MAKING PROPOSALS AND PERSUADING PEOPLE PROPOSER ET PERSUADER

– A proposal [prə'pəʊzl] a proposition [ˌprɒpə'zɪʃən]	une proposition
to make* sb a proposal to make* sb a proposition	faire une proposition à qqn
to propose sth *to sb*[1]	proposer qqch. *à qqn*
to suggest sth *to sb*	suggérer qqch. *à qqn*
a suggestion [sə'dʒestʃən]	une suggestion
to offer sth *to sb*	offrir qqch. *à qqn*
an offer ['ɒfəʳ]	une offre

ATTENTION 1 : to propose to sb = demander qqn en mariage

– To persuade sb *of sth / to do sth*	persuader qqn *de qqch./ de faire qqch.*
to talk sb into doing sth	persuader qqn de faire qqch. (en parlant)
persuasive [pə'sweɪsɪv]	persuasif
persuasion [pə'sweɪʒən]	la persuasion
to dissuade sb *from doing*	dissuader qqn *de faire*
dissuasion [dɪ'sweɪʒən]	la dissuasion
to convince sb *of sth / that*	convaincre qqn *de qqch./que*
convincing [kən'vɪnsɪŋ]	convaincant
conviction [kən'vɪkʃən]	la conviction
– Would you like me to go with you?	Voulez-vous que je vous accompagne ?
How about a day at the sea? (parlé)	Que diriez-vous d'une journée au bord de la mer ?
on behalf of	de la part de
please accept this gift from ...	je vous prie d'accepter ce cadeau de la part de...
It is kind of you to offer! How kind of you to offer!	Comme c'est gentil à vous de le proposer !

6. AGREEING AND REFUSING ACCEPTER ET REFUSER

– To accept *sth / that* [ək'sept] to agree *to sth / that* [ə'griː]	accepter *qqch./que*
acceptance *of sth* [ək'septəns]	l'acceptation *de qqch.*
to agree *with sb about sth* [ə'griː] to be in agreement *with sb about sth*	être d'accord *avec qqn sur qqch.*
to go* along with sth (parlé)	être d'accord avec qqch.
to give* a nod of agreement	manifester son accord d'un signe de tête
to come* to an agreement *with sb over sth* to reach an agreement *with sb over sth*	arriver à un accord *avec qqn sur qqch.*
to approve of sth	approuver qqch.
approval [ə'pruːvəl]	l'approbation
to give* one's approval *to sth* to approve *sth* [ə'pruːv]	donner son approbation *à qqch.*
– To consent *to sth* [kən'sent]	consentir *à qqch.*
consent	le consentement
to give* one's consent *to sth*	donner son consentement *à qqch.*
by common consent by common agreement	d'un commun accord
to acquiesce [ˌækwɪ'es]	acquiescer
acquiescence [ˌækwɪ'esns]	l'assentiment
to assent *to sth* [ə'sent] to give* one's assent *to sth*	donner son assentiment *à qqch.*
– To refuse *sb sth / to do* [rɪ'fjuːz]	refuser *qqch. à qqn / de faire*
to turn an offer down	refuser une offre
to turn sb down	refuser qqn (pour un emploi, une demande)
a refusal [rɪ'fjuːzəl]	un refus
to decline an invitation / a request	décliner une invitation / une demande
to reject sb / sth	rejeter qqn / qqch.
a rejection [rɪ'dʒekʃən]	un rejet
– I fully endorse your view (soutenu)	je souscris entièrement à ce que vous dites
Come on, say yes!	Allez, dis oui !
it is out of the question	il n'en est pas question

No way! (parlé)	Pas question !
Not if I can help it! (parlé)	Jamais de la vie !
You must be joking!	Tu plaisantes !
Over my dead body!	Il faudra me passer sur le corps avant !

■ 7. MENTIONING THINGS MENTIONNER

– To mention sth *to sb*	mentionner qqch. *à qqn*
to remark to sb *upon sth*	faire une remarque à qqn *sur qqch.*
to make* the point that to point out that	faire remarquer que
to point out sth *to sb*	faire remarquer qqch. *à qqn*
to bring* up a question *with sb* to raise a question *with sb*	soulever une question *avec qqn*
to call sb's attention *to sth* to draw* sb's attention *to sth*	attirer l'attention de qqn *sur qqch.*
to note that	noter que
– An allusion [ə'lu:ʒən]	une allusion
to allude to	faire allusion à
to observe *that* [əb'zɜ:v]	observer *que*, constater *que*
an observation [ˌɒbzə'veɪʃən]	une observation, une constatation
a reference *to* ['refrəns]	une référence *à*
to refer to	faire référence à
a hint [hɪnt]	une insinuation
to hint at sth	insinuer qqch.
– On the subject of	au sujet de
in connection with	à propos de
by the way	à propos
as regards with regard to with reference to	en ce qui concerne
concerning [kən'sɜ:nɪŋ] having regard to (soutenu)	concernant
– I should like to say a brief word about ...	j'aimerais vous dire quelques mots de...
it's hardly worth mentioning	cela mérite à peine d'être mentionné
not to mention ...	sans oublier...
we should mention in passing ...	il faut mentionner en passant...

■ 8. COMPLAINING AND PROTESTING SE PLAINDRE ET PROTESTER

– To complain *to sb about sth* [kəm'pleɪn]	se plaindre *à qqn de qqch.*
a complaint [kəm'pleɪnt]	une réclamation, une plainte
to make* a complaint	faire une réclamation
to lodge a complaint about to register a complaint about	porter plainte au sujet de
– To whine *about sth* [waɪn] to moan *about sth* [məʊn] (parlé)	se lamenter *sur qqch.*
to bemoan one's fate	se lamenter sur son sort
to feel* sorry for o.s.	s'apitoyer sur soi-même
to be full of self-pity	se trouver bien à plaindre
to grumble *about* ['grʌmbl] to grouse *about* [graʊs]	râler *à propos de*
plaintive ['pleɪntɪv] doleful ['dəʊlfʊl]	plaintif
– To protest *about sth / that* ['prəʊtest]	protester *contre qqch. / que*
a protest *about / against*	une protestation *concernant / contre*
to speak* up against sth	s'élever contre qqch.
to disapprove of sth to object to sth	désapprouver qqch.
to deplore sth	déplorer qqch.
to demonstrate *for / against* ['demənstreɪt]	manifester[1] *pour / contre*
a demonstration [ˌdemən'streɪʃən] a protest march	une manifestation
a demo ['deməʊ] (parlé)	une manif

ATTENTION FAUX AMI 1 : to manifest = montrer, démontrer

– Intolerable [ɪn'tɒlərəbl]	intolérable
disastrous [dɪ'zɑːstrəs]	désastreux
scandalous ['skændələs]	scandaleux
a deplorable state of affairs an appalling state of affairs	une situation déplorable
it is quite unacceptable	c'est inadmissible

9. CRITICIZING LES CRITIQUES

– A criticism ['krɪtɪsɪzəm]	une critique
to criticize sb *for sth*	critiquer qqn *de qqch.*
critical *of* ['krɪtɪkəl]	critique *de*
to condemn sb *for sth*	condamner qqn *pour qqch.*
a condemnation [ˌkɒndem'neɪʃən]	une condamnation
to find* fault with sb	trouver à redire au sujet de qqn
– To denounce sb *for sth*	dénoncer qqn *pour qqch.*
a denunciation [dɪˌnʌnsɪ'eɪʃən]	une dénonciation
to accuse sb *of sth*	accuser qqn *de qqch.*
an accusation [ˌækjʊ'zeɪʃən]	une accusation
accusing [ə'kjuːzɪŋ]	accusateur
alleged [ə'ledʒd]	prétendu
allegations *of / that* [ˌælɪ'geɪʃən]	les allégations *de / selon lesquelles*
to allege that	alléguer que
– To reproach sb with sth to blame sb for sth	reprocher qqch. à qqn
to blame sth on sb to put* the blame for sth on sb	rejeter la responsabilité de qqch. sur qqn
blameworthy ['bleɪmwɜːðɪ]	blâmable
a reproach [rɪ'prəʊtʃ]	un reproche
reproachful [rɪ'prəʊtʃfʊl] reproving [rɪ'pruːvɪŋ]	réprobateur
– To scold sb *for sth* to chide* sb *for sth* (soutenu)	gronder qqn *pour qqch.*
a reprimand ['reprɪmɑːnd]	une réprimande
to reprimand sb	réprimander qqn
to tick sb off (parlé) to tell* sb off (parlé)	attraper qqn
to lecture sb	sermonner qqn
to give* sb a good scolding	passer un bon savon à qqn
to take* sb to task	prendre qqn à parti
to give* sb a rap on the knuckles	taper sur les doigts de qqn
– To libel sb	calomnier qqn, diffamer qqn (par écrit)
libel ['laɪbəl]	la diffamation
to slander sb	calomnier qqn, diffamer qqn (verbalement)
slander ['slɑːndəʳ]	la diffamation
a calumny ['kæləmnɪ]	une calomnie
– To denigrate sth / sb to run* sth / sb down to pour scorn on sth / sb (soutenu)	dénigrer qqch. / qqn
contempt [kən'tempt] scorn [skɔːn]	le mépris
to show* contempt for sth / sb	manifester son mépris pour qqch. / qqn
to despise sth / sb to scorn sth / sb	mépriser qqch. / qqn
contemptuous [kən'temptjʊəs] scornful ['skɔːnfʊl]	méprisant
contemptible [kən'temptəbl] despicable [dɪs'pɪkəbl]	méprisable
– You should never have done such a thing	vous n'auriez jamais dû faire cela
he was wrong to do that	il a eu tort de faire cela
I am entirely to blame for it	je suis entièrement responsable de
I'm not to blame	je n'y suis pour rien
I won't hold this against you	je ne vous en tiendrai pas rigueur

10. ADMITTING AND DENYING THINGS AVOUER ET NIER

– To recognize sth / that to acknowledge sth / that	reconnaître qqch. / que
in acknowledgement of in recognition of	en reconnaissance de
to admit sth *to sb*	admettre qqch. *devant qqn*
to acknowledge sth to admit sth	convenir de qqch.
to confess sth *to sb*	confesser qqch. *à qqn*
to confess sth to own up to sth	avouer qqch.
a confession [kən'feʃən] an admission [əd'mɪʃən]	un aveu
on his own admission	de son propre aveu
to concede sth / that	concéder qqch. / que
– To deny sth	démentir qqch.
a denial [dɪ'naɪəl]	un démenti
to issue an official denial	publier un démenti officiel
to contest sth	contester qqch.
to deny sth / having done	nier qqch. / avoir fait
to refute sth	réfuter qqch.
a refutation [ˌrefjʊ'teɪʃən]	une réfutation
– To contradict sb	contredire qqn
to contradict sth to give* the lie to sth	contredire qqch.
contradictory [ˌkɒntrə'dɪktərɪ]	contradictoire
a contradiction [ˌkɒntrə'dɪkʃən]	une contradiction
– I must confess that ...	je dois avouer que...
I will admit that ...	je suis prêt à admettre que...
I don't dispute that ...	je ne conteste pas le fait que...
it cannot be denied that ...	on ne peut nier le fait que...
I grant you that I give you that	je vous l'accorde

11. REGRETS AND APOLOGIES REGRETTER ET S'EXCUSER

– To regret *sth / that* [rɪ'gret]	regretter *qqch. / que*
a regret *for, about*	un regret *de*
to have regrets	éprouver des regrets
regrettable [rɪ'gretəbl] unfortunate [ʌn'fɔːtʃnɪt]	regrettable
with regret regretfully [rɪ'gretfəlɪ]	à regret (partir)
with regret reluctantly [rɪ'lʌktəntlɪ]	à regret (accepter, donner)
– To be sorry *for sth / for doing*	être désolé *de qqch. / d'avoir fait*
to be very upset *about sth*	être peiné *de qqch.*
to deplore sth	déplorer qqch.
remorse [rɪ'mɔːs]	le remords
to feel* remorse	éprouver des remords
shame [ʃeɪm]	la honte
to be ashamed *of / that*	avoir honte *de / de ce que*
– An apology [ə'pɒlədʒɪ]	une excuse (regret)
to apologize *to sb for sth* [ə'pɒlədʒaɪz]	s'excuser *auprès de qqn de qqch.*
to make* one's apologies *for*	présenter ses excuses *pour*
to be very apologetic	se confondre en excuses
an excuse [ɪks'kjuːz]	une excuse (justification)
to make* excuses *for sth*	inventer des excuses *pour qqch.*
to excuse sb *for sth / for having done*	excuser qqn *de qqch. / d'avoir fait*
– To forgive* sb *(for) sth* to pardon sb *(for) sth* (soutenu)	pardonner *qqch.* à qqn
to ask sb's forgiveness *for sth*	demander pardon à qqn *de qqch.*
unforgivable ['ʌnfə'gɪvəbl] unpardonable [ʌn'pɑːdnəbl]	impardonnable (faute)
indulgent [ɪn'dʌldʒənt] forgiving [fə'gɪvɪŋ]	indulgent
unforgiving ['ʌnfə'gɪvɪŋ]	impitoyable
– I am afraid that ... I fear that ... (soutenu)	je crains que...
I regret to inform you that ...	je suis au regret de vous informer que...
to my great regret regretfully [rɪ'gretfəlɪ]	à mon grand regret

– It's all my fault it won't happen again	c'est de ma faute cela ne se reproduira pas
I didn't mean to do it	je ne l'ai pas fait exprès
I owe you an apology	je vous dois des excuses
I am sorry I have not written forgive me for not writing	excusez-moi de ne pas vous avoir écrit
– Sorry! ['sɒrɪ]	Pardon !
I beg your pardon	je vous demande pardon
there's no excuse for such behaviour	ce genre de conduite est inexcusable
you're forgiven	vous êtes tout excusé
I should never have said/done that	je n'aurais jamais dû dire/faire
you cannot be forgiven it's unforgivable of you	tu es impardonnable
– What a pity! What a shame! (parlé)	Quel dommage !
it is a pity that ... it's a shame that ... (parlé)	il est dommage que...

12. GIVING ADVICE CONSEILLER

– Advice [əd'vaɪs] (n. c. sing.)	le(s) conseil(s)
a piece of advice some advice	un conseil
to advise sth/sb to do	conseiller qqch./à qqn de faire
to advise sb *about sth*	conseiller qqn *sur qqch.*
to advise sb against sth	déconseiller qqch. à qqn
to ask sb's advice *about sth*	demander conseil à qqn *à propos de qqch.*
to seek* advice *from sb/about sth*	chercher conseil *auprès de qqn/sur qqch.*
advisable [əd'vaɪzəbl]	conseillé
– To recommend sth *to sb*	recommander qqch. *à qqn*
a recommendation [ˌrekəmen'deɪʃən]	une recommandation
to advocate sth to recommend sth	préconiser qqch.
to guide sb	guider qqn
– To warn sb *about sth/not to do*	avertir qqn *de qqch./de ne pas faire*
a warning ['wɔːnɪŋ]	un avertissement
to give* sb a warning	lancer un avertissement à qqn
to exhort sb *to do* to urge sb *to do*	exhorter qqn *à faire*
an exhortation [ˌegzɔː'teɪʃən]	une exhortation
to heed sth to take* heed of sth	tenir compte de qqch.
to give* sb a tip *about sth* (parlé)	donner un tuyau à qqn *pour qqch.*
– BR to consult sb *about sth* AM to consult with sb *about sth*	consulter qqn *à propos de qqch.*
to counsel sb	conseiller qqn (à titre professionnel)
a counsellor ['kaʊnsləʳ]	un(e) conseiller (-ère) (socio-psychologue)
in consultation with	en consultation avec
– If I were you, I ... in your place, I ...	à votre place, je...
if you want my advice ...	si vous voulez mon avis...
you would be right/wrong to do ...	vous feriez bien/vous auriez tort de faire...
you should/shouldn't do that you ought/ought not to do that	vous devriez/ne devriez pas faire ça
let me give you a word of advice	si je peux me permettre de vous donner un conseil

13. GIVING ORDERS ORDONNER

– An order ['ɔːdəʳ]	un ordre
to give* sb an order	donner un ordre à qqn
to give* sb the order to do	donner à qqn l'ordre de
to order sb to do to direct sb to do	faire, ordonner à qqn de faire
to give* orders that	donner des ordres comme quoi

on the orders of	sur les ordres de
– To tell* sb to do sth	dire à qqn de faire qqch.
to have sth done to get* sth done	faire faire qqch.
to make* sb do sth to get* sb to do sth to have sb do sth	faire faire qqch. à qqn
to instruct sb to do to give* sb the job of doing	charger qqn de faire
an instruction [ɪn'strʌkʃən]	une instruction
on the instructions of	sur les instructions de
to command *sb to do / that sth be done* [kə'mɑːnd]	commander *à qqn de faire / que qqch. soit fait*
a command (soutenu)	un commandement
– To give* directions *to sb on sth*	donner des directives *à qqn pour qqch.*
to decree that	décréter que
a decree [dɪ'kriː]	un décret
to demand that	exiger que
to bid* sb do (soutenu)	enjoindre à qqn de faire
to summon sb to do	sommer qqn de faire
a summons ['sʌmənz] (sing.)	une sommation
to dictate to sb	régenter qqn
– That's an order!	C'est un ordre !
You must do this without fail!	Faites-le sans faute !
I am impelled to ask you to do so	je suis dans l'obligation de vous demander de le faire
kindly do so at once	veuillez le faire immédiatement

14. MAKING PROMISES PROMETTRE

– A promise ['prɒmɪs]	une promesse
to keep* one's promise	tenir sa promesse
to break* one's promise	manquer à sa promesse
to promise *sth to sb*	promettre *qqch. à qqn*
to give* sb one's promise/assurance that	donner à qqn la promesse/l'assurance que
to promise sb the moon/the earth	promettre la lune/monts et merveilles à qqn
a vain promise an idle promise	une promesse en l'air
– To give* sb one's word *on sth*	donner sa parole à qqn *sur qqch.*
to keep* one's word	tenir parole
to break* one's word	manquer à sa parole
to swear* *that* [swɛəʳ]	jurer *que*
to make* a vow *of sth / that*	faire serment *de / que*
to swear* an oath *on sth to do*	prêter serment *sur qqch. de faire*
to break* a vow	rompre un serment
to pledge sb to secrecy	faire promettre le secret à qqn
to vow sth	faire vœu de qqch.
– To vouch for sb/sth	répondre de qqn/qqch.
to guarantee sth/that	garantir qqch./que
a guarantee [ˌgærən'tiː]	une garantie
to make* an agreement with sb	conclure un accord avec qqn
to hold* to an agreement	respecter un accord
to reassure sb *about sth*	rassurer qqn *à propos de qqch.*
– To make* a commitment to enter into a commitment	s'engager
to commit o.s. to doing to bind* o.s. to do	s'engager à faire
to pledge one's word that (soutenu)	s'engager formellement à ce que
to depend on sb *for sth*	dépendre de qqn *pour qqch.*
to be faithful to one's obligations	respecter ses obligations
to rely on sb *to do*	compter sur qqn *pour faire*
– Faithful ['feɪθfʊl]	fidèle
reliable [rɪ'laɪəbl]	sérieux, sur qui on peut compter
dependable [dɪ'pendəbl]	
sincere [sɪn'sɪəʳ]	sincère
solemn ['sɒləm]	solennel
to say* sth in good/bad faith	dire qqch. de bonne/mauvaise foi

– That's a promise	je vous le promets
I give you my word of honour that …	je vous donne ma parole d'honneur que…
he is as good as his word	on peut le croire sur parole
you can take my word for it	tu peux me croire (sur parole), crois-m'en
promise me that you will …	promettez-moi de…
I'm committed to it	je m'y suis engagé

■ 15. THANKS AND CONGRATULATIONS REMERCIER ET FÉLICITER

– To thank sb *for sth / for doing*	remercier qqn *pour qqch. / d'avoir fait*
to thank sb warmly	remercier qqn vivement
to thank sb from the bottom of one's heart	remercier qqn du fond du cœur
grateful ['greɪtfʊl] thankful ['θæŋkfʊl]	reconnaissant
gratitude ['grætɪtju:d]	la gratitude
to show* one's gratitude *to sb*	témoigner sa gratitude *à qqn*
to express one's gratitude *to sb for sth*	exprimer sa gratitude *à qqn pour qqch.*
to be indebted to sb *for sth* (soutenu)	être redevable envers qqn *de qqch.*
to be beholden to sb *for sth* (soutenu)	être obligé à qqn *de qqch.*
ungrateful [ʌn'greɪtfʊl]	ingrat
ingratitude [ɪn'grætɪtju:d]	l'ingratitude
– To congratulate sb *on sth / on doing*	féliciter qqn *de qqch. / d'avoir fait*
congratulations [kən,grætjʊ'leɪʃənz]	les félicitations
to offer one's congratulations to sb	présenter ses félicitations à qqn
a congratulatory telegram	un télégramme de félicitations
to compliment sb *on sth*	faire des compliments à qqn *sur qqch.*
complimentary [,kɒmplɪ'mentərɪ]	élogieux
to admire *sb for sth / for doing* [əd'maɪəʳ]	admirer *qqn pour qqch. / d'avoir fait*
admiring [əd'maɪərɪŋ]	admiratif
to praise sth / sb	louer qqch. / qqn
to praise sb / sth to the skies	porter qqn / qqch. aux nues
to heap praises on sb	couvrir qqn d'éloges
to take* one's hat off to sb	tirer son chapeau à qqn
– Thank you very much for … many thanks for …	merci beaucoup pour…
Thanks a lot! (parlé)	Merci beaucoup !
please accept our thanks for …	nous vous prions d'accepter tous nos remerciements pour…
with renewed thanks for all you have done	en vous remerciant encore pour tout ce que vous avez fait
give her my thanks for the book	remercie-la de ma part pour le livre
Not at all!	Je vous en prie !
warmest congratulations on your success / your engagement	mes plus sincères félicitations pour votre succès / vos fiançailles
what I admire in him is …	ce que j'admire chez lui c'est…
Well done!	Bravo !
Hats off to him! You've got to hand it to him!	Chapeau !

■ 16. DISCUSSING THINGS DISCUTER

– A discussion *of / about* [dɪs'kʌʃən]	une discussion *sur / à propos de*
to discuss sth *with sb* to talk sth over *with sb*	discuter qqch. *avec qqn*
to speak* *to sb about sth* [spi:k] to talk *to sb about sth* [tɔ:k]	parler *à qqn de qqch.*
to tell* sb about sth	raconter qqch. à qqn
to listen to sb	écouter qqn
– A subject ['sʌbdʒɪkt] a topic ['tɒpɪk]	un sujet
topical ['tɒpɪkəl]	d'actualité
a question ['kwestʃən] an issue ['ɪʃu:]	une question (sujet)
the matter in hand the point at issue	ce dont il est question

BR the discussion centred on ... AM the discussion centered on ...	la discussion portait sur...
to come* to the point	en venir au fait
to stick* to the point	rester dans le sujet
to digress [daɪ'gres]	s'éloigner du sujet
a digression [daɪ'greʃən]	une digression
– **A** talk [tɔ:k] a conversation [ˌkɒnvə'seɪʃən]	un entretien
a discussion [dɪs'kʌʃən]	une discussion
an interview ['ɪntəvju:]	une entrevue
a face-to-face encounter	un face-à-face
a debate *on / about* [dɪ'beɪt]	un débat *sur / concernant*
to debate sth *with sb*	débattre de qqch. *avec qqn*
debatable [dɪ'beɪtəbl]	discutable
– **T**o negotiate *sth / with sb* [nɪ'gəʊʃɪeɪt]	négocier *qqch./avec qqn*
negotiations [nɪˌgəʊʃɪ'eɪʃənz]	les négociations
to confer *with sb / about sth* [kən'fɜ:ʳ]	conférer *avec qqn / sur qqch.*
a conference *on sth* ['kɒnfrəns]	une conférence *sur qqch.*
a forum ['fɔ:rəm]	une tribune (débat)
a panel ['pænl]	une tribune (participants)
– **T**o contribute *to* [kən'trɪbju:t] to take* part *in*	participer *à*
to intervene *in* [ˌɪntə'vi:n]	intervenir *dans*
an intervention [ˌɪntə'venʃən]	une intervention
to interrupt [ˌɪntə'rʌpt]	interrompre
an interruption [ˌɪntə'rʌpʃən]	une interruption
to butt in	s'immiscer dans la conversation, mettre son grain de sel
– **A** point of view	un point de vue
to exchange views on sth	avoir un échange de vues sur qqch.
an opinion *on, of, about* [ə'pɪnjən] a view *about, on* [vju:]	une opinion *sur*, un avis *sur*
to form an opinion	se faire une opinion
to share sb's view *on sth*	partager l'opinion de qqn *sur qqch.*
to hold* strong views on sth to hold* definite views on sth	avoir des opinions bien arrêtées sur qqch.
it's a matter of opinion	c'est une affaire d'opinion
to have a good / bad opinion of	avoir bonne / mauvaise opinion de
to be of the opinion that to hold* the view that	être d'avis que
to change one's mind *about sth, on sth* to have a change of heart *about sth*	changer d'avis *en ce qui concerne qqch.*
to change one's opinion	changer d'opinion
– **T**o believe *sth / that* [bɪ'li:v]	croire *qqch. / que*
to consider that	considérer que
to have the impression that	avoir l'impression que
to challenge sth	mettre qqch. en question
a disagreement *with sb about sth*	un désaccord *avec qqn au sujet de qqch.*
to disagree *with sb about sth*	être en désaccord *avec qqn au sujet de qqch.*
to take* issue with sb *on sth*	exprimer son désaccord avec qqn *sur qqch.*
– **T**o retort *that* [rɪ'tɔ:t]	répliquer, rétorquer *que*
a retort	une réplique
to be good at repartee	avoir la repartie facile
an argument ['ɑ:gjʊmənt]	un argument
to put* forward an argument	avancer un argument
to argue that	arguer que
a compromise ['kɒmprəmaɪz]	un compromis
to compromise *on* to come* to a compromise *on*	arriver à un compromis *sur*
– **A**gainst [ə'genst]	contre
BR in favour of AM in favor of	en faveur de
for [fɔ:ʳ]	pour
the pros and cons (plur.)	le pour et le contre
to take* sides with sb *on sth / against sb* to side with sb *on sth / against sb*	prendre parti pour qqn *pour qqch. / contre qqn*
to change sides	changer de camp

– Intransigent [ɪn'trænsɪdʒənt] uncompromising [ʌn'kɒmprəmaɪzɪŋ]	intransigeant
a noisy/heated discussion	une discussion bruyante/passionnée
secret ['si:krɪt]	secret
behind closed doors	à huis clos
– What are your feelings about ...?	Quel est votre sentiment sur... ?
my personal opinion is ... personally, I believe ...	personnellement je pense que...
in my opinion ... as I see it ... to my mind ...	à mon avis...
from my point of view to my way of thinking	selon moi, d'après moi
as far as I am concerned ...	quant à moi...
it seems to me that ...	il me semble que...
I think that ... my view is that ...	je trouve que...
for my part, I ...	pour ma part, je...
it would appear that ...	il semblerait que...
– Let us suppose that ... let us assume that ...	supposons que...
you have a point there that is a valid point	ce que vous dites est juste
first ..., second ..., last	d'abord..., ensuite..., enfin
on the one hand ... on the other hand	d'une part... d'autre part, d'un côté... de l'autre côté
finally ['faɪnəlɪ]	finalement
and to summarize	en résumé donc
basically ['beɪsɪklɪ]	au fond
– I can't agree with that	je ne suis pas d'accord sur ce point
I beg to differ	permettez-moi de ne pas partager votre avis
you are utterly mistaken	vous vous trompez lourdement
this is the wrong approach to the problem	ce n'est pas la bonne façon d'aborder le problème
we take exception to your statement (soutenu)	nous trouvons blessante votre déclaration
he will not hear of it	il ne veut pas en entendre parler
I couldn't get a word in edgeways	je n'ai pas pu placer un mot

17. QUARRELLING LES DISPUTES

– A quarrel ['kwɒrəl]	une querelle, une dispute
to pick a quarrel with sb	chercher querelle à qqn
to quarrel *with sb about sth, over sth*	se quereller *avec qqn à propos de*
a lovers' tiff	une querelle d'amoureux
an argument ['ɑ:gjʊmənt] a row [raʊ] (parlé)	une dispute
to have an argument *with sb about sth* to argue *with sb/about sth* ['ɑ:gju:] to have a row *with sb about sth* (parlé)	se disputer *avec qqn à propos de qqch.*
– To clash *with sb over sth* [klæʃ]	se heurter *avec qqn à propos de qqch.*
a clash	un heurt
to provoke sb	provoquer qqn
a provocation [ˌprɒvə'keɪʃən]	une provocation
provocative [prə'vɒkətɪv]	provocateur
to be in conflict *with sb* to conflict *with sb* ['kɒnflɪkt]	être en conflit *avec qqn*
to come* into conflict *with sb*	entrer en conflit *avec qqn*
– To speak* one's mind	dire ce que l'on pense
to have it out with sb (parlé)	s'expliquer avec qqn
to squabble ['skwɒbl] to bicker ['bɪkəʳ]	se chamailler
squabbles ['skwɒblz]	des chamailleries
to have a tiff *with sb* (parlé)	avoir une prise de bec *avec qqn*
a misunderstanding ['mɪsʌndə'stændɪŋ]	un malentendu
discord ['dɪskɔ:d]	la discorde
to be on bad terms *with sb*	être en mauvais termes *avec qqn*
to fall* out *with sb*	se brouiller *avec qqn*
to break* with sb	rompre avec qqn

– Quarrelsome ['kwɒrəlsəm]	querelleur
tense [tens]	tendu
to be at daggers drawn *with sb*	être à couteaux tirés *avec qqn*
a grievance ['gri:vəns]	un grief
antagonism [æn'tægənɪzəm]	l'antagonisme
an antagonist [æn'tægənɪst]	un(e) antagoniste
– To offend [ə'fend]	offenser
BR to take* offence *at sth* AM to take* offense *at sth*	s'offenser *de qqch.*
to hurt* sb's feelings	blesser qqn, froisser qqn
to give* sb a piece of one's mind (parlé)	dire ses quatre vérités à qqn
No offence meant!	Soit dit sans vouloir vous vexer !
– Reconciliation [ˌrekənsɪlɪ'eɪʃən]	la réconciliation
to be reconciled	être réconcilié
to make* it up *with sb*	se réconcilier *avec qqn*
to patch things up (parlé)	se raccommoder
to smooth things over	arranger les choses
to settle a quarrel / a dispute	régler une querelle / une dispute
to bury the hatchet	enterrer la hache de guerre

18. ELOQUENCE L'ÉLOQUENCE

– Eloquence ['eləkwəns]	l'éloquence
eloquent ['eləkwənt]	éloquent
silver-tongued	à la langue déliée
her command of the language	sa maîtrise de la langue
to be articulate to express o.s. with ease	savoir s'exprimer
to express o.s. with difficulty	s'exprimer avec difficulté
oratory ['ɒrətərɪ]	l'art oratoire
an orator ['ɒrətəʳ]	un(e) orateur (-trice)
to be a good / poor speaker	bien / mal parler, être un bon / mauvais orateur
impassioned [ɪm'pæʃnd]	passionné
to have the gift of the gab (parlé)	avoir la langue bien pendue
– To put* sth well / badly to phrase sth well / badly	bien / mal exprimer qqch.
well-phrased	bien tourné
in other words	autrement dit
it's only a figure of speech	c'est une façon de parler
clear [klɪəʳ]	clair
to the point relevant ['reləvənt]	pertinent
coherent [kəʊ'hɪərənt]	cohérent
coherence [kəʊ'hɪərəns]	la cohérence
– Brief [bri:f]	bref
in short, it's too late	bref, c'est trop tard
in a nutshell	en un mot
laconic [lə'kɒnɪk] terse [tɜ:s]	laconique
concise [kən'saɪs]	concis
succinct [sək'sɪŋkt]	succinct
– Pompous ['pɒmpəs]	pompeux
pedantry ['pedəntrɪ]	le pédantisme
pedantic [pɪ'dæntɪk]	pédant
verbose [vɜ:'bəʊs] wordy ['wɜ:dɪ]	verbeux
verbosity [vɜ:'bɒsɪtɪ]	la verbosité
incoherent [ˌɪnkəʊ'hɪərənt]	incohérent
incoherence [ˌɪnkəʊ'hɪərəns]	l'incohérence
obscure [əb'skjʊəʳ]	obscur
– To be inarticulate	ne pas savoir s'exprimer
That's completely irrelevant!	Cela n'a strictement rien à voir !
to talk nonsense BR to talk rubbish (parlé) AM to talk garbage (parlé)	dire des bêtises
to beat* about the bush	tourner autour du pot
to dry (up) (parlé)	ne plus rien trouver à dire
he was at a loss for words	il ne savait pas quoi dire
he could not put it in words	il ne trouvait pas les mots pour l'exprimer

42 ABSTRACT RELATIONSHIPS
LES ABSTRACTIONS

1. HABITS LES HABITUDES

- A habit ['hæbɪt]	une habitude
from habit out of habit	par habitude
to be in the habit of doing to have the habit of doing	avoir l'habitude de faire, avoir pour habitude de faire
to be used to sth/to doing sth	être habitué à qqch./à faire qqch.
I'm used to it	j'(en) ai l'habitude
to be accustomed to sth/to doing sth	être accoutumé à qqch./à faire qqch.
a custom ['kʌstəm]	une coutume
according to custom	selon la coutume
he used to do it	il le faisait (régulièrement dans le passé)
- To get* used to sth/to doing sth	s'habituer à qqch./à faire qqch.
to get* accustomed to sth/to doing sth	s'accoutumer à qqch./à faire qqch.
to get* into the habit of doing sth	prendre l'habitude de faire qqch.
don't make a habit of it	ne prends pas cette habitude
to become* a habit	devenir une habitude
to do sth automatically	faire qqch. machinalement
a bad habit	une mauvaise habitude
to get* into bad habits	prendre de mauvaises habitudes
- Usual ['ju:ʒʊəl] habitual [hə'bɪtjʊəl]	habituel
customary ['kʌstəmərɪ]	coutumier
usually ['ju:ʒʊəlɪ] as a rule	d'habitude, habituellement
as usual	comme d'habitude
it's worse than usual	c'est pire que d'habitude
- Ordinary ['ɔ:dnrɪ]	ordinaire
ordinarily ['ɔ:dnrɪlɪ]	d'ordinaire
common(place) ['kɒmən(,pleɪs)]	courant
normal ['nɔ:məl]	normal
it's the norm it's standard practice	c'est la norme
traditional [trə'dɪʃənl]	traditionnel
a tradition [trə'dɪʃən]	une tradition
it is a tradition that ...	la tradition veut que...
the stock reply/reaction	la réponse/réaction classique
- Average ['ævərɪdʒ]	moyen
the average	la moyenne
above/below average	au-dessus/au-dessous de la moyenne
regular ['regjʊlə^r]	régulier
regularity [,regjʊ'lærɪtɪ]	la régularité
- Banal [bə'nɑ:l] common or garden run-of-the-mill	banal
banality [bə'nælɪtɪ]	la banalité
everyday ['evrɪdeɪ]	quotidien
common ['kɒmən]	commun
a commonplace	un lieu commun
humdrum ['hʌmdrʌm]	routinier
routine [ru:'ti:n]	la routine
- Familiar [fə'mɪljə^r]	familier
to familiarize o.s. with sth to get* to know sth to become* acquainted with sth	se familiariser avec qqch.
to know* sth well to be familiar with sth	bien connaître qqch., être familiarisé avec qqch.
- To happen ['hæpən] to occur [ə'kɜ:^r]	arriver, se passer
to take* place	avoir lieu
often ['ɒfən]	souvent
always ['ɔ:lweɪz]	toujours
nearly always almost always	presque toujours
- Unusual [ʌn'ju:ʒʊəl] unaccustomed ['ʌnə'kʌstəmd]	inhabituel
to be unaccustomed to sth/to do sth	ne pas avoir l'habitude de qqch./de faire qqch.
to break* a habit to shake* off a habit	se débarrasser d'une habitude
rare [rɛə^r]	rare
rarely ['rɛəlɪ] seldom ['seldəm]	rarement
- New [nju:]	nouveau, inédit
exceptional [ɪk'sepʃənl]	exceptionnel
it's unheard of	c'est du jamais vu
hardly ever almost never	pratiquement jamais, pour ainsi dire jamais
- Special ['speʃəl]	spécial
remarkable [rɪ'mɑ:kəbl]	remarquable

extraordinary [ɪks'trɔːdnrɪ]	extraordinaire
original [ə'rɪdʒɪnl]	original
originality [əˌrɪdʒɪ'nælɪtɪ]	l'originalité
out-of-the-ordinary	insolite
– Curious ['kjʊərɪəs]	curieux
peculiar [pɪ'kjuːlɪə'] odd [ɒd]	bizarre
strange [streɪndʒ]	étrange
abnormal [æb'nɔːməl]	anormal
deviant ['diːvɪənt]	déviant
deviance *from* ['diːvɪəns]	la déviance *de*

2. CAUSE AND EFFECT LA CAUSE ET L'EFFET

– A cause *of* [kɔːz]	une cause *de*
to be the cause of sth	être la cause de qqch.
to cause sth	causer qqch.
the reason *for sth / doing sth* ['riːzn]	la raison *de qqch. / de faire qqch.*
to give* sb cause for sth / for doing sth	donner à qqn une raison pour qqch. / pour faire qqch.
to be grounds for to be a reason for	constituer une raison pour
because [bɪ'kɒz]	parce que
because of	à cause de
– To lead* to sth	mener à qqch., conduire à qqch.
to lead* sb to do sth	conduire qqn à faire qqch.
to cause sb to do sth	amener qqn à faire qqch.
to impel sb to do sth	pousser qqn à faire
to incite sb to do sth	inciter qqn à faire
incitement *to* [ɪn'saɪtmənt]	l'incitation *à*
to contribute to(wards) sth	contribuer à qqch.
to promote sth	promouvoir qqch.
– The origin ['ɒrɪdʒɪn]	l'origine
to originate in	avoir pour origine
the source [sɔːs]	la source
to involve [ɪn'vɒlv] to entail [ɪn'teɪl]	impliquer
to be responsible for	être responsable de
to bring* sth about to produce sth to provoke sth	provoquer qqch.
to prompt sth to trigger sth	déclencher qqch.
– A consequence ['kɒnsɪkwəns]	une conséquence
in consequence	en conséquence
as a consequence of in consequence of	en conséquence de
consequently ['kɒnsɪkwəntlɪ] as a result	par conséquent
as a result of	par suite de
to result from to arise* from	résulter de
to follow from	découler de, s'ensuivre de
– An effect [ɪ'fekt]	un effet
to have an effect *on*	avoir un effet *sur*
to have the effect of doing	avoir pour effet de faire
a side effect a by-product [baɪ'prɒdʌkt]	un effet secondaire
the aftermath *of* ['ɑːftəˌmɑːθ] (sing.)	les répercussions *de*
the consequences ['kɒnsɪkwənsɪz] the aftereffects ['ɑːftərɪˌfekts]	les suites
– The outcome ['aʊtkʌm]	le résultat, l'issue
a result [rɪ'zʌlt]	un résultat
the end result of	le résultat final de
to result in	aboutir à
the upshot was ...	bref, il en a résulté que...
hence [hens]	d'où
therefore ['ðɛəfɔː']	donc

3. CHANCE LE HASARD

– **By chance** by accident	par hasard[1]
as luck would have it	comme par hasard
to chance to do sth	faire qqch. par hasard
it was pure chance	c'était vraiment par hasard
at random	au hasard (prendre, choisir)
a random selection	une sélection faite au hasard
I happened to be there	il s'est trouvé que j'étais là (par hasard)
to leave* nothing to chance	ne rien laisser au hasard
just in case	à tout hasard
to draw* lots	tirer au sort
it's the luck of the draw	ce n'est qu'une question de chance

ATTENTION FAUX AMI 1 : a hazard = un danger, un risque

– **A coincidence** [kəʊ'ɪnsɪdəns]	une coïncidence
by coincidence	par coïncidence
to coincide *with* [ˌkəʊɪn'saɪd]	coïncider *avec*
to come* across to come* upon	tomber sur (personne, document)
to chance upon	tomber par hasard sur
accidental [ˌæksɪ'dentl]	accidentel
haphazard [ˌhæp'hæzəd]	(fait) au petit bonheur, fait au hasard
fortuitous [fɔː'tjuːɪtəs]	fortuit
a chance meeting/discovery	une rencontre/découverte fortuite
opportune ['ɒpətjuːn]	opportun
inopportune [ɪn'ɒpətjuːn]	inopportun
(good) luck	la chance
a stroke of luck	un coup de chance
luckily ['lʌkɪlɪ]	par chance
Good luck!	Bonne chance !
to be lucky to be fortunate	avoir de la chance, être chanceux
if you're lucky enough to go there if you're fortunate enough to go there	si tu as la chance d'y aller
it's lucky that ... it's fortunate that ...	c'est une chance que...
auspicious [ɔːs'pɪʃəs]	de bon augure
a lucky charm	un porte-bonheur
– **Bad luck** ill luck misfortune [mɪs'fɔːtʃən] (soutenu)	la malchance
it was just his luck to do ... it was his misfortune to do ...	il a eu la malchance de faire...
unlucky [ʌn'lʌkɪ]	malchanceux
Bad luck! Hard luck! Tough luck! (parlé)	Pas de chance !
unfortunate [ʌn'fɔːtʃnɪt]	malencontreux
ominous ['ɒmɪnəs]	de mauvais augure
to put* a brave face on it	faire contre mauvaise fortune bon cœur
That's life! That's the way things are! AM That's the way the cookie crumbles! (parlé)	C'est la vie !
– **Destiny** ['destɪnɪ]	le destin
to be destined to do sth	être destiné à faire qqch.
fate [feɪt]	le sort
it was her destiny/fate to ...	le destin/le sort a voulu que...
fortune ['fɔːtʃən]	la fortune, le hasard
– **An opportunity** [ˌɒpə'tjuːnɪtɪ]	une occasion, une opportunité
to have the opportunity of doing sth to have the chance to do sth	avoir l'occasion de faire qqch.
to give* sb the opportunity of doing sth to give* sb the chance to do sth	donner à qqn l'occasion de faire qqch.
to take* the opportunity to do sth to take* the opportunity of doing sth	profiter de l'occasion pour faire qqch.
to seize the opportunity of sth to seize the chance of sth	saisir l'occasion de qqch.
to stand* a chance of doing/of sth	avoir des chances de faire/de qqch.
there's a slight chance that ...	il y a une petite chance pour que...
in case ... on the off-chance that ...	au cas où...
I jumped at the opportunity	j'ai sauté sur l'occasion

4. POSSIBILITY AND IMPOSSIBILITY LA POSSIBILITÉ ET L'IMPOSSIBILITÉ

- Possible ['pɒsəbl] — possible
  it is possible to do/that — il est possible de faire/que
  a possibility [ˌpɒsə'bɪlɪtɪ] — une possibilité
  he may (well) do it — il se peut (bien) qu'il le fasse
  he might do it — il se pourrait qu'il le fasse
  perhaps [pə'hæps], possibly ['pɒsəblɪ], maybe ['meɪbiː] — peut-être
- Probable ['prɒbəbl], likely ['laɪklɪ] — probable
  it is probable that, it is likely that, the chances are that — il est probable que
  probably ['prɒbəblɪ] — probablement
  a probability [ˌprɒbə'bɪlɪtɪ] — une probabilité
  likelihood ['laɪklɪhʊd] — la probabilité
  in all likelihood, it's been lost, in all probability it's been lost, the chances are that it's been lost — selon toute probabilité, il a été perdu
- Conceivable [kən'siːvəbl] — concevable
  optional ['ɒpʃənl] — facultatif
  feasible ['fiːzəbl] — faisable, réalisable
  feasibility [ˌfiːzə'bɪlɪtɪ] — la faisabilité
  viable ['vaɪəbl] — viable
  viability [ˌvaɪə'bɪlɪtɪ] — la viabilité
  potential [pə'tenʃəl] — potentiel
  possible ['pɒsəbl] — éventuel
  possibly ['pɒsəblɪ] — éventuellement[1]

ATTENTION FAUX AMI 1 : eventually = par la suite

- Improbable [ɪm'prɒbəbl], unlikely [ʌn'laɪklɪ] — improbable
  in the unlikely event that ... — dans le cas peu probable où...
  improbability [ɪmˌprɒbə'bɪlɪtɪ] — l'improbabilité
  impossible [ɪm'pɒsəbl] — impossible
  it is impossible to do/that — il est impossible de faire/que
  it is impossible for us to do it — il nous est impossible de le faire

5. OBLIGATION L'OBLIGATION

- Necessary ['nesɪsərɪ] — nécessaire
  it is necessary *to* — il est nécessaire *de*
  necessarily ['nesɪsərɪlɪ] — nécessairement
  necessity [nɪ'sesɪtɪ] — la nécessité
  to necessitate sth — nécessiter qqch.
  indispensable [ˌɪndɪs'pensəbl] — indispensable
  essential [ɪ'senʃəl] — essentiel
  imperative [ɪm'perətɪv] — impératif
- Obligatory [ɒ'blɪgətərɪ], compulsory [kəm'pʌlsərɪ] — obligatoire
  an obligation [ˌɒblɪ'geɪʃən] — une obligation
  I find myself forced to ... — je me vois dans l'obligation de...
  to be obliged to do, to have to do — être obligé de faire
  you have got to do it — il faut que tu le fasses, tu dois le faire
  you must do it — il faut (absolument) que tu le fasses, tu dois le faire
  you don't have to do it, you're not obliged to do it — vous n'êtes pas obligé de le faire
  you must not do it — il ne faut pas que vous le fassiez
- Unnecessary [ʌn'nesɪsərɪ] — inutile, superflu
  it's unnecessary for him to come — il n'est pas nécessaire qu'il vienne
  Need you go? Do you need to go? — As-tu besoin d'y aller ?, Es-tu obligé d'y aller ?
  you needn't do it, you don't need to do it — vous n'avez pas besoin de le faire, vous n'êtes pas obligé de le faire
  that needn't be the case — ce n'est pas nécessairement le cas
  it can't be helped — on n'y peut rien

■ 6. CERTAINTY AND UNCERTAINTY LA CERTITUDE ET L'INCERTITUDE

– Certain ['sɜːtən]	certain
to be certain about sth / that to be positive about sth / that	être certain de qqch. / que
sure [ʃʊəʳ]	sûr
surely ['ʃʊəlɪ]	sûrement
of course	bien sûr
doubtless ['daʊtlɪs] no doubt	sans doute
undoubtedly [ʌn'daʊtɪdlɪ]	sans aucun doute
– Undeniable [ˌʌndɪ'naɪəbl]	indéniable, incontestable
infallible [ɪn'fæləbl]	infaillible
unavoidable [ˌʌnə'vɔɪdəbl] inevitable [ɪn'evɪtəbl]	inévitable
– To guarantee sth / that	garantir qqch. / que
to assure sb *of sth / that*	assurer qqn *de qqch. / que*
to make* certain of sth / that to make* sure of sth / that	s'assurer de qqch. / que
to be assured of sth	être assuré de qqch.
to be convinced *of sth / that*	être convaincu *de qqch. / que*
a conviction [kən'vɪkʃən] a firm belief	une conviction
I'm convinced of it	j'en ai la conviction
to take* sth for granted	considérer qqch. comme allant de soi
– It goes* without saying that ...	il va sans dire que...
you can bet your life that ... (parlé) AM you can bet your bottom dollar that ... (parlé)	je te parie tout ce que tu veux que...
it is undeniable that ... there is no gainsaying that ...	il est indéniable que...
– To swear* that	jurer que
I could swear that ... I could have sworn that ...	j'aurais juré que...
I would stake my life on it	j'en mettrais ma main au feu
he is certain to refuse he is sure to refuse	il va certainement refuser
it is certain to rain it is sure to rain	il va certainement pleuvoir
it was bound to happen	ça devait arriver
– Uncertain [ʌn'sɜːtn] doubtful ['daʊtfʊl]	incertain (fait, succès)
uncertain *about* unsure *about* ['ʌn'ʃʊəʳ]	incertain *de*
uncertainty [ʌn'sɜːtntɪ]	l'incertitude
– Doubt [daʊt] dubiety [djuː'baɪətɪ] (soutenu)	le doute
to have doubts *about* to have misgivings *about* to be dubious *about*	avoir des doutes *sur qqch.*
to be in doubt *about* to be doubtful *about*	être dans le doute *à propos de*
to cast* doubt on sth to question sth	mettre qqch. en doute
to express one's doubts *about*	émettre des doutes *sur*
to be assailed by doubts *about*	être assailli de doutes *quant à*
to be stricken with doubts *about* (soutenu)	être saisi de doutes *quant à*
to doubt sth / sb	douter de qqch. / qqn
to doubt if to doubt whether	douter que
doubtful ['daʊtfʊl] dubious ['djuːbɪəs]	dubitatif
doubtful dubious	douteux (propreté, mœurs)
– Suspicion [səs'pɪʃən]	le soupçon
to be under suspicion	faire l'objet de soupçons
to suspect sth / sb *of sth*	soupçonner qqch. / qqn *de qqch.*
suspicious [səs'pɪʃəs]	soupçonneux
suspiciousness [səs'pɪʃəsnɪs]	la suspicion
suspicious	suspect
shady ['ʃeɪdɪ]	louche (passé, individu)
– To query sb's motives / intentions	mettre en question les motifs / intentions de qqn
to express reservations about sth / sb	émettre des réserves sur qqch. / qqn

to wonder whether to wonder if	se demander si
I couldn't believe my eyes	je n'en croyais pas mes yeux
– BR sceptical ['skeptɪkl] AM skeptical	sceptique
BR a sceptic ['skeptɪk] AM a skeptic	un(e) sceptique
BR scepticism ['skeptɪsɪzəm] AM skepticism	le scepticisme
cynical ['sɪnɪkəl]	cynique
a cynic ['sɪnɪk]	un(e) cynique
cynicism ['sɪnɪsɪzəm]	le cynisme
– I have my doubts!	J'en doute fort !
there is some doubt about what actually happened	on ne sait pas exactement ce qui s'est produit
I cannot say for certain I cannot say for sure	je ne peux rien affirmer
there is room for doubt	il est permis de douter
nobody doubts that ... there can be no doubt that ...	il est hors de doute que...
no doubt he will refuse/arrive	sans doute va-t-il refuser/arriver

7. TRUTH AND FALSEHOOD LE VRAI ET LE FAUX

– True [tru:]	vrai (fait, personnage)
it is true that ...	il est vrai que...
truly ['tru:lɪ]	vraiment
the truth [tru:θ]	la vérité
the truth of the matter is ...	la vérité est que...
to speak* the truth to tell* the truth to be truthful	dire la vérité
to tell* the truth, we ...	à vrai dire, nous...
to tell* (you) the truth, I ...	pour tout vous dire, je...
– Real [rɪəl]	vrai, réel (cheveux)
reality [ri:'ælɪtɪ]	la réalité
in reality	en réalité
genuine ['dʒenjʊɪn] authentic [ɔ:'θentɪk]	vrai, authentique (œuvre d'art)
genuine	vrai, authentique (sentiments)
genuineness ['dʒenjʊɪnɪs] authenticity [,ɔ:θen'tɪsɪtɪ]	l'authenticité
– A fact [fækt]	un fait
factual ['fæktjʊəl]	factuel
in (actual) fact as a matter of fact actually ['æktjʊəlɪ]	en fait
to be right *about*	avoir raison *à propos de*
that's right	c'est juste
to prove sb right	donner raison à qqn (fait)
– False [fɔ:ls] untrue ['ʌn'tru:]	faux (mensonger)
false wrong [rɒŋ]	faux (inexact)
false	faux (dent, nez)
forged fake [feɪk] false	faux (argent, billet, document, signature)
bogus ['bəʊgəs] sham [ʃæm]	faux (spécialiste, médecin)
false phoney ['fəʊnɪ] (parlé)	faux (nom)
a fake	un faux
– To imitate sth/sb	imiter qqch./qqn
an imitation [,ɪmɪ'teɪʃən]	une imitation
in imitation leather/silk	en imitation cuir/soie
to simulate ['sɪmjʊleɪt]	simuler
simulation [,sɪmjʊ'leɪʃən]	la simulation
– Fallacious [fə'leɪʃəs] (soutenu)	fallacieux
a fallacy ['fæləsɪ]	une illusion, une erreur
so-called ['səʊkɔ:ld]	soi-disant
fictitious [fɪk'tɪʃəs]	fictif
to feign sth	feindre qqch.
to pretend to do	faire semblant de faire
supposedly [sə'pəʊzɪdlɪ] alledgedly [ə'ledʒɪdlɪ]	prétendument
– To be wrong	avoir tort
to prove sb wrong	donner tort à qqn
a mistake [mɪs'teɪk] an error ['erə']	une erreur, une faute
erroneous [ɪ'rəʊnɪəs]	erroné
to make* a mistake to make* an error	faire une erreur

to be mistaken	se tromper, être dans l'erreur
to get* sth wrong	se tromper sur qqch.
– To deceive sb	tromper qqn, duper qqn
deceit [dɪ'siːt]	la tromperie, la duperie
deceitful [dɪ'siːtfʊl]	trompeur
a lie [laɪ]	un mensonge
a white lie	un pieux mensonge
untruthful	mensonger
a fib [fɪb] (parlé)	un bobard
to lie*[1] [laɪ]	mentir
to lie* through one's teeth (parlé)	mentir comme un arracheur de dents
to fib [fɪb] (parlé)	raconter des bobards
a liar ['laɪəʳ]	un(e) menteur (-euse)
a compulsive liar	un(e) mythomane

REMARQUE 1 : Participe présent lying

8. USEFULNESS AND USELESSNESS L'UTILE ET L'INUTILE

– Useful ['juːsfʊl]	utile
indispensable [ɪndɪs'pensəbl]	indispensable
helpful ['helpfʊl]	d'une aide précieuse
usefulness ['juːsfʊlnɪs]	l'utilité
to be of use *to sb / as sth*	être utile *à qqn / comme qqch.*
to be of great / some use *to sb / as sth*	être très / assez utile *à qqn / comme qqch.*
to make* o.s. useful	se rendre utile
to stand* sb in good stead	rendre service à qqn (objet, conseil)
– To use sth *as sth / to do* to make* use of sth *as sth / to do* to utilize sth *as sth / to do* (soutenu)	utiliser qqch. *comme qqch. / pour faire*
us(e)able ['juːzəbl]	utilisable
the use of	l'usage de, l'utilisation de
to have the use of sth	avoir le droit d'utiliser qqch., avoir l'usage de qqch.
of some use	assez utile
– Handy ['hændɪ] practical ['præktɪkəl]	commode, pratique (instrument)
practical	commode, pratique (solution, vêtement)
convenient [kən'viːnɪənt]	commode (emplacement, emploi du temps)
efficient [ɪ'fɪʃənt]	efficace (personne, machine)
efficiency [ɪ'fɪʃənsɪ]	l'efficacité
effective [ɪ'fektɪv]	efficace (mesure)
effectiveness [ɪ'fektɪvnɪs]	l'efficacité
– Functional ['fʌŋkʃnəl]	fonctionnel
appropriate [ə'prəʊprɪɪt]	approprié
to be ideally suited to sth	convenir parfaitement à qqch.
I could do with ...	cela m'arrangerait bien d'avoir...
it's just what I needed	c'est exactement ce qu'il me fallait
it's adequate	ça fera l'affaire
it's relevant to my needs	c'est bien adapté à mes besoins
– Useless ['juːslɪs]	inutile
to be (of) no use *to sb*	être inutile *à qqn*
I can't see the use of it	je n'en vois pas l'utilité
superfluous [sʊ'pɜːflʊəs]	superflu
futile ['fjuːtaɪl]	futile
futility [fjuː'tɪlɪtɪ]	la futilité
to be in use / out of use	être / ne plus être utilisé
inefficient [ˌɪnɪ'fɪʃənt]	inefficace
inefficiency [ɪnɪ'fɪʃənsɪ]	l'inefficacité
to misuse sth	mal utiliser qqch.
– Vain [veɪn]	vain, illusoire
in vain vainly ['veɪnlɪ]	en vain
What's the use of ...?	À quoi sert... ?
What's the point of (doing) that?	Pour quoi faire ?
it's no use *doing* it's no good *doing* (parlé)	ça ne sert à rien *de faire*

9. BELONGING AND OWNERSHIP L'APPARTENANCE ET LA POSSESSION

– My [maɪ]	mon, ma, mes
mine [maɪn]	le(s) mien(s), la mienne, les miennes
your [jʊəʳ]	ton, ta, tes, votre, vos
yours [jʊəz]	le(s) tien(s), la tienne, les tiennes, le(s) vôtre(s), la vôtre
his [hɪz]	son, sa, ses (d'un homme)
his [hɪz]	le(s) sien(s), la sienne, les siennes
her [hɜːʳ]	son, sa, ses (d'une femme)
hers [hɜːz]	le(s) sien(s), la sienne, les siennes
its [ɪts]	son, sa, ses (d'un animal ou d'une chose)
our ['aʊəʳ]	notre
ours ['aʊəz]	le(s) nôtre(s), la nôtre
their [ðɛəʳ]	leur(s)
theirs [ðɛəz]	le(s) leur(s), la leur
it's mine/theirs	c'est à moi/à eux

– To have [hæv]	avoir
my/his own book	mon/son livre (personnel)
to own sth to possess sth	posséder qqch.
to be in possession of sth	être en possession de qqch.
in my/his possession	en ma/sa possession
possessions [pə'zeʃənz]	les possessions
the owner ['əʊnəʳ]	le (la) propriétaire
ownership ['əʊnəʃɪp]	la propriété (droit)
possessive *about* [pə'zesɪv]	possessif *envers*

– To belong to sb	appartenir à qqn
it belongs to me it's my property	cela m'appartient
his belongings his things (parlé) his stuff (n. c. sing.) (parlé) his gear (n. c. sing.) (parlé)	ses affaires personnelles
Have you got any? Do you have any?	En avez-vous ?
Have you got one? Do you have one?	En avez-vous un ?

– To obtain sth *from sb* to get*[1] sth *from sb*	obtenir qqch. *de qqn*
to take* sth *from sb*	prendre qqch. *à qqn*
to take* sth away from sb	enlever qqch. à qqn
to gain sth	gagner qqch.
to acquire sth	acquérir qqch.
acquisition [ˌækwɪ'zɪʃən]	l'acquisition
to find* sth to come* across sth to come* by sth	trouver qqch.
to receive sth	recevoir qqch.

REMARQUE 1 : Participe passé AM gotten

– To keep* sth to hang* on to sth (parlé) to hold* on to sth (parlé)	garder qqch.
to retain sth	conserver qqch.
a store [stɔːʳ]	une réserve
to have sth in store	avoir qqch. en réserve

– To give* sb sth to give* sth to sb	donner qqch. à qqn
to hand sth over *to sb*	remettre qqch. *à qqn*
to provide sb with sth to provide sth for sb	fournir qqch. à qqn
the provision of	la fourniture de
to share sth out *among*	partager qqch. *entre*
to share sth *with sb*	partager qqch. *avec qqn*
one's share of sth	sa part de qqch.
to hand sth out to distribute sth	distribuer qqch.

– To throw* sth away to throw* sth out	jeter qqch.
to dispose of sth to get* rid of sth	se débarrasser de qqch., se défaire de qqch.
to rid* sb/sth of sb/sth	débarrasser qqn/qqch. de qqn/qqch.
Good riddance!	Bon débarras !
to abandon sth *to sb* to surrender sth *to sb* (soutenu)	abandonner qqch. *à qqn*
to give* sth up	renoncer à qqch.

10. INCLUSION AND EXCLUSION L'INCLUSION ET L'EXCLUSION

– To include sth / sb *in*	inclure qqch. / qqn *dans*
inclusion [ɪn'klu:ʒən]	l'inclusion
inclusive [ɪn'klu:sɪv]	inclus
from Monday to Thursday inclusive AM Monday thru Thursday	du lundi au jeudi inclus
service is / is not included	le service est / n'est pas compris
all-inclusive [ˌɔ:lɪn'klu:sɪv]	tout compris
including him him included	y compris lui, lui inclus
not including the cost of ...	sans compter le coût de...
not counting those whom ...	sans compter ceux qui...
to integrate sth / sb *in*	intégrer qqch. / qqn *dans*
integration	l'intégration
– To constitute ['kɒnstɪtju:t]	constituer
constitution [ˌkɒnstɪ'tju:ʃən]	la constitution
to comprise [kəm'praɪz]	comprendre
to consist of sth to be composed of sth	consister en qqch., être composé de qqch.
composition [ˌkɒmpə'zɪʃən]	la composition
a part [pɑ:t]	une partie
to form part of to be part of	faire partie de
– To contain [kən'teɪn] to hold* [həʊld]	contenir
the content [kən'tent]	le contenu (d'un texte)
the contents (plur.)	le contenu (d'un dossier, d'un récipient)
total ['təʊtl]	total
complete [kəm'pli:t]	complet
the whole [həʊl]	le tout, l'ensemble
the totality [təʊ'tælɪtɪ]	la totalité
– To exclude *from* [ɪks'klu:d]	exclure *de*
exclusion [ɪks'klu:ʒən]	l'exclusion
to except sb / sth *from*	excepter qqn / qqch. *de*
except(ing) him him excepted	excepté lui, sauf lui
except that	excepté que
to make* an exception *for*	faire une exception *pour*
with the exception of	à l'exception de
without exception	sans exception
all but him / this one	tous sauf lui / celui-ci
– To omit [əʊ'mɪt]	omettre
an omission [əʊ'mɪʃən]	une omission
to remove sth *from*	enlever qqch. *de*
to take* sth out *of*	enlever qqch. *de*, retirer qqch. *de*
to reject sth / sb	rejeter qqch. / qqn
rejection [rɪ'dʒekʃən]	le rejet
to isolate ['aɪsəʊleɪt]	isoler
isolation [ˌaɪsəʊ'leɪʃən]	l'isolement
to separate sb from to segregate sb from	séparer qqn de
segregation [ˌsegrɪ'geɪʃən]	la ségrégation

11. RESEMBLANCE AND DIFFERENCE LA RESSEMBLANCE ET LA DIFFÉRENCE

– Resemblance [rɪ'zembləns] likeness ['laɪknɪs]	la ressemblance (physique)
to see* a resemblance *between*	trouver une ressemblance *entre*
to resemble sb / sth	ressembler à qqn / qqch.
to be like sb / sth	être comme qqn / qqch.
to be alike	se ressembler, être semblable
they are like two peas in a pod	ils se ressemblent comme deux gouttes d'eau
– Similar *to* ['sɪmɪlə^r]	similaire *à*
a similarity [ˌsɪmɪ'lærɪtɪ]	une similarité
identical *to* [aɪ'dentɪkəl]	identique *à*
identity [aɪ'dentɪtɪ]	l'identité
analogous *to* [ə'næləgəs]	analogue *à*
an analogy [ə'nælədʒɪ]	une analogie
the same [seɪm]	le même
it's the same book	c'est le même livre
it's the same as that one	c'est le même que celui-là
– Equal ['i:kwəl]	égal

A and B are equal	A et B sont égaux
A is equal to B	A est égal à B
equally ['i:kwəlɪ]	également
equality [ɪ'kwɒlɪtɪ]	l'égalité
to equal ['i:kwəl]	égaler
– **I**ndistinguishable *from* [ˌɪndɪs'tɪŋgwɪʃəbl]	indifférenciable *de*
I can't tell them apart	je ne peux pas les distinguer l'un de l'autre
to be reminiscent of to recall	faire penser à, rappeler
summer and winter alike	été comme hiver
to liken sth / sb to	assimiler qqch. / qqn à
– **D**ifferent *from* ['dɪfrənt] different *to*	différent *de*
to be unlike sth / sb	être différent de qqch. / qqn
differently ['dɪfrəntlɪ]	différemment
to differ *from sb / in sth* ['dɪfəʳ]	différer *de qqn / en qqch.*
to differentiate *A from B, between A and B*	faire la différence *entre A et B*
differentiation [ˌdɪfərenʃɪ'eɪʃən]	la différenciation
the distinction *between* [dɪs'tɪŋkʃən]	la distinction *entre*
to make* a distinction *between*	faire une distinction *entre*
to distinguish *A from B* [dɪs'tɪŋgwɪʃ]	distinguer *A de B*
to distinguish between	distinguer entre
discrimination [dɪsˌkrɪmɪ'neɪʃən]	la discrimination
to discriminate *against / in favour of* [dɪs'krɪmɪneɪt]	établir une discrimination *contre / en faveur de*
– **T**he contrast *between* ['kɒntrɑ:st]	le contraste *entre*
in contrast to	en contraste avec
to contrast two things	opposer deux choses
contrasting [kən'trɑ:stɪŋ]	contrasté
opposite ['ɒpəzɪt]	opposé
as opposed to as distinct from	par opposition à
the opposite of	le contraire de
dissimilar ['dɪ'sɪmɪləʳ]	dissemblable

– **R**ival ['raɪvəl]	rival
a rival ['raɪvəl]	un(e) rival(e)
to rival sb	rivaliser avec qqn
unrivalled [ʌn'raɪvəld]	sans rival
unparalleled [ʌn'pærəleld]	sans égal
they have nothing in common they are quite unlike each other	ils n'ont rien de commun
– **A** comparison [kəm'pærɪsn]	une comparaison
to make* a comparison *between* to draw* a comparison *between*	établir une comparaison *entre*
in comparison with	en comparaison de
to compare A to B	comparer A à B
to compare A with B	comparer A et B
compared with compared to (parlé)	comparé à, comparé avec
comparative literature / sociology	la littérature / la sociologie comparée
comparative [kəm'pærətɪv]	comparatif
comparatively [kəm'pærətɪvlɪ]	comparativement
– **A**s … as	aussi… que
as big / good as …	aussi grand / bon que…
not as big / good as … not so big / good as …	pas aussi grand / bon que…
– **M**ore … than	plus… que (avec adj. et adv. longs)
more intelligent / interesting than …	plus intelligent / intéressant que…
bigger / smaller than …	plus grand / plus petit que…
better / worse than …	meilleur / pire que…
the most [məʊst]	le plus (suivi d'un adj. long)
the most intelligent (of all)	le plus intelligent (de tous)
the more interesting of the two	le plus intéressant des deux
– **L**ess … than	moins… que
less intelligent / rapidly than …	moins intelligent / rapidement que…

42 ABSTRACT RELATIONSHIPS
LES ABSTRACTIONS

not as small/far as ...	pas aussi petit/loin que...
the least [liːst]	le moins
the least intelligent (of all)	le moins intelligent (de tous)
the less interesting of the two	le moins intéressant des deux

REMARQUES

1. Le comparatif de supériorité des adjectifs courts (de moins de trois syllabes) se forme en ajoutant -er, sauf si cet adjectif se termine déjà par un -e; ex. :
short = court, shorter = plus court
close = près, closer = plus près.

2. Le superlatif des adjectifs courts (de moins de trois syllabes) se forme en ajoutant -est, sauf si cet adjectif se termine déjà par un -e; ex. :
small = petit, the smallest = le plus petit
white = blanc, the whitest = le plus blanc.

3. L'anglais emploie la forme du comparatif de supériorité lorque seulement deux éléments sont comparés ; ex. : he is the younger of the two = c'est le plus jeune des deux.

4. Les adjectifs de deux syllabes se terminant par -er, -ow, -le et -y ainsi que certains adjectifs tels que common, polite, pleasant sont considérés comme étant soit longs soit courts. Ainsi les formes more shallow ou shallower, the most common ou the commonest sont également acceptables.

5. Attention au redoublement de la consonne finale au comparatif et au superlatif ; ex. :
big, bigger, the biggest
red, redder, the reddest.

6. Certains adjectifs ont des comparatifs et des superlatifs irréguliers ; ex. :
good, better, the best
bad, worse, the worst
far, further (ou farther), furthest (ou farthest)
old, older (ou elder), oldest (ou eldest).

43 ARTS
LES ARTS

1. ARTISTIC ACTIVITY L'ACTIVITÉ ARTISTIQUE

– Art [ɑːt]	l'art
the fine arts	les beaux-arts
the visual arts	les arts plastiques
aesthetic [iːs'θetɪk]	esthétique
aesthetics [iːs'θetɪks] (sing.)	l'esthétique
– An artist ['ɑːtɪst]	un(e) artiste
artistic [ɑː'tɪstɪk]	artiste (personne)
artistic	artistique
artistically [ɑː'tɪstɪkəlɪ]	artistiquement
an art form	un moyen d'expression artistique
creative [kriː'eɪtɪv]	créatif
creativity [ˌkriːeɪ'tɪvɪtɪ]	la créativité
inspiration [ˌɪnspə'reɪʃən]	l'inspiration
to be inspired by sth / sb	être inspiré par qqch. / qqn
– A work [wɜːk]	une œuvre
a work of art	une œuvre d'art
a composition [ˌkɒmpə'zɪʃən]	une composition
a masterpiece ['mɑːstəʳpiːs]	un chef-d'œuvre
– Handicraft ['hændɪkrɑːft]	l'artisanat (activité)
handicrafts ['hændɪkrɑːfts]	les objets artisanaux
a craftsman (fém. craftswoman) ['krɑːftsmən]	un artisan
craftsmanship ['krɑːftsmənʃɪp]	le travail, la facture
a superb piece of craftsmanship	une pièce de superbe facture
– An art school / an art college	une école des beaux-arts
to study art / to go* to an art school	≈ faire les beaux-arts
an academy [ə'kædəmɪ] / a school [skuːl]	une académie, un conservatoire
– A patron ['peɪtrən]	un mécène
patronage ['pætrənɪdʒ]	le mécénat
an exhibition [ˌeksɪ'bɪʃən]	une exposition
to exhibit one's paintings / sculptures	exposer ses tableaux / ses sculptures
a preview ['priːvjuː]	un vernissage
a retrospective [ˌretrəʊ'spektɪv]	une rétrospective
– An art critic	un critique d'art
a museum [mjuː'zɪəm]	un musée (en général)
an art gallery	un musée (d'art), une galerie d'art
a picture gallery	une galerie de tableaux
a curator [kjʊə'reɪtəʳ]	un(e) conservateur (-trice)
an attendant [ə'tendənt]	un(e) gardien(ne)
– To value sth	évaluer qqch., expertiser qqch.
an auctioneer [ˌɔːkʃə'nɪəʳ]	un commissaire-priseur
an auction (sale)	une vente aux enchères
to put* sth up for auction	mettre qqch. aux enchères
to be put up for auction / to come* under the hammer	être mis aux enchères
Going, going, gone!	Une fois, deux fois, trois fois, adjugé, vendu !

2. PAINTING LA PEINTURE

– Paint [peɪnt]	la peinture (substance)
oil (paint)	la peinture à l'huile (substance)
oil painting / painting in oils	la peinture à l'huile (activité)
an oil (painting)	une peinture à l'huile
to paint [peɪnt]	peindre
to paint in oils	peindre à l'huile
– BR watercolours ['wɔːtəʳˌkʌləz] / AM watercolors	l'aquarelle (technique)
BR a watercolour (painting) / AM a watercolor (painting)	une aquarelle (œuvre)
gouache [gʊ'ɑːʃ] / poster paint	la gouache
a gouache	une gouache
acrylic [ə'krɪlɪk]	acrylique
pigment ['pɪgmənt]	le pigment
tempera ['tempərə]	la détrempe
a tempera painting	une détrempe
BR a (colour) wash / AM a (color) wash	un lavis

stained glass	le verre coloré
a stained glass window	un vitrail
– A canvas ['kænvəs]	une toile
an easel ['i:zl]	un chevalet
a brush [brʌʃ]	un pinceau, une brosse
a palette ['pælɪt]	une palette
a paintbox ['peɪntbɒks]	une boîte de couleurs
– To depict sth to represent sth	représenter qqch.
to apply paint *on*	appliquer de la peinture *sur*
to lay* on paint	étaler de la peinture
to mix [mɪks]	mélanger
paste [peɪst]	la pâte
a brush stroke	un trait de pinceau
a touch [tʌtʃ]	une touche
the outline ['aʊtlaɪn]	le contour
highlights ['haɪlaɪts]	les rehauts
to stand* out against sth	se découper sur qqch.
the background ['bækgraʊnd]	le fond, l'arrière-plan
the foreground ['fɔ:graʊnd]	le premier plan
perspective [pə'spektɪv]	la perspective
– BR a colour ['kʌlə^r] AM a color	une couleur
BR to colour sth red/blue AM to color sth red/blue	colorer qqch. en rouge/en bleu
with red as the dominant colour	avec une dominante de rouge
a tone [təʊn]	un ton
a shade [ʃeɪd] a hue [hju:] a tint [tɪnt]	une teinte
chiaroscuro [kɪˌɑ:rəs'kʊərəʊ]	le clair-obscur
– Flake white	le blanc de céruse
zinc white	le blanc de zinc
cadmium yellow	le jaune de cadmium
yellow ochre	le jaune d'ocre
vermilion [və'mɪljən]	le vermillon
crimson ['krɪmzn]	le carmin
burnt umber	la terre d'ombre brûlée
sienna [sɪ'enə]	terre de Sienne
viridian [vɪ'rɪdɪən]	le vert émeraude
ultramarine [ˌʌltrəmə'ri:n]	le bleu outremer
cobalt blue	le bleu de cobalt
Prussian blue	le bleu de Prusse
a monochrome ['mɒnəkrəʊm]	un camaïeu
in blue monochrome	en camaïeu de bleu
– A view [vju:]	une vue
a scene [si:n]	une scène
a landscape ['lænskeɪp]	un paysage
a seascape ['si:skeɪp]	une marine
a still life	une nature morte
a portrait ['pɔ:trɪt]	un portrait
the Mona Lisa	la Joconde
a nude [nju:d]	un nu
– A miniature ['mɪnɪtʃə^r]	une miniature
an icon ['aɪkɒn]	une icône
a collage [kɒ'lɑ:ʒ]	un collage
a fresco ['freskəʊ] (plur. frescoes)	une fresque
a mural ['mjʊərəl]	une peinture murale
an altar piece	un retable
a triptych ['trɪptɪk]	un triptyque
a trompe l'œil	un trompe-l'œil
– To pose for a painter to sit* for a painter to model for a painter	poser pour un peintre
varnish ['vɑ:nɪʃ]	le vernis
to varnish	vernisser
a frame [freɪm]	un cadre
to frame a painting	encadrer un tableau
a studio ['stju:dɪəʊ]	un atelier

3. SCULPTURE LA SCULPTURE

– A sculpture ['skʌlptʃə^r]	une sculpture
a sculptor ['skʌlptə^r] (fém. sculptress)	un sculpteur
to sculpt [skʌlp(t)]	sculpter (en général)
to sculpt in marble	sculpter dans le marbre
to sculpt a statue out of marble	sculpter une statue dans du marbre
– To carve [kɑ:v]	sculpter (dans du bois)
a carved figure/door	une figure/porte sculptée

a wood-carving	une sculpture en bois
to cast* sth *in*	mouler qqch. *dans*
to model ['mɒdl] / to fashion ['fæʃən]	modeler (statue, glaise)
to emboss [ɪm'bɒs]	estamper
– Marble ['mɑːbl]	le marbre
a marble	un marbre
bronze [brɒnz]	le bronze
a bronze	un bronze
clay [kleɪ]	l'argile, la glaise
plaster ['plɑːstəʳ]	le plâtre
terracotta ['terə'kɒtə]	la terre cuite
wax [wæks]	la cire
– A mallet ['mælɪt]	un maillet
a chisel ['tʃɪzl]	un ciseau

to chisel	ciseler
stonecutting ['stəʊn,kʌtɪŋ]	la taille de la pierre
to polish ['pɒlɪʃ]	polir
– A statue ['stætjuː]	une statue
a statuette [,stætjʊ'et]	une statuette
a figurine [,fɪgə'riːn]	une figurine
a bust [bʌst]	un buste
a medallion [mɪ'dæljən]	un médaillon
a cameo ['kæmɪəʊ] (plur. cameoes)	un camée
a monument ['mɒnjʊmənt]	un monument
relief [rɪ'liːf]	le relief
high/low relief	le haut/bas relief

4. DRAWING AND ENGRAVING LE DESSIN ET LA GRAVURE

– To draw* [drɔː]	dessiner
an artist ['ɑːtɪst]	un dessinateur, une dessinatrice
a drawing ['drɔːɪŋ]	un dessin
drawing paper	le papier à dessin
a sketchbook ['sketʃbʊk]	un cahier à dessins
a drawing board	une table à dessin
tracing paper	le papier calque
to trace sth	décalquer qqch.
– A pencil ['pensl]	un crayon
in pencil	au crayon
a crayon ['kreən]	un crayon de couleur
to crayon sth	colorier qqch. au crayon
charcoal ['tʃɑːkəʊl]	le fusain
a pencil/charcoal drawing	un dessin au crayon/au fusain
pastel ['pæstəl]	le pastel
a pastel (drawing)	un pastel
chalk [tʃɔːk]	la craie
China ink	l'encre de Chine
a pen-and-ink drawing	un dessin à la plume
a stencil ['stensl]	un pochoir
to stencil sth	peindre au pochoir
– To illustrate ['ɪləstreɪt]	illustrer
an illustration [,ɪləs'treɪʃən]	une illustration
to draw* [drɔː]	tracer (forme, trait)
a rough outline	une ébauche

a sketch [sketʃ]	un croquis, une esquisse
to sketch	faire un croquis (de), faire une esquisse (de)
to draw* freehand	dessiner à main levée
– To hatch [hætʃ]	hachurer
hatching ['hætʃɪŋ] (n. c. sing.) / hachures [hæ'ʃjʊəz]	des hachures
to shade (in)	ombrer (dessin)
to doodle ['duːdl]	griffonner (machinalement)
a doodle	un griffonnage
a cartoon [kɑː'tuːn]	un dessin humoristique
a cartoonist [,kɑː'tuːnɪst]	un dessinateur humoristique
a caricature ['kærɪkətjʊəʳ]	une caricature
– To engrave [ɪn'greɪv]	graver
to etch [etʃ]	graver à l'eau forte
a print [prɪnt] / an engraving [ɪn'greɪvɪŋ]	une gravure
an etching ['etʃɪŋ]	une (gravure à l') eau forte
an intaglio engraving	une gravure en creux
a woodcut ['wʊdkʌt] / a wood engraving	une gravure sur bois
lithography [lɪ'θɒgrəfɪ]	la lithographie
a lithograph	une lithographie
to reproduce [,riːprə'djuːs]	reproduire

5. MUSIC LA MUSIQUE

– A work [wɜ:k]	une œuvre
a piece (of music)	un morceau (de musique)
a number ['nʌmbəʳ]	un morceau (de musique de variétés)
a tune [tju:n]	un air
to the tune of	sur l'air de
a melody ['melədɪ]	une mélodie
melodious [mɪ'ləʊdɪəs]	mélodieux
a theme [θi:m]	un thème
– To sing*/to play in tune to sing*/to play in key	chanter/jouer juste
to sing*/to play out of tune	chanter/jouer faux
it is flat	c'est faux (voix, instrument)
the note was a little sharp	la note était un peu trop haute
to have a good ear (for music)	avoir de l'oreille
to have no ear for music	ne pas avoir d'oreille
to tune an instrument	accorder un instrument
to be in tune	être accordé
to be out of tune	être désaccordé
– An octave ['ɒktɪv]	une octave
a note [nəʊt]	une note
C [si:]	do
D [di:]	ré
E [i:]	mi
F [ef]	fa
G [dʒi:]	sol
A [eɪ]	la
B [bi:]	si
– A key [ki:]	un ton
the major/minor key	le ton majeur/mineur
in (the key of) G	en sol
a change [tʃeɪndʒ]	une altération
E sharp	mi dièse
E flat	mi bémol
– A bar [bɑ:ʳ]	une mesure
a stave [steɪv] a staff [stɑ:f]	une portée
a clef [klef]	une clé
bass clef F clef	la clé de fa
treble clef G clef	la clé de sol
alto clef C clef	la clé d'ut
a scale [skeɪl]	une gamme
BR to practise scales AM to practice scales	faire des gammes
– Rhythm ['rɪðəm]	le rythme
a beat [bi:t]	un temps
off the beat	à contretemps
to keep* time	rester en mesure
the tempo ['tempəʊ]	le tempo
– Classical music	la musique classique
symphonic music	la musique symphonique
orchestral music	la musique orchestrale
instrumental music	la musique instrumentale
chamber music	la musique de chambre
jazz [dʒæz]	le jazz
ragtime ['rægtaɪm]	le ragtime
swing [swɪŋ]	le swing
pop (music)	la musique pop
rock (and roll)	le rock (and roll)
folk (music)	la musique folklorique
country and western	la musique country
reggae ['regeɪ]	le reggae
rap [ræp]	le rap
– A symphony ['sɪmfənɪ]	une symphonie
a concerto [kən'tʃɛətəʊ]	un concerto
the overture *to* ['əʊvətjʊəʳ]	l'ouverture *de*
a prelude ['prelju:d]	un prélude
a movement ['mu:vmənt]	un mouvement
variations on a theme of	des variations sur un thème de
a sonata [sə'nɑ:tə]	une sonate
a requiem ['rekwɪem]	un requiem
a duet [dju:'et]	un duo
a study ['stʌdɪ]	une étude
a fugue [fju:g]	une fugue
an oratorio [ˌɒrə'tɔ:rɪəʊ]	un oratorio
the national anthem	l'hymne national
a hymn [hɪm]	un hymne

a military/wedding/funeral march	une marche militaire/nuptiale/funèbre
- To compose [kəm'pəʊz]	composer
a composer [kəm'pəʊzəʳ]	un(e) compositeur (-trice)
a composition [ˌkɒmpə'zɪʃən]	une composition
to orchestrate ['ɔ:kɪstreɪt]	orchestrer (composer)
to orchestrate a work *for* to score a work *for*	orchestrer une œuvre *pour* (l'adapter)
orchestration [ˌɔ:kɪs'treɪʃən]	l'orchestration, l'instrumentation
the score [skɔ:ʳ]	la partition (de l'orchestre)
sheet music (n. c.)	la partition (d'une chanson, d'un morceau)
to arrange a work	arranger une œuvre
an arrangement [ə'reɪndʒmənt]	un arrangement
to set* sth to music	mettre qqch. en musique
- A compact disc®	un disque compact
a CD ['si:di:]	un CD
a compact disc video	un disque vidéo
a CDV [si:di:'vi:]	un CDV
to play* a CD	mettre un CD (l'écouter)
a record [rɪ'kɔ:d] AM a disc [dɪsk] AM a disk	un disque (noir, vinyl)
a cassette [kæ'set] a tape [teip]	une cassette (audio)
- Hi-fi ['haɪ'faɪ]	la hi-fi
a hi-fi system	une chaîne hi-fi
a music system	une chaîne compacte
an amplifier ['æmplɪfaɪəʳ]	un amplificateur
speakers ['spi:kəz]	des baffles, des enceintes
a record deck a turntable ['tɜ:nˌteibəl]	une platine disque
a tape recorder	un magnétophone
a cassette recorder	un magnétophone à cassettes
a cassette deck	un lecteur de cassettes
a compact disc player	une platine laser, un lecteur de disques compacts
a portable cassette player a Walkman®	un baladeur
a portable compact disc player	un lecteur de disques compacts portable
headphones (plur.)	un casque, des écouteurs
an MP3 player	un lecteur de MP3
to download music	télécharger de la musique
a music lover	un(e) mélomane
an opera/jazz lover	un amateur d'opéra/de jazz

REMARQUE Les notes de musique sont représentées par les sept premières lettres de l'alphabet sauf lorsqu'elles sont chantées. On dit alors doh, ray, me, fah, soh, lah, te.

6. SINGING LE CHANT

- To sing* [sɪŋ]	chanter
a singer ['sɪŋəʳ]	un(e) chanteur (-euse)
to have a good voice	avoir une belle voix
to be in good/poor voice	être/ne pas être en voix
to hum [hʌm]	fredonner
to practise singing exercises	faire des vocalises
to yodel ['jəʊdl]	faire des tyroliennes
to chant [tʃɑ:nt]	psalmodier
- An opera ['ɒpərə]	un opéra
a song [sɒŋ]	une chanson
a ballad ['bæləd]	une ballade
an aria ['ɑ:rɪə]	une aria
a lullaby ['lʌləbaɪ]	une berceuse
a refrain [rɪ'freɪn]	un refrain (en général)
a chorus ['kɔ:rəs]	un refrain (repris en chœur)
a verse [vɜ:s]	un couplet
a musical ['mju:zɪkl]	une comédie musicale
a hit song	un tube, un succès de la chanson
in the charts	au hit-parade
- A tenor ['tenəʳ]	un ténor
a baritone ['bærɪtəʊn]	un baryton
a bass [beɪs]	une basse
a countertenor [ˌkaʊntə'tenəʳ]	un haute-contre

a contralto [kən'træltəʊ]	un contralto
an alto ['æltəʊ]	une haute-contre, une contralto (voix)
a soprano [sə'prɑːnəʊ]	une soprano
a mezzo-soprano [ˌmetsəʊsə'prɑːnəʊ]	une mezzo-soprano
- An opera singer	un chanteur d'opéra, une cantatrice
a diva ['diːvə]	une diva
a prima donna	une prima donna
a vocalist ['vəʊkəlɪst]	un(e) chanteur (-euse) (d'un groupe)
a blues/jazz singer	un chanteur de blues/de jazz
a choir ['kwaɪəʳ]	un chœur
a chorister ['kɒrɪstəʳ]	un(e) choriste
a choral society a choir	une chorale
a libretto [lɪ'bretəʊ] (plur. librettos, libretti)	un livret

■ 7. INSTRUMENTS AND PLAYERS LES INSTRUMENTS ET LES INSTRUMENTISTES

- A string(ed) instrument	un instrument à cordes
the strings [strɪŋz]	les cordes
a violin [ˌvaɪə'lɪn] a fiddle ['fɪdl] (parlé)	un violon
a violinist [ˌvaɪə'lɪnɪst] a fiddler ['fɪdləʳ] (parlé)	un(e) violoniste
a cello ['tʃeləʊ]	un violoncelle
a cellist ['tʃelɪst]	un(e) violoncelliste
a double bass	une contrebasse
a viola [vɪ'əʊlə]	un alto
a viola-player AM a violist [vɪ'əʊlɪst]	un(e) altiste
a bow [bəʊ]	un archet
- A guitar [gɪ'tɑːʳ]	une guitare
a classical guitar	une guitare classique
an electric guitar	une guitare électrique
a guitarist [gɪ'tɑːrɪst] a guitar-player	un(e) guitariste
a mandolin ['mændəlɪn]	une mandoline
a lute [luːt]	un luth
a harp [hɑːp]	une harpe
a harpist ['hɑːpɪst]	un(e) harpiste
a lyre ['laɪəʳ]	une lyre
- A brass instrument	un cuivre
the brass [brɑːs] (n. c. sing.)	les cuivres
a trumpet ['trʌmpɪt]	une trompette
a trumpet-player	un(e) trompettiste
a trumpeter ['trʌmpɪtəʳ]	un trompette
a trombone [trɒm'bəʊn]	un trombone
a trombonist [trɒm'bəʊnɪst]	un(e) tromboniste
a horn [hɔːn]	un cor
a French horn	un cor d'harmonie
a horn-player	un(e) corniste
a cornet ['kɔːnɪt]	un cornet à pistons
a cornet-player	un(e) cornettiste
a tuba ['tjuːbə]	un tuba
a tuba-player	un(e) tubiste
a bugle ['bjuːgl]	un clairon (instrument)
a bugler ['bjuːgləʳ]	un clairon (joueur)
- A wind instrument	un instrument à vent
a flute [fluːt]	une flûte
BR a flautist ['flɔːtɪst] AM a flutist ['fluːtɪst]	un(e) flûtiste
a set of bagpipes	une cornemuse
a (bag)piper ['(bæg)paɪpəʳ]	un(e) joueur (-euse) de cornemuse
a reed [riːd]	une anche
- The woodwind ['wʊdwɪnd] (n. c. sing.)	les bois
a clarinet [ˌklærɪ'net]	une clarinette
a clarinettist [ˌklærɪ'netɪst]	un(e) clarinettiste
an oboe ['əʊbəʊ]	un hautbois
an oboist ['əʊbəʊɪst]	un(e) hautboïste
a bassoon [bə'suːn]	un basson (instrument)
a bassoonist [bə'suːnɪst]	un basson (joueur)
a saxophone ['sæksəfəʊn]	un saxophone
a saxophonist [ˌsæk'sɒfənɪst]	un(e) saxophoniste
a mouthpiece ['maʊθˌpiːs]	une embouchure
- A percussion instrument	un instrument à percussion
a percussionist [pə'kʌʃənɪst]	un(e) percussionniste
a drum [drʌm]	un tambour (instrument)
the drums [drʌmz]	la batterie
the big drum	la grosse caisse

a drummer ['drʌməʳ]	un tambour, un batteur
cymbals ['sɪmbəlz]	les cymbales
a triangle ['traɪæŋgl]	un triangle
a kettledrum ['ketldrʌm] a timp [tɪmp] (parlé)	une timbale
the kettledrums the timpani ['tɪmpənɪ] (plur.) the timps (parlé)	les timbales
a timpanist ['tɪmpənɪst]	un timbalier
castanets [ˌkæstə'nets]	les castagnettes
- A piano ['pjɑːnəʊ]	un piano
an upright piano	un piano droit
a grand (piano)	un (piano à) queue
a baby grand (piano)	un (piano) demi-queue
a pianist ['pɪənɪst] a piano-player	un(e) pianiste

the organ ['ɔːgən]	l'orgue, les orgues
an organist ['ɔːgənɪst]	un(e) organiste
a harmonium [hɑː'məʊnɪəm]	un harmonium
a harpsichord ['hɑːpsɪkɔːd]	un clavecin
a keyboard ['kiːbɔːd]	un clavier
- A harmonica [hɑː'mɒnɪkə] BR a mouthorgan ['maʊθˌɔːgən]	un harmonica
an accordion [ə'kɔːdɪən]	un accordéon
an accordionist [ə'kɔːdɪənɪst]	un(e) accordéoniste
an instrumentalist [ˌɪnstrʊ'mentəlɪst]	un(e) instrumentiste

8. PERFORMING MUSIC L'EXÉCUTION MUSICALE

- A musician [mjuː'zɪʃən]	un(e) musicien(ne)
an orchestra ['ɔːkɪstrə]	un orchestre
a symphony/chamber orchestra	un orchestre symphonique/de chambre
a concert ['kɒnsət]	un concert
a recital [rɪ'saɪtl]	un récital
an operahouse ['ɒpərəˌhaʊs]	un opéra
a concert hall	une salle de concert
- BR the conductor [kən'dʌktəʳ] AM the leader (of the orchestra)	le chef d'orchestre (musique classique)
to conduct an orchestra	diriger un orchestre
BR the leader ['liːdəʳ] AM the concertmaster ['kɒnsətˌmɑːstəʳ]	le premier violon
a baton ['bætən]	un bâton, une baguette
to rehearse [rɪ'hɜːs]	répéter
a rehearsal [rɪ'hɜːsəl]	une répétition
- A solo ['səʊləʊ]	un solo
a soloist ['səʊləʊɪst]	un(e) soliste
an ensemble [ɒn'sɒmbəl]	un ensemble
a duo ['djuːəʊ]	un duo
a trio ['trɪəʊ]	un trio
a quartet(te) [kwɔː'tet]	un quatuor, un quartette
a quintet(te) [kwɪn'tet]	un quintette
a sextet(te) [seks'tet]	un sextuor
a band [bænd]	un orchestre (musique autre que classique)

a jazz band	un orchestre de jazz
a big band	un grand orchestre (de jazz)
a brass band	une fanfare
a pop group	un groupe pop
- To play [pleɪ]	jouer
to play in public to perform [pə'fɔːm]	jouer en public
to play an instrument	jouer d'un instrument
to play the piano/violin	jouer du piano/du violon
to play sth on the piano	jouer qqch. au piano
to play sth by ear	jouer qqch. de mémoire
to sight-read* ['saɪtˌriːd]	déchiffrer
a performer [pə'fɔːməʳ]	un(e) interprète, un(e) exécutant(e)
the performance [pə'fɔːməns]	l'exécution
a virtuoso [ˌvɜːtjʊ'əʊzəʊ]	un(e) virtuose
virtuosity [ˌvɜːtjʊ'ɒsɪtɪ]	la virtuosité
- To blow* a horn/bugle	jouer d'un cor/d'un clairon
to pluck a string	pincer une corde
to accompany sb on the piano	accompagner qqn au piano
an accompanist [ə'kʌmpənɪst]	un(e) accompagnateur (-trice)
an accompaniment [ə'kʌmpənɪmənt]	un accompagnement

9. FORMS OF ENTERTAINMENT LES SPECTACLES

– Entertainment [ˌentəˈteɪnmənt] (n. c.)	le spectacle
show business	le monde du spectacle
a show [ʃəʊ]	un spectacle, un show
spectacular [spekˈtækjʊləʳ]	spectaculaire
to entertain [ˌentəˈteɪn]	amuser, divertir
an entertainer [ˌentəˈteɪnəʳ]	un(e) artiste (de variétés)
– A music hall a variety theatre	un music-hall (salle)
BR variety [vəˈraɪətɪ] (n. c.) AM vaudeville [ˈvəʊdəvɪl] (n. c.)	le music-hall (variétés)
BR a variety show AM a vaudeville show	un spectacle de music-hall
a chorus girl	une girl
the chorus line	la troupe (d'une revue)
– A circus [ˈsɜːkəs]	un cirque
a nightclub [ˈnaɪtklʌb]	une boîte de nuit
a cabaret [ˈkæbəreɪ]	un cabaret
striptease [ˈstrɪptiːz]	le strip-tease
a stripper [ˈstrɪpəʳ] a striptease artist	une strip-teaseuse
– A comedian [kəˈmiːdɪən] a comic [ˈkɒmɪk]	un(e) comique
an acrobat [ˈækrəbæt]	un(e) acrobate
a juggler [ˈdʒʌgləʳ]	un(e) jongleur (-euse)
to juggle *with* [ˈdʒʌgl]	jongler *avec*
a clown [klaʊn]	un clown
a ventriloquist [venˈtrɪləkwɪst]	un(e) ventriloque
a magician [məˈdʒɪʃən]	un(e) magicien(ne)
an illusionist [ɪˈluːʒənɪst]	un(e) illusionniste
a conjuror [ˈkʌndʒərəʳ] a conjurer	un(e) prestidigitateur (-trice)
to do* conjuring tricks	faire des tours de prestidigitation

10. THE THEATRE LE THÉÂTRE

– Drama [ˈdrɑːmə] BR the theatre [ˈθɪətəʳ] AM the theater	le théâtre (activité)
plays (plur.) dramatic works (plur.)	le théâtre (œuvres)
amateur theatricals (plur.) amateur dramatics (plur.)	le théâtre amateur
light comedies (plur.)	le théâtre de boulevard (pièces)
BR a theatre AM a theater	un théâtre (bâtiment)
– A dramatic work	une œuvre théâtrale
a play [pleɪ]	une pièce de théâtre
a comedy [ˈkɒmɪdɪ]	une comédie
a farce [fɑːs]	une farce
a drama [ˈdrɑːmə]	un drame
a melodrama [ˈmeləʊˌdrɑːmə]	un mélodrame
a tragedy [ˈtrædʒɪdɪ]	une tragédie
a repertoire [ˈrepətwɑːʳ]	un répertoire
– To act [ækt]	jouer
to go* on the stage	faire du théâtre, monter sur les planches
an actor [ˈæktəʳ]	un comédien
an actress [ˈæktrɪs]	une comédienne
a comedy actor	un acteur comique
an acting career	une carrière de comédien
an understudy [ˈʌndəstʌdɪ]	une doublure
a theatre company	une troupe théâtrale
the top of the bill	la tête d'affiche
a ham actor	un cabotin
– A playwright [ˈpleɪraɪt]	un auteur dramatique
a play in 5 acts	une pièce en 5 actes
a scene [siːn]	une scène (division)
the hero [ˈhɪərəʊ]	le héros
the heroine [ˈherəʊɪn]	l'héroïne
the plot [plɒt]	l'intrigue
a coup de théâtre	un coup de théâtre
the denouement [deɪˈnuːmɒn]	le dénouement
a happy ending	une fin heureuse
– To stage a play to put* on a play	monter une pièce
stage directions	les indications scéniques
the producer [prəˈdjuːsəʳ]	le metteur en scène

the script [skrɪpt]	le texte
to rehearse [rɪ'hɜːs]	répéter
a rehearsal [rɪ'hɜːsəl]	une répétition
the dress rehearsal	la générale
– The cast [kɑːst]	les comédiens, la distribution (d'une pièce)
to cast a play	distribuer les rôles d'une pièce
to cast sb as Hamlet	donner le rôle de Hamlet à qqn
a part [pɑːt]	un rôle
the lead [liːd] the leading part the leading role	le rôle principal
a supporting part	un rôle secondaire
a silent role	un rôle muet
to play Hamlet to take* the part of Hamlet	jouer Hamlet
an audition [ɔː'dɪʃən]	une audition
to audition *for*	passer une audition *pour*
– A line [laɪn]	une réplique
to give* sb his cue	donner la réplique à qqn
to learn*/to forget* one's lines	apprendre/oublier son texte
a speech [spiːtʃ] BR a monologue ['mɒnəlɒg] AM a monolog	une tirade
an aside [ə'saɪd]	un aparté
to improvise ['ɪmprəvaɪz]	improviser
to interpret [ɪn'tɜːprɪt] to perform [pə'fɔːm]	interpréter
an interpretation [ɪnˌtɜːprɪ'teɪʃən] a performance [pə'fɔːməns]	une interprétation
– The stage [steɪdʒ]	la scène
on stage	sur scène
the footlights ['fʊtlaɪts]	les feux de la rampe
stage left BR prompt side	côté cour
stage right BR opposite prompt side	côté jardin
to prompt [prɒmpt]	souffler
a prompter ['prɒmptəʳ]	un(e) souffleur (-euse)
– A box [bɒks]	une loge (dans la salle)
BR the stalls [stɔːlz] (plur.) AM the orchestra ['ɔːkɪstrə]	l'orchestre
the dress circle	la corbeille
the circle ['sɜːkl]	le balcon
the upper circle the gallery ['gælərɪ]	le deuxième balcon
BR the gods [gɒdz] (plur.)	le poulailler
the cloakroom ['kləʊkrʊm]	le vestiaire (théâtre)
– In the wings behind the scenes backstage ['bæksteɪdʒ]	dans les coulisses
to raise/to lower the curtain	lever/baisser le rideau
a stagehand ['steɪdʒhænd]	un machiniste
the scenery ['siːnərɪ]	le décor
the stage manager	le régisseur
a dressing-room	une loge (de comédien)
a dresser ['dresəʳ]	un(e) habilleur (-euse)
a make-up artist	un(e) maquilleur (-euse)
the stage door	l'entrée des artistes
– A performance [pə'fɔːməns]	une représentation
a matinée ['mætɪneɪ] an afternoon performance	une matinée
the interval ['ɪntəvəl]	l'entracte
"no performance"	« relâche »
– The box office	le bureau de location
to book a seat *for*	louer une place *pour*
the audience ['ɔːdɪəns]	les spectateurs, le public
to play to a full house	jouer à guichets fermés
to be a hit	avoir un énorme succès
it's a flop	c'est un four

■ 11. DANCING LA DANSE

– To dance [dɑːns]	danser
a dancer ['dɑːnsəʳ]	un(e) danseur (-euse)
a dance	une danse
a dance step	un pas de danse
the dance floor	la piste de danse
ballroom dancing (n. c. sing.)	les danses de salon

a ball [bɔːl]	un bal
a fancy-dress ball	un bal costumé
to spin* (round) to twirl round	tournoyer
– A waltz [wɔːlts]	une valse
to waltz	danser la valse
a tango ['tæŋgəʊ]	un tango
to tango	danser le tango
a foxtrot ['fɒkstrɒt]	un fox-trot
a polka ['pɒlkə]	une polka
a rumba ['rʌmbə]	une rumba
a minuet [ˌmɪnjʊ'et]	un menuet
– Folk dancing country dancing	la danse folklorique
a folk dancer a country dancer	un(e) danseur(-euse) folklorique
to tap-dance ['tæpˌdɑːns]	faire des claquettes
a tap-dancer ['tæpˌdɑːnsəʳ]	un(e) danseur(-euse) de claquettes
jive [dʒaɪv]	le swing
to jive	danser le swing
flamenco [flə'meŋkəʊ]	le flamenco
paso doble ['pæsəʊ'dəʊbleɪ]	le paso doble
samba ['sæmbə]	la samba
lambada [læm'bɑːdə]	la lambada
salsa ['sælsə]	la salsa
– A ballet ['bæleɪ]	un ballet
ballet (dancing)	la danse classique
a ballet dancer	un danseur de ballet
a ballerina [ˌbælə'riːnə]	une ballerine, une danseuse classique
the principal dancer	le danseur étoile
the prima ballerina	la danseuse étoile
the ballet master	le maître de ballet
the ballet mistress	la maîtresse de ballet
the corps de ballet	le corps de ballet
choreography [ˌkɒrɪ'ɒgrəfɪ]	la chorégraphie
a choreographer [ˌkɒrɪ'ɒgrəfəʳ]	un(e) chorégraphe
to choreograph a ballet	composer la chorégraphie d'un ballet
– A ballet skirt a tutu ['tuːtuː]	un tutu
a ballet shoe	un chausson de danse
tights [taɪts] (plur.)	un collant (de danseuse)
a leotard ['liːəˌtɑːd]	un collant (de danseur)
a pas de deux	un pas de deux
an entrechat	un entrechat
a pirouette [ˌpɪrʊ'et]	une pirouette
barre exercises	les exercices à la barre
to be on points	faire des pointes

12. THE CINEMA LE CINÉMA

– The film industry	l'industrie cinématographique
a film [fɪlm]	un film (pellicule)
a film BR a picture ['pɪktʃəʳ] AM a motion picture AM a movie ['muːvɪ] (parlé)	un film (œuvre)
a short (film)	un court métrage
a full-length film	un long métrage
experimental cinema	le cinéma d'art et d'essai (films)
– A silent film	un film muet
a talking picture a talkie ['tɔːkɪ] (parlé)	un film parlant
a film in black and white a black-and-white film	un film en noir et blanc
BR in colour AM in color	en couleur
a superproduction	un film à grand spectacle
a commercial film a mass-audience film	un film grand public
a B-movie	un film de série B
a documentary (film)	un documentaire
a western ['westən]	un western
a cartoon [kɑː'tuːn]	un dessin animé, un film d'animation
– To make* a film to shoot* a film	tourner un film
Action!	On tourne !
shooting ['ʃuːtɪŋ]	le tournage
to film [fɪlm]	filmer
a (film) studio	un studio
in the studio	en studio
the set [set]	le plateau
on location	en extérieur

– A (movie) camera a (cine) camera	une caméra
a camcorder ['kæm,kɔːdə]	un caméscope
the cameraman ['kæmərə,mæn]	le cameraman
a shot [ʃɒt]	une prise de vue
a close-up	un gros plan
special effects	les truquages, les effets spéciaux
in day for night	en nuit américaine
a stunt [stʌnt]	une cascade
a stuntman (fém. stuntwoman) ['stʌntmən]	un(e) cascadeur (-euse)
– To work in films	travailler dans le cinéma
to act in films	faire du cinéma
a film actor	un acteur de cinéma
a film actress	une actrice
a filmstar ['fɪlmstɑːʳ]	une vedette de cinéma
a superstar ['suːpəstɑːʳ]	un monstre sacré
a stand-in	une doublure
an extra ['ekstrə]	un(e) figurant(e)
a screen test	un bout d'essai
to give* sb a screen test	faire tourner un bout d'essai à qqn
– BR the dialogues ['daɪəlɒgz] AM the dialogs	les dialogues
the screenplay ['skriːnpleɪ] the (shooting) script	le script
the scenario [sɪ'nɑːrɪəʊ] the (film) script	le scénario
a scriptwriter	un(e) scénariste
– A film maker a picture maker AM a movie maker	un(e) cinéaste[1]
to produce [prə'djuːs]	produire
a producer [prə'djuːsəʳ]	un(e) producteur (-trice)
to direct [daɪ'rekt]	réaliser
a director [daɪ'rektəʳ]	un(e) réalisateur (-trice)
the continuity girl	la script[2]
a rush [rʌʃ]	un essai, un rush
to cut* [kʌt]	couper
a film editor	un(e) monteur (-euse)
the cutting room	la salle de montage
the credits ['kredɪts] (plur.)	le générique

ATTENTION FAUX AMIS 1 : a cineaste = un(e) cinéphile
2 : the script = le scénario, le script

– To synchronize ['sɪŋkrənaɪz]	synchroniser
the sound track	la bande sonore
to dub [dʌb]	doubler
original/subtitled version	version originale/sous-titrée
subtitles ['sʌb,taɪtlz]	les sous-titres
– BR a cinema ['sɪnəmə] AM a movie theater	un cinéma
to show* a film	passer un film
a film show	une séance de cinéma
the first/last showing	la première/dernière séance
the première ['premɪεəʳ]	la première
a preview ['priːvjuː]	une avant-première
continuous performance	spectacle permanent
the film will be released on Wednesday	le film sortira mercredi sur les écrans
– The screen [skriːn]	l'écran
a projector [prə'dʒektəʳ]	un projecteur
to view [vjuː]	visionner
the feature film the main film	le (grand) film
a clip [klɪp]	un extrait
a trailer ['treɪləʳ]	une bande-annonce
an usherette [,ʌʃə'ret]	une ouvreuse
to go* to the pictures to go* to the movies	aller au cinéma
BR to go* to the flicks (parlé) AM to go* to see a flick (parlé)	aller au cinoche
a film fan a film enthusiast a film buff	un(e) cinéphile

■ 13. PHOTOGRAPHY LA PHOTOGRAPHIE

– A photograph ['fəʊtəgræf] a picture ['pɪktʃəʳ] a photo ['fəʊtəʊ]	une photo(graphie)
a photographer [fə'tɒgrəfəʳ]	un(e) photographe
to photograph sth/sb	photographier qqch./qqn

to take* a photo *of* / to take* a picture *of*	prendre une photo *de*
to have one's photo taken	se faire photographier
a photo album	un album de photos
– **A** camera ['kæmərə]	un appareil photo
a traditional camera	un appareil photo argentique
a digital camera	un appareil photo numérique
an instant camera	un appareil à développement instantané
a film [fɪlm]	une pellicule
a reel [ri:l] / a spool [spu:l]	une bobine
a cartridge film	une cartouche
the lens [lenz] (plur. lenses)	l'objectif
a zoom (lens)	un zoom
the shutter ['ʃʌtəʳ]	l'obturateur
a viewfinder ['vju:ˌfaɪndəʳ]	un viseur
a screen	un écran
a tripod ['traɪpɒd]	un trépied
– **To** load / to unload a camera	charger / décharger un appareil
the focus ['fəʊkəs]	la mise au point
to focus (the camera) *on*	mettre au point *sur*
to get* sth into focus / to bring* sth into focus	mettre qqch. au point
BR to centre ['sentəʳ] / AM to center	cadrer
to zoom in *on*	faire un zoom *sur*
to adjust [ə'dʒʌst]	régler
the exposure (time)	le temps de pose
a 24-/36-exposure film	un film de 24/36 poses
– **To** develop [dɪ'veləp]	développer
to process ['prəʊses]	développer (et tirer)
developing [dɪ'veləpɪŋ]	le développement
processing ['prəʊsesɪŋ]	le développement (et le tirage)
to enlarge [ɪn'lɑ:dʒ] / to blow* up	agrandir
an enlargement [ɪn'lɑ:dʒmənt]	un agrandissement
an enlarger [ɪn'lɑ:dʒəʳ]	un agrandisseur
to print [prɪnt]	tirer
a darkroom ['dɑ:kru:m]	une chambre noire
– **A** negative ['negətɪv]	un négatif, un cliché
a print [prɪnt]	une épreuve
underexposed [ˌʌndərɪks'pəʊzd]	sous-exposé
overexposed [ˌəʊvərɪks'pəʊzd]	surexposé
sharp [ʃɑ:p]	net
blurred [blɜ:d]	flou
matt [mæt]	mat
glossy ['glɒsɪ]	brillant
– **A** slide [slaɪd]	une diapositive
a (slide) viewer	une visionneuse
a slide projector	un projecteur de diapositives
to show* slides	passer des diapositives
– **A** megapixel ['megəˌpɪksəl]	un mégapixel
resolution [ˌreʒə'lu:ʃən]	la résolution
a memory card	une carte mémoire
to download pictures	télécharger des images
a digitally retouched photo	une photo numériquement retouchée

■ 14. JEWELLERY AND CERAMICS LA JOAILLERIE ET LA CÉRAMIQUE

– **A** jewel ['dʒu:əl]	un bijou, un joyau
jewels ['dʒu:əlz] / BR jewellery ['dʒu:əlrɪ] (n. c. sing.) / AM jewelry (n. c. sing.)	des bijoux
BR a jeweller ['dʒu:ələʳ] / AM a jeweler	un(e) bijoutier (-ière), un(e) joaillier (-ière)
a goldsmith ['gəʊldsmɪθ]	un orfèvre (travaillant l'or)
a silversmith ['sɪlvəsmɪθ]	un orfèvre (travaillant l'argent)
– **To** set* [set]	monter, sertir
the setting ['setɪŋ]	la monture
to polish ['pɒlɪʃ]	polir
to engrave [ɪn'greɪv]	graver
imitation [ˌɪmɪ'teɪʃən] / fake [feɪk]	en toc, faux
a die [daɪ] / a stamp [stæmp]	un poinçon
a filigree ['fɪlɪgri:]	un filigrane

- Precious metals	les métaux précieux
gold [gəʊld]	l'or
silver ['sɪlvəʳ]	l'argent
gold-/silver-plated	plaqué or/argent
platinum ['plætɪnəm]	le platine
- A diamond ['daɪəmənd]	un diamant
a facet ['fæsɪt]	une facette
a carat ['kærət]	un carat
to sparkle ['spɑ:kl]	étinceler
- A gem [dʒem] a precious stone	une pierre précieuse
a semiprecious stone	une pierre semi-précieuse
an amethyst ['æmɪθɪst]	une améthyste
an emerald ['emərəld]	une émeraude
jade [dʒeɪd]	le jade
an opal ['əʊpəl]	une opale
- A pearl [pɜ:l]	une perle
a cultured pearl	une perle de culture
quartz ['kwɔ:ts]	le quartz
a ruby ['ru:bɪ]	un rubis
a sapphire ['sæfaɪəʳ]	un saphir
a topaz ['təʊpæz]	une topaze
a turquoise ['tɜ:kwɔɪz]	une turquoise
jet [dʒet]	le jais
mother-of-pearl	la nacre
- A potter ['pɒtəʳ]	un potier
pottery ['pɒtərɪ]	la poterie (activité)
a piece of pottery	une poterie
ceramics [sɪ'ræmɪks] (sing.)	la céramique (activité)
a ceramic [sɪ'ræmɪk]	une céramique
earthenware ['ɜ:θənweəʳ] terracotta ['terə'kɒtə]	la terre cuite
stoneware ['stəʊnweəʳ]	le grès
china ['tʃaɪnə] porcelain ['pɔ:səlɪn]	la porcelaine
clay [kleɪ]	l'argile
china clay	le kaolin
- The potter's wheel	le tour du potier
to throw* a pot to turn a pot	tourner un pot
to model ['mɒdl] to fashion ['fæʃən]	modeler, façonner (poterie, glaise)
BR to mould [məʊld] AM to mold	mouler
enamelling [ɪ'næməlɪŋ]	l'émaillage
to fire [faɪəʳ]	cuire
the kiln [kɪln]	le four
to glaze [gleɪz]	vernisser
a glaze	un vernis

REMARQUE Les noms de pierres et métaux précieux peuvent s'employer comme adjectifs ; ex. : un collier de saphirs/de perles = a sapphire/pearl necklace ; un bracelet en or/argent = a gold/silver bracelet.

15. STYLES LES STYLES

- A style [staɪl]	un style
a school of painting/sculpture	une école de peinture/sculpture
a technique [tek'ni:k]	une technique
in the manner of	dans le style de
a genre [ʒɑ̃:ŋrə]	un genre
from life	d'après nature
life-size	grandeur nature
representational art	l'art figuratif
abstract art	l'art abstrait
- Byzantine [baɪ'zæntaɪn]	byzantin
classical ['klæsɪkəl]	classique
classicism ['klæsɪsɪzəm]	le classicisme
quattrocento [,kwætrəʊ'tʃentəʊ]	le quattrocento
baroque [bə'rɒk]	baroque
modernism ['mɒdənɪzəm]	le modernisme
a modernist ['mɒdənɪst]	un(e) moderniste
impressionism [ɪm'preʃənɪzəm]	l'impressionnisme
an impressionist [ɪm'preʃənɪst]	un(e) impressionniste
post-impressionism ['pəʊstɪm'preʃənɪzəm]	le post-impressionnisme
a post-impressionist ['pəʊstɪm'preʃənɪst]	un(e) post-impressionniste
- Expressionism [ɪks'preʃənɪzəm]	l'expressionisme
an expressionist [ɪks'preʃənɪst]	un(e) expressionniste

43 ARTS
LES ARTS

fauvism	le fauvisme
a fauvist	un fauve
cubism ['kju:bɪzəm]	le cubisme
a cubist ['kju:bɪst]	un(e) cubiste
Art Deco	l'Art déco
Art Nouveau	l'Art nouveau
surrealism [sə'rɪəlɪzəm]	le surréalisme
a surrealist [sə'rɪəlɪst]	un(e) surréaliste
pop art	le pop art
primitive art	l'art primitif
minimal art	le minimalisme

44 WRITING AND BOOKS
L'ÉCRITURE ET LES LIVRES

1. TEXTS LES TEXTES

– To write* [raɪt]	écrire
a book [bʊk]	un livre
a work [wɜːk]	un ouvrage, une œuvre
the collected works of	les œuvres complètes de
a volume ['vɒljuːm]	un volume, un tome
an author ['ɔːθəʳ] (fém. an authoress)	un auteur
a writer ['raɪtəʳ]	un écrivain
prose [prəʊz]	la prose
in prose	en prose
– A collection [kə'lekʃən]	une collection
a book [bʊk] a collection	un recueil
a booklet ['bʊklɪt]	un livret
a journal ['dʒɜːnl]	un journal, une revue
an article *on* ['ɑːtɪkl]	un article *sur*
a handbook ['hændbʊk] a manual ['mænjʊəl]	un manuel
a glossary ['glɒsərɪ]	un glossaire
a bibliography [ˌbɪblɪ'ɒgrəfɪ]	une bibliographie
– An anthology [æn'θɒlədʒɪ]	une anthologie, un florilège
an essay ['eseɪ]	un essai
an essayist ['eseɪɪst]	un(e) essayiste
a pamphlet ['pæmflɪt]	un pamphlet
a pamphleteer [ˌpæmflɪ'tɪəʳ]	un(e) pamphlétaire
a diary ['daɪərɪ]	un journal (intime)
memoirs ['memwɑːz]	les mémoires
confessions [kən'feʃənz]	les confessions
BR the comic strips BR the strip cartoons AM the comics ['kɒmɪks] AM the funnies ['fʌnɪz] (parlé)	les bandes dessinées, les B. D.
– Lexicography [ˌleksɪ'kɒgrəfɪ]	la lexicographie
a lexicographer [ˌleksɪ'kɒgrəfəʳ]	un(e) lexicographe
a reference work	un ouvrage de référence
an encyclopedia [ɪnˌsaɪkləʊ'piːdɪə]	une encyclopédie
a dictionary ['dɪkʃənrɪ]	un dictionnaire
a lexicon ['leksɪkən]	un lexique
a vocabulary book	un vocabulaire
a thesaurus [θɪ'sɔːrəs] (plur. thesauri, thesauruses)	un dictionnaire synonymique
a biography [baɪ'ɒgrəfɪ]	une biographie
biographical [ˌbaɪəʊ'græfɪkəl]	biographique
a biographer [baɪ'ɒgrəfəʳ]	un(e) biographe
an autobiography [ˌɔːtəʊbaɪ'ɒgrəfɪ]	une autobiographie
autobiographical ['ɔːtəʊˌbaɪəʊ'græfɪkəl]	autobiographique
a thesis ['θiːsɪs] (plur. theses)	une thèse
a report [rɪ'pɔːt]	un rapport
a treatise *on* ['triːtɪz]	un traité *de*
a textbook ['tekstbʊk]	un manuel scolaire, un livre de classe
a history/science textbook	un manuel d'histoire/de sciences
– A novelist ['nɒvəlɪst]	un(e) romancier (-ière)
a ghost writer	un nègre
fiction ['fɪkʃən]	la fiction
a work of fiction	un ouvrage de fiction
fictitious [fɪk'tɪʃəs] fictional ['fɪkʃənl]	fictif
a story ['stɔːrɪ]	une histoire
a short story	une nouvelle
a novel ['nɒvəl]	un roman
an adventure novel	un roman d'aventures
an epic novel	un roman épique
a saga ['sɑːgə]	un roman-fleuve
a historical novel	un roman historique
a romance [rəʊ'mæns]	un roman médiéval
a historical romance	un roman de cape et d'épée
a thriller ['θrɪləʳ]	un roman à suspense
a spy thriller	un roman d'espionnage
a detective story	un roman policier
a whodunnit [huː'dʌnɪt] (parlé)	un polar
a blockbuster ['blɒkbʌstəʳ]	un roman à succès
– Science fiction	la science-fiction
a tale [teɪl]	un conte, un récit
a legend ['ledʒənd]	une légende
legendary ['ledʒəndərɪ]	légendaire
a fable ['feɪbl]	une fable
fantastic [fæn'tæstɪk]	fantastique

– A fairy ['fɛərɪ]	une fée
a fairy tale a fairy story	un conte de fées
Little Red Riding Hood	le Petit Chaperon rouge
the big bad wolf	le grand méchant loup
Cinderella [ˌsɪndə'relə]	Cendrillon
The Sleeping Beauty	la Belle au Bois dormant
Snow White and the Seven Dwarfs	Blanche Neige et les Sept Nains
Mother Goose	Ma Mère l'Oye

– A giant ['dʒaɪənt]	un géant
an ogre ['əʊgəʳ]	un ogre
a goblin ['gɒblɪn] an imp [ɪmp]	un lutin
a gnome [nəʊm]	un gnome
an elf [elf] (plur. elves)	un farfadet
a mermaid ['mɜːmeɪd]	une sirène
a demon ['diːmən]	un démon
a vampire ['væmpaɪəʳ]	un vampire
a werewolf ['wɪəwʊlf]	un loup-garou

2. POETRY LA POÉSIE

– A poem *on, about* ['pəʊɪm]	un poème *sur*
to write* poetry	écrire des poèmes, faire de la poésie
poetic(al) [pəʊ'etɪk(əl)]	poétique
the poetic(al) works of	les œuvres poétiques de
a poet ['pəʊɪt]	un poète
a poetess ['pəʊɪtes]	une femme poète, une poétesse
– To compose [kəm'pəʊz]	composer
BR poetic licence AM poetic license	la licence poétique
a line [laɪn]	un vers
verse [vɜːs] (n. c. sing.)	les vers
in verse	en vers
to versify ['vɜːsɪfaɪ]	versifier
versification [ˌvɜːsɪfɪ'keɪʃən]	la versification
a verse a stanza ['stænzə]	une strophe
a rhyme [raɪm]	une rime
to rhyme *with*	rimer *avec*
to scan [skæn]	scander, se scander
a caesura [sɪ'zjʊərə] (plur. caesuras, caesurae)	une césure

– The stress [stres]	l'accent
a syllable ['sɪləbl]	une syllabe
an alexandrine [ˌælɪg'zændraɪn]	un alexandrin
BR metre ['miːtəʳ] AM meter	le mètre
a quatrain ['kwɒtreɪn]	un quatrain
blank verse	les vers blancs, les vers non rimés
to recite [rɪ'saɪt]	réciter
a recitation [ˌresɪ'teɪʃən]	une récitation
to declaim [dɪ'kleɪm]	déclamer
– Lyric poetry	la poésie lyrique
narrative poetry narrative verse	la poésie narrative
epic ['epɪk]	épique
an epic (poem)	une épopée
a sonnet ['sɒnɪt]	un sonnet
an ode *to* [əʊd]	une ode *à*
an elegy ['elɪdʒɪ]	une élégie
a ballad ['bæləd]	une ballade
doggerel ['dɒgərəl] (n. c. sing.)	les vers de mirliton
a nursery rhyme	une comptine
a limerick ['lɪmərɪk]	un limerick

REMARQUE Le limerick est une sorte d'épigramme burlesque rimé de cinq vers ;
ex. : There was an Old Man with a beard,
Who said, "It is just as I feared
Two Owls and a Hen
Four Larks and a Wren
Have all built their nests in my beard."

3. LITERARY DEVICES LES PROCÉDÉS LITTÉRAIRES

– To tell* [tel] / to relate [rɪ'leɪt] / to recount [rɪ'kaʊnt]	raconter (histoire, légende)
to tell* about / to relate / to recount	raconter (événement)
the narrative ['nærətɪv] / the account [ə'kaʊnt]	la narration
narrative	narratif
the narrator [nə'reɪtəʳ]	le (la) narrateur (-trice)
– The action ['ækʃən]	l'action
the plot [plɒt]	l'intrigue
the unfolding of the plot	le déroulement de l'intrigue
the denouement [deɪ'nu:mɒn]	le dénouement
an episode ['epɪsəʊd]	un épisode
the climax ['klaɪmæks]	le point culminant
an incident ['ɪnsɪdənt] / a twist in the plot	une péripétie
– A theme [θi:m]	un thème
thematic [θɪ'mætɪk]	thématique
a character ['kærɪktəʳ]	un personnage
the hero ['hɪərəʊ]	le héros
the heroine ['herəʊɪn]	l'héroïne
the protagonists [prəʊ'tægənɪsts]	les protagonistes
– The style [staɪl]	le style
a figure of speech	une figure de rhétorique
a stylistic device	une figure de style
a simile ['sɪmɪlɪ]	une comparaison
a metaphor ['metəfəʳ]	une métaphore
metonymy [mɪ'tɒnɪmɪ]	la métonymie
a euphemism ['ju:fɪˌmɪzəm]	un euphémisme
alliteration [əˌlɪtə'reɪʃən]	l'allitération
hyperbole [haɪ'pɜ:bəlɪ]	l'hyperbole
– BR onomatopoeia [ˌɒnəʊmætəʊ'pi:ə] / AM onomatopeia	l'onomatopée
onomatopoeic [ˌɒnəʊmætəʊpi:ɪk]	onomatopéique
a malapropism ['mæləˌprɒpɪzəm]	un pataquès
a pun *on* [pʌn]	un jeu de mots *sur*
to pun	faire un jeu de mots
BR humour ['hju:məʳ] / AM humor	l'humour
humorous ['hju:mərəs]	humoristique
irony ['aɪərənɪ]	l'ironie
ironic(al) [aɪ'rɒnɪk(əl)]	ironique
– To describe [dɪs'kraɪb]	décrire
descriptive [dɪs'krɪptɪv]	descriptif
a description [dɪs'krɪpʃən]	une description
a portrayal [pɔ:'treɪəl] / a portrait ['pɔ:trɪt]	un portrait
to portray sb	faire le portrait de qqn, peindre qqn
realism ['rɪəlɪzəm]	le réalisme
realistic [rɪə'lɪstɪk]	réaliste
– A symbol ['sɪmbəl]	un symbole
symbolism ['sɪmbəlɪzəm]	le symbolisme
symbolic [sɪm'bɒlɪk]	symbolique
to symbolize ['sɪmbəlaɪz]	symboliser
to represent sth / to stand* for sth	représenter qqch.
representation [ˌreprɪzen'teɪʃən]	la représentation
an image ['ɪmɪdʒ]	une image
imagery ['ɪmɪdʒərɪ] (n. c. sing.)	les images (d'une œuvre)
– Imaginary [ɪ'mædʒɪnərɪ]	imaginaire
to imagine [ɪ'mædʒɪn]	imaginer
imagination [ɪˌmædʒɪ'neɪʃən]	l'imagination
fantasy ['fæntəzɪ]	la fantaisie, l'imagination
to depict *sth as* [dɪ'pɪkt]	dépeindre *qqch. comme*
to evoke sth / to conjure sth up	évoquer qqch.
to allude to	faire allusion à
to impersonate [ɪm'pɜ:səneɪt]	personnifier
to characterize ['kærɪktəraɪz]	caractériser
– A satire *on* ['sætaɪəʳ]	une satire *de*
satirical [sə'tɪrɪkəl]	satirique
to satirize ['sætəraɪz]	satiriser
a caricature ['kærɪkətjʊəʳ]	une caricature
an allegory ['ælɪgərɪ]	une allégorie
allegorical [ˌælɪ'gɒrɪkəl]	allégorique
a parable ['pærəbl]	une parabole

4. LITERARY CRITICISM LA CRITIQUE LITTÉRAIRE

- A review [rɪ'vju:] — un compte rendu (pour un journal)
  to write* a review of sth / to review sth — faire un compte rendu de qqch.
  criticism ['krɪtɪsɪzəm] (n. c.) — la critique (activité)
  a critique [krɪ'ti:k] — une critique (analyse)
  critical ['krɪtɪkəl] — critique
  a critic ['krɪtɪk] — un(e) critique
  to criticize ['krɪtɪsaɪz] — critiquer
- To analyze ['ænəlaɪz] — analyser
  an analysis [ə'næləsɪs] (plur. analyses) — une analyse
  to assess [ə'ses] / to evaluate [ɪ'væljʊeɪt] — évaluer
  an assessment [ə'sesmənt] / an evaluation [ɪ,vælјʊ'eɪʃən] — une évaluation
  a comment *on* ['kɒment] — une remarque, un commentaire *sur*
  a commentary *on* ['kɒməntərɪ] — un commentaire *sur* (exposé)
  to comment on sth — faire des commentaires sur qqch.
- A synopsis [sɪ'nopsɪs] — un synopsis
  an abstract ['æbstrækt] — un extrait
  a summary ['sʌmərɪ] / a résumé ['reɪzju:meɪ] — un résumé
  to summarize ['sʌməraɪz] / to sum up — résumer
  to quote [kwəʊt] — citer
  to interpret [ɪn'tɜ:prɪt] — interpréter
  an interpretation [ɪn,tɜ:prɪ'teɪʃən] — une interprétation
- To express [ɪks'pres] — exprimer
  to express sth well/badly / to put* sth well/badly — bien/mal exprimer qqch.
  expression [ɪks'preʃən] — l'expression
  to be a sign of sth — être un signe de qqch., dénoter qqch.
  a context ['kɒntekst] — un contexte
  contextual [kɒn'tekstjʊəl] — contextuel
- Simple ['sɪmpl] — simple
  simply ['sɪmplɪ] — simplement
  plain [pleɪn] / unadorned ['ʌnə'dɔ:nd] — nu, dépouillé
  original [ə'rɪdʒɪnl] — original
  inventive [ɪn'ventɪv] — inventif
  imaginative [ɪ'mædʒɪnətɪv] — plein d'imagination
  racy ['reɪsɪ] — plein de verve, piquant
  plausible ['plɔ:zəbəl] — plausible, vraisemblable
  verisimilitude [,verɪsɪ'mɪlɪ,tjʊ:d] — la vraisemblance
- Gifted ['gɪftɪd] — doué
  talented ['tæləntɪd] — plein de talent
  interesting ['ɪntrɪstɪŋ] — intéressant
  exciting [ɪk'saɪtɪŋ] — passionnant
  fascinating ['fæsɪneɪtɪŋ] — fascinant
  engrossing [ɪn'grəʊsɪŋ] — absorbant
  striking ['straɪkɪŋ] — frappant
  convincing [kən'vɪnsɪŋ] — convaincant
  moving ['mu:vɪŋ] — émouvant
  scathing ['skeɪðɪŋ] — cinglant
  in depth — en profondeur
- Matter-of-fact / prosaic [prəʊ'zeɪɪk] — prosaïque
  far-fetched — poussé, tiré par les cheveux
  stilted ['stɪltɪd] — guindé
  high-flown / bombastic [bɒm'bæstɪk] — ampoulé
  pompous ['pɒmpəs] — pompeux
  affected [ə'fektɪd] — affecté
  grandiloquent [græn'dɪləkwənt] — grandiloquent
- Sentimental [,sentɪ'mentl] — sentimental
  mawkish ['mɔ:kɪʃ] — trop sentimental
  pathos ['peɪθɒs] — le pathétique
- Boring ['bɔ:rɪŋ] / tedious ['ti:dɪəs] — ennuyeux
  superficial [,su:pə'fɪʃəl] — superficiel
  heavy ['hevɪ] / BR laboured ['leɪbəd] / AM labored — lourd
  repetitive [rɪ'petɪtɪv] — répétitif
  jerky ['dʒɜ:kɪ] — saccadé
  long-winded — prolixe, interminable
  rambling ['ræmblɪŋ] — décousu
- Hackneyed ['hæknɪd] / trite [traɪt] — galvaudé
  commonplace ['kɒmən,pleɪs] / banal [bə'nɑ:l] — banal

pedestrian [pɪ'destrɪən]	dépourvu d'imagination
colourless ['kʌləlɪs] drab [dræb]	fade, terne
a cliché ['kliːʃeɪ]	un cliché
to move slowly	manquer d'action
maudlin ['mɔːdlɪn]	larmoyant
a potboiler ['pɒtˌbɔɪlə]	une œuvre alimentaire
an airport novel	un roman de gare
pulp fiction	les romans de gare
- To plagiarize ['pleɪdʒˌraɪz]	plagier
plagiarism ['pleɪdʒəˌrɪzəm]	le plagiat
- In my opinion in my view	à mon avis
from the point of view of ...	du point de vue de...
as the author points out	comme le souligne l'auteur
in the final analysis	en dernière analyse
on the whole by and large	dans l'ensemble
in a word	en un mot
- In (actual) fact	en fait
a typical example a case in point	un exemple typique
an example of an instance of	un exemple de
to exemplify sth	exemplifier qqch.
for example for instance	par exemple
- In the first/second place	en premier/second lieu
now we come to	passons maintenant à
by way of introduction	en guise d'introduction
it should be noted that ...	il est important de noter que...
what this means is that ...	cela veut dire que...
it follows from this that ...	il s'ensuit que...
- On the one hand, ... on the other (hand)	d'un côté,... de l'autre côté
to a certain extent in some degree	dans une certaine mesure
to the extent that	à tel point que
up to a point	jusqu'à un certain point
concerning [kən'sɜːnɪŋ]	concernant
as regards with respect to	en ce qui concerne
in relation to	relativement à
in a similar vein	dans le même esprit
in spite of notwithstanding [ˌnɒtwɪθ'stændɪŋ]	malgré, en dépit de
notwithstanding his talent his talent notwithstanding	en dépit de son talent
- A eulogy ['juːlədʒɪ]	un éloge, un panégyrique
to praise [preɪz] to eulogize ['juːlədʒaɪz]	faire l'éloge de
laudatory ['lɔːdətrɪ]	dithyrambique
her essay reads easily/like a novel	son essai se lit facilement/comme un roman
he captures the reader's interest/attention	il captive l'intérêt/l'attention du lecteur
his narrative powers	son talent de narrateur
the interest flags	l'intérêt faiblit
to slate a book	éreinter un livre

5. PUBLISHING L'ÉDITION

- To print [prɪnt]	imprimer
a printer ['prɪntəʳ]	un imprimeur
printing ['prɪntɪŋ]	l'imprimerie (activité)
a printing works (sing.)	une imprimerie (entreprise)
a printing press	une presse typographique
the typography [taɪ'pɒgrəfɪ]	la typographie
a typographer [taɪ'pɒgrəfəʳ]	un(e) typographe
- To bind* *in sth* [baɪnd]	relier *en qqch.*
bound in leather leather-bound	relié en cuir
the binding ['baɪndɪŋ]	la reliure
a fine binding	une reliure d'art
an illustration [ˌɪləs'treɪʃən]	une illustration
the illustrations [ˌɪləs'treɪʃənz] the artwork ['ɑːtwɜːk] (sing.)	les illustrations

44 WRITING AND BOOKS
L'ÉCRITURE ET LES LIVRES

an illustrator ['ɪləstreɪtəʳ]	un(e) illustrateur (-trice)
graphics ['græfɪks] (sing.)	le graphisme
the layout ['leɪaʊt]	la mise en page
– A character ['kærɪktəʳ]	un caractère d'imprimerie
a typeface ['taɪpfeɪs]	une police de caractère
italic type	l'italique
roman type	le romain
in roman/italic type	en romain/italique
upper case	le haut de casse
lower case	le bas de casse
a capital (letter)	une majuscule
in capitals in capital letters	en majuscules
– The typesetter ['taɪpˌsetəʳ] the compositor [kəm'pɒzɪtəʳ]	le compositeur
typesetting ['taɪpˌsetɪŋ]	la composition
BR a fount [faʊnt] AM a font [fɒnt]	une fonte
spacing ['speɪsɪŋ]	l'espacement
– A publishing house	une maison d'édition
to work in publishing	travailler dans l'édition
a publisher ['pʌblɪʃəʳ]	un(e) éditeur[1] (-trice)
to publish ['pʌblɪʃ]	publier
under the imprint of published by	publié chez
to publish sth privately	publier qqch. à compte d'auteur
to bring* out	faire paraître
in print	disponible
out of print	épuisé

> ATTENTION FAUX AMI 1 : an editor = un rédacteur, une rédactrice

– A copy ['kɒpɪ]	un exemplaire
an issue ['ɪʃuː]	un numéro
the latest issue of	le dernier numéro de
a numbered copy	un exemplaire numéroté
an edition [ɪ'dɪʃən]	une édition
a limited edition	une édition à tirage limité
a first edition	une première édition
the original edition	l'édition originale
– A publication [ˌpʌblɪ'keɪʃən]	une publication
a hardback ['hɑːdbæk]	un livre relié
a soft-cover book	un livre broché
a paperback ['peɪpəˌbæk]	un livre de poche
in paperback	en poche
a pocket edition	une édition de poche
an abridged version	une version abrégée
– A manuscript ['mænjʊskrɪpt]	un manuscrit
the typescript ['taɪpskrɪpt]	le tapuscrit
to revise [rɪ'vaɪz]	réviser
a revised and corrected edition	une édition revue et corrigée
a revision [rɪ'vɪʒən]	une révision
to amend [ə'mend] to correct [kə'rekt]	corriger
to edit ['edɪt]	éditer (annoter)
a (publisher's) reader	un(e) lecteur (-trice) (de manuscrits)
– The proofs [pruːfs]	les épreuves
page proofs	les épreuves en pages
galley proofs galleys ['gælɪz]	les placards
a proofreader ['pruːfˌriːdəʳ]	un(e) correcteur (-trice)
to read* the proofs of sth to proofread* sth	corriger les épreuves de qqch.
– The cover ['kʌvəʳ]	la couverture
the (publisher's) blurb	le texte de couverture
the (dust)jacket ['(dʌstˌ)dʒækɪt]	la jaquette
a page [peɪdʒ]	une page
on page 9	à la page 9
a chapter ['tʃæptəʳ]	un chapitre
in chapter 10	au chapitre 10
a title ['taɪtl]	un titre
the title page	la page de titre
the frontispiece ['frʌntɪspiːs]	le frontispice
the foreword ['fɔːwɜːd]	l'avant-propos
the contents [kən'tents] (plur.)	la table des matières
the preface ['prefɪs]	la préface
the introduction [ˌɪntrə'dʌkʃən]	l'introduction
– The text [tekst]	le texte
notes [nəʊts]	les notes
an index ['ɪndeks] (plur. indices)	un index
to index	mettre un index à
entitled [ɪn'taɪtld]	intitulé
annotated ['ænəʊteɪtɪd]	annoté

an appendix [ə'pendɪks] (plur. appendices)	un appendice
royalties ['rɔɪəltɪz]	les droits d'auteur
copyright ['kɒpɪraɪt]	le copyright
– A bookseller ['bʊkseləʳ]	un(e) libraire
a bookshop ['bʊkʃɒp]	une librairie
a secondhand bookshop	une librairie de livres d'occasion
antiquarian books	les livres anciens
a bookstall ['bʊkstɔːl]	un étalage de librairie
a literary prize	un prix littéraire
a best-seller	un succès de librairie
– A library ['laɪbrərɪ]	une bibliothèque
to borrow a book from a library	emprunter un livre à une bibliothèque
a borrower ['bɒrəʊəʳ]	un(e) emprunteur (-euse)
a library ticket	≈ une carte de bibliothèque
a librarian [laɪ'brɛərɪən]	un(e) bibliothécaire
BR a catalogue ['kætəlɒg] AM a catalog	un catalogue
BR to catalogue AM to catalog	cataloguer

6. PROVERBS AND SAYINGS PROVERBES ET DICTONS

– Out of the mouths of babes and sucklings (comes forth truth)	La vérité sort de la bouche des enfants
You have made your bed and you must lie on it	Comme on fait son lit, on se couche
Beggars can't be choosers	Faute de grives, on mange des merles
Birds of a feather flock together	Qui se ressemble s'assemble
A bird in the hand is worth two in the bush	Un tiens vaut mieux que deux tu l'auras
Once bitten twice shy	Chat échaudé craint l'eau froide
It's the biter bit	Tel est pris qui croyait prendre – C'est l'arroseur arrosé
There are none so deaf as those who will not hear	Il n'est pire sourd que celui qui ne veut pas entendre
In the kingdom of the blind, the one-eyed man is king	Au royaume des aveugles les borgnes sont rois
– Cast not a clout till May is out	En avril ne te découvre pas d'un fil
When the cat's away the mice do play	Quand le chat n'est pas là, les souris dansent
Don't count your chickens before they are hatched	Il ne faut pas vendre la peau de l'ours avant de l'avoir tué
Come what may	Advienne que pourra
Cross my heart and hope to die	Croix de bois, croix de fer, si je meurs, je vais en enfer
Talk of the devil	Quand on parle du loup, on en voit la queue
Give a dog a bad name and drown him	Qui veut noyer son chien l'accuse de la rage
– You can't make an omelette without breaking eggs	On ne fait pas d'omelette sans casser des œufs
All's well that ends well	Tout est bien qui finit bien
The end justifies the means	La fin justifie les moyens
To err is human	L'erreur est humaine
Every man for himself and the devil take the hindmost	Chacun pour soi et Dieu pour tous
There are plenty of fish in the sea	Un de perdu, dix de retrouvés
Forewarned is forearmed	Un homme averti en vaut deux
All that glitters is not gold	Tout ce qui brille n'est pas or
– God helps those who help themselves	Aide-toi, le Ciel t'aidera
Charity begins at home	Charité bien ordonnée commence par soi-même
An Englishman's home is his castle	Le charbonnier est maître chez soi
Man proposes, God disposes	L'homme propose et Dieu dispose
Never look a gift horse in the mouth	À cheval donné on ne regarde pas la bouche
If ifs and ands were pots and pans where would be the tinker?	Avec des si, on mettrait Paris en bouteille
Better late than never	Mieux vaut tard que jamais

He who laughs last laughs longest	Rira bien qui rira le dernier
The leopard can never change its spots	Qui a bu boira
Like father like son	Tel père, tel fils
Lucky at cards, unlucky in love	Heureux au jeu, malheureux en amour
An eye for an eye (and a tooth for a tooth)	Œil pour œil (dent pour dent)
- One man's meat is another's poison	Le bonheur des uns fait le malheur des autres
The more the merrier	Plus on est de fous, plus on rit
Might is right	La raison du plus fort est toujours la meilleure
Great minds think alike	Les grands esprits se rencontrent
Money can't buy happiness	L'argent ne fait pas le bonheur
Never say die	Tant qu'il y a de la vie, il y a de l'espoir
No news is good news	Pas de nouvelles, bonnes nouvelles
There is nothing new under the sun	Il n'y a rien de nouveau sous le soleil
Two heads are better than one	Deux avis valent mieux qu'un
- Every penny counts	Un sou est un sou
Practice makes perfect	C'est en forgeant qu'on devient forgeron
A place for everything and everything in its place	Une place pour chaque chose et chaque chose à sa place
It never rains but it pours	Un malheur n'arrive jamais seul
All roads lead to Rome	Tous les chemins mènent à Rome
The road to Hell is paved with good intentions	L'enfer est pavé de bonnes intentions
Spare the rod and spoil the child	Qui aime bien châtie bien
The exception proves the rule	L'exception confirme la règle
- Better safe than sorry	Prudence est mère de sûreté
Out of sight, out of mind	Loin des yeux, loin du cœur

Silence gives consent	Qui ne dit mot consent
Sleep on it!	La nuit porte conseil
There's many a slip 'twixt cup and lip	Il y a loin de la coupe aux lèvres
Slow but sure	Qui va lentement va sûrement
There's no smoke without fire	Il n'y a pas de fumée sans feu
He who sows the wind reaps the whirlwind	Qui sème le vent récolte la tempête
Speech is silver but silence is golden	La parole est d'argent, mais le silence est d'or
- The spirit is willing but the flesh is weak	L'esprit est prompt, mais la chair est faible
A rolling stone gathers no moss	Pierre qui roule n'amasse pas mousse
It's the last straw that broke the camel's back	C'est la goutte d'eau qui a fait déborder le vase
Strike while the iron is hot	Il faut battre le fer pendant qu'il est chaud
One swallow doesn't make a summer	Une hirondelle ne fait pas le printemps
- There is no accounting for taste	Des goûts et des couleurs on ne discute pas
You can't teach an old dog new tricks	On n'apprend pas à un vieux singe à faire la grimace
You never can tell	Il ne faut jurer de rien
Time is money	Le temps, c'est de l'argent
Never put off till tomorrow what can be done today	Il ne faut pas remettre à demain ce qu'on peut faire le jour même
- Still waters run deep	Il n'est pire eau que l'eau qui dort
What will be will be	Qui vivra verra
It's an ill wind that blows nobody any good	À quelque chose malheur est bon
There is no such word as can't	Impossible n'est pas français
The bad workman blames his tools	Les mauvais ouvriers ont toujours de mauvais outils
It's a small world	Le monde est petit
It takes all sorts to make a world	Il faut de tout pour faire un monde

IRREGULAR VERBS
VERBES IRRÉGULIERS

VERBES IRRÉGULIERS

INFINITIF	PRÉTÉRIT	PARTICIPE PASSÉ	
to abide	abode ou abided	abode ou abided	se conformer à
to arise	arose	arisen	survenir
to awake	awoke ou awaked	awoken ou awaked	s'éveiller
to be	was, were	been	être
to bear	bore	borne	porter

ATTENTION : le participe passé *born* s'utilise dans l'expression *to be born* = naître

to beat	beat	beaten	battre
to become	became	become	devenir
to befall	befell	befallen	advenir
to begin	began	begun	commencer
to bend	bent	bent	courber
to bereave	bereaved	bereft	ravir
to bet	bet ou betted	bet ou betted	parier
to bid	bade ou bid	bid ou bidden	enjoindre, proposer
to bind	bound	bound	lier
to bite	bit	bitten	mordre
to bleed	bled	bled	saigner
to blow	blew	blown	souffler
to break	broke	broken	casser
to breed	bred	bred	élever
to bring	brought	brought	apporter
to broadcast	broadcast ou broadcasted	broadcast ou broadcasted	diffuser
to build	built	built	construire
to burn	burned ou burnt	burned ou burnt	brûler
to burst	burst	burst	éclater
to buy	bought	bought	acheter
to cast	cast	cast	jeter
to catch	caught	caught	attraper
to choose	chose	chosen	choisir
to cleave	clove ou cleft	cloven ou cleft	fendre
to cling	clung	clung	s'accrocher
to come	came	come	venir
to cost	cost	cost	coûter, évaluer le coût
to creep	crept	crept	ramper
to cut	cut	cut	couper
to deal	dealt	dealt	distribuer
to dig	dug	dug	creuser
to dive	dived, (AM) dove	dived	plonger
to do	did	done	faire
to draw	drew	drawn	dessiner
to dream	dreamed ou dreamt	dreamed ou dreamt	rêver
to drink	drank	drunk	boire
to drive	drove	driven	conduire

IRREGULAR VERBS
VERBES IRRÉGULIERS

INFINITIF	PRÉTÉRIT	PARTICIPE PASSÉ	
to dwell	dwelt	dwelt	résider
to eat	ate	eaten	manger
to fall	fell	fallen	tomber
to feed	fed	fed	nourrir
to feel	felt	felt	ressentir
to fight	fought	fought	combattre
to find	found	found	trouver
to flee	fled	fled	fuir
to fling	flung	flung	lancer violemment
to fly	flew	flown	voler
to forbear	forbore	forborne	s'abstenir
to forbid	forbade	forbidden	interdire
to forget	forgot	forgotten	oublier
to forsake	forsook	forsaken	abandonner
to freeze	froze	frozen	geler
to get	got	got, (AM) gotten	obtenir
to gild	gilded	gilded ou gilt	dorer
to give	gave	given	donner
to go	went	gone	aller
to grind	ground	ground	moudre
to grow	grew	grown	grandir
to hang	hung, hanged	hung, hanged	pendre (en général), pendre (condamné)
to have	had	had	avoir
to hear	heard	heard	entendre
to hew	hewed	hewed ou hewn	tailler
to hide	hid	hidden	cacher
to hit	hit	hit	frapper
to hold	held	held	tenir
to hurt	hurt	hurt	faire mal
to keep	kept	kept	garder
to kneel	knelt	knelt	s'agenouiller
to know	knew	known	connaître, savoir
to lay	laid	laid	étendre, poser
to lead	led	led	mener
to lean	leaned ou leant	leaned ou leant	appuyer
to leap	leaped ou leapt	leaped ou leapt	sauter
to learn	learned ou learnt	learned ou learnt	apprendre
to leave	left	left	laisser, quitter
to lend	lent	lent	prêter
to let	let	let	laisser, permettre
to lie	lay	lain	s'allonger
to light	lit ou lighted	lit ou lighted	allumer
to lose	lost	lost	perdre
to make	made	made	faire, fabriquer

INFINITIF	PRÉTÉRIT	PARTICIPE PASSÉ	
to mean	meant	meant	vouloir dire
to meet	met	met	rencontrer
to mow	mowed	mown ou mowed	tondre
to pay	paid	paid	payer
to put	put	put	poser
to quit	quit ou quitted	quit ou quitted	quitter, abandonner
to read [ri:d]	read [red]	read [red]	lire
to rid	rid	rid	débarrasser
to ride	rode	ridden	aller à cheval, aller à bicyclette
to ring	rang	rung	sonner
to rise	rose	risen	se lever
to run	ran	run	courir
to saw	sawed	sawed ou sawn	scier
to say	said	said	dire
to see	saw	seen	voir
to seek	sought	sought	chercher
to sell	sold	sold	vendre
to send	sent	sent	envoyer
to set	set	set	poser, fixer
to sew	sewed	sewed ou sewn	coudre
to shake	shook	shaken	secouer
to shave	shaved	shaved ou shaven	raser
to shear	sheared	sheared ou shorn	tondre
to shed	shed	shed	perdre, répandre
to shine	shone	shone	briller
to shoe	shod	shod	chausser
to shoot	shot	shot	tirer
to show	showed	shown ou showed	montrer
to shrink	shrank	shrunk	rétrécir
to shut	shut	shut	fermer
to sing	sang	sung	chanter
to sink	sank	sunk	couler
to sit	sat	sat	s'asseoir
to slay	slew	slain	massacrer
to sleep	slept	slept	dormir
to slide	slid	slid	glisser
to sling	slung	slung	lancer, hisser
to slink	slunk	slunk	s'en aller furtivement
to slit	slit	slit	fendre
to smell	smelled ou smelt	smelled ou smelt	sentir
to sow	sowed	sowed ou sown	semer
to speak	spoke	spoken	parler
to speed	speeded ou sped	speeded ou sped	aller à toute vitesse
to spell	spelled ou spelt	spelled ou spelt	épeler

IRREGULAR VERBS
VERBES IRRÉGULIERS

INFINITIF	PRÉTÉRIT	PARTICIPE PASSÉ	
to spend	spent	spent	passer, dépenser
to spill	spilled ou spilt	spilled ou spilt	renverser
to spin	spun	spun	filer, tournoyer
to spit	spat	spat	cracher
to split	split	split	fendre, séparer
to spoil	spoiled ou spoilt	spoiled ou spoilt	gâcher
to spread	spread	spread	étendre
to spring	sprang	sprung	bondir, provenir
to stand	stood	stood	être debout
to stave	stove ou staved	stove ou staved	écarter, éviter
to steal	stole	stolen	dérober
to stick	stuck	stuck	coller
to sting	stung	stung	piquer
to stink	stank	stunk	sentir mauvais
to stride	strode	stridden	marcher à grands pas
to strike	struck	struck	frapper
to string	strung	strung	enfiler
to strive	strove	striven	s'efforcer
to swear	swore	sworn	jurer
to sweep	swept	swept	balayer
to swell	swelled	swollen	enfler
to swim	swam	swum	nager
to swing	swung	swung	balancer
to take	took	taken	prendre
to teach	taught	taught	enseigner
to tear	tore	torn	déchirer
to tell	told	told	dire, raconter
to think	thought	thought	penser
to thrive	throve ou thrived	thriven ou thrived	prospérer
to throw	threw	thrown	lancer
to thrust	thrust	thrust	pousser brusquement
to tread	trod	trodden	fouler aux pieds
to understand	understood	understood	comprendre
to undertake	undertook	undertaken	entreprendre
to wake	woke ou waked	woken ou waked	réveiller
to wear	wore	worn	porter (vêtement)
to weave	wove	woven	tisser
to weep	wept	wept	pleurer
to win	won	won	gagner
to wind	wound	wound	enrouler
to wring	wrung	wrung	tordre
to write	wrote	written	écrire

CONTENTS
TABLE DES MATIÈRES

TABLE DES MATIÈRES

CONTENTS
TABLE DES MATIÈRES

CONTENTS
TABLE DES MATIÈRES

CONTENTS
TABLE DES MATIÈRES

CONTENTS
TABLE DES MATIÈRES

35 COUNTING AND QUANTITY
LA QUANTIFICATION

36 CHARACTER AND BEHAVIOUR
LE CARACTÈRE ET LE COMPORTEMENT

37 SENSITIVITY
LA SENSIBILITÉ

38 THE MIND
L'ESPRIT

39 WILL
LA VOLONTÉ

40 LANGUAGE
LE LANGAGE

41 SELF-EXPRESSION
L'EXPRESSION

CONTENTS
TABLE DES MATIÈRES

Achevé d'imprimer en Italie par Grafica Veneta S.p.A. en janvier 2021
N° d'éditeur 10270788 - Dépôt légal : Avril 2016